住房和城乡建设领域学科专业“十四五”规划教材
高等职业教育房地产类专业立体化新形态教材

房地产开发与经营

（第2版）

主　编　于　珊　裴艳慧
副主编　刘　燕　吴晨欣　宋春岩
　　　　王园园　廖晓波
参　编　张　卿　史永红　张洪光
　　　　田　原　袁凤英　杨学英
　　　　曹　玮　夏鸣晓　马洪哲

机械工业出版社
CHINA MACHINE PRESS

本书反映了我国房地产开发与经营领域的新动态，以国家相关部委新颁布的法律法规为依据，以房地产开发与经营全流程为主线，系统地介绍了房地产开发的一般程序、房地产投资与融资、房地产市场、房地产开发项目策划、房地产开发经营预测与决策、房地产开发项目经济评价与不确定性分析、房地产开发项目管理、房地产租售、房地产开发项目的前期物业管理等相关知识。

本书注重理论知识的介绍与实践技能的培养，具有科学性、实用性、多样性的特点。本书设置了知识链接、能力拓展等模块，附有二维码，满足不同读者的使用需求。本书中每一个项目都明确了知识目标、能力目标、素养目标及学习重点；在项目开始有引例，在项目结束有本项目小结、综合案例应用、思考练习题等。

通过本书的学习，读者可以掌握房地产开发与经营的基本理论和操作技能。本书既可以作为高职高专房地产类、建设工程管理类专业的教材和指导用书，也可以作为房地产开发与经营企业从业人员的学习参考书，还可以为备考房地产行业执业资格考试的人员提供参考。

图书在版编目（CIP）数据

房地产开发与经营/于珊，裴艳慧主编．—2版．北京：机械工业出版社，2025.3．—（高等职业教育房地产类专业立体化新形态教材）．—ISBN 978-7-111-78593-4

Ⅰ．F293.34

中国国家版本馆CIP数据核字第2025BM5346号

机械工业出版社（北京市百万庄大街22号　邮政编码100037）
策划编辑：马军平　　　　　　　　责任编辑：马军平　张大勇
责任校对：张勤思　马荣华　景　飞　封面设计：马若濛
责任印制：任维东
河北鹏盛贤印刷有限公司印刷
2025年8月第2版第1次印刷
184mm×260mm·26.5印张·592千字
标准书号：ISBN 978-7-111-78593-4
定价：69.80元

电话服务　　　　　　　　　　网络服务
客服电话：010-88361066　　　机　工　官　网：www.cmpbook.com
　　　　　010-88379833　　　机　工　官　博：weibo.com/cmp1952
　　　　　010-68326294　　　金　书　网：www.golden-book.com
封底无防伪标均为盗版　　机工教育服务网：www.cmpedu.com

前言
PREFACE

《房地产开发与经营》第 1 版自 2013 年问世以来，受到了读者一致好评。房地产关系到国计民生，是国民经济的支柱产业之一，在经济建设与发展中具有重要作用。

本次修订将房地产开发与经营的内容进行了重新梳理，增加了房地产开发项目策划、房地产开发项目的前期物业管理等内容，根据近年来教材使用的实际需求重新编写了部分内容。本次修订以新形态教材的模式对教材配套资源进行了升级，读者可以通过知识链接、能力拓展、扫描二维码等多种形式的学习提高实际操作水平，深入认识房地产开发与经营领域的发展状况。

本书突破了已有相关教材的知识框架，注重理论与实践的结合，内容丰富、案例翔实，附有多种类型的思考练习题。教师可根据不同的专业学时要求，灵活安排授课内容，课堂重点讲解每个项目的主要知识模块，项目中的知识链接、能力拓展、二维码、思考练习题等模块可安排学生进行课后阅读和练习。

编　者

目录
CONTENTS

项目5 房地产开发项目策划

项目 6 房地产开发经营预测与决策

项目 7 房地产开发项目经济评价与不确定性分析

项目 8 房地产开发项目管理

项目9

房地产租售

项目1 房地产开发与经营概述

☞ 知识目标：

1）了解房地产开发企业的设立、注册流程、资质等级的内容。

2）熟悉房地产、房地产产品、房地产开发、房地产业的特征；房地产开发的含义；房地产业的作用。

3）掌握房地产开发与经营的关系。

☞ 能力目标：

通过本项目的学习，使学生建立起对房地产及房地产业的初步认知，能够从房地产开发与经营的角度分析案例，将知识运用在房地产开发企业的设立、注册等实务中。

☞ 素养目标：

明确房地产企业设立应依照的行业流程，培养遵纪守法、合理合规办事的职业素养。

☞ 学习重点：

1）房地产的概念、组成。

2）房地产产品的层次、特征。

3）房地产开发的特征、类型、模式。

4）房地产企业的设立流程。

【引例】 房地产开发与经营模式的发展趋势

自1998年住房制度改革过去二十多年，房地产行业经历了需求驱动、依托土地红利的1.0时代；投融驱动，依托城镇化、政策、人口三大红利的2.0时代；到如今房地产行业已然进入了营销拉动、运营联动，依靠智勇兼备的能力抓取结构与节奏红利、消费升级红利的3.0时代。房地产行业逐步成熟，行业竞争和产业融合之间也在发生着明显转变。1.0时代房地产与房地产业互相割裂，2.0时代房地产为主导、房地产与房地产业初步融合，3.0时代“房地产＋金融＋房地产业＋服务”逐步深化和精准的趋势愈发明显。这种转变，既是新型城镇化的发展路径，也是我国经济结构调整的必然选择。房地产与房地产业高度融合下的“房地产＋”模式，在3.0时代既是趋势，也是出路。“房地产＋”进化路径如图1-1所示。

房地产1.0时代	房地产2.0时代	房地产3.0时代	房地产4.0时代
1998年	2004年	2018年	2035年
粗放发展，价格战	专业发展，周转为王	理性发展，合作、效益为王	多元发展，生态为王
房地产与房地产业各自割裂	房地产与房地产业融合，房地产为主	“房产金服”逐步融合	“房产金服”高度融合

图1-1　“房地产＋”进化路径图

从发展趋势来看，房地产企业进入了新的周期，“十四五”规划纲要特别提及了加快发展十一大面向生产性服务、公益性服务、基础性服务的现代服务产业，产业纵横将进一步加剧，产业资本将进一步相互渗透。以人工智能为代表的“技术升级”、主力消费人群年轻化、城乡消费人群结构化调整以及消费结构升级，也正在对包括住房服务在内的消费产品提出挑战。不抛弃房地产结构性的机会和潜力，扎根细分“房地产＋”领域，积极备战房地产与房地产业的融合、升级，正成为3.0时代房地产企业优胜劣汰的生存法则。

就房地产本身而言，机会更多来自节奏与结构性机会，比如城市群吸附能力与城市群内部的等级差机会，围绕绿色、健康、智慧的产品升级机会，联动社区教育、养老、康养的服务升级机会，依靠经营手段提升自有资金使用效率、弥补外部杠杆不足的内生杠杆机会，激发组织创新、转型、升级动力提升组织生产效能的机会。传统房地产企业在投资、产品与服务、内部经营升级的三大突破点如图1-2所示。

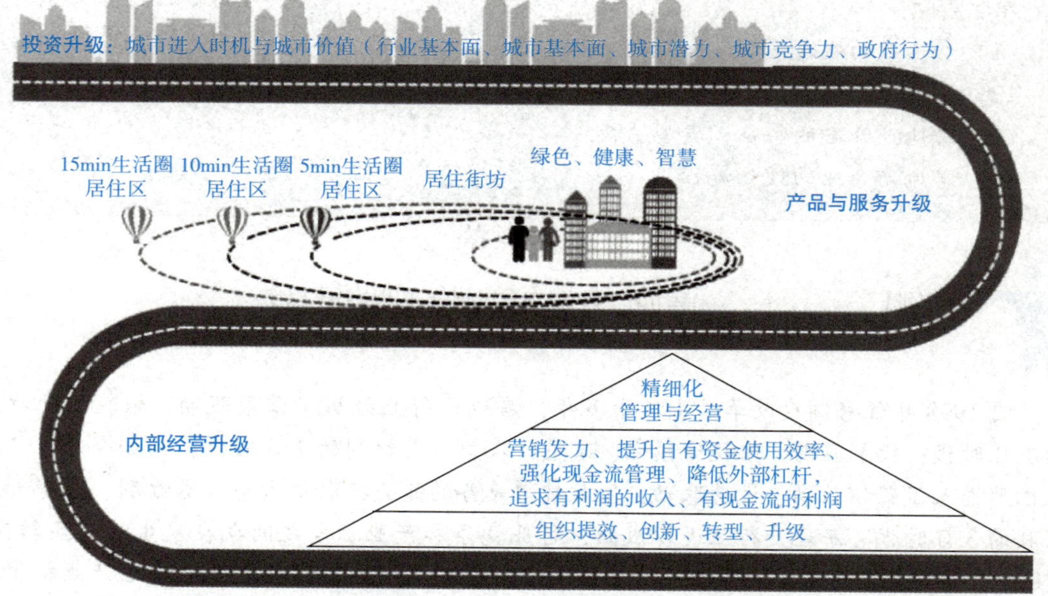

图1-2　传统房地产企业在投资、产品与服务、内部经营升级的三大突破点示意图

从房地产出路来看，以后有8类房地产企业具备生存的能力，包括大型国企、能把资本运作发挥到极致的上市公司、区域龙头企业、“房地产＋服务＋金融＋产业”的产城融合财团、资源丰富或资源整合能力强的企业、在不动产领域保值增值有独特能力的企业、在某创新领域做出特色的企业、有能力踏准趋势和轮动节奏的企业。然而就“房地产＋”的出路而言，政府及平台公司、大型国企、大型房地产企业、区域龙头企业更是大有可为。

1.1 房地产与房地产业

1.1.1 房地产

1. 房地产的概念及组成

（1）房地产的概念　房地产（real estate 或 real property）是指土地、建筑物及固着在土地、建筑物上不可分离的部分，以及附带的各种权益。

不可分离是指不能分离或虽然能够分离，但分离后会破坏房地产的功能或完整性。不可分离的部分具体包括：为提高房地产的使用价值而种植在土地上的花草、树木或人工建造的花园、假山；为提高建筑物的使用功能而安装在建筑物上的水、暖、电、卫生、通风、通信、电梯、消防等设备，这些往往被看成土地或建筑物的构成部分。

（2）房地产的组成

1）土地。土地的范围可以从纵、横两方面体现：纵向的土地范围包括地面、地上空间和地下空间；横向范围是人为地把连绵无限的土地划分为若干个疆界，是“四至”所围绕的区域及面积。

2）建筑物。建筑物是指人工建筑而成的物体，包括房屋和构筑物两大类。

① 房屋：房屋特指固着在土地上（可分为地上和地下），可供人们不同使用用途的建筑物。房屋是供人们居住、工作、娱乐、储藏物品、举行各种活动的工程建筑物，一般由基础、墙、门窗、柱、屋顶等组成。

② 构筑物：构筑物是除房屋以外的工程建筑物，如桥梁、水井、水坝、烟囱、水塔、道路、码头、油库、围墙等。人们一般不直接在里面进行生产和活动。

3）权益。在我国，就房地产开发与经营来说，附着于土地和建筑物上的房地产权益包括：国有土地使用权和房屋所有权；由房屋所有权带来的权利，如占有权、使用权、收益权、处分权；以及其他权利，如抵押权、典权等。

在诸多权益中，所有权是最基本的权利。我国的土地所有权主体只有两个，即国家和农民集体。根据《中华人民共和国土地管理法》的规定，城市市区的土地属于国家所有；农村和城市郊区的土地，除由法律规定属于国家所有的以外，属于农民集体所有；宅基地和自留地、自留山，属于农民集体所有。

【能力拓展】“小产权房”有产权吗？

“小产权房”是指在农村集体土地上建设的房屋，未办理相关证件，未缴纳土地出让金等费用，其产权证不是由国家房管部门颁发，而是由乡政府或村颁发，亦称“乡产权房”。“小产权房”不是法律概念，是人们在社会实践中形成的一种约定俗成的称谓。

“小产权房”的出现与城市房价蹿升密不可分，其成为社会关注的热点是从房价上涨迈入快速之年的2007年开始的。按照国家的相关要求，“小产权房”不得确权发证，不受法律保护。购房合同在国土房管局不会给予备案。

我国实行二元制土地所有权结构，即国有土地所有制和集体土地所有制。根据《中华人民共和国土地管理法》的规定，农村宅基地属集体所有，村民对宅基地只享有使用权，农民将房屋卖给城市居民的买卖行为不受到法律的认可与保护，即不能办理土地使用证、房产证、契税证等合法手续。因此，“小产权房”不能向非本集体成员的第三人转让或出售，只能在村集体成员内部转让、置换。

（3）房地产的存在形态　现实生活中，房地产又称不动产。狭义的房地产是指土地、建筑物及其地上或地下附着物，还包括依托于物质实体的权益；广义的房地产除上述内容外，还包括诸如水、矿藏、森林等自然资源。

房地产的存在形态有三种：单纯的土地、单纯的建筑物、土地与建筑物的合成体。土地与建筑物的合成体是把建筑物和土地作为一个整体来考虑，也称为复合房地产。

房地产价值主要受物质实体的状况和权益范围两个方面的影响。物质实体是可触摸到的“东西”，包括土地及建筑物；权益包括权利、利益、收益，权益是无形的、不可触摸的。物质实体是权益的载体，没有物质实体，权益就失去了存在的客观主体而没有任何意义；没有权益，物质实体的归属和由此产生的价值就无法确定，由此会产生诸多的矛盾和问题。

房地产的整体概念如图1-3所示。

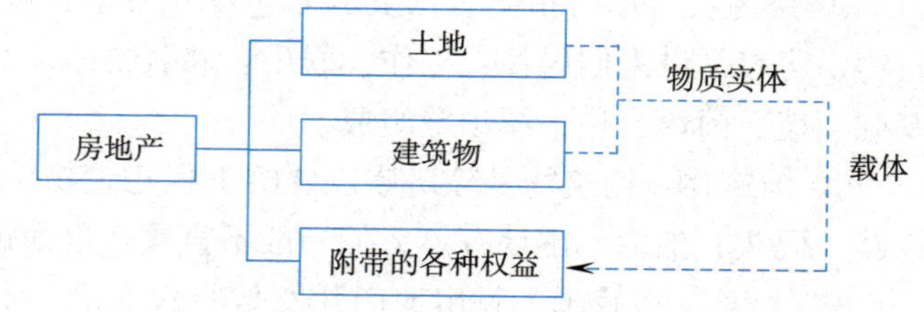

图1-3　房地产的整体概念示意图

2. 房产与地产

房地产从权益角度考虑，包括房产和地产两大类。

（1）房产　房产就是房屋财产的简称。其基本特征表现为房屋财产的权属关系是明确的，是受法律保护的房屋所有人对房屋所拥有的各种权益。房产的用途是多样的，可以自用、出租、出售等。房产与房屋是有区别的，房屋是指固着在土地上供人们使用的建筑物，而房产是在法律上有明确权属关系的房屋。从这个角度，房产可以分为商品房与非商品房，也可以分为住宅用房与非住宅用房。

商品房是指建成后在市场上用于出售或出租的房屋，如商品住宅或商业用房，它一般是由房地产开发商综合开发的；非商品房是建成后供自己使用的住宅或其他用房，一般是单位自建或委托施工单位建设或参加统建而成。

住宅用房是为了满足人们居住和生活需要的基本建筑物。在我国，住房与住宅可以通用；非住宅用房则是指除居住以外，用于生产、行政办公、营业等用途的房屋。

其中非住宅用房包括以下内容：

① 生产用房：生产用房是指物质生产部门作为基本生产要素使用的房屋，包括工业、交通、运输业、建筑业在生产活动中使用的厂房、仓库、实验室、办公室和生产服务用房等。

② 营业用房：营业用房是指商店、银行、旅馆、饭店及其他经营性服务等第三产业所使用的房屋，既包括直接用于经营活动的房屋，也包括办公室、仓库、堆站等辅助用房。

③ 行政办公用房：行政办公用房是指党、政、军、工、青、妇、民主党派等的办公用房及辅助用房。

④ 其他专业用房：其他专业用房是指文化、教育、科技、卫生、体育用房，外国驻华机构用房、宗教用房等。

（2）地产　地产不是土地，地产是法律上有明确权属关系，可以由土地所有者、经营者、使用者进行土地开发、土地经营，能够带来相应经济效益的建设用地。

按照土地所有权不同，可分为国有土地和集体土地两类；按照使用目的不同，可分为住宅用地、工业用地、商业用地、军事用地、耕地、林地、牧地、荒地等。

在我国，土地有其独特特征。土地是一种不可再生资源；其价值会随着经济的发展而增值；土地的作用广泛，具有利益渗透性，土地价值的大小会从成本和经济效益上反映出来；土地具有整体性和空间性，不能随意开发利用，其使用和支配受到土地使用管制（如城市规划）、建筑技术、相邻关系等方面的制约。土地进入市场使用后，使用者或经营者获得的仅仅是土地的使用权，而非所有权，所以其实质是租用；土地的所有权归国家和集体所有。

按照土地的现状，目前我国地产可分为以下10类：

① 商业金融用地：商业金融用地是指商业、服务业、旅游业、金融保险业等行业的用地。

② 工业用地、仓储用地：工业用地指独立设置的工厂、车间、手工作坊、建筑安装等的生产场地；仓储用地指国家及地方的储备、中转、外贸、供应等各种仓库、油库、材料堆场及附属设备等用地。

③ 市政用地：市政用地是指市政公用设施及绿化用地。

④ 公共建筑用地：公共建筑用地是指文化、体育、娱乐、机关、材料、设计、教育、医疗卫生等用地。

⑤ 住宅用地：住宅用地是指供各类居住用房使用的用地。

⑥ 交通用地：交通用地是指铁路、民用机场、港口、码头及其他交通用地。

⑦ 特殊用地：特殊用地是指军事设施、涉外、宗教、监狱等用地。

⑧ 水域用地：水域用地是指河流、湖泊、水库、坑塘、沟渠、防洪堤等用地。

⑨ 农用地：农用地是指水田、菜地、旱地、园地等。

⑩ 其他用地：其他用地是指各种未利用的土地、空闲地等其他用地。

从房产与地产的角度研究房地产，可以发现：没有绝对独立的房产，也没有绝对独立的地产。房产只是一种相对独立的财产，房地产是房产与地产的结合。必须先扣除地产收益，才能确定房地产中房产的财产权属及价值大小；房地产价值中包含房屋资产和地价因素，房地产交易中也体现了房产价值和地产的权益；地产的使用权可以交易和买卖，房屋的所有权也可以进入市场交易和买卖。

1.1.2 房地产产品

1. 房地产产品的概念及内容

产品是企业从事生产经营活动直接有效的物质成果。在房地产开发与经营活动中，企业满足消费者的需要是通过一定产品来实现的，企业和市场的关系也是通过产品来连接的，所以产品是买卖双方从事市场交易活动的物质基础。通常人们将产品理解为具有某种特定形状、能够满足人们某种用途的物品，这是产品的狭义概念。现代市场营销理论认为，产品是指能够通过交换满足消费者或用户某种欲望、需要的任何有形物品及无形服务。

所以产品应该是一个整体概念，"整体产品"是指人们通过购买或租赁某产品而获得的需要和满足，包括一切能满足消费者某种需求和利益的物质产品和非物质形态的服务。

$$产品 = 有形实体 + 无形服务$$

以整体产品的概念为基础，房地产产品包含三个层次：核心产品、形式产品、延伸产品，如图1-4所示。

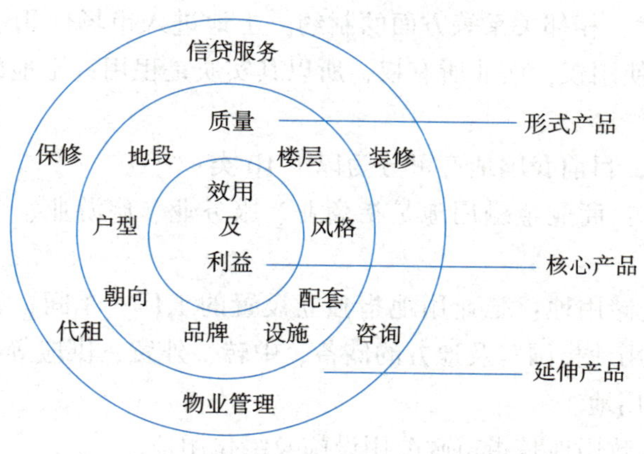

图1-4　房地产产品层次示意图

（1）核心产品　核心产品是能满足消费者需要的主要功能、利益和效用的产品。人们获取房屋，并不仅仅是为了占有房地产实物本身，还有希望通过对房屋的使用、所有而获得不同方面的需求。所以，房地产产品的核心就是消费者购买房屋的真正需要。

根据房地产的基本功能，房地产的核心产品包括：办公、商业、工业、居住等需要，也包括保值增值、财富积累等需求。具体地讲房地产产品的核心产品包括以下几方面。

1）居住生活需要。根据居住的条件和环境分为：追求生活便利的居住需要；追求环境清新幽静的居住需要（如老年人）；追求经济实惠的居住需要；追求豪华气派的居住需要；追求别致、个性化的居住需要；追求安全、私密性的居住需要。

【知识链接】

常见住宅的类型

在我国，常见住宅的类型包括以下八类：点式住宅、条式住宅、错层住宅、跃层住宅、复式住宅、退台住宅、花园别墅、综合商住楼等。

点式住宅在进深、面阔、方向、尺寸大体相当，在住区规划图上好似一个点，故称点式住宅。以前的点式住宅楼，是指独立门栋的高层建筑，如今这一概念也已模糊。若为多层又称墩式住宅，若为高层又称塔式住宅。点式住宅平面一般仅由一个单元组成，四面临空，故体型比较活泼、朝向广、视野宽。

条式住宅就是几个单元并排在一起的住宅楼，一般是用作低层或中层的住宅。条式住宅进深较小，通常只有点式住宅的三分之一到二分之一。在居住的规划中，通常是作南北向行列式布置，东西长、南北短。

错层住宅即房内的客厅、卧室、卫生间、厨房、阳台处于几个高度不同的平面上。一户内楼面混凝土结构有两个或者多个不同的高度，错开之处有楼梯连接。

跃层住宅是指一套占两个楼层的住宅。一般在一层部署起居室、厨房、餐厅、卫生间，二层部署寝室、书房等。

复式住宅是受跃层住宅的设计构思启发，在建造上仍每户占有上下两层，实际是在层高较高的一层楼中增建一个高度为1.8m的夹层。复式住宅具备了省地、省工、省料又实用的特点，特别适合多人口家庭居住，既满足了隔代人的相对独立，又满足了相互照应的需求。

退台住宅又称为台阶式住宅，因其外形类似台阶而得名。这类住宅的建筑特点是在房屋的顶层退出一间房子或几间房子，形成露台。和阳台不同的是，露台无顶盖。

花园别墅通常意义上指花园式住宅、西式洋房、小洋楼，带有花园草坪和车库的独院式平房或二、三层小楼，强调户户有花园，包括市场中的洋式联排或双拼的别墅，户型较大，居住舒适程度高。

综合商住楼是指该楼的使用性质为商、住两用，一般底层或数层用作商场、商店、商务，其余为住宅的综合性大楼。综合商住楼不分建设主体，不仅开发商可以建，非开发企业、个人也可以建，没有规定必须出售。综合商住楼的土地使用性质为综合用地。

2）办公及生产经营需要。包括将房地产产品用作办公，从事商业、服务业活动，或进行工业生产、仓储等。

3）投资获益的需要。房地产作为一种财产，使所有者拥有获取收益的权利。这种收益包括两部分，一是房地产的出租收入，房地产的租金收入具有可预见性，这与工商业经营活动所获得的商业利润是完全不同的，一项房地产的出租收入往往可以成为所有者一笔稳定的收入来源；二是利用房地产市场价格的起伏，低买高卖获取差价。

4）获得税收方面的益处。物业投资的所得税是以租金收入减去经营成本、贷款利息、折旧后的净营业收入作为计税基础征税的。随着时间的延长，建筑物的年收益能力呈下降趋势，因为会计中使用加速折旧法，使得建筑物每年的折旧额比物业年收益能力的损失要高，导致物业的净收益每年减少，因此也相应地减少了纳税支出。如果物业投资的资金来源于抵押贷款，那么投资者就会充分地享受到税收上的好处。

（2）形式产品　形式产品也称为有形产品，是房地产核心产品的有形载体，是房地产产品的第二层次。形式产品展现了房地产产品的全部外部特征，为消费者提供了最直观的产品实体形象。

房地产的形式产品包括：土地的区位、产品的位置、房屋的开间布局、楼层、结构、户型、朝向、质量、建筑材料、建筑风格、色调、配套设施、室外环境、名称等。形式产品是消费者识别产品的基本依据，产品的核心功能必须通过有形实体才能体现。因此企业要通过有形实体的合理设计，来体现房地产产品的独特功能。

（3）延伸产品　延伸产品也称为附加产品，是房地产产品的第三层次。延伸产品主要体现了消费者通过购买房地产产品和使用房地产产品所得到的服务和附加利益。

房地产附加产品包括消费者在购买过程中得到的售前咨询和售后服务，如入住时间、使用便捷性、代办手续、信贷服务、按揭保证、售后维修、房屋保修、物业管理等。其中物业管理作为房地产产品附加层次的新内容，已经成为房地产产品中不可分割的一部分。消费者在买房时，已经不再局限于关注有形产品和有形产品所体现的核心功能，还把售后的物业管理作为买房的重要考虑因素。作为附加产品的重要组成部分，物业管理的作用主要体现在两个方面：

1）更能充分体现房地产产品的功效。物业管理公司接管物业后，为业主和使用者提供各项物业管理服务，既方便了业主的日常生活，又使物业的价值得到充分体现。

2）能提升房地产产品的性价比。物业管理通过前期介入，可以为项目在规划、设计、施工、监理、竣工、验收、销售等各个环节提出更有利于业主和使用者的建议与意见，以督促开发企业提高房地产产品的整体质量。加上接管后物业公司为业主提供的服务及良好的环境和设施，使人们所购买的房地产产品的性价比得到提升。由于房地产产品容易被模仿，企业与企业之间的核心产品越来越接近，所以附加产品的竞争已经成为竞争的焦点。企业只有向消费者提供具有更多实际利益、能更完美地满足消费者需要的附加产品，才能在竞争中取得胜利。

房地产产品的三个层次是不能分割、紧密相连的。正确理解房地产产品的概念及层次划分，不仅体现了房地产的整体观念，还可以提高房地产产品的功能、提升开发企业的声誉，更好地满足消费者的需求，从而获取更多的效益。

2. 房地产产品的特征

（1）不可移动性　不可移动性也称为固定性。不可移动性可以从两个方面来理解：一是地点的不可移动性，房地产产品最重要的一个特性就是其位置固定，不可移动。因为建筑产品是以土地为基础建造的，与土地联在一起不能分开，由于土地不可移动，附着在土地上的建筑物也就和土地一样，是不可移动的。二是产品的不可移动性，房地产产品一旦建成，就很难再改动。

对于股票、债券、黄金、古玩等无形或有形的财产来说，如果持有人所在地没有交易市场，他可以很容易地把这些东西拿到其他地方去交易，然而房地产却不同。房地产不仅受地区经济的束缚，还受到房地产周围环境的影响。这就是常说的“房地产的价值在于其位置”。房地产不能脱离周围的环境而单独存在，就是强调位置对房地产投资的重要性。

房地产的不可移动性，要求房地产所处的区位必须对开发商、置业投资者和租客都具有吸引力。也就是说，能使开发商通过开发而获取适当的利润；能使置业投资者获取合理的、稳定的经常性收益；能使租客方便地开展经营活动，赚取营业利润。

由于房地产的不可移动性，投资者在进行投资决策时，对未来地区环境的可能变化，对现有的某个具体物业的考虑选择是同等重要的。作为投资者，只有对城市的规划有了解和分析，才能有预见性地选择投资地点。

（2）长期使用性　长期使用性也称为耐久性。土地被认为是不可毁损的，土地上建筑物的自然寿命会有数十年乃至上百年。因此，房地产相对于其他消费品来说具有耐久性。

二维码 1-1
（土地的最高使用年限）

在衡量房地产的寿命时，应该从房地产的自然寿命和经济寿命两个角度来分析。自然寿命是指建筑物由于结构和主要设备老化或损坏，不能再保证安全使用时所经历的时间；经济寿命是指在正常市场和正常运营状态下，其使用成本超过其产生收益所经历的时间。显然，自然寿命要比经济寿命长得多。

从理论上讲，当物业的维护费用上升到一定程度时，由于价格太高，就不会有租客来租用，这时候物业就不再有使用价值。但是实际上一般不会出现这种情况。如果对建筑物进行一些改造，如改变建筑物的使用性质，或改变物业所面临的租客类型，改造的投资相比重新购买一宗物业而言要少得多，仍然可以获取收益。所以，较长的自然寿命期中，可以有几段经济寿命。

物业的寿命与其使用性质有关。一般来说，公寓、酒店、剧院等建筑物的寿命是 40 年，工业厂房、普通住宅、写字楼的寿命是 45 年，银行、商场的寿命是 50 年，工业货仓的寿命是 60 年，而农村建筑的寿命是 25 年。

由于土地是不可毁损、永久存在的，而其上的建筑物又有寿命期，所以土地的使用权有其最高的出让年限。如居住用地为 70 年；工业用地为 50 年；教育、科技、文化、卫生、体育用地为 50 年；商业、旅游、娱乐用地为 40 年等。土地使用期满，土地使用者可以申请续期，按规定支付新的土地使用权出让金，并办理登记；否则土地使用权及地上建筑物、其他附着物的所有权由国家收回、无偿取得。

(3) 附加收益性　附加收益性也称为适应性。房地产或物业本身并不能产生收入，只有在使用过程中才能产生收益。所以，房地产投资者要及时调整房地产的使用功能，既要能适合房地产的特征，又能增加收益。

一般来讲，房地产的使用功能越多，对租客的吸引力就越大；房地产的适应性越强，投资的风险越小。

(4) 异质性　异质性也称为不一致性、独特性。每一个建筑产品都是根据一定的要求而建造的，所以不同的要求会产生不同的建筑物，主要表现为使用功能的多样性，如工业建筑、民用建筑等。即使是功能、类型同样的建筑物，在不同的地区也表现出差异性，如地段位置、建筑物基础的处理、规模的大小、结构、样式等，所以没有两个建筑物是完全相同的。

二维码 1-2
（中国古代经典建筑）

有人把建筑称为“凝固的音乐”，大规模建设本身不仅包含着经济和技术的开发，还凝聚了人类的审美观和价值观。建筑不仅是一种建筑物，还是一种反映时代背景、精神面貌的艺术创作。建筑反映了一个时代、一个国家、一个民族独特的个性和鲜明的历史性，反映了时代的变迁。所以越具有独特的民族性、历史性、时代性特征的房地产产品，越容易使它在周围环境中突出。利用异质性进行房地产开发经营，不但可以扩大产品的知名度，还可以增强企业在社会公众中的形象地位，对于房地产营销来讲，就越容易销售。

二维码 1-3
（世界经典建筑）

(5) 资本和消费品的二重性　资本和消费品的二重性也称为消费和投资的双重性。

作为消费品，房地产产品是生活的基本要素，是一项重要的有价资产，人类的一切生产生活活动离不开这个重要的物质载体。作为资本，房地产是一个国家中重要的社会财富，房地产不仅提供房屋给人们使用，满足消费者的居住需求，而且由于其长期的使用价值以及价值实现的长期性，使其既可以作为一种资产，又满足了消费者的投资需求，所以房地产兼有消费和投资的双重功能。

房地产市场存在“棘轮效应”（Ratchet Effect），即房地产的价格因需求上涨，房地产的投资或消费并未因需求而下降。这种反供求规律的现象就是由于房地产具有消费和投资的双重性所致。

(6) 政策影响性　由于房地产在社会经济活动中的重要性，各国政府均对房地产市场倍加关注，经常会有新的政策、措施出台，目的是调整房地产的生产、交易，引导和调节房地产市场的走向，规范使用过程中的各种经济利益关系。

在我国，房地产不仅关系到人民生活，也关系到国民经济的发展。国家出台了许多与房地产相关的法律、法规、政策，如对房地产业影响重大的“房改政策”“国八条”“国六条”“房屋限购”等。在各类政策中，有两类对房地产产品影响最大：一是政府限制某些房地产的具体使用要求，通过限制如容积率、层高、建筑密度、楼房间距、绿化率等指标，影响房地产产品的最终形态；二是政府对某些房地产进行强制征收或买卖，以建造大型的能源、水利、交通等项目。

（7）相互影响性　政府在道路、公园、博物馆、学校等公共设施方面的投资，能显著提高附近房地产的价值；反之，则会下降。所以房地产产品价值的高低，不仅受其自身设计、开发、建造条件优劣的影响，还必须考虑周边的物业和公共设施对其价值的影响。如兴建地铁，则规划中的沿线房地产就会升值。

（8）对专业管理的依赖性　有些类型的投资不需要投资者给予特别的关心，也就是说很少需要管理。如股票投资者不一定参与公司的管理；而投资基金、债券也可以通过信托人去面对借款人；投资古玩、字画也可以将其储存起来。

但是，投资房地产就需要管理。房地产开发商在开发过程中需要管理；房地产投资者也要考虑租客、租约、维护维修、安全保障等问题。即使是投资者委托了专业的物业管理公司，也要与物业管理人员一起制定有关的市场策略和经营中的指导原则。此外，房地产投资还需要税务师、会计师、律师等提供专业服务，最终确保房地产投资的总体收益最大化。

普通产品与房地产产品的对比见表 1-1。

表 1-1　普通产品与房地产产品对比

比较项目	普通产品	房地产产品
产品的生产周期	短	长
产品的使用寿命	短	长
购买商品的费用	较少	多
购买的频率	高	低
买卖双方的数量	众多	少
交易的难易程度	简单容易	复杂较难
产品的移动性	可移动	不可移动
产品之间的替代性	替代性强	替代性差
价格变动	明朗	不明朗
政府干预	少	较多

1.1.3　房地产开发

1. 房地产开发的概念

（1）开发　开发（Development）是生产者或经营者为了实现一定的经济和社会目的，对资源进行合理开发和利用的过程，也就是开发、发展和利用。

与房地产有关的开发活动非常广泛，如国土开发、区域开发、城市开发等。

国土开发针对国土资源（即土地资源），目的是最大限度地发挥国家自然资源的效益，变资源优势为经济优势，实现经济效益与社会效益并举，国土开发的目标是实现资源、经济、环境、人口间实现最佳组合和协调。区域开发的重点侧重于地区性的土地资源，目标是使地区性的资源、经济、环境、人口间实现最佳组合和协调，只不过范围小于国土开发。城市开发主要针对土地资源及地上建筑物，侧重于某个城市范围内的资源，目标是实现一个城市范围内经济效益与社会效益的最佳组合，即规模效益。但不同的城市开发，由于城市的规划不同、经济发展水平不同，造成城市发展的结果也不同。所以现在城市开发的建设必须先规划后施工。

（2）房地产开发

1）房地产开发的概念。《中华人民共和国城市房地产管理法》第二条规定：房地产开发，是指在依据本法取得国有土地使用权的土地上进行基础设施建设、房屋建设的行为。

广义的房地产开发是指宏观意义上对土地的开发和利用，如国土开发、区域开发、城市开发，包括土地及地上建筑物的开发活动；狭义的房地产开发是指取得国有土地使用权后，在土地上进行基础设施建设、房屋建设的行为，是在特定地段上进行的具体的房地产项目的规划、设计、建设、施工、销售、管理等活动。

综上所述，房地产开发是房地产开发企业按照城市规划的要求，在依法取得国有土地使用权的土地上，对房地产项目进行投资、建设、管理等活动，建设满足城市建设、社会经济发展和消费者需求的基础设施、房屋建筑，以提高土地使用效率，实现开发企业经营目标的行为。房地产开发最终要实现经济效益、社会效益、环境效益的“三效统一”。

2）房地产开发的含义

① 房地产开发的对象。针对土地和房屋建筑，进行基础设施建设与房屋建设，包括工业建筑、公共建筑、民用建筑等。

② 房地产开发的前提：手续合法。在房地产开发的不同阶段，需要依法依规取得相应的许可证照，一切活动都必须依法依规进行。相应的许可证照对应房地产开发的不同阶段，是进行相关房地产开发活动的必备要件。

二维码 1-4

（五证二书一表图片）

合法手续是指“五证”齐全。为了获得“五证”，理论上，开发商首先要经过立项，获得规划部门颁发的建设用地规划许可证，向国土管理部门取得建设用地并获取国有土地使用证。之后，再报规划主管部门取得建设工程规划许可证，再向建设主管部门申领建筑工程施工许可证，才能正式开工建设，房产经竣工验收合格方能申办不动产权证。例如，必须依法取得国有土地使用权，获得《国有土地使用证》，才能进行国有土地的开发，因为在没有取得国有土地使用权的情况下进行的土地开发活动都是违法的。

【知识链接】

房地产开发中的“五证两书一表”

作为地产开发企业，开发任何项目，都必须按政策办理五证，即：《国有土地使用证》《建设用地规划许可证》《建设工程规划许可证》《建筑工程施工许可证》（简称《施工许可证》和《商品房销售（预售）许可证》，后面交房后还需“两书一表”。

1. “五证”

办理“五证两书”的过程中，最重要的是《国有土地使用证》和《商品房销售（预售）许可证》，两者表明出售房屋属合法交易范畴。《商品房销售（预售）许可证》的预售范围为本项目可销售楼盘，消费者务必看清购买楼层是否在预售范围内。当前，开发商未取得《建设用地规划许可证》和《建设工程规划许可证》是拿不到《国有土地使用证》的，但挂牌出让的土地是先取得《国有土地使用证》。未取得《建设用地规划许可证》和《建筑工程施工许可证》是拿不到《商品房销售（预售）许可证》的。开发商取得了《商品房销售（预售）许可证》就可以证明该项目在规划、工程、土地使用等方面通过了政府的批准，就具备了开发的商品房进入市场交易的资格。

2. “两书”

“房地产五证两书”中的“两书”是指《住宅质量保证书》和《住宅使用说明书》。“两书”可以作为商品房买卖合同的补充约定，并且是房地产开发企业在商品房交付使用时，向购房人提供的对商品住宅承担质量责任的法律文件和保证文件。

《住宅质量保证书》是房地产开发企业对销售的商品住宅承担质量责任的法律文件。房地产开发企业应按《住宅质量保证书》的约定，承担保修责任。商品住宅售出后，委托物业管理公司等单位维修的，应在《住宅质量保证书》中明示所委托的单位。《住宅质量保证书》应当包括以下内容：工程质量监督部门核验的质量等级；地基基础和主体结构在合理使用寿命年限内承担保修；正常使用情况下各部位、部件保修内容与保修期：屋面防水3年；墙面、厨房和卫生间地面、地下室、管道渗漏1年；地面空鼓开裂、大面积起沙1年；门窗翘裂、五金件损坏1年；管道堵塞2个月；供热、供冷系统和设备1个采暖期或供冷期；卫生洁具1年；灯具、电器开关6个月；其他部位、部件的保修期限，由房地产开发企业与用户自行约定。

《住宅使用说明书》：应当对住宅的结构、性能和各部位（部件）的类型、性能、标准等作出说明，并提出使用注意事项。《住宅使用说明书》是指住宅出售单位在交付住宅时提供给用户的，告知住宅安全、合理、方便使用及相关事项的文本。《住宅使用说明书》应当载明房屋平面布局、结构、附属设备、配套设施、详细的结构图（注明承重结构的位置）和不能占有、损坏、移装的住宅共有部位、共用设备以及住宅使用规定和禁止行为。根据规定，《住宅使用说明书》应作为住宅（每套）转让合同的附件。如在房屋使用中出现问题，说明书将成解决开发商与业主之间纠纷的重要依据。

3. “一表”

“五证两书一表”中的“一表”为《竣工验收备案表》。《竣工验收备案表》是目前收楼环节中最应该注意的文件，按照有关规定，表上的每一项都必须报有关主管部门备案，缺少任何一项的话，这个楼盘就是不能入住的。

③ 房地产开发的原则。“六统一”原则即：统一规划、统一征地、统一设计、统一施工、统一配套、统一管理。

④ 房地产开发的动态过程。房地产开发的动态过程涵盖了从项目选择、地质勘察、规划设计、施工招标、产品建造、工程管理到中介服务、物业租赁与管理等复杂的活动。

⑤ 房地产开发的法律特性。房地产开发的全过程必须在法律允许的框架内进行，要遵守的法律法规条例包括：《中华人民共和国土地管理法》《中华人民共和国城市规划法》《中华人民共和国环境保护法》《中华人民共和国建筑法》《中华人民共和国招标投标法》《中华人民共和国城市房地产管理法》《中华人民共和国合同法》《城市房屋拆迁管理条例》《城市房地产开发经营管理条例》《国务院关于发展房地产业若干问题的通知》《土地增值税暂行条例》《房地产开发企业资质管理规定》《关于加强国有土地使用权有偿出让收入管理的通知》《城市新建住宅小区管理办法》《个人住房贷款管理办法》《城市给水工程规划规范》《城市电力规划规范》《供配电系统设计规范》《城镇燃气设施运行、维护和抢修安全技术规程》等。

2. 房地产开发的分类

（1）按城市建设的对象划分，房地产开发分为新开发与再开发　新开发与再开发，即新区开发与旧区改造。新开发是指对新市区、新城镇的开发，新开发的主要特点是一切从头开始，一切都是新建；再开发是指对已有的区域进行再建设，以改建、扩建为主，是对原有街区的功能进行支持和改造。

新区开发的优点是起点高，一切建设项目都按照规划进行计划和排布，所有新建的基础设施、房屋及配套设施更符合城市发展的要求，更能体现经济、社会发展的面貌，更能提高和满足人民生活水平及要求。由于新区开发很少涉及拆迁安置补偿等问题，所以拆迁安置比较容易，开发成本较低，开发进度较快，而且城市规划条件的限制也较少。但缺点是新开发地区的位置往往并不优越，街区的功能要较长时间才能形成，所以新开发项目在最初建成阶段，尤其是商业经营类项目，可能会出现人气不旺、投资效果不尽如人意的现象；而且获得政府的征地审批比较困难。新区适合建造高级住宅区和公寓，但新区往往不适合建商业中心、写字楼等项目。由于新区不具备完善的开发建设条件，道路、绿化等用地作为开发商的市政代征地，由开发商承担土地开发费用。

旧区改造的优点是可以利用已经存在的基础设施和房屋，而且原有街区的功能经过长期使用和累积已经存在，能被重新利用。旧城区所处位置一般比较优越，适合建造商业、办公、旅游、娱乐、餐饮等项目。由于土地资源稀缺，不断上涨的地价也给旧区改造项目建成后，因出售或出租带来较高的价格。但由于一些基础设施和房屋已经不能满足新的规划要求，需要被拆除，与新区开发相比要增加拆迁、安置、补偿等费用，导致开发成本较高。如果出现“钉子户”，会消耗、拖延时间，更会延长开发周期。所以对整个街区进行功能改造时，为避免这种情况的出现，开发企业会使用“冷冻法”（即不再增加新的投资）或“安乐法”（即让现有街区内的商业经营项目慢慢撤出，以实现开发目标）。另外旧区改造会给周边环境设施造成一定污染，而且建成项目建筑密度较高，土地的规划条件如土地用途、容积率、建筑密度、功能分区等也比较苛刻。

（2）按开发产品种类划分，房地产开发分为单项开发与综合开发　单项开发是只进行一个种类或一种性质项目的开发，一般规模比较小、占地面积不大、项目功能单一、配套设施简便。例如，单项开发住宅、写字楼、商业楼宇、工业厂房、土地等。

综合开发是进行不同性质、不同种类的开发，一般规模比较大、占地面积大、项目功能齐全。如改造旧城区、建设新城区、开发文化旅游项目等。

综合开发项目中，可包含一个或多个单项开发项目，是由多个单项开发项目组合而成的。

二维码1-5
（华谊兄弟电影小镇）

单项开发具体内容包括：

1）土地开发。土地开发的目的是获得土地增值的收益，目的是使土地从“生地”变为“熟地”。

生地包括两类：一类是指未经过开发的土地，大多数属于农村用地，是非建设用地，是未经投资建设的自然土地，如种植地、养殖地、沼泽地、滩地、山地、荒地等；另一类是指过去已经进行过投资建设，但不能满足新的城市规划建设要求的土地，这种土地一般是在旧城改造时需进行再开发的土地。熟地是指已经经过开发的土地，大多数为城市用地，是建设用地，能够满足开发建设对土地用途的要求，而且经过了规划、设计、开发方案选择等。

很明显，熟地是由生地开发转变而来，开发土地的方式一般通过“三通一平”进行，“三通一平”即通水、通电、通路、厂地平整，是进行工程建设的基本条件，一般由甲方（建设单位）提供给施工单位。有些要求较高的项目可能需要“五通一平”或“七通一平”。

2）住宅。住宅是房地产开发中最重要的组成部分，是投资者最容易参与的投资类型。经营方式主要有出售、出租。住宅开发的特点是开发过程简单、投资回收快、风险相对较低。

3）写字楼。写字楼的服务对象是政府部门或从事商务活动的机构。经营方式以出租为主，出租的是使用权，而开发商拥有所有权。写字楼开发的投资以租金和管理费的形式分多次回收。

4）商业楼宇。商业楼宇的服务对象是从事商业活动的企业。经营方式主要是出租。其投资是以租金和管理费的形式分多次回收，租金一般高于写字楼。

5）工业厂房。工业厂房是工业生产过程中的一个必要的生产要素，工业厂房按所有者不同可分为开发区所有的标准化厂房、企业所有的厂房，经营方式包括销售、出租。

（3）按开发的经营方式划分，房地产开发分为土地开发、房屋开发、房地产综合开发等。

（4）按经济增长方式划分，房地产开发分为外延式开发与内涵式开发　经济增长受到资本、劳动力、技术三个因素的影响，由此也出现了三种经济增长方式：资本密集型、劳动力密集型、技术密集型。经济增长方式的转变趋势现在由粗放型转为集约型，由劳动力密集型转为资本密集型。当今世界，资源是有限的，甚至是贫乏的，许多不可再生资源已经面临枯竭。由于资源紧缺的现状，要求在对有限的资源进行使用时，改变不合理的经营方式，提高资源的利用率，使单位资源产生更多的效益。房地产开发方式的转变也与此密切相关。

外延式开发是在增加面积的条件下，开发城市近郊和远郊的农地，满足城市用地规模扩张的需求，最典型的就是城市新区的开发。在城市发展初期或经济增长迅速时，外延式开发往往是房地产开发的主要形式。外延式开发侧重于外部规模的改变，单纯依靠增加土地面积、建造新房屋而实现，即仅仅依靠规模的不断扩张来实现开发目标。结果是对土地、厂房、仓库等的空间需求量不断增大，但开发的效率低、投入产出回报小。

内涵式开发与上述开发相反，内涵式开发是在不增加面积的情况下，仅依靠增加劳动和资金投入，提高土地容积率和土地利用率，加强土地集约利用的开发过程。旧区改建、城市再开发等就是最明显的体现。由于土地资源的有限性，政府不可能无限增加土地资源的供应；同时房地产开发企业所掌握的人力、财力、机械、设备等生产资源投入也是有限的，所以现阶段房地产开发以提高土地的利用效率、增加生产资料的投入产出比为主。具体做法是在现有的土地上，通过增加建筑的容积率、更新改造基础设施、翻新和扩建房屋、增加房屋新的使用功能而实现开发。结果是依靠对现有规模的调整来实现，侧重于兼并、收购等。

二维码 1-6
（大唐不夜城）

（5）按开发的规模划分，房地产开发分为零星开发与成片开发零星开发是在某一块具体土地上的开发，一般开发规模较小，适合于中小型开发企业和刚进入房地产市场的企业。成片开发是在成片、成规模的土地上，通过规划后进行的综合开发，如旧城改造、新区开发等，一般大型开发企业常常采用。

3. 房地产开发的特征

房地产开发在房地产业和城市建设中具有重要的地位和作用。房地产开发其实就是房地产产品从无到有的生产建造过程，是把一定的物化劳动和活劳动转化为房地产产品的生产经营活动。房地产开发是房地产开发企业根据社会经济发展需要和城市总体规划的要求，在一定区域内通过投资，有计划、有步骤地进行土地开发和房屋建筑、配套设施及空间环境的建设，通过满足用户需求实现企业经营效益、社会效益和环境效益的行为。

房地产开发与一般产品的生产有许多差异，房地产开发的特征主要从两方面表述：房地产开发程序的特征与房地产开发方式的特征。

（1）房地产开发程序的特征

1）房地产开发涉及众多环节。房地产开发是一项涉及人流、物流、资金流的复杂系统工程，房地产开发的基本程序是房地产开发工作的主线，也是确保房地产开发取得成功的关键。

房地产开发的主要程序见表1-2。

表1-2　房地产开发的主要程序

主要程序	主要合作机构
项目策划	房地产开发顾问机构
产品策划	房地产策划机构、顾问机构
落实开发资金	金融机构、投资公司、基金公司
寻找土地	房地产咨询机构、政府规划、国土部门
获得土地使用权	政府规划、国土部门、评估机构、顾问机构

（续）

主 要 程 序	主要合作机构
规划设计	规划院、专业勘察院、设计院
建设施工	招标投标、建筑承包单位、监理机构、设备材料供应商
竣工验收	质量检测
物业销售	营销代理公司、广告公司
物业管理	物业管理公司

2）房地产开发过程具有与房地产开发密切相关的复杂的产业链，按其功能划分大致有：行政管理、法律、金融、开发顾问、房地产估价、规划设计、招标投标、建筑施工、工程监理、建筑设备、建筑材料、建筑部品、房地产经纪、广告宣传、物业管理等。

房地产开发的主要产业链见表1-3。

表1-3　房地产开发的主要产业链

上游产业	行政管理
	法律
	金融
	开发顾问
	房地产估价
	规划设计
	招标投标
中游产业	建筑施工
	工程监理
	建筑设备
	建筑材料
	建筑部品
下游产业	房地产经纪
	广告宣传
	物业管理
	其他服务业（如模型、展览等）

上述上游、中游、下游没有绝对的意义和界线。在实际开发中，许多工作是交叉进行的，尤其是上游行业中的业务，会延伸到项目开发的整个过程。

（2）房地产开发方式的特征　房地产的开发与其他产品的生产相比，具有涉及范围广、经历环节多、开发形式多等特点。因此在开发中常表现为以下特征。

1）房地产开发的难度大。首先产品的不可移动性、异质性，周边环境的相互影响性，受政策影响较大，以及同类产品的可比性、可替代性，增加了房地产的开发难度。

其次房地产产品本身价值高，产品的生产周期长，其价值的形成和实现要经过生产、经营、流通、消费等环节，不会一次性全部实现。所以开发商会采取产品预售、出租、抵押信托等方式分期实现产品的价值，也增加了其开发难度。

另外产品的生产除了需要本行业的劳动付出外，还需要行业外的参与；许多半成品、部件来自于建材、冶金、机械、化工、轻工等诸多行业，与其他行业相比，房地产开发的高度关联性，也是其难度加大的一个重要原因。

2）房地产开发的风险较大。房地产开发的周期比一般商品的生产时间长，少则二三年，多四五年甚至更长，较长的生产周期带来更多的不确定性。房地产开发需要的资金数量庞大并且占压时间长，与生产周期短的行业相比，无疑要承担更多的时间价值风险。房地产开发资金在筹集、分配、使用和回收中涉及的环节多，每一个环节都可能影响整体开发的效果，又增加了房地产开发的风险。此外，房地产开发还受到经济、消费等外在因素的影响，具有更大的不确定性。

3）房地产开发的政策性强。房地产业是国民经济的支柱产业；为城市经济活动提供基本的物质基础，是一个基础性的产业；能促进和带动众多相关产业部门的发展，是经济发展的先导产业；是国家财政收入的重要来源；是发展第三产业的突破口；是现阶段国民经济新的增长点。发展房地产业能够促进经济体制改革的深化，能促进对外开放；房地产资源的分配、使用产品的流通是关系到国计民生的大事，所以受到各方面的关注和制约。为了使房地产业实现上述目标，国家运用市场机制指导房地产运作，应用宏观调控，通过立法、政策、规划等各项措施，保持房地产企业及房地产行业的正确走向。

4）房地产开发的专业性强。房地产开发涉及的专业广泛，需要大量不同行业的专业人才的参与，需要社会资源的良好整合、雄厚的资金实力、专业的管理人才。

土地的天然垄断、资金的缺乏、经验曲线、规模经济、成本结构、工作的延续性、开发的纵向一体化、全球化的浪潮以及企业承担的社会责任，都使房地产开发具有特有的吸引力，使得进入壁垒及转移壁垒较高。

5）房地产业具有预警性。国际上把房地产业称为“市场经济的寒暑表”或“社会经济的寒暑表”，因为房地产业不但灵敏度高，而且准确性高。在国民经济走向繁荣发展之前，它往往会率先超前发展；在国民经济发生衰退和萧条之前，它往往会最先受到冲击，因此具有明显的预警作用。

4. 房地产开发的模式

房地产开发是一个完整的商品生产过程，至少应包含三个重要环节：生产要素、生产工具和生产方式。纵观我国整个房地产开发历程，在不同时期，这三个环节都曾担当过房地产开发过程中的“利润中心”。生产要素、生产工具、生产方式构成房地产开发模式的三个环节要素。从资源利用的角度，把房地产开发模式分为自有土地开发、合作开发、兼并重组开发及成立项目公司开发四种模式。

（1）自有土地开发模式　自从2003年国有土地出让方式发生改变后，以传统的划拨方式取得土地越来越少，土地出让必须通过招、拍、挂等方式获得。由于土地资源变得越来越稀缺，获得土地的成本也越来越高。

很多一级土地开发商不再像过去一样将土地使用权转让，而是自己开发自有土地，在其上建造各种类型、用途的建筑物，通过出售或长期租赁获得收益。这种开发方式有时也称为单独开发。

以北京市市属国有企业为例，土地开发模式有以下几种：土地一级开发模式、“棚户区改造”模式、“定向安置房”开发模式、“公租房配建商品房方式”开发模式、“自住型商品房”开发模式、“土地收储”模式等。

（2）合作开发模式　当房地产开发企业在土地市场上难以获得土地时，往往采用合作开发模式。合作开发模式是指双方当事人约定，由一方提供建设用地使用权，另一方提供建设资金、技术、设备、劳动力等，双方共同合作开发土地、建设房地产项目，形成一种风险共担、利益共享的开发模式。

合作开发模式既解决了某些房地产开发企业找不到土地的困境，也解决了一些房地产开发企业或政府虽然拥有土地使用权，但缺少资金、技术支持的问题。合作的当事人可以是公司、个人及政府。合作既可以在企业与企业之间进行，也可以由企业与政府合作，参与城市建设中的旧城区改造、城中村建设。

合作开发又可以细化为一般合作开发、定向开发、联合开发等。

1）一般合作开发。一般合作开发是合作开发中最常见的方式。合作双方签订合作协议，合作方中一方出土地，一方出资金等，按照协商的比例分享利润或分割房屋。当房地产开发企业新成立，缺乏开发经验时，可用这种方式与其他经验丰富的企业合作，降低自身风险。

2）定向开发。定向开发是一种特殊的合作，一般面向特定的企事业单位或拆迁户，开发之前就已明确将来项目的所有者或使用者。开发企业通过为其代建房屋，按每平方米建筑面积或每套单元收取一定比例的费用。定向开发虽然盈利空间不大，但因为未来的消费者、使用者已在开发前确定，所以开发企业既不用投入宣传营销费用，更不用承担将来因房屋销售不畅而带来的资金回笼压力。

3）联合开发。联合开发与一般合作开发相似，但区别在于合作方超过两家，可以由几家开发企业共同出资，共担风险。联合开发的好处在于参与的合作方越多，筹集到的开发资金越充足，经验越丰富，越有利于开发项目的完成，还可以降低每个合作方的风险；但缺点是如果任何一方的意见与其他参与方有出入，协议的商讨、签订过程就越复杂，而且合作方越多，利润的分割就越多。

（3）兼并重组开发模式　当通过自有土地开发模式和合作开发模式无法获得土地使用权时，还可以将拥有某宗土地使用权的企业兼并，将被兼并企业重组为公司的子公司或某个部门。随着公司被兼并，其拥有的土地资源的使用权也随之一并转移到新公司中。这种方式往往要付出比合作更大的代价，才能获得土地的使用权。

随着房地产市场的规范运行，房地产开发的竞争越来越激烈。一些实力较强的企业为了减少竞争对手，意图获得更大的市场份额；或者为了提升企业的生产能力，实现规模效益，也会通过产权交易、资产重组等兼并方式，实现开发目标。

（4）成立项目公司开发模式　成立项目公司开发模式主要是一方提供土地，另一方提供资金，双方为某个项目专门成立一个项目公司，以提供的土地为基础进行房地产项目的开发。成立项目公司开发模式与合作开发有相似之处，但其根本区别在于这种方式是先确定项目与土地，再成立专门的项目公司，项目公司只为这个特定项目而成立、运作。

许多合资经营和合作经营的房地产开发企业即属于成立项目公司开发模式。项目公司是在项目可行并确立的基础上设立的，其生命期从项目开始时计算，到开发项目完成后，项目公司的寿命也随之到期。这种组织形式便于进行经营核算，是房地产开发企业常用的一种形式。

5. 房地产开发的目的与任务

（1）房地产开发的目的　房地产开发的主体包括建设单位、公司、政府，不同开发主体的目的不同。

1）建设单位。通过自建方式建造办公楼、住宅等，目的是满足自身的需要，不进入流通领域。

2）公司

① 房地产开发企业。房地产开发企业为了实现经济效益，实现利润最大化目标，有以下几种获取利润的方式：短期内迅速收回投资，如房屋出售；追求长期的稳定收益，如房屋出租；获得出售、出租以外的收入，如以开发产品为载体进行经营，是向下游产业延伸，有自己经营和与人合营两种形式。

② 投资公司或投资商。投资公司或投资商的目的是获得稳定的、长期的利润，而不是追求短期收益。具体做法是希望通过稳定的经营获得利润；注重投资收益率，尽可能降低风险；开发的产品类型多样，注重综合效益。

③ 承包商。承包商的目的是通过设计、施工、监理等活动获取直接经济收益。

3）政府。政府参与房地产开发，其目的不是获得经济收益，而是将目标放在改善居民的生活状况、提高生活水平、加快城市建设等方面。着重于宏观、整体目标的实现。

（2）房地产开发的任务　房地产不仅影响房地产开发企业自身的经济效益和战略目标的实现，更是关系到国民经济发展的重要支柱产业。

站在不同主体角度分析，房地产开发的任务具有多样化的特点。

1）房地产开发企业。从房地产开发企业角度分析，房地产开发的任务为：进行开发项目的可行性研究，客观合理全面地分析项目的经济效益、社会效益、环境效益；科学组织施工，保证按时完成工程项目的建设，在质量、进度、投资控制方面满足预定目标；做好分工协作，提高效率，借助专业知识、专业人才的力量提高资源的利用效率和效果；加快房地产综合开发的经营与管理，提升企业的综合实力，为城市建设和国民经济发展做出贡献。

2）管理者。从政府管理者的角度分析，房地产开发的任务为：通过房地产开发，向城市提供商品住房、普通商品住宅；积极贯彻落实国家房地产业宏观调控政策，实现房地产市场供求基本平衡，抑制房价过快上涨；积极引进大型、知名房地产企业的投资，提升房地产产品的质量、增加房地产产品的种类和供应的数量；制止违规开发和销售，加强商品房预售监督管理，确保预售资金运行和市场交易安全，实现商品房一级市场规范有序，

二、三级市场流通活跃；以突出物业市场管理为主，加大城市精细化管理力度；加大物业维修资金归集力度，催缴历史遗留资金；完善房地产市场信息系统建设，充分利用建设成果编制全市房产市场运行报告，并向社会公开；积极稳妥推进企业改制。

（3）房地产开发应实现的效果　改善居住条件，明确房地产在城市建设中的地位，加快房屋商品化的进程，带动相关产业的发展，促进第三产业的发展，顺利实施城市规划，取得经济效益、社会效益、环境效益的“三效统一”。

1.1.4　房地产业

1. 房地产业的概念

房地产业是从事房地产开发、经营、管理、修缮、装饰、服务的行业。主要包括：土地的开发、经营，房屋的建设、出售、出租，房地产的维修、管理、装饰，以及信托、抵押、信息咨询、劳动服务等各种经济活动。

2. 房地产业与建筑业的区别

建筑业是从事建筑物的设计、施工、设备安装、更新改造、维修的行业，是指建筑安装工程作业，是以砌筑组合安装为手段，使产品与大地相连固定不动的生产活动。建筑业属于制造业，它的产品就是建筑物。因此，建筑业属于第二产业。

房地产业是从事房地产综合开发、经营、管理和服务的综合性行业，包括房地产生产、流通和消费过程的各项经营和管理业务。房地产开发过程中的房地产建造，通常是由建筑业者来承担的，所以房地产业总体上属于服务行业，所以，把房地产业划入了第三产业第二层次的服务部门。

根据联合国经济和社会事务统计局制定的《国际标准行业分类》，建筑业为F类，房地产业为L类。

可见，国内外都把房地产业与建筑业分开。但由于房地产业中的房产建设是由建筑业来完成的，所以显而易见，建筑业和房地产业有着一种相互依存的关系，它们是相互邻近的行业，是相辅相成的。也正因为如此，有许多房地产开发企业发展到一定规模以后，就成立了自己的建筑公司；同样，有许多建筑公司发展到一定规模以后，就成立了自己的房地产开发企业。

3. 房地产业的地位及作用

（1）房地产业在国民经济中的地位　在国民经济中，房地产业是国民经济的支柱产业，其地位和作用主要体现在它的基础性和先导性上。

1）基础性。土地的开发和利用为人类提供着生存、发展的基础性物质条件。房地产为人们提供必要的物质生活条件，是人们从事各种活动的物质基础来源。房地产既是一种重要的物质劳动产品和物质财富，又是人们赖以生存和发展的重要社会资源。

2）先导性。房地产业将土地、资金、劳动力和各种社会资源及物质材料通过市场机制积聚起来，对整个市场体系的完善具有不可替代的重要作用。房地产业的发展，为建筑业、农业、工业、商业、运输业等国民经济基本行业的繁荣发展提供着先导性物质条件。

3）支柱性。房地产业是国民经济的重要支柱产业，对于拉动钢铁、建材、家电、家居用品等产业发展有着举足轻重的乘数效应，对金融业的稳定和发展至关重要，对于推动居民消费结构升级、改善民生具有重要作用。

（2）房地产业在城市建设中的作用　房地产业关联度高、带动力强，是经济发展的基础性、先导性产业，是我国新的发展阶段的一个重要支柱产业。房地产业与国民经济有着密切的联系，两者相互依存、相互促进。一方面，房地产业的发展受到国民经济的制约，国民经济的发展水平决定着房地产业的发展水平；另一方面，房地产业的发展又能促进国民经济的发展，使国民经济持续快速健康发展。房地产业具有以下重要作用：

1）为国民经济发展提供重要的物质条件。房地产是国民经济发展的基本生产要素，任何行业的发展都离不开房地产。

2）促进地区经济快速增长。据世界银行研究报告，发展中国家房地产投资对相关产业乘数效应为2倍以上。房地产业是集房屋、市政、工业、建筑和商业等综合开发为一体的产业，它的关联度高，带动力强，产生了巨大的“拉动效应”，特别是对建筑业、房地产中介和物业管理以及建材工业拉动作用较大，可以带动建筑、建材、化工、轻工、电器等相关产业的发展，促进国民经济持续快速健康增长。

房地产业作为消费终端产业，通过商品房消费者的消费作用提供一定的供给效应。近几年房地产业的大发展，间接带动了工业、装饰业、餐饮业、娱乐业、卫生、教育和居民服务业等相关产业的发展，从而产生了持续性消费，推动行业发展，进而促进了地区经济持续快速发展。

3）改善人民的住房条件和生活环境。

4）加快旧城改造和城市基础设施建设，改变落后的城市面貌。通过综合开发，避免分散建设的弊端，有利于城市规划的实施。

5）有利于优化产业结构，改善投资硬环境，吸引外资，加快改革开放的步伐。

6）增加社会就业岗位，吸纳大量劳动力。从提供就业岗位看：一是房地产业本身提供了大量就业岗位；二是直接带动建筑业吸纳更多的劳动力；三是间接带动钢材、水泥、金融等行业增加了不少的就业岗位；四是房地产经纪行业和物业管理行业，需要的从业人员较多，对解决人员就业方面发挥着重要作用。

7）增加政府财政收入。房地产业对GDP增长具有较强的拉动作用。房地产业是国民经济的重要组成部分，在城市建设中，有着重要的地位和作用，在一定时空条件下是城市发展的支柱产业。随着投资规模的不断扩大，房地产业增加值不断增加，在国民经济中的地位也在不断增强。

8）对固定资产投资增长拉动作用明显。固定资产投资是宏观调控的切入点和着力点，是国民经济增长的重要推动力。近年来房地产业快速发展、市场容量不断增大，投资额快速增长，占全社会投资的比重也逐年上升，有效拉动了城市投资快速增长。

房地产业在整个国民经济中既属于基础性产业，也是消费终端产业，与投资和消费两大因素密切相关，是启动内需、拉动投资的主要行业之一，对城市经济的健康、平稳和持续发展有着重要的带动作用。随着国民经济和房地产业的进一步发展，房地产业在国民经济中将发挥更广泛、更重要的作用。

1.2　房地产开发与经营

1.2.1　房地产开发与经营的含义

1. 房地产开发

按照《中华人民共和国城市房地产管理法》中的定义，房地产开发是指在依法取得国有土地使用权的土地上进行基础设施建设、房屋建设的行为。

房地产开发既是房地产企业生产和再生产过程，也是房地产产品的建造过程。房地产开发的目的是生产者或经营者为了实现特定目标，对资源进行合理开发与利用的过程。房地产开发必须严格执行城市规划，按照经济效益、社会效益、环境效益相统一的原则，实行全面规划、合理布局、综合开发、配套建设。

2. 房地产经营

房地产经营的概念有广义和狭义之分。

广义的房地产经营是指一切通过从事房地产领域的经济活动获得经济效益的行为，包括：房地产策划、房地产投资、房地产建设、房地产中介、房地产销售、房地产交易、房地产修缮、房地产抵押、房地产信托、房地产装饰装潢、物业管理等活动。狭义的房地产经营仅指房屋经营和城市土地经营这两种房地产领域的经营行为，是指房地产开发企业在城市规划区内的国有土地上进行基础设施建设、房屋建设的行为之后，房地产经营者将房地产项目转让或从事房地产产品的出租、出售、自营以及服务、管理等活动的总和。

3. 房地产开发与经营

房地产开发与经营是指房地产开发企业在城市规划区内国有土地上进行基础设施建设、房屋建设，并转让房地产开发项目或者销售、出租商品房的行为。其中：房地产开发与经营的主体是房地产开发企业，是指以营利为目的，从事房地产开发和经营的企业，也称为房地产开发商。

房地产开发与经营是房地产开发商通过一定的努力，使房地产项目实现某种用途或价值，生产出某种产品，从而使开发商获得经济利益的活动。在市场经济条件下，这种努力的结果是获得了经济利益，所有能获得利益的活动统称为经营，只不过开发与经营的侧重点不同。房地产开发强调了这种努力的方向，是使房地产项目进行某种改变、使房地产产品从无到有；是通过某些方式实现产品的改变，如办理手续、土地开发、招标投标、房屋建造等。而经营强调的是动机，是在市场经济条件下追求经济利益、实现企业目标的市场行为。

房地产开发与经营是房地产经济活动中，两个既相对独立又相互关联的概念。有时可以把它们看作一个整体来研究，如探讨房地产开发与经营与经济的关系，房地产开发与经营对经济增长的贡献等。但在实际经济活动中，房地产开发与经营不仅受到企业自身发展的影响，还会受到宏观经济、法律法规政策、技术、社会文化及市场环境的影响。在不同的市场供求关系下，供求之间的变化会使得市场对开发与经营的侧重不同。例如，当市场供不应求、产品短缺时，房地产开发就比房地产经营更受关注，其目的是能够更多地开发生产出房地产产品，这时满足市场需求成为首要问题；而当市场供需基本平衡或供过于求时，开发经营的重点就转移到经营上面，此时会更多地关注于如何对房地产产品进行销售、交易、抵押、信托以及修缮、管理等方面。

4. 房地产开发与房地产开发经营

《中华人民共和国城市房地产管理法》第二条规定：房地产开发，是指在依据本法取得国有土地使用权的土地上进行基础设施、房屋建设的行为。国务院《城市房地产开发经营管理条例》第二条规定：房地产开发经营是指，房地产开发企业在城市规划区内国有土地上进行基础设施建设、房屋建设，并转让房地产开发项目或者销售、出租商品房的行为。

房地产开发和房地产开发经营是有区别的，两者对主体的资质要求是不同的。前者不一定要求企业具有房地产开发经营资格，如拥有国有土地使用权的企业自建房，从后者角度而言就要求企业具有房地产开发经营资格。中华人民共和国最高人民法院在《民事案件案由规定》中，把合资、合作开发房地产合同纠纷归属于房地产开发经营合同纠纷中，所以合资、合作开发经营房地产合同中对主体的资格是有要求的，至少要求一方具有房地产开发资格，但实践中经营有把具有房屋预租性质的自建房（非商品房）合建合同纠纷当作房地产开发经营合同纠纷，而要求自建房合建合同的一方具有房地产开发经营资格，就是因为没有把房地产开发与房地产开发经营区别开来。由于合资、合作房地产开发经营合同是属于房地产经营性质的合同关系，必然涉及转让房地产开发项目或销售、出租商品房的行为。

1.2.2 房地产开发与经营的关系

1. 房地产开发与房地产经营的共同点

从广义角度看，房地产开发与房地产经营在本质上是相同的。房地产开发的结果必然是房地产经营，而房地产经营必然通过房地产开发来实现。在市场经济条件下，任何一个经济主体，都有着明确的目标，并且有着实现目标的具体方式。

中华人民共和国国家标准《国民经济行业分类代码》GB/T 4745—2017 中，将房地产行业列为 K 类（编号 70 房地产业），具体包括五个行业（7010 房地产开发经营、7020 物业管理、7030 房地产中介服务、7040 房地产租赁经营、7090 其他房地产业），其中第一个就是房地产开发经营。我国的房地产行业分类就是从广义的角度，将房地产开发与房地产经营合并在一起的。

2. 房地产开发与房地产经营的区别

从狭义的角度及我国房地产行业的实际运行看，房地产开发与房地产经营是有区别的。

（1）在房地产项目市场运作过程中所处的阶段不同　房地产开发强调的是房地产项目的整个开发过程，是房地产产品的生产过程。房地产开发商是项目从无到有过程中的投资主体和管理主体。虽然在开发的某些阶段，开发商不直接进行产品的生产，如在施工建设阶段，往往是通过招标由施工承包企业进行产品的建造，开发商与建筑企业之间是承发包的关系，但是没有开发商的整体运作，房地产项目是不会产生并完成的。

房地产经营强调的是从某个房地产项目中获得经济利益的全过程。房地产经营实际上是房地产项目的产品进行市场交易的过程。在市场经济条件下，市场交易过程是决定房地产开发活动能否最终完成、开发目标能否实现的关键阶段。

（2）活动的主体不完全相同　一般房地产开发商都会成为房地产经营者，因为当房地产开发活动到达租、售阶段后，项目就进入经营阶段，开发商的角色自然也相应地转变。

但是房地产经营者并不一定必须是房地产开发商。当房地产开发商将自己的产品推向市场后，这些产品部分卖给了产品的最终使用人（如消费者），也可能卖给了中间商。这些中间商从开发商那里购得房地产产品后，会通过房地产交易市场，将产品再转卖给最终使用者，并从最终使用者手中获得经济利益。这些中间商也是房地产的经营者，但他们并不是房地产开发商。

（3）对活动主体的资格要求不一样　在目前市场经济条件下，要求从事房地产开发活动的企业必须具有一定资质和条件，这些企业被称为房地产开发企业，必须是具备法人资格的经济实体。如果不是法人，或者没有相应的注册资质、达不到规定的要求，房地产开发的主相关管机构（住房和城乡建设部和国土资源部）是不会批准其从事这方面活动的。

以房地产开发企业的二级资质为例，房地产开发企业必须具备的条件包括：有职称的建筑、结构、财务、房地产及有关经济类的专业管理人员不少于5人，持有资格证书的专职会计人员不少于2人；工程技术负责人具有相应专业中级以上职称，财务负责人具有相应专业初级以上职称，配有专业统计人员等等，这些条件都是普通居民所不具备的。

而对于房地产经营者来说，主体的资格限制就少得多。经营者可以是法人组织，也可以是具备正常行为能力的合法公民。当一个普通居民购买住宅进行出租或出售，并通过交易活动获得经济回报时，他也成为一个房地产经营者。

（4）指向的行为对象不同　房地产开发所指向的行为对象是某个具体的开发项目，没有房地产项目就没有房地产开发行为。当一个项目开始构思策划时，房地产开发行为就开始了；而当这个项目全部竣工验收并全部卖出后，房地产开发活动就结束了。如果没有下一个项目，那么房地产开发行为就不会继续进行。

而房地产经营所指向的对象是房地产开发企业或其他从事交易的公司。对于一个房地产开发企业来说，即使在一段时间内没有新的项目进行开发，没有开发活动，但公司依然会存在下去，原因就是公司还在进行着经营、管理活动。

房地产开发活动是以项目为依托的，它有开始和结束的时间，是一个阶段性的活动；而房地产经营活动是持续不断的，不受项目的多少和相隔时间的限制。只要公司存在并愿意经营，这种活动就会一直持续，直到公司解散或倒闭。

3. 房地产开发与房地产经营的关系会不断变化

在我国目前的经济体制下，房地产经营是附属于房地产开发的。

在我国改革开放初期，经济基础相对落后、人均 GDP 较低，我国的基础设施、公共设施、住宅等房地产项目的供应不能满足人们的需要。这时房地产供求关系仍处于供不应求阶段，人们相信只要能开发出房地产产品，就不存在卖不出去的可能。在这种情况下，房地产开发是房地产经济活动的主体，房地产开发商在整个房地产行业中处于核心地位，其他的从业者，包括房地产经营者，大都依附于房地产开发商。早在 1992 年，海南省、广西壮族自治区北海市等地区，都经历过较严重的房地产开发泡沫现象，没有真正实现房地产开发的市场化运作，市场难以淘汰那些不符合市场规律的开发项目和开发商，造成了盲目开发。

随着国家把房地产作为支柱产业来发展，房地产供不应求的现象逐步得到缓解，现有的房地产项目越来越多，房地产开发商与经营者之间的关系发生了变化，未来房地产经营行为会独立于房地产开发活动而存在。

当房地产产品的供求关系基本平衡后，新开发的房地产项目会减少，主要的房地产活动多表现为既有房地产项目的交易。随着房地产经营行为越来越独立于房地产开发活动，房地产经营者就会成为房地产经济的主体。

1.2.3 房地产开发与经营的内容

1. 房地产开发与经营的基本特征

房地产开发与经营的基本特征表现为：投资周期长、资金数额大、周转速度慢、变现能力差、项目风险大、利润回报丰厚。

房地产开发难度大、政策性强，企业自有资金有限，需要不断地投入资金，获取最大的利润。房地产开发企业不仅需要从金融机构融资，更需要吸收社会资金参与开发；大量社会资金因为资本的逐利性特点，也积极地希望进入利润丰厚、蓬勃发展的房地产行业；还有一些企业拥有可供开发的土地，但是因为缺乏开发资金或者不具备进行房地产开发的资质，需要与房地产开发企业进行合作开发。同时，房地产开发企业也希望通过合作开发的方式降低自身的经营风险。基于以上的客观需要，本着共担风险、共享利润的原则，房地产合作开发经营逐渐成为我国房地产开发的主流。

房地产开发经营与一般经营一样，目的是获取利润，必然涉及投入与产出。从房地产开发的主要参与者角度分析，根据其投入与回报，来分析房地产经营的特征：

1）开发商：付出全程劳动，获得直接利益。

2）政府相关机构：付出监管和审查，获得税收。

3）金融机构：付出资金，获得利息和贷款收益。

4）勘察、设计机构：付出脑力劳动，收取勘察、设计费用。

5）建筑承包商：付出人、材、机、技术、管理，获得建筑承包费。

6）监理单位及个人：付出智力、知识，获得监理费用。

7）中介服务机构：付出服务、信息，获得服务费及中间差价。

8）消费者：付出积蓄，获得房地产产品的所有权或使用权。

2. 房地产开发与经营的主要参与者

（1）房地产开发商——首要参与者　房地产开发商是房地产项目的构思者、设想者、组织者、全程参与者、产权拥有者、最终利益获得者。

房地产开发商必须具有多方面的素质，具体表述如下：

1）敏锐的市场嗅觉。能够在多变的市场中寻找商机，并判断其成功率。

2）优秀的组织者。众多的参与者都需要由开发商统一组织和协调，保证整个项目的顺利进行。

3）良好的公关技巧。房地产开发涉及多个部门，开发商会受到诸多主管部门的管理、监督、审查，这就要求开发商动用良好的公共关系技巧来化不利为有利。

（2）政府相关机构——土地供应者、宏观管理者

1）我国的城市土地是国有土地，任何开发企业进行房地产项目的开发，首先要获得国有土地的使用权，必须向主管政府机关申请并获得批准。

2）开发活动的各个阶段都要受到政府相关机构的管理和审查，并办理相应的手续，涉及的部门多达几十个。其中任何一个部门的手续办理和机构监管出现问题，都会影响房地产开发的进程和结果。

（3）金融机构——资金的提供者　房地产开发项目投资大，回收期长，没有金融机构的参与，没有强大的资金作保证，大多数开发企业是没有能力进行开发的。开发结束后，进行市场交易时，消费者也需要金融机构为其提供购买贷款的支持。

勘察、设计机构——设计构想的主体

勘察、设计机构的作用是把房地产开发商的构思从设想变为可操作的现实，通过设计图样体现出来。随着市场需求的不断变化，开发商的构思越来越求新求异，建筑物高度的提高、面积的扩大，设计的难度也越来越大，需要专业机构和专业人士的配合。

（4）建筑承包商——项目建设的主体　部分房地产开发企业拥有自己的工程建设队伍，但大部分房地产开发企业要通过招标，选择专业的承包商完成项目的建造工作。

（5）监理单位及监理工程师——项目管理的重要参与者　目前我国实行工程监理制度，目的是保证工程在质量、进度、造价等方面的有效控制。

（6）中介服务机构——实现利润的必要途径和保证　中介服务机构包括专业的销售公司和销售人员、物业管理机构和人员、律师、会计师、税务师、经纪人、评估机构、保险机构、公证机构、咨询机构、信息公司等。

（7）消费者——产品的最终拥有者　消费者是房地产产品的最终拥有者。消费者接受产品、占有产品、使用产品，可以按照自己的意愿处分产品，并获得收益。

3. 房地产供给与需求

（1）房地产供给

1）概念。房地产供给是指在一个特定时期内，房地产开发商在各种可能的价格下，愿意并且能够供给的房地产的数量。通常，在一个特定价格下，房地产开发商愿意并且能够供给的房地产的数量，称为房地产的供给量。

影响房地产供给量的因素包括：该类房地产的价格、房地产的成本、建筑技术水平、替代房地产产品的价格、预期房地产价格的变动趋势、资金利率、税率、政府的住房政策等。

2）房地产供给曲线

① 房地产开发商在某一特定时期内对某一房地产产品的供给量，随着价格的提高而增加。

② 在价格固定不变的前提下，开发成本的减少（增加）、建筑技术水平的提高（降低）、替代房地产的价格降低（上升）、预期房地产的价格上升（下降），都会导致房地产供给数量的增加（减少），从而形成新的房地产供给曲线 S_1（S_2）。房地产供给曲线如图 1-5 所示。

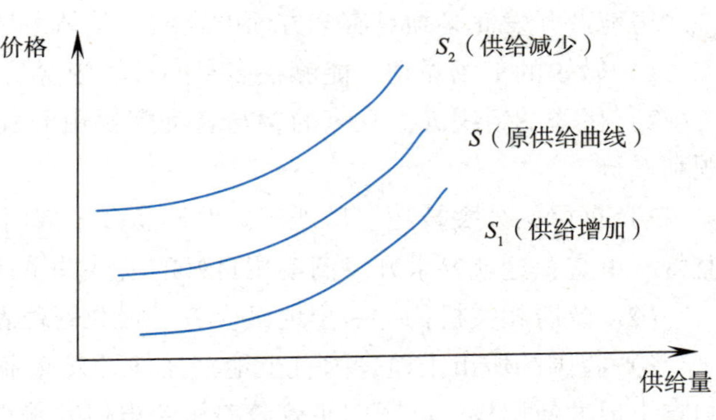

图 1-5　房地产供给曲线

（2）房地产需求

1）概念。房地产需求是指在一个特定的时期内，消费者在各种可能的价格下，愿意并且能够购买的房地产的数量。通常，在一个特定的价格下，消费者愿意并且能够购买的房地产数量，称为房地产的需求量。

影响某种类型房地产需求量的因素包括：房地产的价格、消费者的收入、消费者的偏好、替代房的价格、预期房地产价格变动的趋势、人口状况、国家宏观经济因素及住房政策等。

2）房地产需求曲线

① 消费者在某一特定时期内对某一房地产产品的需求量，随着价格的降低而增加。

② 在价格固定不变的前提下，消费者的收入增加（减少）、对该房地产的偏好增加（降低）、替代房地产的价格上升（下降）、预期房地产的价格上升（降低），都会导致房地产需求数量的增加（减少），从而形成新的房地产需求曲线 D_1（D_2）。房地产需求曲线如图 1-6 所示。

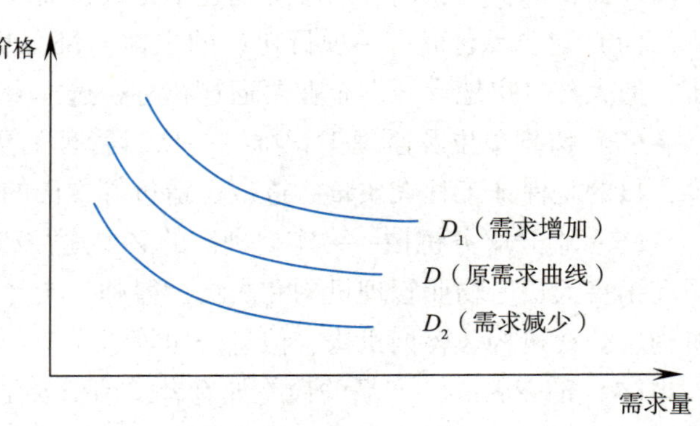

图 1-6　房地产需求曲线

（3）房地产供求平衡。同一般商品一样，房地产市场需求和供给相互作用，共同决定房地产的价格。当供给量和需求量正好相等时的价格称为均衡价格 P_0，把供给量和需求量正好相等时的数量称为均衡数量 Q_0，房地产供求曲线如图 1-7 所示。

1.2.4　房地产开发与经营的形式

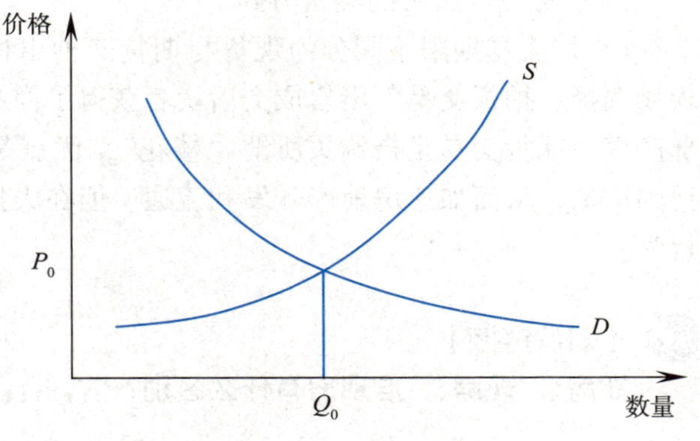

图1-7　房地产供求曲线

1. 房地产开发的形式

房地产开发的形式比较常见的有四种：以签署联合经营协议的合伙制联建、组建具有独立法人资格的项目公司开发、房屋参建、开发商独立开发项目。

合伙制联建是指一方提供资金、技术、劳务，另一方提供土地，双方合作进行房地产开发，双方在合同里明确约定按比例分配房屋和土地使用权，并以各自所有或者经营管理的财产承担民事责任的房地产合作开发行为。一般适用于房地产开发企业与提供土地方之间的合作。

项目公司开发是指一方提供资金、技术、劳务，另一方提供土地，双方以组建法人资格的经济实体来合作进行房地产开发的行为。这种情形下，房地产合作开发的合作人即成为项目公司的股东，一般适用于合作双方都不是房地产开发公司，用于商品房开发的情形。

房屋参建是指参建人以参建的名义，对已经成立的房地产项目参与投资或预购房屋的行为，一般表现为参建人通过投资或参与房地产建设而获得部分房产的所有权。这种方式适用于房地产项目已进行，但开发方资金不足的情况。

独立开发是指房地产开发企业拥有项目所需的土地，提供项目所需的资金、技术、设备、劳务等。项目开发的全部风险由房地产开发商承担，开发的利润也全部归开发商所有。这种方式风险较大，企业的资金压力大，一般开发企业较少采用。

由于第一、三种房产开发形式，房地产开发商都需要承担无限责任，且合作投资者之间复杂的关系往往无法通过合作协议统一调整，合作投资者之间容易产生纠纷。所以组建房地产开发企业进行项目开发，应该是房地产开发较为优越的开发形式，特别适合于一些大型的房地产项目开发中。

2. 房地产经营的形式

房地产经营可分为出租和出售两种基本形式。出租是指房屋所有者或经营者将其所有或经营的房屋，以一定的租金标准分期出售给消费者使用。出租只发生房产使用权的转移，而所有权不变。出售是指房屋所有者将其所有的房屋以一定的价格一次出售给消费者，房屋所有权和使用权都发生转移。

出租和出售都是商品买卖关系，不同之处在于是零星出卖还是一次出卖。出售是通过一次交换，卖主获得商品的全部价值补偿，同时将商品的所有权和使用权全部转交给买主。常见的住宅出租是通过多次交换完全实现商品的价值，因而也称之为使用权零星出卖。在零星出卖的过程中，出租人陆续实现商品的价值，承租人则逐一获得一定期限的使用权。

(1) 房地产出售的经营方式

1）按交易期限不同分为现货与期货两种出售方式。房地产现货出售也称现房，就是现场选择、拍板交易。出售成交后卖者获得了商品的价值，买者得到了房地产的部分或全部产权。期货交易是指购买所谓“楼花”，优点是买者可以得到货源保证，卖者可以提前得到房款，从而加速房地产开发和流通。但在失控的情况下，也容易发生转手倒卖的投机行为。

【知识链接】

期房、现房、准现房有什么区别？

1. 什么是期房？

期房是指房地产开发商从取得商品房预售许可证开始至取得房地产权证止，在这一期间的商品房称为期房，消费者在这一阶段购买商品房时应签预售合同。

人们习惯上把在建的、尚未完成建设的、不能交付使用的房屋称为期房。

2. 什么是现房？

现房是指消费者在购买时具备即买即可入住的商品房，即房地产开发商已办妥所售房屋的房地产权证的商品房，与消费者签订商品房买卖合同后，立即可以办理入住并取得房屋产权证。只有拥有房地产权证和土地使用证才能称之为现房。

3. 什么是准现房？

准现房不是一个法律概念，是指房屋主体已基本封顶完工，小区内的楼宇及设施的大致轮廓已初现，房型、楼间距等重要因素已经一目了然，工程正处在内外墙装修和进行配套施工阶段的房屋。但是这种房产的性质仍然属于期房，政府按照期房进行管理，必须办理商品房销售许可证才能销售。准现房和期房优缺点如出一辙。一般来说，预售的准现房优点是开盘价位较低，购房居民往往能得到较理想的折扣，付款方式相对比较宽松，还款压力较轻。若再能了解一些市政和道路规划，则可能具有增值空间，产生投资保值功能。

2）按成交方式分为订购、现购和拍卖等方式

订购是购买者为了确保货源，先预付一部分订金，当产品移交后再付清货款的方式。现购是在新建产品或原有物业验收后出售给消费者的交易方式。拍卖是对准备出售的房地产预先估出底价，通过叫价，最后取最高叫价成交的一种特殊交易方式。

3）按付款期限可分为一次性付款和分期付款出售。

4）按付款条件可分为平价出售和优惠价出售。

5）按出售数量，可分为批量出售和单宗出售。

(2) 房地产出租的经营方式

房地产出租按所经营的对象不同，分为土地出租和房屋出租。土地出租属于转让或再转让土地使用权的行为，但转让的土地必须是已经开发的土地，或连同地上建筑物的产权一同转让。当土地连同房地产一同转让时，土地转让的虽然仍是使用权，但地上房屋转让

的可以是所有权。房产出租需要通过签订契约以确立和明确租赁关系及出租人和承租人的权利和义务。房产出租的租金价格主要取决于同期银行利息和房屋价格。

3. 房地产经营的程序

（1）开发经营立项申请

1）申请立项的房地产开发商至少应具备以下几个条件：

① 有足够的资金。

② 有相应的开发资质等级。

③ 有一定数量的工程技术人员。

④ 符合公司法规定的其他条件。

2）对开发土地的要求。房地产开发项目用地，必须经过城市规划部门和土地管理部门及其他主管部门的审批，要求用地符合城市总体规划的要求，并要求做出可行性研究报告。其中包括对产品价格、市场容量的现状及前景分析，还包括对开发方案、开发规模选择的分析，以及对拆迁户数及其补偿情况，劳动力安置、占地面积、建筑面积等情况的说明。选址的条件分析，包括地形、地质、地貌、水文、位置及社会经济状况，需要场地总面积和总平面草图、配套建设，如供水、供电、供气、供热、通信、排水及污水处理的现状及发展趋势。总之，要求用地各个方面符合城市总体规划的要求。

3）立项申请应提交的文件。

在进行项目申请时，要向土地规划部门及其他管理部门提交一系列文件，其中包括：

① 公司营业执照。

② 公司的开发资质等级。

③ 公司章程。

④ 公司验资报告及股东出资证明。

⑤ 经营许可证。

⑥ 项目可行性研究报告。

（2）房地产开发项目审批　房地产开发项目的审批，要经过工商、税务、土地管理部门、规划部门及城管、公安消防、卫生防疫、供电、供水等部门。房地产开发涉及面很广，是一个系统，因此要求各部门互相支持、协调。一个项目只有符合城市总体规划的要求才能够获得批准。

1.3　房地产开发企业的设立

1.3.1　房地产开发企业及其类型

1. 房地产开发企业的概念

根据《中华人民共和国城市房地产管理法》的规定，房地产开发企业是以营利为目的，从事房地产开发和经营的企业。

房地产开发企业是从事土地和房屋开发建设，并在房地产市场中从事房地产产品交换的经济组织。房地产企业在房地产市场上，利用各种生产要素，如土地、资金、建筑知识、技术、人工、信息、时间等，生产和销售房地产产品，提供服务与管理。

2. 房地产开发企业的类型

1）按照开发的内容划分，分为房地产开发公司、房地产中介服务公司和物业管理公司。

房地产开发公司是以营利为目的，从事房地产开发和经营的公司，主要业务范围包括城镇土地开发、房屋营造、基础设施建设，以及房地产营销等经营活动，这类公司又称为房地产开发经营公司。

房地产中介服务公司包括房地产咨询公司、房地产价格评估公司、房地产经纪公司等。

物业管理公司指以住宅小区、商业楼宇等大型物业管理为核心的经营服务型公司。这类公司的业务范围包括售后或租赁物业的维修保养、住宅小区的清洁绿化、治安保卫、房屋租赁、居室装修、商业服务、搬家服务，以及其他经营服务等。

2）按照开发范围的广度划分，分为房地产综合公司、房地产专营公司和房地产项目公司。

房地产综合公司是指综合从事房地产开发、经营、管理和服务的公司。

房地产专营公司是指长期专门从事如房地产开发、租售、中介服务，以及物业管理等某一方面经营业务的公司。

房地产项目公司是指针对某一特定房地产开发项目而设立的公司。

3）按照企业所有制划分，分为公有制的房地产企业、合资的房地产企业、私有房地产企业。

4）按照开发经营的对象划分，分为专门从事土地和城市基础设施开发的企业、专门从事地上建筑物和构筑物建设的企业、房地产综合开发企业。

5）按照政府对企业的干预程度划分，分为商业性房地产开发企业和政策性房地产开发企业。

商业性房地产开发企业是从项目决策、资金融通到产品的竣工租售，其开发目的与开发行为完全以市场机制为主导，一切依市场规律办事。市场上常见的房地产开发企业属于此类。

政策性房地产开发企业是接受国家指定的房地产开发任务，并未完全按商业原则开发，而是更多兼顾了社会、集体的利益。如安居工程、经济适用房、廉租屋的建设。

3. 房地产开发企业的特征

（1）区域性　房地产开发企业具有明显的地域属性，这与房地产产品的不可移动性密切相关。

（2）不完全竞争性　土地市场的垄断性决定了房地产开发企业的不完全竞争性。土地的一级市场由国家垄断，房地产开发企业获得土地时的成本代价是有差别的，享受到的政府“优惠”程度不一样，房地产开发企业在市场中的竞争地位和结果就不一样。

（3）多功能性　房地产开发企业应该具备多种能力才能完成复杂的开发活动。房地产开发企业要参与开发的全过程，生产出房地产产品；要进入房地产市场，将产品出售和出租；要在产品交易过程中提供各种管理、服务；要在产品使用过程中，提供满足消费者需求的各项服务。

4. 房地产开发企业的制度

(1) 企业制度　企业制度是企业的产权归属形态、组织及管理形式，包括产权制度、责任制度和组织管理制度。

企业制度由产权、法律、体制三部分构成。产权也称产权关系，即生产资料归谁所有，是企业制度的核心；法律责任是用法律形式规定的企业必须承担的责任，以及责、权、利关系的对等；组织体制是产权关系与法律责任在企业内部的体现。

(2) 现代企业制度　现代企业制度是一个复杂的系统，内容可归结为两项：企业法人产权制度、企业法人治理结构。

1) 企业法人产权制度。企业法人产权制度也称为现代产权制度，是与市场经济体制相适应、与所有制相联系的现代企业制度的核心。对现代企业而言，企业法人产权制度是指与注入资本金的行为相联系，具有一定约束力的财产关系，即企业的成立作为法人，需要有法定的资本金，并且注入资本金者就是产权主体，它享有所有者权益并行使产权主体职责。对资产的占有和依法处置权利则属于法人财产权，由产权主体落实到企业法人。

企业法人产权制度的中心内容是"两个分离"，即原始所有权与法人财产权的分离，使产权有明确界定；法人财产权与经营权的分离。

【知识链接】

企业法人产权的实质及特征

1. 企业法人产权的本质：对他人资产的支配权

企业法人产权是有别于原所有权但又是从所有权分离出来且有独立意义的有关资产的权利。在现实中，以最典型的股份有限公司为例，所有权转化为股权由股东持有；管理权作为经营管理的执行权由经理掌握；董事会的权利既不同于股东的持股权，也不同于经理的管理权，而是一种对整个公司资产组合的支配权；任何一个所有者，作为持股者只能在市场交易中支配自己的股份，但却不能支配整个公司，只有董事会可以支配整个公司的资产。在这里，董事会权利的特点在于他所支配的公司的资产，在所有权上主要并不是隶属于董事会成员的。尽管董事会的成员也拥有公司的股权，因而也是公司的所有者，但整个董事会成员的股份在整个公司的资产中只是一部分，并非全部。在当代股份日益分散的条件下，董事会成员的资产占公司总资产的比重越来越低，但他却可以支配整个公司的资产，因此，所谓企业法人产权便是这种由董事会代表的对他人资产的支配权。

2. 企业法人产权具有独立性

企业法人产权虽然属于所有权的一种委托代理权，但一经形成便有其独立性。这种独立性集中表现在两方面。

一方面，企业法人产权虽然是所有者委托的一种支配权，但他以企业法人为主体，一经形成法人产权便不可以任意分割，即所有者不可凭借所有权去分割企业的资产，所有者作为持股者只能在市场上交易所有权（股权），以此来决定选择、评价、约束公司的行为，并转移风险，但却不能凭借股权来分割公司法人产权。股票一经售出不可退本，除非公司破产，按照事先确认的法律制度安排对所有者履行一定的责任。

另一方面，在企业法人产权制度下，所有者一经委托，对大多数所有者来说不可能凭其所有权直接在公司内部监督、支持公司的行为，而只能是在公司外部或委派少数代表来监督、约束受托者。除非持股者作为董事进入董事会，但毕竟是少数，大多数所有者只能通过市场交易，通过股票市场的投票来评估、监督、选择代理者。

可见企业法人产权实质上是一种受所有者委托的对他人资产的支配权。在这种委托代理制度下，关于资产权利的职能便发生了分解，权利诸方面的主体相应出现了多元化，出现了所有者、支配者、管理者之间目标、动因、利益、权利、责任的差异，相应地产生了所有权、法人产权、管理权的矛盾，因而也就要求相应的治理结构来衔接并规范诸方面的利益关系。

2）企业法人治理结构。法人产权结构决定法人治理结构，治理结构是产权结构在管理上的实现形式。法人治理结构表现为股东大会、董事会、经理执行层之间的权责分配和制衡关系，即由上到下层层授权，实行监督；由下到上层层负责、汇报工作。

理解现代企业制度需要把握好四个基本点：一是从生产关系的角度看，现代企业制度对应的是市场经济；二是从生产力的角度看，现代企业制度对应的是社会化大生产；三是从法律的角度看，现代企业制度对应的是企业法人制度；四是从产权的角度看，现代企业制度对应的是有限责任制度。因此，现代企业制度是指以市场经济为前提，以规范和完善的企业法人制度为主体，以有限责任制度为核心，适应社会化大生产要求的一整套科学的企业组织制度和管理制度。

现代企业制度的核心内容包括：规范和完善的企业法人制度；严格而清晰的有限责任制度；科学的企业组织制度；科学的企业管理制度；运行环境是市场经济体制；生产技术条件是社会化大生产。

【能力拓展】企业法人治理结构的方法

建立科学的法人治理结构，是当前国有资产监督管理委员会面临的一项重大任务和一个最大的难题。由于企业法人治理结构的缺失，在国有资产管理过程中，出资人会经常面临这样一个问题：审批权和政企分开的困惑。因此，解决这个问题的唯一办法是对现有的企业法人治理结构的基础进行重构。

1. 对出资人来说，应该认认真真地从股东或股东会角度履行职责。

2. 对董事会来说，应当进行改造，一是人员结构改造，要让董事会中的外部董事增加到1/2以上，这样可以确保董事会决策上体现出资人的意志。二是赋予董事会一些真正的、应有的职权，诸如选择经理的权力、考核经理的权力、对经理奖励和薪酬的决策权、其他应由董事会决策的重大事项等，还董事会应有的权力。三是董事会按照相应的程序履行企业的决策权，并视企业的大小情况来确定内部的组织机构。四是董事会应该建立相关制度，如会议制度、重大事项决策制度、授权决策制度、对经营人员的选择、考核、奖评制度等。

3. 对于经理人，一是应该赋予经理人相应的执行权力。经理人只对董事会负责，不管董事会的决策是对的还是错的，董事会的决策经理人都应该无条件服从；二是赋予经理人选择副手的权力即组阁权，来保证行政系统的畅通无阻。

4. 对监事会来说，按照建立公司法人治理结构的要求，企业应该建立监事会。按照国务院国有资产监督管理委员会的办法，监事会应该以外派为主，今后监事会将全部实现外派。从监事会和董事会、外部监事和外部董事的作用区分上来看，监事会、监事更多的是管企业的合规性，即监督程序是否合规、账务是否合规，是从它的合规性上进行监督；而董事会、董事长参与决策，更多的是从合理性即决策上有无道理进行监督。在决策合理性上，董事会要负全责。

（3）现代企业制度的基本特征

1）产权关系明晰。企业中的国有资产所有权属于国家，企业拥有包括国家在内的出资者投资形成的全部法人财产权，成为享有民事权利、承担民事责任的法人实体。

2）企业以其全部法人财产，依法自主经营、自负盈亏、照章纳税，对出资者承担资产保值增值的责任。

3）出资者按投入企业的资本额享有所有者的权益，即资产受益、重大决策和选择管理者等权利。企业破产时，出资者只以投入企业的资本额对企业债务负有限责任。

4）企业按照市场需求组织生产经营，以提高劳动生产率和经营效益为目的，政府不直接干预企业的生产经营活动。企业在市场竞争中优胜劣汰，长期亏损、资不抵债的应依法破产。

5）建立科学的企业领导体制和组织管理制度，调节所有者、经营者和职工之间的关系，形成激励和约束相结合的经营机制。

1.3.2 房地产开发企业的设立

1. 房地产开发企业设立的基本程序

设立房地产开发企业，必须按照法律规定的程序进行。一般来说，设立房地产开发企业的法律程序包含以下几个阶段：

1）公司设立准备。

2）申请资质等级审批。

3）申请办理企业名称预先核准。

4）办理工商注册登记。

5）办理税务登记。

2. 房地产开发企业设立的条件

《中华人民共和国城市房地产管理法》第三十条规定：设立房地产开发企业，应当具备下列条件：（一）有自己的名称和组织机构；（二）有固定的经营场所；（三）有符合国务院规定的注册资本；（四）有足够的专业技术人员；（五）法律、行政法规规定的其他条件。设立房地产开发企业，应当向工商行政管理部门申请设立登记。工商行政管理部门对符合本法规定条件的，应当予以登记，发给营业执照；对不符合本法规定条件的，不予登记。设立有限责任公司、股份有限公司，从事房地产开发经营的，还应当执行公司法的有关规定。房地产开发企业在领取营业执照后的一个月内，应当到登记机关所在地的县级以上地方人民政府规定的部门备案。

（1）有自己的名称和组织机构　设立房地产开发企业，首先应当确定企业的名称。这既是设立房地产开发企业的必要条件，也是用来区分房地产开发企业自身与其他企业的一个重要标志。

房地产开发企业的组织机构是对内管理企业事务、对外代表企业从事民事活动的机构总称，是房地产开发企业从事开发、经营业务活动正常运行的重要保证。

（2）有固定的经营场所　房地产开发企业必须拥有固定的经营场所，必须有企业法人的固定地址，而不能游动性地从事生产经营活动。经营场所可以是自有的，也可以是租赁的。

（3）有符合国务院规定的注册资本　《中华人民共和国城市房地产管理法》第三十一条规定：房地产开发企业的注册资本与投资总额的比例应当符合国家有关规定。房地产开发企业分期开发房地产的，分期投资额应当与项目规模相适应，并按照土地使用权出让合同的约定，按期投入资金，用于项目建设。

房地产开发企业是资金密集型企业，其对注册资金的要求高于一般经营性、劳务性、中介性的企业。房地产开发是一项需要大额资金投入的经营活动，注册资本的多少在一定程度上反映了企业经济实力的强弱。为保证房地产开发、投资的能力，房地产开发企业的注册资本必须适应房地产开发的规模要求，不得低于最低限额。如果房地产开发企业的注册资本过低而投资总额过大，会造成投资风险过大，给投资者、其他经营者及消费者带来风险隐患。因此，房地产开发企业的注册资本与投资总额的比例应当符合国家有关规定。

（4）有足够的专业技术人员　《城市房地产开发经营管理条例》第五条规定：设立房地产开发企业，除应当符合有关法律、行政法规规定的企业设立条件外，还应当具备下列条件：有 4 名以上持有资格证书的房地产专业、建筑工程专业的专职技术人员，2 名以上持有资格证书的专职会计人员。

由于房地产开发经营活动复杂，开发过程涉及多个专业领域，所以房地产企业必须有足够的、具有相当水平的策划、规划、设计、施工等方面的工程技术人员；以及会计、统计、财务、营销、物业等方面的经济管理人员，从人才需求上满足房地产开发的需要。

【能力拓展】房地产开发企业的专业人员及分工

1. 建筑师及项目管理人员

在房地产开发中，建筑师一般承担开发用地的规划方案设计、房屋建筑设计、建筑施工、合同管理工作。建筑师不一定亲自完成设计工作，但应作为主持人员组织或协调这些工作。

在工程开发建设中，项目管理人员负责施工合同的管理、工程进度的控制以及工程质量的管控。一般情况下，建筑师和项目管理人员应定期组织技术工作会议、签发与合同有关的各项任务、提供施工所需图样资料、协助解决施工中的技术问题。

2. 工程师

房地产开发中需要不同专业的工程师来进行结构、供暖、给水排水、供电以及空调或其他电气设施等设计，并且还要负责合同签订、建筑材料购买、建筑设备订货、施工监督、协助解决工程施工中的技术问题等工作。

3. 会计师

会计师从事开发公司的经济核算工作，从全局的角度为项目开发提出财务安排或税收方面的建议，包括财务预算、工程预算、付税与清账、合同监督等，并及时向开发公司负责人通报财务状况。

4. 经济师及成本控制人员

经济师及成本控制人员负责开发成本的费用估算、编制工程成本计划、对计划与实际成本进行比较、进行成本控制等工作。

5. 估价师及市场营销人员

估价师的任务就是在租售之前对开发的产品进行估价，确定房地产的租金或售价水平，这要在充分掌握市场行情和成本资料的基础上方可进行。市场营销人员的任务就是预测客户的数量、租售策略的制定与实施、办理出租出售手续，同时还包括租售方法的协商、租售价格水平的预测等工作。

6. 律师与代理人

律师参与房地产开发的全过程，如在获得土地使用权时，签订土地出让或转让合同，工程施工前签订承发包合同，出租或出售物业时签订出租或出售合同等。

（5）法律、行政法规规定的其他条件　要求房地产开发企业符合法律、行政法规规定的其他条件，是为了同其他法律、行政法规相衔接。如果房地产企业开发经营活动中有违法行为的，将按照《中华人民共和国行政处罚法》《中华人民共和国城市房地产管理法》《城市房地产开发经营管理条例》《建设工程质量管理条例》《建设工程安全生产管理条例》《民用建筑节能条例》等有关法律法规予以处罚。

《城市房地产开发经营管理条例》第五条规定：省、自治区、直辖市人民政府可以根据本地方的实际情况，对设立房地产开发企业的注册资本和专业技术人员的条件作出高于前款的规定。

《城市房地产开发经营管理条例》第六条规定：外商投资设立房地产开发企业的，除应当符合本条例第五条的规定外，还应当依照外商投资企业法律、行政法规的规定，办理有关审批手续。

1.3.3 房地产开发企业的注册

不同地区房地产开发企业的具体注册流程可能有所差别，但一般要经历以下阶段：

1. 公司名称核准

①公司需要预先起多个名字以备查询；②公司名称查询。公司名称查询前，需确定公司的注册资本、股东姓名及出资比例，确定公司的经营范围；③准备股东身份证原件，股东签署的《企业名称预先核准申请书》，如果是委托办理的还需要委托代理人身份证明；④企业名称核准；⑤取得《企业名称预先核准通知书》，一般名称的有效期为半年。确定公司类型、名字、注册资本、股东及出资比例后，可以去工商局现场或线上提交核名申请。

2. 开户验资

1）在银行开设临时验资账户，按股东的出资比例，以现金或转账方式打到临时验资账户中。

2）会计事务所出验资报告。

3. 办理工商营业执照

1）所需资料：股东身份证、公司章程、验资报告、《企业名称预先核准通知书》、公司住所证明。

2）办理营业执照。

《城市房地产开发经营管理条例》第三十三条规定：违反本条例规定，未取得营业执照，擅自从事房地产开发经营的，由县级以上人民政府工商行政管理部门责令停止房地产开发经营活动，没收违法所得，可以并处违法所得5倍以下的罚款。

4. 办理公章

拿到营业执照后，需要携带营业执照原件、法定代表人身份证原件，到指定部门进行刻章备案。领取到的公司印章包括：公章、财务章、合同章、发票章、法人代表人名章等。

5. 办理组织机构代码证

所需材料：营业执照复印件、法人身份证复印件、公章。

6. 开设基本账户

营业执照和印章办理完毕后，可以立即办理基本户，并到地税局和国税局进行税务报到。

7. 办理税务登记、税种核定

例如，某房地产公司进行注册时，根据当地要求，房地产公司基本注册流程如图1-8所示。

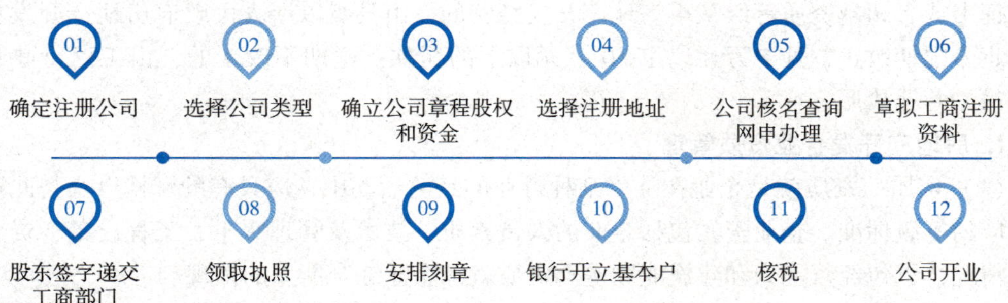

图1-8 房地产公司基本注册流程示意图

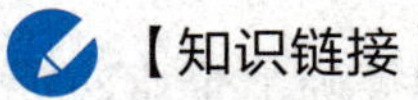

【知识链接】

房地产开发企业的资质管理业务

房地产开发企业其业务主要是设立、变更、终止房地产开发经营主体的业务。

具体包括：

1. 房地产开发企业的设立业务

在设立业务中，法律工作的重点是进行开发企业设立文件的拟定，批准文件的取得、审查、办理企业登记等事务。

2. 房地产开发企业的资质业务

资质业务主要包括办理企业备案、申请资质等级评定、申请资质升级，以及资质证书送交开发主管部门年检等。

3. 房地产开发企业的变更、终止和年检业务

变更、终止和年检业务主要包括办理企业各种重要事项的变更和变更登记、企业的分立、合并、解散、破产有关事项，及执照送交工商行政主管部门年检等事务。

1.3.4 房地产开发企业的资质等级

《房地产开发企业资质管理规定》第三条规定：房地产开发企业应当按照本规定申请核定企业资质等级。未取得房地产开发资质等级证书（以下简称资质证书）的企业，不得从事房地产开发经营业务。《房地产开发企业资质管理规定》第四条规定：国务院住房和城乡建设主管部门负责全国房地产开发企业的资质管理工作；县级以上地方人民政府房地产开发主管部门负责本行政区域内房地产开发企业的资质管理工作。

《城市房地产开发经营管理条例》第九条规定：房地产开发主管部门应当根据房地产开发企业的资产、专业技术人员和开发经营业绩等，对备案的房地产开发企业核定资质等级。房地产开发企业应当按照核定的资质等级，承担相应的房地产开发项目。具体办法由国务院建设行政主管部门制定。

根据《城市房地产开发经营管理条例》第三十四条规定：违反本条例规定未取得资质

等级证书或者超越资质等级从事房地产开发经营的，由县级以上人民政府房地产开发主管部门责令限期改正，处5万元以上10万元以下的罚款；逾期不改正的，由工商行政管理部门吊销营业执照。

1. 房地产开发企业资质管理

（1）资质　资质就是企业在从事某种行业的经营活动中，应具有的资格以及与此资格相适应的等级标准。企业资质包括企业的人员素质、技术及管理水平、工程设备、资金及效益情况、承包经营能力和建设业绩等。资质就是企业综合能力的体现。

（2）资质管理的目的　对市场主体进行资质管理是政府对市场进行管理的关键，因为它可以使各市场主体以合格者的身份参与市场活动，确保市场的良好秩序和运行的质量。

（3）资质管理的要求

1）按企业自身的能力，包括人员素质、资金数量、承揽工程的业绩等确定企业的资质等级，并核发资格证书，企业持证书到工商行政管理部门登记注册，取得营业执照。

2）对企业执行资质管理法规的情况进行检查和监督，对不遵守法规的行为进行查处。

3）根据检查的状况，决定企业资质等级的升降，形成按资质承揽业务的制度，用企业的资质能力来保证工程的工期和质量。

2. 房地产开发企业各资质等级的条件

《房地产开发企业资质管理规定》第五条规定：房地产开发企业按照企业条件分为一、二两个资质等级。各资质等级企业的条件如下：

（1）一级资质

1）从事房地产开发经营5年以上。

2）近3年房屋建筑面积累计竣工30万m^2以上，或者累计完成与此相当的房地产开发投资额。

3）连续5年建筑工程质量合格率达100%。

4）上一年房屋建筑施工面积15万m^2以上，或者完成与此相当的房地产开发投资额。

5）有职称的建筑、结构、财务、房地产及有关经济类的专业管理人员不少于40人，其中具有中级以上职称的管理人员不少于20人，专职会计人员不少于4人。

6）工程技术、财务、统计等业务负责人具有相应专业中级以上职称。

7）具有完善的质量保证体系，商品住宅销售中实行了《住宅质量保证书》和《住宅使用说明书》制度。

8）未发生过重大工程质量事故。

（2）二级资质

1）有职称的建筑、结构、财务、房地产及有关经济类的专业管理人员不少于5人，其中专职会计人员不少于2人。

2）工程技术负责人具有相应专业中级以上职称，财务负责人具有相应专业初级以上职称，配有统计人员。

3）具有完善的质量保证体系。

临时聘用或者兼职的管理、技术人员不得计入企业管理、技术人员总数。

3. 申请核定资质等级的房地产开发企业，应当提交下列材料

（1）一级资质

1）企业资质等级申报表。

2）专业管理、技术人员的职称证件。

3）已开发经营项目的有关材料。

4）《住宅质量保证书》《住宅使用说明书》执行情况报告，建立质量管理制度、具有质量管理部门及相应质量管理人员等质量保证体系情况说明。

（2）二级资质

1）企业资质等级申报表。

2）专业管理、技术人员的职称证件。

3）建立质量管理制度、具有质量管理部门及相应质量管理人员等质量保证体系情况说明。

4. 房地产开发企业的资质管理

（1）企业法人登记中的资质管理　房地产开发企业资质等级实行分级审批。

一级资质由省、自治区、直辖市人民政府住房和城乡建设主管部门初审，报国务院住房和城乡建设主管部门审批。

二级资质由省、自治区、直辖市人民政府住房和城乡建设主管部门或者其确定的设区的市级人民政府房地产开发主管部门审批。

经资质审查合格的企业，由资质审批部门发给相应等级的资质证书。资质证书有效期为 3 年。

申请核定资质的房地产开发企业，应当通过相应的政务服务平台提出申请。

资质证书由国务院建设行政主管部门统一制作。资质证书分为正本和副本，资质审批部门可以根据需要核发资质证书副本若干份。企业发生分立、合并的，应当在向市场监督管理部门办理变更手续后的 30 日内，到原资质审批部门申请办理资质证书注销手续，并重新申请资质等级。

企业变更名称、法定代表人和主要管理、技术负责人，应当在变更 30 日内，向原资质审批部门办理变更手续。

企业破产、歇业或者因其他原因终止业务时，应当在向市场监督管理部门办理注销营业执照后的 15 日内，到原资质审批部门注销资质证书。

（2）企业开发经营中的资质管理　一级资质的房地产开发企业承担房地产项目的建筑规模不受限制。

二级资质的房地产开发企业可以承担建筑面积 25 万 m^2 以下的开发建设项目。

各资质等级企业应当在规定的业务范围内从事房地产开发经营业务，不得越级承担任务。

企业未取得资质证书从事房地产开发经营的，由县级以上地方人民政府房地产开发主管部门责令限期改正，处 5 万元以上 10 万元以下的罚款；逾期不改正的，由房地产开发主管部门提请市场监督管理部门吊销营业执照。

企业超越资质等级从事房地产开发经营的，由县级以上地方人民政府房地产开发主管部门责令限期改正，处5万元以上10万元以下的罚款；逾期不改正的，由原资质审批部门提请市场监督管理部门吊销营业执照，并依法注销资质证书。

本项目小结

房地产是土地、地上建筑物及不可分离部分以及所属权益的复合体；房地产开发是房地产产品的生产过程；房地产开发的主体是房地产企业；房地产业是国民经济的重要基础产业。房地产企业从事房地产开发活动，应该注册企业法人及获得房地产相应资质，一切活动必须依法、依规进行。

综合案例应用

【案例概况】

2005年，某实业公司与沈某签订合作协议，约定沈某出资，在该实业公司提供的国有工业用地上合建房屋。2011年，该工程未能取得建设工程规划许可证及施工许可证，该实业公司起诉要求解除合同并返还土地及房屋，沈某反诉双倍返还定金并赔偿损失。第三方开发公司以其与实业公司签订合作协议、完成了建房工作为由，诉请继续履行。法院释明合同无效后，各方分别变更诉讼请求（简称“诉请”）为返还或分割相关土地或房屋。

【问题】

请对上述问题进行分析，并给出理由。

【案例评析】

（1）房地产项目利益是一个集合概念，一般包括房屋所涉物权、对应的土地使用权、项目利润等权益。未经依法批准、未取得建设工程规划许可证，或擅自变更工程规划而建造的建筑，属违法建筑。违法建筑所涉房地产项目利益本质上属非法利益，非法利益不受法律保护，不宜列为民事诉讼标的，相关利益方亦不享有合法诉权。对违法建筑所涉房地产项目利益纠纷，应以行政权处置为先，司法权处置为后，以防通过司法程序将非法利益“洗白”。《最高人民法院关于审理涉及国有土地使用权合同纠纷案件适用法律问题的解释》第十九条规定：在下列情形下，合作开发房地产合同的当事人请求分配房地产项目利益的，不予受理；已经受理的，驳回起诉：

1）依法需经批准的房地产建设项目未经有批准权的人民政府主管部门批准；

2）房地产建设项目未取得建设工程规划许可证；

3）擅自变更建设工程规划。

因当事人隐瞒建设工程规划变更的事实所造成的损失，由当事人按照过错承担。

依该规定，适用该条文需同时具备两个条件，一是符合该司法解释条文规定的三种情形之一，二是合作开发房地产合同当事人提出分配房地产项目利益诉请。本案中，涉案房地产未经有批准权的政府主管部门批准，亦未取得建设工程规划许可证，无论合作开发房地产合同效力如何，只要当事人请求分配该合同项下房地产项目利益，则依前述规定，不予受理，已受理的，驳回起诉。

（2）本案在诉讼过程中，在涉案合同被一审法院释明为无效情况下，实业公司变更诉讼请求为判令沈某返还被占用的土地和地上附着物。由于涉案房地产项目的土地和地上附着物已通过合作开发转化为合同项下房地产利益，不因合建合同效力而受影响，故对当事人诉请分配房地产项目利益的，应予驳回。

（3）房地产开发公司作为第三方加入实业公司与沈某之间的诉讼中来，在本诉已受理但应驳回起诉情况下，房地产开发公司加入之诉亦即缺乏基础。同时，本案申请抗诉的当事人是实业公司而非房地产开发公司，且本案并不直接涉及国家利益或社会公共利益，检察机关抗诉支持房地产开发公司部分请求，亦缺乏事实和法律依据。而且，房地产开发公司请求实业公司归还200万元定金以及请求确认合同一方主体变更成沈某的条款无效问题，从表面上看并非直接要求分配房地产利益，但结合该公司三个诉请来看，该公司最终目的亦系试图分配该房地产利益，故亦应驳回当事人诉讼。本案所涉房地产待有关行政机关作出处理后，当事人对相关利益分配或赔偿事宜仍有争议的，可另行向法院提起诉讼。判决驳回实业公司起诉，驳回沈某反诉，驳回开发公司起诉。

（4）实务要点：未经依法批准、未取得建设工程规划许可证的违法建筑所涉房地产项目利益不受法律保护，不宜列为民事诉讼标的，相关利益方亦不享有合法诉权。

思考练习题

一、单项选择题

1. 房地产开发是指在根据《中华人民共和国城市房地产管理法》取得国有土地使用权的土地上进行基础设施建设、（　　）的行为。

A. 土地建设　　B. 房屋建设
C. 城市建设　　D. 房地产建设

2. 在房地产产品的整体概念中，楼层、地段属于产品层次中的（　　）。

A. 核心产品　　B. 延伸产品
C. 形式产品　　D. 项目产品

3. 由一方提供建设用地使用权，另一方提供建设资金、技术、设备、劳动力等，是房地产开发模式中的（　　）。

A. 合作开发　　B. 自有土地开发
C. 兼并重组开发　　D. 项目公司开发

4. 在我国从事房地产开发活动，除了需要注册设立法人组织，还需要获得（　　）。

A. 技术等级　　B. 开发等级
C. 建设等级　　D. 资质等级

5. 现场选择、拍板交易。出售成交后卖者获得了商品的价值，买者得到了房地产的部分或全部产权，是房地产经营形式中的（　　）。

A. 出售经营方式　　B. 现房经营方式

C. 出租经营方式　　D. 期房经营方式

二、多项选择题

1. 房地产是由（　　）组成的。

A. 土地　B. 建筑物　C. 构筑物

D. 不可分离部分　E. 权益

2. 属于房地产产品特征的有（　　）。

A. 不可移动性　B. 长期使用性　C. 异质性

D. 政策影响性　E. 附加收益性

3. 按开发产品种类划分，房地产开发分为（　　）。

A. 房屋开发　B. 单项开发　C. 新区开发

D. 综合开发　E. 土地开发

4. 房地产开发应实现的“三效统一”效果，是指（　　）三种效益的统一。

A. 经济效益　B. 环境效益　C. 社会效益

D. 综合效益　E. 开发效益

5. 房地产开发与经营的特征表现为（　　）。

A. 投资周期长　B. 资金数额大　C. 周转速度慢

D. 变现能力差　E. 项目风险大

三、简答题

1. 房地产开发与经营的关系是怎样的？

2. 影响房地产供给与房地产需求的因素有哪些？

3. 房地产开发企业设立的基本程序包含哪些阶段？

四、案例题

1. A 公司、B 公司双方成立项目公司合作建设 × × 大厦。B 公司以房产和土地使用权作为出资，A 公司以货币资金形式出资。合同签订后，A 公司借款给 B 公司 600 万元偿还 B 公司的银行贷款，以取得 B 公司的房产证和土地证。后双方项目合作无法进行，协商解除合同，B 公司向 A 公司返还借款、支付利息。

B 公司时任法定代表人于某在打印形成的《B 公司与 A 公司置业账目明细》上签字，确认了 B 公司欠付 A 公司的款项本金及利息。后双方因款项支付事宜发生争议并诉至法院。B 公司《规章制度汇编》中的《资金资产风险管理规定》规定：“对外投资（包括现金投资和实物投资及无形资产投资）、房地产开发及其他大型项目开发（包括动用资金开发或以土地、房产等折价开发）必须经过股东会批准”；《公司章程》规定：“董事会行使下列职权：决定 10 万元以上（含 10 万元）业务经营开支和 1 万元以上（含 1 万元）费用开支，开支需要两名以上董事签字”。

问题：案例中存在什么问题，理由是什么？

2. C 公司与 D 公司 2003 年签订合股投资经营合同，双方分别以现金和土地作价出资合股投资建设新世纪广场，双方各占该项目60%、40%的股权。D公司先后缴纳了所涉土地闲置费、违约金，调整土地使用条件并补缴相应出让价款，获得不动产权证书，并办理施工许可证开工建设。D公司还办理了土地使用条件变更手续，将土地的容积率由2.0调整为5.09，并将土地用途从城镇住宅调整为批发零售、商务金融（办公）、住宿餐饮。但C公司一直未完成60%份额的出资义务，而且双方多年都未主动履行义务推进合作项目取得实质性进展。2015年后双方合作合同解除，因合同解除的增值收益问题发生争议，C公司诉至省级高级人民法院，主张应当按股权比例获取60%的现有土地增值收益。

省级高级人民法院一审认为，C公司未举证证明其对案涉土地的增值实施过积极行为，除土地随市场因素自然增值外，D公司办理土地使用条件变更手续并独自缴纳相关土地闲置费、违约金及土地出让价款等费用的一系列行为与现有增值有高度关联性，案涉土地现有的开发成果并非基于合作开发形成。案涉土地在合作合同解除之前，基于原土地使用权证及原合同条件下，由于市场变化所形成的自然增值部分应由C公司与D公司平均分配。C公司和D公司均不服一审判决，向最高院提起上诉。C公司认为，案涉土地的调容成果系双方共同实现，并非D公司的单方贡献；案涉土地是双方共同经营的项目财产，D公司利用抵押土地所获资金支付新增土地出让款，应认定该款项系双方共同支付，因此土地增值收益应按双方股权比例分享。D公司认为，其作为案涉土地的使用权人和管理人，依法享有案涉土地的原值和自然增值收益；案涉土地的原值和自然增值与C公司无关，C公司无权要求D公司赔偿其土地增值收益。

问题：C公司与D公司的主张是否合理？

五、实训题

A公司为独资全民所有制企业，与B公司合作开发项目。双方准备共同设立A公司名义下的独立项目部，全权负责项目合作开发事宜。为了扩大项目的知名度，已经将项目定名为水岸庄园，并准备进行前期宣传活动。

1. 请根据上述资料，设计独立项目部的设立流程。
2. 说明双方在订立《房地产合作开发协议书》时应注意什么事项。
3. 说明前期宣传工作存在什么问题。

房地产开发的一般程序

☞ 知识目标：

1）了解房地产开发的一般程序。

2）熟悉房地产开发各阶段的工作内容。

3）掌握房地产开发前期各阶段的工作要点。

☞ 能力目标：

通过本项目的学习，使学生能够在认知房地产开发的一般程序的基础上，参与房地产开发项目的相关工作。

☞ 素养目标：

通过本项目的学习，培养学生分析问题、解决问题、与人沟通、团结协作的能力，以及遇事勤思考的思维习惯。

☞ 学习重点：

1）房地产开发各阶段的工作内容。

2）房地产开发前期各阶段的工作要点。

【引例】 房地产项目开发全流程图解

房地产项目开发需要整合的资源如图 2-1 所示。

房地产项目的整体开发经营行为如图 2-2 所示。

企业视角与客户视角的房地产项目的整体开发过程如图 2-3 所示。

【问题】从不同的视角来看，房地产开发过程各个环节的侧重点不同，站在房地产开发企业的视角，房地产开发的一般程序是什么？各个过程的工作内容又有哪些？

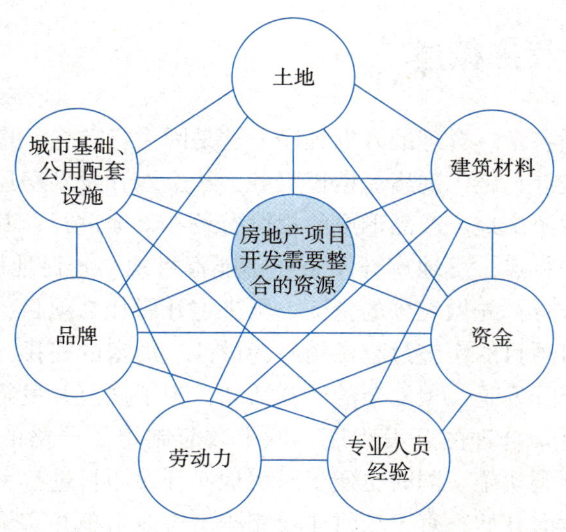

图 2-1　房地产项目开发需要整合的资源

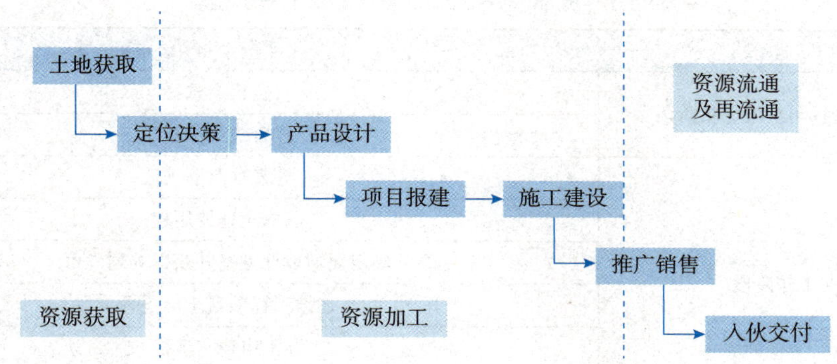

图 2-2　房地产项目的整体开发经营行为

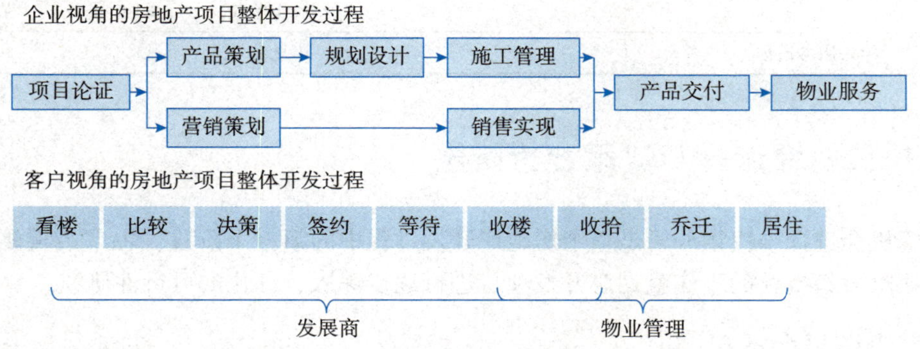

图 2-3　企业视角与客户视角的房地产项目的整体开发过程

2.1 房地产开发程序概述

房地产开发要遵循科学、合理的开发程序。这是因为：首先，房地产产品的形成有其内在的规律性，如从设计、施工到房屋销售服务，从土地开发到房屋开发等，其次序不能颠倒，开发工作必须遵照房地产产品形成的规律有条不紊地进行；其次，由于房地产开发具有投资大、风险高的特点，房地产开发企业不能盲目地、仓促地展开房地产开发项目，应按一定的科学程序进行，先做充分的论证，再决定开展什么项目，建设多大的规模，从而减少投资风险，并对项目的实施过程做精心的设计、周密的安排，使房地产开发项目顺利进行；再次，房地产开发是一项复杂的经营活动，为了规范开发管理，保证开发工作的顺利实施，需要遵循科学合理的开发程序，城市政府制定了严格的项目报建审批程序制度，保证城市规划的顺利实施，同时也便于对房地产开发项目进行引导、监督和管理。

开发商自有投资意向开始，直至项目建设完毕出售或出租并实施全寿命周期的物业资产管理，需遵循一定的程序，一般分为四个阶段和十一个步骤（表2-1）。

表2-1 房地产开发的四个阶段和十一个步骤

四个阶段	十一个步骤
投资机会选择与决策分析阶段	投资机会选择
	投资决策分析
前期工作阶段	开发项目立项
	获取土地使用权
	确定规划设计方案并获得规划许可
	建设工程项目招标投标
	开工申请与审批
	前期工作的其他环节
建设阶段	施工建设
	竣工验收
租售服务阶段	市场营销

2.2 投资机会选择与决策分析阶段

投资机会选择与决策分析是整个房地产开发过程中的第一个阶段，也是最重要的一个环节。该阶段最重要的工作就是对开发项目进行逐步深入、细化的可行性研究。

2.2.1 投资机会选择

投资机会选择主要包括提出投资设想、寻找和筛选投资机会、细化投资设想三项工作。

在提出投资设想、寻找和筛选投资机会的过程中，开发商首先要选择项目所处的城市或地区，然后根据对该城市或地区房地产市场供求关系的认识，寻找投资的可能性。此时，开发商可能面对多种投资的可能性，对每一种可能性都要根据经验和投资能力，快速地在头脑中初步判断其可行性，以进行投资机会的筛选。细化投资设想就是对筛选出的投资机会做进一步分析比较，并最终将其投资设想落实到一个具体的地块上，进一步分析是否具备客观条件，通过与土地当前的拥有者或使用者、潜在的买家或租户、自己的合作伙伴以及专业人士接触，提出一个初步的开发投资方案，如认为可行，就可以草签有关合作的意向书。

为了满足进一步投资决策的要求，开发商通常还应聘请律师或估价师，对拟开发项目涉及的土地、建筑物的权利状况，以及对主要合作伙伴的设立、变更、存续和资产负债情况等进行尽职调查。

2.2.2　投资决策分析

投资决策分析主要包括市场分析、项目财务评价和投资决策三部分工作（表2-2）。

表2-2　投资决策分析的工作内容

工作名称	内容
市场分析	分析市场宏观环境、政府政策、房地产供求关系、竞争环境、目标市场及其可支付的价格或租金
项目财务评价	根据市场分析结果及相关的项目资本结构设计，就项目的经营收入、成本费用、营利能力、风险等进行分析
投资决策	结合企业发展战略、公司财务状况和项目财务评价的结果，就是否进行本项目投资开发做出决策（应在尚未签署任何协议之前进行）

从我国房地产开发行业的实践来看，房地产企业越来越重视房地产市场分析与研究工作，也已经较好地掌握了房地产开发项目财务评价的技术与方法，决策技术和决策方法的使用也日渐完善。应当注意到，影响房地产开发项目投资决策的因素，已经超越了项目本身的盈利与风险特征，并与企业的增长或扩张战略，以及企业的开发管理、投资与融资等能力密切关联。

【能力拓展】市场调整期如何甄别风险，发掘城市投资机会？

伴随着房地产行业进入新的发展阶段，不同城市房地产市场分化行情更趋明显，房企优选城市投资拿地的难度也进一步上升。2024年，中指研究院已连续22年开展房地产开发投资吸引力研究，根据最新评价结果，北京、上海、广州、深圳继续位列城市吸引力前四名；杭州、成都、苏州等长三角及中西部核心城市凭借强劲的综合实力位列全国前十，展现出了持续的城市吸引力和发展潜力。

其中，人口优势和购买力是影响城市潜力的重要因素。尽管2022年全国人口出现回落，但基本面强劲的一线、二线城市以及优势地区的三线、四线城市人才集聚能力更强，未来城市发展活力提升，房地产市场的发展空间较大。同时，高能级城市购房需求支撑度高，改善需求呈现持续增加态势。

甄别风险方面，需关注高库存城市去化压力。从库存角度来看，一方面，由于上半年新房供给修复偏弱，多数城市可售库存较去年底有所回落，但部分城市去化压力仍较为突出；另一方面，在城市内部普遍存在区域结构性矛盾，部分城市远郊区库存较高、去化较慢。

整体来看，分化将主导未来3~5年房地产市场的趋势，直至新的格局形成。在此背景下，企业应把握主流城市、主流产品，平衡布局、甄别风险，坚守安全底线。

2.3 前期工作阶段

开发项目的前期工作阶段是指在投资决策分析后到正式施工前的阶段，主要工作包括开发项目立项、获取土地使用权、确定规划设计方案并获得规划许可、建设工程招标投标、开工申请与审批和前期工作的其他工作环节。

2.3.1 开发项目立项

确定房地产开发项目，应当符合土地利用总体规划、年度建设用地计划和城市规划，并符合房地产开发年度计划的要求。按照国家有关规定需要计划主管部门批准的，还应当报计划主管部门批准，并纳入年度固定资产投资计划。

立项审批是政府有关部门对需要管理监督的项目进行审批的制度，也是一种程序。开发项目立项是房地产开发前期工作的第一步，即取得政府主管部门（省市发展和改革委员会，简称发改委）对项目的批准文件。

工程建设项目立项审批的具体实施明细见表2-3。

表2-3 工程建设项目立项审批的具体实施明细表

说明项目	具体内容
承办部门	所在市发改委投资处
申报资料	① 书面申请（项目立项申请报告书） ② 提供资金落实证明（银行出示的资金证明） ③ 土地使用权证明 ④ 由具有相应资质的工程咨询单位编制的可行性研究报告。可行性研究报告应具有以下附件：规划部门对项目建设选址的初审意见，土地管理部门对建设用地的初审意见，环保部门的环评报告，有关部门对供电、供水、供热、供气以及地震的审查意见，依法必须招标项目的招标总体方案 ⑤ 房地产开发公司的资质证明（企业法人营业执照副本复印件和资质证明） ⑥ 项目地形图 ⑦ 项目建设投资预算

（续）

说明项目	具体内容
申办程序	有行政主管部门的开发商，由主管行政部门转报项目立项申报资料；无行政主管部门的开发商，可直接报市房地产开发管理办公室，项目立项申报资料由该办转报市发改委。纳入土地收购出让的项目，开发商在通过招标、拍卖等方式取得开发土地使用权后，凭《中标确认书》或《拍卖成交确认书》和《国有土地使用权出让合同》，与其他申报材料一起上报。市级发改委在收到申报资料后，根据具体情况，进行现场勘察，对符合条件的，市级发改委予以批复。对属上级发展计划部门审批权限内的项目，由市发改委负责转报
办结时限	在收到申报资料后的 5 个工作日内予以批复可行性研究报告

2.3.2　获取土地使用权

房地产开发用地根据我国土地性质，仅仅是指取得开发用地的使用权。

1. 政府土地收购储备与土地一级开发

土地收购储备是我国城市土地管理的一项基本制度。所谓土地收购储备制度是指由政府依照法定程序，运用市场机制，按照土地利用总体规划和城市规划，通过回购、收购、置换和征用等方式取得土地，进行一级开发和存储后，以公开招标、拍卖出让等方式供应土地，调控各类建设用地需求的制度。其中土地一级开发是指政府委托土地储备机构，按照土地利用总体规划、城市发展总体规划、年度土地开发计划及控制性详细规划等政府审定的规划性文件，对确定的存量国有土地、拟征用和农用地转用土地，统一组织进行征地、农用地转用、拆迁和市政道路等基础建设的行为。土地一级开发项目的操作模式，有纯粹政府模式、政府与企业合作模式和受政府授权委托的企业模式三种。

（1）政府土地收购储备的特点　城市土地收购储备的主要环节是政府统一收购、统一整理、统一储备、统一供应。在这一过程中，主要表现出循环性、系统性、经营性和微利性等特点。

（2）土地收购储备范围　纳入政府土地收购储备范围的土地，在进行土地使用权出让前，需要按照土地一级开发的模式对地块进行土地开发工作。

当前纳入政府土地收购储备范围的土地类型包括十种：

1）新增建设用地中用于经营性开发的土地。

2）已列入危旧房改造计划的土地。

3）因单位搬迁、解散、撤销、破产、兼并或其他原因调整出的原划拨国有土地。

4）依法回收的闲置用地。

5）政府依法收购和整理的国有土地。

6）土地使用权期限已满、政府依法收回的土地。

7）以出让的方式取得土地使用权后无力继续履行出让合同、又不具备转让条件的土地。

8）土地使用者要求政府回收的土地。

9）市区范围内无合法使用权的国有土地。

10）其他依法律、法规可以收回的国有土地。

（3）土地储备开发的具体操作

1）开发主体。土地一级开发工作主要由政府授权或由土地储备机构来完成，不管是包含农地征用、转用过程的土地一级开发，还是使国有土地由生地变熟地的土地一级开发，实施主体往往是政府授权的一级开发公司或土地整理储备机构。

2）开发程序

第一步：计划编制

首先要根据国民经济和社会发展规划、土地利用总体规划、城市总体规划以及土地供应计划、土地利用年度计划和土地储备开发计划，来编制土地一级开发计划。

第二步：前期策划

根据已编制的土地一级开发计划，原土地所有者或使用者在征得县（区）人民政府和镇级人民政府或上级主管部门同意后，向市级国土资源管理部门提出土地一级开发申请。市级国土资源管理部门受理申请并进行预审，委托土地储备机构编制土地一级开发实施方案。

第三步：征询意见和审批

市级国土资源管理部门会同相关部门，包括规划、建设、交通、环保等部门，就土地一级开发实施方案提出原则意见。同时，土地一级开发项目涉及征用土地的，土地储备机构根据计划和规划有关手续分别向所在区（县）政府提出征地申请，由区（县）政府按规定程序办理征地报批手续；涉及农用地转用的，向国土资源管理部门申办农用地转用手续；涉及房屋拆迁的，向房管部门办理房屋拆迁手续。

土地储备机构通过委托或招标的方式确定土地一级开发主体，并下达土地一级开发批复，签订土地一级开发合同。

第四步：组织实施开发

土地一级开发主体首先进行拆迁调查、评估，按相关政策文件协商制定拆迁安置补偿方案等，并需经过政府主管部门审查通过。与此同时，进行一级土地开发的开发商要及时做出土地规划方案，以核定土地性质、使用功能、范围、规模、开发强度等技术经济指标。完成以上准备工作，就可以针对地块实施拆迁、拆除、“三通一平”或“七通一平”等工作。

第五步：项目验收

土地一级开发项目完成后，土地储备机构负责实施，由市国土资源管理部门会同相关部门根据《土地一级开发合同》、土地储备计划和规划的批准文件进行验收，验收合格的建设用地纳入政府土地储备库。

2. 开发商获取土地的途径

根据我国土地所有权和使用权分离的理论，城市土地所有权归国家所有，土地使用权则可依法有偿、有限期地通过市场出让、转让。

总的来说，开发商可以通过行政划拨和市场机制两种途径获取土地使用权。在运用市场机制配置土地时，又有协议、招标和拍卖等几种方式。对于原来已划拨的土地，开发商还可以通过补地价的方式获取土地使用权。现将有关途径与方式分述如下：

(1) 土地使用权出让　土地使用权出让是指国家将国有土地使用权在一定期限内出让给土地使用者，由土地使用者向国家支付土地使用金的行为，又称“批租”，属于房地产一级市场行为。土地使用权出让应按照平等、自愿、有偿的原则，由市、县人民政府土地管理部门与土地使用者签订出让合同。土地使用者获得的土地使用权，按照土地用途的不同，其最高出让年限也有所差异。

出让土地使用权的每幅地块及该地块的用途、年限和其他条件，由市、县人民政府土地管理部门会同城市规划、建设、房产管理部门共同拟定。政府通常要在上年末制定下年度的土地出让计划，确定土地出让的数量、用途、地块及其分布、出让的先后顺序等。该土地出让计划，通常由政府土地管理部门牵头，会同计划管理、城市规划、城市建设、房地产市场管理、财政等部门，适当征询开发商和专业人士的意见，并报政府批准后，由当地土地管理部门负责实施。

1）招标出让。招标出让国有建设用地使用权是指市、县人民政府国土资源行政主管部门发布招标公告，邀请特定或者不特定的自然人、法人和其他组织参加国有建设用地使用权投标，根据投标结果确定国有建设用地使用权人的行为。招标出让方式适用于大型区域发展用地、小区成片开发及技术难度较大的项目用地。

2）拍卖出让。拍卖出让国有建设用地使用权是指由市、县人民政府国土资源行政主管部门发布拍卖公告，由竞买人在指定时间、地点进行公开竞价，根据出价结果确定国有建设用地使用权人的行为。由于拍卖往往导致较高的成交价，所以对一些竞争性强、营利性大的商业用地常采用这种方式。

3）挂牌出让。挂牌出让国有建设用地使用权是指市、县人民政府国土资源行政主管部门发布挂牌公告，按公告规定的期限将拟出让宗地的交易条件在指定的土地交易场所挂牌公布，接受竞买人的报价申请并更新挂牌价格，根据挂牌期限截止时的出价结果或者现场竞价结果确定国有建设用地使用权人的行为。挂牌出让综合体现了招标、拍卖和协议方式的优点，并同样是具有公开、公平、公正特点的国有土地使用权出让的重要方式，尤其适用于我国土地市场现状，具有招标、拍卖不具备的优势。

4）协议出让。协议出让国有土地使用权是指国家以协议方式将国有土地使用权在一定期限内出让给土地使用者，由土地使用者向国家支付土地使用金的行为。这种方式适用于公共福利事业和非营利性的社会团体、机关单位用地和某些特殊用地。应当以招标、拍卖、挂牌等方式出让国有建设用地使用权而擅自采用协议方式出让的，对直接负责的主管人员和其他直接责任人员依法给予处分；构成犯罪的，依法追究刑事责任。

(2) 土地使用权转让　土地使用权转让是获得国有土地使用权的受让人，在投资开发经营的基础上，对出让土地的再转移，土地使用权转让是土地使用者之间的横向土地经营行为。关于土地使用权转让的方式，《中华人民共和国城镇国有土地使用权出让和转让暂行条例》第十九条规定土地使用权有转让出售、交换和赠与三种方式。后《中华人民共和国城市房地产管理法》第三十六条略作发展，将土地使用权转让的方式规定为买卖、赠与或其他合法方式。土地使用权转让方式一般包括：

1）买卖。作为土地使用权转让的使用最广泛的方式，买卖以价金的支付为土地使用权的对价。由于“买卖”是土地使用权“转让”的主要表现形式，因此通常所说的土地使用权“转让”指的就是土地使用权“买卖”。

2）抵债。抵债是买卖的一种特殊形式，只不过价金支付的条件和期限不同而已。在土地使用权买卖时，土地使用权的移转和价金的支付是对等进行的；而在以土地使用权抵债时，价金支付在前，所抵之债视为已付之价金。

3）交换。以交换的方式转让土地使用权的，土地使用权的对价不是价金，而是其他财产或特定的财产权益。土地使用人将土地使用权移转给受让人，以此取得受让人提供的其他财产或特定的财产权益。

4）作价入股。作价入股介于买卖和交换之间，既类似买卖，又类似交换。说作价入股类似买卖，是因为将土地使用权用来作价，所作之价如同买卖之价金；说作价入股类似交换，是因为土地使用权被用来入股，所得之股如同其他财产或特定的财产权益。

5）合建。在开发房地产时，合建与以土地使用权作价入股都属于一方出地、他方出钱建房的合作形式。为合作建房的目的而设立独立法人的，土地使用权转让的对价是股权；不设立独立法人，而采取加名的方式，或甚至不加名，仅以合建合同约定合作各方产权分配的，土地使用权的对价是房屋建成以后的产权。因合建而分配产权以后，原土地使用人虽然拥有部分房屋产权及该房屋占用范围和公用面积的土地使用权，却不再拥有原来意义上的土地使用权，可视为交换的一种特殊形式，即用地人以部分土地使用权换取房屋产权。

6）赠与。赠与是用地人将其土地使用权无偿移转给受赠人的法律行为。以赠与方式转让土地使用权的，土地使用权的移转没有直接的对价，无需价金的支付或财产权利的提供作为对应条件。但土地使用权赠与合同可能会附加其他条件，如用地人在将土地赠与给学校使用时，可能会将土地的使用限于与教育有关的目的。

7）继承。在用地人是自然人时，用地人的死亡会使其继承人取得相应的土地使用权。在用地人是法人或其他组织时，其合并或分立也会导致合并或分立之后的主体取得相应的土地使用权。通过继承取得土地使用权时，土地使用权的移转也没有直接的对价，但可能会有间接的对价，如在通过合并取得土地使用权的法律关系中，新公司继承了原公司的财产，也会继承原公司的债务，新公司取得土地使用权的对价，可能以承担原公司的其他债务的方式体现出来。

（3）土地使用权划拨　土地使用权划拨是指县级以上人民政府依法批准，在土地使用者缴纳补偿、安置等费用之后将该幅土地交付其使用，或者将土地的使用权无偿交付土地使用者使用的行为。

在传统的计划经济体制下，我国的各种资源均由国家计划控制、调拨。土地资源的使用和分配亦不例外，主要由政府无偿拨给。

实行土地有偿使用制度以后，有些类别的用地仍需政府行政划拨。鉴于我国目前土地使用双轨并存的局面和我国社会主义公有制的性质，行政划拨作为政府配置土地资源的一种手段还将长期存在，但其使用的范围和行政划拨土地的数量将逐步减少。具体的运作方式也会逐步改变。

根据《中华人民共和国土地管理法》和《中华人民共和国城市房地产管理法》等有关法律，以划拨方式获得土地使用权的用地类型包括：国家机关用地和军事用地；城市基础设施用地和公益事业用地；国家重点扶持的能源、交通、水利等基础设施用地；法律、行政法规规定的其他用地。对房地产开发商来说，可通过划拨方式得到的开发用地目前主要是保障房建设用地。

对于政府划拨的新区建设用地，开发商还须经过征地过程。根据征地面积的大小和原用地性质，征地的审批权由各级人民政府掌握，具体如下：①征用基本农田、基本农田以外的耕地超过35公顷（单位hm^2，$1hm^2=10^4m^2$）的，其他土地超过70公顷的，由国务院批准；②征用前款规定以外的土地的，由省、自治区、直辖市人民政府批准，并报国务院备案。

开发建设项目必须征用土地时，要按照被征用土地的原用途给予补偿。征用耕地的补偿费用包括土地补偿费、安置补助费以及地上附着物和青苗补偿费。其中土地补偿费为该耕地被征用前3年平均年产值的6～10倍；安置补助费，按照需要安置的农业人口数计算，需要安置的农业人口数按照被征用的耕地数量除以征地前被征用单位平均每人占有耕地的数量计算，每一个需要安置的农业人口的安置补助费标准为该耕地被征用前3年平均年产值的4～6倍。但每公顷被征用耕地的安置补助费，最高不得超过被征用前3年平均年产值的15倍。

征用其他土地的土地补偿费和安置补助费标准，由省、自治区、直辖市参照征用耕地的土地补偿费和安置补助费的标准确定。被征用土地上的附着物和青苗的补偿标准，由省、自治区、直辖市规定。征用城市郊区的菜地，用地单位应当按照国家有关规定缴纳新菜地开发建设基金。依照上述规定支付的土地补偿费和安置补助费，尚不能使需要安置的农民保持原有生活水平的，经省、自治区、直辖市人民政府批准，可以增加安置补助费。但土地补偿费和安置补助费的总和不得超过土地被征用前3年平均年产值的30倍。

补地价方式是在原划拨土地使用权的基础上衍生出来的土地使用权转让方式。

鉴于我国划拨土地使用权的情况还大量存在，《中华人民共和国城镇国有土地使用权出让和转让暂行条例》中规定，对以行政划拨方式取得的土地使用权，经自然资源主管部门和住房城乡建设主管部门批准，现土地使用者可将土地使用权连同地上的建筑物、附着物进行转让、出租或抵押，但必须补办土地使用权出让手续并取得国有土地使用证。

采用补地价方式获取土地使用权时，土地使用者应向当地市、县人民政府补交土地使用权出让金或者以转让、出租、抵押所获收益抵交土地使用权出让金。为了鼓励拥有划拨土地使用权的单位将土地使用权推向市场，国家在征收补交的出让金时，都有不同程度的优惠。例如，北京市在对城市污染扰民企业转让土地使用权过程中，采取了出让金返还的优惠政策，以促进城市用地结构的合理化。经市、县人民政府土地管理部门批准并补缴出让金后，土地使用者还应与政府主管部门补签国有土地使用权出让合同。这样，土地使用者就通过补地价方式正式获得了土地使用权。

需要说明的是，对未补交土地出让金，且未经批准而擅自转让、出租、抵押土地使用权的，其非法收入将由当地人民政府土地管理部门依法没收，所签有关合同无效，并根据情节给予处罚。

（4）土地合作　房地产开发商与拥有土地使用权的机构进行合作开发，可以省去一大笔土地费用，降低投资风险。土地合作的方式有很多，一般包括：

1）拥有土地使用权的当事人提供土地使用权（由土地协议折价或评估入股方式构成合作投资比例），另一方是具有房地产开发资质证书的房地产开发商提供资金和技术，以双方名义共同开发，然后按照双方约定比例进行分配并对自己名下的房屋进行使用或销售。从法律上讲，这是一种典型的合作形式，在内容和形式上都符合合伙经营的特点，对内按照合同约定的投资比例共同经营、共担风险，合作参与各方以分利、土地补偿等方式获得利润分配，对外双方共同互负连带责任。

2）已拥有土地使用权的当事人提供土地使用权，另一方当事人投入资金或技术，以土地使用权人的名义进行开发。待房屋建成后，依约定将房屋及其占用范围内的土地使用权以转让方式转让给投资方。享有土地使用权的开发方负责开发经营的运作并承担经营风险，合作方只投入资金或技术，不参加经营管理，按照合同约定获取相应的房屋分配或利润分成。该模式属于合作开发房地产合同的特殊形式，双方基于合作开发房地产目的，明确权利义务关系。

3）已拥有土地使用权的当事人提供土地使用权，另一方是具有房地产开发资质的房地产开发商投入资金和技术并以其名义进行开发建设。项目完成后，开发商依合同约定的分配比例将房屋所有权及土地使用权转移给出地一方。这是双方合作开发房地产模式，开发方负责开发经营，在项目完成后按约定向出地一方转移相关权益。

4）已拥有土地使用权的当事人提供土地使用权，另一方当事人提供资金，双方共同组成一个房地产开发项目公司，以项目公司的名义进行房地产开发建设，并按双方约定比例分配建成后的房屋或者将建成房屋出售后，按比例分配所得收益。这种合作开发的项目公司，类似法人型联营体，项目公司依批准的经营范围活动并以其名义承担经营风险，完成项目公司使命后即告终止，对合作双方化解风险极为有利。由于新成立的房地产开发项目公司是独立法人，拥有土地使用权的当事人在提供土地使用权时，必须办理相应的土地出让过户手续。

2.3.3　确定规划设计方案并获得规划许可

出让城市国有土地使用权，出让前应当制定控制性详细规划。出让的地块，必须具有城市规划行政主管部门提出的规划设计条件及附图；规划设计条件通常包括：地块面积、土地使用性质、容积率、建筑密度、建筑高度、停车位数量、主要出入口、绿地比例、需配置的公共设施和工程设施、建筑界限、开发期限及其他要求。附图应当包括：地块区位和现状、地块坐标、标高，道路红线坐标、标高，出入口位置，建筑界限以及地块周围地区环境与基础设施条件。《规划设计条件通知书》及其附图或《审定设计方案通知书》及其附图是城市国有土地使用权出让合同的重要附件，不得随意变更。确需变更的，必须经城市规划行政主管部门批准。土地使用权受让方在办理《建设用地规划许可证》时，必须持有附具城市规划行政主管部门提供的规划设计条件及附图的国有土地使用权出让合同，取得《建设用地规划许可证》后，方可办理土地使用权证。

1. 项目选址与定点审批

开发商首先须持项目批准立项文件、开发建设单位或其主管部门申请用地的函件、工程情况简要说明和选址要求、拟建方案、开发项目意向位置的比例尺1:2000或1:500地形图及其他相关材料，向城市规划管理部门提出开发项目选址、定点申请，由城市规划管理部门审核后向城市土地管理部门等发征询意见表。开发商请有关部门填好征询意见表后，持该征询意见表、征地和安置补偿方案及经城市土地管理部门盖章的征地协议、项目初步设计方案、批准的总平面布置图或建设用地图，报城市规划管理部门审核，审核通过后由城市规划管理部门下发《选址规划意见通知书》。

2. 《建设用地规划许可证》申领、审批阶段

在《建设用地规划许可证》申领阶段，开发商持城市规划部门批准征用土地的计划任务、市政府批准征用农田的文件（使用城市国有土地时，应持城市土地管理部门的拆迁安置意见）、比例尺1:2000或1:500的地形图、《选址规划意见通知书》、要求取得的有关协议与函件及其他相关资料，向城市规划管理部门提出申请，经城市规划管理部门审核后颁发《建设用地规划许可证》。《建设用地规划许可证》主要规定了用地性质、位置和界限。

在《建设用地规划许可证》审批阶段，开发商应持城市规划管理部门批准的计划任务、开发商对拟建项目的说明、拟建方案示意图、地形图（单位建筑比例尺1:500，居住区比例尺1:2000，其中一份画出用地范围）和设计单位提供的控制性规划方案及其他相关资料，向城市规划管理部门提出申请，经城市规划管理部门审核后，下达《规划设计条件通知书》及用地红线图。《规划设计条件通知书》主要规定了征地面积、规划建设用地面积、总建筑面积、容积率、建筑密度、绿化率、建筑后退红线距离、建筑控制高度和停车位个数等。

3. 设计方案审查阶段

开发商应自行委托有规划设计资格的设计机构完成不少于2个方案设计，然后持设计方案报审表、项目各设计方案的总平面图（单位建筑比例尺1:500、居住区比例尺1:2000，其中一份画出用地范围）、各层平立剖面图、街景立面图等（比例尺1:100或1:200）、方案说明书及其他相关资料，向城市规划管理部门提出设计方案审批申请，城市规划管理部门接此申请后协同其他有关单位审查该详细规划设计方案并提出修改或调整意见。之后，开发商根据审查意见对设计方案进行调整修改，再报城市管理部门审批。审批通过后由城市规划管理部门签发《规划设计方案审批通知书》。

4. 《建设工程规划许可证》申请

开发商需持由城市建设主管部门下发的年度施工任务批准文件、工程施工图样、工程档案相关证明文件、其他行政主管部门审查意见和要求取得的有关协议（如使用水、电、煤气、热力等的协议），向城市规划管理部门提出申请。城市规划管理部门接此申请后，将负责主持召开市政配合会，组织有关单位进行综合图会签等工作，最后签发《建设工程规划许可证》。

2.3.4 建设工程项目招标投标

1. 建设工程项目招标投标的概念

建设工程项目招标投标是在市场经济条件下，国内外的工程承包市场上为买卖特殊商品而进行的由一系列特定环节组成的特殊交易活动。

上述概念中的“特殊商品”是指建设工程，既包括建设工程实施又包括建设工程实体形成过程中的建设工程技术咨询活动。

“特殊交易活动”的特殊性表现在两个方面，一是欲买卖的商品是未来的，并且还未开价；二是这种买卖活动是由一系列特定环节组成，即招标、投标、开标、评标、定标以及签约和履约等环节。

2. 建设工程项目招标投标活动的原则

（1）公开原则　公开原则是指招标投标活动应有较高的透明度，招标人应当将招标信息公布于众，以招引投标人做出积极响应。在招标采购制度中，公开原则要贯穿于整个招标投标程序中。具体表现在建设工程招标投标信息公开、条件公开、程序公开和结果公开。公开原则的意义在于使每一个投标人获得同等的信息，知悉招标的一切条件和要求，避免“暗箱操作”。

（2）公平原则　公平原则要求招标人平等地对待每一个投标竞争者，使其享有同等的权利并履行相应的义务，不得对不同的投标竞争者采用不同的标准。按照这个原则，招标人不得在招标文件中要求或者标明含有倾向或排斥潜在投标人的内容，不得以不合理的条件限制或者排斥潜在投标人，不得对潜在投标人实行歧视待遇。

（3）公正原则　公正原则即程序规范、标准统一，要求所有招标投标活动必须按照招标文件中的统一标准进行，做到程序合法、标准公正。按照这个原则，招标人必须按照招标文件事先确定的招标、投标、开标的程序和法定时限进行，评标委员会必须按照招标文件确定的评标标准和方法进行评审，招标文件中没有规定的标准和方法不得作为评标和中标的依据。

（4）诚实信用原则　诚实信用原则要求招标投标当事人应以诚实、守信的态度行使权利、履行义务，以保护双方的利益。诚实是指真实合法，不可用歪曲或隐瞒真实情况的手段去欺骗对方。违反诚实信用原则的行为是无效的，且应承担由此带来的损失和损害责任。信用是指遵守承诺，履行合同，不弄虚作假，损害他人、国家和集体的利益。

3. 法律和行政法规规定必须招标的范围和规模标准

（1）必须招标项目的范围　《中华人民共和国招标投标法》第三条规定：在中华人民共和国境内进行下列工程建设项目包括项目的勘察、设计、施工、监理以及与工程建设有关的重要设备、材料等的采购，必须进行招标：

（一）大型基础设施、公用事业等关系社会公共利益、公众安全的项目；

（二）全部或者部分使用国有资金投资或者国家融资的项目；

（三）使用国际组织或者外国政府贷款、援助资金的项目。

前款所列项目的具体范围和规模标准，由国务院发展计划部门会同国务院有关部门制订，报国务院批准。

法律或者国务院对必须进行招标的其他项目的范围有规定的，依照其规定。

前款所称工程是指建设工程，包括建筑物和构筑物的新建、改建、扩建及其相关的装修、拆除、修缮等所称与工程建设有关的货物，是指构成工程不可分割的组成部分，且为实现工程基本功能所必需的设备、材料等；所称与工程建设有关的服务，是指为完成工程所需的勘察、设计、监理等服务。

为了确定必须招标的工程项目，规范招标投标活动，提高工作效率、降低企业成本、预防腐败，根据《中华人民共和国招标投标法》第三条的规定，制定了《必须招标的工程项目规定》（发改委第 16 号令），并于 2018 年 6 月 1 日起执行，规定如下：

1）全部或者部分使用国有资金投资或者国家融资的项目。具体包括：

① 使用预算资金 200 万元人民币以上，并且该资金占投资额 10% 以上的项目。

② 使用国有企业事业单位资金，并且该资金占控股或者主导地位的项目。

【知识链接】

使用国有资金、国家融资的项目范围

1. 使用国有资金投资项目的范围，一般包括以下类型：

1）使用各级财政预算内资金的项目。

2）使用纳入财政管理的各种政府性专项建设基金的项目。

3）使用国有企业事业单位自有资金，并且国有资产投资者实际拥有控制权的项目。

2. 使用国家融资项目的范围，一般包括以下类型：

1）使用国家发行债券所筹资金的项目。

2）使用国家对外借款、政府担保或者承诺还款所筹资金的项目。

3）使用国家政策性贷款资金的项目。

4）政府授权投资主体融资的项目。

5）政府特许的融资项目。

3. 使用国际组织或者外国政府贷款、援助资金的项目包括：

1）使用世界银行、亚洲开发银行等国际组织贷款、援助资金的项目。

2）使用外国政府及其机构贷款、援助资金的项目。

不属于上述 2 项规定情形的大型基础设施、公用事业等关系社会公共利益、公众安全的项目，必须招标的具体范围由国务院发展改革部门会同国务院有关部门按照确有必要、严格限定的原则制订，报国务院批准。

【知识链接】

大型基础设施、公用事业等关系社会公共利益、公众安全的项目范围

具体范围一般包括：

1. 关系社会公共利益、公众安全的基础设施项目包括：

1）煤炭、电力、新能源等能源生产和开发项目。

2）铁路、公路、管道、航空以及其他交通运输业等交通运输项目。

3）邮政、电信枢纽、通信、信息网络等邮电通信项目。

4）防洪、灌溉、排涝、引水、滩涂治理、水土保持、水利枢纽等水利项目。

5）道路、桥梁、地铁和轻轨交通、地下管道、公共停车场等城市设施项目。

6）污水排放及其处理、垃圾处理、河湖水环境治理、园林、绿化等生态环境建设和保护项目。

7）其他基础设施项目。

2. 关系社会公共利益、公众安全的公用事业项目包括：

1）供水、供电、供气、供热等市政工程项目。

2）科技、教育、文化等项目。

3）体育、旅游等项目。

4）卫生、社会福利等项目。

5）商品住宅，包括经济适用住房。

6）其他公用事业项目。

2）规定范围内的项目，其勘察、设计、施工、监理以及与工程建设有关的重要设备、材料等的采购达到下列标准之一的，必须招标：

① 施工单项合同估算价在400万元人民币以上。

② 重要设备、材料等货物的采购，单项合同估算价在200万元人民币以上。

③ 勘察、设计、监理等服务的采购，单项合同估算价在100万元人民币以上。

同一项目中可以合并进行的勘察、设计、施工、监理以及与工程建设有关的重要设备、材料等的采购，合同估算价合计达到前款规定标准的，必须招标。

（2）可以不进行招标的建设项目范围　《中华人民共和国招标投标法》第六十六条规定：涉及国家安全、国家秘密、抢险救灾或者属于利用扶贫资金实行以工代赈、需要使用农民工等特殊情况，不适宜进行招标的项目，按照国家有关规定可以不进行招标。为此，国务院有关部委在规定必须招标项目的范围和规模标准的同时，对可以不招标的情况分别作出了如下规定：

《建设项目可行性研究报告增加招标内容以及核准招标事项暂行规定》第五条规定：属于下列情况之一的，建设项目可以不进行招标，但在报送可行性研究报告中须提出不招标申请，并说明不招标原因。

1）涉及国家安全或者有特殊保密要求的。

2）建设项目的勘察、设计，采用特定专利或者专有技术的，或者其建筑艺术造型有特殊要求的。

3）承包商、供应商或者服务提供者少于三家，不能形成有效竞争的。

4）其他原因不适宜招标的。

《工程建设项目施工招标投标办法》第十二条规定：

依法必须进行施工招标的工程建设项目有下列情形之一的，可以不进行施工招标：

1）涉及国家安全、国家秘密、抢险救灾或者属于利用扶贫资金实行以工代赈需要使用农民工等特殊情况，不适宜进行招标。

2）施工主要技术采用不可替代的专利或者专有技术。

3）已通过招标方式选定的特许经营项目投资人依法能够自行建设。

4）采购人依法能够自行建设。

5）在建工程追加的附属小型工程或者主体加层工程，原中标人仍具备承包能力，并且其他人承担将影响施工或者功能配套要求。

6）国家规定的其他情形。

(3）违反法律和行政法规规定的规避招标应承担的法律责任　违反《中华人民共和国招标投标法》相关规定，必须进行招标的项目而不招标的，将必须进行招标的项目化整为零或者以其他任何方式招标的，责令限期改正，可处项目合同金额千分之五以上千分之十以下的罚款；对全部或者部分使用国有资金的项目，可以暂停项目执行或者暂停资金拨付；对单位直接负责的主管人员和其他直接责任人员依法给予处分。

4. 建设工程招标的主要类别

建设工程招标可以根据不同的分类标准分成不同类别（图2-4）。

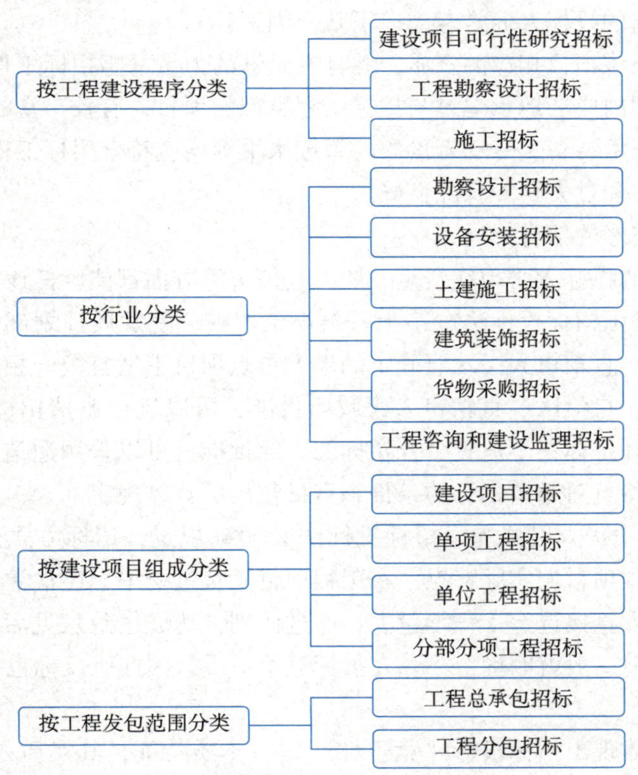

图2-4　建设工程招标的几种基本分类

此外，根据有无涉外关系，建设工程招标投标还可以分为国内工程承包招标、境内国际工程招标和国际工程招标等。

5. 建设工程招标的主要形式

目前国内外市场上使用的建设工程招标形式主要有公开招标、邀请招标和议标几种。

（1）公开招标　公开招标是指招标人通过报刊、广播、电视、网络或其他媒介，公开发布招标公告，招揽不特定的法人或其他组织参加投标的招标方式。公开招标形式一般对投标人的数量不做限制，故也被称为“无限竞争性招标”。

国内依法必须进行公开招标的项目，根据《中华人民共和国招标投标法》相关规定，应当通过国家指定的报刊、信息网络或者其他媒介发布，如《中国建设报》《中国日报》和中国招标投标网等。此外，除在省、自治区、直辖市人民政府指定的媒介发布外，在招标人自愿的前提下，可以同时在其他媒介发布。任何单位和个人不得违法指定或者限制招标公告的发布和发布范围。对非法干预招标公告发布活动的，依法追究领导和直接责任人的责任。在指定媒介发布必须招标项目的招标公告，不得收取费用。

招标公告应当载明招标人的名称和地址，招标项目的性质、数量、实施地点和时间以及获取招标文件的办法等事项。

（2）邀请招标　邀请招标是指招标人以投标邀请书的方式直接邀请特定的法人或者其他组织参加投标的招标方式。由于投标人的数量是由招标人确定的，所以又被称为“有限竞争招标”。被邀请的投标人通常考虑以下几个因素：

1）该单位有与该项目相应的资质，并且有足够的力量承担招标工程的任务。

2）该单位近期内成功地承包过与招标工程类似的项目，有较丰富的经验。

3）该单位的技术装备、劳动者素质、管理水平等均应符合招标工程的要求。

4）该单位当前和过去财务状况良好。

5）该单位有较好的信誉。

总之，被邀请的投标人必须在资金、能力、信誉等方面都能胜任该招标工程。

《中华人民共和国招标投标法》第十一条规定：国务院发展计划部门确定的国家重点项目和省、自治区、直辖市人民政府确定的地方重点项目不适宜公开招标的，经国务院发展计划部门或者省、自治区、直辖市人民政府批准，可以进行邀请招标。这条规定表明：重点项目都应当公开招标；不适宜公开招标的，经批准也可以采用邀请招标。为此国家有关部门根据项目的特点对邀请招标的条件和审批作出了具体规定。

（3）议标　《中华人民共和国招标投标法》明确规定，招标方式分为公开招标和邀请招标。但由于工程项目的实际特点，在工程项目发包过程中，还常常运用议标的形式。

议标是指招标人直接选定工程承包人，通过谈判，达成一致意见后直接签约。由于工程承包人在谈判之前一般就明确，不存在投标竞争对手，因此，议标也被称为“非竞争性招标”。

由于议标没有体现出招标投标“竞争性”这一本质特征，其实质是一种谈判。因此，在《中华人民共和国招标投标法》中，没有将议标作为招标方式，并且规定了议标的适用范围和程序。

对不宜公开招标和邀请招标的特殊工程，应报主管机构，经批准后才可议标。参加议标的单位一般不得少于两家。议标也必须经过报价、比较和评定阶段，业主通常采用多家议标、“货比三家”的原则，择优录取。

【知识链接】

议标的招标方式限定

根据国际惯例和我国现行法规，议标的招标方式通常限定在紧急工程、有保密性要求的工程、价格很低的小型工程、零星的维修工程和潜在投标人很少的特殊工程。

6. 建设工程招标组织形式

招标组织形式分为自行招标和委托招标。具备自行招标的能力，按规定向主管部门备案同意后，可以自行组织招标；依法必须招标的项目经过批准后，招标人根据项目的实际情况需要和自身条件，可以自主选择招标代理机构进行委托招标。

（1）自行组织招标　招标人自行办理招标事宜，应当具有编制招标文件和组织评标的能力，具体包括以下几点：

1）具有项目法人资格（或者法人资格）。

2）具有与招标项目规模和复杂程度相适应的工程技术、概预算、财务和工程管理等方面专业技术力量。

3）有从事同类工程建设项目招标的经验。

4）拥有 3 名以上取得招标职业资格的专职招标业务人员。

5）熟悉和掌握《中华人民共和国招标投标法》及有关法规规章。

不具备上述第 2）~5）条件的，须委托具有相应资质的咨询、监理等单位代理招标。如建设单位具备自行招标的条件，也可以委托招标代理机构代理招标。

（2）委托招标代理机构组织招标　工程招标代理机构接受招标人的委托，可以从事工程勘察、设计、施工、监理以及与工程建设有关的重要设备（进口机电设备除外）、材料采购招标的代理业务。工程招标代理机构资格分为甲级、乙级和暂定级三种级别。甲级工程招标代理机构可以承担各类工程的招标代理业务。乙级工程招标代理机构只能承担工程总投资 1 亿元人民币以下的工程招标代理业务。暂定级工程招标代理机构，只能承担工程总投资 6000 万元人民币以下的工程招标代理业务。工程招标代理机构可以跨省、自治区、直辖市承担工程招标代理业务。甲级、乙级工程招标代理机构资格证书的有效期为 5 年，暂定级工程招标代理机构资格证书的有效期为 3 年。

7. 建设工程招标程序

我国《中华人民共和国招标投标法》中规定的招标工作包括招标、投标、开标、评标和中标几大步骤。建设工程招标是由一系列前后衔接、层次明确的工作步骤构成的。

（1）建设工程招标应具备的条件

1）按照国家有关规定需要履行项目审批手续的，已经履行审批手续。

2）工程资金或者资金来源已经落实。

3）施工招标的，有满足招标需要的设计图样及其他技术资料。

4）法律、法规、规章规定的其他条件。

具备上述条件，招标人进行招标时，应向当地工程招标投标管理办公室提供立项批准文件、规划许可证、施工许可申请表，方能进入招标程序、办理各项备案事宜。

（2）招标前的准备工作　招标前的准备工作由招标人独立完成，主要工作包括下列几个方面。

1）确定招标范围。工程建设招标，可以分为整个建设过程各个阶段全部工作的招标（称为工程建设总承包招标或全过程总体招标）；其中某个阶段的招标；某个阶段中某一专项的招标。

招标人对招标项目划分标段的，应当遵守招标投标法的有关规定，不得利用划分标段规避限制或者排斥潜在投标人。依法必须进行招标的项目的招标人不得利用划分标段规避招标。

2）工程报建。按照《工程建设项目报建管理办法》规定，工程建设项目由建设单位或其代理机构在工程项目可行性研究报告或其他立项文件被批准后，须向当地建设行政主管部门或其授权机构进行报建。

工程建设项目报建范围：各类房屋建筑、土木工程、设备安装、管道线路敷设、装饰装修等固定资产投资的新建、扩建、改建以及技术改造等建设项目。

工程建设项目的报建主要包括以下内容：

① 工程名称。

② 建设地点。

③ 投资规模。

④ 资金来源。

⑤ 当年投资额。

⑥ 工程规模。

⑦ 开工、竣工日期。

⑧ 发包方式。

⑨ 工程筹建情况。

办理工程报建时应交验以下文件资料：

① 立项批准文件或年度投资计划。

② 固定资产投资许可证。

③ 建设工程规划许可证。

④ 资金证明。

报建程序：

① 建设单位到建设行政主管部门或其授权机构领取《工程建设项目报建表》。

② 按报建表的内容及要求认真填写。

③ 有上级主管部门的需经其批准同意后，一并报送建设行政主管部门，并按要求进行招标准备。

④ 工程建设项目的投资和建设规模有变化时，建设单位应及时到建设行政主管部门或其授权机构进行补充登记。筹建负责人变更时，应重新登记。

凡未报建的工程建设项目，不得办理招标投标手续和发放施工许可证，设计、施工单位不得承接该项工程的设计和施工任务。

3）建设单位招标的资格审查。根据我国《招标投标法》及有关部门规章的规定，建设单位应具备自行招标的条件。

依法必须进行招标的项目，招标人自行办理招标事宜的，应当向有关行政监督部门备案。不具备以上条件的，须委托有资格的招标代理机构办理招标。任何单位和个人不得以任何方式为招标人指定招标代理机构，也不得强制招标人委托招标代理机构办理招标事宜。

4）选择招标方式。招标人应按照我国《招标投标法》、其他相关法律法规的规定以及建设项目的特点确定招标方式。

5）编制资格预审文件、招标文件。编制依法必须进行招标的项目的资格预审文件和招标文件，应当使用国务院发展改革部门会同有关行政监督部门制定的标准文本。

招标人编制的资格预审文件、招标文件的内容违反法律、行政法规的强制性规定，违反公开、公平、公正和诚实信用原则，影响资格预审结果或者潜在投标人投标的，依法必须进行招标的项目的招标人应当在修改资格预审文件或者招标文件后重新招标。

（3）招标与投标阶段的主要工作

1）发布招标公告（资格预审公告）或投标邀请书。招标备案后可根据招标方式，发布招标公告或投标邀请书。招标人采用资格预审办法对潜在投标人进行资格审查的，应当发布资格预审公告。招标公告的作用在于使潜在投标人获得招标信息，以便进行项目筛选，确定是否参与竞争。实行邀请招标的工程项目，招标人应当向三个以上具备承担招标项目能力、资信良好的特定法人或其他组织发出投标邀请书。

2）资格预审文件的处理

① 资格预审文件的发售。招标人应当按照资格预审公告规定的时间、地点发售资格预审文件。资格预审文件发售期不得少于5日。招标人发售资格预审文件的费用应当限于补偿印刷、邮寄的成本支出，不得以营利为目的。

② 资格预审文件的递交。招标人应当合理确定提交资格预审申请文件的时间。依法必须进行招标的项目提交资格预审申请文件的时间，自资格预审文件停止发售之日起不得少于5日。

③ 资格预审文件的澄清或修改。招标人可以对已发出的资格预审文件进行必要的澄清或修改。澄清或修改的内容可能影响资格预审申请文件编制的，招标人应当在提交资格预审申请文件截止时间至少3日前，以书面形式通知所有获取资格预审文件不足3日或者15日的，招标人应当顺延提交资格预审申请文件或者投标文件的截止时间。

潜在投标人或者其他利害关系人对资格预审文件有异议的，应当在提交资格预审申请文件截止时间2日前提出。招标人应当自收到异议之日起3日内作出答复；作出答复前，应当暂停招标投标活动。

3）资格预审

① 资格审查。资格预审应当按照资格预审文件载明的标准和方法进行。国有资金占控股或者主导地位的依法必须进行招标的项目，招标人应当组建资格审查委员会审查资格预审申请文件。资格审查委员会及其成员应当遵守有关评标委员会及其成员的规定。

② 发放合格通知书。资格预审结束后，招标人应当及时向资格预审申请人发出资格预审结果通知书。未通过资格预审的申请人不具有投标资格。通过资格预审的申请人少于3个的，应当重新招标。

招标人采用资格后审办法对投标人进行资格审查的，应当在开标后由评标委员会按照招标文件规定的标准和方法对投标人的资格进行审查。

4）招标文件的处理

① 招标文件的发售。招标人应当按照招标公告规定的时间、地点发售招标文件，发售期不得少于5日。招标人向合格投标人发放招标文件，招标人对所发出的招标文件可以酌收工本费，但不得以此谋利，对于其中的设计文件，招标人可以酌收押金，在确定中标人后，对于设计文件退回的，招标人应当同时将其押金退还。

② 招标文件澄清或修改。投标人收到招标文件、图样和有关资料后，若有疑问或不清楚的问题需要解答、解释的，应当在招标文件中相应规定的时间内以书面形式向招标人提出，招标人应以书面形式或投标预备会上予以解答。

招标人对招标文件所作的任何澄清和修改，须报建设行政主管部门备案，并在投标截止日期15日前发给获得招标文件的所有投标人。投标人收到招标文件的澄清或修改内容后应以书面形式确认。不足15日的，招标人应当顺延提交资格预审申请文件或者投标文件的截止时间。潜在投标人或者其他利害关系人对招标文件有异议的，应当在投标截止时间10日前提出。招标人应当自收到异议之日起3日内做出答复；做出答复前，应当暂停招标投标活动。

招标文件的澄清或修改内容作为招标文件的组成部分，对招标人和投标人起约束作用。

5）勘察现场、投标预备会

① 勘察现场。招标人在投标须知规定的时间内组织投标人自费进行现场考察。设置此程序的目的，一方面是使投标人了解工程项目的现场条件、自然条件、施工条件以及周围环境条件，以便编制投标文件；另一方面也是要求投标人通过自己实地考察确定投标策略，避免在履行合同过程中以不了解现场情况推卸应承担的责任。

投标人在踏勘现场中如有疑问，应在投标预备会前以书面形式向招标人提出，便于招标人对投标人的疑问予以解答。投标人在踏勘现场中的疑问，招标人可以以书面形式答复，也可以在投标预备会上答复。

招标人不得组织单个或者部分潜在投标人踏勘项目现场。

② 投标预备会。在招标文件中规定的时间和地点，由招标人主持召开投标预备会，也称标前会议或者答疑会。投标预备会由招标人组织并主持召开，目的在于解答投标人提出的关于招标文件和踏勘现场的疑问。答疑会结束后，由招标人以书面形式将所有问题及

问题的解答向获得招标文件的投标人发放。会议记录作为招标文件的组成部分，内容与已发放的招标文件不一致之处，以会议记录的解答为准。问题及解答纪要须同时向建设行政主管部门备案。

为便于投标人在编制投标文件时，将答疑会上对招标文件的澄清和相关问题及解答内容考虑进去，招标人可根据需要延长投标截止时间。

6）投标文件的编制

① 编制投标文件的准备工作

a. 投标人领取招标文件、图样和有关技术资料后，仔细阅读研究上述文件。对于疑问或不解的问题，可以以书面形式向招标人提出。

b. 为编制好投标文件且选择恰当的报价策略，收集现行各类市场价格信息、取费依据和标准。

c. 踏勘现场，掌握建设项目的地理环境和现场情况。

② 投标文件的编制要求

a. 根据招标文件的要求编制投标文件，并按照招标文件的要求办理投标担保事宜。

b. 编制完成投标文件后，仔细整理、核对投标文件。

c. 投标文件需经投标人的法定代表人签署并加盖公章和法定代表人印鉴，并按招标文件规定的要求密封、标志。

7）投标文件的递交与接收

① 投标文件的递交。投标人应在招标文件所规定的投标文件递交日期和地点将密封后的投标文件送达给招标人。

投标人在递交投标文件以后，在规定的投标截止时间之前，可以以书面形式补充修改或撤回已提交的投标文件，并通知招标人。补充、修改的内容为投标文件的组成部分。但在投标截止日期以后，不能更改或撤回投标文件。

投标截止期满后，投标人少于 3 个的，招标人将依法重新招标。

② 投标文件的接收。在投标文件递交截止时间之前，招标人应做好投标文件签收。未通过资格预审的申请人提交的投标文件，以及逾期送达或者不按照招标文件要求密封的投标文件，招标人应当拒收。招标人应当如实记载投标文件的送达时间和密封情况，并存档备查。

（4）决标成交阶段的主要工作　决标成交阶段的工作主要包括开标、评标和定标，具体内容在本书“项目 5”中作详细讲解。

1）开标。在投标截止日期后，按规定的时间、地点和规定的议程举行开标会议。投标人少于 3 个的，不得开标；招标人应当重新招标。投标人对开标有异议的，应当在开标现场提出，招标人应当当场作出答复，并进行记录。

2）评标。在招标管理机构的监督下，按相关规定成立的评标委员会依据评标原则、评标方法对各投标单位递交的投标文件进行综合评价，评标完成后，评标委员会应当向招标人提交书面评标报告和中标候选人名单。中标候选人应当不超过 3 个，并标明排序。

3）中标。依法必须进行招标的项目，招标人应当自收到评标报告之日起 3 日内公示中标候选人，公示期不得少于3日。

中标人确定后，招标人应当向中标人发出中标通知书，并同时将中标结果通知所有未中标的投标人。招标人最迟应当在书面合同签订后5日内向中标人和未中标的投标人退还投标保证金及银行同期存款利息。投标人或者其他利害关系人对依法必须进行招标的项目的评标结果有异议的，应当在中标候选人公示期间提出。招标人应当自收到异议之日起3日内作出答复；作出答复前，应当暂停招标投标活动。

国有资金占控股或者主导地位的依法必须进行招标的项目，招标人应当确定排名第一的中标候选人为中标人。排名第一的中标候选人放弃中标、因不可抗力不能履行合同、不按照招标文件要求提交履约保证金，或者被查实存在影响中标结果的违法行为等情形，不符合中标条件的，招标人可以按照评标委员会提出的中标候选人名单排序依次确定其他中标候选人为中标人，也可以重新招标。

4）签订合同。招标人和中标人应当在发出中标通知书30日内签订书面合同，合同的标的、价款、质量、履行期限等主要条款应当与招标文件和中标人的投标文件的内容一致。招标人和中标人不得再行订立背离合同实质性内容的其他协议。

（5）公开招标程序　公开招标主要适用于较大型且工艺和结构复杂的建设项目，公开招标程序流程如图2-5所示。

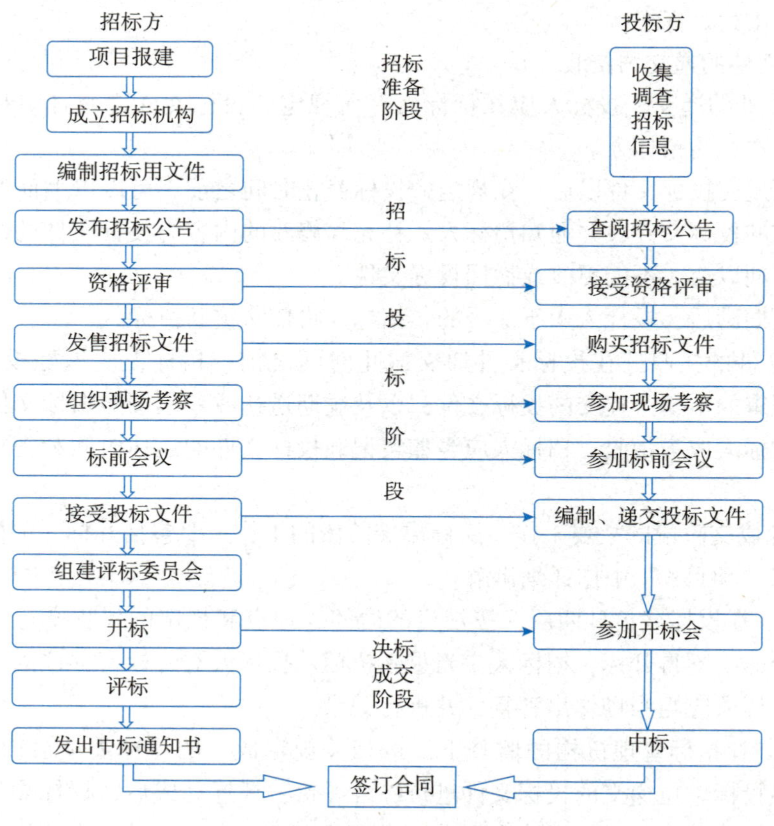

图2-5　公开招标程序流程图

案例分析

【案例概况】

某建设单位经相关主管部门批准，组织某建设项目工程总承包（即 EPC 模式）的公开招标工作。根据实际情况和建设单位的要求，该工程工期定为两年，考虑到各种因素的影响，决定该工程在基本方案确定后即开始招标，确定的招标程序如下：

1）成立该工程招标领导机构。

2）委托招标代理机构代理招标。

3）发出招标邀请书。

4）对报名参加投标者进行资格预审，并将结果通知合格的申请投标人。

5）向所有获得投标资格的投标人发售招标文件。

6）召开投标预备会。

7）招标文件的澄清与修改。

8）建立评标组织，制订标底和评标、定标办法。

9）召开开标会议，审查投标书。

10）组织评标。

11）与合格的投标者进行质疑澄清。

12）决定中标单位。

13）发出中标通知书。

14）建设单位与中标单位签订承发包合同。

【问题】

指出上述招标程序中的不妥和不完善之处。

【案例评析】

该项目招标程序中存在如下问题：

1）第 3）条“发出招标邀请书”不妥，应为发布（或刊登）招标通告（或公告）。

2）第 4）条将资格预审结果仅通知合格的申请投标人不妥，资格预审的结果应通知到所有投标人。

3）第 6）条召开投标预备会前应先组织投标单位踏勘现场。

4）第 8）条“制订标底和评标、定标办法”不妥，制订标底和评标、定标办法不是由评标组织确定的。如果是有标底招标，招标人应在开标前确定标底并提交部门审核，而评标定标办法应在招标文件中有明确的说明。

2.3.5　开工申请与审批

建设工程招标工作结束后，开发商就可以继续申请开工许可。为了加强对建筑活动的监督管理，维护建筑市场秩序，保证建筑工程的质量和安全，根据《中华人民共和国建筑法》第七条　建筑工程开工前，建设单位应当按照国家有关规定向工程所在地县级以上人民政府建设行政主管部门申请领取施工许可证；但是，国务院建设行政主管部门确定的限额以下的小型工程除外。按照国务院规定的权限和程序批准开工报告的建筑工程，不再领取施工许可证。

根据住房和城乡建设部2021年修订的《建筑工程施工许可管理办法》第二条　在中华人民共和国境内从事各类房屋建筑及其附属设施的建造、装修装饰和与其配套的线路、管道、设备的安装，以及城镇市政基础设施工程的施工，建设单位在开工前应当依照本办法的规定，向工程所在地的县级以上地方人民政府住房城乡建设主管部门（以下简称发证机关）申请领取施工许可证。工程投资额在30万元以下或者建筑面积在300m^{2}以下的建筑工程，可以不申请办理施工许可证。省、自治区、直辖市人民政府住房城乡建设主管部门可以根据当地的实际情况，对限额进行调整，并报国务院住房城乡建设主管部门备案。

第三条　本办法规定应当申请领取施工许可证的建筑工程未取得施工许可证的，一律不得开工。任何单位和个人不得将应当申请领取施工许可证的工程项目分解为若干限额以下的工程项目，规避申请领取施工许可证。

1. 申请领取施工许可证应具备的条件

建设单位申请领取施工许可证，应当具备下列条件，并提交相应的证明文件：

1）依法应当办理用地批准手续的，已经办理该建筑工程用地批准手续。

2）依法应当办理建设工程规划许可证的，已经取得建设工程规划许可证。

3）施工场地已经基本具备施工条件，需要征收房屋的，其进度符合施工要求。

4）已经确定施工企业。按照规定应当招标的工程没有招标，应当公开招标的工程没有公开招标，或者肢解发包工程，以及将工程发包给不具备相应资质条件的企业的，所确定的施工企业无效。

5）有满足施工需要的资金安排、施工图样及技术资料，建设单位应当提供建设资金已经落实承诺书，施工图设计文件已按规定审查合格。

6）有保证工程质量和安全的具体措施。施工企业编制的施工组织设计中有根据建筑工程特点制定的相应质量、安全技术措施。建立工程质量安全责任制并落实到人。专业性较强的工程项目编制了专项质量、安全施工组织设计，并按照规定办理了工程质量、安全监督手续。

县级以上地方人民政府住房城乡建设主管部门不得违反法律法规规定，增设办理施工许可证的其他条件。

2. 申请办理施工许可证的程序

1）建设单位向发证机关领取《建筑工程施工许可证申请表》。

2）建设单位持加盖单位及法定代表人印章的《建筑工程施工许可证申请表》，并附《建筑工程施工许可管理办法》第四条规定的证明文件，向发证机关提出申请。

3）发证机关在收到建设单位报送的《建筑工程施工许可证申请表》和所附证明文件后，对于符合条件的，应当自收到申请之日起七日内颁发施工许可证；对于证明文件不齐全或者失效的，应当当场或者五日内一次告知建设单位需要补正的全部内容，审批时间可以自证明文件补正齐全后作相应顺延；对于不符合条件的，应当自收到申请之日起七日内书面通知建设单位，并说明理由。

建筑工程在施工过程中，建设单位或者施工单位发生变更的，应当重新申请领取施工许可证。

建设单位申请领取施工许可证的工程名称、地点、规模，应当符合依法签订的施工承包合同。

施工许可证应当放置在施工现场备查，并按规定在施工现场公开。

2.3.6 前期工作的其他环节

除上述五个主要环节的工作外，房地产开发过程的前期工作可能还包括：征地、拆迁、安置、补偿；施工现场的通水、通电、通路和场地平整；市政设施接驳的谈判与协议；安排短期和长期信贷；对拟开发建设的项目寻找预租（售）的客户；进一步分析市场状况，初步确定目标市场、租金或售价水平；制定项目开发过程的监控策略；洽谈开发项目保险事宜等。

上述工作完成后，对项目应再进行一次财务评估。因为前期工作需要花费一定时间，而决定开发项目成败的经济特性可能已经发生了变化。所以，明智的开发商一般在其初始投资分析没有得到验证，或修订后的投资分析报告还没有形成一个可行的开发方案之前，通常不会贸然行动。

在房地产开发行业中，开发商宜保持理性态度，对所获得的专业咨询意见持审慎态度，避免期望过高的租金、售价水平或过低的开发成本。

2.4 建设阶段

2.4.1 建设工程项目管理的“三控制、三管理、一协调”

建设阶段的工程项目管理是工程实施的关键要点，不仅要在规定的时间内保证工程项目安全并有效地完成，同时也要保证项目能通过科学管理的模式达到一定的经济效益。只有加强工程项目管理，才能保证工程质量、降低成本、缩短工期，提高建筑企业在市场中的竞争力，对建筑企业生存和发展起着重要作用。

顺利地进行项目管理，必须制订严格、合理的程序规范管理方法并严格执行，同时项目管理者必须明确项目管理目标，灵活地选择相适应且有针对性的项目管理方法。鉴于项目的一次性和项目管理的复杂多样性，应采取更多更新颖的项目管理方法，以提升项目在经济、社会和环境方面的效益。

工程项目管理可以被归纳为“三控制、三管理、一协调”，三控制指进度（工期）控制、成本（投资）控制和质量控制；三管理指合同管理、安全管理和信息管理；一协调指组织协调。其中工程项目管理最关键的是“三控制”，一个工程的项目管理必须做好工期（进度）控制、成本（投资）控制和质量控制才能更好地进行施工、完成建设。

1. 进度（工期）控制

进度控制是项目管理中的关键因素。进度控制主要是采用科学的方法确定项目的进度目标、编制进度计划和资源供应计划，同时建立一个严密的合同网络体系及项目管理的模式与组织架构来进行进度控制，并且与质量、费用目标相互协调，以保证项目按期完成、实现预期目标。

为实现项目的进度目标，首先应编制项目的进度计划。进度计划是进度控制和管理的依据，主要是用来表示项目中各项工作的开展顺序、开始与完成时间及相互衔接关系的计划。根据计划涵盖的范围和时间跨度等不同，进度计划可分为项目总体进度计划、分项进度计划、年度进度计划等。

2. 成本（投资）控制

成本控制是以施工项目为管理对象，根据企业的总体目标和工程项目的具体要求，在工程项目实施过程中，对项目成本进行有效的组织、实施、控制、跟踪、分析和考核，建立规范的、统一的、标准的责权利相结合的成本管理模式，以合理使用资源，降低项目成本，并提高经济效益。

成本控制主要分为投标、签约阶段成本控制、施工准备阶段成本控制及施工过程中的成本控制。为加强项目成本管理，应树立牢固的成本控制意识，并建立起相应的管理制度和组织领导，抓住成本管理的关键环节，同时应重视和解决成本管理中出现的问题，对项目成本进行全过程控制。

3. 质量控制

质量控制是在明确的质量方针指导下，通过对施工方案和资源配置的计划、实施、检查及处置进行施工质量目标控制，主要分为事前控制、事中控制及事后控制。这三个环节相互补充，动态地控制质量，以实现质量管理和质量控制的持续改进。

为保证质量控制，应做到以下 3 点：①严把材料质量关，杜绝“无保证书、无合格证、无检验标准”的三无材料进场；②坚持样板引路，且实物按样板验收；③坚持企业内质量检查验收制度和质量“三检”制，即自检、专检、互检，以加强质量跟踪检查，重点把握质量控制。

4. 合同管理

合同管理是建设工程项目管理的重要内容之一。

在建设工程项目的实施过程中，往往会涉及许多合同，比如设计合同、咨询合同、科研合同、施工承包合同、供货合同、总承包合同、分包合同等。大型建设项目的合同数量可能达数百上千。所谓合同管理，既包括对每个合同的签订、履行、变更和解除等过程的控制和管理，也包括对所有合同进行筹划的过程。

因此，合同管理的主要工作内容有：根据项目的特点和要求确定设计任务委托模式和施工任务承包模式（合同结构）、选择合同文本、确定合同计价方法和支付方法、合同履行过程的管理与控制、合同索赔等。

5. 安全管理

工程安全在世界各国都是一个受到普遍关注的重要问题。工程安全有广义和狭义之分。广义的工程安全具有两个方面的含义：一是指工程建筑物本身的安全，即质量是否达到了合同要求、能否在设计规定的年限内安全使用，设计质量和施工质量直接影响到工程本身的安全，二者缺一不可；二是指在工程施工过程中人员的安全，特别是合同有关各方在现场工作人员的生命安全。工程建设中安全管理的原则是“安全第一、预防为主”。在规划设计阶段，要求工程设计符合国家制定的建筑安全规程和技术规范，保证工程的安全性能；在施工阶段，要求承包商编制施工组织设计时，应根据建筑工程的特点制定相应的安全技术措施，对专业性较强的工程项目，应当编制专项安全施工组织设计，并采取安全技术措施。

施工现场的安全由建筑施工企业负责。实行施工总承包的，由总承包单位负责。分包单位向总承包单位负责，服从总承包单位对施工现场的安全生产管理。开发商或其委托的监理工程师应监督承包商建立安全教育培训制度，对危及生命安全和人身健康的行为有权提出批评、检举和控告。开发商与承包商还要认真协调安排工程安全保险事宜，按双方约定承担支付保险费的义务。

6. 信息管理

信息管理指的是信息传输的合理组织和控制。

信息是通过口头、书面或电子等方式传输的内容，包括但不限于知识、新闻以及各类与项目相关的数据、事实等，其可靠性可能存在差异。建设工程项目的实施需要人力资源和物质资源，应认识到信息也是项目实施的重要资源之一。

项目的信息管理是通过对各个系统、各项工作和各种数据的管理，使项目的信息能方便和有效地获取、存储、存档、处理和交流。项目的信息管理的目的旨在通过有效的项目信息传输的组织和控制为项目建设的增值服务。

建设工程项目的信息包括在项目决策过程、实施过程（设计准备、设计、施工和物资采购过程等）和运行过程中产生的信息，以及其他与项目建设有关的信息，它包括：项目的组织类信息、管理类信息、经济类信息、技术类信息和法规类信息。

7. 组织协调

协调是指正确处理组织内外各种关系，为组织正常运转营造良好的条件和环境，促进组织目标的实现，即对各项工作及各位人员的活动进行调节，使其相互配合，协调推进。

施工项目管理的全过程中，为了取得各阶段目标和最终目标的实现，在进行各项活动中，必须加强管理工作。助力工程项目管理系统的工程项目投标、合同签订、施工、验收、归档等环节流程化管理，可随时查看施工项目各阶段的进度、资金、成本等状况，让工程项目管理过程可视、可控、可追溯。

2.4.2　竣工验收

竣工验收是指建设工程依照国家有关法律、法规及工程建设规范、标准的规定，完成工程设计文件要求和合同约定的各项内容，建设单位在取得政府有关主管部门或其委托机构出具的工程施工质量、消防、规划、环保、城建等验收文件或准许使用文件后，组织竣工验收并编制完成《建设工程竣工验收报告》的活动。工程竣工验收是施工全过程的最后一道程序，也是工程项目管理的最后一项工作。工程竣工验收是建设投资成果转入生产或使用的标志，也是全面考核投资效益、检验设计和施工质量的重要环节。因此，房地产开发商对于确已符合竣工验收条件的开发项目，都应按有关规定和国家质量标准，及时进行竣工验收。对竣工的开发项目和单项工程，应尽量建成一个验收一个，并抓紧投入经营和交付使用，使之尽快发挥经济效益。

1. 竣工验收的准备工作

在项目竣工验收之前，施工单位应配合监理工程师做好下列竣工验收的准备工作。

（1）完成收尾工程　收尾工程的特点是零星、分散、工程量小，但分布面广，如果不及时完成，将会直接影响项目的竣工验收及投产使用。做好收尾工程，必须摸清收尾工程项目，通过竣工前的预检，做一次彻底的清查，按设计图样和合同的要求，逐一对照，找出遗漏项目和修补工作，合理安排各收尾工作之间以及与其他已完工程的施工顺序，必要时相互穿插施工。

（2）竣工验收资料的准备　竣工验收资料和文件是工程项目竣工验收的重要依据，从施工开始就应完整地积累和保管，竣工验收时应经编目建档。

（3）竣工验收的预验收　竣工验收的预验收是初步鉴定工程质量，避免竣工进程拖延，保证项目顺利投产使用不可缺少的工作。通过预验收，可及时发现遗留问题，以便事先予以返修、补修。

2. 竣工验收的依据

开发项目或单体工程，其竣工验收的依据有：经过审批的项目建议书、年度投资计划、施工图样和说明文件、施工过程中的设计变更文件、现行施工技术规程、施工验收规范、质量检验评定标准，以及合同中有关竣工验收的条款。工程建设规模、工程建筑面积、结构形式、建筑装饰、设备安装等应与各种批准文件、施工图样、标准保持一致。

3. 竣工验收的标准

（1）土建工程验收标准　凡生产性工程、辅助公用设施及生活设施按照设计图样、技术说明书、验收规范进行验收，工程质量符合各项要求，工程内容按规定全部施工完毕。对生产性工程要求室内全部做完，室外明沟、勒脚、踏步、斜道全部做完，内外粉刷完毕；建筑物、构筑物周围2米以内场地平整、障碍物清除，道路及下水道畅通。对生活设施和职工住宅除上述要求外，还要求水通、电通、道路通。

（2）安装工程验收标准　按照设计要求的施工项目内容、技术质量要求及验收规范的规定，各道工序全部保质保量施工完毕。即工艺、燃料、热力等各种管道已做好清洗、试压、吹扫、油漆、保温等工作，各项设备、电气、空调、仪表、通讯等工程项目全部安装结束，经过单机、联动无负荷及投料试车，全部符合安装技术的质量要求，具备形成设计能力的条件。

（3）人防工程验收标准　凡有人防工程或结合建设的人防工程的竣工验收必须符合人防工程的有关规定，应按工程等级安装好防护密闭门，在室外通道在人防密闭门外的部位增设防护门进、排风等孔口，并完成相关设备安装。目前暂无设备的，做好基础和预埋件，具备有设备以后即能安装的条件。应做到内部粉饰完工；内部照明设备安装完毕，并可通电；工程无漏水，回填土结束；通道畅通等。

4. 竣工验收的工作程序

开发项目竣工验收的工作程序一般分为三个阶段。

（1）单项工程竣工验收　在开发小区总体建设项目中，当一个单项工程完工后，开发商应先根据承包商的竣工报告开展初步检查。随后组织施工单位（承包商）和设计单位整理有关施工技术资料（如隐蔽工程验收单，分部分项工程施工验收资料和质量评定结果，设计变更通知单，施工记录、标高、定位、沉陷测量资料等）和竣工图。然后由房地产开发商组织承包商、设计单位、客户（使用方）、质量监督部门正式进行竣工验收，开具竣工证书。

（2）综合验收　综合验收是指开发项目按规划、设计要求全部建设完成，并符合施工验收标准后，按照规定要求组织的综合验收。验收准备工作以开发商为主，组织设计单位、承包商、客户、质量监督部门进行初验，然后邀请有关城市建设管理部门，如建设委员会、计划委员会、建设银行、人防、环保、消防、开发办公室、规划局等，参加正式综合验收，签发验收报告。

（3）竣工验收备案　根据《建筑工程质量管理条例》规定，开发商应当自建设工程竣工验收合格之日起15日内，将建设工程竣工验收报告和规划、公安消防、环保等部门出具的认可文件或者准许使用文件，报建设行政主管部门或者其他有关部门备案。办理竣工验收备案应提交的文件包括：

1）竣工验收备案表。

2）竣工验收报告。竣工验收报告应当包括工程报建日期，施工许可证号，施工图设计文件审查意见，勘察、设计、施工、工程监理等单位分别签署的质量合格文件及验收人员签署的竣工验收原始文件，市政基础设施的有关质量检测和功能性试验资料，以及备案机关认为需要提供的有关资料。

3）法律、行政法规规定应当由规划、公安消防、环保等部门出具的认可文件或者准许使用文件。

4）施工单位签署的工程质量保修书。

5）法规、规章规定必须提供的其他文件。商品住宅还应当提交《住宅质量保证书》和《住宅使用说明书》。

在组织竣工验收时，应对工程质量的好坏进行全面鉴定。工程主要部分或关键部位若不符合质量要求会直接影响使用和工程寿命，应进行返修和加固，然后再进行质量评定。工程未经竣工验收或竣工验收未通过的，开发商不得使用、办理客户入住手续。

5. 竣工结算

竣工结算是指施工企业按照合同规定的内容全部完成所承包的工程，经验收质量合格，并符合合同要求之后，向发包单位进行的最终工程款结算。竣工验收报告经开发商认可后，承包商应向开发商递交竣工结算报告及完整的结算资料，双方按照协议书约定的合同价款及专用条款约定的合同价款调整内容，进行工程竣工结算。开发商收到承包商递交的竣工结算报告及结算资料后，应在合同约定的时间内（通常为1个月，具体以合同为准）予以核实，给予确认或者提出修改意见。开发商确认竣工结算报告后，应及时通知经办银行向承包商支付工程竣工结算价款。承包商收到竣工结算价款后，通常应在半个月内将竣工工程交付开发商。

6. 编制竣工档案

技术资料和竣工图是开发建设项目的重要技术管理成果，是使用单位安排生产经营、住户适应生活的需要。物业管理公司依据竣工图和技术资料进行管理和进一步改建、扩建。因此，开发项目竣工后，要认真组织技术资料的整理和竣工图的绘制工作，编制完整的竣工档案，并按规定分别移交给房屋产权所有者和城市建设档案馆。

（1）技术资料的内容

1）前期工作资料：开发项目的可行性研究报告、项目建议书及批准文件、勘察报告及相关资料、规划文件、设计文件及其变更资料，地下管线埋设的实际坐标、标高资料，征地拆迁报告及核准图样、原状录像或照片资料、征地与拆迁安置的各种许可证和协议书，施工合同、各种建设事宜的请示报告和批复文件等。

2）土建资料：开工报告、建（构）筑物及主要设备基础的轴线定位、水准测量及复核记录、砂浆和混凝土试块的试验报告，原材料检验证明、预制构件、加工件和各种钢筋的出厂合格证和实验室检验合格证，地基基础施工验收记录、隐蔽工程验收记录，分部分项工程施工验收记录、设计变更通知单、工程质量事故报告及处理结果，施工期间建筑物或构筑物沉降观测资料，竣工报告及竣工验收报告。

3）安装方面的资料：设备安装记录，设备、材料的验收合格证，管道安装、试漏、试压的质量检查记录，管道和设备的焊接记录，阀门、安全阀试压记录，电气、仪表检验及电机绝缘、干燥等检查记录，照明、动力、电讯线路检查记录，工程质量事故报告和处理结果，隐蔽工程验收单，设计变更及工程资料，竣工验收单等。

（2）竣工图　开发项目的竣工图是真实记录各种地下、地上建筑物、构筑物等详细情况的技术文件，是对工程进行验收、维护、改建、扩建的依据。

技术资料齐全，竣工图准确、完整，符合归档条件，是竣工验收的条件之一。在竣工验收之前不能完成的，应在验收后双方商定期限内补齐。

绘制竣工图的做法如下：

1）完全按施工图施工的，可将原施工图作为竣工图。

2）施工中对施工图设计有一般性变更，且能在原图上作修改补充的，可由施工单位在原施工图上做修改、说明后，作为竣工图。

3）当总平面布置、结构形式、工艺及其他方面出现重大改变，且不宜在原施工图上修改、补充时，必须重新绘制竣工图。因设计原因造成的变更，施工图由设计单位绘制；因施工原因造成的变更，施工图由施工单位绘制；因其他原因造成的变更，施工图由建设单位绘制。

4）竣工图应由施工单位逐张加盖竣工图章。

2.5　租售服务阶段

当建设阶段结束后，开发商除了要办理竣工验收和政府批准入住的手续外，往往要看预计的开发成本是否被突破，实际工期较计划工期是否有拖延。但开发商此时更为关注的是在原先预测的期间内，能否以预计的价格或租金水平为项目找到买家或使用者。在很多情况下，开发商为了分散投资风险，减轻债务融资的压力，在项目建设前或建设过程中就通过预租或预售的形式落实了买家或使用者。但在有些情况下，开发商也有可能在项目完工或接近完工时才开始租售工作。

本项目小结

本项目主要介绍了房地产开发的程序，第一阶段为投资机会选择与决策分析，其中投资机会选择包括提出投资设想、寻找和筛选投资机会、细化投资设想三项工作；投资决策分析主要包括市场分析、项目财务评价和投资决策三部分工作。第二阶段为前期工作，包括开发项目立项、获取土地使用权、确定规划设计方案并获得规划许可、建设工程项目招标投标、开工申请与审批和前期工作的其他环节。第三阶段为建设阶段，包括对建设过程实施的进度（工期）、成本（投资）、质量控制，合同、安全和信息管理，组织协调及竣工验收等内容。第四阶段为租售服务阶段，包括物业租售形式的选择和租售方案的制定。

综合案例应用

【案例概况】

在商品房的购买过程中，常会发生一些纠纷，其中很多纠纷是因销售方的房地产开发企业的相关证件不全所致。因此，无论是期房、现房，作为销售方的房地产开发商都必须具备“五证”，才能证明它是合法的销售主体，其销售行为合法，消费者与之签订合同合法有效，这样才能保证消费者在付款入住之后拿到房屋的产权证。

【问题】

商品房合法销售的“五证”是什么？办理流程和风险点包括哪些方面？

【案例评析】

“五证”之一：《建设用地规划许可证》

1. 释义

《建设用地规划许可证》是建设单位在向土地管理部门申请征用、划拨土地前，经城乡规划行政主管部门确认建设项目位置和范围符合城乡规划的法定凭证，是建设单位用地的法律凭证。

2. 办理流程

以招标、拍卖方式获得国有土地使用权的，在签订《国有土地使用权出让合同》后，建设单位应当持建设项目的批准、核准、备案文件和国有土地使用权出让合同，向市级、县级人民政府城乡规划主管部门领取《建设用地规划许可证》。市级、县级人民政府城乡规划主管部门不得在“建设用地规划许可证”中擅自改变作为国有土地使用权出让合同组成部门的规划条件。

3. 风险点及注意事项

两年内不得申请变更规划内容；两年后申请变更的，市级规划主管部门或其派出机构对申请进行初审后，按法定程序审批，获批的办理新证，旧证上交，不批准的，书面答复。

“五证”之二：《国有土地使用证》

1. 释义

《国有土地使用证》是指经土地使用者申请，由城市各级人民政府颁发的国有土地使用权的法律凭证。该证主要载明土地使用者名称，土地坐落、用途，土地使用权面积、使用年限和四至范围。

2. 办理流程

获取土地有三种方式：从政府出让获取开发土地、其他企业转让获取土地、与其他企业合作获取开发土地。

3. 风险点及注意事项

1）土地出让成交后，10 个工作日内签订出让合同，合同签订后一个月内缴纳出让价款 50% 的首付款，余款按合同缴纳，最迟不得超过一年。

2）超合同约定动工满一年未动工，从高征收闲置费，并责令限期开工、竣工；满两年未动工，无偿收回使用权。对虽按照合同约定日期动工，但开发面积不足 1/3 或已投不足 1/4，且未经批准中止建设连续一年的，按闲置土地处置。

3）土地使用年限届满的，应当至迟于届满前一年申请续期，一般应重签出让合同并缴纳出让金。

“五证”之三：《建设工程规划许可证》

1. 释义

《建设工程规划许可证》是城市规划行政主管部门依法核发的，确认有关建设工程符合城市规划要求的法律凭证。《建设工程规划许可证》是有关建设工程符合城市规划要求的法律凭证，是建设单位建设工程的法律凭证，是建设活动中接受监督检查时的法定依据。

2. 办理流程

申请阶段：房地产开发商持申报材料，到规划局规划管理处办理“建设工程设计规划要求通知书”；到规划局规划管理处办理“建设工程设计方案规划审查意见书”。

取证阶段：房地产开发商领取、填报“建设工程规划许可证申报表”，并将申报表连同施工图及其他申报材料送规划局办理审批手续。资料审核完毕，执由规划局开具的城市建设基金管理办公室收费联络单，到基金办缴纳市政设施配套费。同时，在规划局缴纳城市规划技术咨询服务费和建筑放线费。最后领取《建设工程规划许可证》。

3. 风险点及注意事项

1）《建设工程规划许可证》有效期限为两年。

2）工程扩建、改建必须取得新证后方可开工。

3）施工中不可以擅自调整容积率。

“五证”之四：《建筑工程施工许可证》

1. 释义

《建筑工程施工许可证》是建筑施工单位符合各种施工条件、允许开工的建设工程施工许可证，是建设单位进行工程施工的法律凭证。

2. 办理流程

办理《建筑工程施工许可证》前期工作包括：建设工程项目报建、建设工程招标投标；建设工程质量安全监督的办理等。开发商填报“建筑工程施工许可申请表”“工程质量责任卡”“质监委托书”，连同其他材料送当地住房和城乡建设主管部门办理，在交纳墙体材料节能费和散装水泥保证金后，领取《建筑工程施工许可证》。

3. 风险点及注意事项

(1) 领取《建筑工程施工许可证》之日起三个月内需开工，可申请两次延期，到期仍未开工的，《建筑工程施工许可证》自行废止。

(2) 在建工程中止施工之日起一个月内需向发证机关报告，复工时应当向发证机关报告，中止施工满一年的工程恢复施工前，建设单位应当报发证机关验《建筑工程施工许可证》。

“五证”之五：《商品房销售（预售）许可证》

1. 释义

《商品房销售（预售）许可证》是市级、县级人民政府房地产行政管理部门允许房地产开发企业销售商品房的批准文件，其主管机关是市级国土资源和房屋管理局，证书由市级国土资源和房屋管理局统一印制、办理登记审批和核发证书。房地产商在销售商品房时，如该房屋已建成，还应持有《房屋产权证书》。

2. 办理流程

《商品房销售（预售）许可证》的取得必须符合下列条件：

1）开发企业具有企业法人营业执照和房地产开发企业资质证书。

2）取得土地使用权证书和使用土地批准文件。

3）持有《建设工程规划许可证》和《建设工程开工许可证》。

4）已通过竣工验收。

5）供水、供电、供热、燃气、通信等配套基础设施具备使用条件，其他配套基础设施和公共设施具备交付使用条件或已确定进度和交付日期。

6）物业管理方案已落实。买现房的好处在于可以比较清楚地了解房屋的现状，可以尽快取得房屋产权证书等。

3. 风险点及注意事项

1）期房销售必具备“五证”“两书”：《住宅质量保证书》和《住宅使用说明书》。现房销售的，需具备房屋产权证，不再办理《商品房销售（预售）许可证》。

2）取得《商品房销售（预售）许可证》和销售现房的，在公开房源时，需明码标价，不得加价。

思考练习题

一、单项选择题

1. 获取土地使用权，进行征地、搬迁、安置、补偿是（　　）阶段的主要工作。

A. 投资机会选择与决策分析　　B. 前期工作　　C. 建设阶段　　D. 租售

2. 房地产开发的程序主要分为（　　）。

A. 投资机会选择、决策分析、建设、物业管理

B. 投资机会选择、前期工作、施工与竣工、物业管理

C. 决策分析、前期工作、建设、租售

D. 投资机会选择与决策分析、前期工作、建设、租售

3. 对于规模较大、建设周期较长、技术复杂，要求有较大选择范围的开发项目建设，通常采用（　　）。

A. 公开招标　　B. 邀请招标　　C. 议标　　D. 代理招标

4. 我国《招标投标法》规定："依法必须进行招标的项目，招标人自行办理招标事宜的，应当向有关行政监督部门（　　）。"

A. 申请　　B. 备案　　C. 通报　　D. 报批

5. 在依法必须进行招标的工程范围内，对于重要设备、材料等货物的采购，其单项合同估算价在（　　）万元人民币以上的，必须进行招标。

A. 50　　B. 100　　C. 150　　D. 200

二、多项选择题

1. 房地产开发主要阶段可分为（　　）。

A. 投资机会选择与决策分析　　B. 前期工作　　C. 建设阶段

D. 租售阶段　　E. 前期物业管理阶段

2. 开发商可以通过（　　）获得土地使用权。

A. 行政划拨　　B. 招标　　C. 公开拍卖

D. 挂牌出让　　E. 作价入股

3. 相对于其他招标形式，公开招标具有（　　）特点。

A. 选择范围大　　B. 节省时间，工作效率高

C. 招标费用高　　D. 耗费时间长

E. 适合所有项目

4. 房地产开发的前期工作包括（　　）。

A. 开发项目立项　　B. 获取土地使用权

C. 三控制、三管理、一协调　　D. 确定规划设计方案并获得规划许可

E. 建设工程招标投标

5. 土地一级开发项目的操作模式主要有（　　）。

A. 纯政府模式　　B. 政府与企业合作模式

C. 受政府授权委托的企业模式　　D. 纯企业模式

E. 受企业委托的政府模式

三、简答题

1. 房地产开发程序分为哪几个阶段？

2. 投资决策分析阶段主要工作内容有哪些？

3. 项目前期工作阶段具体包括哪些主要的工作？

四、案例题

1. 大学毕业生小徐近期刚刚加入某房地产开发企业的一个大型的开发项目中，小徐对房地产开发项目的程序和阶段划分还不是很清楚，更不知道各个阶段具体包含的工作内容，请为小徐制定一份思维导图，详细地介绍房地产开发工作的一般流程和各个阶段的工作重点。

2. 建设工程项目招标投标是在市场经济条件下，在国内外的工程承包市场上为买卖特殊商品而进行的由一系列特定环节组成的特殊交易活动。我国《招标投标法》中规定的招标工作包括招标、投标、开标、评标和中标几大步骤。建设工程招标是由一系列前后衔接、层次明确的工作步骤构成的。项目经理小李负责组织公司一个大型建设项目的招标工作，请为小李策划该项目的招标过程。

五、实训题

1. 实训内容：指定房地产开发项目开发过程策划方案。

2. 实训要求：

1）教师为每个学习小组分配指定的房地产开发项目为实训背景。

2）学生以小组为单位、根据教材、教师讲授内容，多渠道收集相关信息。

3）每个小组完成一份指定房地产开发项目开发过程策划方案的 PPT 文稿，并在课堂进行成果汇报。

房地产投资与融资

☞ **知识目标：**

1）了解投资的含义、房地产开发投资的风险防范、房地产开发项目常见的传统型与创新型的融资方式。

2）熟悉房地产投资的系统风险和个别风险，房地产融资方式的选取。

3）掌握房地产投资的基本原理和形式，房地产融资的资金来源。

☞ **能力目标：**

通过本项目的学习，使学生能根据房地产开发项目实际情况提出合理的投融资建议。

☞ **素养目标：**

遵纪守法，诚实守信。党的二十大报告提出：弘扬诚信文化，健全诚信建设长效机制。房地产从业人员应做到遵纪守法、诚实守信地开展房地产开发经营业务，维护房地产市场秩序，保障房地产交易合法有序开展。

☞ **学习重点：**

1）房地产投资的特点及类型。

2）房地产的融资的主要方式。

【引例】　房地产与金融结合的利弊

近年来，伴随着我国经济的快速发展，城市化进程加速，大批农村居民涌入城市，导致对城市住房的需求急剧上升，房价开始持续上升。

在这种大背景下，众多房地产开发商纷纷进入市场，一些房地产企业采用高杠杆策略，通过银行贷款或债券发行来筹集资金，从而在全国范围内购置土地、进行开发和住房销售。金融工具可以最大限度地放大资本效应，使企业在短时间内获得大量资金流，从而实现迅速扩张。

然而，火热的市场也带来了一系列问题。首先，由于过度投资，一些城市出现了供过于求的情况。其次，房价持续上涨使得许多中低收入家庭难以承受，住房问题成为社会关注的焦点。

2018年，为了遏制房价的快速上涨，政府出台了一系列房地产调控政策，如限购、限贷和限价等。这些政策限制了房地产企业的融资渠道。许多曾经对房价持续上涨持乐观态度的投资者开始变得谨慎，房企的融资成本上升，销售周期延长。面对房屋销售疲软、融资困难以及偿还债务的压力，一些过于依赖高杠杆的房企现金流问题逐渐浮出水面。2020年以来，多家大型房地产企业在房地产市场陷入低谷时难以维持正常运营，不断传出烂尾工程等负面新闻。

正如经济学家常说的，高杠杆运作犹如一把双刃剑。在经济繁荣、市场繁荣的时期，高杠杆可以为企业带来高额回报。但当市场环境发生变化，尤其是在政策调整和经济下行时，高杠杆也可能成为企业的致命伤。房地产企业在追求扩张的同时，是否应该更加重视潜在的风险因素呢？高杠杆策略在某些情况下或许能够带来巨大的利润，然而一旦市场环境发生变化，它也可能成为企业的致命伤。这是金融与房地产结合的一个深刻教训。

3.1　房地产投资

3.1.1　房地产投资概述

1. 投资

由于房地产业独特的产业特性，使房地产投资及其过程同一般投资项目有着显著的不同，因而要对房地产投资及其过程进行分析，必须从投资的概念、特征分析开始。

（1）投资的一般含义　关于投资，可以列举许多形式，如建造厂房和购买设备、购买股票和债券等。对于投资的定义有各种说法。威廉·夏普认为：投资是为了（可能不确定的）将来的消费（价值）而牺牲现在一定的消费（价值）。而《简明不列颠百科全书》则将投资定义为：投资是在一定时期内期望未来能产生收益而将收入变换为资产的过程。还有沃纳·西奇尔认为：投资是资本货物的购买。

在德威尔的《投资学》中将投资分为广义和狭义的概念，广义的投资是指以获利为目的的资本使用，包括购买股票和债券，也可以包括运用资金以建筑厂房、购置设备、原材料等从事扩大再生产和流通事业的行为；而狭义的投资是指投资人购买各种证券的行为，包括政府公债、公司股票和债券、金融债券等。

总之，投资就是在规避风险的同时，为了获得一定经济效益或社会效益而将一定数量的资产（有形或无形）投放于某种对象或事业中的活动。

（2）投资的要素　投资主体：即投资者，可以是自然人、法人或国家。是具有资金来源和投资决策权的投资活动的主体。

投资客体：即投资对象、目标或标的物，可以是某一具体的建设项目，也可以是有价证券或其他对象。

投资目的：即投资主体的意图及所要取得的效果。投资主体总是始于一定的目的才进行投资，也就是投资的动机。投资的本质在于这一经济行为的“获利性”，实现资本增值。“利”的含义是多方面的：直接与间接的、宏观与微观的、经济与社会的等。

投资方式：指的是投入资金的形式和方法。主要有直接投资和间接投资两种方式，直接投资是直接用于购、建固定资产和流动资产，形成实物资产——生产资料，通过劳动力和生产资料的有机结合，生产出产品，创造出新的价值和使用价值；而间接投资是用于购买债券、股票等形成金融资产。

（3）投资的分类　投资活动可以从不同的角度进行分类。大体有以下几种分类：

1）短期投资和长期投资。按投资期限或投资回收期的长短，可将投资分为短期投资和长期投资。预期在短期（通常是一年内）能收回的各种投资活动，属于短期投资。长期投资是指投资期在一年以上的各类投资项目。一般说来，短期投资资金周转快，流动性好，风险相对较小，但收益率也较低。长期投资回收期长，短期变现能力较差，风险较高，但长期的盈利能力强。

特定条件下，短期投资和长期投资之间可以转化。如购买股票是一种长期投资，无偿还期限；但股票持有者可以在二级市场进行短线操作，卖出股票，这是短期投资。选择短期投资还是长期投资，要根据投资者的投资偏好决定。

2）直接投资和间接投资。按投资人能否直接控制其投资资金，可将投资分为直接投资和间接投资。直接投资是指投资人直接将资金用于开办企业、购置设备、收购和兼并其他企业等，通过一定的经营组织形式进行生产、管理、销售活动以实现预期收益。直接投资的特点是资金所有者和资金使用者为同一个人或机构。这样，投资人能有效地控制资金的使用，并能实施全过程的管理。间接投资主要是指投资人以购买股票、债券等金融资产的方式进行投资。投资人按规定获取红利或股息，但一般不能直接干预和有效控制其投放资金的运用状况。间接投资的主要特点是资金所有者和资金使用者分离，不能直接干预企业的经营管理。

3）金融投资和实物投资。按投资对象存在形式的不同，可将投资分为金融投资和实物投资。金融投资是投资者为获取预期收益，购买金融资产，并以此获取投资或投资收益。在现实经济生活中，金融投资不仅有资本市场的股票、债券、基金、期货、信托、保险等投资形式，还有货币市场的存款、票据、外汇等投资形式，还可以包括风险投资、彩票投资等等。实物投资是投资者为获取预期收益或经营某项事业，预先垫付货币或其他资源（有形资产或无形资产），以形成实物资产的经济行为。实物投资大致可分为固定资产投资、流动资产投资、稀有资产投资等。金融投资与实物投资的主要区别在于：前者以最终获得金融资产为目的，后者通过投资直接实现社会积累。

4）生产性投资和非生产性投资。按投资的经济用途，可将投资分为生产性投资和非生产性投资。生产性投资是指投入生产、建筑等物质生产领域，形成各种类型的生产性企业资产的投资，一般又分为固定资产投资和流动资产投资。生产性投资通过循环和周转，不仅能收回投资，而且能实现投资的增值和积累。非生产性投资是指投入非物质生产领域，形成各种类型的非生产性资产的投资。其中，对学校、政府办公楼、国防工程、社会福利设施等的投资不能收回，是纯消费投资，其再投资依靠社会积累。

此外，投资还可以按照国内投资和国际投资等多种方式分类。房地产投资领域几乎涉及各种投资形式，尤其是房地产金融的不断创新与发展，使得传统上不适合在房地产投资领域使用的短期投资、间接投资和金融投资形式越来越得到普遍的应用。

2. 房地产投资的含义、特点及类型

（1）房地产投资的含义　在房地产投资分析中，使用的投资概念是狭义的。狭义的房地产投资是指人们为实现某种预定的目标，直接或间接地对房地产开发、经营、管理、服务和消费等活动进行的投资活动。房地产投资涉及的领域有：土地开发、旧城改造、房屋建设、房地产经营、房屋置业等。

房地产的特性使得房地产投资有巨大的吸引力。首先，位置的固定性和唯一性是房地产最基本的物理特性，前者使得房地产市场表现为区域市场，而后者使得房地产区别于其他的商品，每一处房地产都有其独特性。其次，房地产的区位方面，在特定的区域环境下，体现出特定的价值，由于房地产与周边环境的关系，不同的区位赋予房地产不同的价值。

（2）房地产投资的特点　与其他的投资形式相比，房地产投资有以下的特点：

1）房地产投资对象具备固定性和不可移动性。房地产投资对象是不动产，土地及其地上建筑物都具有固定性和不可移动性。不仅土地位置是固定的，而且土地上的建筑物及其某些附属物一旦形成，也不能移动。这一特点给房地产供给和需求带来重大影响，如果投资失误会给投资者和城市建设造成严重后果，所以投资决策对房地产投资更为重要。

2）房地产投资投入高，成本巨大。房地产行业是资金高度密集的行业，投资一宗房地产，需要少则几百万、多则上亿元的资金。房地产投资的成本之所以高，在于：一是土地开发成本高。由于土地的位置固定，资源相对稀缺并具有不可替代性，土地所有者在出售和出租土地时就要按照土地预期的生产能力和位置、面积、环境等因素为定价依据，收取高额的报酬；同时作为自然资源的土地，不能被社会直接利用，必须投入一定的资本进行开发，所有这些因素都使土地开发的成本提高。二是房屋建筑价值高。房屋的建筑需要耗费大量的建筑材料和物资，使用许多大型施工机械，并利用大批技术熟练的劳动力、工程技术人员和施工管理人员；同时，建筑施工周期一般较长，占用资金量较大，需要支付大量的利息成本导致生产成本很高。三是房地产交易费用高、环节多，其运作过程中广告费、促销费、公关费都比较高昂，从而也增加了房地产投资的成本。

3）房地产投资的回收周期长。从房地产投资、开发到收益的整个过程，时间是漫长的。房地产投资过程中间要经过许多环节，从土地使用权的获取、房屋建筑物的建造、施工，一直到房屋建筑物的投入使用，收回全部投资资金需要相当长的时间。从规划立项到物业交付，少则几年，多则十几年。土地使用权出让年限通常在 40 年以上，土地使用权到期后还可以依法延长，地上建筑物及其附属物也具有很好的耐久性。

4）房地产投资的风险高。房地产投资占用资金多、资金周转期长，而房地产市场是瞬息万变的，投资的风险因素很多，加上房地产资产的低流动性，不能轻易脱手，一旦投资失误，投资者会面临较大的投资风险，导致房屋空置，资金不能按期收回，企业就会陷于被动，甚至债息负担沉重，导致破产倒闭。

5）房地产投资受到环境的约束。房地产投资收益状况受其周边物业、城市基础设施与市政公用设施的影响。例如城市地铁交通线的建设，使沿线房地产资产由于出租率和租金水平的上升而大幅升值。同时每一个城市都要根据地区经济的发展需求制定统一的规划和布局，这涉及城市的功能分区、建筑物的密度和高度、城市的生态环境等，房地产的投资要根据当地政府的发展制定相应的房地产开发项目，只有这样，才能取得良好的投资效益。

6）房地产投资变现性差。房地产投资成本高，房地产交易通常要一个月甚至更长的时间才能完成。投资者一旦将资金投入房地产买卖中，便难以在短期内变现。所以房地产资金的流动性和灵活性都较低。当然房地产投资也有既耐久又能保值的优点。房地产产品一旦在房地产管理部门将产权登记入册，获取相应的产权凭证后，即得到了法律上的认可和保护，其耐久保值性能要高于其他投资对象。

7）房地产投资需要专业的知识。房地产投资离不开专业化的投资管理活动，包括房地产的开发和置业投资所涉及的环节需要很强的专业性。比如在房地产开发过程中会涉及可行性研究、规划设计、施工管理，在房产交易与经营中涉及价值评估、法律服务、融资服务、物业管理和房地产营销策划等，都要求投资者具备较强的专业知识和经验，有能力整合相关的社会资源为投资目标服务。投资者只有熟悉相关领域的专业知识，才能在房地产投资活动中运用灵活，提高投资成功率。

8）房地产投资易受政策影响。房地产投资容易受到政府宏观调控和市场干预政策的影响。由于房地产在社会经济活动中的重要性，各国政府均对房地产市场倍加关注，经常会有新的政策措施出台，以调整房地产开发建设、交易和使用过程中的法律关系和经济利益关系。而房地产不可移动等特性的存在，使房地产很难避免这些政策调整所带来的影响。政府的土地供给、住房、金融、财政税收等政策的变更，均会对房地产的市场价值、进而对房地产投资产生影响。

（3）房地产投资类型　根据不同的标准划分，房地产投资分为不同类型。

1）按照房地产的投资对象划分。按照房地产投资对象的不同，可划分为土地开发投资、住宅开发投资、写字楼投资、商业房地产投资、工业厂房及仓储式物业投资。

① 土地开发投资：土地开发投资是指开发者通过合法的途径获得土地使用权后，通过对土地的平整以及基础设施建设，将土地开发成为具备“三通一平”“五通一平”或“七通一平”的地块（即生地变熟地），并通过有偿转让或出租地块而获利的投资行为。土地开发包括新城区开发和旧城区再开发两种具体形式。新城区土地开发主要是对征用农村集体所有制土地进行改造和基础设施建设的活动。旧城区土地再开发主要指的是通过对旧城区实施房屋拆迁和基础设施改造，使其具备进一步建造房屋的条件。从投资成本来看，由于旧城区地价高，再加上房屋密集，需要安置的单位和居民很多，导致拆迁成本安置费用很高。另外旧城区的基础设施陈旧落后，需要重新改造建设。而新城区位于城市郊区，地价较便宜，开发中涉及的拆迁、安置、补偿费并不太高，因此，旧城区的土地开发成本高于新城区。

② 住宅开发投资："住"是人们的基本需求，住宅的市场需求量大、住宅的市场流动性好，经营管理也比较方便，所以住宅既是开发商大规模投资的对象，也是个人置业投资的最佳选择。

从住宅开发投资的经营方式上看，可以将住宅分为出售型住宅和出租型住宅。出售型住宅是最常见的，即开发商以出售的方式将房屋产权让渡给消费者以获取投资利润。出租型住宅是开发商将所开发建造的住宅用于出租经营，通过向承租人收取租金的方式获取投资收益。前者投资回报期短，而后者投资回报期长，因此两种投资方式的风险和决策是不同的。

③ 写字楼投资：写字楼主要提供给各类公司机构单位等用作办公场所。经济越发达、对区域经济辐射力强的城市越能吸引大量的商业公司、金融机构、咨询服务机构和各种事务所，对写字楼的需求量越大，而且需求层次也呈现多样化。比如北京、上海、广州、深圳等城市的写字楼，都有很多国际性公司入驻。

写字楼基本是租赁方式经营，租赁收益不仅受到写字楼自身条件的影响，也受到物业管理水平和营销方式的影响，特别受到城市的经济发展潜力、国际影响力以及宏观经济的发展趋势的影响。

④ 商业房地产投资：一般将用于零售、餐饮、娱乐、健身、旅游等功能的房地产投资称为商业房地产投资。商业房地产往往以长期租赁的方式经营，这类房地产对区位的要求很高，城市的人口规模、人口流动量、收入水平、消费习惯、旅游业发展状况以及城市的区域影响力都影响到服务业的活跃度，虽然投资成本巨大，但投资收益水平也是很高的，对投资者有很大的诱惑力，只是市场竞争激烈，投资风险巨大。由于商业房地产投资的收益主要来自物业出租经营收入和物业资产升值，因而更适合作为长期投资，且收益水平与投资者管理商用物业的能力密切相关。

⑤ 工业厂房及仓储式物业投资：工业厂房及仓储式物业投资是对工业园区或仓储物流、厂房进行前期考察立项、园区规划、建设、招商推广、进驻后物业管理的一系列活动。房地产投资开发企业在工业园区内或其他地方获取工业项目土地，进行项目的道路、绿化等基础设施建设，乃至厂房、仓库、研发等房产项目的营建，然后以租赁、转让或合资、合作经营的方式进行项目相关设施的经营、管理，最后获取合理的地产开发利润。如普洛斯就是全球最大的工业房地产开发商。工业厂房及仓储式物业的选址很重要，直接关系到投资者的用地成本以及企业的运输成本、人工成本等，此外厂房及仓储式物业也受到区域经济发展状况和产业结构的影响。总之，工业厂房和仓储物业市场需求有限，投资成本小，投资吸引力较低。目前，房地产投资正在向数字化、智能化和绿色节能方向转型。

【知识链接】

我国房地产数字化转型趋势显现

在国家土地及金融政策收紧的背景下，房地产企业在拿地及融资环节需做更谨慎的决策。纵观整个行业，集中度日趋升高，头部房企不仅在获得土地、资金等资源方面具有显著优势，同时也主导着房地产销售市场，中腰部房企生存压力较大，数字化转型无疑成为房企提升竞争力的重要手段。另外，新经济浪潮的助推以及存量运营时代的到来为房地产行业的数字化转型带来崭新机遇。

1. 土地及金融政策的收紧迫使房企谨慎经营。

近年来，我国房地产开发企业土地购置面积整体呈下降趋势。2021 年初，中华人民共和国自然资源部对全国 22 个重点城市下达供地“两集中”政策通知，即集中发布出让公告和集中组织出让活动。该政策使土地竞拍规则更透明，对稳定地价和房价具有一定积极影响，但也对房企在拿地环节的精准决策能力及资金筹措能力提出了更高要求，使得拿地市场竞争加剧。在金融方面，为响应“房住不炒”的总基调，中国人民银行、原中国银行保险监督管理委员会发布《关于建立银行业金融机构房地产贷款集中度管理制度的通知》，在供给和需求端均限制了贷款比例，对房企的贷款规模及融资渠道产生了一定消极影响。此外，亦受到国土空间“三条红线”政策的影响，房企开始了降杠杆、减负债的“自救”行动，通过严控拿地预算，加快交付结转及项目回款以提升企业的短期偿债能力；同时优化财务及债务结构，降低净负债率。

2. 行业集中度趋势凸显，市场呈现“马太效应”。

头部房企不仅在获得土地、资金等资源方面具有显著优势，同时也主导着房地产销售市场。根据中国房产信息集团（CRIC）的数据，排名前十的龙头房企的销售门槛在 2021 年达到近 2880 亿元，近年来持续稳健增长，保有规模优势。排名前五十、前一百及前二百的房企则在 2021 年较 2020 年的销售操盘金额有所下滑。另一方面，房地产企业注销数量逐年上升，2020 年我国房地产企业注销数量达 98788 家。中小型房企规模小、服务水平低、缺乏在资源及市场运作经验等方面的竞争力，企业“存活难”问题显著。综合来看，我国房地产市场呈现出“马太效应”，企业竞争激烈。在此背景下，数字化转型无疑成为房企提升竞争力的重要手段。

3. 在产业数字化浪潮的助推下，房地产行业转型成为“必答题”。

根据中国信息通信研究院统计数据，我国数字经济规模呈现高速增长态势，2020 年我国数字经济规模达 39.2 万亿元。同时，数字经济占 GDP 的比重也在逐年提高，2020 年达 38.6%，标志着数字经济对 GDP 的支撑作用日益明显。从数字经济的内部结构来看，随着技术和政策的发展及完善，产业数字化在数字经济中的主导地位逐渐增强，2020 年产业数字化占数字经济的比重为 81%。由此可见，产业数字化为数字经济的发展注入了强劲动力，为房地产行业的“回暖”带来了新机遇。

4. “地产 +”模式成为存量运营时代的密钥。

在“房住不炒”的总基调下，我国商品房销售红利逐步见顶，房企经营呈现低增长、低盈利态势。2021 年，全国商品房销售额约 18.2 万亿元，同比增速由上一年的 8.7% 下滑至 4.8%；同时，我国房地产百强企业的净利润均值增速相较 2017 年出现了大幅下滑。长远来看，房企的业务重心必将由“拿地建房”向“大资管”“大运营”方向转变。存量运营时代的到来对房企的精细化运营提出了更高要求，如何以用户为中心挖掘新需求，创新“地产+”的产品及服务模式，成为房企在现阶段及未来发展中提升竞争力的密钥。

2）按照投资者的权利划分。根据投资者在房地产投资中所享有的权利（股权或债权）以及在经营中的参与程度（主动或被动）不同，可以将房地产投资划分为股权投资者与债权投资者以及主动投资者与被动投资者。

① 股权投资者与债权投资者：股权投资者是指直接拥有房地产所有权的投资人。投资者（房地产开发商或消费者）可以通过自有资金（或首付款）的投入直接拥有房地产的所有权，投资者还可以通过购买房地产开发企业、有限合伙或房地产投资信托公司的股票而取得房地产的股权。债权投资者是指投资者不是获得房地产所有权，而是通过债权债务关系，通常以抵押贷款方式而取得直接或间接的权益。比如银行发放的房地产抵押贷款、投资者在抵押二级市场中从贷款人或其他贷款持有人手中购买的存量贷款。

② 主动投资者和被动投资者：主动投资者对所投资的房产享有直接产权并具有决策权。在房地产开发投资中，开发商全程负责项目的实施，比如根据项目的需要对于建筑设计人员、专业的建筑商和专业房地产销售公司可以自行决策，而对于经营性房地产主动投资者可以亲自经营或委托专业物业管理公司负责日常经营管理，所涉及的现场管理人员、租金水平、商洽租赁合同、维修合同都具有决策权。

被动投资者对于房地产的经营活动不做任何决策，股权投资者就可以作为被动投资者。投资者自己开发房地产或购买房地产作为个人或集体的投资就是主动投资，通过购买各种股票或信托公司的股票就是被动投资者。

3.1.2　房地产投资的形式

1. 房地产直接投资

房地产直接投资指的是投资者直接参与房地产开发或购买房地产的过程，并参与有关的管理工作，包括从购地开始的房地产开发投资和物业建成后的房地产置业投资两种形式。

2. 房地产开发投资

房地产开发投资是指投资者从购买土地使用权开始，经过项目策划、规划设计和施工建设等过程获得房地产产品，然后将其推向市场，转让给新的投资者或使用者，并通过转让过程收回投资，实现开发商收益目标的投资活动。

房地产开发投资的目的主要是赚取开发利润，风险较大但回报也很丰厚。房地产开发投资通常属于中短期投资，它形成了房地产市场上的增量供给。当然，房地产开发投资者将建成后的房地产用于出租或经营（如商场、酒店）时，短期开发投资就变成了长期置业投资。

3. 房地产置业投资

房地产置业投资是购置物业以满足自身生活居住或出租经营需要，并在不愿意持有该物业时可以获取转售收益的一种投资活动。

房地产投资置业的对象可以是开发后新建成的物业（市场上的增量房地产），也可以是房地产市场上的二手房。房地产投资置业一般从长期的角度出发，可获得保值、增值、收益和消费四个方面的利益。

随着房地产市场的发展，对房地产置业投资的需求不断增长，许多房地产企业正在从单一的房地产开发业务模式发展为开发投资和置业投资相结合的业务模式，以降低单一开发业务模式可能给企业带来的潜在风险。

4. 房地产间接投资

房地产间接投资指的是投资者购买与房地产相关的各种证券的投资行为，投资者不直接参与房地产的开发经营活动。具体形式有购买房地产企业的股票或债券，购买住房抵押贷款证券，或参与房地产信托投资。房地产企业发行的股票或债券可以为企业从事房地产投资筹集巨额的长期资金，中小投资者也可以通过购买此类企业的股票或债券间接成为房地产投资者，并通过股利或利息的形式分享房地产投资的收益。

（1）购买房地产企业债券和股票投资　为了降低融资成本，房地产企业希望通过资本市场发行股票和债券直接融资，以支持其房地产投资计划。这不仅满足了房地产开发商资金的需求，同时购买股票和债券的投资者也会分享房地产投资收益，成为间接投资者。房地产企业通过资本市场直接融资，有首次公开发行（IPO）、配股、公开增发或定向增发、发行可转换债券等形式。

（2）购买住房抵押贷款证券　住房抵押贷款证券是一种抵押债务，即由贷款或抵押资产所担保的债务或其他有价证券。住房抵押贷款证券化（Mortgage-Backed Securitization，简称 MBS）是指金融机构对住房抵押贷款进行包装组合，将一定数量的在贷款期限、利率、抵押房产类型等方面具备同质性的抵押贷款汇集重组成抵押组群（Mortgage Pool），经过担保和信用加强，以发行债券的方式（包括抵押债券及由抵押贷款支持、担保的各种债券出售给投资者）进行融资的过程。

我国实施住房抵押贷款证券化可以为银行创造一种新的融资方式，增强银行信贷资金的流动性；改善银行财务指标、提高银行的资本利用率；降低住房信贷成本；增加投资品种，开辟投资空间，为投资者提供一种更安全的投资方式。

（3）投资房地产投资信托基金　房地产投资信托基金（Real Estate Investment Trust，简称 REITs），是一种以发行收益凭证的方式汇集特定多数投资者的资金，由专门投资机构进行房地产投资经营管理，并将投资综合收益按比例分配给投资者的一种信托基金。按资产投资的类型划分，REITs 分为权益型、抵押型和混合型三种形式。与我国信托产品纯属私募所不同的是，国际意义上的 REITs 在性质上等同于基金，少数属于私募，但绝大多数属于公募。REITs 既可以封闭运行，也可以上市交易流通，类似于我国的开放式基金与封闭式基金。

在美国，传统的 REITs 是与股票市场的共同基金相类似的投资工具，而现代的 REITs 可以直接管理其所拥有的房地产，可以为租户提供相关的服务。REITs 可以发放抵押贷款或开发建设贷款，也可以直接投资于房地产资产，因此有抵押型 REITs、权益型 REITs 和混合型 REITs 之分。中小投资者可以利用 REITs 投资于房地产的多样化投资组合，并分享房地产投资收益。

REITs 具有其他投资产品所不具有的独特优势：

1）REITs 的长期收益由其所投资的房地产价值决定，与其他金融资产的相关度较低，有相对较低的波动性和在通货膨胀时期所具有的保值功能。

2）可免双重征税并且无最低投资资金要求。

3）REITs 按规定须将 90% 的收入作为红利分配，投资者可以获得比较稳定的即期收入。

4）在美国 REITs 的经营业务通常被限制在房地产的买卖和租赁，在税收上按转手证券计算，即绝大部分的利润直接分配给投资者，公司不被征收资本利得税。

5）一般中小投资者即使没有大量资本也可以用很少的钱参与房地产业的投资。

6）由于 REITs 股份基本上都在各大证券交易所上市，与传统的以所有权为目的的房地产投资相比，具有相当高的流动性。

7）上市交易的 REITs 较房地产业直接投资，信息不对称程度低，经营情况受独立董事、分析师、审计师、商业和金融媒体的直接监督。

【知识链接】

美国房地产投资信托基金（REITs）简介

二维码 3-1　［美国房地产投资信托基金（REITs）简介］

3.1.3　房地产投资风险

投资，顾名思义，就是投入资金以获取期望利润回报的行为。但现实活动中，投资结果还会出现负利润或者没有达到预期的目标，这说明与投资收益相伴的是投资的风险，风险成为影响投资决策的重要因素。

为了正确地面对风险，需要了解风险的相关知识。

1. 房地产投资风险的概念

所谓房地产风险是指房地产投资过程中，某种低于预期利润，特别是导致投资损失的可能性。房地产投资与一切投资类型一样存在风险，特别是由于房地产投资价值量大、周期长、其实物形态是不动产以及市场竞争不充分等特点，使房地产投资的风险程度更高。在房地产投资前期风险分析过程中，通常要假设投资项目进入经营阶段的可能收益状态，并依此来定量估算房地产投资风险。

在通常情况下，人们往往把房地产投资风险划分为对市场内所有投资项目均产生影响、投资者无法控制的系统风险和仅对市场内个别项目产生影响、投资者可以控制的个别风险。

2. 房地产投资的系统风险

系统风险又称为不可分散风险或市场风险，即个别投资风险中无法在投资组合内部被分散、抵消的那一部分风险。房地产系统风险是影响所有房地产资产的、不能通过房地产资产投资组合而消除的风险，这部分风险由那些影响整个市场的风险因素所引起的。主要有通货膨胀风险、市场供求风险、周期风险、变现风险、利率风险、政策风险、社会与政治风险和或然损失风险等。

（1）通货膨胀风险　通货膨胀风险又称购买力风险，是指投资完成后所收回的资金与初始投入的资金相比，购买力降低给投资者带来的风险。房子作为抵御通货膨胀的最佳硬通货，显然应该列为高通胀时期的最佳持有产品。但是由于通货膨胀会出现货币贬值降低房产价值，另外一个方面作为置业投资者的未来出租收入，也会随着通货膨胀加剧而导致投资者收入的损失。

（2）市场供求风险　市场供求风险是指投资者所在地区房地产市场供求关系的变化给投资者带来的风险。市场是不断变化的，房地产市场上的供给与需求也在不断变化，供求关系的变化也必然造成房地产价格的波动，比如租金收入和房地产价值的变化，这会导致房地产投资的实际收益偏离预期收益。如果严重供过于求，房地产投资者将面临积压或空置的严峻局面，资金积压严重、还贷压力增大，很容易最终导致房地产投资者的破产。房地产投资者应关注区域经济发展趋势和房地产政策导向，降低市场供求风险。

（3）周期风险　房地产行业是经济行业中周期性比较明显的一个行业。房地产市场的周期循环同经济周期一样，也分为复苏、繁荣、收缩和萧条四个阶段。2005 年至今，我国房地产业总体经历四轮周期，前三轮周期约为 3 年，第四轮地产周期是 2015 年至今，棚改货币化大大拉动需求，“涨价去库存”，此轮地产投资周期持续至 2022 年，2022 年房地产投资骤降。当房地产市场从繁荣阶段进入收缩阶段，进而进入萧条阶段时，房地产市场将出现持续时间较长的房地产交易量锐减、价格下降、新开发建设规模收缩等情况，给房地产投资者造成损失。

（4）变现风险　资金变现就是将非货币的资产或有价证券兑换成货币。不同性质的资产或证券其变成货币的难易程度是不同的，一般来说，储蓄存款、支票等资产的变现性最好，股票和债券等投资的变现性次之，房地产投资的变现性较差。房地产资金变现风险主要是指在交易过程中可能因变现的时间和方式的原因，导致房地产产品不能变成货币或延迟变成货币或折价变现，从而给房地产投资者带来损失的风险。

（5）利率风险　市场利率变动会影响房地产的价值，在房地产预期年收益一定的情况下，市场利率越高，会导致房地产实际价值的折损，利用升高的利率对现金流折现，会使投资项目的财务净现值减小，甚至出现负值；另一方面会加大投资者的债务负担，导致还贷困难，从而抑制房地产市场上的需求数量，导致房地产价格下降。

（6）政策风险　政策风险是指由于国家或地方政府的有关房地产投资的各种住房政策、金融政策、土地政策以及税收政策变化而给投资者带来的损失。房地产过热时，为了保持房地产市场的稳定，政府将会实施一系列宏观调控措施，通过发布限购、限贷政策来控制房价上涨。首先，限购政策限制了消费的人数和面积，限贷政策则限制了消费者的贷款额度。其次，金融政策也是调控房地产市场的重要手段。中国人民银行通过调整货币政策来影响信贷市场。通过加大贷款利率、提高存款准备金率等手段，控制资金的流动，避免了大量资金进入房地产市场。此外，政府还会通过供应土地的方式来影响房地产市场的供求关系。房地产投资应选择政府鼓励或有税收优惠政策的项目进行投资，减少政策风险。

（7）社会与政治风险　社会与政治风险是指由于国家的政治、经济因素的变动，引起的房地产需求及价格的涨跌而造成的风险。当国家政治形势稳定经济发展处于高潮时期时，房地产价格上涨；当各种政治风波出现和经济处于衰退期时，房地产需求下降、房地产价格下跌。

（8）或然损失风险　或然损失风险就是非可控制性损害，指由于人们对自然力失去控制或自然本身发生异常所造成的损失。如地震、火灾、滑坡等给投资者带来损失的可能性。这些灾害因素往往又被称为不可抗拒的因素，其一旦发生，就必然会对房地产业造成巨大破坏，从而对投资者带来很大的损失。

3. 房地产投资的个别风险

房地产投资的个别风险又称非系统风险、非市场风险或可分散风险，它是与整个房地产市场波动无关的风险，是指某些因素的变化造成单个楼盘价格下跌，从而给房地产持有人带来损失的可能性。

（1）收益现金流风险　收益现金流风险是指房地产投资项目的实际收益现金流未达到预期目标要求的风险。如售价、租金、出租率、开发成本、资本化率等影响因素的变化。对投资者来说，未来的租金水平、房屋空置率、物业毁损、资本化率、物业转售都是预期收益的关键问题。例如，现今的商铺不论是在一、二、三线城市还是在小型乡镇城市，从租金水平上都是杯水车薪、收效甚微的投资，而普通住宅和商业住宅却有很多现金流通道。

（2）未来运营费用风险　未来运营费用风险是指由于经营上的不善或失误所造成的实际经营费用与期望值背离的可能性。产生经营性风险主要有三种情况：一是由于投资者得不到准确充分的市场信息而可能导致经营决策的失误；二是由于投资者对房地产的交易所涉及的法律条文、城市规划条例及税负规定等不甚了解造成的投资或交易失败；三是因企业管理水平低、效益差而引起的未能在最有利的市场时机将手中的物业脱手，以至使其空置率过高、经营费用增加、利润低于期望值等。

个体投资者对专业运营知之甚少，对运营的重要性也普遍没有达到一个高度，但是运营必将是地产投资中重中之重的环节，运营环节如果出现大的纰漏，投资者只能沦为为开发商融资作嫁衣的境地，后期还要在烦琐和麻烦中消化这种苦果。提高投资者对运营风险的认识和把握，在投资前着力对运营进行核算，后期使用时方能驾轻就熟，或许由此可以衍生出一些为小型投资者服务的小型顾问公司。

（3）资本价值风险　资本价值在很大程度上取决于预期收益现金流和可能的未来经营费用水平。然而，即使收益和费用都不发生变化，资本价值也会随着收益率的变化而变化。房地产投资收益率也经常变化，虽然这种变化并不像证券市场那样频繁，但是在几个月或更长一段时间内的变化往往也很明显，而且从表面上看这种变化和证券市场、资本市场并没有直接联系。但是，预期资本价值和现实资本价值之间的差异即资本价值的风险，在很大程度上影响着置业投资的绩效。资本投入是否能够达到投资者预期的回报，将是投资绩效考核的重要指标。

（4）机会成本风险　机会成本是一种相关成本，在投资决策时应该予以考虑，它反映了为选择一个特定项目而支付的放弃其他投资机会的代价。

资金的定量决定了投资的唯一性，也就是仅仅能选择一定量的投资产品，加之房地产占有资金量大、周期长，所以核定资金投入后，与其他投资产品相比较，在利益效率和风险控制各方面的总考评是否占优，这是对合格投资者的考验。

（5）时间风险　时间风险是指房地产投资中与时间和时机选择因素相关的风险。在合适的时间合适的地点选择合适的物业，能最大限度地降低投资风险。除了入市的时间，还表现在持有物业的长短、对物业在改造的时机选择、物业转售时机及转手所需的时间长短，都是时间风险重要的考虑因素。

（6）持有期风险　持有期风险是指与房地产投资持有时间相关的风险。持有就有风险，持有既有未知因素，没有变现没有转手都不能称得上是获利，房地产的持有基金基数巨大，持有者对预期市场的判断将决定持有者的风险。一般来说，投资项目的寿命周期越长，可能遇到的影响项目收益的不确定因素就越多，也越难以预测。

（7）财务风险　财务风险是指房地产投资者运用财务杠杆，在使用贷款的条件下，既扩大了投资的利润范围，同时也增加了不确定性，即增加的现金收益不足以偿还债务的可能性。

系统风险和个别风险因素都应引起房地产投资者的重视。投资者对这些风险因素将给投资收益带来的影响估计得越准确，其所做出的投资决策就越合理。

3.2　房地产融资

3.2.1　房地产融资概述

房地产业是一个资金密集型行业，其项目的开发与经营有着投资金额大、占用资金多、资金回收慢、经营风险大等特点。房地产开发企业投资开发新的项目，往往需要筹集大量资金。是否有充足的资金支持，是房地产项目能否顺利运作的关键因素。因此，资金的筹集和运用对于房地产企业来说至关重要。

1. 房地产融资的概念

从广义概念上讲，房地产融资是指在房地产开发、流通及消费过程中，通过货币流通和信用渠道所进行的筹资、融资及相关服务的一系列金融活动的总称，包括资金的筹集、运用和清算。从狭义概念上讲，房地产融资是房地产企业及房地产项目的直接和间接融资的总和，包括房地产信贷及资本市场融资等。房地产项目融资的实质，是充分发挥房地产的财产功能，为房地产投资融通资金，以达到尽快开发、提高投资效益的目的。

2. 房地产融资的特点

与一般企业相比，房地产企业融资活动具有以下特征：

（1）开发资金需求量大，对外源性融资依赖性高　房地产业属资本密集型行业，仅仅依靠企业自有资金，不可能完成项目开发，因而房地产企业必须通过各种手段进行外源性融资。从今后趋势看，我国房地产业单纯依赖银行信贷的局面将有所缓解，但外部融资比例不会减少，只是结构上会呈现多元化。

（2）土地和房屋抵押是融资条件　伴随着国家土地政策的改革，房地产获取土地使用权的难度增加；从长远来看房价在不断上涨，因而土地和房屋抵押成为受金融机构欢迎的融资条件。

（3）资金面临较大风险　房地产业与宏观经济周期关联度非常高，房地产业受国家的经济波动、政策宏观调控、金融政策影响较大，加上项目中巨额的营运资本及其短期波动，房地产开发企业面临较大资金风险。

（4）资金占用时间长　房地产开发建设周期长，过程复杂，手续繁多、市场交易难度较高，投资回收期较长。房地产项目从资金投入到取得销售收入及利润，至少需要两年以上，资金占用时间较长。

3.2.2　房地产融资的资金来源

房地产企业的资金来源主要包括以下几个方面：

1. 企业自有资金

企业自有资金也称自有资本或权益资本，指企业有权支配使用，按国家财务制度和会计准则可用于固定资产投资和流动的资金，即在建项目资金总额中投资者缴付的出资额，对项目来说是非债务性资金。主要包括：资本金、资本溢价、资本公积金、盈余公积金（法定盈余公积金和任意盈余公积金）、公益金、未分配利润。

（1）资本金　资本金是指以新建投资项目设立企业时在工商行政管理部门登记的注册资金，由投资者认缴的出资额，对投资项目来说是非债务性资金。根据国务院2015年发布的《关于调整和完善固定资产投资项目资本金制度的通知》，房地产开发项目中的保障性住房和普通商品住房最低资本金比例维持20%不变，其他项目由30%调整为25%。

（2）资本溢价　资本溢价是指企业或项目建设单位在筹集资本金活动中，投资者缴付的出资额超出资本金的差额。最典型的是发行股票的溢价净收入。

（3）资本公积金　资本公积金是指由投资者或其他人（或单位）投入，所有权归属于投资者，但不构成实收资本的那部分资本或者资产。即资本公积金从形成来源看是投资者投入的资本金额中超过法定资本部分的资本，或者其他人（或单位）投入的不形成实收资本的资产的转化形式，它不是由企业实现的净利润转化而来，本质上属于资本的范畴。

资本公积金的构成包括两个方面：一是股份有限公司以超过股票票面金额的发行价格发行股份所得的溢价款；二是国务院财政部门规定列入资本公积金的其他收入。

（4）盈余公积金　盈余公积金是指企业按照规定从税后利润中提取的积累资金。盈余公积金按其用途，分为法定公积金和任意公积金。公司分配当年税后利润时，应当提取利润的百分之十列入公司法定公积金。公司从税后利润中提取法定公积金后，经股东会或者股东大会决议，还可以从税后利润中提取任意公积金。

（5）公益金　公益金是指企业计提的专门用于职工福利设施的支出，如购建职工宿舍、托儿所、理发室等方面的支出。

（6）未分配利润　未分配利润是企业未作分配的利润，它在以后年度可继续进行分配，在未进行分配之前，属于所有者权益的组成部分。

2. 政府财政资本

政府财政资本是房地产企业的资金来源之一。对于国家或地方的重点建设项目，可以申请国家财政或地方财政投资，通过国有资本金的形式投入企业。

3. 银行贷款

银行贷款是企业外源性资金的最主要来源。银行信贷是指银行等金融机构将存款款项作为本金暂时借予借款人使用，定期回收并收取一定利息的经济行为。银行信用贷款主要凭借款企业或担保人的信誉，没有实物担保，只能用于具有良好信誉的优秀企业。抵押贷款则是由借款企业提供一定的固定资产抵押、证券抵押来作为抵押品，也有少数情况可用名牌商标的无形资产价值进行抵押，如果借款方违约，不能如期归还贷款，则可拍卖商标权进行还贷。银行贷款还有短期与长期贷款之分，利率各不相同，企业须据贷款的用途与期限，选择恰当的贷款种类。偿还期在一年以内的，为短期贷款，偿还期在一年以上的，则为长期贷款。短期信贷偿还期较短，只能作为企业的流动周转资金。在开发项目建成阶段，可以以固定资产作为抵押，申请长期贷款。

常见的项目开发贷款有：短期透支贷款、存款抵押贷款和房产抵押贷款。银行贷款是房地产开发资金最重要的融资渠道之一。据统计，我国房地产企业的年平均资产负债率高达 79%。

4. 股票、债券、商业本票、商业信用、租赁等多种筹资方式

（1）发行股票筹资　吸收股份筹资，主要是组织公司制企业时，向社会法人的定向募集股份，以及向本企业职工按改制的要求实施职工持股。发行股票可以筹措社会资金，并分散企业风险，发行股票是向社会公众交出一部分企业资产所有权，同时也意味着公众拥有所有权、收益权与对企业经营的公开监督。当前，我国房地产企业股权融资主要包括：直接发行上市和借壳上市。

股权融资作为上市公司主要的融资渠道，有着以下特点：

1）所获资金无须还本付息，新旧股东共同分享企业的盈利与增长。

2）单次资金融资量巨大，且可长期使用。

3）可改善资本结构，降低资产负债率，有效扩大银行借款的融资空间。

4）因每股收益的摊薄，对经营业绩要求很高，经营压力增大。

（2）发行债券筹资　债券是借款单位为筹集资金而发行的一种信用凭证，它证明持券人有权按期取得固定利息并到期收回本金，但发行债券也必然增加企业的负债率与经营风险，因此需要慎重决策，并作好到期还本付息的计划。

（3）发行商业本票筹资　房地产企业需要短期资金时，直接发行商业本票取得资金，而资金持有人通过购买这种本票以实现自己的资产组合来达到投资目的。商业本票的发行与转让使得短期资金余缺各方能更好地实现资源配置，其发行要受到国家严格监管，目前在市场经济发达国家、信用等级高的大公司经常向其他公司发行以自己为付款人的短期、无担保本票。另外银行也经常向存款人发行可转让流通的大额可转让定期存单（CDs）。

（4）商业信用筹资　商业信用是在商品经营活动中的临时短期性借贷融资形式。如商品赊销、预收货款、预收服务费、汇票贴现及企业之间的资金拆借等方式，这些企业间相互提供的信用都能直接解决资金缺乏的问题。

（5）租赁筹资　租赁筹资是企业作为承租人，根据与出租人签订的租赁契约，付出一定的租金，来获得在规定时期内租赁物的使用权或经营权的一种筹资方式。租赁筹资分对生产设备的租赁筹资与对企业的租赁筹资两类。对生产设备的租赁筹资又分为融资租赁与经营性租赁两种方式。

【能力拓展】2023年房地产企业融资情况

2022年以来，中央各部委密集发声稳定房地产行业融资环境，重点支持房企合理融资需求、鼓励优质房企兼并收购出险房企项目以及防范化解房企流动性风险。但受制于经济复苏放缓、需求端政策提振效果有限和市场信心不足等因素，行业销售仍未企稳止跌，地产企业到位资金压力依旧较大。2023年1～7月，房地产开发企业到位资金合计7.82万亿元，同比下降11.20%。

1. 银行信贷

从房企主要融资渠道银行信贷来看，受行业下行影响，近年来银行信贷流向房地产领域的增速大幅下降。截至2023年6月底，国内金融机构房地产贷款余额为533700亿元，同比增长0.50%，增速创历史新低。

自2022年11月中国人民银行、原中国银行保险监督管理委员会“金融16条”发布后，银行贷款投放增加，各大银行密集与优质房地产企业达成银企合作协议并提供授信。但授信额度的落地需通过新增建设项目申请，在行业流动性持续承压背景下，多数民营房企大幅缩减土地投资导致新增项目极少，授信额度落地难度很大。截至2023年6月底，国内金融机构房地产贷款额度同比增速仍呈探底态势。

2. 国内债券

2023年以来，在支持房地产企业合理债券融资需求政策的推进下，房企国内信用债发行规模企稳止跌。具体来看，2023年1～8月，房地产开发类企业境内信用债发行金额合计3716.02亿元，同比回升0.25%，其中4月和7月发行相对集中。受行业景气度持续低迷、可发债房企数量的减少、房企信用风险事件爆发、投资者降杠杆控风险意识的增强以及地产债偏好下行等因素影响，预计短期内房企国内信用债发行规模反弹空间有限。

3. 美元债

受境内房企展期、违约事件频发、境外评级被大量下调以及多数出险房企“弃外保内”等因素影响，投资者对房地产行业风险偏好显著下行。2021年以来，境内房企美元债发行规模保持低位，多数月份美元债净融资额为负。总体上看，房企境外融资渠道仍处于冰封状态。

4. 信托融资

近年来，以信托融资为代表的非标融资延续强监管，房地产信托发行与成立规模均大幅下降。2023年7月，央行、金融监管总局延长2022年11月出台的《关于做好当前金融支持房地产市场平稳健康发展工作的通知》中两项金融支持房地产市场政策的适用期限，继续对存量房地产企业开发贷、信托贷款融资进行展期，或将缓解房企信托债务到期压力。

5. 权益融资

2022年11月，中国证券监督管理委员会（以下简称证监会）恢复上市房地产企业股权融资渠道及再融资等措施。2023年2月，证监会提出启动不动产私募投资试点工作，延续对股权融资渠道的拓展。2023年8月，证监会提出房地产上市公司再融资不受破发、破净和亏损限制，对上市房企股权融资给予持续支持。2022年11月至2023年8月底，10家房企已完成港交所股权配置，扣除配售佣金后净额超190亿港元，资金用途主要为债务偿还；而上海证券交易所（以下简称上交所）和深圳证券交易所（以下简称深交所）方面，6家房企定增募资已获证监会同意批复，另有16家房企在进程中，预计将获得超1000亿元股权融资，募集资金用途多为项目建设融资，最终融资落地情况仍需关注。

2022年11月至2023年8月底上交所及深交所房地产股权融资情况

房企简称	企业性质	预案/最新发布时间	当前状态	预股权融资金额/亿元	资金用途
外高桥	地方国有企业	2022年12月30日/2023年8月25日	上交所通过	25.55	项目融资
天地源	地方国有企业	2023年1月12日/2023年8月25日	待上交所审核	12.50	项目融资
华发股份	地方国有企业	2022年12月6日/2023年8月14日	上交所通过	60.00	项目融资
荣盛发展	民营企业	2022年12月22日/2023年8月11日	待深交所审核	30.00	项目融资
京能置业	地方国有企业	2023年3月22日/2023年8月2日	待上交所审核	7.00	项目融资/补充流动资金
三湘印象	民营企业	2022年12月20日/2023年7月24日	待深交所审核	16.00	项目融资
万科A	公众企业	2023年2月13日/2023年7月17日	待深交所审核	150.00	项目融资
陆家嘴	地方国有企业	2022年12月16日/2023年6月29日	证监会通过	66.00	配套融资及融资收购其他资产
中交地产	中央国有企业	2023年2月24日/2023年6月27日	证监会通过	35.00	项目融资
福星股份	民营企业	2022年12月6日/2023年6月27日	证监会通过	13.41	项目融资

（续）

房企简称	企业性质	预案/最新发布时间	当前状态	预股权融资金额/亿元	资金用途
大名城	民营企业	2022 年 12 月 9 日/2023 年 6 月 27 日	证监会通过	30.00	项目融资
保利发展	中央国有企业	2022 年 12 月 31 日/2023 年 6 月 27 日	证监会通过	125.00	项目融资
招商蛇口	中央国有企业	2022 年 12 月 17 日/2023 年 6 月 16 日	证监会通过	85.00	配套融资
招商蛇口	中央国有企业	2022 年 12 月 17 日/2023 年 6 月 16 日	证监会通过	89.28	融资收购其他资产
中南建设	民营企业	2023 年 1 月 6 日/2023 年 6 月 16 日	待深交所审核	28.00	项目融资
广宇发展	民营企业	2022 年 9 月 30 日/2023 年 5 月 17 日	深交所通过	50.00	项目融资

5. 预售资金

预售资金是指开发商在房地产未建成前就将房地产预售出去，按照合同规定预先收取消费者的定金及房款。通过预售商品房，无论是消费者全款购买还是按揭购房，开发商均可以实现资金的回笼。销售资金的回笼不但可以弥补项目后续开发成本，还能用于偿还项目贷款。为保证消费者的权益，我国对房地产预售有严格的规定。根据目前的预售制度，项目取得商品房预售证后方可对外销售。预售资金无资金成本、资金回笼快，是房地产企业筹资中重要的资金来源。2023 年以来商品房销售短暂复苏后逐步降温，致使房地产开发资金来源中占比最高的定金、预收款累计同比增速于 2023 年 6 月由正转负，且 7 月降幅继续扩大，反映销售端压力不减，房企资金仍承压严重，内容见表 3-1。

表 3-1　2023 年上半年全国房地产开发企业资金来源统计表

指　　标	绝　对　量	同比增长（%）
房地产开发投资/亿元	58550	-7.9
住宅	44439	-7.3
办公楼	2332	-7.6
商业营业用房	4205	-17.4
房地产开发企业本年到位资金/亿元	68797	-9.8
国内贷款	8691	-11.1
利用外资	28	-49.1
自筹资金	20561	-23.4
定金及预收款	24275	-0.9
个人按揭贷款	12429	2.7

6. 其他资金来源

（1）非银行金融机构资本　非银行金融机构资本包括保险公司、信托投资公司、财务公司等。从最终借款人那里买进初级证券，并为最终贷款人持有资产而发行间接债券。通过非银行金融机构的这种中介活动，可以降低投资的单位成本；可以通过多样化降低投资风险，调整期限结构以最大限度地缩小流动性危机的可能性；可以正常地预测偿付要求的情况，即使流动性比较小的资产结构也可以应付自如。

（2）其他法人资本　其他法人资本包括企业、事业、团体法人、民间资本、企业内部资本，企业的盈余公积和未分配利润。

（3）外资和我国港澳台资本　外商投资是外资的直接投资方式，主要有合资经营、合作经营、合作开发等方式。合资经营是中外企业双方按股份实行的共同投资、共同经营、共负盈亏、共担风险的经营方式。合作经营是中外企业双方实行优势互补的投资合资，但不按比例折成股权，凭双方同意的合作合同分配利润与分别承担一定的权利、义务与风险，可以联合经营，也可以委托中方经营，在合作期满后全部财产无条件归中方企业所有。合作开发是由中外合作者通过合作开发合同来共同进行风险大、投资多的资源开发。例如海上石油资源勘探开发等，一般在勘探阶段由外方投资并承担风险，开发阶段由双方共同投资，中方用开发收入还本付息。

除直接投资外，还可以利用外国商业银行贷款、发行国际债券、国际金融组织贷款、政府间技术经济援助贷款、出口信贷及补偿贸易等外资的间接投资方式获取资金。

3.2.3 房地产融资的主要方式

1. 金融机构借款

房地产开发商要想求得发展，离不开银行和其他金融机构的支持；而且由于“杠杆效应”的存在，开发商也不愿意完全依靠自有资金而放弃银行和其他金融机构的信贷资金。利用信贷资金经营，实际就是“借鸡生蛋”“借钱赚钱”。

（1）申请银行等金融机构信贷资金的条件　要想得到金融机构的支持，甚至提供各种优惠和方便，应满足以下条件：

1）开发商自有资金。金融机构要考察并检查开发商资产负债表和近期损益表，包括固定资产、速动资产、流动负债，以便核算开发商运营资本净值。

2）开发商信誉。金融机构要考察开发商过去完成的项目情况，包括工程质量、是否按期完工、项目租售情况。因为租售收入是用来偿还贷款的，若开发商不能按期完工或质量出现问题，都会影响贷款资金的收回。

3）拟开发房地产项目情况。金融机构需要了解拟开发项目的财务评价结果，即项目本身的还贷能力。开发商应提供由第三方房地产咨询机构出具的可行性分析报告，并在报告中显示房地产市场情况、与其租金和销售收入及总成本、项目本身收益能力和还贷能力等技术经济指标、不确定分析的结果，以作为金融机构贷款的依据。

4）房地产市场情况。办理房地产抵押贷款的金融机构还要通过自己的房地产市场研究人员，或委托相应咨询机构，就房地产市场发展现状与前景做出判断，以决定是否提供抵押贷款及数额大小。若房地产市场情况不乐观要审慎贷款。

5）开发商在建工程情况。金融机构要了解开发商有多少在建工程，其工程进展情况和租售状况如何，以便金融机构对于在建工程过多、规模过大、负担超出其开发能力的开发商审慎贷款。

6）开发商诚实可靠。有一些开发商为了获得贷款而故意隐瞒一些不利因素，比如一些应收款项中，由于存在争议而无法收回资金，或隐瞒潜在亏损以及提供虚假评估报告或财务报表，这些行为都是金融机构要严格限制贷款的。

（2）金融机构贷款方式

1）开发商流动资金的贷款。流动资金是金融机构为企业发放的生产性资金，主要针对的是具有法人地位，实行独立核算的从事房地产开发活动的企业。一般来说应具备以下条件：

① 具备开发企业资格，即具有开发企业资格证书和营业执照。

② 在贷款金融机构开立账户、持有贷款证。

③ 拥有一定量的自有资金。

④ 具有开发计划，即有关部门下达的年度投资计划和开发项目的有关批准文件。

⑤ 具有健全的管理机构和财务管理制度。

⑥ 具有还本付息的能力。

另外，贷款金融机构对企业的资本、信誉、拟开发项目的成本效益情况、开发商在建工程情况也将进行审查。

2）房地产开发项目贷款。房地产开发项目贷款是金融机构对具体的房地产开发项目发放的贷款，这种贷款只能用于开发项目，贷款对象是一些投资大、建设周期长的项目，如大型住宅小区等。开发项目贷款除符合开发商流动资金贷款的条件外，还应满足以下一些条件：

① 贷款项目必须列入当年的开发计划。

② 必须具备批准的设计文件，并通过金融机构进行项目评估。

③ 前期工作准备必须就绪，落实施工单位，具备开工条件。

这个阶段，金融机构要参与项目的选择和可行性研究工作，进行项目的评估。未经评估的项目不予贷款。

3）房地产抵押贷款。房地产抵押贷款是借款人抵押合法拥有的房地产，以不转移占有的方式，向银行提供按期履行债务的保证而取得的贷款。当借款人无力偿还债务时，银行有权依法处置代为抵押物的房产，并优先受偿；当处理抵押房产后的资金不足以清偿债务时，银行有权继续向借款人追偿不足部分。

房地产抵押程序是：

① 房地产抵押的额度由金融贷款机构根据借款人的自信程度、经营收益、申请借款金额和借款时间长短来确定，但最高不超过抵押物现行作价的70%。并且抵押物的现行作价一般要由具有专业资格的房地产评估机构评估确定。

② 抵押合同由借款人或抵押人与贷款金融机构双方共同签订，抵押合同是房地产抵

押贷款合同的不可分割的文件。

（3）金融机构借款的优缺点

1）金融机构借款的优点是：

① 筹资速度快。

② 筹资成本低。

③ 借款弹性大。

2）金融机构借款的缺点是：

① 有还本付息的压力和风险。

② 限制条款比较多。

③ 筹资数额有限。

2. 发行债券

发行企业债券筹集的资金相对于银行借款使用时间较长。但由于企业债券较政府债券风险大，因此其利率要高于政府债券。债券的发行者在发行前必须按照规定向债券管理部门提出申报书，企业债券的发行要按照1993年国务院发布的《企业债券管理条例》执行。发行者在申报书中需要提供的主要内容有：发行企业的名称、发行日期、发行企业印记和法人签章、拟发行债券数量、发行价格、偿还期限、票面利率、利息支付方式、有无担保等。企业发行债券不得大于企业自有资产净值。

（1）发行债券的企业必须符合如下条件

1）企业规模达到国家规定的要求；股份有限公司的净资产不低于人民币三千万元，有限责任公司的净资产不低于人民币六千万元。

2）企业财务会计制度符合国家规定。

3）具备偿债能力。

4）累计发行债券的限制规定：累计债券余额不超过公司净资产的40%。

5）企业经济效益良好，最近三年平均可分配利润足以支付公司债券一年的利息。

6）所筹资金用途符合产业政策。

7）债券利率不得高于国务院限定的水平。

8）其他条件。

（2）企业债券分类　企业债券按不同标准可以分为很多种类。最常见的分类有以下几种：

1）按期限划分。按期限划分，企业债券有短期企业债券、中期企业债券和长期企业债券。根据我国企业债券的期限划分，短期企业债券期限在1年以内，中期企业债券期限在1年以上5年以内，长期企业债券期限在5年以上。

2）按是否记名划分。按是否记名划分，企业债券可分为记名企业债券和不记名企业债券。如果企业债券上登记有债券持有人的姓名，投资者领取利息时要凭印章或其他有效的身份证明，转让时要在债券上签名，同时还要到发行公司登记，那么，就称为记名企业债券，反之称为不记名企业债券。

3）按债券有无担保划分。按债券有无担保划分，企业债券可分为信用债券和担保债券。信用债券指仅凭筹资人的信用发行的、没有担保的债券，信用债券只适用于信用等级高的债券发行人。担保债券是指以抵押、质押、保证等方式发行的债券，其中，抵押债券是指以不动产作为担保品所发行的债券，质押债券是指以其有价证券作为担保品所发行的债券，保证债券是指由第三者担保偿还本息的债券。

4）按债券可否提前赎回划分。按债券可否提前赎回划分，企业债券可分为可提前赎回债券和不可提前赎回债券。如果企业在债券到期前有权定期或随时购回全部或部分债券，这种债券就称为可提前赎回企业债券，反之则是不可提前赎回企业债券。

5）按债券票面利率是否变动划分。按债券票面利率是否变动划分，企业债券可分为固定利率债券、浮动利率债券和累进利率债券。固定利率债券指在偿还期内利率固定不变的债券；浮动利率债券指票面利率随市场利率定期变动的债券；累进利率债券指随着债券期限的增加，利率累进的债券。

6）按发行人是否给予投资者选择权划分。按发行人是否给予投资者选择权划分，企业债券可分为附有选择权的企业债券和不附有选择权的企业债券。附有选择权的企业债券指债券发行人给予债券持有人一定的选择权，如可转让公司债券、有认股权证的企业债券、可退还企业债券等。可转换公司债券的持有者，能够在一定时间内按照规定的价格将债券转换成企业发行的股票；有认股权证的债券持有者，可凭认股权证购买所约定的公司的股票；可退还的企业债券，在规定的期限内可以退还。反之，债券持有人没有上述选择权的债券，即是不附有选择权的企业债券。

7）按发行方式划分。按发行方式划分，企业债券可分为公募债券和私募债券。公募债券指按法定手续经证券主管部门批准公开向社会投资者发行的债券；私募债券指以特定的少数投资者为对象发行的债券，发行手续简单，一般不能公开上市交易。

（3）发行债券的优缺点

1）发行债券的优点

① 发行成本低。

② 可以发挥财务杠杆的作用。

③ 能够保障股东的控制权。

④ 便于调整公司的资本结构。

2）发行债券的缺点

① 风险高。

② 限制条件多。

③ 发行的数量有限。

3. 发行股票

（1）股票的概念和特征　房地产企业发行股票是房地产股份公司为筹集资金，发给股东作为其投资入股的证书和索取股息的凭证，其实质是公司的产权证明书。

股票的特征表现为：

1）不可偿还性。股票是一种无偿还期限的有价证券，投资者认购了股票后，就不能再要求退股，只能到二级市场卖给第三者。股票的转让只是意味着公司股东的改变，并不减少公司的资本。

2）权利性。股东有权出席股东大会、选举公司董事会、参与公司重大决策。股票持有者的投资意志和享有的经济利益，通常是通过出席股东大会来行使股东权。股东参与公司决策的权利大小，取决于其所持有的股份的多少。

3）收益性。股东凭其持有的股票，有权从公司领取股息或红利，获取投资的收益。股息或红利的大小，主要取决于公司的盈利水平和公司的盈利分配政策。股票的收益性，还表现在股票投资者可以获得价差收入或实现资产保值增值。在通货膨胀时，股票价格会随着公司原有资产重置价格上升而上涨，从而避免了资产贬值，股票通常被视为在高通货膨胀期间可优先选择的投资对象。

4）流动性。股票的流动性是指股票在不同投资者之间的可交易性。流动性通常以可流通的股票数量、股票成交量以及股价对交易量的敏感程度来衡量。股票的流通使投资者可以在市场上卖出所持有的股票，取得现金。通过股票的流通和股价的变动，可以看出人们对于相关行业和上市公司的发展前景和盈利潜力的判断。那些在流通市场上吸引大量投资者、股价不断上涨的行业和公司，可以通过增发股票，不断吸收大量资本进入生产经营活动，收到了优化资源配置的效果。

5）价格波动性和风险性。股票在交易市场上作为交易对象，同商品一样，有自己的市场行情和市场价格。由于股票价格要受到诸如公司经营状况、供求关系、银行利率、大众心理等多种因素的影响，其波动有很大的不确定性。正是这种不确定性，有可能使股票投资者遭受损失。价格波动的不确定性越大，投资风险也越大。因此，股票是一种高风险的金融产品。

6）永久性。股票所载有的权利的有效性是始终不变的，因为它是一种无限期的法律凭证。股票的有效期与股份公司的存续期间相联系，两者是并存的关系。

（2）股票的种类

1）根据股东享有权利和承担风险的大小不同划分，分为普通股股票和优先股股票。

① 普通股：普通股是随着企业利润变动而变动的一种股份，是股份公司资本构成中最普通、最基本的股份，是股份企业资金的基础部分。在我国上交所与深交所交易的股票都是普通股。

持有普通股的股东有权获得股利，但必须是在公司支付了债息和优先股的股息之后才能分得。普通股的股利是不固定的，一般视公司净利润的多少而定。

当公司因破产或结业而进行清算时，普通股东有权分得公司剩余资产，但普通股东必须在公司的债权人、优先股股东之后才能分得资产。

普通股东一般都拥有发言权和表决权，即有权就公司重大问题进行发言和投票表决。普通股东持有多少股便有多少股的投票权。任何普通股东都有资格参加公司最高级会议——每年一次的股东大会，但如果不愿参加，也可以委托代理人来行使其投票权。

普通股东一般具有优先认股权，即当公司增发新普通股时，现有股东有权优先（可能还以低价）购买新发行的股票，以保持其对企业所有权的原百分比不变，从而维持其在公司中的权益。

比如某公司原有1万股普通股，而乙拥有100股，占1%，现在公司决定增发10%的普通股，即增发1000股，那么乙就有权以低于市价的价格购买其中1%即10股，以便保持持有股票的比例不变。

② 优先股：优先股是股份公司发行的在分配红利和剩余财产时比普通股具有优先权的股份。优先股也是一种没有期限的有权凭证，优先股股东一般不能在中途向公司要求退股（少数可赎回的优先股例外）。

优先股通常预先定明股息收益率。由于优先股股息率事先固定，所以优先股的股息一般不会根据公司经营情况而增减，而且一般也不能参与公司的分红，但优先股可以先于普通股获得股息。对公司来说，由于股息固定，它不影响公司的利润分配。

优先股的权利范围小。优先股股东一般没有选举权和被选举权，对股份公司的重大经营无投票权，但在某些情况下可以享有投票权。

股息领取优先权。股份公司分派股息的顺序是优先股在前，普通股在后。股份公司不论其盈利多少，只要股东大会决定分派股息，优先股就可按照事先确定的股息率领取股息，即使普通股减少或没有股息，优先股亦应照常分派股息。

剩余资产分配优先权。股份公司在解散、破产清算时，优先股具有公司剩余资产的分配优先权，不过，优先股的优先分配权在债权人之后，而在普通股之前。只有还清公司债权人债务之后，有剩余资产时，优先股才具有剩余资产的分配权。只有在优先股索偿之后，普通股才参与分配。

2）按票面是否记载投资者姓名划分，分为记名股票和无记名股票。记名股票在发行时，票面上记载有股东的姓名，并记载于公司的股东名册上。记名股票的特点就是除持有者和其正式的委托代理人或合法继承人、受赠人外，任何人都不能行使其股权。另外，记名股票不能任意转让，转让时，既要将受让人的姓名、住址分别记载于股票票面，还要在公司的股东名册上办理过户手续，否则转让不能生效。显然这种股票有安全、不怕遗失的优点，但转让手续烦琐。这种股票如需要私自转让，例如发生继承和赠予等行为时，必须在转让行为发生后立即办理过户等手续。

无记名股票在发行时，在股票上不记载股东的姓名，其持有者可自行转让股票。任何人一旦持有便享有股东的权利，无须再通过其他方式、途径证明有自己的股东资格。这种股票转让手续简便，但也应该通过证券市场的合法交易实现转让。

3）按发行地及交易币种的不同划分，分为A股、B股、H股、S股、N股。

A股的正式名称是人民币普通股票，是由我国境内的公司发行，供境内机构、组织或个人（2013年4月1日起，境内港澳台居民可开立A股账户）以人民币认购和交易的普通股股票。

B股也称为人民币特种股票，是指那些在我国境内注册、在我国境内上市的特种股票。以人民币标明面值，只能以外币认购和交易。

H股也称为国企股，是指注册地在中国内地，上市地在香港（Hong Kong）的股票。

S股是指那些主要生产或者经营等核心业务在我国境内、而企业的注册地在内地，但是在新加坡（Singapore）交易所上市挂牌的企业股票。

N 股是指那些在我国内地注册、在美国纽约（New York）上市的外资股。

4）按业绩好坏划分，分为红筹股、蓝筹股、成长股、投机股、绩优股。

红筹股是指最大控股权直接或间接隶属于我国内地有关部门或企业，并在香港联合交易所上市的公司所发行的股份，即在港上市的中资企业。

蓝筹股是由典故而来。“蓝筹”一词源于西方赌场，三种颜色的筹码中，蓝色筹码为最高、红色筹码为中等、白色筹码为最低，后来人们就把股票市场上最有实力、最活跃的股票称为蓝筹股。蓝筹股几乎成了绩优股的代名词。

成长股是指发行股票时规模并不大，但公司的业务蒸蒸日上，管理良好，利润丰厚，产品在市场上有竞争力的公司的股票。

投机股是指开发性或冒险性行业的公司的股票，故其收益与风险均超过一般的普通股。

绩优股是指那些业绩优良，但增长速度较慢的公司的股票。这类公司有实力抵抗经济衰退，因为这类公司业务较为成熟，不需要花很多钱来扩展业务，所以投资这类公司的目的主要在于拿股息。另外，投资绩优股时，市盈率不要太高，同时要注意股价在历史上经济不景气时波动的记录。

5）按投资主体划分，我国上市公司的股份可以分为国有股、法人股和社会公众股。

国有股指有权代表国家投资的部门或机构，以国有资产向公司投资形成的股份，包括以公司现有国有资产折算成的股份。由于我国大部分股份制企业都是由原国有大中型企业改制而来的，因此国有股在公司股权中占有较大的比重。

法人股指企业法人或具有法人资格的事业单位和社会团体，以其依法可支配的资产向公司非上市流通股权部分投资所形成的股份。目前，在我国上市公司的股权结构中，法人股平均占 20% 左右。根据法人股认购的对象，可将法人股进一步分为境内发起法人股、外资法人股和募集法人股三个部分。

社会公众股是指我国境内个人和机构，以其合法财产向公司可上市流通股权部分投资所形成的股份。

我国国有股和法人股目前还不能上市交易。国家股东和法人股东要转让股权，可以在法律许可的范围内，经证券主管部门批准，与合格的机构投资者签订转让协议，一次性完成大宗股权的转移。由于国家股和法人股占总股本的比重平均超过 70%，在大多数情况下，要取得一家上市公司的控制股权，收购方需要从原国家股东和法人股东手中协议受让大宗股权。除少量公司职工股、内部职工股及转配股上市流通受一定限制外，绝大部分的社会公众股都可以上市流通交易。

（3）股票的发行条件

1）公司的生产经营符合国家产业政策。

2）公司发行的普通股只限一种，同股同权。

3）发起人认购的股本数额不少于公司拟发行的股本总额的 35%。

4）在公司拟发行的股本总额中，发起人认购的部分不少于人民币 3000 万元，但是国家另有规定的除外。

5）向社会公众发行的部分不少于公司拟发行的股本总额的 25%，其中公司职工认购的股本数额不得超过拟向社会公众发行的股本总额的 10%；公司拟发行的股本总额超过人民币 4 亿元的，证监会按照规定可酌情降低向社会公众发行的部分的比例，但是，最低不少于公司拟发行的股本总额的 15%。

6）发行人在近三年内没有重大违法行为。

7）经国务院批准的国务院证券监督管理机构规定的其他条件。

（4）原有企业改组设立股份有限公司申请公司发行股票，还应当符合下列条件

1）发行前一年末，净资产在总资产中所占比例不低于 30%，无形资产在净资产中所占比例不高于 20%，但是证券委另有规定的除外。

2）近三年连续盈利。

（5）股份有限公司增资申请公开发行股票，应当符合下列条件

1）前一次公开发行股票所得资金的使用与其招股说明书所述的用途相符，并且资金使用效益良好。

2）距前一次公开发行股票的时间不少于 12 个月。

3）从前一次公开发行股票到本次申请期间没有重大违法行为。

4）经国务院批准的国务院证券监督管理机构规定的其他条件。

4. 自有资金筹集

（1）资本金的筹措

资本金是指在房地产项目总投资中，由投资者认缴的出资额。对项目来说是非债务性资金，项目法人不承担这部分资金的任何利息和债务，投资者可以按照其出资比例，按照“共同投资、共同经营、共担风险、共享利润”的原则依法享有所有者权益，也可以转让其出资，但一般不得以任何形式抽回的筹资方式。

（2）资本金的种类

资本金的筹措主要包括：项目业主利润积累形成的自有资金、国家财政拨款、征集建设基金拨付给项目做资本金、国外资本、发行股票作为资本金、土地划拨作为资本金等。

吸收直接投资的形式包括：吸收国家投资、吸收法人投资和吸收个人投资。

（3）吸收直接投资中的出资方式　吸收直接投资中的出资方式主要包括：以现金出资、以实物出资、以工业产权出资和以土地使用权出资等。

（4）吸收直接投资的优缺点

优点：有利于增强企业信誉；有利于尽快形成生产能力；有利于降低财务风险。

缺点：资金成本较高；容易分散企业控制权。

5. BOT

BOT（Build—Operate—Transfer 即建设—经营—转让）是指政府通过契约授予私营企业（包括外国企业）以一定期限的特许专营权，许可其融资建设和经营特定的公用基础设施，并准许其通过向用户收取费用或出售产品以清偿贷款、回收投资并赚取利润；特许权期限届满时，该基础设施无偿移交给政府。

BOT 的特点：

1）私营企业基于许可，取得通常由政府部门承担的建设和经营特定基础设施的专营权（由招标方式进行）。

2）由获专营权的私营企业在特许权期限内负责项目的建设、经营、管理，并用取得的收益偿还贷款。

3）特许权期限届满时，项目公司须无偿将该基础设施移交给政府。

BOT 的核心在于特许权，这是基础设施与一般企业、贸易、服务性项目最大的不同。由特许权带来的较为长期、稳定、独占性收益及政府背景，正是 BOT 吸引力的源泉。BOT 项目投资大、回报期长，在实施过程中必然会遇到很多风险，比如市场风险、技术风险、融资风险和不可抵抗的外力风险等。

BOT 项目提供的是公共产品，既涉及政府部门与非政府部门之间的谈判与合作，又牵涉许多需要相互之间良好协调的关键机构，如政府部门、项目部门、项目投资者、用户等；既涉及包括金融、税收、外汇等经济问题，也涉及法律、公众利益、环境保护等社会问题，处处皆有风险。

6. 房地产投资信托基金

房地产投资信托基金（Real Estate Investment Trust，简称 REIT），它有两层含义，一是指房地产法律上或契约上的拥有者将该房地产委托给信托公司，由信托公司按照委托者的要求进行管理、处分和收益，信托公司在对该信托房地产进行租售或委托专业物业公司进行物业经营，使投资者获取溢价或管理收益。由于房地产的这种信托方式，能够照顾到房地产委托人、信托公司和投资受益人等各方的利益，并且在《中华人民共和国信托法》已颁布实施的条件之下，其必将具有很强的生命力，一经推出，必然会受到各方的欢迎。二是指房地产资金信托，即委托人基于对信托投资公司的信任，将自己合法拥有的资金委托给信托投资公司，由信托投资公司按委托人的意愿以自己的名义，为受益人的利益或特定目的，将资金投向房地产业并进行管理和处分的行为。这也是我国目前大量采用的房地产融资方式。

（1）房地产信托经营业务内容

1）委托业务。委托业务如房地产信托存款、房地产信托贷款、房地产信托投资、房地产委托贷款等。

2）代理业务。代理业务如代理发行股票债券、代理清理债权债务、代理房屋设计等；金融租赁、咨询、担保等业务。

（2）房地产信托机构筹集资金的主要来源

1）房地产投资信托基金。房地产投资信托基金是房地产信托投资公司为经营房地产信托投资业务及其他信托业务而设置的营运资金。目前我国的信托投资公司资金来源主要有：财政拨款、社会集资以及自身留利。

2）房地产信托存款。房地产信托存款是指在特定的资金来源范围之内，由信托投资机构办理的存款。其资金来源范围、期限与利率，均由中国人民银行规定、公布和调整。

3）集资信托和代理集资。集资信托和代理集资是信托机构接受企业、企业主管部门以及机关、团体、事业单位等的委托，直接或代理发行债券、股票以筹借资金的一种方式。

4）资金信托。资金信托是指信托机构接受委托人的委托，对其货币资金进行自主经营的一种信托业务。资金信托的来源必须是各单位可自主支配的资金或归单位和个人所有的资金，主要有单位资金、公益基金和社保基金。

5）共同投资基金。共同投资基金即投资基金或共同基金，对于国内公众而言，它是一种较新型的投资工具，但在国外已有百余年的历史，并且日趋兴旺，是现代证券业中最有前途的行业。在发达国家的金融市场上，已被实践证明是一种相当先进的投资制度，并已成为举足轻重的金融工具。

（3）房地产信托的作用

1）能为房地产委托人提供可靠的融资渠道，促进房地产企业良性发展

我国的大部分房地产开发企业自有资金都不超过20%，受房地产开发成本高等因素的制约，一般房地产的销售或租赁都需要一个较长的过程，所以资金短缺是一个长期状态。因此，利用信托工具融通资金便成为一种行之有效的方法。

2）能够丰富资本市场的投资品种，为投资人提供一条稳定获利的投资渠道

随着经济的发展和收入水平的提高，人们已经具有从传统的银行储蓄转向其他投资理财方式的意识，但是投资渠道狭窄，市场缺乏大量安全的投资产品。房地产投资信托通过发行受益凭证向公众募集资金，由专业的房地产基金管理公司通过持有多个房地产项目形成投资组合，与其他风险较高的资产相比，具有市场价格波动小、投资风险分散和较高收益等投资特性，为众多中小投资者提供了更多的投资渠道，满足投资者需要。

3）优化证券市场结构。目前我国证券市场的产品结构以高风险产品为主，低风险产品品种单一且市场份额小。由房地产投资信托的特点决定，发展房地产投资信托可增加低风险投资市场产品种类，优化证券市场结构。从流动性看，房地产投资信托一般不开发新物业，而是通过管理和出租已采购开发物业，从中取得租金收入，进而获取收益，有效地避免了资金占用的风险。像其他股票一样，房地产投资信托的股票可在证券交易所进行交易，其流动性仅次于现金。从风险看，房地产投资信托募集大众资金从事多样化的投资，其投资项目包括写字楼、公寓、酒店等，还包括医院、养老院这类公益性房地产在各项投资项目中，房地产投资信托会针对项目的特性采取不同的管理模式，通过不同种类、区位、经营方式等投资组合降低风险。

3.2.4　资金成本与资本结构

1. 资金成本

资金成本是为了取得和使用资本时所付出的代价，或为筹集和使用资金而付出的代价。包括筹集成本和使用成本。

筹集成本是指房地产项目在筹措资金过程中为获取资金而付出的费用，主要包括律师费、咨询评估费、公证费、证券印刷费、发行手续费、担保费、承诺费、银团贷款管理费等，资金筹集费通常是在筹措资金时一次支付，在用资过程中不再发生。

资金使用成本主要是指房地产项目在投资、生产经营过程中，因使用资金而支付的代价，比如向股东支付股利、向债权人支付利息等。

资金成本的特征表现为：

1）资金成本是一种机会成本，指公司以现有资产获得的符合投资人期望的最小收益率，也称为最低可接受的收益率，是投资项目取舍的收益率，在数量上它等于各项资本来源的成本。

2）资金成本是按其在公司资本结构中的重要性经加权计算的平均数。

3）决定资金成本高低的因素有：总体经济环境、证券市场条件、企业内部的经营和融资状况、项目融资规模。

① 总体经济环境决定了整个经济中资金的供给和需求，以及预期通货膨胀的水平。

② 证券市场条件：证券市场条件影响证券投资的风险。

③ 企业内部的经营和融资状况：企业内部的经营和融资状况，指经营风险和财务风险的大小。

④ 项目融资规模：融资规模是影响企业资金成本的另一个因素。

⑤ 投资人要求的必要报酬率 = 无风险收益率 + 风险附加率，总体的经济环境所影响的是无风险收益率。

2. 个别资金成本

个别资金成本是指企业使用某种筹资方式取得各种长期资金的成本。长期资金的筹集方式一般有银行借款、债券、普通股、优先股、留存收益等，其中前两者的成本可统称债务资本，后三者的成本可统称为权益资本。个别资金成本相应的有银行借款成本、债券成本、优先股成本、普通股成本、留存收益成本等。个别资金成本是评价各种筹资方式优劣的主要依据。

3. 加权平均资金成本

加权平均资金成本是企业全部长期资金的总成本。一般是以各种资金占全部资金的比重为权数，对个别资金成本进行加权平均确定的。

计算个别资金占全部资金的比重时，可分别选用账面价值权数、市场价值权数、目标价值权数来计算。市场价值权数指债券、股票以市场价格确定权数。这样计算的加权平均资金成本能反映企业目前的实际情况。同时，为弥补证券市场价格变动频繁的不便，也可以用平均价格。目标价值权数是指债券、股票以未来预计的目标市场价值确定权数。目标价值权数能体现期望的资本结构，而不是像账面价值权数和市场价值权数那样只反映过去和现在的资金成本结构，所以按目标价值权数计算的加权平均资金成本更适用于企业筹措新资金。然而，企业很难客观合理地确定证券的目标价值，使得目标价值权数不易推广。

4. 资本结构

资本结构是指企业各种资本的构成及其比例关系。狭义的资本结构是指长期资本结构；广义的资本结构是指全部资本（包括长期资金和短期资金）结构。常提到的资本结构一般是指狭义的资本结构。

资本结构是企业筹资决策的核心问题。企业应综合考虑有关影响因素，运用适当的方法确定最佳资本结构，并在以后追加筹资中加以保持。企业现有资本结构不合理，应通过筹资活动进行调整，使其趋于合理化。

企业资本结构是企业采用各种筹资方式筹集资金而形成的。企业筹资方式虽然很多，但总的来看可分为负债资金和权益资金两类，因此，资本结构问题总的来说是负债资金占资金总额的比例问题。资本结构也就是企业负债资本与权益资本之间的比例关系。

最佳资本结构是指企业在一定时期内，筹措的资本的加权平均资本成本企业价值最大化的资本结构。最佳资本结构的目标是：合理确定借入资金与自有资金的比例关系、最低资金成本、最小风险程度及对普通股股东管理权的影响最小，并取得最大的投资收益。

最佳资本结构的评价标准为：①有利于最大限度地增加所有者财富，使企业价值最大化；②在企业不同的资本结构评价中，其综合资金成本最低；③能确保企业资金有较多的流动性，并使其资本结构具有与市场适应程度的弹性。

5. 资金成本率的计算

资金成本一般用相对数表示，也称之为资金成本率（用K表示）。其计算公式为：

$$K=\frac{D}{P-F}=\frac{D}{P(1-f)} \tag{3-1}$$

式中 P——筹集资金总额；

F——筹集成本；

D——使用成本；

f——筹集费费率，$f=\frac{F}{P}$。

（1）银行借款资金成本　企业银行借款资金成本是指借款利息和筹资费用。按照国际惯例和各国所得税法规定，借款的利息一般允许在企业所得税前支付，因此，盈利企业实际负担的利息为：利息×（1－所得税税率），可以起到抵税作用。

一次还本分期付息借款的资金成本可按下列公式计算：

$$K_L=\frac{I_L(1-t)}{L(1-f_L)} \text{ 或 } K_L=\frac{i(1-t)}{1-f_L} \tag{3-2}$$

式中 K_L——银行借款成本；

I_L——银行借款利息；

t——所得税税率；

L——银行借款额（借款资本金）；

f_L——银行筹资费用额；

i——借款年利率。

【例3-1】 A公司从银行取得5年期长期借款250万元，年利率为11%，期限3年，每年付息一次，到期一次还本，筹资费用率为0.5%，企业所得税率为25%。则该项银行借款资金成本为：

$$K_L=\frac{250\times 11\%\times(1-25\%)}{250\times(1-0.5\%)}=8.29\%$$

$$\text{或 } K_L=\frac{11\%\times(1-25\%)}{1-0.5\%}=8.29\%$$

当银行借款的筹资费（主要是借款的手续费）很少时，也可以忽略不计。这时银行借款资金成本可按下列公式计算：

$$K_L = i(1-t)$$

【例3-2】 根据【例3-1】的例题，如不考虑手续费，则这笔借款的资金成本测算为：

$$K_L = 11\% \times (1-25\%) = 8.25\%$$

当借款合同附加补偿性余额条款的条件下，企业可动用的借款筹资数额应扣除补偿性余额，这时借款的实际利率和资金成本将会上升。

【例3-3】 根据【例3-1】，如果公司欲获得借款250万元，年利率为11%，期限3年，每年结息一次，到期一次还本。银行要求补偿性余额为20%，公司所得税税率为25%，则这笔借款的资金成本为：

$$K_L = \frac{250 \times 11\% \times (1-25\%)}{250 \times (1-20\%)} = 10.31\%$$

在借款年内结息次数超过一次时，借款实际利率也会高于名义利率，从而资金成本上升，这时长期借款资金成本的公式为：

$$K_L = \left[\left(1+\frac{I}{M}\right)^{MN} - 1\right](1-T) \tag{3-3}$$

式中 M——年内借款结息次数；

N——借款期限；

T——所得税税率。

【例3-4】 根据【例3-1】，如果公司欲获得借款250万元，年利率为11%，期限3年，每季结息一次，到期一次还本。公司所得税税率为25%，则这笔借款的资金成本为：

$$K_L = \left[\left(1+\frac{11\%}{4}\right)^{12} - 1\right](1-25\%) = 28.86\%$$

（2）债券资金成本　发行债券的资金成本主要涉及债息和筹资费用，其性质与银行借款相似，债券资金成本中的利息，亦在税前列支，但发行债券的筹资费用一般较高，应予以考虑。债券的筹资费用即债券的发行费用。包括申请发行债券的手续费，债券注册费、印刷费、上市费、承销费等。债券的发行价格有平价、溢价、折价三种。债券利息按面额（即本金）和票面利率确定，但债券的筹资额应按发行价格计算，以便正确计算债券资金成本。

债券资金成本的计算公式为：

$$K_b = \frac{I_b(1-t)}{B(1-f_b)} \tag{3-4}$$

式中 K_b——债券资金成本；

I_b——债券年利息；

t——所得税税率；

B——债券筹资额，按发行价格确定；

f_b——债券筹资费用率。

【例3-5】 B公司发行总额500万元的10年期债券，票面利率为12%，发行费用率为

0.5%，公司所得税率为25%，则该债券的资金成本为：

$$K_{\mathrm{b}} = \frac{500 \times 12\% \times (1-25\%)}{500 \times (1-0.5\%)} = 9.05\%$$

若上例中的是溢价发行，总价为600万元，则该公司的资金成本为：

$$K_{\mathrm{b}} = \frac{500 \times 12\% \times (1-25\%)}{600 \times (1-0.5\%)} = 7.54\%$$

若上例中是折价发行总价为400万元，则该债券的资金成本为：

$$K_{\mathrm{b}} = \frac{500 \times 12\% \times (1-25\%)}{400 \times (1-0.5\%)} = 11.31\%$$

在实际中，由于债券利率水平通常高于银行借款，同时，债券发行费用较多，因此，债券资金成本一般高于银行长期借款资金成本。

（3）优先股资金成本　企业发行优先股，需要支付筹资发行费用，且优先股的股息通常是固定的。优先股与债券不同的是股利在税后支付，但没有固定到期日。

优先股资金成本可按下列公式计算：

$$K_{\mathrm{p}} = \frac{D_{\mathrm{p}}}{P_{\mathrm{p}}(1-f_{\mathrm{p}})} \tag{3-5}$$

式中　K_{p}——优先股资金成本；

D_{p}——优先股年股息；

P_{p}——优先股筹资额；

f_{p}——优先股筹资费用率。

【例3-6】 C公司按面值发行优先股100万元，筹资费用率为4%，每年支付12%的股利，优先股的成本为：

$$K_{\mathrm{p}} = \frac{100 \times 12\%}{100 \times (1-4\%)} = 12.5\%$$

由于优先股股息在税后支付，不减少公司的所得税，而债券利息在税前支付。当企业破产时，优先股股东的求偿权位于债券持有者之后，优先股股东的风险大于债券持有的风险，这就使得优先股利率一般要大于债券的利息率。因此，优先股资金成本明显高于债券资金成本。

（4）普通股资金成本　普通股资金成本的确定方法与优先股基本相同。但是，普通股股利一般不是固定的，通常是逐年增长的。如果每年股利以固定的比率 g 增长，第一年股利为 D_{c}，则第二年为 $D_{\mathrm{c}}(1+g)$，第三年为 $D_{\mathrm{c}}(1+g)^2$，第 n 年为 $D_{\mathrm{c}}(1+g)^{n-1}$。因此，在上述假设前提下，普通股资金成本的计算公式经推导可简化如下：

$$K_{\mathrm{c}} = \frac{D_{\mathrm{c}}}{P_{\mathrm{c}}(1-f_{\mathrm{c}})} + g \tag{3-6}$$

式中　K_{c}——通股资金成本；

P_{c}——普通股筹资额；

f_{c}——普通股筹资费用率；

g——股利预计年增长率。

【例3-7】 D企业发行普通股面值8000万元，预计第一年的股利率为9%，以后每年增长5%，筹资费用率为4%，则该普通股资金成本为：

$$K_c = \frac{8000 \times 9\%}{8000 \times (1-4\%)} + 5\% = 14.38\%$$

若公司按溢价发行普通股，发行价格为12000万元，则普通股的资金成本为：

$$K_c = \frac{8000 \times 9\%}{12000 \times (1-4\%)} + 5\% = 11.25\%$$

上述普通股资金成本的确定方法，通常称为股利增长模型，是一种常用的确定方法。

应该指出的是，股份制企业股利支付具有一定的不确定性。企业是否支付股利以及支付多少股利应视企业的经营状况和股利政策而定。因此，股票的资金成本视股利支付方式的不同，还有多种计算方法，如资本资产估价模型、已实现投资者权益率等方法，但这些方法在运用中，相关因素确定的主观随意性较大，这里不作介绍。

（5）留存收益资金成本　留存收益又称保留盈余或留用利润，是公司尚未分配的累计利润，它由公司税后净利润形成，所有权归全体股东所有，但未以股利的方式发放给股东。留存收益属于企业内部权益资本，是企业资金的一项重要来源。从表面上看，公司使用留存收益似乎不花费什么成本。实际上，留存收益作为企业内部融资的资本再投资时，等于股东对企业追加投资，股东愿意将其留用于公司而不作为股利取出投资别处，总是要求与普通股等价的报酬。如果企业将留存收益作为再投资，所获得的收益低于股东自己进行另一项风险相似的投资收益，股东将不愿意把其留用于公司而希望作为股利派发。因此，留存收益也要计算成本，它是一种机会成本，与普通股资金成本基本相同，只是不考虑筹资费用。

在股利稳定增长的前提下，其资金成本的计算公式为：

$$K_r = \frac{D_c}{P_c} + g \tag{3-7}$$

式中　K_r——留存收益资金成本。

【例3-8】 ST公司普通股的市价为20元/股，去年度预计股利为1.6元/股，预计股利增长率为3%，则该公司留存收益的资金成本为：

$$K_r = \frac{1.6}{20} + 3\% = 11\%$$

在企业全部资本中，普通股与留存收益的风险最大，要求的报酬相应最高，因此其资金成本也最高。

（6）综合资金成本　由于受多种因素的制约，企业不可能只使用某种单一的筹资方式，往往需要通过多种方式筹集所需资金，为了正确做出筹资和投资决策，必须计算企业的综合资金成本。综合资金成本是指企业全部长期资金的总成本，通常以各种资金占全部资金的比重为权数，对个别资金成本进行加权平均确定，故也称加权平均资金成本。综合资金成本是由个别资金成本和权数两个因素决定的，其计算公式为：

$$K_w = \sum_{i=1}^{n} K_i W_i \tag{3-8}$$

式中　K_w——综合资金成本；

K_i——第 i 种资金成本；

W_i——第 i 种资金占全部资金的比重，即权数，$\sum_{i=1}^{n} W_i = 1$；

n——筹资方式的种类。

在已经确定个别资金成本的情况下，取得企业各种资本占全部资本的比重后即可计算企业的综合资金成本。

【例 3-9】 E 公司共筹到资金 1000 万元，其中债券 300 万元，优先股 100 万元，普通股 400 万元，留存权益 200 万元，各种资金的成本分别为：$K_b = 8\%$，$K_p = 14\%$，$K_c = 16.5\%$，$K_r = 17\%$，请计算该企业的综合资金成本。

解：①各种资金所占的比重为：

$$W_b = \frac{300}{1000} \times 100\% = 30\% \qquad W_p = \frac{100}{1000} \times 100\% = 10\%$$

$$W_c = \frac{400}{1000} \times 100\% = 40\% \qquad W_r = \frac{200}{1000} \times 100\% = 20\%$$

② 综合资金成本为：

$$\begin{aligned} K &= W_b K_b + W_P K_P + W_c K_c + W_r K_r \\ &= 30\% \times 8\% + 10\% \times 14\% + 40\% \times 16.5\% + 20\% \times 17\% \\ &= 13.8\% \end{aligned}$$

本项目小结

本项目阐述了房地产投资的概念和房地产投资的形式，系统说明了房地产开发投资中的风险因素，阐述了房地产融资的资金来源，介绍了房地产融资的主要方式；针对房地产开发资金筹集的资金成本与资本结构做了详细解释。

综合案例应用

【案例概况】

在福建省某地，一家注册资金不到 5000 万元的房地产企业 A 公司计划开发一块面积较大的地块，用于建设一座高档住宅小区。由于该地块具有相当高的开发价值，估计总投资额将在 10 亿元人民币左右，A 公司面临着巨大的资金压力。在面临资金困难的情况下，A 公司决定采用融资的方式来解决资金问题。为了确保融资顺利进行，A 公司决定委托一家专业的金融机构 B 公司担任融资顾问并协助进行融资活动。

B 公司首先帮助 A 公司进行了市场调研和项目分析，确定了该地块开发的潜力和预期收益。在此基础上，B 公司与 A 公司一起制定了融资方案，并开始寻找潜在的投资者。

【问题】

根据所学知识，请指出几种合适的融资方式。

【案例评析】

作为一家注册资金不到5000万元的房地产企业，要运作一个资金总量达10亿元的项目，确实是一件非常难的事。B公司灵活采用了国内银行贷款、非上市股权融资、委托信用担保、自筹资金等融资方式，解决了整个项目开发过程中的土地和资金这两大难题。在项目初期采用国内银行贷款方式解决了项目所需的15000万元前期资金；采用非上市股权融资渠道，即跟同等规模的房地产企业合作，联手开发项目，以建立企业联盟（成立项目管理公司）的方式解决了本项目所需180多亩土地的问题；通过发行债券获取了5000万元建设资金；采用签订信用担保合同解决了前期报建所需的建设方资金证明及缴纳民工保证金的资金问题；通过预售的定金及房款回笼了5.8亿元资金。通过上述案例不难看出，任何一个项目仅仅依靠某种单一的融资方式，都不能完全解决项目的资金问题，而通过将多种金融产品进行有效组合并加以运用却能达到事半功倍的效果。

思考练习题

一、单项选择题

1. 长期投资是指投资期在（　　）以上的各类投资项目。

A. 6个月　　B. 一年　　C. 五年　　D. 十年

2. 按投资人能否直接控制其投资资金，可将投资分为直接投资和（　　）。

A. 间接投资　　B. 短期投资　　C. 金融投资　　D. 生产投资

3. （　　）又称为不可分散风险或市场风险，即个别投资风险中无法在投资组合内部被分散、抵消的那一部分风险。

A. 个别风险　　B. 市场风险　　C. 资本价值风险　　D. 系统风险

4. （　　）是指企业有权支配使用，按国家财务制度和会计准则可用于固定资产投资和流动资金的资金，即在建项目资金总额中投资者缴付的出资额，对项目来说是非债务性资金。

A. 企业自有资金　　B. 政府财政资本　　C. 银行贷款　　D. 预售资金

5. 股票根据股东享有权利和承担风险的大小不同划分，分为普通股股票和（　　）。

A. 记名股票　　B. 无记名股票　　C. 特殊股票　　D. 优先股股票

二、多项选择题

1. 按投资期限长短或投资回收期长短，可以将投资分为（　　）。

A. 短期投资　　B. 直接投资　　C. 间接投资　　D. 长期投资

E. 不定期投资

2. 房地产投资的特点包括（　　）。

A. 投入高，成本巨大　B. 回收周期长　　C. 风险高　　D. 变现性差

E. 易受政策影响

3. 房地产直接投资包括（　　）等形式。

A. 房地产开发投资　　B. 购买房地产企业债券和股票投资

C. 房地产置业投资　　D. 购买住房抵押贷款证券

E. 投资房地产投资信托基金

4. 房地产投资的个别风险包括（　　）等风险。

A. 收益现金流风险　　B. 未来运营费用风险

C. 机会成本风险　　D. 市场供求风险

E. 时间风险

5. 房地产融资的资金来源包括（　　）。

A. 企业自有资金　　B. 政府财政资本

C. 银行贷款　　D. 预售资金

E. 发行债券

三、简答题

1. 房地产投资的概念是什么？

2. 房地产投资的系统风险和个别风险如何区别？分别包括哪些方面？

3. 房地产融资的主要方式有哪些？

四、案例题

1. 某企业计划筹资1000万元，所得税税率33%。现向银行借款400万元，借款年利率8%，手续费2%；剩余资金通过发行优先股来筹集，预计年股利率为12%，筹资费用率为3%。请计算不同筹资方式的个别资金成本。

2. 某公司共筹到资金500万元，其中债券100万元，优先股100万元，普通股200万元，留存权益100万元，各种资金的成本分别为：$K_b=7\%$，$K_p=10\%$，$K_c=15\%$，$K_r=16\%$，请计算该企业的综合资金成本。

五、实训题

请选择国内某一家房地产开发企业作为调查对象，搜集资料，分析该企业自成立以来，房地产融资的资金来源及变化。根据调研结果和目前房地产市场现状，分析该企业融资结构是否合理，并提出建议。

项目 4

房地产市场

☞ **知识目标：**

1）了解房地产市场的含义，房地产泡沫的表现形式，房地产市场调研的含义、步骤和方法。

2）熟悉房地产市场的特点、功能、构成及市场指标，房地产市场的运行环境及政府对房地产市场的宏观调控政策，房地产市场调研的内容。

3）掌握房地产市场的参与者，房地产市场的周期循环。

☞ **能力目标：**

通过本项目的学习，能针对当前对房地产市场影响比较大的环境因素搜索资料，并能进行房地产市场调研。

☞ **素养目标：**

爱岗敬业，忠于职守。培养和树立学生忠于职守、克己奉公、服务人民、服务社会的社会主义职业精神。

☞ **学习重点：**

1）房地产的运行环境及影响因素。

2）房地产的周期循环。

【引例】　我国房地产市场 2024 年总结及 2025 年展望

2024 年，我国房地产市场整体仍呈现调整态势，前三季度新房销售同比下降明显，二手房“以价换量”带动市场保持一定活跃度，但 9 月市场仍然持续降温。9 月 26 日，中共中央政治局会议提出“要促进房地产市场止跌回稳”，释放了最强维稳信号，四季度以来，核心城市市场出现明显升温。12 月，中央经济工作会议强调“持续用力推动房地产市场止跌回稳”，为 2025 年楼市定调，释放了更加坚定的稳楼市基调。

房价：2024 年 1～11 月百城二手房价格累计下跌 6.77%，环比已连跌 31 个月，“9 月 26 日新政”后核心城市价格有所趋稳，11 月深圳、成都等四座城市环比上涨，打破连续

7 个月百城二手房全跌局面，北上广环比跌幅亦明显收窄。2024 年 1 ~ 11 月，受部分优质改善型楼盘入市影响，百城新建住宅价格累计结构性上涨 2.29%。

市场供求：2024 年 1 ~ 11 月，全国商品房销售面积为 8.6 亿 m^2（全年预计 9.7 亿 m^2），同比下降 14.3%，商品房销售额为 8.5 万亿元，同比下降 19.2%，其中现房销售面积为 2.6 亿 m^2，同比增长 19.4%，表现明显好于期房。2024 年 1 ~ 11 月，50 个代表城市商品住宅批准上市面积同比下降约 31%，供给端表现整体偏弱，整体库存仍处高位，截至 11 月末，重点城市可售面积出清周期为 21.2 个月。

需求结构：2024 年 1 ~ 11 月，监测城市中多数城市面积为 90 ~ 120m^2 的新房成交套数占比保持在四成以上，占据市场主流地位；上海、无锡、绍兴等城市面积为 144m^2 以上的新房成交套数占比较 2023 年同期提升超 5 个百分点。另外，随着二手房价格持续下调，二季度以来北京、上海、深圳刚需房加快入市，总价 300 万元以下的二手房成交套数同比明显增长，刚需房入市有望加快一二手房联动，带动新房市场需求释放。

土地市场：2024 年 1 ~ 11 月 300 城住宅用地成交规划建筑面积同比下降近三成，土地出让金同比下降 32%，已较 2020 年同期高点回落超 60%。各线城市成交规模均缩量，一线城市土地出让金占比提升，房地产企业拿地进一步聚焦，2024 年 1 ~ 11 月中国 TOP20 城市住宅用地出让金占全国比重仍过半。

根据以上材料，请试分析 2025 年房地产市场可能有哪些变化趋势？

展望 2025 年，政策加力有望带动预期修复，但房地产市场恢复仍面临诸多挑战，整体或仍处于筑底阶段。同时，土地缩量、房地产企业资金承压及较高库存下，短期开工投资下行态势难改，2025 年盘活存量闲置土地政策的实施进展，是推动市场进入新的循环、稳定投资开工的关键因素。

政策展望：中央经济工作会议定调要“持续用力推动房地产市场止跌回稳”，预计房地产政策宽松基调或将延续，下阶段政策有望继续围绕促进需求、优化供给两个方面展开。促进需求方面，一是加力推进货币化安置城中村改造和危旧房改造，释放增量住房需求；二是一线城市限制性政策有望继续优化，取消郊区或大户型限购政策存在预期；三是加大购房补贴等鼓励性政策或将在更多城市落地，带动需求释放，优化供给方面，重点或在于去库存政策的加快落地推进，一是专项债收购存量闲置土地的配套政策有望继续完善，加速推动土地“去库存”；二是完善保障性住房再贷款收储政策，促进存量商品房去化；三是多措并举盘活商办用房等。

市场展望：根据“中国房地产业中长期发展动态模型”测算，2025 年全国房地产市场将呈现“销售规模恢复仍面临挑战，新开工面积、开发投资或继续回落”的特点。需求端，中性情形下，预计 2025 年全国商品房销售面积同比下降 6.3%；乐观情形下，若城中村改造及收储存量房等加快落实，居民置业意愿提升，2025 年全国商品房销售面积或可实现止跌。供给端，受土地缩量、房地产企业资金承压、市场库存规模高等因素制约，中性情形下，预计 2025 年新开工面积同比下降 15.6%，房地产开发投资额同比下降 8.7%。

4.1　房地产市场概述

4.1.1　房地产市场的含义与特点

1. 房地产市场的含义

市场是社会分工和商品经济发展的产物。一般来说，市场的含义可以从三个角度理解：从传统观念看，市场是指买卖双方进行商品交换的场所；从经济学的角度看，市场是指商品交易活动的总和；从营销学的角度看，市场是指某种商品现实和潜在的消费者集合。在这里，市场往往等同于需求。如“随着人们收入的增加，房地产市场越来越大”，并不是指房地产交易场所越来越大，而是指人们对房地产的需求越来越大。

按照上述三个角度，房地产市场的含义可以从以下几个方面理解：

（1）房地产市场是房地产产品交易的场所　房地产作为商品要经历生产、交换和消费领域。房地产产品的交换必须在一定的场所内进行，例如在售楼处或房地产交易中心，买卖双方签订成交协议，办理相关手续。从这个意义上说，房地产市场是房地产产品交易的场所。

（2）房地产市场是房地产产品流通过程中各种交易活动的总和　房地产交易活动既包括土地、房屋及相关服务的交易行为，也包括土地使用权的有偿转让、房地产买卖、租赁和抵押等活动。

（3）房地产市场是个人和组织对房地产产品现实和潜在的消费者的集合，对房地产产品的需求构成了房地产市场。房地产市场具有三要素：人口、购买力、购买欲望。人口代表了现实或潜在的消费者数量；购买力代表了消费者的购买能力；购买欲望代表了消费者愿意购买某种商品的心理状态。只有这三个要素结合起来才能构成市场需求，即市场需求＝人口＋购买力＋购买欲望。

在市场经济条件下，房地产市场的存在和发展是房地产业健康发展的前提。房地产市场是连接房地产开发、建设与房地产使用、消费的桥梁，是实现房地产产品使用价值和价值的经济运行过程。

2. 房地产市场的特点

房地产产品的特殊性决定了房地产市场具有以下特征。

（1）房地产市场是区域性市场　土地的不可移动性造成了房地产的不可移动性。房地产的不可移动性决定了不同地区的房地产不能相互转卖。当某一地区的房地产市场出现供过于求或供不应求时，不可能通过向其他地区调剂的方法达到供求平衡。因而房地产市场具有很强的地区性。不同地区之间，房地产的市场条件、供求关系、价格水平等都是不可比的。

（2）房地产市场是一个不完全竞争市场　具体表现为：房地产市场信息主要掌握在供应者手中，信息不对称；房地产区域性特征使房地产具有差异性，不完全同质；土地资源的稀缺性和开发商的寻租能力，构成了房地产市场的进入壁垒；政府对房地产市场的强有力干预措施，使得房地产市场成为一个有限开放的市场。因此，房地产市场是一个不完全竞争的市场。

（3）房地产市场的投机性强　房地产市场的投机性源于土地资源的稀缺性、房地产的不可移动性，使得房地产具有保值和增值的功能。在房地产作为消费品的同时，也成为人们的投机对象。当越来越多的人炒作房地产、哄抬房地产价格，导致其非理性上涨时，房地产市场也就成为孕育泡沫的温床。

（4）房地产市场受政府政策影响大　房地产业是国民经济的支柱产业。为保证房地产市场的持续健康发展，政府一般通过法律、法规、政策（如金融政策、土地政策、税收政策等）来引导和调节房地产业发展。

（5）房地产市场供给调节的滞后性　房地产开发周期长，一般要二、三年甚至数年，决定了房地产市场供不应求时，不可能像普通商品一样能在较短时间内迅速增加供给，其供给的增加需要较长时间；而房地产产品的耐用性决定了市场出现供过于求时，多余的供给需要较长的时间才能被市场消化。因此，房地产市场的供给调节存在一定的滞后性。

（6）房地产市场参与主体多　房地产从生产、流通到消费领域，相关利益主体较多，如政府、开发商、建筑商、金融机构等。由于房地产的交易复杂、专业性强，中介机构提供的技术咨询、法律政策服务、价格评估、房地产经纪业务已成为房地产市场中不可缺少的重要组成部分。

3. 房地产市场类型

对房地产市场类型的划分，可以从区域范围、类型和用途、交易方式、结构层次等不同角度划分。

（1）按房地产区域范围划分　房地产的不可移动性决定了房地产市场是区域性市场。区域的概念有大有小，大到一个国家，小到一个城市、一个城市内的各个城区或者是不同的功能分区。区域的划分完全根据研究需要来定。由于房地产的地区性特点，划分地区过大，实际研究意义可能不大；划分地区过小，则可能因为区域之间的差别不大而失去意义。根据房地产的区域范围不同，可以将房地产市场分为各区域市场，如上海房地产市场、北京房地产市场、江苏房地产市场等。但一般来说，市场所包括的地域范围越大，对房地产投资者的实际意义就越小。

（2）按房地产的类型和用途划分　按房地产的类型和用途分为物业市场和土地市场。物业市场根据物业用途不同可以分为许多子市场，如住宅物业市场、写字楼物业市场、商业物业市场、工业物业市场、特殊用途物业市场等。不同类型的房地产又可以细分，例如，住宅物业市场可以分成普通住宅、高档住宅、别墅等；写字楼物业市场可以分成甲级写字楼、乙级写字楼等。

（3）按房地产交易方式划分　按照房地产交易方式划分，房地产市场可分为租赁市场、销售市场、抵押市场、转让市场、保险市场等。其中，土地的交易包括土地使用权转让、租赁和抵押等子市场；新建成的房地产产品交易存在着销售（包括商品房现售和预售）、租赁和抵押等子市场；面向存量房屋的交易则存在着租赁、转让、抵押、保险等子市场。

（4）按房地产结构层次划分　按房地产结构层次划分，可以分为房地产一级市场（土地使用权出让的市场，由国家垄断）、房地产二级市场（房地产增量市场，既包括新建房地产的出租、出售和抵押等，也包括土地的转让）和房地产三级市场（房地产存量市场，即将房地产再次转让、租赁等）。

4.1.2　房地产市场的构成及参与者

1. 房地产市场的构成

房地产市场由房地产市场主体、房地产市场客体和房地产交易的组织机构三大要素构成。房地产市场主体即房地产市场参与者，主要包括供给者（政府、房地产企业、个人）、管理者（各政府部门）、消费者（购房者）和中介机构（房地产咨询、房地产估价、房地产经纪）。房地产市场客体即房地产交易的对象，指可供买卖、租赁、抵押、典当等交易活动的房地产产品（土地及地上建筑物、附着物）及其代表房地产产权关系的权属证书。房地产交易的组织机构是为房地产市场交易提供场所、管理、监督和服务的机构，如房地产市场交易中心。

2. 房地产市场的参与者

房地产市场的参与者主要由市场中的交易双方以及为其提供支持和服务的人员或机构组成。房地产市场是房地产产品交易活动的总和，其交易活动主要体现在各市场参与者之间的交易。每个过程内的每一项工作或活动，都是由一系列不同的参与者来分别完成的。政府、房地产开发商、房地产建筑承包商、金融机构、中介机构、消费者构成了房地产市场的主体，是房地产市场的参与者。

（1）政府及政府机构　在我国现行土地制度下，政府是唯一的土地供给者，各地政府土地出让的数量、时序、结构和空间分布，都会影响到房地产市场行情。同一开发地块自然资源、环保、建设、税务、市场管理等政府管理部门，行使制定交易规则、监督、管理及服务职能，通过制定政策法规，制定规划审批、施工许可、竣工验收备案、预售许可、不动产登记等制度，保证房地产市场健康、有序的发展。作为公众利益的代表者，政府在参与房地产市场的同时，也对房地产市场其他参与者的行为发挥着影响。

（2）房地产开发商　房地产开发商是房地产产品的供给者，在依法取得国有土地使用权的基础上从事土地开发、房屋建设及相应的房地产营销等经营活动。其目标是在房地产市场上实现利润最大化和占有更大的市场份额。房地产开发商是房地产开发项目的设想者、倡导者、管理者和指导者，因而不仅需要具备全面的知识结构、良好的沟通能力，还需要丰富的想象力和创造力，认真研究房地产市场的变化趋势，确定不同区域与地段的发展前景，发现投资机会，获取土地和开发资金，把握不同项目的市场需求状况，实现利润最大化。

（3）建筑承包商　房地产建筑承包商是房地产产品生产的重要参与者，对房屋的质量起着十分重要的作用。我国建筑施工企业实行资质等级许可制度，其资质分为施工总承包、专业承包和劳务分包三个序列。其中，房屋建筑工程施工总承包企业资质分为特级、一级、二级、三级；地基与基础工程专业承包企业资质分为一级、二级、三级；木工作业分包企业资质分为一级、二级。

一般房地产开发商都会将项目的建筑施工工程委托给具有一定资质的建筑承包商，开发商与建筑承包商签订工程总承包合同。建筑承包商完成工程范围内的施工、竣工和保修，提供工程所需的劳动力、材料和施工设备。对于大型的或结构复杂的建筑工程，可以由两个以上的建筑承包商联合共同承包。建筑承包商也可以将工程中的某些分项工程或工作分包给另一个承包商来完成，与其签订分包合同。

（4）房地产中介机构　房地产中介机构是房地产市场发展不可缺少的重要成员，在房地产生产、交易、使用过程中起着桥梁和媒介作用。房地产中介机构包括房地产咨询机构、顾问公司、房地产代理策划或营销公司、从事房地产销售、租赁活动的中间商、房地产评估机构、保险机构和经纪人以及律师等，为房地产供应者和消费者提供各种形式的服务，包括房地产投资可行性研究及其策划、政策和信息咨询、房地产估价、房地产代理等服务。例如房地产估价师在房地产交易过程中提供估价服务，以确定其最可能实现的租金或售价水平。房地产经纪人主要是利用自己的专业知识和经验，促进买卖双方达成交易，并在办理交易手续的过程中提供专业服务。房地产中介机构专业化的服务能降低时间成本，提高交易效率，降低每一宗房地产交易的成本。

（5）金融机构　房地产的生产过程和消费过程均需大量资金支持，金融机构是当前房地产开发中的主要资金提供者。房地产业在信贷、融资、抵押贷款乃至整个业务活动中都与银行等金融机构息息相关。金融机构一方面给房地产开发商、建筑商提供贷款以确保房地产项目顺利完成；另一方面给消费者提供中长期个人住房按揭贷款，用于购买商品房。金融机构对于支持房地产开发，特别是住宅建设，在提高购房能力，扩大住宅消费，改善居住条件方面发挥着十分重要的作用。如果没有金融机构参与并提供融资服务，房地产市场就很难正常运转。

（6）消费者　消费者是房地产产品的需求方。政府、企事业单位和个人等消费者通常是房地产产品现实或潜在的需求者。消费者一般有三种类型：一是以自用为目的的消费性需求者，是消费者的主要组成部分；二是以收取租金、获取买卖差价为目的的投资者；三是看到房价上升而提前释放消费需求的投机者。购买能力是对自用型消费者的主要约束条件，而对投资型消费者来说，其拥有物业后所能获取的预期收益的大小，往往决定了其愿意支付的价格水平。无论是哪种类型的消费者，他们的购买力直接支撑着房地产市场的可持续发展。

4.1.3　房地产市场的运行环境及影响因素

1. 政治法律环境

政治法律环境是指在特定社会中影响各个组织或个人行为和方向的政治局势、法律和政府机构。在政治法律环境领域，企业必须遵守法律对业务活动的规定并与政府机构和平共处。政治法律环境可以表现为一个国家或地区的政治局势，以及国家对房地产业制定的有关法律政策。

（1）政治局势　政治局势是指房地产企业所处国家或地区的政治稳定状况。一个国家或地区的政局稳定与否给房地产业带来重大影响。如果政局稳定，人民安居乐业，就会给房地产市场营造良好的运行环境；相反，如果政局不稳，社会矛盾尖锐，就会影响房地产市场的发展。

（2）法律环境　房地产业在发展过程中不可避免地受到国家法律政策的影响。国家有关房地产业的法律政策，包括土地政策、房地产金融政策、税收政策、住房政策等，都会对房地产业产生影响。这种政策影响力体现在从获取土地使用权、筹集资金、房地产资源配置与流动以及居民的购房倾向等方面。我国改革开放以来陆续制定了如《中华人民共和国民法典》《中华人民共和国土地管理法》《中华人民共和国城市房地产管理法》《中华人民共和国广告法》《住房公积金管理条例》等一系列法律和相关法规，保障了房地产业的持续健康发展。

（3）政策因素　对于一个健康的房地产市场而言，市场的自由运作非常重要。政府的调控政策不能过分参与及干预房地产市场的自由运作，这样才能保证本地及外来投资者对当地房地产市场的信心，进而保证房地产市场的稳定发展以及整个社会经济的安定繁荣。但是宏观调控政策也非常重要。影响房地产市场的政策因素包括房地产供给政策、住房分配和消费政策、房地产金融政策、房地产产权与交易政策、房地产价格政策、房地产税收政策等。

2. 经济环境

经济环境对房地产业的发展有重要影响，既影响房地产业的市场供给，也影响房地产业的市场需求。经济环境包括宏观经济条件、居民购买力水平和利率。

（1）宏观经济状况　房地产市场总是存在于一定的宏观经济状况之中，经济状况是房地产业得以存在和发展的宏观基础，经济的收缩或扩张会制约或带动房地产业的发展速度。当经济繁荣时，房地产业规模相应扩大，而民间财富也向房地产投资转移，房地产市场供需旺盛；当经济衰退时，各公司收缩房地产业务或退出房地产业，房地产市场则会趋于疲软。

宏观经济状况对房地产业的影响一般用人均国内生产总值、产业结构、社会总投资等指标衡量。人均国内生产总值高，人们的消费水平就高，对房地产投资需求和消费需求就高。房地产业属于第三产业，产业结构的变动对房地产业有重大影响。

（2）居民购买力水平　购买力是房地产市场形成并影响其市场容量的决定因素。购买力是与消费者人均可支配收入、消费者支出结构、储蓄和信贷等密切相关的。

消费者人均可支配收入是影响其购买力的最重要的经济因素。在其他条件不变的情况下，城市居民可支配收入的变化往往决定购房能力，即收入增加，购买力相应增强，对住宅的需求也随之增加；反之，收入的减少，购买力相应减弱，对住宅的需求也减少。居民人均可支配收入的增加，能将房地产市场上潜在需求转化为有效需求，因此，房地产产品收入弹性较大。

当收入一定时，储蓄越多，现实消费就越少。因此，储蓄的多少、储蓄的目的直接影响房地产业的发展。储蓄目的的不同，往往影响到潜在需求量、消费内容、消费发展方向的不同。因此，房地产企业要了解消费者储蓄动机和目的的差异性，通过制定不同的策略，将潜在消费转为现实消费。

信贷对购买力的影响也很大。贷款条件严格，开发商和消费者可以获得的资金数量就会减少，房地产的供给和需求下降；反之，贷款条件宽松，开发商和消费者可以获得的资金数量就会增加，房地产的供给和需求上升。我国实行的个人住房抵押贷款具有期限长、额度大、利率优惠等特点；同时个人还可以采用低利率的住房公积金贷款。这些政策，对提高居民的购房能力、培植住房消费热点，起到了重要的催化作用。

（3）利率因素　房地产业是典型的资金密集型行业，所需资金具有占用时间长、总量大等特点。首先，大部分土地购置和房地产开发资金都直接或间接来自商业银行贷款。这样，利率与房地产业发展就有很大关系。贷款利率上升，贷款成本加大，开发商或投资者利润下降，就会抑制房地产业发展；反之，放松银根，贷款利率下降，贷款成本降低，开发商或投资者利润上升，就会促进房地产业发展。其次，个人住房抵押贷款也来自商业银行，存贷款利率变动也会影响人们的购房行为。存款利率下降，储蓄就会减少，在贷款利率也下降的情况下，就会刺激人们买房，消费需求和投资需求都会增加。

3. 人口环境

人口是构成市场的首要因素。人口状况及家庭结构的变化等直接影响着房地产市场的潜在容量。

（1）人口状况　房地产是提供人们居住、工作、学习、生活、娱乐的场所。城镇人口的数量、发展趋势、人口的分布、密度、流动趋势等自然属性都将对目前及未来的房地产需求总量、需求类型产生重大影响。人口数量直接决定区域内住宅及相关配套设施的数量。2022年末全国人口141175万人，比上年末减少85万人，自然增长率为-0.60‰，其中60周岁以上人口占比19.8%。人口年龄结构的老龄化使得老年公寓、养老院等适合于老年人居住的住宅需求增加。

（2）家庭结构的变化　家庭是市场需求的基本单位。不同的家庭结构类型会有不同的购买行为，从而影响市场的发展。随着经济发展和人口政策的变化，人们的思想观念和居住模式发生了较大的变化。家庭规模的小型化必然引起家庭数量的剧增，进而导致住宅需求的数量增加。因此，家庭结构的变化也会影响房地产业的发展趋势。

4. 土地资源环境

在房地产开发中，土地居于基础性的地位，是进行房地产开发与经营、物业管理等的先导性资源。房地产的价值受到土地价值的影响巨大，土地资源对房地产业的影响主要体现在以下方面。

（1）城市土地资源的稀缺性　随着人口规模扩大、工业化和城市化的发展，对城市土地资源的需求日益增加，加剧了土地资源的稀缺性。这种稀缺性必然导致城市土地价格的上涨，带来城市土地利用的高成本性。房地产开发企业为了增加房地产供给，不得不设法提高城市土地利用的集约程度，如更多地开发高层建筑；同时也会向郊区发展，带动当地房地产业的发展。

（2）土地的区位选择　土地的区位选择决定了房地产开发项目的区位选择，进而决定了房地产开发投资是否获利。区位选择得当，可以吸引更多的消费者，有利于房地产销售，从而有利于房地产开发企业获得利润。反之，则会出现房地产的滞销积压，空置房大量出现，给房地产开发企业带来经济损失。因此，一般来说，经济增长、收入较高的城市或地区，房地产业发展较好。针对具体的房地产类型，如商业房地产的区位选择，应综合考虑地区经济状况、人口规模、消费水平等因素，尽可能在交通便利、人口聚集、自然条件好的地区选址。

（3）土地政策　我国政府垄断了土地一级市场。土地供应的总量、结构和方式会对房地产市场产生影响。由于房地产生产周期长，房地产供应总量对土地供应总量的变动存在滞后性，要1~2年才能显现出来。土地供应结构既指房地产用地、工业仓储用地以及市政公共设施用地三大类用地的供地比例，也指各类用地的内部供应结构。以住宅房地产市场为例，政府供应的土地可以划分为高档商品房用地、普通商品房用地、经济适用房用地和廉租房用地，它们之间的比例不同，开发商开发的商品房数量结构也会不同。一般而言，政府在分配用地比例时是以满足大部分居民的基本居住需求为前提的。

5. 技术环境

科学技术是现代社会生产力中最活跃的因素。科学技术既创造了市场机会，又造成了市场威胁与挑战。技术环境对房地产市场的影响主要体现在以下两个方面。

（1）硬技术环境　硬技术环境指与企业生产活动密切相关的新技术、新工艺、新材料、新设备、新产品的产生和应用前景。随着人们生活水平的提高，人们对于居住环境提出了更高的要求。近几年来，绿色、可持续、节能、零能耗、生态等观念越来越多地和房地产联系在一起。由于绿色建筑在设计、开发、建造的过程中，更加注重绿色、节能、省地、健康、环保、智能化等理念，更能够满足人们对舒适的建筑环境的要求，因此，越来越多的消费者青睐绿色建筑。绿色建筑要求从建筑材料、建筑物、住宅布局、能源到与它们有关的功能性满足消费者的需求。因此，房地产企业开发战略将发生重大变化，节能减排、绿色生产将成为发展的重要原则。

（2）软技术环境　随着计算机的普及，传统的工作模式发生了重要变化，信息技术已在房地产业中得到广泛应用。首先，借助计算机管理软件和网络实现办公及售楼管理、客户资源管理、网上楼盘展示、发布网络媒体广告、建立房地产企业网站，一方面有利于提高企业的工作效率，另一方面有利于消费者及时了解产品信息，起到刺激消费、促进销售的目的。其次，利用信息技术实现房地产的智能化功能。房地产企业在进行楼盘设计时必将考虑网络时代的家居生活如何适应信息化的需要，如居家办公、电子商务、远程医疗、网络教育等功能。因此，智能化小区和网络小区应运而生。信息、通信技术水平的提高和交通条件的根本改善，会缩短不同物业之间的相对距离、推动不同地域消费品的交流、减少劳动力成本和时间费用。这无疑会改变人们固有的物业区位观念，增加对不同位置物业的选择机会，促进不同地区间的资本流动。最后，信息技术的发展使得房地产企业技术创新的能力大大提升。房地产企业利用高新技术在房地产行业的使用，在住宅设计上体现科技进步，开发满足不同消费层次、设计多样化的房地产。

【知识链接】

北京市进一步优化调整房地产相关政策

北京市深入贯彻落实中央政治局会议精神，坚持首都功能定位，适应房地产市场供求关系的新变化，回应群众关切，更好满足居民刚性住房需求和多样化改善性住房需求，促进房地产市场平稳健康发展，9月30日，北京市住房和城乡建设委员会、北京市财政局、中国人民银行北京市分行、国家金融监督管理总局北京监管局、国家税务总局北京市税务局、北京住房公积金管理中心等六部门联合印发《关于进一步优化调整本市房地产相关政策的通知》（以下简称《通知》），实施降低存量房贷利率、下调个人住房贷款最低首付款比例、加大住房公积金贷款支持力度、调减非京籍家庭购房社保或个税缴纳年限、调整通州区住房限购政策、取消普通住房和非普通住房标准、加快构建房地产发展新模式等政策措施。《通知》自2024年10月1日起施行。

《通知》提出，加大信贷政策支持力度。一是降低存量房贷利率，引导商业银行稳妥有序将存量房贷利率降至新发放贷款利率附近，切实减轻购房人房贷利息负担。二是下调房贷首付款比例，将商业性个人住房贷款首套房贷最低首付款比例由不低于20%下调至不低于15%，二套房贷由不低于35%（购买五环内住房）、不低于30%（购买五环外住房）统一下调至不低于20%。三是更好发挥住房公积金贷款作用，京籍二孩以上家庭购房的，公积金可贷款额度上浮40万元。

《通知》提出，优化调整商品住房限购政策。一是缩短非京籍家庭购房所需缴纳社保或个税年限。对非京籍家庭购买五环内住房的，社保或个税缴纳年限由“购房之日前连续缴纳满5年及以上”调减为“购房之日前连续缴纳满3年及以上”；购买五环外住房的，进一步调减为“购房之日前连续缴纳满2年及以上”。符合本市经济社会发展需要的高层次和急需紧缺人才购房，明确为“购房之日前连续缴纳满1年及以上”。二是调整通州区住房限购政策。为促进城市副中心更好承接非首都功能和人口疏解，更好实现职住平衡，自《通知》发布之日起，居民家庭购买通州区商品住房，按全市统一政策执行。三是京籍成年单身人士与未成年子女共同生活的，按京籍居民家庭执行住房限购政策。

《通知》明确，北京市将按照国家工作部署，及时取消普通住房和非普通住房标准。

此外，《通知》还明确，北京市将加快构建房地产发展新模式，完善“市场+保障”住房供应体系，抓紧出台支持“好房子”建设的举措，加快推进城中村改造，发挥“白名单”作用满足房地产企业合理的融资需求，持续防范化解房地产风险，稳定市场预期。

4.1.4　房地产市场指标

相对于一般商品或服务而言，房地产市场具有明显的特殊性，如地区差异性明显、供给滞后性、产品异质性显著、需求多样性等，这使得房地产参与者需要借助各种房地产指标体系来把握市场走势和整体行情。因此，成熟、完善的房地产指标体系对于房地产市场健康平稳发展具有重要意义。房地产指标是用来说明在一定时间、空间条件下房地产业经济活动总体的数量特征。我国房地产市场从供给指标、需求指标和交易指标三个方面反映房地产市场的供需情况和市场走势。

1. 供给指标

（1）房屋施工面积　房屋施工面积指报告期内施工的全部房屋（包括地下室、半地下室以及配套房屋）建筑面积。包括本期新开工的面积和上年开工跨入本期继续施工的房屋面积、上期已停建在本期恢复施工的房屋面积、本期竣工和本期施工后又停建缓建的房屋面积。

（2）房屋新开工面积　房屋新开工面积指在报告期内新开工建设的房屋面积。不包括上期跨入报告期继续施工的房屋面积和上期停缓建而在本期恢复施工的房屋面积。房屋的开工应以房屋正式开始破土刨槽（地基处理或打永久桩）的日期为准。

（3）房屋竣工面积　房屋竣工面积指报告期内房屋建筑按照设计要求已全部完工，达到入住和使用条件，经验收鉴定合格或达到竣工验收标准，可正式移交使用的各栋房屋建筑面积的总和。

（4）空置率　空置率指报告期期末所有空置房屋面积与同期全部房屋面积存量之比。空置率是衡量市场真实需求、消费性需求的重要指标，也是判断房地产市场是否存在泡沫的重要指标。在实际应用中，可以根据房屋的类型特征和空置特征分别进行统计，包括不同类型房屋空置率、新竣工房屋空置率、出租房屋空置率、自用房屋空置率等。

（5）平均建设周期　建设周期指某种类型的房地产开发项目从开工到竣工交付使用所占用的时间长度。平均建设周期为房屋施工面积与新竣工面积之比。

（6）竣工房屋价值　竣工房屋价值指在报告期内竣工房屋本身的建造价值。竣工房屋的价值一般按房屋设计和预算规定的内容计算。

2. 需求指标

（1）国内生产总值（GDP）　指一个国家（或地区）所有常住单位在一定时期内生产活动的最终成果。国内生产总值有三种表现形态，即价值形态、收入形态和产品形态。在实际核算中，国内生产总值有三种计算方法，即生产法、收入法和支出法，这三种方法分别从不同的方面反映了国内生产总值及其构成。

（2）人口数量　人口数量指一定时点、一定地区范围内有生命的个人总和，包括户籍人口、常住人口和现有人口。

（3）各单位的从业人员　各单位的从业人员指在各级国家机关、政党机关、社会团体及企业、事业单位中工作，取得工资或其他形式的劳动报酬的全部人员。

（4）城市家庭人口规模　城市家庭人口规模指居住在一起，经济上合在一起共同生活的家庭成员数量。凡计算为家庭人口的成员，其全部收支都包括在本家庭中。

（5）就业人员数量　就业人员数量指从事一定社会劳动并取得劳动报酬或经营收入的人员数量。这一指标反映了一定时期内全部劳动力资源的实际利用情况，是研究国家基本国情国力的重要指标。

（6）城镇登记失业率　城镇登记失业率指城镇登记失业人数同城镇从业人数与城镇登

记失业人数之和的比。计算公式为：

城镇登记失业率 = 城镇登记失业人数/（城镇从业人数 + 城镇登记失业人数）×100%

（7）城镇家庭可支配收入　城镇家庭可支配收入指城镇居民家庭总收入在支付个人所得税、财产税及其他经常性转移支出后所余下的实际收入。

（8）城镇居民家庭消费性支出　城镇居民家庭消费性支出指被调查的城镇居民家庭用于日常生活的全部支出，包括购买商品支出和文化生活、服务等非商品性支出。

（9）商品零售价格指数　商品零售价格指数是反映城乡商品零售价格变动趋势的一种经济指数。零售物价的调整变动直接影响到城乡居民的生活支出和国家的财政收入，影响居民购买力和市场供需平衡，影响消费与积累的比例。

（10）城市居民消费价格指数　城市居民消费价格指数是反映城市居民家庭所购买的生活消费品价格和服务项目价格变动趋势和程度的相对数。

3. 交易指标

（1）出租房屋面积　出租房屋面积指在报告期期末房屋开发单位出租的商品房屋的全部面积。

（2）商品房销售面积　商品房销售面积指报告期内出售商品房屋的合同总面积（即双方签署的正式买卖合同中所确定的建筑面积），由现房销售建筑面积和期房销售建筑面积两部分组成。

（3）商品房销售额　商品房销售额指报告期内出售商品房屋的合同总价款（即双方签署的正式买卖合同中所确定的合同总价）。商品房销售额与商品房销售面积同口径，由现房销售额和期房销售额两部分组成。

（4）房地产价格指数　房地产价格指数是反映一定时期内房地产价格变动趋势和程度的相对数，分为房屋销售价格指数、房屋租赁价格指数和土地交易价格指数三类。

（5）房地产价格　房地产价格指报告期房地产市场中的价格水平，通常用不同类型房屋的中位数价格表示。

（6）房地产租金　房地产租金指报告期房地产市场中的租金水平，通常用不同类型房屋的中位数租金表示。

4.1.5　房地产市场的功能

房地产市场的功能是指房地产市场所发挥的有利的作用或效能。在国家宏观调控下，正确有效地发挥房地产市场的功能，对生产、流通和消费等方面都能起到良好的调节作用。从现实经济活动看，房地产市场主要能发挥以下几项功能：提供交易场所、配置存量房地产资源和利益、传递市场信息、平衡供给和需求、房地产资源的优化配置、促进消费需求增长和消费结构升级。

1. 提供交易场所

房地产市场既然是一个市场，就应该具有一般市场的所有功能，其中之一就是提供交易场所的功能。房地产是房产和地产的结合，不仅包括土地、房屋及其附属物，还包括其附带的各种财产权利。当说到房地产市场的交易功能时，实际上是指这个市场所进行的不仅仅是一般意义上的物品或资产的交易，而还进行着各种权利的交易。在房地产交易中买卖某种房地产的时候，同时也买卖了该种房地产所包含的权利。

2. 配置存量房地产资源和利益

由于土地资源具有有限性的特点，加之房地产开发建设周期较长而滞后于市场需求的变化，所以必须在各种用途和众多想拥有物业的人和机构之间进行分配。通过市场机制的调节作用，在达到令买卖双方都能接受的市场均衡价格的条件下，就能完成这种分配。

3. 传递市场信息

市场的功能在于为买卖双方提供信息，使他们不断调整自己的生产规模和消费规模。一方面，房地产企业通过市场可以获取房地产现有产品的供求总量及供给结构，了解竞争对手及竞争产品，以便根据自身条件调整房地产投资结构，确定开发项目的产品定位，以适应市场需求。特别是在买方市场条件下，居民对房地产需求动态对企业生产经营方向与经营决策起着重要的调节作用，起到了解决生产什么、如何生产和为谁生产问题的作用。另一方面，消费者也可根据房地产产品的数量、种类、价格等信息进行比较分析，选择合适的房地产产品，满足消费或投资需求。而国家也可以根据房地产产品总量、结构、价格等信息，调整土地供给计划，以此调节房地产市场。因此，通过房地产市场的信息传递功能，能够调节房地产开发行为、消费行为和政府行为。

4. 平衡供给和需求

房地产市场通过其价格机制，可以随时调节房地产市场供求关系，促使房地产产品总供给与总需求趋于平衡。一方面，当某种房地产产品供不应求时，该房地产产品的价格就会上升，吸引房地产产品供给者扩大生产规模，而需求量减少，直到供求大体平衡为止；另一方面，当某种房地产产品供过于求时，该房地产产品的价格就会下降，生产者的利润减少，生产者缩小生产规模，而需求量增加，直到供求大体平衡为止。通过房地产产品价格的上下波动使该产品的供给和需求达到平衡，反映了市场机制在平衡房地产供求方面的积极作用。

5. 房地产资源的优化配置

市场机制在房地产市场的资源优化配置功能可以从房地产企业内部和整个社会的角度来分析。从房地产企业内部来看，体现为利用市场机制迫使企业合理利用资源，提高土地利用效率和生产效率，真正做到地尽其用、物尽其用，通过合理配置资源实现降低成本、提高利润、增强竞争力的目的，使资源配置适应市场需求。从整个社会的角度来看，市场机制的资源优化配置功能主要是通过竞争的优胜劣汰实现的。通过竞争，将资源利用效率和生产效率较低的企业挤出市场，使资源流向效率较高的企业，最大程度体现资源的价值。

6. 促进消费需求增长和消费结构升级

房地产市场对居民的消费支出的影响主要体现在以下几方面：一是房屋所有者在房价上涨后通过房屋出租或出售获得租金或价差收益，刺激消费增加；二是房屋所有者在房价上涨后尽管没有实施出租或出售行为，但房屋实现了增值，心理预期财富增加，从而增加消费支出；三是消费者在房价上涨后购房成本增加，因此会减少消费，增加储蓄。前两种情况都会使得消费需求增长，而第三种情况会减少消费需求。针对后一种情况，政府可以通过保障性安居工程建设，给中低收入者提供住房，以增加住房消费，并带动相关产业的发展。

消费结构升级意味着恩格尔系数下降，即花费在食品方面的比重减少，而花费在“住”和“行”上的比重增加。房地产产品是耐用消费品，消费规模较大，符合消费结构升级的需求，并会带动家庭设备及服务、交通、通讯、文化娱乐等相关消费的增长。

4.2 房地产市场的运行规律

4.2.1 房地产市场周期循环

经济的周期波动是客观存在的，往往要经历复苏、繁荣、收缩和萧条的周期循环。房地产业的发展与国民经济息息相关，房地产业的发展也存在周期循环的特性，且房地产业的周期波动与国民经济的周期波动相吻合。房地产周期作为经济周期的重要组成部分，是经济周期在房地产业运行中表现出来的运行形态。

1. 房地产市场周期循环的含义

房地产市场周期循环是指房地产业的实际发展与其趋势之间的偏差，随着时间的变化而出现的扩张（复苏、繁荣）和收缩（收缩、萧条）交替反复运行的过程。

2. 影响房地产市场周期循环的因素

影响房地产周期循环的主要因素包括：

1）供需因素的影响。供给因素主要有房地产企业利润率、开发成本（土地、资金、劳动力、建材）、位置、建筑风格等；需求因素主要有 GDP、居民收入和消费水平、人口增长率、心理预期等。

2）市场信息的不充分，导致从供需两方面调整不均衡的时间存在时滞。

3）生产者与消费者的心理因素，如买涨不买跌、投机心理或非理性预期。

4）政策影响，主要包括与房地产密切相关、敏感程度很大的财政政策、货币政策、产业政策和区域政策等，这些宏观调控政策在短期内对房地产经济运行状况的影响是较为显著的。

5）制度因素，如预售制度的期货效应、中介与估价制度的健全制度等。

6）随机因素，包括地震、洪水等自然灾害，战争、政治风波等社会突发因素，这些因素对房地产市场波动有突然、直接和猛烈的影响。

3. 房地产市场周期循环的阶段

房地产市场的周期循环同经济周期一样，也分为复苏、繁荣、衰退和萧条四个阶段，如图 4-1 所示。不论供给与需求之间的关系是供过于求，还是供不应求，在市场机制的作用下，总能在市场周期运行中找到一个供需平衡点。从供给的角度说，在这个平衡点上允许有一定数量的空置房屋。虽然不能精确确定平衡点的位置，但从历史多个周期变化的资料中可以计算得出一个合理空置率，也称结构空置率或长期平均空置率，图中用虚线表示。这就是房地产市场自然周期中的平衡点。

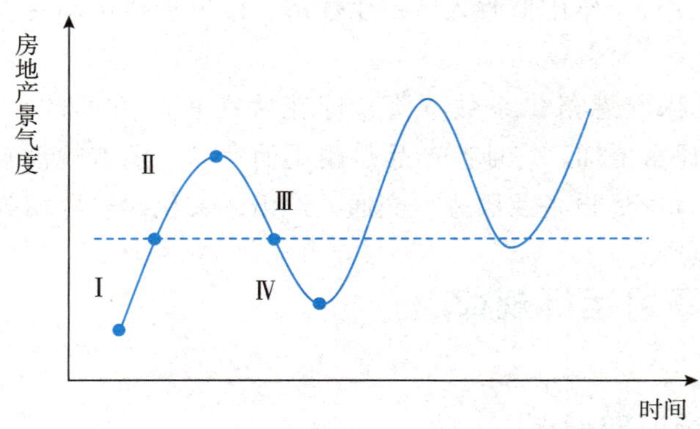

图 4-1　房地产市场周期循环示意图

（1）复苏阶段（第Ⅰ阶段）　房地产市场萧条的最严重时期，一般称为谷底，此时空置率最高，然后进入复苏阶段。此阶段经历的时间较长，其特征为房地产交易量开始上升、房价回升、房地产投资逐渐增加。

复苏阶段的具体发展变化可以描述为：由于前一阶段开发建设的数量过多或需求的负增长率，房地产供给仍然大于需求，价格与租金水平仍然较低。此时，很少有资本向房地产投资。随着复苏阶段的继续，房地产需求（主要是消费需求）开始上升，慢慢消耗存量房，并带动期房销量增加，空置率逐渐下降，房地产价格和租金小幅回升，房地产的投资活动增多，房地产开发速度加快。在复苏阶段后期，房地产市场回暖，消费者增多，空置率接近合理的空置率水平，房价和租金进一步上升，房地产市场的交易量快速上升，最终推动房地产市场达到供需平衡。

（2）繁荣阶段（第Ⅱ阶段）　当空置率下降到合理的空置率水平时，房地产开始进入繁荣阶段，该阶段的持续时间较短，其特征为房地产需求旺盛，交易量急剧上升，房价和租金大幅度上升，投机者增多。

繁荣阶段的具体发展变化可以描述为：在繁荣阶段初期，由于空置率降到了合理水平，开发商增加新项目的开发数量；由于有利可图，大量资金进入房地产市场，人们预期房价还会上涨，投机者增多，金融机构大力提供资金支持；房屋持有者惜售，房价大幅上升，推动房地产市场达到峰值。此时，房地产开发商、投资者、投机者都能获得较高的利润率，而自用消费者由于受购买力的限制开始退出房地产市场。由于房价的持续上涨，政府出台相应的宏观调控政策规范房地产的发展，如提高利率、增加税收、限购等。到繁荣阶段后期，房地产投资数量和交易数量开始下降，空置率上升，需求的增长速度开始慢于供给的增长速度。

（3）衰退阶段（第Ⅲ阶段）　衰退阶段开始于供求转折点。当房价上涨到超过普通人的购买能力时，房地产市场周期也就从繁荣阶段转向衰退阶段，此阶段时间较短。其特征为房地产供给大于需求，房价下跌，投资下降。

衰退阶段的具体发展变化可以描述为：在衰退阶段初期，房价虽然继续上升，但增长速度明显放缓；由于市场上自用消费者减少，空置率上升，逐渐接近合理空置率水平，大量房屋有价无市；投资者的预期回报率下降，投资数量下降，已投资建设的房地产项目风险加大。在衰退阶段中期，房地产价格下降，新开发项目基本停止，已建项目出现停工现象。由于利润率较低，在衰退阶段的后期，实力较弱或跨行业的房地产企业退出房地产市场或破产，该行业的失业人数增加。但竣工项目的大量增加所导致的供给高速增长，推动市场进入萧条阶段。

（4）萧条阶段（第Ⅳ阶段）　萧条阶段也称为谷底，持续时间较长，其特征为空置率达到峰值，房价和租金持续走低。

萧条阶段的具体发展变化可以描述为：市场运行到平衡点水平以下，此时供给高增长，需求低增长或负增长，房地产交易量继续下降，房地产价格呈现加速下降，信贷违约行为增加；由于无利可图，房地产发展面临困境，一些实力雄厚的大公司也面临着破产危机；相关的建筑、服务、建材等产业也受到很大冲击，市场达到谷底。此时，政府开始采取措施刺激房地产业发展。随后，需求开始增长，新一轮的周期循环开始。

4. 房地产市场周期与经济周期

房地产市场周期与经济周期一样，也经历复苏、繁荣、衰退、萧条四个阶段，但两者在四个阶段上的时间不一致。

从复苏阶段看，尽管房地产是基础性和先导性产业，但由于产品价值大，耗用的资金多，生产的周期长，故当宏观经济复苏时，房地产开发商需要较长的时间来提供供给，因此，房地产业的复苏阶段要滞后于宏观经济。

从繁荣阶段看，尽管房地产业较晚进入复苏阶段，但经济增长带动了居民收入水平和消费水平上升，住宅、商业用房、工业用房、写字楼等的需求扩张，拉动房地产业迅速发展；再加上有充足的资金支持、房地产短期供给弹性小等优势，房地产价格迅速上升，房地产业的先导性作用充分显现出来，房地产市场周期会早于经济周期进入繁荣阶段。

从衰退阶段看，房地产市场周期也早于经济周期。由于房地产业较早进入繁荣期，加之没有宏观经济那种各行业之间相互消长的综合影响，因而房地产业通常比宏观经济先期进入衰退现象，即当宏观经济进入繁荣阶段时，房地产经济已经率先出现衰退迹象。

从萧条阶段看，房地产市场周期滞后于经济周期。因为当宏观经济出现萧条时，各行各业的发展都处于停滞不前的状态，失业率、通货膨胀率较高。但由于房地产本身具有保值的功能，人们会放弃其他投资，选择投资或直接购买房地产，从而维持房地产市场一定的供给和需求，推迟进入萧条阶段。由于房地产市场周期在这一阶段持续时间较长，直到宏观经济慢慢复苏后，才慢慢走出萧条期，进入下一轮的周期循环。

综上所述，房地产市场周期的复苏阶段和萧条阶段慢于经济周期，但繁荣阶段和衰退阶段早于经济周期。

5. 房地产市场的投资周期

在市场经济条件下，投资于房地产市场上的资金流也会随着房地产市场周期的变化出现周期性变动，形成投资周期。

1）当房地产市场周期处在谷底并进入复苏阶段的时候，很少有资本向存量房地产投资，更没有资本投入新项目的开发建设。由于租金和经营现金流已经降到最低水平，存量房地产的价格达到或接近了最低点。承受不住财务压力的业主或开发商会忍痛割售，大量不能归还抵押贷款的物业会被抵押权人收回拍卖。在这段时间内，市场上只有可以承受高风险的投资者。

2）随着房地产市场周期进入繁荣阶段早期，投资者对投资回报的预期随着租金的回升而提高，部分投资者开始回到市场当中来，寻找以低于重置成本的价格购买存量房地产的机会。在繁荣阶段的后半段，由于投资者不断购买存量房地产和投入新项目开发，资本流量显著增加。

3）当房地产市场周期到达其峰值并进入衰退阶段时，由于空置率低于平衡点水平，投资者继续购买存量房地产并继续开发新项目。当投资者最终认识到市场开始衰退时，就会降低对新项目投资的回报预期，同时也降低购买存量房地产时的出价。而存量房地产的业主并没有像投资者那样快地看到了未来市场会进一步下滑的风险，所以其叫价仍然很高，以致投资者难以接受，导致房地产市场流动性大大下降，自然周期进入第四阶段。

房地产市场周期和投资周期是相互联系和相互影响的，投资周期在复苏阶段和繁荣阶段初期滞后于市场自然周期的变化，在其他阶段则早于市场自然周期的变化。

4.2.2 房地产泡沫

房地产泡沫是指由于房地产投机等因素所引起的房地产价格与使用价值严重偏离，脱离市场基础价值而持续上涨的过程及状态。房地产泡沫是一种价格现象，是房地产行业内外因素共同作用的结果，反映了市场价格与实际价值之间的关系，如果市场价格与实际价值之间偏离太远，并且这种偏离是过度投机导致的，房地产泡沫就出现了。房地产泡沫达到峰值之后，随着政策调控、市场萎缩等，市场需求量急剧下降，房价大跌，房地产泡沫也随之破灭。

1. 房地产泡沫的主要表现形式

（1）地价的上涨　房地产包括房产和地产，相对于房屋建筑物来说，土地资源更为稀缺。土地资源的稀缺性使人们对房地产价格的上涨历来就存在着很乐观的预期。对土地市场的炒作经常发生，出现地价虚涨的现象。

（2）房价的上涨　土地价格上涨后，直接带动房价的全面上升。房地产价格持续急剧上扬是房地产泡沫的重要表现。

（3）房地产的过度投资　在房地产的繁荣阶段，受利润的驱使，房地产开发商会过度增加房地产的投资。

（4）资金的过度支持　资金的过度支持主要表现为银行等金融机构、投机者将资金投向房地产企业。在房地产过热时，人们对资金的需求量迅速增加。受利益的驱动，银行将会扩张信贷，放松对贷款的限制，使得房地产泡沫继续膨胀。

（5）投资性购房的比重高　投资性购房资金占总购房资金的比重是判断房地产泡沫的重要指标，国际上这一指标的警戒标准为10%。

2. 房地产泡沫产生的主要原因

1）土地资源的稀缺性，土地资源的稀缺性是房地产泡沫产生的基础。

2）房地产开发周期较长，短时间内供给与需求之间的差距拉大。

3）投机行为，投机需求膨胀是房地产泡沫产生的直接诱因。

4）预期心理，投资者预期房价继续上涨的乐观心理是房地产价格和需求泡沫增长的心理基础。

5）金融机构过度放贷，是房地产泡沫产生的助燃剂，它推动房地产价格持续上涨。资金支持是房地产泡沫产生的必要条件，没有银行等金融机构提供大量的资金配合，就不会有房地产泡沫的产生。

房地产泡沫一旦破灭，直接表现为土地价格急剧缩水，房地产价格大幅度下降。与房地产相关联的建筑、钢铁、建材等行业都会受到直接的影响。在房地产泡沫形成时期，金融机构资本对开发商、消费者提供了大量的资金支持，一旦泡沫破灭，借款人纷纷放弃房产，违约率上升，银行拍卖住房也有可能无法全部收回贷款，这就会造成银行的损失。由于银行的债务链涉及范围广，人们对金融机构信心不足就有可能产生银行挤兑，并进一步引起金融业的“多米诺骨牌效应”，造成金融系统的不稳定，严重的话可能引发金融危机。综上可以看出，房地产泡沫会危及房地产行业、关联行业、金融系统及国民经济的健康发展。

【知识链接】

全球历次房地产大泡沫

1. 美国 1923 ~ 1926 年佛罗里达州房地产泡沫

世界上最早可考证的房地产泡沫发生于 1923 ~ 1926 年的美国佛罗里达州，这次房地产投机狂潮曾引发了华尔街股市大崩溃，并导致了以美国为源头的 20 世纪 30 年代的全球经济大危机大萧条。

2. 日本 1986 ~ 1991 年房地产泡沫

1985 年日本经济空前繁荣。在低利率、流动性过剩、金融自由化、国际资本流入等刺激下，1986 ~ 1990 年日本房地产催生了一场史无前例的泡沫，仅东京都的地价就相当于美国全国的土地价格。随后在加息、管制房地产贷款和土地交易、资本流出等压力下，房地产泡沫轰然破裂，随后房价步入漫长的下跌之路。

3. 东南亚 1991 ~ 1996 年房地产泡沫与 1997 年亚洲金融风暴

1997 年之前，东南亚经济体保持了持续高增长，创造了“亚洲奇迹”。但是，在全球低利率、金融自由化、国际资本流入、金融监管缺位等刺激下，大量信贷流入房地产，催生泡沫。随后在美联储加息、国际资本流出、固定汇率制崩盘等影响下，亚洲金融风暴爆发，房市泡沫破裂。从此之后，除韩国等少数地区转型成功，大多数东南亚国家仍停滞在中等收入阶段。

4. 美国 2001 ~ 2007 年房地产泡沫与 2008 年次贷危机

在过剩流动性和低利率刺激下，催生出 2001 ~ 2006 年间美国房地产大泡沫。2004 年美联储开始加息，2008 年美国次贷危机爆发，并迅速蔓延成国际金融危机。

3. 房地产泡沫的衡量

由于房地产泡沫产生的原因复杂多样，国际上通常采用综合指标来反映房地产市场泡沫的程度。一般可以从多个角度入手，综合判断房地产市场上是否存在泡沫，以减少主观因素的影响。常见的有："实际价格/理论价格""房地产价格指数/居民消费价格指数""房地产投资需求/房地产使用需求""房地产价格增长率/实际 GDP 增长率""房价收入比""个人住房抵押贷款增长率/居民平均家庭收入增长率"等指标。由于房地产泡沫问题的复杂性，很难用单一指标来衡量房地产市场上是否存在价格泡沫，因此国际上通常用综合上述指标构造出的房地产泡沫指数，通过对房地产市场的多个指标进行综合评估，包括房价水平、租金水平、经济基本面等，以评估房地产市场的健康状况和潜在的泡沫风险。

4.2.3　政府对房地产市场的宏观调控

由于房地产市场存在着严重的市场失灵以及房地产泡沫对经济增长的巨大威胁，为促进房地产市场的可持续健康发展，必须借助宏观调控这只"看得见的手"来弥补房地产市场的缺陷，因此各国政府多采用税收政策、土地管制、金融政策等措施对房地产市场进行宏观调控。房地产宏观调控是以国家政府为主体，运用经济、法律和行政等手段从宏观上对房地产业和房地产经济运行进行指导、监督、调节和控制，以实现供给结构的优化和总供给与总需求之间的基本平衡，促使房地产市场持续、健康、稳定发展，促使房地产业与国民经济协调发展。政府对房地产业的宏观调控表现为各类房地产法律、法规、政策等文件的出台。

我国政府实行房地产市场调控的原因在于：一是房地产业是我国国民经济的支柱产业，房地产业能否健康发展直接关系到国民经济建设；二是我国房地产市场起步较晚，市场机制不健全，房地产价格波动较大；三是住房保障的需要，在我国房价高涨的情况下，大量的居民买不起房或居住条件较差，为保障公民基本的居住权，需要政府的宏观调控。

根据我国国民经济"八五"计划至"十四五"规划，国家对房地产行业的支持政策从"加快建设""搞活住房二级市场"到"保持平稳运行""房住不炒"的变化。"八五"计划至"十一五"规划时期，国家层面大力提倡发展、活跃房地产行业与市场，极大地促进了我国房地产行业的发展，同时也拉动了其他行业的快速发展；"十二五"规划至"十四五"规划时期，国家提出加强市场监管、规范房地产市场秩序、加大保障性住房供给以及"房住不炒"的理念，促进房地产行业转型升级。

1. 房地产市场宏观调控的手段

房地产市场宏观调控主要运用经济手段，辅之以行政手段和法律手段，使房地产经济运行达到宏观调控的目标要求。

（1）行政手段　行政手段是国家采取带强制性的行政命令、指示、规定等措施，来调节和管理经济活动的手段。行政手段主要包括制定房地产中长期计划和年度计划，提出发展目标和任务；制定城市规划，对土地的使用强度、环境、配套设施等实施控制；实行房地产交易管理制度和产权产籍管理制度，如产权产籍登记、房地产价格申报、评估等。例如北京、广州等城市在房价上涨过快期间出台的限购政策就属于行政手段。

（2）经济手段 经济手段是房地产市场调控的主要手段。因为这种手段灵活性大，有效性较高，副作用较小，不至于引起市场过度反应。经济手段主要运用土地政策、房地产金融政策、税收政策等工具。土地政策是通过调整土地供应数量、土地供给方式等影响房地产的供给数量和供给结构；房地产金融政策是利用对资金供给的调节来控制房地产市场供给和需求，包括贷款限额管理、贷款质量控制、货币供给总量控制等；房地产税收政策是指政府通过税率、税种的调节，以影响房地产业的经济活动。

（3）法律手段 法律手段是房地产市场调控的重要手段，主要通过法律形式确定房地产各利益主体（开发商、所有者、消费者）的合法权益，规范市场主体行为，保证房地产市场的健康发展。法律具有权威性和稳定性，发达国家对房地产业制定了相当健全的法律制度，保证房地产经济活动的顺利进行。从长久来看，健全的法律制度是房地产市场健康发展最稳固的保障。

2. 房地产市场宏观调控政策及其传导机制

（1）土地政策 土地是房地产开发的载体，对土地供给量的调节直接影响到房地产的供给和需求。在土地交易一级市场上，政府是唯一的土地供给者。政府的土地政策对房地产市场的发展与运行有决定性影响。土地政策对房地产的影响主要通过土地供应、地价和土地出让方式来进行调整。

土地供应对房地产的供应起着决定性关键作用，土地供应的数量和结构直接决定了房地产企业的开发规模和结构。一般而言，土地供给量增加，房地产开发企业可开发的土地增加，房地产开发企业则会增加投资规模，房地产供给量也会增加。相反，土地供应量减少，则房地产企业可开发的土地减少，房地产的供给量也随之减少。此外，土地供应的时段也会对房地产的供给量产生影响。

在房地产开发成本中，土地成本占很大的比例。原国土资源部曾调查了620个房地产开发项目，选取了东部、中部、西部不同的类型。结果显示，目前我国地价占房价的15%～30%，平均为23.2%。地价上涨是导致房价上涨的一个因素。而房价的上涨又推动了对土地的需求，由于土地的供给弹性小而导致形成地价的升高。上涨的地价便进一步推动了房价的上涨，由此形成一个螺旋上升的循环。

在计划经济体制下，我国实行土地的无偿划拨。改革开放以来，我国正在逐步实现土地有偿供应的改革。土地出让方式一般包括协议、招标、拍卖和挂牌四种。2002年5月，国土资源部签发《招标拍卖挂牌出让国有土地使用权规定》，停止了土地协议出让方式，要求从2002年7月1日起，所有经营性开发的项目用地都必须通过招标、拍卖或挂牌方式进行公开交易。总的来看，我国的土地供应从划拨、协议出让到招标、拍卖、挂牌出让等多种形式的转变，透明化程度越来越高。这对于规范土地市场起到了积极作用。虽然招、拍、挂出让方式在一定程度上可以阻止政府寻租行为，但往往会产生较高的地价，如“地王”的出现。因此，在确定出让底价的同时规定一个最高价无疑也是必要的，同时要对开发商拿地严加审查，以确保其开发能力。2022年国务院发布的《关于印发要素市场化配置综合改革试点总体方案的通知》指出要进一步提高配置效率，以推进土地集约高效利用和建立健全城乡统一的建设用地市场为重点，探索赋予试点地区更大土地配置自主权。

（2）金融政策　金融业的资金支持是房地产开发经营的必要条件。金融政策是中央依据宏观调控的需要，适当运用利率、存款准备金率、再贴现率、信贷政策等工具，调整资金供给和需求状况，实现宏观调控的既定目标。目前，中央银行采用的政策措施主要有：调整金融机构的法定存贷款利率；调整再贴现率、调整存款准备金利率；制定信贷利率浮动范围和信贷利率差别化政策等。房地产价值量大，房地产开发以及交易的各个环节需要资金的支持，目前我国房地产业的资金主要来源于银行等金融机构。金融政策的调控思路在于通过调整存贷款利率的水平，影响房地产商的经营成本和消费者的购房成本，进而影响房地产的供给和需求，最终达到影响房地产价格的目的。

如果贷款利率上升，房地产商和消费者的成本增加。成本过高，房地产商只能缩小开发规模和开发数量，消费者也只能延迟甚至取消购房需求。提高银行存款准备金率也将会导致市场中流动资金的减少，信贷规模缩小，会增加房地产开发企业和消费者的贷款利息成本。为了区分投机性需求和非投机性需求，实行信贷利率差别化政策，对购买第一套房产的居民实行优惠利率和较低的首付比例，对购买第二套房产的居民大幅提高首付比例并采取贷款利率上浮，对购买第三套以上房产的居民不再提供任何形式的贷款。目前，我国房地产市场面临下行压力，2023 年百城新房成交面积同比下降约 5%，绝对规模为 2016 年以来同期最低水平。全国金融政策逐渐宽松，降首付、降利率、认房不认贷等利好接连落地，合力减轻居民按揭压力、助力购房需求释放。2022 年 11 月 11 日，中国人民银行、原银保监会联合出台《关于做好当前金融支持房地产市场平稳健康发展工作的通知》，从保持房地产融资平稳有序、积极做好保交楼金融服务、配合做好受困房企风险处置、加大住房租赁金融支持等方面，明确了十六条支持政策。通过金融支持政策保持房地产融资合理适度，推动化解房地产企业风险。

（3）税收政策　税收政策是调控房地产业的重要政策，是国家根据宏观经济形势和产业发展需要，通过调整税种及税率等手段，调整房地产业税制结构及税负水平，进而影响房地产市场的供给和需求。

我国房地产税收有：耕地占用税、城镇土地使用税、房产税、契税和土地增值税。我国房地产市场宏观调控政策中，采用房地产税收手段的政策比较多，主要从增值税、土地增值税等方面进行调控。

根据《纳税人转让不动产增值税征收管理暂行办法》第五条规定：个人转让其购买的住房，按照以下规定缴纳增值税：个人转让其购买的住房，按照有关规定全额缴纳增值税的，以取得的全部价款和价外费用为销售额，按照 5% 的征收率计算应纳税额。个人转让其购买的住房，按照有关规定差额缴纳增值税的，以取得的全部价款和价外费用扣除购买住房价款后的余额为销售额，按照 5% 的征收率计算应纳税额。根据《营业税改征增值税试点过渡政策的规定》第五条：个人将购买不足 2 年的住房对外销售的，按照 5% 的征收率全额缴纳增值税；个人将购买 2 年以上（含 2 年）的住房对外销售的，免征增值税。

在土地增值税方面，2007 年元月中旬，国家税务总局正式发布了《关于房地产开发企业土地增值税清算管理有关问题的通知》。通知要求从 2007 年 2 月 1 日起清算房地产开发企业的土地增值税。此政策的对象是取得销售（预售）许可证满 3 年仍未销售完毕的；已竣工验收的房地产开发项目，已转让的房地产建筑面积占整个项目可售建筑面积的比例在 85% 以上，或该比例虽未超过 85%，但剩余的可售建筑面积已经出租或自用的；纳税人申请注销税务登记但未办理土地增值税清算手续的，土地增值税税率采用四级超率累进税率，其中最低税率为 30%，最高税率为 60%。土地增值税的清算进一步提高了房地产开发企业的开发成本。《财政部国家税务总局关于调整房地产交易环节税收政策的通知》规定，自 2008 年 11 月 1 日起，对个人销售住房暂免征收印花税、土地增值税。

2021 年 10 月 23 日，第十三届全国人民代表大会常务委员会第三十一次大会通过“国务院在部分地区开展房地产税改革试点工作”，对上海和重庆两个城市进行房地产税改革，其中上海市对部分住房征收房产税试点暂行规定，对上海居民家庭购买第二套以上住房和非上海居民家庭新购住房征收房产税，税率因房价而暂定为 0.6% 和 0.4%；重庆房地产税试点方案是根据个人住房数量或面积的差异，制定并征收不同税率的房地产税累计征税方式。

此外，还有调整印花税率、二手房所得税的相关规定。实质上，税收政策是改变了房地产的收益流量：增加税负增加了开发、持有、转让房地产的成本，进而影响房地产市场上的供给和需求；降低税负，则减少了开发、持有、转让房地产的成本，增加了开发、持有、转让房地产的收益，进而增加市场上的供给和需求。

（4）住房政策　政府可以通过对住房政策的调整对房地产市场进行调控，我国主要表现为保障性住房政策。从 2007 年开始，面对过高的房价，政府逐渐意识到建设保障性住房的重要性，一方面增加投入，加大对保障性住房建设的支持力度，着力增加廉租住房和经济适用住房的供应，积极推进林区、矿区等棚户区危旧房和农村危房改造；一方面狠抓制度建设，着力完善住房保障机制、体制，以加快解决城镇中低收入家庭的住房困难。保障性住房政策既保证了中低收入者的基本住房条件，也降低了房地产市场的购买需求和租赁需求，对于稳定房地产价格发挥了明显的作用。2023 年国务院发布的《关于规划建设保障性住房的指导意见》，明确要加大保障性住房建设和供给，提高保障性住房在住房总供给中的比例，解决工薪收入群体住房困难，稳定工薪收入群体住房预期，为落实房子是用来住的、不是用来炒的定位提供住房支撑。配售型保障性住房的建设和供给，也将成为继保障性租赁住房之后，未来住房供给的重要组成。

【能力拓展】多重政策促房地产市场止跌回稳

中共中央政治局 2024 年 12 月 9 日召开会议，分析研究 2025 年经济工作。会议强调，稳住楼市。再次释放稳定房地产市场的积极信号。2024 年以来，从中央到地方，一揽子促进房地产市场止跌回稳措施密集出台，房地产市场出现积极变化。

党中央高度重视房地产市场平稳健康发展。今年以来，中央及有关部门多次部署促进房地产市场平稳健康发展工作，政策力度持续加大。

2024年4月30日，中共中央政治局会议强调，继续坚持因城施策，压实地方政府、房地产企业、金融机构各方责任，切实做好保交房工作，保障购房人合法权益。2024年9月26日，中共中央政治局会议提出，要促进房地产市场止跌回稳，对商品房建设要严控增量、优化存量、提高质量。要回应群众关切，抓紧完善土地、财税、金融等政策，推动构建房地产发展新模式。

住房和城乡建设部会同财政部、自然资源部、中国人民银行、国家金融监督管理总局等部门，指导各地迅速行动，抓存量政策落实，抓增量政策出台，打出一套“组合拳”，推动市场止跌回稳。“组合拳”包含四个取消、四个降低、两个增加。四个取消主要包括取消限购、取消限售、取消限价、取消普通住宅和非普通住宅标准。四个降低就是降低住房公积金贷款利率，降低住房贷款的首付比例，降低存量贷款利率，降低“卖旧买新”换购住房的税费负担。两个增加，一是通过货币化安置等方式，新增实施100万套城中村改造和危旧房改造；二是年底前，将“白名单”项目的信贷规模增加到4万亿元。

为促进房地产市场平稳健康发展，系列税收政策2024年12月1日起执行，将进一步降低购房成本。契税方面，将现行享受1%低税率优惠的面积标准由$90m^2$提高到$140m^2$。面积为$140m^2$以上的，首套住房减按1.5%的税率征收契税、二套住房减按2%的税率征收契税。增值税方面，在有关城市取消普通住宅和非普通住宅标准后，对个人销售已购买2年以上（含2年）住房一律免征增值税。

“随着相关政策相继落地见效，房地产市场信心得到提振，市场交易活跃，房地产向着止跌回稳方向迈进。”国家统计局新闻发言人付凌晖说。

4.3 房地产市场调研

4.3.1 房地产市场调研及其作用

1. 房地产市场调研的含义

房地产市场调研是房地产市场“调查”和“研究”的简称。房地产市场调研就是人们以房地产为特定的商品对象，有目的、有意识地通过对房地产市场各种信息、情报和资料的收集、考察和分析、研究，来了解房地产市场真实情况，认识房地产市场发展规律，探索房地产市场未来发展的道路或方法的一种自觉认识活动，从而为房地产各利益主体制定正确的决策提供依据。

2. 房地产市场调研的作用

房地产市场调研的对象既包括对消费者、竞争对手的调查，也包括对房地产市场宏观、微观环境的调查。因此，房地产市场调研的主要作用是：

1）通过对房地产消费者的调查，收集消费者购买及使用房地产产品的事实、意见、动机等有关资料，并进行分析研究，可以掌握消费者的购买心理和购买动态，预测市场需求的变动趋势，从而为决策者确定正确的投资方向和销售计划提供依据。

2）通过对竞争对手的调查，可以了解竞争对手的产品、实力及其发展方向，从而为决策者制定正确的竞争策略提供依据。

3）通过对房地产市场宏观环境的调查，可以使决策者比较正确地理解市场变化的原因及变化发生的背景，从而根据自身条件制定正确的发展方向，在复杂的市场环境中谋求企业的发展。

4.3.2　房地产市场调研的内容

从影响房地产市场的因素角度分析，房地产市场调研的内容分为宏观因素的调研和微观因素的调研两大部分。

1. 宏观因素的调研

（1）政治法律环境调研　政治法律环境调研主要是了解国家的政治形势、政府颁布的有关各项方针、政策、法令等。房地产业是国民经济的支柱产业，受国家宏观调控的影响非常明显。

具体地说，政治法律环境调查包括：①国家的政治局势；②政府有关的方针政策，如城镇住房制度改革政策、房地产金融政策、税收政策等；③政府的有关房地产法律、法令和法规，如《中华人民共和国土地管理法》《中华人民共和国城乡规划法》《中华人民共和国城市房地产管理法》等；④国家有关国民经济发展的计划和社会发展的规划，如“十四五”规划等。

（2）宏观经济环境调研　宏观经济环境调研主要是了解国民经济发展状况。具体调研内容包括：①国家、地区的经济发展规模、速度和趋势，一般用国民生产总值、国民收入来衡量；②产业结构情况，国家或地区三大产业的分布情况及其发展趋势、房地产开发投资占固定投资的比重等；③城市规划；④银行利率、外币利率等金融环境；⑤投资环境。

（3）自然环境调研和技术环境调研　自然环境调研主要是了解地区的自然地形和气候以及潜在的各种资源。具体调研内容包括：地理位置、水土气候、资源分布及交通状况等。技术环境调研主要针对建筑设计和建筑材料等方面的现状；新工艺、新技术、新材料的使用情况；国内外先进水平、发展趋势、应用前景等方面。

（4）人口状况调研　人口因素对房地产市场需求总量与需求结构的影响是显而易见的，不同职业、不同层次的人群，其需求也是不一样的。人口状况调查主要包括人口规模、人口增长率、性别、年龄结构、人口密度、人口流动情况、受教育程度、职业构成及家庭人口规模及构成等内容。

（5）城市房地产情况调研　① 市场整体情况。包括城市或城市某个区域的房地产开发投资量、房地产新开工面积、竣工面积、商品房价格、商品房销售额、销售面积、空置率、不同住宅供应比例等；②土地市场情况。包括城市土地供应数量及供应结构、土地供应方式、土地成交量、土地价格等；③区域内房地产价格走势，不同区域和物业类型的价格变化情况。

2. 微观因素的调研

（1）消费者调研　满足消费者的需求是企业生产和经营活动的中心任务，也是企业营销活动的核心内容。对消费者进行调研的目的是为了帮助房地产企业正确地细分市场和选定目标市场，并针对不同的目标市场采取不同的市场营销组合。

对消费者的调研内容主要包括：①房地产现有消费者及潜在消费者的数量及结构，地区分布及不同消费者群体的需求差别，如不同年龄、性别、职业、民族、文化程度的人们需求上的差别等；②消费者的经济来源和收入水平、购买力的大小等；③消费者的购买意向、消费动机、购买习惯、购买行为等；④消费者对房地产产品的质量、设计、价格、服务等方面的意见和要求，对本企业房地产产品的信赖程度和印象。

（2）产品调研　对房地产产品的调研一般包括：①整个地区房地产市场现有产品的供求状况、供给结构、供给变化趋势；②整个地区的需求动向，现有的和潜在的市场需求量；③整个地区现有房地产产品市场容量、市场占有率、产品的销售趋势；④房地产产品的生命周期；⑤整个地区房地产产品价格水平的现状和趋势。

（3）市场竞争情况调研　市场竞争情况调研主要包括对竞争企业和竞争产品的调研。对竞争企业的调研主要包括竞争企业的数量、名称、规模；竞争企业的生产能力、生产方式、技术水平；竞争企业的品牌形象和社会知名度；竞争企业的经营目标、发展战略、市场营销策略和管理水平等。对竞争产品的调研主要包括竞争产品的设计、用途、质量、设计、服务；竞争产品的价格；竞争产品的市场占有率；新产品的开发情况等。

（4）市场营销活动调研　通过市场营销活动调研，企业可针对不同的市场环境，结合客户需求，综合运用企业可以控制的营销手段，制定有效的市场营销组合策略，促进消费者购买和新市场开发，以达到企业预期的营销目标。房地产市场营销活动主要从产品、价格、渠道、促销四个方面进行。

1）房地产产品调研。房地产产品调研内容主要包括：本企业房地产产品的销售情况、房地产产品的生命周期等。产品处于不同的生命周期所采取的产品策略是不一样的。

2）房地产价格调研。房地产价格调研的主要内容包括：房地产价格的现状及发展趋势；开发商采取不同的价格策略对房地产产品租售量的影响。价格的制定和调整关系到人们对房地产产品的接受程度和企业的销售目标。企业制定价格策略应慎之又慎，既要做到科学合理，又要考虑到消费者对价格变动的反映及对价格的承受能力。

3）房地产销售渠道调研。房地产销售渠道调研的主要内容包括：房地产销售渠道的选择；中间商的数量及其业绩；房地产客户对中间商的评价等。企业应通过市场调研，慎重地选择最佳的销售渠道。

4）房地产促销策略调研。房地产促销的形式一般有：人员推销、广告、营业推广和公共关系等。房地产促销策略调研的主要内容包括：房地产企业采取的促销形式；各种促销形式产生的租售绩效等。房地产促销策略调研有助于房地产企业选择最有效的促销组合。

4.3.3　房地产市场调研的程序与方法

1. 房地产市场调研的程序

（1）准备阶段　准备阶段的主要任务是：确定调研目标、进行初步分析、制定调研计划、组建调研队伍和预调研。

市场调研应针对具体的目标。调研目标可以是为了分析房地产市场整体或某一地区的现状和发展趋势，可以是为企业重大决策提供依据，也可以是为了某一房地产项目的评估或开发等。调研的目标不同，调研的方向、采取的方法和调研的内容也就不同。

初步分析是根据现有资料对房地产企业经营活动进行分析，以发现和解决问题。在对发现的问题进行初步分析之后，可拟定出一些假设，进行假定推断及提出可能的解决办法，从而使调研的范围进一步缩小。如销售量的下降是由多种原因造成的，可以根据现有资料假设主要的原因，以缩小调研范围。

科学制定调研计划是实现调研目标、保证调研取得成功的关键步骤，应做到详尽而周密。

慎重组建调研队伍是顺利完成调研任务的组织保证。

预调研是一种非正式调研，又叫试探调研。调研人员可先在小范围内作一些试探性调研，以对先前的假设做出修改或完善。

（2）调研阶段　调研阶段的主要任务是：确定资料来源、确定调研方法、抽样设计、进行实地调研。

资料来源分为一手资料和二手资料。一手资料是原始资料，需要调研者通过实地调研取得；二手资料是他人已收集、整理分析的，能为当前的市场调研项目所利用的各种数据和其他资料。

调研方法有问卷调研法、实验法、观察法等。这部分内容将在房地产市场调研方法中详细介绍。

抽样设计就是按照一定的科学原理和方法，从被调研总体中抽取部分样本进行调研，用局部反映整体，用以估计和推断总体的数量特征和状况。房地产市场调研人员应科学地决定抽样对象、方法和样本容量，以保证调研的质量。

实地调研就是房地产市场调研人员按照事先确定的调研计划和调研设计，通过各种方法到调研现场获取一手资料和二手资料的过程。现场调研的好坏，直接影响到调研结果的正确与否。

（3）研究阶段　研究阶段的主要任务是：审查、整理资料、统计分析。

审查资料就是对调研获得的资料进行全面复核，去伪存真，去粗取精，以保证资料的真实、准确和完整。整理资料就是对审查过的资料初步加工，使之规范化、条理化和系统化，以反映调研对象的总体情况。

统计分析就是运用统计学原理和方法，有系统地制成各种统计表、统计图，并对其加以分析，研究房地产供需双方的数量关系，揭示房地产市场的发展规模、水平和结构，说明房地产市场的发展方向。

（4）总结阶段　总结阶段的主要任务是：撰写调研报告、评估和总结分析。

调研报告是调研研究成果的集中体现。调研资料经过整理分析后，写出调研报告，提供给房地产市场调研的委托者或企业领导作为决策的参考。

评估和总结调研工作既是对已有的调研成果的应用，又要对调研研究工作的经验和教训进行总结，寻求改进调研工作的途径和方法，为今后更好地进行市场调研打下良好的基础。

房地产市场调研的程序如图 4-2 所示。

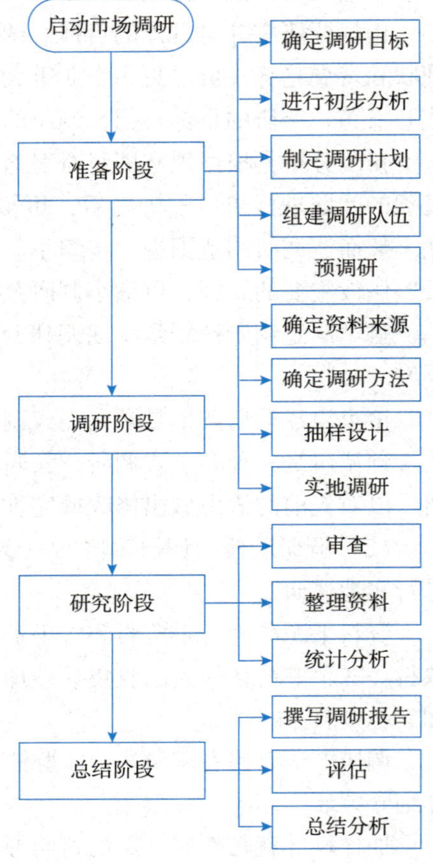

图 4-2　房地产市场调研程序

2. 房地产市场调研的方法

（1）访问调研法　访问调研法就是询问者通过口头交谈等方式直接向受访者提出问题，并获取所需资料的调研方法。访问法是最常用的市场调研方法。访问调研可以采用面对面、电话或书面的形式。该调研方法在房地产的各个阶段都可以采用。

（2）问卷调研法　问卷调研法就是调研者运用统一的问卷向被调研者了解情况或征询意见的调研方法。按照问卷传递方式不同，分为报刊问卷调研、网络问卷调研、邮政问卷调研、送发问卷调研、访问问卷调研和电话问卷调研。问卷调研法实际是询问调研法的延伸和发展，是建立在询问调研法基础上的一种标准化的调研方式。该方法适用于描述性调研，目的是了解人们的认识、看法、喜好和满意度等，以便在总体上衡量这些量值。

（3）实地观察法　实地观察法就是观察者有目的、有计划地运用自己的感觉器官，或借助照相机、摄影机、显微镜、探测器等观察工具，对调研对象的活动和现场事实加以考察记录，以取得原始资料的一种实地调研方法。这种调研方法一般可用于对房地产产品的销售情况、消费者的购房动机及偏好的调研。例如，市场调研人员到新建商品房项目的售楼处去观察房屋销售状况。

（4）网络调研法　网络调研法是指在网上发布调研信息，并在互联网上收集、记录、整理、分析和公布网民反馈信息的调研方法。网络调研法是传统调研方法在网络上的应用和发展。网络调研可以分为网上查询法、网上问卷调研法、网上讨论法、网上测验法、网上观察法等。如对我国房地产经济环境的调研，可上各级政府统计局网站，通过此方法进行。

（5）实验调研法　实验调研法就是实验者按照一定的实验假设，通过改变某些条件或环境，来检验某种理论假设或认识实验对象的特性、本质及其发展规律的调研方法。实验调研法要求选择多个可比的主体组，分别赋予不同的实验方案，控制外部变量，并检查所观察的差异是否具有统计上的显著性。如为了研究不同价格对商品房销售的影响，可以先选取小规模的商品房，通过改变其价格，测定销售效果，这样就可以知道价格对销售的大致影响程度。

（6）二手资料的收集分析　为节约人力、物力，调研人员在进行原始资料收集前，应先评估是否有现成的二手资料可利用，并尽可能优先利用二手资料。二手资料是公司内部或外部已有的资料。二手资料的来源包括：①内部来源，包括本人资料库、企业档案、企业内部专家资料；②外部来源，包括图书馆、政府机构、行业公会、出版社、研究所、银行、消费者组织、其他公司；文献资料；电脑数据库、互联网；企业外部专家；营销调研公司等。

【知识链接】

房地产市场调研常用表格

二维码 4-1　（房地产市场调研常用表格）

3. 房地产市场调研报告的内容

房地产市场调研报告主要由导言、正文、结尾、附件（包括图表和附录）四个部分组成。其中正文是报告的核心部分。正文主要内容如下：

1）基本情况概述。说明该项调研的目的和范围；简要介绍调研对象和调研内容；采用的调研方法等。

2）房地产市场环境概况。包括调研地区的人口概况、经济发展概况、居民生活水平、城市规划及政府相关政策等。

3）房地产市场供给特征。包括房地产市场供给总体状况、区域供给特征、相同产品开发商的特征和竞争力等。

4）房地产市场需求特征。包括房地产市场需求总体状况、区域需求特征及消费群体特征与购房行为等。

5）房地产市场形势及发展趋势。通过对房地产市场环境和市场供求特征的调研分析，判断房地产市场形势和房地产未来趋势。

6）结论和建议。

本项目小结

房地产市场可以从三个角度来理解：房地产市场是房地产产品交换的场所；房地产市场是房地产产品流通过程中各种交易活动的总和；房地产市场是个人和组织对房地产产品现实和潜在的消费者的集合。房地产产品的特殊性，决定了房地产市场具有不同于其他产品市场的特点和功能。

房地产市场的主要参与者包括政府及政府机构、房地产开发商、房地产建筑承包商、金融机构、中介机构和消费者。其中，政府是管理部门；房地产开发商是房地产产品的供给者；建筑商是产品生产的重要参与者；金融机构是资金的供给者；消费者是房地产产品的需求方。总量结构、区域结构、产品结构、供求结构和投融资结构形成了房地产市场的结构。

房地产市场经历了复苏、繁荣、衰退和萧条的周期循环。当房地产价格与使用价值严重偏离时就可能形成房地产泡沫。由于房地产市场存在着严重的市场失灵以及房地产泡沫对经济增长的巨大威胁，为促进房地产市场的可持续健康发展，必须借助国家宏观调控来弥补房地产市场的缺陷。

房地产市场调研既包括对消费者、竞争对手等微观环境的调研，也包括对房地产市场宏观环境的调研。因此，房地产市场的运行环境基本构成了房地产市场调研的内容。通过房地产市场调研，可以掌握消费者的购买心理和购买动态，可以了解竞争对手的产品、实力及其发展方向，可以使决策者比较正确地理解市场变化的原因及变化发生的背景，从而根据自身条件制定正确的发展方向，在复杂的市场环境中谋求企业的发展。

综合案例应用

【案例概况】某项目房地产市场调研分析报告

第一部分　项目所在城市——北京市

第二部分　北京市房地产市场分析

一、总体供求状况

2022年北京新房成交量下降超两成，2022年北京市商品住宅（不含保障性住房）销售套数66050套，较2021年减少20660套，同比下降23.83%；销售面积达766.51万m^2，同比下降24.11%；销售金额累计人民币3842.19亿元，同比下降20.29%。2022年，商品住宅（不含保障性住房）批准上市面积为668.12万m^2，同比下降12.42%。2022年商品住宅市场销供比为1.15。房地产市场供需均出现下降情况，市场正处于观望期，主要以刚性需求为主导。

二、房地产投资

近年来北京市房地产开发投资额逐年攀升，但增速明显下滑，2022年北京市房地产开发投资比上年增长1.0%，其中，住宅投资增长5.8%，办公楼投资下降22.5%，商业营业用房投资增长15.7%，北京市房地产市场发展趋于理性。

三、商品房住宅走势

2022年，北京新房成交价格涨幅保持稳定，较去年小幅增长，北京商品住宅（不含保障性住房）成交均价为50126元/m^2，同比上升5.03%。

四、商品房住宅板块

从区域成交规模来看，近郊六区（大兴区、顺义区、通州区、房山区、昌平区、门头沟区）依然为成交主力区域，2022 年近郊六区新房成交 421 万 m^2，占比达 57%；其中，项目所在的大兴区成交规模超 100 万 m^2，居北京各区第一位。

五、2022 年北京房地产市场综述

1. 投资增速放缓

2. 供需规模缩减

3. 价位相对稳定

4. 内部结构调整

第三部分　项目周边及北京市重点楼盘调研分析

一、A 项目 4P 营销组合分析

二、B 项目 4P 营销组合分析

三、C 项目 4P 营销组合分析

第四部分　消费者市场调研分析

一、基本情况

主要从居住区域、居民从业单位性质、居民年龄结构比、受教育程度、家庭结构。家庭月收入、住房情况、住房面积等方面进行了分析（具体内容略）。

二、购房意向

主要从购房时间、置业考虑的因素、购房地段、可承受的价位、需求面积、户型需求、车位需求、付款方式、物业管理、配套设施等方面分析（具体内容略）。

第五部分　关于项目设计方案的建议（略）

【问题】

请你根据案例，制定调研计划。

【案例评析】

科学制定调研计划是实现调研目标、保证调研取得成功的关键步骤，应做到详尽而周密。应包括以下几项：

1）调研目的。

2）调研方法。

3）调研内容。

4）进度安排。

思考练习题

一、单项选择题

1. 下列不属于房地产市场主体的是（　　）。

A. 消费者　　B. 开发商　　C. 房地产交易中心　　D. 房地产中介机构

2. 消费性消费者的目的是（　　）。

A. 自己居住使用　B. 投资　　C. 投机　　D. 通过转让获取收益

3.（　　）是针对某一物业类型，分析其内部不同档次物业的供求关系；并从市场发展的实际情况出发，判别供给档次和需求水平之间是否处于均衡的状态。

A. 总量结构　B. 供求结构　C. 产品结构　D. 总量结构

4. 房地产一级市场是指（　　）。

A. 二手房交易市场　B. 土地出让市场

C. 房地产租赁市场　D. 商品房销售市场

5. 某房地产开发企业通过调研，了解写字楼租金变动 10%、20% 时市场承租面积的变化，该项调研采用了（　　）。

A. 实验调研法　B. 问卷调研法

C. 访问调研法　D. 因果性调研

二、多项选择题

1. 按照房地产交易方式不同，房地产市场包括（　　）等。

A. 租赁市场　B. 销售市场　C. 一级市场

D. 抵押市场　E. 转让市场

2. 房地产市场的参与者包括（　　）。

A. 政府　B. 房地产开发商　C. 房地产建筑承包商

D. 中介机构　E. 消费者

3. 下列属于交易指标的有（　　）。

A. 商品房销售额　B. 商品零售价指数　C. 出租房屋面积

D. 房屋竣工面积　E. 房地产价格指数

4. 下列属于房地产市场调研方法的有（　　）。

A. 访问调研法　B. 问卷调研法　C. 网络调研法

D. 实地观察法　E. 案卷调研法

5. 房地产市场调研准备阶段的主要任务有（　　）。

A. 确定调研目标　B. 进行初步分析　C. 制定调研计划

D. 组建调研队伍　E. 预调研

三、简答题

1. 简述房地产市场的特性。

2. 简述房地产市场周期四个阶段的特点。

3. 简述房地产泡沫产生的原因及其后果。

四、案例题

1. 小李所在的公司计划在北京市开发一个住宅项目，领导安排小李对北京市房地产市场的运行情况开展一次调研，小李应如何开展？

2. 某地住宅房地产市场低迷，商品房空置率上升，销售价格和销售面积大幅下降，政府可采取哪些宏观调控政策？

五、实训题

选取当地某一楼盘，设计问卷调查表，对房地产开发商、竞争者、消费者以及当地经济发展情况进行调研，并撰写房地产市场调研分析报告。

项目5 房地产开发项目策划

☞ **知识目标：**

1）了解房地产策划的含义及程序。

2）熟悉房地产市场细分、目标市场选择。

3）掌握房地产开发项目定位。

☞ **能力目标：**

通过本项目的学习，使学生明晰房地产开发项目策划的思路及流程，掌握房地产开发项目策划的知识点，能够从房地产市场角度分析房地产开发项目，运用STP理论将市场细分、目标市场选择、项目定位三者联系在一起，将知识运用在房地产开发项目前期策划实务中。

☞ **素养目标：**

房地产项目策划应有大局观和全局意识，志存高远、脚踏实地。

☞ **学习重点：**

1）房地产市场的组成、特点。

2）房地产市场细分的依据、程序，有效市场细分的条件。

3）STP理论及各要素的关系。

4）房地产开发项目定位的内容、原则、基本要求。

5）房地产开发项目营销策略的制定。

【引例】 城南嘉园房地产营销策划方案

一、市场背景

汉沽区位于天津市东部滨海地区，是天津市滨海新区的重要组成部分，境域面积为427.49平方公里。区政府坐落在寨上街辖区内，全区共有常住人口17万。汉沽区是我国重要的化学工业基地之一，还是一个工业重地。城南嘉园位于寨上街，其南部为天津市老牌化工企业—天津化工厂，随着改革开放的进行及国有老企业的通病，企业的效益大不如前，在某种程度上影响了汉沽区的发展。随着当地经济结构的调整，将第三产业作为汉沽区结构的补充体，使汉沽成为一个经济结构多元化的地区，从而保证汉沽区经济的健康、可持续发展。

二、竞争对手分析

由于汉沽房地产市场的发展属于初级阶段，市场对价格的敏感度较高，面对产品的认知及感知程度相对较低，故此分析竞争对手时主要针对地段、价格、产品三个层面进行归纳与比较，将其分为直接竞争对手与间接竞争对手。

经分析将汉沽市场中的绿地人家、滨河小区及富达花园定为间接竞争对手，具体原因分列如下：绿地人家处于天津化工厂的附近，滨河小区处于烈士陵园附近，它们都远离于城区中心相对的位置优势，不足以与第壹城形成竞争态势。富达虽与第壹城相邻，但其销售已近尾声，故并不对第壹城销售造成直接威胁；绿地人家的产品规划属南方模式，不能与本地居住习惯相对接；而滨河小区的规划虽与本地居住习惯相符，但其产品的规划、设计水平与第壹城相比较仍不在同一层面，要落后于第壹城。而富达花园的规划、设计，仍为初级产品形态；绿地、滨河及富达的销售均价与第壹城相差500元左右，因此在目标人群层面，不与第壹城形成直接竞争。

三、竞争项目基本信息

1. 竞争项目分析

绿地人家占地面积为27万m^2，社区规模较大，销售单价较低，一期开发面积为7万m^2，整体社区规划及户型设计为南方模式，销售楼层以一层、二层、三层、六层为主。滨河小区占地面积为12万m^2，社区规划有中心景观带，五层建筑形态，社区无会所，邻近蓟运河及烈士陵园，价格优势明显，户型面积设计较好，并带简单装修。井田·蓝月湾占地面积为6万m^2，与第壹城一路之隔，户型、价格、配套与第壹城相近。

2. 户型分析

从已销售的户型比来看，两室户型占了绝对的比例，即便是顶层的两室也由于价位较低而得到了市场的认可，所以汉沽区市场的主要需求在两室户型，对于一室户型的销售由于存量较大，仍需给予足够的重视。在两室户型的销售当中主要以A、B、E户型为主导，是典型的经典户型，面积在90～100m^2之间，客户的主流消费价格在18万元左右。

3. 楼栋售出率分析

大量消费出现于临街与临学校的一面，而在景观中心区附近的楼栋销售情况一般。其原因一方面是现场销售控制的原因，一方面也与居住观念有关。但这样的销售情况也为项目后期景观节点释放后的销售提供了有力的产品支持。

四、已购客户分析

1. 付款方式分析

从已成交的客户付款方式的比例中看出，一次性付款与贷款的比例相差较大，说明当地的消费者在消费能力上虽有一定的问题，但他们具有相当稳定和充足的还款能力，且在消费意识上较为超前，这当然也与客户的职业及受教育的程度有关。

2. 年龄结构分析

从已购客户的年龄层面分析，客户以中年人为主，他们对新事物的接受能力较强，具有一定的购买力及资金支配能力，相应对生活质量的要求也较高。从客户年龄层次分析，他们的需求不只存在于住房这一方面，在生活当中还有更多的需求，如子女教育、娱乐、收入及职业状况等。汉沽区当地群众对当地经济状况的担忧，更多反映出的是对子女教育的关注较多。

3. 客户所在行业分析

行　　业	累计销售套数/套	累计百分比（%）
天津化工	58	30.05
石油化工	5	2.59
个体及私营	36	18.65
银行	9	4.66
学校	9	4.66
医院	5	2.59
盐场	6	3.11
税务	5	2.59
规划局	2	1.04
保险	2	1.04
其他	56	29.02
总计	193	100

从已购客户的行业特征来看，大部分已购客户集中在企、事业单位及个体行业。业主大部分为工薪阶层，收入状况较稳定，收入水平相对较优厚。这样的客户在汉沽区当地的数量较多，提供了较好的市场承接力。

4. 居住区域分析

从项目已购客户现居住区域情况的分析中可以看出，主要消费对象仍是以汉沽城区附近的居民为主，且以天津化工厂宿舍为主，为以后的宣传通路指明了方向。

五、产品前期市场推广简要分析

城南嘉园在前期的媒介宣传过程中，主要对汉沽区的发展、工程质量、物业及部分户型进行了市场传达。项目的促销活动，主要结合项目的工程节点进行了一些老客户的维系活动。在对宣传及活动的分析当中，发现其中存在三个方面的问题：一是宣传主题与客户需求上的错位，也即宣传内容的针对性不强；二是在各宣传节点上的诉求不能成为体系，缺乏对项目主题的支撑；三是宣传中对产品的价值强化不足。

六、分析总结

1. 市场：在汉沽区房地产市场中充斥着大量的房地产项目，单从供应量上来讲已基本上可以满足市场现有的消费需求，而且将有新的地产公司进入市场，为市场带来新的产品，汉沽区房地产市场将快速成长为供大于求的买方市场。对于在市场中的各个项目来说，汉沽区将是一个各项目进行快速争夺的市场。

从目前各项目的销售情况来看，虽然汉沽区已经进入了买方市场，各项目在市场中得到相应的认知，各竞争对手之间的差异较大（包括产品及价格），但是却没能有一个项目成为市场追逐的热点，成为市场销售的领跑者，成为市场中最具杀伤力的项目。

2. 产品：该项目产品规模不是最大、产品不是最好，但从整体上来说是最佳的。虽然销售价格高于竞争对手，但这个价格与其价值相符，这从产品的前期销售中即可看出。目前市场上认为价格高，是因为没能在项目前期销售过程中让市场认清产品的价值。

3. 消费者：主要以工薪收入阶层为主，这是由当地相对单一的经济结构所造成的。虽然工薪阶层的收入水平不高，但是却相对稳定，这为他们购买房地产产品提供了物质基础。同时由于他们受教育程度相对较高，这样对新鲜事物的接受能力也相对于一般消费者要强，因此也就说明他们是目标消费群体，是产品信息释放的主渠道。

5.1 房地产开发项目策划概述

5.1.1 房地产项目策划的含义

1. 房地产项目策划的概念

房地产项目策划是房地产企业根据房地产项目的具体目标，根据企业自身的资源条件、市场需要状况和行业竞争态势，以市场调研为依据，以市场细分和定位为基础，综合运用各种策划方法和手段，系统规划、设计房地产开发方案的全过程。

房地产项目策划的概念，可以从以下几方面理解：一、房地产项目策划具有明确具体的目标；二、房地产项目策划是以市场调研和市场定位为基础进行的；三、房地产项目策划应依据特定的程序进行；四、房地产项目策划需要运用多种方法和手段完成；五、房地产项目策划方案要具有可行性、适合企业操作执行；六、房地产项目策划最终以提供的策划文本作为策划结果的体现。

2. 房地产项目策划的特性

1）目的性：房地产项目策划是为实现特定目标而开展的，策划必须针对具体项目、设定特定目标。

2）现实性：房地产项目策划必须以现实为基础，不仅需要进行市场调研、客观分析房地产企业内部、外部环境，提升策划的科学性和准确性，还需要将策划方案付诸实现，将想法变为现实。

3）前瞻性：房地产项目策划处于房地产开发中的前期环节，是整个项目开发过程中的“龙头”。在房地产项目实施之前应先做策划，事前对投资方案等内容进行筹划和评估，是房地产开发与经营环节中重要的基础工作。房地产项目策划依据目前状况对房地产未来发展趋势进行分析，把这些事物按照一定的原则或规律作一些新的拼接或组合，使其成为一种新的方案，所以房地产项目策划具有科学、合理、超前、预见等特点。

4）系统性：房地产项目策划应依据一定的程序，综合考虑各种能够影响房地产项目的因素及其相互关系，按照一定的原则或规律进行统筹思考，分析选择，综合评价。

5）思维性：房地产项目策划是智慧劳动创造出来的事物，既是一种智力行为，也是一种管理咨询服务活动，被称为“防止跌倒的金手杖”。房地产项目策划是思维活动的产物，是判断、构思、选择、优化的完整思考、分析、评价过程。房地产项目策划是一种具有建设性、逻辑性的思维过程，在此过程中，其目的就是把所有可能影响决策的观点进行整合、优化，对未来起到指导和控制作用，最终达成方案目标的实现。

6）可行性：实践是检验真理的唯一标准。可行性是指房地产项目策划并不仅仅停留在理论层面，如何在实践中完成实现，房地产项目策划的方案创意能否经得住事实的检验，是需要重点考虑的。

通过以上分析可以得出，房地产项目策划是为了达到一定目的，在调研分析的基础上，按照一定的程序，对未来某项事物进行系统、全面的构思、谋划，制订各种合理可行的方案并进行选择，根据目标和环境的要求进行修改调整的一种创造性的活动过程。

5.1.2　房地产项目策划的程序

1. 房地产项目策划的程序

（1）市场调研　房地产项目策划的依据是房地产市场调研，目的是了解房地产供应和需求状况，为市场定位做好准备。房地产市场调研主要包括以下内容：

1）宏观环境调研。市场环境总是处在不断的发展变化之中，总在不断地产生新的机遇和风险。对市场敏感的企业家们，往往能从不同角度来看待这些变化，在变化中寻找企业发展的新机遇。房地产市场调研的主要任务之一，就是分析企业所处的宏观环境，为科学决策提供依据。

① 政策环境：法律、法规、制度、规划等。

② 经济环境：国民经济发展状况、产业结构的变化、城市化的进程、经济体制、通货膨胀、家庭收入和家庭支出等。

③ 人口环境。

④ 文化环境。

⑤ 技术环境。

2）房地产行业环境调研

3）房地产项目所在地城市发展概况及社区环境调研。主要对项目所在区位、地段价值进行判断，分析城市规划、景观、交通、人口构成、就业中心、商圈的位置、文化氛围、安全保障等方面的优劣。

4）房地产市场需求和消费行为。消费者对自己的需要的叙述是一回事，而实际的购买行为可能又是另一回事，有时可能连他们自己都没有意识到一些潜在的需要。这时则需要市场调研人员加以分析和引导。

一般而言，研究需求和消费行为时，需要明确以下问题：市场需求总量、影响这些需求的因素有哪些、消费者的购买动机和购买倾向、消费者的购买方式、消费者的购买力水平等。

5）房地产产品调研。房地产产品调研包括房地产产品的区域、位置、交通条件、周边环境、建筑参数、面积户型、配套设施、绿化率等。

6）房地产价格调研。房地产价格调研包括房地产产品的单价、总价、付款方式、折扣优惠等。

7）房地产促销调研。房地产促销调研包括促销方式、广告投入的强度、广告的诉求点、产品卖点等。

8）房地产营销渠道调研

9）房地产市场竞争情况调研。房地产市场竞争情况调研包括对手的专业化程度、对手品牌的知名度、开发经营方式（竞争对手所开发的楼盘是出售、出租还是自行经营）、楼盘的质量（对手所开发的楼盘，在设计、户型、材料、耐用性、安全性等各方面内在和外在的质量标准）、成本情况（对手的成本结构是否合理、本企业开发的楼盘是否具有成本优势）、价格（竞争对手的商品房在市场中的价格处于什么样的水平）、竞争对手历年来开发的项目情况、竞争对手的土地储备情况及未来的动态、本企业的市场占有率和对手的市场占有率等。

【能力拓展】市场调研报告参考格式

一、市域经济环境的分析和生活结构研究

1. 总人口及区域人口结构、职业构成、家庭户数构成、收入水平、消费水平等
2. GDP 发展状况及产业结构情况
3. 消费品零售总额
4. 商业增加值
5. 城乡居民的人均可支配收入
6. 城乡居民储蓄存款余额

二、区域结构调研与城市发展规划调研

1. 公共设施状况
2. 交通体系状况
3. 道路状况、通行量
4. 区域性质与功能特点
5. 各项城区的机能
6. 城市规划

三、商业发展规划及政策研究

1. 商铺发展现状及布局情况
2. 商铺发展规划
3. 城市商业网点规划政策

四、区域零售业结构、商铺分布及经营状况的市场调研与分析

1. 地区商铺分布及经营业态详图
2. 商业地区间的竞争状况及竞争者调查分析

3. 地区间的销售动向
4. 大型主力店的动向
五、典型性调研与研究
六、地区未来商业地产的供应量分析
七、消费者消费行为调研与研究
1. 地理细分调研分析
2. 购买人群细分调研
3. 年龄细分调研分析
4. 经济状况细分调研分析
5. 消费者交通和出行方式
6. 消费者购买心理及行为分析
八、项目所在地条件研究
1. 道路类别及交通状况
2. 项目地块自然与社会条件分析
3. 消费者是否容易到达商业区
4. 周边环境和公建设施
5. 项目周围经济条件分析
6. 项目 SWOT 分析
九、商圈的确定和研究
1. 商圈的范围的确定
2. 商圈的构成及消费者来源

（2）项目定位　在产品调研的前提下，对房地产市场进行细分，寻找适合本企业的目标市场，在目标市场上对本企业产品进行恰当的定位，包括确定项目位置、目标客户定位、产品品质定位、产品功能定位、产品地段定位、产品规模定位、产品形象定位、产品亮点特色等。

（3）产品规划设计　根据城市总体规划、分区规划、控制性详细规划的要求，在项目定位的基础上对目标客户特性进行分析，为其量身定做推出适合的产品。产品规划时需要综合考虑市场需求、城市规划指标、规范标准、环境条件、房地产开发企业的经营计划能力以及技术条件，确定各项技术经济控制指标，如总建筑面积、容积率、控制高度、建筑密度、绿地率等。产品规划设计的内容涉及规划设计、建筑设计、环境设计、户型设计、配套设计、物业服务设计等领域。

（4）产品细节设计　产品细节设计是项目定位、产品规划设计完成后房地产产品细节的具体体现。主要内容是确定产品的具体参数，如住宅选型、平面组合布置、公共建筑、绿地、外墙周长系数、进深、面宽、平面系数、层高、层数、单元组合，以及采用哪些新技术、新材料、新设备、先进的生产工艺保证产品质量。

（5）市场营销　市场营销的目的是在房地产市场上完成商品房销售，取得效益，达到目标的经营活动。市场营销贯穿于房地产开发与经营的整个过程：分析市场机会、选择目标市场；通过品牌策划、品质策划明确产品定位；房地产项目的销售与推广阶段主要进行专卖包装、销售道具设计与制作、广告设定、推盘节奏设计、产品策略、价格策略、渠道策略、促销策略等，针对量身定做的目标客户推出产品的半成品或成品，通过营销组合策略实现产品和服务向消费者传递价值的行为。

（6）产品服务　房地产产品销售结束之后，必须进行以留住客户并拓展市场为目标的活动，也称为后营销阶段，包括售后服务、物业管理等，目的是把产品的价值提升和延长。此外还要进行反馈和控制，对市场营销战略和计划的执行成果进行评估，为后续房地产项目策划提供经验。

2. 房地产项目策划的内容

1）确定合适的投资区位及地点。

2）确定合适的项目定位，主要指市场定位、产品定位等。

3）确定房地产项目的开发内容、规模、资金筹措方式等。

4）制定房地产营销策略，如产品、价格、渠道、促销等。

5）确定合适的物业管理方式。

5.2　房地产开发项目市场细分

5.2.1　房地产开发项目市场的特征

由于房地产市场广阔，通常情况下，企业都无法为房地产市场内所有的消费者提供最佳服务，而且消费者的需求差异也很大。企业要在房地产市场上立于不败之地，就应该把重点放在自己特定的市场上。因此，企业要识别自己能够有效服务的、最有吸引力的某一个细分市场，而不是到处参与竞争。

【知识链接】

与市场相关的几个概念

1. 潜在市场

潜在市场指客观存在的、由于诸多因素的影响而未显露或未成熟的市场，同时也是表明对某个在市场出售的商品有某种程度兴趣的消费者群体。与潜在市场对应的概念是现实市场。现实市场消费者一般需同时具备三个特点：兴趣、收入、途径。潜在市场即现实市场中的三个条件没有同时满足，只具备其中的一项或两项的市场。

2. 有效市场

有效市场也称为可行市场，是由一群对某类产品有兴趣、有一定经济水平和能通过营销渠道被接近的潜在人群所组成。通过营销经理的努力，公司提供的服务可以触及的市场是有效市场。

3. 合格的有效市场

合格的有效市场是指消费者除了对某类特定商品有兴趣、有足够收入、可以进入市场外，企业还增加了对消费者资格或身份的特定限制，如年龄、职业、收入等，是由有效市场中有特定资格的消费者构成的群体。

4. 目标市场

目标市场也称行销市场或服务市场，是企业决定要在合格的有效市场上追求的那部分消费者群体。消费者群体的需求是多样的，企业不可能满足所有消费者的所有需求，目标市场是企业在众多需求中，根据自身实力决定占有、能够满足的那部分合格的有效市场。事实上，营销者运用特定的营销手段，追求具有某些共同特质的消费者群体才是最有效和最经济的经营行为。

5. 渗透市场

渗透市场是已经被竞争对手占领了的目标市场，在企业向目标市场推出产品之前，竞争对手已经先于企业满足了消费者的某种需求，已经购买了竞争者的某种产品的消费者的集合。最终留下的是未被渗透的市场空间。

房地产市场

（1）房地产市场的概念

狭义概念：房地产市场是让房地产买卖双方走到一起，并就其中某个特定房地产交易价格达成一致，并进行房地产产品交换的领域。

广义概念：房地产市场是房地产交易活动所反映的交换关系的总和。

（2）房地产市场的组成　房地产市场的组成如图5-1所示。

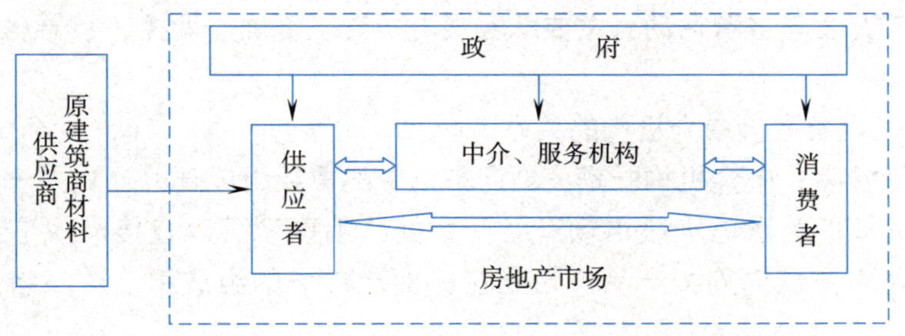

图5-1　房地产市场的组成

图5-1中，政府作为土地的所有者垄断一级土地市场，向土地需求者供应土地。政府还要制定交易规则、进行监督、管理和服务。但在以私有制为基础的国家中，土地是私有的，这时政府只提供管理与服务。

中介机构是房地产市场中不可缺少的成员，包括：金融机构、评估机构、保险机构、公证机构、咨询机构等。近年来，网络公司、信息公司也加入了房地产市场。

房地产供应者和消费者是房地产市场的基本主体。供应者是房地产开发公司以及购买新房后出售二手房的居民；消费者是现实的或潜在的需求者，包括投资用房和自用房。

建筑商、材料供应商不属于房地产市场的成员。因为建筑商是为房地产开发提供建造服务的企业，它以投标承包的方式与材料供应商一起为完成房地产产品而服务。建筑商、材料供应商虽然与房地产的产品有关，但不直接参与房地产的交易活动，所以应该排除在房地产市场之外。

【知识链接】

理解房地产市场

1. 房地产市场中的活动

房地产市场是从事房地产、土地的出售、租赁、买卖、抵押等交易活动的场所或领域。房地产市场中的活动是多样的，房地产包括作为居民个人消费资料的住宅，也包括作为生产资料的厂房、办公楼等。房地产是商品，建立和发展房地产市场是经济运行的要求。

2. 房地产市场中的消费者

房地产市场包括生活资料市场和生产资料市场。住宅市场属于生活资料市场的一部分，其消费主体庞大，是房地产市场中消费者的重要构成群体，以居民为主。而非住宅房产市场则是生产要素市场的一部分，以机构为主。

3. 政府的作用

政府在房地产市场中的作用表现为：制定科学的有效保护竞争规则，保护房地产市场，促进房地产市场的正常发育，充分运用经济手段调节房地产市场的供给和需求，及时准确地发布房地产市场信息，推进国有房地产企业改革，以避免盲目投资。在房地产市场的组成中，政府与供应者、消费者、中介服务机构之间的关系是“单向”的，即政府不参与具体的房地产开发与经营活动，主要从宏观上指导、管理、调控、引导房地产市场的正常运行。

4. 供应者、消费者、中介机构的关系

供应者、消费者、中介机构既是房地产市场中的重要组成部分，也是一般市场中的组成因素。三者之间的关系与一般市场有共同之处，消费者可以直接从供应者那里购买产品，也可以通过中介机构购买产品，因此在房地产市场的组成中，这三者之间的关系是“双向”的。

（3）房地产市场的分类

1）一级市场：一级市场又称土地一级市场，是土地使用权出让市场，是政府与房地产开发商之间的拿地市场。即国家土地管理部门将土地使用权以一定的年限、规定的用途及一定的价格，出让给房地产开发商或其他用地者的市场。

2）二级市场：二级市场又称增量房地产市场，是开发商与消费者之间的新房交易市场。即土地使用者经过开发建设，将新建成的房地产进行出售和出租的市场。

3）三级市场：三级市场又称存量房地产市场，是消费者之间的物业流通市场，包括二手房买卖与租赁，及一些衍生服务。即购买房地产的单位和个人，再次将房地产转让、抵押或租赁的市场。

（4）房地产市场的特征

1）房地产产权交易的市场：房地产市场交易的对象是附着在每一宗具体房地产上的权益或权利，而不仅仅是土地或房屋本身。

二维码 5-1
（不动产权证）

房地产产权可以是所有权（包括占有权、使用权、收益权、处分权等），也可以是部分所有权。这种权益一般有明确的界定，因而具有排他性。但这种权益不是绝对的，无条件的。例如，购买了一块土地，只意味着获得了土地一定期限内的占有权、使用权、收益权、处分权，这些权利还要受到各种条件的限制，如受到城市规划和建筑条例的约束，不能影响他人的通行等。

2）区域性市场：区域性市场也称地区性市场，是由房地产产品的不可移动性决定的，房地产产品只能在其所在的地区内使用、交易，产地与消费地合二为一。不同国家、不同城市，甚至一个城市内部的不同地区之间，房地产市场的条件、供求关系、自然状况、社会文化环境、生产资料、劳动力的成本、消费者的购买能力等不尽相同，因此不同区域的产品具有差异性。

房地产市场的区域性还表现为，因其所处的地域不同，受到具体区域的周围环境关系影响极为密切。周围环境因素有风俗习惯、气候条件、地质状况、交通设施、市容与环境、商业设施、灾害情况、污水处理、通信、给水排水、电力设备、学校、医院、公共设施、休闲娱乐设施等众多物质设施和自然条件；社会治安、政治稳定、经济繁荣、人口状况等社会经济因素，特定的房地产项目与周边环境是一种相互影响的关系。

3）不完全竞争市场：完全竞争市场必须同时具备四个条件：①商品同质，可以相互替代；②某一商品的买主和卖主人数众多；③买卖双方可以随时进出市场；④买卖双方信息充分，传递畅通。房地产市场之所以称为不完全竞争市场，是因为以上四个条件都不符合。具体情况见表 5-1。

表 5-1 房地产市场的特征

不完全竞争市场	房地产市场
商品同质，可以相互替代	商品异质，有差异，不可能完全相互替代
买主和卖主人数众多	开发过程复杂、专业性强，买卖人数相对较少，且不对等
买卖双方可以随时进出市场	受法律法规限制，市场进入受到资格、资质、资金、能力等限制，也不能随意退出，进入壁垒与退出壁垒高
买卖双方信息充分，传递畅通	买卖双方掌握的信息不对称

房地产市场的不完全竞争还表现在不同的市场层级上。例如房地产一级市场（土地出让市场）为卖方垄断，买方竞争；房地产二级市场为有限竞争市场；房地产三级市场相对一级、二级市场而言竞争更为激烈。

4）周期性市场：房地产业与国民经济其他行业一样，也具有周期性，也要经历繁荣、衰退、萧条、复苏四个阶段。繁荣阶段，房屋空置率低，房地产售价或租金高，房地产开工面积增加，土地出让增加，房地产市场供需两旺，房地产企业利润也在提高。随着房地产产品的供应不断增加，市场出现供过于求的状况，房屋空置率上升，导致房地产售价、租金下滑，房地产借给与需求下降，房地产市场进入萧条与衰退阶段。随着房地产开发面积与价格下降，房地产市场的供给小于需求，市场调整结束，房地产市场进入复苏阶段。房地产市场的周期性与国民经济的周期性密切相关，房地产策划应顺应国民经济发展趋势，了解房地产周期，更好地把握房地产市场走向。房地产周期的判断指标有：土地出让面积、房屋销售面积、开工复工面积、售价、租金、空置率等。房地产周期如图 5-2 所示。

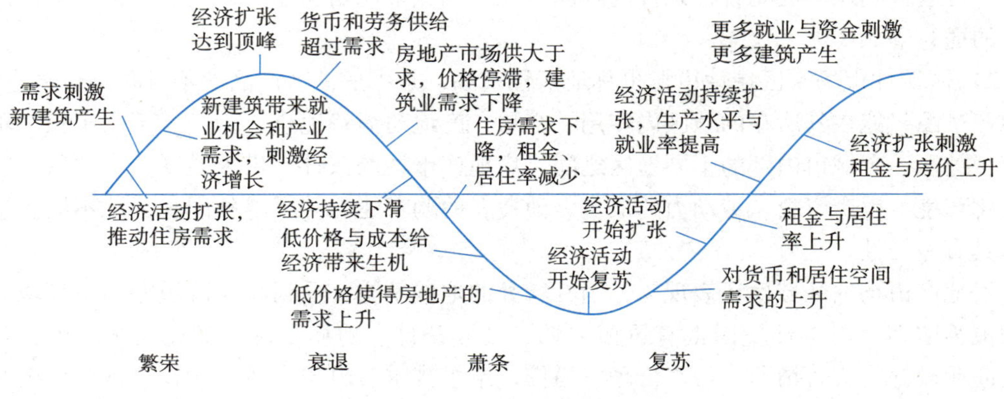

图 5-2　房地产周期示意图

5）高风险市场：房地产项目投资金额巨大，投资回收周期长，需要多专业参与，产品变现速度相对于其他产品而言较慢，房地产企业很难在短期内退出市场。另外房地产在国民经济中发挥重要的作用，受到国家和项目所在地政策、法规的影响较大，因此相对于其他行业，房地产市场的风险较高。

5.2.2　房地产开发项目市场细分

1. 房地产开发项目市场细分的概念

市场细分也称市场细分化，是 20 世纪 50 年代中期由美国人温德尔・斯密提出的概念。市场细分就是从消费者需求的差异性出发，把消费者市场划分为多个具有类似性的不同的购买群体，每一个购买群体称为细分市场（或小市场、子市场）。

房地产市场细分是根据房地产市场上消费者需求的差异性，以影响消费者需求和欲望的某些因素为依据，将一个整体的房地产市场划分为两个或两个以上的消费者群体，其中每一个需求特点相类似的消费者构成一个房地产细分市场。

从以上概念中，可以得出以下结论：

市场细分的原因：市场竞争激烈，消费者需求呈现多样性。

市场细分的标准：消费者需求的差异。

市场细分的依据：能够影响消费者差异化需求的各种具体因素。

市场细分的结果：将一个整体市场分为若干细分市场。细分后的每一个细分市场之间，消费者的需求有明显的差别，而同一个细分市场内部的需求基本相似。

2. 房地产市场细分的作用

（1）有利于企业发掘新的市场机会　企业通过调研和市场细分后，对各细分市场的需求特征、需求的满足程度和竞争情况了如指掌，能够从中发现那些尚未得到满足或没有得到充分满足的细分市场。这些市场将为企业提供一个新的市场开拓机会。

二维码 5-2
（常见的 8 种房产类型）

（2）有助于企业在竞争中选择有利位置、提高企业的竞争力　尤其对小企业而言，在大企业的夹缝中生存，在市场上找到一席之地，必须依靠市场细分，才能寻找到适合企业生存发展的空间。

（3）有利于企业集中、合理使用资源，从而提高竞争力　只有根据市场细分的结果，企业才能锁定目标市场。由于资源有限，只有确定目标之后，企业才能将有限的人力、物力、财力、信息等资源，集中到一个或几个细分市场上，避免分散使用力量，扬长避短、发挥优势，才能取得事半功倍的效果，才能使有限的资源创造出最大的经济效益。

（4）容易取得反馈信息，调整营销策略　与细分市场相比，整体市场上信息反馈比较迟钝，某些消费者需求的变化常常被整体市场的状况所掩盖，不进行市场细分，企业很容易失去这部分消费者，使竞争对手有机可乘。

（5）增强应变能力和适应能力　通过市场细分，有助于企业深入了解消费者的需要，结合企业的自身优势和外部市场情况，进行分析比较，从细分市场中选择确定企业的目标市场。通过有针对性的拟定营销策略，有的放矢，才能提高企业的竞争力，从而也可以提高企业的管理水平。

（6）具有一定的社会效益　市场营销的核心就是满足消费者的需求，由于消费者的需求千差万别，市场被划分得越细，消费者的差异化需求就能被实现得越充分。当越来越多的潜在需求变为现实需求，社会的产品就会越不断丰富，消费者的选择就会越多，呈现供需两旺的局面，市场就越繁荣。

3. 房地产市场细分的程序

房地产市场细分的程序如图 5-3 所示。

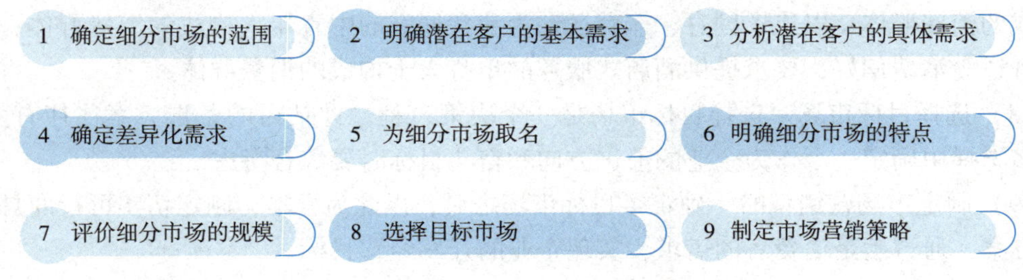

图 5-3　房地产市场细分的程序

（1）确定细分市场的范围　针对房地产市场的总体供求关系进行了解，确定房地产投资的性质（住宅、商场、写字楼还是仓库）和投资区域，明确商品房的开发规模，资金投入量，商品房的地区分布，房屋的建造成本、税费、售价，土地等方面的情况。

（2）明确潜在客户的基本需求　明确潜在客户的基本需求是针对消费者而进行的调查，目的是确定房地产投资的市场定位。如调查潜在顾客的地域分布、家庭结构、文化层次、收入水平、职业特点、消费偏好、购买欲望等。

（3）分析潜在客户的具体需求　在满足潜在客户的基本需求之后，还要分析不同地区、不同消费群体对房地产产品的具体需求有哪些，确定目标群体的特定要求，确定消费者有什么预期，最佳的机会在哪里。

（4）确定差异化需求　寻找目标群体独特的、个性化的需求。重点考虑产品或产品组合是什么，能够用来做什么，能够给客户带来哪些差异化的服务。市场细分的目的是要找到区别于一般市场的特殊需要，这是房地产项目区别于其他项目的亮点、与众不同的特色。

（5）为细分市场取名　为细分市场取名的目的是形成一个简明的、便于识别的概念，便于消费者识别、记忆，进而有针对性地寻找产品。在市场细分初期，细分市场的名称是暂定名，一般来说，只要便于识别，能反映其特点即可；但是一旦后续目标确定，市场的名称就经常与开发的项目的名称联系起来，这时项目名称的选择就变得十分重要。

（6）明确细分市场的特点　此时的焦点集中在房地产项目如何在细节方面满足消费者的消费偏好、引导消费行为、彰显其个性特征。如房屋开间的布局要求、装修档次、房屋朝向、窗户、阳台、建筑规划、配套设施、社区文化、配套服务、物业管理等。

（7）评价细分市场的规模　评价细分市场的规模是对房地产细分市场的有效性和可行性进行评估，是市场细分决策前的最后一道程序。这里所指的规模，是对项目的可行性进行论证后的结果。因为无论细分市场多么引人注目，必须要构成一定的规模，才具有开发的价值。除了对可行性进行评估外，还要对有效性进行分析。

有效性是指在细分市场时用来选择目标市场的变量，要具有三个特性：可度量、可区分、可界定。只有符合这三个特性的变量，才能用来区分消费群体、用来识别消费对象，才能形成一个有特色的市场，这样的细分才是有效的。如以追求安静、舒适为消费偏好的中高层收入家庭构成的消费群体；以追求医疗、保健和社区家政服务为消费偏好的中老年人构成的消费群体；以追求健身、体育运动为消费偏好的中青年人构成的消费群体；以方便、舒适为消费偏好，要求提供酒店式服务的单身人士构成的消费群体。

（8）选择目标市场　选择目标市场是一个决策过程。评估后的备选方案往往有多个，从众多选择中确定一个作为企业的前进方向和奋斗目标时要综合考虑。

（9）制定市场营销策略　确定了目标市场之后，以此为根本，制定切实可行的具体策略和方案，通过满足消费者的需求，实现企业的开发经营目标。

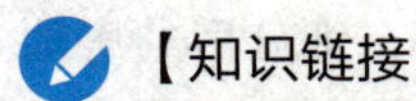

如何进行房地产市场细分

1. 人口细分

根据目标受众的人口属性进行细分是最常使用的细分方法。许多产品正是基于特定的人口统计数据而开发的，绝大多数市场调研问卷也都会涉及人口属性相关问题。可以根据多种人口属性标签进行精准抽样，如性别、年龄、职业、教育水平、地域、文化程度、婚姻状况、家庭月收入等。

2. 地理细分

地理细分是根据目标消费群体的居住地了解消费者的需求。比如某个市区可以根据地理位置判断哪里是黄金楼盘、哪里是商圈、售楼部设在哪里更吸引客户等。

3. 行为细分

行为细分主要用来了解消费者的购买意愿。可以从消费者购买行为、生活方式、产品及服务使用偏好、付款方式等角度进行细分。

4. 心理细分

消费者的行为是复杂的，甚至有时无法准确了解自己的行为意图。根据心理活动进行细分，量化受访者个性、观点、生活方式和价值观等，以洞察消费者的深层意图。

5. 价格细分

尽管人口细分中也会涉及家庭收入、个人收入，但价格细分在此基础上会更深入。收入影响消费水平，例如收入较高的人有能力消费高档、享受型房地产产品，而工薪阶层或有房贷的家庭则更可能更看重得房率、公共配套设施。

6. 技术细分

可以从房地产产品的生产技术、工艺、质量、户型进行细分；也可以从采用的新材料、新设备、新流程等角度进行。

7. 时间细分

房地产传统的购买黄金时期为“金九银十”。对消费者购买产品或服务的时间进行细分，可以针对性地采取合适的促销活动，制定营销策略。

4. 有效市场细分的条件

对房地产市场进行细分，最终目的是使房地产开发企业根据本企业的资源优势，选择房地产市场的开发方向、确定目标市场，并以此为依据，拟定相应的营销策略，以实现预定的计划和目标。

要使细分后的房地产市场能够成为目标市场，能够实现房地产企业的开发与经营目标，一定要评估细分后的市场是否为合格有效的市场。应遵循以下原则：

（1）可衡量性　可衡量性指细分市场要边界清晰，以此判断房地产市场的大小。即细分市场的市场规模等是可以衡量的。

（2）可进入性　可进入性可以从三个角度分析：从企业能力的角度讲，细分后的房地产市场是企业能够进入的；从企业产品讲，不但企业能够进入，企业生产的产品也能够进入细分市场；从产品渠道讲，企业能把生产的产品推广到消费者面前。只有这三者同时具备，房地产市场细分才具有实际意义。

（3）可营利性　房地产企业营销活动的目标都要求获取利润。当企业进入某个细分市场，制定营销策略并实施后，应该能使企业在这个细分市场上获利，否则就失去了细分市场的目的和作用。如果企业在细分市场上无利可图，那么这个细分市场的划分则是没有意义的，也是不必要的。

（4）可行性　可行性指依照企业的自身实力和所掌握的资源，进入细分市场后，在技术、市场需求、资金、经营等方面，经过努力可以实现目标；在规模、能力、回报多方面符合企业的经营现状和经营能力要求。

（5）稳定性　细分市场能否在一定时间内保持相对稳定，直接关系到企业生产、营销、获利的稳定性。特别是细分市场如果具有投资周期较长、生产工艺复杂、原材料多样、转产慢等特征时，更容易造成经营困难，严重影响企业的效益。

二维码 5-3
（携程如何进行市场细分）

5. 房地产市场细分的依据

（1）房地产市场细分的依据　市场细分是一个对市场进行重新归类、重新分割的过程。市场细分的目的在于尽可能地赢得消费者、扩大市场份额，所以市场细分的参数也大多集中在消费者身上。由于不同的商品具有不同属性，消费者关注的内容自然也有很大差距，所以脱离实际而笼统地谈市场细分的参数是没有意义的。

因此市场细分的依据一般会放在构成市场的基本要素方面：人或组织、需求、购买欲望、购买能力。市场细分时通常会结合以上市场要素的一个或几个特征变量进行分割，作为市场细分的依据。

1）人或组织要素：主要考虑性别、年龄、民族、宗教、职业、文化程度、家庭类型、社会阶层、人生阶段、家庭生命周期等。

2）需求要素：主要考虑规模、地区、城市、文化、风俗、习惯、技术、时间等。

3）购买欲望要素：主要考虑兴趣爱好、动机、偏好、价值观、人格特质、生活目标、生活方式等。

4）购买力要素：主要考虑收入来源、支出、消费结构、时机、追求利益等。

（2）房地产市场细分的参数　以房地产市场细分的依据为基础，进行细化、量化，就形成了房地产市场细分的参数。住宅市场是房地产的基本市场，以住宅为例，房地产市场细分主要考虑以下因素：

1）区域因素：不同区域的消费者对住宅的需求存在差异，可以从区域或地理因素角度进行住宅市场的细分。区域因素包括国家、地区、行政区划、地理环境特征、城乡、商圈等层面，区域因素分为自然地理因素、经济地理因素、人文地理因素三类。

2）人口统计因素：

① 人口总量：一个地区的人口总量，决定了该地区房地产需求的上限。一般来说，

一个地区人口增多会导致对住宅、商场、写字楼、宾馆、学校、医院等产品的需求量增多，反之则少。

② 人口增长率：相对于人口总量，人口增长率更为重要。因为人口总量是相对固定的，它表示的是目前的、现有的需求；而人口增长率是变化的，而且数据是预测得来的，预测的准确性受到很多因素的影响，如政府的政策、经济的发展、城市规划等，它表示的是将来的、不断增长的需求。

人口的数量越多，对房屋的需求量就越大；人口的增长率越大，不断追加的房屋的需求量就越大。与此同时，人口的规模还直接影响区域内商业的繁荣和工业的发展，从而直接影响商业与工业用房地产的需求。

③ 人口的年龄结构：人口的年龄结构表现在两个方面：区域人口结构的变化会导致需求主体结构的变化，例如我国已经进入老龄化社会，老年公寓的需求未来会增加；而不同年龄结构的支付能力也会影响房地产开发的定位的变化。

④ 家庭规模：家庭规模是指家庭成员数目的多少和家庭关系的复杂程度。家庭规模大小主要受两方面的影响：一方面受家庭生育量的影响，育龄妇女生育子女越多，家庭规模越大，反之亦然；另一方面受家庭结构的影响。目前的趋势是家庭规模趋向小型化、家庭结构趋向简单化。

⑤ 人口的迁移

3）家庭参数：

① 家庭户数：房地产市场上，大部分住宅是以家庭为单位进行购买的，一般是一个家庭构成一户，有多少个家庭，就有多少个户数，就有多少个住宅的需求。家庭的户数决定了住宅市场的总需求量。

② 家庭结构：家庭结构是指家庭人口的构成情况，即家庭中成员的构成及其相互作用、相互影响的状态，以及由这种状态形成的相对稳定的联系模式。家庭结构包括两个基本方面：a. 家庭人口要素：家庭由多少人组成，家庭规模的大小；b. 家庭模式要素：家庭成员之间怎样相互联系，以及因联系方式不同而形成的不同的家庭模式。如单身家庭、一家三口的标准家庭、三代同堂的大家庭等。

家庭规模一般用家庭中的人口数量来衡量。目前我国的家庭规模在不断减小，在总人口数量基本不变的前提下，家庭规模的缩小意味着家庭户数的增加，由于住宅消费是以家庭为单位进行的，家庭户数的增加就意味着房地产市场的总需求在增加，而对于每套住宅而言，在房间的面积上和房间的数目上，需求有减少的趋势。

不同的家庭类型，对住宅的需求也不同，具体在住宅的面积、户型、品质、功能、配套设施、环境、社区的服务和管理方面有所差别。

③ 家庭代际数：是指家庭成员中包含几代人。家庭代际数分为三种：一是一代户，包括单身家庭、夫妻家庭；二是二代户，指核心家庭；三是三代及三代以上，包括主干家庭、联合家庭。

4）家庭收入水平和消费结构：了解家庭收入水平和消费结构，可以根据实际情况量入为出，不给家庭造成经济负担。

例如：对一般家庭而言，收入的增加会导致对改善生活的投入增加，更换住房时以扩大面积、增加房间数为需求；而富裕家庭收入的增加，会导致在享受方面的投入增加，购买住宅时可能购买高档住宅或别墅。

5）心理因素：心理因素会影响到消费者的购买动机、生活方式、个性需求等。

① 购买动机：如果是居住或自用，会注重住宅的使用价值；如果是投资，则注重住宅的长期获利性；如果是增加居住空间，更注重平面系数高的住宅。

② 生活方式：生活方式是工作、生活或消费方面的一种习惯或倾向，生活方式不但反映了消费者的真实需求，从中还可以挖掘出消费者对新的生活方式的追求。房地产从业人员不但要满足消费者的现实需要，还要满足消费者的潜在需求。

③ 个性需求：个性需求主要体现在室内布局、家庭装潢、小区环境等方面。

6）行为因素：行为因素是消费者购买住宅时在态度、认识程度、使用方面的反应，主要表现为：使用时机、追求利益、购前阶段的差异。

6. 房地产市场细分的风险

（1）投资决策阶段的风险　投资决策阶段主要是通过对国家、地区和地方的政治、经济和社会发展趋势进行研究，综合考虑市场的供应、需求等状况，结合企业自身的实力，来决定房地产的开发方向、开发策略，明确房地产开发的时机和具体地点。

1）开发环境的风险：主要是指政治、政策、社会环境、经济环境的变化带来的风险。

2）开发项目类型的风险：房地产开发项目的类型多种多样，既有民用建筑，也有工业建筑；既有旅游房地产，也有文化和体育房地产。不同类型的房地产都会面临销售困难、租客不足等风险。

3）开发时机的风险：房地产开发周期长，少则1年，多则3~5年，由于未来形势的变化与预测的差距，从而产生风险。

（2）土地使用权获取阶段的风险

1）土地风险：包括土地的自然属性、社会属性的变化，规划管理部门对土地性质的变更，规划指标的不确定性。

2）征地拆迁风险：拆迁户阻挠、借机刁难、拖延时间导致项目停工和法律纠纷。

3）筹资风险：很多开发商是在确定了开发项目后才开始筹集资金，由于采取的手段、方法不合法或不科学，导致筹资失败。

（3）规划、设计阶段的风险

1）勘察结果与实际差距较大。

2）设计不准确或设计错误。

3）新材料、新技术使用时经验不足。

（4）施工阶段的风险

1）自然条件风险。

2）招标方式与承包方式所带来的风险。

3）工期拖延风险。

4）工程质量风险。

5）成本控制风险。

6）施工索赔风险。

（5）租售阶段的风险

1）租售时机风险。

2）租售合同风险。

3）自然灾害风险。

5.3　房地产开发项目定位

5.3.1　房地产开发项目定位的理论

1. STP 理论

（1）STP 理论的内容　STP 理论中的 S、T、P 分别是 Segmentation、Targeting、Positioning 三个英文单词的缩写，即市场细分、目标市场选择、市场定位。这三者之间具有明确的先后顺序，三者的关系是以市场细分为基础，将一个完整大市场分为若干个小市场；再根据企业状况及目标选择适合自己的一个或几个细分市场作为目标市场；之后才能在选定的目标市场上进行市场定位、产品定位，生产出具体产品。之后，进入到营销策略（Marketing）的制定实施阶段。

STP 理论内容构成如图 5-4 所示。

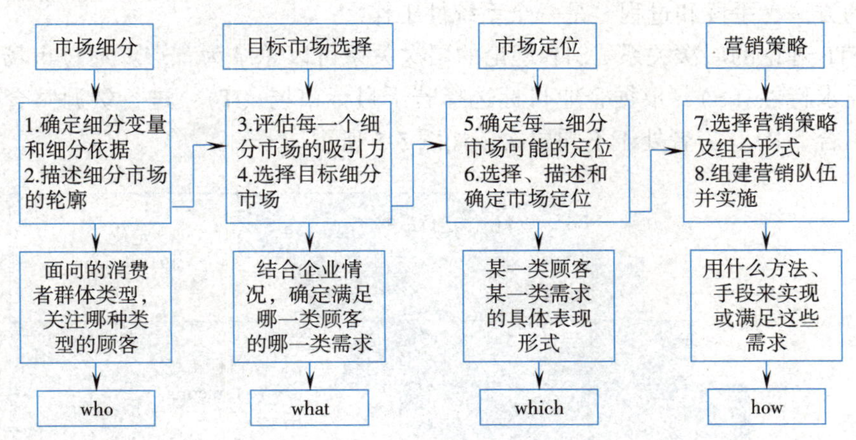

图 5-4　STP 理论内容构成图

首先进行市场细分，根据消费者对产品的需要，勾勒出细分市场的轮廓；其次是结合房地产企业的现状及整体发展目标选择营销的目标市场，选择要进入的是一个或几个细分市场；接着进行市场定位，明确为了满足消费者需求，在产品、价格、渠道、促销方面如何表达；最后制定营销策略，确定一个有竞争力的、与众不同的营销组合方法并实现完成。

房地产开发项目定位涉及的内容较广，涵盖了房地产市场细分、目标市场的选择、营销策略及组合、营销支出等策略。具体表现在产品定位、价格定位、销售的形式、营销队伍的组建、营销渠道、促销手段、分销网点、公共关系等方面。

（2）STP 理论的发展阶段　STP 理论并不是一开始就有的，它的发展经历了三个阶段。

1）广泛市场营销（Mass Marketing）：在广泛市场营销中，卖方只出售一种产品。对于所有的买主，都是针对一个产品进行大规模生产、大规模分销、大规模促销。广泛市场营销的观点认为，这种战略可以导致成本最少，价格最低，并能创造出最大的潜在市场。

2）产品差异性营销（Product variety marketing）：卖方生产两种或两种以上的产品，每种产品具有不同的特点、式样、质量和规格，这么做仅仅是给买方提供了多种选择，而不是为了吸引不同细分市场上的消费者。

产品差异性营销的观点认为，消费者具有不同的品味，并且这种品味会随着时间的推移而发生变化，消费者会主动追求产品之间的差异化。这时厂家生产不同的产品，不是为了满足不同细分市场上的需求，而是仅仅满足一个细分市场上的消费者品味的变化。

3）目标市场营销（Target marketing）：卖方要做的不是研究消费者，而是首先辨别出不同的细分市场，然后从这些细分市场中确定一个或几个细分市场作为其目标市场，最后根据每一个细分市场的特点，再来研究这个细分市场上消费者的需求，制定产品计划和营销计划。

房地产开发项目定位以市场细分为基础，选择目标市场后，才能进行定位。项目定位之后，就可以制定具体的市场营销策略，既包括选择和确定整体的营销目标，也包括实现这些目标的方法、手段和过程，是一个系统性工作。

（3）STP 理论的层次关系　STP 理论的层次关系可以总结为三点：通过市场调研把握消费者的需求特性（S），根据企业目标选择若干目标市场（T），进行资源整合确定产品及服务等组合（P）。三者处于不同层次，如图 5-5 所示。

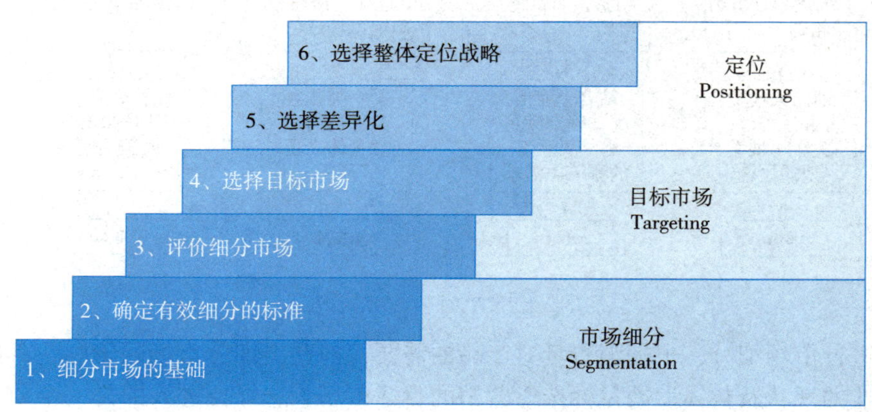

图 5-5　STP 理论层次关系图

2. 目标市场的选择

（1）目标市场的概念　市场细分后，企业由于受到内部、外部条件的制约，并非要把所有的细分市场都作为自己的目标市场。企业应该根据自身的生产、技术、资金等实际情况，结合竞争状况分析，从众多的细分市场中，选择其中的一个或几个细分市场作为目标市场。

目标市场是企业为满足现实或潜在的需求而要开拓和进入的特定市场。

企业的一切活动都是围绕目标市场进行的。企业要正确和有效地选择目标市场，必须对细分市场进行评估。一个市场是否具有选择价值，至少取决于两部分：市场的需求、市场的竞争。只有两者同时具有吸引力，才能说市场的价值较大。除此之外，还要考虑该目标市场是否具有吸引力、能否发挥企业的优势、能否实现最佳或满意的效益。

（2）选择目标市场的原则

1）该市场有充分的现实需求量，而且需求水平符合企业销售的期望水平。

2）该市场有潜在需求，有发展前途，而且这个潜在市场未来能让企业获得较大收益，能让企业持续地开拓这个市场。

3）该市场的竞争不激烈，如竞争者较少或竞争者不易进入，或本企业在该市场中有绝对的优势。

4）通过适当的分销渠道，产品可以进入这一市场。

5）与企业的战略目标相一致。

6）与企业的资源相适应。

7）能给企业带来较高的利润回报。

（3）目标市场的选择方法——SWOT分析

1）SWOT分析的内容：SWOT分析是一种企业制定战略、确定目标的方法，即根据企业自身的既定内在条件和所在的外部环境进行综合分析，找出企业内在的优势、劣势，外部的机会、威胁，并确定企业的核心竞争力的方法。其中，S代表strengths（优势），W代表weaknesses（劣势），O代表opportunities（机会），T代表threats（威胁）；其中S、W是内部因素，O、T是外部因素。

SWOT分析不仅来自于对企业内部因素的分析判断，还来自于对竞争态势的分析判断。企业的内部优势、弱点既可以相对于企业目标而言，也可以相对竞争对手而言；企业面临的外部机会与威胁，可能来自于与竞争无关的外环境因素的变化，也可能来自于竞争对手力量与因素变化，或二者兼有，但关键性的外部机会与威胁应予以确认。

SWOT分析的核心思想是通过对企业外部环境与内部条件的分析，明确企业可利用的机会和可能面临的风险，将这些机会和风险与企业的优势和缺点结合起来进行匹配，形成企业的未来目标，形成可行的战略。

2）SWOT分析的结果：通过SWOT分析，可以判定企业“能够做的”（即组织的优势“S”和劣势“W”）和“可能做的”（即环境的机会“O”和威胁“T”）之间的有机组合。

SWOT分析有四种不同类型的组合：优势——机会（SO）组合、劣势——机会（WO）组合、优势——威胁（ST）组合和劣势——威胁（WT）组合。

SWOT分析的结果如图5-6所示。

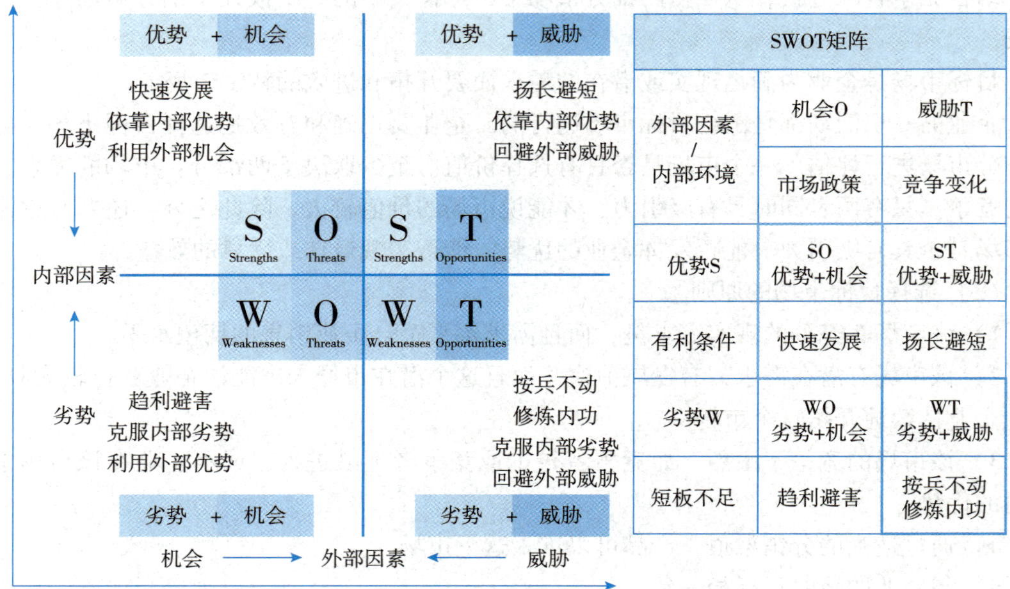

SWOT矩阵		
外部因素/内部环境	机会O	威胁T
	市场政策	竞争变化
优势S	SO 优势+机会	ST 优势+威胁
有利条件	快速发展	扬长避短
劣势W	WO 劣势+机会	WT 劣势+威胁
短板不足	趋利避害	按兵不动 修炼内功

图 5-6　SWOT 分析的结果

① 优势＋机会（SO）组合：优势＋机会（SO）组合是一种发挥企业内部优势、充分利用外部机会的选择，选择到的是一种理想的目标市场。

当企业具有特定方面的优势，而外部环境又为发挥这种优势提供了有利机会时，可以采取该组合。例如，当经济发展为房地产市场未来发展提供了良好的前景，此时原材料供应商供应规模扩大、竞争对手有财务危机等外部条件出现时，而房地产企业自身有实力增强，市场份额提高等内在优势，选择 SO 组合可为实现企业收购竞争对手、扩大生产规模的目标实现提供有利条件。

② 劣势＋机会（WO）组合：劣势＋机会（WO）组合是利用外部机会来弥补企业内部弱点，使企业变劣势为优势的战略。

当市场上存在外部机会，但由于企业存在一些内部弱点而妨碍其利用机会，可采取措施先克服这些弱点。例如，若企业目前的弱点是因原材料供应不足而导致房地产产品不能及时开发、企业的开发经营能力闲置；而且从成本角度看，产品的单位成本在上升。在房地产市场前景看好的背景下，企业可利用原材料供应商扩大规模、新技术设备降价、竞争对手财务危机等机会，通过购置原材料生产线、购买新技术、新设备，入股竞争企业或将其兼并等手段，来弥补目前的不足，实现纵向整合战略，重构企业价值链。通过克服这些弱点，企业可以进一步利用各种外部机会，降低成本，取得成本优势，最终赢得竞争优势。

③ 优势＋威胁（ST）组合：优势＋威胁（ST）组合是指企业利用自身优势，回避或减轻外部威胁所造成的影响。

如竞争对手利用拥有专利或新技术的优势大幅度降低成本，给本企业带来很大的成本压力；同时市场上原材料供应紧张，价格可能上涨；消费者又要求大幅度提高产品质量；

企业还要支付高额环保成本等，这些都会导致企业成本状况进一步恶化，使之在竞争中处于非常不利的地位。但若企业此时拥有充足的现金、熟练的技术工人和较强的产品开发能力，开发绿色建筑、推广新技术产品是企业可选择的战略。企业可利用这些优势开发新型产品，简化施工工艺，提高原材料利用率，从而降低材料消耗和生产成本。目前房地产开发、房地产经营中新技术、新材料、新工艺的应用，既能降低成本，又能提高产品质量，是回避外部威胁影响的较好措施。

④ 劣势 + 威胁（WT）组合：劣势 + 威胁（WT）组合是一种旨在减少内部弱点，回避外部环境威胁的防御性策略。

当企业处于内忧外患、面临生存危机时，降低成本也许是改变劣势的主要措施。当企业成本状况恶化、原材料供应不足、生产能力不够、设备老化，无法实现规模效益时，企业采取目标聚集战略或差异化战略，可以回避成本方面的劣势，并回避成本原因带来的威胁。

运用 SWOT 分析确立房地产经营目标，可发挥企业优势，利用机会克服弱点，回避风险，获取或维护成本优势，将企业的战略与目标建立在对内外部因素分析及对竞争势态的判断等基础上。只有全面客观地认识企业的优势、劣势、机会、威胁及正在面临或即将面临的风险，才能真正确立房地产企业的经营目标。

（4）目标市场的选择策略　目标市场的选择策略是关于企业为哪个或哪几个细分市场服务的决定。通常有五种模式供参考：

1）市场集中化：市场集中化指企业选择一个细分市场，集中力量为之服务，较小的企业一般采取这样的策略专门填补市场的某一部分空缺。集中营销使企业深刻了解该细分市场的需求特点，采用针对的产品、价格、渠道和促销策略，从而获得强有力的市场地位和良好的声誉，但同时隐含较大的经营风险。

2）产品专门化：产品专门化指企业集中生产一种产品，并向所有消费者销售这种产品。例如服装厂商向青年、中年和老年消费者销售高档服装，企业为不同的消费者提供不同种类的高档服装产品和服务，而不生产消费者需要的其他档次的服装。这样，企业在高档服装产品方面树立了很高的声誉，但一旦出现其他品牌的替代品或消费者流行的偏好转移，企业将面临巨大的威胁。

3）市场专门化：市场专门化指企业专门服务于某一特定消费者群，尽力满足他们的各种需求。企业专门为这个消费者群服务，能建立良好的声誉。但一旦这个消费者群的需求潜量和特点发生突然变化，企业要承担较大风险。

4）有选择的专门化：有选择的专门化指企业选择几个细分市场，每一个细分市场对企业的目标和资源利用都有一定的吸引力。但各细分市场彼此之间很少或根本没有任何联系。这种策略能分散企业经营风险，即使其中某个细分市场失去了吸引力，企业还能在其他细分市场盈利。

5）完全市场覆盖：完全市场覆盖指企业力图用各种产品满足各种消费者群体的需求，即以所有的细分市场作为目标市场。一般只有实力强大的大企业才能采用这种策略。例如 IBM 公司在计算机市场、可口可乐公司在饮料市场开发众多的产品，满足各种消费需求。

（5）选择房地产目标市场时应考虑的因素

1）市场需求：市场需求也称为市场总需求，是指在特定的时间、特定的地区、特定的市场环境、特定的营销方案下，特定的消费者群体可能购买的产品总量。

从市场需求角度分析目标市场，至少涉及八个方面的内容：房地产产品需求的主体是消费者群体；需求的对象是房地产产品；衡量目标市场规模的指标是房地产产品的总量；实现房地产开发经营目标的方式是消费者的购买行为；需求的地点限定在特定的区域或地理范围内；需求的时间限定在特定的时间周期内；选择目标市场时必须考虑外部环境造成的有利或不利的影响；选定目标市场后，必须结合内部环境制定营销方案或营销计划。

2）竞争分析：从竞争角度分析目标市场，主要考虑六个方面的内容：项目所在地整个城市或某个地区同类房屋的供给量；现有竞争对手的潜在竞争者的数量；竞争者的产品在房型、建材、配套设施、户型开发方面的现状；竞争者的价格区间以及有哪些优惠措施；竞争者的促销方法、销售现状、房屋空置率状况；竞争者的营销渠道、销售方式、市场占有率现状。

房地产企业与竞争对手同属于房地产供给方，从房地产供给角度分析目标市场，还必须分析能够影响房地产供给的因素。这些因素一般包括：预期房地产的需求总量、土地购置费、房屋的建造成本、银行利率、企业所掌握的资源的充分程度、政府的城市规划要求、其他投资机会的收益率的高低。其中供应量的最大值是市场潜量，它决定着房地产市场的最大容量和开发的空间。

另外，房屋空置率也是应该考虑的因素。空置房屋不仅是指没有卖出或没有租出的房子，还包括那些虽然已经卖出，但没有投入使用的房屋。所以，房屋空置率应该以房屋是否投入使用作为计算的思路。由于商品房的独特性，其价值较高，所需投资也较大，商品房的消化过程相比普通的商品耗费的时间更长一些。所以计算房屋空置率时不能以一年作为计算周期。参考国际上发达国家的计算方法，房屋空置率的公式应为：房屋空置率＝目前房屋的空置数量/近三年商品房的总量。

3. 项目定位

在房地产项目策划活动中，企业满足消费者的需要并通过提供满足消费者需要的产品而获得利润，是通过开发不同用途的房地产产品来实现的。为了满足消费者不同的需求而开发建设的各种用途的房地产，是买卖双方交易的基础。因此房地产产品的决策是开发企业的一项重大决策，它是房地产企业市场策划活动的核心，也是制定房地产市场营销策略的基础。

（1）产品差别化是市场竞争的核心　房地产企业要在激烈的市场竞争中取胜，必须提高其核心竞争力。由于房地产市场进入的技术壁垒较其他行业高，产品之间具有差异性，因此，不断创新、突显并实施产品差别化策略，是房地产企业保持其核心竞争力的重要问题。

菲利普·科特勒对差别化的解释是：差别化是指设计出有差别的产品，来区分公司与竞争对手之间的产品的差别。实现房地产产品差别化，需要以房地产产品为有形载体，通过产品定位来实现。房地产产品的差别化体现在房地产产品的质量、房屋设计的新颖性、功能满足度、环境配套设施、品牌影响力、物业管理的完善程度等方面。

（2）考虑房地产产品的特殊性 按照房地产策划的思路，房地产产品的定位需要确定土地的用途和房地产产品的规划方向，在此基础上，通过规划、设计、生产建造得以实现。房地产产品不同于一般商品，应当考虑其特殊性对房地产产品定位带来的影响。这些特殊性表现在：

1）土地的不可再生性和位置的固定性，决定了它的利用既受法律、法规、政策的限制，又受地域环境的影响，很难进行标准化的设计，也不能大批量同质化生产。

2）房地产具有消费、投资、保值等多种特性。消费者购买的动机各不相同，因此很难确定一个既能满足企业的目标，又能适应消费者需要的评价标准，这也增加了房地产产品定位的难度。

3）房地产产品的价值不仅受产品本身品质的影响，还会受到外部环境的制约，加上房地产产品寿命期较长，因此在定位时，必须考虑环境内部、外部的影响。

4）房地产产品想要被消费者所接受，市场调研和消费者的需求分析在产品定位中起重要的作用。

5.3.2 房地产开发项目定位的内容

1. 关于房地产开发项目定位的几个概念

在房地产项目策划中，产品定位、竞争定位、市场定位、项目定位的概念及相互关系是不同的。

（1）产品定位 产品定位主要针对房地产产品的特性，从产品类型的分布、楼座排布、交通规划组织、产品与外部的区隔、建筑形式等方面，从房地产产品在目标市场上的产品属性、产品地位和竞争优势进行研究、进行决策的过程。

产品定位可以从产品的品牌、类型、档次、功能、构成、外形、包装、材料、质量、工艺、设计、样式、品味、色彩、产地、产品线的长度、宽度、深度等方面着手。

（2）竞争定位 竞争定位主要侧重公司的实力和形象，需要分析房地产产业结构、房地产战略集团划分，根据对竞争对手的分析，确定不同类型开发商的市场竞争战略，从产品导向、消费者导向、竞争导向、市场导向层面进行综合分析，对公司的竞争态势、竞争策略进行研究和决策的过程。

竞争定位可以从目标、资源、能力、成本、收入、利润、用途、市场份额、行业排名、运营、优势、卖点、消费者需求、品牌忠诚度、市场接受度等方面展开。

（3）市场定位 市场定位主要根据目标市场的需求特征，通过市场调研，了解分析消费者的购买动机、购买行为模式及购买决策过程，考虑影响消费偏好的影响因素，针对消费偏好进行决策分析的活动。

市场定位可以关注战略、目标选择、潜在消费者、消费者利益、增长潜力、消费者区域、阶层、职业、年龄、个性、文化、语言、进入壁垒、退出壁垒、行业创新、合作伙伴等方面。

（4）项目定位 项目定位是指以市场细分及目标市场的选择为基础和前提，针对目标消费者对产品属性、功能、服务、管理等方面的要求，塑造出一个有特色的房地产项目整体形象，并把这种形象传递给消费者，从而吸引消费者，占领市场的过程。

从以上概念可以看出，由于房地产项目定位是针对房地产项目的整体特征作出具体的规定，因此项目定位包括了产品定位、竞争定位、市场定位的内容。

【知识链接】

如何给产品做定位

1. 确定目标市场和目标用户

在制定产品定位策略时，首先需要确定产品的目标市场和目标用户。根据产品的特性和特点，确定产品最适合的市场和用户，并从用户需求出发来考虑产品的特点和价值。

2. 定义产品的核心竞争力

通过市场分析和用户调研等手段，确定产品的核心竞争力。核心竞争力可以是产品的功能、性能、设计、品牌等方面的特点，需要确定哪些特点是最能吸引目标用户的。

3. 制定差异化策略

产品定位需要与市场上的其他产品进行比较，确定产品在市场中的差异化策略。通过对市场上同类产品的分析，找到产品的差异化点，并将差异化点作为产品的卖点，让用户更好地理解产品的价值。

4. 建立品牌形象

品牌形象是产品定位的重要组成部分，通过品牌形象可以传达产品的定位和价值。因此，需要建立一个与产品定位相符合的品牌形象，包括名称、标志、口号等元素。

5. 设计营销策略

根据产品的定位和目标用户，设计相应的营销策略。例如，选择合适的宣传渠道、定期开展市场调研、组织营销活动等。

6. 监测和调整

产品定位是一个不断优化和完善的过程。需要根据市场反馈和用户反馈等信息，不断监测和调整产品的定位策略。及时对定位策略进行调整，以保持产品的市场竞争力。

2. 房地产开发项目定位的要点

1）房地产开发项目定位是为了使产品获得更大的竞争优势而提出的。

2）房地产开发项目定位所要展现的是本产品与竞争产品的不同之处。

3）房地产开发项目定位确定的是产品在消费者心目中与众不同的位置。

4）房地产开发项目定位应该包含产品是什么、给谁用的基本内容。

5）房地产开发项目的产品特色不一定是同类产品没有的，而应该是竞争产品所没有说或没有注意、但对消费者却具有巨大吸引力的。

6）房地产开发项目定位的基础是对本产品和竞争产品的深入分析和对消费者的准确判断。

3. 房地产开发项目定位的流程

房地产开发项目定位是一种分析决策过程，它的基础是细分市场及目标市场的选择。房地产开发项目定位的过程，实际上是发掘市场机会，并针对目标市场开发适当产品的过程。

（1）确定开发的目标　获得一块土地的使用权后，必须明确开发的动机和目的，这是产品定位应该首先确定的问题。

房地产开发企业的目标是开发满足目标市场上消费者需求的产品，并通过该产品的开发经营实现自身的利润目标。在特定的时期或项目中，房地产开发经营的侧重点会有所不同。房地产开发经营目标可能是如下目标的全部或部分：

1）获取尽可能多的利润，增加投资回报。

2）降低开发经营的风险，增强抵御风险的能力，避免供过于求或未能满足市场需要而造成的收益方面的损失。

3）平衡企业的资金和成本，避免开发销售与财力发生冲突。

4）通过项目创造企业形象，打造企业的品牌。

5）占领更多的市场，提高市场占有率。

（2）考虑土地的规模、条件、范围，按照城市规划要求进行策划

（3）调查现状、进行趋势分析

调查现状、进行趋势分析的主要内容是进行区位分析与地块分析。

① 区位分析：区位分析侧重于宏观分析，相对于地块分析而言，主要提供房地产的远景发展价值，从交通网络、区位特征、发展规划方面分析能够影响长远发展价值的因素。

② 地块分析：地块分析侧重于微观分析，对房地产项目定位的影响更加直接，地块决策中需要分析地块的环境、交通、方位、地段等具体因素。地块区位分析的目的，一方面在于辨别房地产开发投资的价值及前景，另一方面也体现了对目标市场上潜在消费者需求的满足程度。

（4）确定项目定位　项目定位的指标要尽量具体。如是开发住宅还是写字楼；如果是住宅，是普通公寓还是高档住宅；是小户型还是大户型；建筑的容积率、绿化率控制在多少；质量标准定在何种水平上等。这些工作往往需要借助专业的建筑师或设计部门才能确定。

（5）评估方案　评估方案是对各种可能的备选方案进行评价，从中选出最佳方案，并制定相应的执行计划。

4. 项目定位的原则

（1）先外后内　先决定外部的整体规划，如与周围建筑物的协调、确定容积率、对整个土地做完整和全面的利用等，再考虑内部的利用方式。

（2）先弱后强　尽可能提高开发项目的附加值，更多的获取边际利润。

1）创造边际利润，对于那些位置不太好的地段或建筑物，经过分析和定位后，进行改造，发挥创新意识，从而获得高额利润。

2）提高附加值，包括两方面的内容，既要提高整个建筑的整体价值，又要确定不同楼层的不同价值，善于搭配和组合。

（3）先实后虚　考虑消费者的实得面积与公用面积之间的配比关系。

实得面积指一个建筑物实际可使用的面积，公用面积是由住户共同使用或共同分摊的面积。共同使用的面积包括楼梯、过道、公共阳台等，共同分摊的面积包括配电室、水房等公共设施等。

（4）先分后舍　先分后舍是指由于房地产市场的变化，在产品定位时，开发商要保持一定的产品面积，以供调整。

（5）先专后普　先专后普是指产品面对市场时，越有特色就越有市场。在房地产开发中，产品越专业，专门化程度越高，给予消费者的专业感和信赖感就越强，产品在市场上与其他产品的差异性就越大，对消费者的吸引力就越大，从而也就越容易占领市场。

5. 房地产开发项目定位的内容

（1）房地产开发项目功能属性的定位　土地使用性质，是商业、工业、商住、写字楼还是住宅；房屋的基本属性是高层、超高层、低层；是普通住宅、公寓、别墅等。

（2）房地产开发项目经营属性的定位　项目的投资结构采取独资、招商、集资还是贷款；项目的经营方式采取出售、出租；如果是销售，采取自销还是代理销售。

（3）房地产开发项目市场属性的定位　项目的市场属性是关注地域属性还是关注消费群体；满足消费者需求偏好时，是重点考虑房屋开间布局、装修标准，还是经济承受能力。

（4）房地产开发项目价格属性的定位　竞争者价格处于什么水平，相应地本企业产品平均价格、主力单价如何确定。

（5）房地产开发项目规划设计的定位　产品在平面布置、户型设计、配套设施、基础建设、绿化等方面如何设计。

（6）房地产开发项目建筑与结构设计的定位　建筑造型有无亮点，主体结构、材料、建筑设备等方面与竞争者的差别。

（7）房地产开发项目开发与建设方案的定位　确定房地产项目的开发周期、推向市场的时机、开发建设的顺序、工程发包方式、设计指标方案、施工工艺等。

（8）其他　主要考虑竞争策略的制定、项目的卖点挖掘等。

6. 房地产开发项目定位的立场

（1）房地产开发项目定位是否准确，可以从市场的两个方面来反映

产品本身设计的是否合理，房地产项目整体是否完善；产品的销售策略是否恰当，对消费者需求的满足程度和消费者接受的程度如何。如果房地产项目定位准确，应该是以上二者都能满足。

（2）准确定位应掌握的原则

为了准确定位，必须考虑一些基本原则：

1）房地产开发项目定位是否准确，以是否满足消费者的需求、市场的接受程度来评价其价值。也就是说，应该以满足消费者的需求，填补市场空缺作为定位的依据。

2）房地产开发项目定位必须以开发商的利益为出发点。只有开发商能从中获取利润，才会积极开发和建设这个项目。

3）要考虑房地产开发项目的整体价值：进行房地产开发项目定位时，既要考虑项目具体的建设条件，还要考虑竞争者。不要出现在同一地段建设的房屋，在用途上或在功能上相互干扰。

4）在建设过程中要对建设的全过程进行控制：实施建设过程中应做到“五大控制”：质量控制、成本控制、进度控制、安全控制、现场控制。

【知识链接】

房地产开发项目定位报告格式

第一部分　项目背景及摘要

一、外部环境

二、内部环境

第二部分　项目地块整体情况分析

一、地块位置

二、地块现状

三、项目周边交通情况

四、项目周边社区

五、项目周边环境

六、市政配套

七、主要技术经济指标

第三部分　市场分析

一、宏观市场分析

二、区域市场分析

第四部分　项目 SWOT 分析

一、项目地块优势分析

二、项目地块劣势分析

三、项目机会点分析

四、项目威胁点分析

第五部分　项目定位分析

一、项目定位的原则、构思、设计

二、项目整体定位

三、项目市场定位

四、项目形象定位

五、项目产品定位

六、项目价格定位

七、项目户型、面积配比

八、项目目标客户定位

九、项目配套功能定位

5.4 房地产开发项目营销策略

房地产开发项目定位结束之后，策划就进入了制定房地产市场营销策略阶段。房地产市场营销策略的内容包括产品策略、价格策略、渠道策略、促销策略等。

5.4.1 房地产市场营销产品策略

以居住区为例，制定房地产市场营销策略时，从项目策划角度应考虑以下问题：

1. 居住区产品策略的基本要求

（1）使用要求　住宅平面类型、朝向、采光、公共设施等适应家庭的人口需要。

（2）卫生要求　噪声小、空气污染少、通风条件好。

（3）安全要求　保证正常生活，在火灾、地震、空袭等非正常情况下的适应性。

（4）经济要求　与国民经济发展水平、居民的生活水平相适应，在确定建筑的标准、公共建筑的规模时，考虑建设投资的财力和居民的实际购买能力。

（5）施工要求　有利于施工的组织与经营，满足施工要求、遵循建设程序。

（6）美观要求

2. 居住区产品策略的内容

二维码 5-4

（房地产产品策略）

1）确定居住区规划布局与空间环境设计。

2）确定道路规划和道路系统。

3）确定公共建筑规划布置，设定公共服务设施。

4）确定绿地规划布置。

5）进行竖向规划。

包括地形地貌的利用、道路控制高程的确定、地面排水规划等。

6）管线布局规划。

7）确定住宅造型。

常用的住宅类型有点式住宅、条式住宅、错层式住宅、跃层式住宅、复式住宅、退台式住宅、花园别墅、综合性商住楼。

8）确定住宅布置。

住宅的平面组合布置有五种基本形式：周边式布置、行列式布置、混合式布置、散点式布置、自由式布置。

3. 居住区规划时要考虑的技术指标

1）建筑基地面积。

2）建筑面积。

3）商品房销售面积。

4）公用建筑面积。

5）建筑高度。

6）居住建筑层数的划分。

7）进深与面宽。

8）长度与体型。

9）层高。

10）户室比。

5.4.2　房地产市场营销价格策略

对房地产开发商来说，价格直接关系到市场对开发的房地产产品的接受程度，它影响着市场的需求和开发商的利润，涉及开发商、投资者、使用者、中介公司等各方面的利益。

定价策略是指企业为了在目标市场上实现自己的定价目标，所规定的定价指导思想和定价原则。定价策略应该根据商品房本身的情况、市场情况、成本状况、消费构成、消费心理等多方面的因素来制定。不同的房地产，在不同的时间、不同的地点，可以采用不同的定价策略。总体来讲定价策略可分为三种：低价策略、高价策略、中价策略。

1. 低价策略

制定低价策略的主要目标是提高市场占有率，而利润成为次要目标。

低价策略的优点表现在可以扩大市场容量，让无法支付高价的消费者成为实际消费者；能够先发制人，抢先占领市场；可以阻止实力不强的竞争者进入市场，提高进入壁垒，减小竞争压力。

低价策略适用于以下两种情况：当企业的产品多为低档次的商品房，价格弹性较大时，采用低价策略会促进销售，扩大市场占有率；当企业的开发成本较低，期望的利润值也较低时，采用低价策略可以迅速占领市场。

2. 高价策略

高价策略的目标是在短时间内获得大量利润，利润成为主要目标，而市场占有率不一定会提高。

高价策略适合在以下情况时采用：该产品具有别的楼盘所没有的独特点或卖点；产品的综合性能，如地点、户型、服务较佳；开发商信誉好，开发的产品在一年内能全部销售；在一定时期内，某一类型的楼盘供应量很少。

3. 中价策略

中价策略的目标是房地产企业希望在现有的市场状况下保持一定的市场占有率和利润。

中价策略适用于以下情况：目前市场的消费容量比较稳定，成交量较大；楼盘投入市场后比较成熟，消费者的认同程度高；楼盘的发展进入成熟阶段；现阶段市场的供求比较平稳；市场的竞争比较弱；开发商的利润期望值处于一般水平。

要注意的是，价格确定之后不是一成不变的，要时刻关注政策的调整、市场的变动、竞争对手的情况，随时调整价格，以实现企业的目标。

5.4.3 房地产市场营销渠道策略

1. 营销渠道的基本概念

营销渠道又称为分销渠道或流通渠道，是指产品或服务从生产者向消费者转移的途径，是产品或劳务从生产领域到达消费者领域的一条通路。在市场经济条件下，大多数生产者都不是把产品直接销售给最终用户，而是利用那些存在于生产者和最终用户之间的中间机构，来寻找用户、推销产品。

分销渠道由一系列的市场中介机构或个人组成。

即：一切与商品转移相关的中介机构或个人组成了商品的分销渠道。渠道的起点是生产者，终点是消费者或用户，中间环节有：各类批发商、零售商、代理商、经纪人和实体分销机构。

营销渠道的基本职能是把产品从生产者转移到消费者，建立起全社会生产与消费的联系。

二维码 5-5
（房地产渠道营销管理）

2. 营销渠道的基本特征

1）营销渠道由参与市场营销活动的机构与人员组成。这些渠道成员以推销某一个产品作为目标形成了一个系统。

2）营销渠道有明确的起点（即生产者）和终点（即消费者）。

3）在营销渠道中，商品的所有权至少被转移一次。

4）营销渠道实现的不仅是实物的转移，还有资金、信息的转移。它们相辅相成，共同实现产品从生产者向消费的转移。

5）营销渠道的建立通常需要较长的时间，一旦建立起来，就相对稳定。

3. 营销渠道策略

成功的房地产销售过程一般包括三个阶段：一是为了使潜在的租客或消费者了解物业状况而进行的宣传、沟通阶段；二是对价格或租金以及合同的具体条件而进行的谈判阶段；三是双方协商一致后的签约阶段。

从房地产市场营销的具体方式来看，房地产市场营销渠道策略主要分为三种：开发商直接销售、代理商间接销售、经纪人。

（1）开发商直接销售　开发商直接销售也称为开发商自行销售，是由房地产开发企业设立营销部门或机构，自行组建营销队伍，销售自己开发的产品。

1）开发商直接销售的优点：

① 房地产开发企业掌控了从开发到销售、经营的全过程，开发企业可以从全局角度合理分配资源，整体调控开发、经营的节奏，使前后工作更好地衔接。

② 对所销售的项目最了解、最专业，能更好地介绍项目的特点、卖点。

③ 避免了由于素质不高的代理商介入而造成的营销短期行为，如为了追求销售业绩而将项目夸大宣传，或者将好销楼盘单元销售出去，造成相对难销的楼盘单元积压。

④ 产销直接见面，便于房地产开发商直接了解消费者的需求、购买方式及变化趋势，因而可以更好地调整楼盘的各种功能，并在未来的开发项目中进行完善。

⑤ 销售产品的同时还可以宣传企业，起到放大企业形象、提升品牌知名度的乘数效应。

2）开发商直接销售的缺点

① 房地产产品的开发周期较长，前期开发企业已经投入了大量的资源，若后期销售也由开发企业独自承担，意味着房地产开发企业要独自承担项目的全部风险，风险较高。房地产在租售阶段还存在着需求波动、价格变动、政策调整及其他市场风险，若由经销商负责营销，则有利于风险分摊或风险转移。

② 从开发到销售涉及的专业面太广，会分散企业人力、物力、财力，分散领导决策层的精力，协调不好会影响生产和销售。

③ 房地产营销是一项专业性非常强的工作，房地产开发商直接营销，难以真正汇集营销方面的专业人才，难以形成营销专业优势，会影响营销业绩。

④ 房地产开发企业的特长是组织项目开发，往往不具备广泛的营销网络，对市场需求信息的了解也不如经销商充分。直接销售会影响营销速度，延长项目周期，不利于企业的资金周转，影响营销效率。

3）开发商直接销售的适用范围

① 大型房地产企业。大型房地产企业不仅有销售实力还有广泛的市场影响力。做法是在大型房地产企业内部设有销售部门，专门负责公司楼盘的销售工作。大型房地产企业往往有自己的销售网络，提供的自我服务有时比代理商更为有效。

② 楼盘具有独特卖点。楼盘质量特别优良；产品设计新颖、功能独特，在市场上目前没有相似产品可以替代；开发企业在业内有良好口碑和信誉，市场反应非常好。

③ 当前市场为卖方市场。房地产市场上产品供不应求，市场供应短缺，项目受欢迎，产品竣工后很快就能租售出去。

④ 开发前项目就已经预售给业主，有固定的销售对象。

（2）代理商间接销售　代理商是专门从事房地产中介代理业务的企业，房地产开发商把自己开发的房地产产品委托给中间商进行销售，如房地产代理商。

1）间接营销渠道销售的优点

① 有利于发挥营销专业特长。代理商往往集中了市场调研、广告文案设计、现场销售接待等各方面的营销人才，能够从专业上保证开发商开发的房地产产品销售成功。

② 有利于开发商将重点精力放在开发、工程建设等方面，缓解了开发企业人力、物力、财力的不足。

③ 代理商能在较短的时间内帮助开发商取得更高的销售利润。

2）间接销售的缺点

① 房地产中间商的专业素养和职业道德水准差异很大，如果房地产开发商没有选择到合适的中间商，往往会增加时间成本，减少项目开发利润。

② 开发商必须向代理商支付佣金，额外增加了开发企业的成本，造成利润分流，有

时甚至会出现支付佣金委托销售后，代理商的销售业绩和开发商自己销售预计的业绩基本持平，此时开发商支付的销售费用会得不偿失。

（3）经纪人　房地产经纪人就是指在房屋、土地的买卖、租赁、转让等交易活动中充当媒介作用，接受委托，撮合、促成房地产交易，收取佣金的自然人和法人。凡是从事房地产销售工作的都属于房地产经纪人。由于我国房地产销售的特点，一般将从事一手房销售的称为房地产经纪人或置业顾问，将从事二手房交易的称为房地产经纪人。房地产经纪人是房地产中介的一部分。房地产中介主要由房地产咨询、房地产评估、房地产经纪三个部分构成。在日常生活中，房地产经纪人通常也被称为“房屋中介”。

房地产经纪人在房地产开发、销售、租赁、购买、投资、转让、抵押、置换及典当等各类经济活动过程中，以第三者的独立身份，从事顾问代理、信息处理、售后服务、前期准备和咨询策划等工作，而且其从事的职业活动也随社会经济发展而进一步拓展，从规划设计、建造运筹、经营促销到物业管理的咨询策划，全方位地融入房地产经营开发的全过程，对促进房地产业的正常发展，发挥着不可替代的巨大作用。

房地产经纪人的工作内容包括：①采集、核实和分析客户与房源等信息，设计与管理房号体系，填报和分析业务报表等；②陪伴客户查看房屋，测算购房费用等；③代理契约鉴证与契税缴纳及权证办理，咨询与代理各类房贷事宜，协理房屋验收与移交等；④申办租售许可证，调研房地产市场，核算与评估房价，设计价格体系，编制宣传展示与管理用图表文件，设计平面安排和处理面积误差。

有些教材中把经纪人和代理商合称为物业代理，他们共同的特点是：受物业业主（房地产生产者、营销者、所有者）的委托，从事营销业务，进行购买或销售或二者同时具备的工作，但不取得商品所有权的商业单位。其主要职能在于促成房地产产品的交易，借此取得佣金作为报酬。

5.4.4　房地产市场营销促销策略

善于经营的房地产开发企业不仅要努力开发适合市场需求的房地产产品，制定具有市场竞争力的价格并选择合理的销售渠道，还要及时有效地进行促销活动。

房地产促销是指房地产开发企业通过各种促销手段，如广告、人员推销、销售促进、公共关系等，激发消费者的兴趣，从而促进房地产产品的销售和租赁。

二维码 5-6
（房地产常用促销方式）

1. 房地产促销概述

（1）房地产促销的目标　房地产促销的目标就是通过人员或非人员的方式，将企业、产品、服务等信息传递给潜在消费者，使其知晓、了解、理解、产生信赖；帮助消费者认识房地产产品的特点与功能，激发其消费欲望；最终产生购买或租赁行为，以达到扩大销售的目的。

（2）房地产促销的方式　房地产促销的方式主要有四种：广告促销、人员推销、营业推广、公共关系促销。

2. 广告促销

广告促销是目前房地产企业最常用、最有效的促销手段。房地产广告是开发商以公开付费的方式，通过一定的媒体方式，传播或宣传以事实为依据的经济信息，以达到影响目标受众的购买心理、推销商品的目的。

房地产广告具有较强的区域性和针对性，具有一定的时效性，且具有独特性。但广告也存在诸如广告效果难以度量、广告受众不易把握且难以沟通、广告费用较高等缺点。

3. 人员推销

人员推销是指销售人员直接与消费者接触、洽谈，将开发商、产品及其服务的相关信息传递给消费者，促使其购买的一种营销活动。

人员推销的特点有：

1）双向沟通：推销人员与消费者可以进行面对面的双向沟通，既能向消费者介绍产品、企业，也能随时解答提出的各种问题，并将消费者的意见及时反馈。

2）选择性强：推销人员可以在拜访目标消费者之前，认真研究消费者的需求，拟定推销方案，其效果远远大于广告的作用。

3）具有完整性：推销员不仅访问消费者，传递信息，说服消费者购买；还能提供各种服务，完成实际的交易，如签订合同、融通资金、技术指导、调试、安装、维修，甚至为企业收集市场信息等。

4）具有公关作用：好的推销员在与消费者建立起来超出纯粹买卖关系的友谊和信任的同时，也为企业赢得了忠实消费者。

人员推销受到访问客户的数量、时间、费用的限制，不适于买者众多，分布范围广的消费者市场，但适合于房地产产品的销售。

4. 营业推广

营业推广是指开发商运用各种短期性的刺激工具，迅速刺激需求，鼓励购买的一种促销方式。

营业推广的目的是在短期内刺激消费的快速增长，促进产品销量与销售额的提升。

房地产营业推广方法包括：价格折扣、变相折扣、赠送促销、抽奖促销、概念促销、展销会等。

营业推广能吸引消费者前往售楼处咨询了解，促使竞争者的客户或他们的潜在消费者成为本企业的客户或潜在消费者，从而促使消费者购买或租赁本公司的房地产。营业推广与其他促销方式的显著区别在于，它特别强调利益、实惠、刺激和诱导，具有很强的诱惑力和吸引力，能迅速引起消费者注意，短期内促销效果明显。但这种促销方式极易引起竞争者模仿，并会导致公开的相互竞争而使促销效果不理想；同时，如果长期使用或频繁使用同一种营业推广手段，促销效果也会迅速下降。

5. 公共关系促销

公共关系促销的目的是树立企业形象，优化企业经营的内外环境，以增强企业的竞争力和发展能力。公共关系是一种间接的促销方式，它并不要求达到直接的销售目标，但它对企业仍具有特殊的意义，主要是因为大多数人认为新闻报道与广告相比，更加客观和可信。

房地产公共关系是建立房地产开发企业与公众之间的各种联系。通过公关，企业可以有效地把营销信息传递给那些避开广告和推销员的消费者。通过公共关系传播信息，能使开发企业与消费者、中间商、民众、政府机构以及新闻媒介等公众进行有效沟通，能建立良好的社会形象，创造有利的营销环境。

房地产公共关系促销的策略在于不直接介绍、宣传和推销企业产品，而是通过参加各项社会活动，以信息沟通、理解支持为手段。公关活动并不一定立即见效，但可以改善和提升企业在公众中的良好形象，强化品牌效应，往往比直接推销某个产品影响力更大，更着眼于长期效应。但公共关系宣传往往不一定针对房地产产品本身，使得这种促销方式的针对性较差。

房地产公共关系促销活动包括：参加公益活动；举办新闻发布会；享受无偿广告；争取媒体对房地产开发商有利的宣传报道。公共关系可以协助房地产开发商与有关各界公众建立和保持良好的关系，建立和保持良好的企业形象，消除和处理对房地产开发企业不利的谣言、传闻和事件，树立企业的良好形象。

6. 房地产促销组合

房地产促销组合是指为实现房地产开发经营目标，将不同促销方式进行组合而形成的整体。企业可以根据促销的目标、产品所处的不同生命周期，将上述四种促销方式进行有效组合，使企业达到以最小的综合促销费用，实现促销目标的目的。

本项目小结

房地产项目策划是房地产开发与经营前期阶段的重要工作。房地产项目策划以房地产市场为起点，以房地产项目为主线，运用多种资源，从细分市场、目标市场选择到项目定位、营销策略的制定进行全流程分析，为房地产开发项目未来做什么、何时做、谁来做、怎么做等提前进行筹划。

综合案例应用

【案例概况】

A 房地产公司参与开发北京 CBD 辐射区域的一个占地面积近 30 万 m^2 的大型社区，在制定开发计划、设计户型配比、制订营销计划和销售计划的时候，充分考虑了这一区域的客户细分情况，在设计产品的时候，把握住这个社区是为哪些客户提供的产品，充分了解这些客户的消费习惯、生活状态、职业、年龄等信息，并将这群客户定义为“都市新锐”，后来这个名称在北京楼市中被众多楼盘采用。

下面是 A 房地产公司拿地之前对目标客户的描述和客户细分。

有关专家预测，我国入关后，已形成一定商务规模的朝阳中央商务区将是最大的受益者，每年将会有9万左右的外企员工涌进这片区域，同时，每年将会有十几万本土化的新的白领阶层在这片区域里从事各项工作。而这些高收入的外方员工和本土化的白领阶层要生活，要解决衣、食、住、行，就要消费，将会带动相关产业，住宅便是其中重要的一项。

由于大部分写字楼聚集于CBD商圈，因此，这些外企白领将成为购买周边项目的主力军。此外，IT业人士也是CBD区域不可忽视的购买群体。由于IT业引来许多外地高科技人才，这些人在北京没有现成住所，目前大多租房居住，以致房地产租赁市场形成了新的消费群——“新白领”或“都市新锐”。

“都市新锐”特征：年龄在25～35岁，单身居多，从事网络、软件开发、通信设备等行业，月薪较高，有的每月还可得到一笔可观的房屋津贴，可以承受6000元左右的房租。“都市新锐”对居住要求很高，向往高质量楼盘、环境优美、设计超前、交通便利、定位年轻化，最好还有一定的“知名度”和升值潜力。

因此，东三环沿线一些现有的普通住宅和小户型的公寓将是那些年轻创业者钟情的住所或一些人的“第二居所”。而东四环、五环沿线，作为CBD的周边地带，凭借便利的交通、优美的绿色环境，将吸引越来越多的CBD人士安家落户。

通过上面的客户细分，公司把目标客户描述为：教育程度较高、率先接受国际先进住宅概念，并注重生活品质的年轻成功人士（外企白领，IT业人士、私企业主，年龄在30～35岁），功能以自用为主。目标客户的日常工作、交际地点主要集中在CBD外企集中地带。另外，还包括一部分投资客户，购房用于出租。

【问题】

请用市场细分原理，对该社区开发成功的原因进行分析。

【案例评析】

首先根据地块所处的地理环境CBD区块，以及人口分布状况来选择潜在客户群。CBD区域的基本市场特征是：外企和高科技企业居多，这一带的从业人员多为有较高收入的年轻人即“都市新锐”一族。“都市新锐”一族的需求：居住观念是追求高品位，环境优美、设计超前、交通便利、定位年轻化的自住房。在明确了目标市场特征和需求以后，结合他们的购买力，公司把客户细分定位为：教育程度较高、率先接受国际先进住宅概念，并注重生活品质的年轻成功人士。在营利性上有了市场和购买力的保证，从而具有很大可行性。在明确细分市场的需求后推出相应的户型，水到渠成，从而保证了项目的成功，达到了企业收益最大化。

通过专业的市场调研，公司充分了解了这群客户的购房需求，为这群客户量体裁衣，所设计的产品充分满足他们的需求喜好，因为把握了市场需求，准确地对市场进行了细分，清楚地知道项目的目标客户在什么地方，所以，后来项目销售非常火爆。最初的目标客户选定，与实际成交的客户群体非常相似。可以说这是一次非常成功的客户细分案例。每一个项目都应该有自己的目标客户群体，在项目建设之初准确地进行客户细分，按照选定的目标客户群，去设计产品、营销产品，是项目成功的关键所在。

思考练习题

一、单项选择题。

1. 通过房地产市场细分，就是在众多市场中寻找到适合企业状况的（　　）。

A. 有效市场　　B. 潜在市场　　C. 未被渗透市场　　D. 渗透市场

2. 国家土地管理部门将土地使用权以一定的年限、规定的用途及一定的价格，出让给房地产开发商或其他用地者的市场，是（　　）。

A. 一级市场　　B. 二级市场　　C. 三级市场　　D. 土地市场

3. 下列不属于有效市场细分的条件的是（　　）。

A. 可衡量性　　B. 可竞争性　　C. 可营利性　　D. 可进入性

4. STP 理论中，各内容之间的顺序是（　　）。

A. 市场细分、市场定位、目标市场选择、营销策略

B. 营销策略、市场细分、市场定位、目标市场选择

C. 市场细分、营销策略、市场定位、目标市场选择

D. 市场细分、目标市场选择、市场定位、营销策略

5. 市场细分的依据，是（　　）的差异性。

A. 生产者产品　　B. 消费者需求　　C. 中介服务市场　　D. 房地产市场

二、多项选择题

1. 策划的实质就是在行动之前决定（　　）。

A. 做什么　　B. 谁来做　　C. 怎么做

D. 何时做　　E. 做得好不好

2. 房地产业与国民经济其他行业一样，也具有周期性，也要经历（　　）阶段。

A. 萧条　　B. 繁荣　　C. 振兴

D. 衰退　　E. 复苏

3. SWOT 分析是根据企业自身的既定内在条件和所在的外部环境进行综合分析，其中，属于内部因素的是（　　）。

A. 优势　　B. 劣势　　C. 机会

D. 衰退　　E. 风险

4. 下列内容中属于房地产开发项目定位要点的是（　　）。

A. 房地产开发项目定位是为了使产品获得更大的竞争优势而提出的

B. 房地产开发项目定位所要展现的是本产品与竞争产品的不同之处

C. 房地产开发项目定位确定的是产品在消费者心目中与众不同的位置

D. 房地产开发项目定位应该包含产品是什么、给谁用的基本内容

E. 房地产开发项目定位的基础是对本产品和竞争产品的深入分析和对消费者的准确判断

5. 房地产市场营销策略的内容包括（　　）。

A. 产品策略　　B. 价格策略　　C. 渠道策略

D. 风险策略　　　　E. 促销策略

三、简答题

1. 房地产市场细分的程序是怎样的？

2. 选择目标市场的原则有哪些？

3. 房地产开发项目定位包含哪些内容？

四、案例题

1. B 房地产公司开发的东方城项目位于某房地产市场的东南板块，项目位于该市某主干道路南，另外三条道路将社区周边的商品大世界、名优建材市场等分开。东方城现有的物业形态由连排别墅、普通现房多层和在建的小户型多层组成。一期连排别墅市场定位发生失误，出现了销售障碍。一期5#、7#、9#、11#、13#、15#六栋多层住宅吸取了别墅的教训，以超低价位入市，顺利地实现了销售，但没有为开发商实现预期的利润，没有树立中、高档物业的品牌形象，无意中形成东方城下一期小户型开发和小高层开发的品牌障碍。现在，一期多层尚有 37 套现房、准现房，销售额 850 万元。其中面积为 159.7m^2 的三室两厅户型有 23 套，以五、六楼为主；面积为 127m^2 的三室两厅户型有 7 套；这两种户型的销售金额占一期余额的 90.4%。二期小户型总销售金额预计 2800 万元，临街商铺 1700 万元，合计 4500 万元。预售许可证预计明年 5 月底办下。由此可见，目前东方城的可售资源由三种不同的物业组成：期房小户型、现房大户型和商铺。其中二期小户型占所有可售金额的 52%，一期大户型销售额 16%，二期临街商铺占 32%。如何解决可售资源过于分散的障碍，是其面临的重大挑战之一。

请根据以上资料，对项目进行重新定位。

2. 经过对 B 房地产公司开发的项目进行市场调研，其优势与不足表述如下：

（1）优势

1）位置优越，交通便捷。处于北城区的成熟社区中心；徒步 3 分钟即可到达，酒店、餐饮、剧院、商场、超市等社区设施一应俱全。

2）交通便捷。公共交通比较便捷，有三趟公交线路途径本项目。

3）小区内康体、娱乐、休闲设施一应俱全。室外设施有活动广场、小区幼儿园、医院、购物广场、篮球场及室内设施（桑拿浴室、健身室、乒乓球室、桌球室、卡拉 OK、酒廊）。

4）小户型。户型有二室两厅、三室两厅，为面积在 68.79 ~ 106.92 ㎡之间的小户型；提供菜单式装修，对于事业有成、家庭结构简单、时尚、享受的目标购房群极具吸引力。

（2）不足

1）环境建设缺乏吸引性景观。环境建设缺乏吸引性景观，不利于引发目标购房群兴趣；不利于提升项目在公众中的知名度、美誉度和造成记忆；同时也不利于满足区内居民对居住环境的要求。

2）物业管理缺乏特色服务。物业管理方面未能根据目标购房群的职业特点和实际需求，开展特色服务，使该项目在服务方面缺乏应有的个性和吸引力。

3）朝向差、无景观、背阴的单位难于销售。本项目离大型购物中心太近，区内商铺经营状况不景气，销售业绩不佳。

（3）目标购房群

1）年龄在35～60岁之间，为经济富裕、有投资意识、习惯在北城生活的中老年人群；家庭人数为1～3人、中老年夫妻或带一个小孩；单身中老年人群。

2）年龄在28～45岁之间，月收入在1万元以上，享受在北城工作的管理者或小私营业主；家庭人数为1～3人、中青年夫妻或带一个小孩；单身中青年人群。

问题：请给出项目对策。

五、实训题

作为大学生，除了在学习上积极向上，在生活中也有着各种各样的爱好。这些爱好发展成了一个个特长，因此需要一个平台来展示自我风采。请根据你所在学校的具体情况，策划一个能够完全自主发挥的活动，参赛者可结合自己的特色、优点，想出一些适合自己的项目，并创造一个属于自己的记录。本次活动项目不限，可以是比较常见的项目（如摇呼啦圈、单分钟跳绳次数、百米跑最短时间），也可以是自己想象出来的比较独特、能够能吸引观众的项目。只要有兴趣、有创意、有能力，便能在这个活动里面充分展示自己的魅力。

请根据以上要求，编写一份项目策划书，参考格式如下。（教师可对策划书的格式进行调整，建议根据实际情况，确定策划书中不同内容的分值大小，便于评价和考核。）

项目策划书格式

第一部分　项目简介

第二部分　项目 SWOT 分析

1. 项目优势

2. 项目劣势

3. 项目机会

4. 项目威胁

5. 结论分析

第三部分　项目市场调研

一、市场调研情况说明

二、调研分析

三、主要结论

第四部分　项目综合定位

一、项目命名阐释

二、目标客户定位

三、项目形象定位

四、项目价格定位

第五部分　项目宣传策略

一、项目广告主题策略

二、项目广告媒体选择及发布策略

房地产开发经营预测与决策

☞ 知识目标：

1）了解房地产开发项目投资估算的方法。

2）熟悉房地产开发经营预测的方法、房地产开发项目费用测算的种类。

3）掌握房地产开发项目总投资的构成、房地产开发项目经营决策的方法。

☞ 能力目标：

通过本项目的学习，使学生建立起运用定性与定量相结合的方法全面评估房地产项目的认知，从预测与决策角度掌握房地产开发与经营的相关知识点，能够从房地产开发项目总投资的角度分析案例，将其运用到房地产开发企业成本控制、判断预测、项目决策等实务中。

☞ 素养目标：

通过预测与决策，树立细心谨慎和效率意识；培养严谨认真、精益求精的工匠精神；培养敢于承担风险、勇敢前行的精神。

☞ 学习重点：

1）房地产开发项目总投资构成的具体内容。

2）定性预测结论的表示方法。

3）盈亏平衡法。

4）确定型、风险型、不确定型决策方法。

【引例】　回头看看当年的预测，哪些说对了？

以下观点发表于2021年上半年，对2021年下半年及2022年房地产市场做出的预测。

一、房地产行业现状

从行业现状看：①行业规模筑顶，增速放缓，近五年复合增速仅2.6%，2022年大概率负增长；②收益持续下滑，2021年行业震荡后预估利润率下滑到4%以下；③2021年下半年全国销售市场进入衰退期，2022年仍延续萧条。

从行业萧条原因看：①行业调控从供需两端层层加码，土地市场和销售市场断崖式下滑；②房企自身的杠杆率过高，债务期限逼近，为促进销售回款而被动降价，加速房价下跌；③房企暴雷不断，购房客户担心交付问题，市场信心不足，造成恶性循环。

二、房地产行业未来趋势

1. 坚持“房住不炒”、维持房价平稳的调控基调不会变；2. 地产去金融化，行业规模将从高位下滑，行业将持续出清，市场集中度将逐步加大；3. 房价从普涨到分化，一线城市及核心二线城市“硬顶 + 软底”，弱二线城市 + 三四线城市“硬顶 + 无底”；4. 经营底层逻辑转变，从土地红利、金融红利向管理红利转变。

三、做出房地产行业趋势预测的依据

1. 地产行业规模筑顶、利润下行，今明两年仍是房企经营的困难期；当前房地产行业政策救市力度不足，市场尚未出现预期反转。

2. 房地产行业去金融化、回归居住属性的背景下，城市基本面是决定房价的核心变量，城市分化的现实决定城市间房价分化是常态。

3. 房地产长期看产业（人口），中期看供应（土地），短期看政策（行业 + 金融）；本轮调控主要是金融端信用收紧，房企遭遇流动性危机；行业政策及金融端信用不放松，房地产行业难有大幅反转。

4. 房地产行业过度繁荣就打压，萧条再救市：经济转型要求减少对地产行业投资路径依赖与经济持续下行需要地产行业托底的矛盾；金融安全要求降低房地产行业资源占用与缺少高收益资产信贷投放的矛盾；社会安全要求缓和房价增长过快与居民收入增速过慢的矛盾。

现在回头看当年对未来房地产市场的预测及依据，哪些说对了？哪些有待进一步验证？

6.1 房地产开发项目的费用测算

6.1.1 房地产开发项目费用测算的种类

根据房地产开发项目不同阶段的特征，其费用可分为投资估算、设计概算、施工图预算、工程结算和竣工决算。

二维码 6-1
（投资估算的作用）

1. 投资估算

在可行性研究阶段，房地产开发项目的设计仅仅是方案，投资估算是根据项目的性质、规模等设计任务书上的有关资料，测算房地产开发项目的投资总额而编制的技术经济文件。投资估算主要根据估算指标、概算指标或类似工程预（决）算等资料编制。项目可行性研究阶段的投资估算是项目投资决策的重要依据，是正确评价建设项目投资合理性、分析投资效益、为项目决策提供依据的基础。当可行性研究报告被批准之后，其投资估算额就作为建设项目投资的最高限额，不得随意突破。

2. 设计概算

二维码 6-2
（设计概算的内容）

基本建设程序的设计阶段有二阶段设计或三阶段设计。二阶段设计包括初步设计和施工图设计；而对于技术复杂或缺乏经验的项目，可按三阶段设计，即初步设计、技术设计（也称扩大初步设计）和施工图设计。

设计概算是指设计单位在初步设计或技术设计阶段，根据设计图样及说明书、设备清单、概算定额或概算指标、各项费用取费标准等资料、类似工程预（决）算文件等资料，用科学的方法计算和确定建筑安装工程全部建设费用的经济文件。

3. 施工图预算

二维码 6-3
（施工图预算的编制主要依据）

在施工图设计阶段，对工程建设所需资金做出较精确计算的造价测算称为施工图预算。施工图预算是根据施工图工程量、预算定额、各项取费标准、施工组织设计、建设地区的自然条件及技术经济条件等资料编制的。由于施工图设计比初步设计更深入细化，因而施工图预算比设计概算和投资估算的内容更具体、测算更精确。

在我国，施工图预算是建筑企业和建设单位签订承包合同、实行工程预算包干、拨付工程款和办理工程结算的依据；也是建筑企业编制计划、实行经济核算和考核经营成果的依据。在实行招标承包制的情况下，是建设单位确定标底和建筑企业投标报价的依据。

4. 工程结算

二维码 6-4
（工程结算方式）

工程结算是指工程建造完工后，工程建设承包单位根据施工图设计、工程合同等编制的、用来向业主单位或房地产开发企业办理工程价款结算，以补偿工程项目施工过程中的资金耗费、获得工程承包收入、并评判施工盈利或亏损而编制的技术经济文件。工程结算编制依据有施工图预算、工程合同、施工过程中现场实际情况记录、设计变更通知单、现场工程更改签证、预算定额、材料价格和费用标准等资料。

5. 竣工决算

二维码 6-5
（结算与决算的区别）

竣工决算是建设工程经济效益的全面反映，是项目法人核定各类新增资产价值，办理其交付使用的依据。通过竣工决算，一方面能够正确反映建设工程的实际造价和投资结果；另一方面可以通过竣工决算与概算、预算的对比分析，考核投资控制的工作成效，总结经验教训，积累技术经济方面的基础资料，提高未来建设工程的投资效益。竣工决算发生在工程竣工验收阶段，是项目从筹建到竣工使用的全部投资费用的技术经济文件，包含工程项目从立项到投入使用所发生的一切费用。与工程概预算相比，工程概预算发生在项目实施之前，而竣工决算则发生在项目竣工之后，测算最为准确，是开发项目竣工验收、交付使用的重要依据。

6.1.2 房地产开发项目总投资的构成

房地产项目投入资金多、风险大，在项目的规划阶段，必须对项目的投资费用进行准确的估算，以便做出经济效益评价、进行投资决策。房地产开发项目投资估算的范围，包括土地费用、前期工程费、建筑安装工程费、公共配套设施建设费、基础设施建设费、管理费、开发期税费、销售费用、财务费用、不可预见费等，各项费用的构成复杂、变化因素多、不确定性大，尤其是由于不同建设项目类型的特点不同，其费用构成有较大的差异。

1. 土地费用

土地费用是指为取得开发项目用地而发生的费用。开发项目取得土地使用权有多种方式，所发生的费用各不相同。主要有以下几种：划拨土地的土地征收补偿费、出让土地的土地出让价款、转让土地的土地转让费、租用土地的土地租用费、股东投资入股土地的投资折价。

（1）土地征收补偿费　土地征收补偿费又分为农村集体征收补偿费和城市国有土地房屋征收补偿费。农村集体征收补偿费主要有土地补偿费、劳动力安置补助费、水利设施维修分摊、青苗补偿费、耕地占用税、耕地垦复基金、征地管理费等。城市国有土地房屋征收补偿费主要包括：被征收房屋价值的补偿、因征收房屋造成的搬迁、临时安置的补偿，因征收房屋造成的停产停业损失的补偿。

（2）土地出让价款　在出让状态下，土地出让价款主要包括向政府缴付的土地使用权出让金，和根据土地原有现状需要支付的拆迁补偿费、安置补助费、城市基础设施建设费、征地费等。

（3）土地转让费　在转让状态下，土地转让费是指土地受让方向土地转让方支付土地使用权的转让费。以出让方式和划拨方式取得的土地使用权都可以向开发投资者转让。

（4）土地租用费　土地租用费是指土地租用方向土地出租方支付的费用。以租用方式取得土地使用权可以减少项目开发的初期投资，但这种方式仅在部分工业开发项目和公共租赁住房项目用地上有少量采用，在商品房项目开发中非常少见。

（5）土地投资折价　开发项目土地使用权可以来自股东以土地投资入股。在这种情况下，不需要筹集资金支付土地使用权价款，但是要将土地使用权评估作价。

另外，土地费用中除了包括上述直接费用外，还应包括土地购置过程中支付的税金及相关费用。

2. 前期工程费

前期工程费主要包括开发项目的可行性研究、前期规划、水文地质勘测、设计、以及“三通一平”等土地开发费用支出。

（1）项目的可行性研究、规划、勘察、设计费用　通常规划及设计费为建筑安装工程费的3%左右；可行性研究费占项目总投资的1%～3%；水文、地质勘探费可根据所需工作量结合有关收费标准估算，一般为设计概算的0.5%左右，水文、地质勘探费也可根据所需工作量结合有关收费标准估算。

（2）“三通一平”等土地开发费用　“三通一平”是指通过接通水、电、道路及场地平整，使土地达到工程建设的要求。“三通一平”是工程建设的基本要求，根据工程项目建设的不同要求，项目土地前期要达到的标准也不同，有些要求较高的项目，还需达到“五通一平”或“七通一平”。“三通一平”等土地开发费用主要包括地上原有建筑物、构筑物拆除费用，场地平整费和通水、通电、通路的费用等。这些费用可以根据实际工作量，参照有关计费标准估算。

3. 建筑安装工程费

建筑安装工程费是指直接用于建筑安装工程建设的总成本费用。主要包括建筑工程费（建筑、特殊装修工程费）、设备及安装工程费（给水排水、电气照明、电梯、空调、燃气管道、消防、防雷、弱电等设备及安装）以及室内装修工程费等。在可行性研究阶段，建筑安装工程费可采用单元估算法、单位指标估算法、工程量近似匡算法、概算指标估算法以及类似工程经验估算法等估算。

4. 公共配套设施建设费

公共配套设施建设费是指居住小区内为居民服务配套建设的各种非营利性的各种公共配套设施或公建设施的建设费用。主要包括居委会、派出所、托儿所、幼儿园、公共厕所、停车场等。一般按规划指标和实际工程量估算。

5. 基础设施建设费

基础设施建设费是指建筑物2m以外和项目红线范围内的各种管线、道路工程的建设费用。其费用包括自来水、雨水、污水、煤气、热力、供电、电信、道路、绿化、环卫、室外照明等设施的建设费用，以及各项设施与市政设施干线、干管、干道等的接口费用。一般按实际工程量估算。

6. 管理费

管理费是指房地产开发企业的管理部门为组织和管理开发与经营活动而发生的各种费用。主要包括管理人员工资、职工福利费、办公费、差旅费、折旧费、修理费、工会经费、职工教育经费、社会保险费、董事会费、咨询费、审计费、诉讼费、排污费、房地产税、土地使用税、技术转让费、技术开发费、无形资产摊销、开办费摊销、业务招待费、坏账损失、存货盘亏、毁损和报废损失以及其他管理费用。

管理费可按项目总投资的3%～5%估算。如果房地产开发企业同时开发若干个房地产项目，管理费应该在各个项目间合理分摊。

7. 开发期税费

房地产开发项目投资估算中应考虑房地产项目在开发周期内所负担的各种税金和地方政府或有关部门征收的费用。主要包括：固定资产投资方向调节税、市政支管线分摊费、供电贴费、用电权费、分散建设市政公用设施建设费、绿化建设费、电话初装费、建材发展基金、人防工程费等。在一些大中型城市，开发期税费在开发建设项目投资构成中占较大比重，应根据当地有关法规标准估算。

【知识链接】

房地产开发企业的企业涉税

房地产开发企业主要涉及的税种有营业税、城建税、教育费附加、土地增值税、房产税、印花税、企业所得税、个人所得税以及契税等。

1. 营业税：是对在我国境内提供应税劳务、转让无形资产，为纳税人向对方收取的全部价款和价外费用。应税劳务主要涉及以下几个方面：①转让土地使用权，应按“转让无形资产”税目中的“转让土地使用权”子目征税；②销售不动产，税率为5%；③包销商承销，应按“服务业—代理业”征税；④土地使用权出租以及房地产建成后出租的，按“服务业—租赁业”征税。营业税 = 营业额 × 适用税率。

2. 城市维护建设税和教育费附加：以营业税等流转税为计税依据，依所在地区分别适用7%、5%、1%征城市建设维护税，依3%计征教育费附加。

3. 土地增值税：是对转让国有土地使用权、地上的建筑物及其附着物并取得收入的单位和个人征收的一种税。土地增值税按照纳税人转让房地产所取得的增值额和规定的适用税率计算征收，纳税人转让房地产所取得的收入扣除项目金额后的余额，为增值额。土地增值税采用四级超率累进税率，应纳土地增值税 = 土地增值额 × 适用税率 − 速算扣除额 × 速算扣除率。其中：土地增值额 = 转让房地产总收入 − 扣除项目金额。计算扣除项目有：取得土地使用权所支付的金额；开发土地和新建房及配套设施的成本、开发土地和新建房及配套设施的费用、旧房及建筑物的评估价格、与转让房地产有关的税金、加计扣除。

4. 房产税：是在城市、县城、建制镇、工矿区范围内，对拥有房屋产权的内资单位和个人按照房产税原值或租金收入征收的一种税。房产税以房产原值（评估值）为计税依据，税率为1.2%。年应纳税额 = 房产原值（评估值）×（1 − 30%）×1.2%。

5. 城镇土地使用税：是在城市、县城、建制镇和工矿区范围内，对拥有土地使用权的单位和个人以实际占用的土地面积为计税依据，按规定税额、按年计算、分期缴纳的一种税。年应纳税额 = ∑（各级土地面积 × 相应税额）。房地产开发企业自用、出租、出借本企业建造的商品房，自房屋使用或交付之次月起计征城镇土地使用税和房产税。

6. 城市房地产税、三资企业土地使用费：城市房地产税是对拥有房屋产权的外商投资企业、外国企业及外籍个人、港澳台胞，按照房产原值征收的一类税种。城市房地产税依房产原值计税，税率为1.2%。年应纳税额 = 房产原值 × 税率 ×（1 − 30%）。三资企业土地使用费是对本市行政区域内使用土地的外资企业，按企业所处地理位置和偏远程度、地段的繁华程度、基础设施完善程度等征收的一项费用。依外资企业的实际占用土地面积以及所适用的土地使用费的单位标准确定。应纳土地使用费额 = 占用土地面积 × 适用的单位标准。

7. 印花税：是对在经济活动和经济交往中书立、领受印花税暂行条例所列举的各种凭证所征收的一种兼有行为性质的凭证税。分为从价计税和从量计税两种。应纳税额 = 计税金额 × 税率，应纳税额 = 凭证数量 × 单位税额。

土地使用权出让转让书立的凭证（合同）暂不征收印花税，但土地开发建设及房产出售、出租活动中所书立的合同、书据等，应缴纳印花税。凡进行房屋买卖的，签订的购房合同应按产权转移书据所载金额0.05%缴纳印花税，房地产交易管理部门在办理买卖过户手续时，应监督买卖双方在转让合同或协议上贴花注销完税后，再办理立契过户手续。在办理房地产权属证件时，应按权利许可证照，按件交纳印花税五元，房地产权属管理部门应监督领受人在房地产权属证上按件贴花注销完税后，再办理发证手续。

8. 契税：契税是对在我国境内转移土地、房屋权属时向承受土地使用权、房屋所有权的单位征收的一种税。征收范围包括国有土地使用权出让、土地使用权转让（包括出售、赠与和交换）、房屋买卖、房屋赠与和房屋交换。计税依据主要是成交价格、核定价格、交换价格差额和“补缴的土地使用权出让费用或者土地收益”等。应纳税额=计税依据×税率。

9. 耕地占用税、固定资产投资方向调节税：大部分地区已经停止征收。

10. 企业所得税、外资和外国企业所得税：是对我国境内的企业或组织，在一定期间内的生产、经营所得和其他所得征收的一种税。应纳税额=（全部应税收入-准予扣除项目）×适用税率。

11. 个人所得税：是对个人的劳务和非劳务所得征收的一种税。房地产业所涉及最多的是“工资、薪金”所得。其适用5%～45%的超额累进税率。应纳税额=应纳税所得额×适用税率-速算扣除数。

---

8. 销售费用

销售费用是指房地产开发企业在销售房地产产品过程中发生的各项费用，以及专设销售机构或委托销售代理的各项费用。包括销售人员工资、奖金、福利费、差旅费，销售机构的折旧费、修理费、物料消耗费、广告宣传费、代理费、销售服务费及销售许可证申领费等。

9. 财务费用

房地产开发的资金构成中，自有资金只占总投资的一部分，其余资金需要通过向金融机构贷款或向消费者预收等途径取得，因而向银行等金融机构支付的贷款利息也应计入成本。财务费用是指企业为筹集资金而发生的各项费用，主要为借款或债券的利息，还包括金融机构手续费、融资代理费、承诺费、外汇汇兑净损失以及企业筹资发生的其他财务费用。

10. 不可预见费

不可预见费根据项目的复杂程度和前述各项费用估算的准确程度，以上述各项费用之和的3%～7%估算。

11. 其他费用

其他费用主要包括临时用地费和临时建设费、工程造价咨询费、总承包管理费、合同公证费、施工执照费、工程质量监督费、工程监理费、竣工图编制费、工程保险费等杂项费用。其他费用一般按当地有关部门规定的费率估算。

应该注意的是，当房地产开发项目竣工后采用出租或自营方式经营时，还应估算项目经营期间的运营费用。运营费用通常包括：人工费，公共设施设备运行费、维修及保养费，绿地管理费，卫生清洁与保安费用，办公费，保险费，房产税，广告宣传及市场推广费，租赁代理费，不可预见费等。

6.1.3 房地产开发项目投资估算

1. 投资估算的依据

1）开发项目的建设规模、占地面积、地价。

2）设计方案、图样。

3）主要设备、材料及其预算价格表。

4）同类型项目的投资资料。

5）资金来源、贷款利率。

6）有关政策和规定。

2. 投资估算的方法

可行性研究阶段，投资费用估算可以采用单位指标估算法、单元估算法、工程量近似匡算法、概算指标法、概预算定额法，也可以根据类似工程经验进行估算。

（1）单位指标估算法　单位指标估算法是指以单位工程量投资乘以工程量得到单项工程投资的估算方法。一般来说，土建工程、照明工程可按建筑 m^2 造价计算；采暖工程按耗热量指标计算；变配电安装按设备容量指标计算；集中空调安装按冷负荷量指标计算；各类围墙、室外管线工程按长度指标计算；室外道路按道路面积指标计算等。

如对于建筑安装工程可先求建筑物的总面积 Q，再参照最近竣工的同类建筑物确定每 m^2 造价 C，则建筑物的可能总造价公式为：

$$P = C \cdot Q \tag{6-1}$$

单位指标估算法具有计算简便、容易理解的特点，但是它不能直接考虑平面形状或建筑物层高的变化，同时根据建筑物的已知单方造价估算所需单方造价时，需要对多重可变因素进行修正，因而影响到结果的准确性。

（2）单元估算法　根据建筑物能容纳的人数或设施单元数以及每个单元的造价等资料来估算建筑工程的总造价。公式为：

$$P = C' \cdot L \tag{6-2}$$

式中　P——建筑物的可能总造价；

L——建筑物的单元数（如影剧院座位数、中小学的班数、医院住院部的床位数、旅馆客户床位数等）；

C'——建筑物每个单元的造价。

（3）工程量近似匡算法　工程量近似匡算法采用与工程概预算类似的方法，先近似匡算工程量，配上相应的概预算定额单价和取费，近似计算项目投资。

（4）概算指标法　概算指标法采用综合的单位建筑面积和建筑体积等建筑工程概算指标计算整个工程费用。

常使用的估算公式是：直接费 = 每 m^2 造价指标 × 建筑面积，主要材料消耗量 = 每 m^2 材料消耗量指标 × 建筑面积。一般对附属、辅助和服务工程等投资比较小、比较简单的工程项目，可采用概算指标法进行估算。

（5）概算定额法　概算定额法又叫扩大单价法或扩大结构定额法。概算定额法根据初步设计的图样资料和概算定额的项目划分计算出工程量，然后套用概算定额单价（基价），计算汇总后，再计取有关费用，便可得出单位工程概算造价。

概算定额法要求初步设计达到一定深度，建筑结构比较明确，能按照初步设计的平面、立面、剖面图样计算出楼地面、墙身、门窗和屋面等分部工程（或扩大结构件）项目的工程量时才可采用。

概算定额法的步骤：①列出单位工程中分项工程或扩大分项工程的项目名称，并计算其工程量；②确定各分部分项工程项目的概算定额单价；③计算分部分项工程的直接工程费，合计得到单位工程直接工程费总和；④按照有关固定标准计算措施费；⑤合计得到单位工程直接费；⑥按照一定的取费标准计算间接费和利税；⑦计算单位工程概算造价。

【例 6-1】 A 房地产开发公司以 6000 万元的价格获得了一宗占地面积为 5000m^2 的土地 50 年的使用权，建筑容积率为 7，建造成本为 4000 元/m^2（包括勘察设计和前期工程费、建筑安装工程费用、基础设施建设费和公共配套设施建设费），其他工程费为建造成本的 6%，开发期间税费等其他费用为 800 万元，管理费为土地成本、建造成本、其他工程费和开发期间税费等其他费用之和的 3.5%，市场推广费、销售代理费和销售税费分别为销售收入的 1%、2% 和 6%，预计建成后售价为 10000 元/m^2。项目开发周期为 3 年，建设期为 2 年，地价于开始一次性投入，土地管理费在前期均匀投入，建造成本、其他工程费、开发期间税费等其他费用和建设期管理费在建设期内均匀投入；年贷款利率为 8%，按季度计息，融资费用为贷款利息的 10%。试对该项目进行总投资估算，并计算其楼面地价。

解：

1. 项目总投资估算

土地成本：6000（万元）

建造成本：$5000 \times 7 \times 4000 = 14000$（万元）

其他工程费（如建筑师、结构、造价、机电、监理工程师等费用）：$14000 \times 6\% = 840$（万元）

开发期间税费等其他费用：800（万元）

管理费：

1）土地管理费：$6000 \times 3.5\% = 210$（万元）

2）建设期管理费：$(14000 + 840 + 800) \times 3.5\% = 547.4$（万元）

3）管理费合计：757.4（万元）

销售费用：

1）市场推广费：$35000 \times 1\% = 350$（万元）

2）销售代理费：$35000 \times 2\% = 700$（万元）

3）销售费用合计：1050（万元）

财务费用：

1）土地费用利息：$6000 \times [(1 + 8\%/4)^{3 \times 4} - 1] = 1609.45$（万元）

2）土地管理费利息：$210 \times [(1+8\%/4)^{2.5\times4}-1]=45.99$（万元）

3）建造费用、其他工程费、开发期间税费等其他费用、建设期管理费用及市场推广费用利息：

$(14000+840+800+547.4+350)\times[(1+8\%/4)^{(2/2)\times4}-1]=1249.46$（万元）

4）融资费用：$(1609.45+45.99+1249.46)\times10\%=290.49$（万元）

5）财务费用总计：$1609.45+45.99+1249.46+290.49=3195.39$（万元）

项目总投资：

$6000+14000+840+800+757.4+1050+3195.39=26642.79$（万元）

2. 楼面地价

$$楼面地价=\frac{土地总价}{总建筑面积}=\frac{6000\times10^4}{35000}=1714.29(元/m^2)$$

【例 6-2】B 市某项目总投资 65640 万元（静态投资 61087 万元）。其中土地使用权价值 4956 万元，占总投资的 7.6%；基础设施建设费 4293 万元，占总投资的 6.5%，建筑安装工程费 40188 万元，占总投资的 61.2%。

管理费用的估算取前期工程费和建造费用（配套公建、建筑安装工程费、基础设施费用）之和的 5%，共 2314 万元，开发期税费为 4171 万元，占总投资的 6.4%。

销售费用 1270 万元，其他费用 996 万元，占总投资的 1.9% 和 1.5%。

不可预见费（预备费）估算值为 2254 万元，占总投资的 3.4%。

涨价预备费主要是针对不断增长的物价采取的对策。该项目的计划工期为 3 年，因此必须对物价的上升有所准备，保证资金筹措计划的可行、有效。

该项目总投资估算见表 6-1。

表 6-1　项目总投资估算表

序　号	项 目 名 称	总投资/万元	所占总投资百分比
1	开发建设总投资	64584	98.4%
1.1	土地费用	4956	7.6%
1.2	前期工程费	364	0.6%
1.3	基础设施建设费	4293	6.5%
1.4	建筑安装工程费	40188	61.2%
1.5	公共配套设施建设费	1433	2.2%
1.6	管理费用	2314	3.5%
1.7	销售费用	1270	1.9%
1.8	开发期税费	4171	6.4%
1.9	其他费用	996	1.5%
1.10	不可预见费	2254	3.4%
1.10.1	基本预备费	1101	1.7%
1.10.2	涨价预备费	1153	1.8%
1.11	财务费用	2345	3.6%

土地使用费估算见表6-2。

表6-2　土地使用费估算表

序　号	项目名称	金额/万元
1.1	土地费用	
1.1.1	土地出让金	4800.0
1.1.2	契税	144.0
1.1.3	其他费用（测图、评价等）	12.0
	合计	4956

前期工程费估算见表6-3。

表6-3　前期工程费估算表

序　号	项目名称	金额/万元
1.2	前期工程费	
1.2.1	规划、设计、可行性研究、环境影响评价等	259
1.2.2	测量、水文、地质勘探	26
1.2.3	“三通一平”费用	52
1.2.4	地下、人防等设计增加费用	28
	合计	364

基础设施建设费估算见表6-4。

表6-4　基础设施建设费估算表

序　号	项目名称	金额/万元
1.3	基础设施建设费	
1.3.1	供电工程（用电配套）	2069
1.3.2	供水工程	207
1.3.3	供气工程	129
1.3.4	供暖工程	189
1.3.5	排污费用	151
1.3.6	小区道路费用	717
1.3.7	小区绿化、小品费用	725
1.3.8	路灯工程	32
1.3.9	环卫设施	75
	合计	4293

建筑安装工程费估算见表6-5。

表6-5　建筑安装工程费估算表

序　号	项目名称	金额/万元
1.4	建筑安装工程费	
1.4.1	地上建筑-开发商业	6112

（续）

序　　号	项 目 名 称	金额/万元
①	土建工程费	4802
②	安装工程费	873
③	装饰工程费	437
	商业用房建筑安装费用小计	6112
1.4.2	职工住宅安置区	16697
①	土建工程费	12522
②	安装工程费	2609
③	装饰工程费	1565
1.4.3	回迁商业区住宅	3015
①	土建工程费	2369
②	安装工程费	431
③	装饰工程费	215
1.4.4	回迁商业区底商	4609
①	土建工程费	3814
②	装饰工程费	477
③	安装工程费	318
1.4.5	地下储藏室	3451
①	土建工程费	3106
②	装饰工程费	173
③	安装工程费	173
1.4.6	地下车库建筑	4654
①	土建工程费	4020
②	装饰工程费	212
③	安装工程费	423
1.4.7	职工住宅安置区底商	1340
①	土建工程费	1137
②	装饰工程费	81
③	安装工程费	122
	居住用房建筑安装费用小计	34076
	项目建筑安装费用合计	40188

公共配套设施费估算见表6-6。

表6-6　公共配套设施费估算表

序　　号	项 目 名 称	金额/万元
1.5	公共配套设施费	
1.5.1	会所	118

（续）

序　　号	项 目 名 称	金额/万元
1.5.2	幼托	252
1.5.3	学校	811
1.5.4	其他	218
1.5.5	公共厕所	10
1.5.6	地上停车设施等	24
	合计	1433

开发期税费估算见表6-7。

表6-7　开发期税费估算表

序　　号	项 目 名 称	金额/万元
1.8	开发期税费	
1.8.1	人防费用	1095
1.8.2	配套费用	1771
1.8.3	劳保统筹费用	925
1.8.4	用电其他费用	129
1.8.5	用水其他费用	26
1.8.6	供暖其他费用	26
1.8.7	排污其他费用	26
1.8.8	规划手续、图样审查费	147
1.8.9	散装水泥与墙改费用	26
	合计	4171

其他费用估算见表6-8。

表6-8　其他费用估算表

序　　号	项 目 名 称	金额/万元
1.9	其他费用	
1.9.1	临时用地、道路占用费	18
1.9.2	临建费用	44
1.9.3	施工图标底编审、造价咨询	133
1.9.4	招标代理、交易管理等费用	44
1.9.5	总包管理费	44
1.9.6	工程监督费	31
1.9.7	工程监理费	311
1.9.8	项目管理费	267
1.9.9	竣工图编制费	13
1.9.10	工程保险费	89
	合计	996

预备费（不可预见费）包括基本预备费和涨价预备费。预备费估算值为2254万元，占总投资的3.4%。基本预备费按工程建造费用的2%计算。本研究取成本季度增长指数为0.5%，年度增长指数即为2%。由于土地的价格已经确定，在估算涨价预备费时不考虑土地费用随时间的增长。

本项目财务费用估算值为2345万元。如果商业银行、城市信用社贷款利率浮动区间为[0.9，1.7]。商业银行企业贷款利率最高上浮幅度可扩大到70%，下浮幅度为10%。但本项目投资商是多家金融机构的优质客户，可享受基准利率下浮10%。本项目费用按5.4%的年利率计算贷款利息。

6.2 房地产经营预测

房地产业是国民经济的支柱产业，房地产业也是一种高风险、高收益的行业，具有许多的不确定性，这些不确定性对房地产企业的经营成败起着决定性的作用。如果能在房地产企业决策前科学地预测，预先把握风险的程度，预先采取有效的措施，那么至少可以将风险控制在最低限度，实现经营目标。

6.2.1 房地产经营预测概述

1. 房地产经营预测的概念

预测是根据已知推测未知，根据过去和现在推测未来，是在现实的基础上对事物即将发生的结果进行估计和推测，以寻求事物发展的规律。凡事预则立，不预则废。科学的预测，有助于企业做出正确的决策。经济环境越来越复杂，使得预测的作用日益增强。

房地产经营预测是指在房地产调研的基础上，运用科学的方法，对房地产企业过去的数据信息资料、现在的环境状况进行分析处理，来预见房地产发展趋势以及房地产企业未来的经营方向和经营效益。通过房地产经营预测，掌握房地产未来的变动趋势，有助于房地产经营企业提高经营目标的科学性、经营计划的可行性，减少经营决策片面性和盲目性，降低经营风险，使经营决策者易于选择最优方案，做出正确决策，增强企业竞争能力。

2. 房地产经营预测的特点

（1）可预见性　同一般预测一样，房地产经营预测在收集大量资料的基础上，对资料进行整理、分析，来预见企业未来的发展趋势和水平。

（2）复杂性　影响房地产市场的因素很多，并且有些因素处于不断的变化之中。因而，预测人员在对房地产进行经营预测时，不仅要深入研究分析影响房地产市场变化的各种因素，分清主要因素和次要因素，还要考虑到因素的变化对预测结果的影响。

（3）灵活性　房地产业的变化，除受已经认识的、可掌握的因素影响外，还受人们尚未认识到、无法掌握的因素影响，比如重大经济政策、自然灾害、突发事件等对房地产业带来的变化。由于不确定因素的存在，经营预测不可避免地会出现偏差，因此，房地产经营预测要灵活采用多种预测方法。在保证调查统计资料准确和完整的前提下，不断地研究和改进预测方法，最大限度地提高经济预测的准确性和科学性。

(4) 区域性　房地产市场带有明显的区域性特征。各地的房地产市场发展不平衡，决定了房地产经营预测虽然内容广泛，但只适用于对特定区域内房地产的预测。因此，预测必须紧密联系当地实际，因地制宜。

3. 房地产经营预测的内容

房地产经营预测主要依据市场调研的结果，预测房地产宏观经济发展形势、房地产市场需求、供给、价格、竞争强度、经济效益、未来发展趋势等。

(1) 房地产宏观经济发展形势预测　房地产宏观经济发展形势预测包括预测宏观经济状况的变化，金融政策、产业政策、物价水平、消费水平、市场结构、消费结构的变化等。通过预测这些内容，能使房地产企业经营活动更好地适应经济环境的变化。

(2) 房地产市场需求预测　房地产市场需求预测既包括对未来一个时期内某一类型房地产市场需求的预测，也包括对本企业在区域内房地产产品需求的预测。如预测未来某一类型房地产需求量，可以选用该类型房地产一定时期内的销售面积作为预测指标，推测未来市场需求状况；还可以预测人们对建筑面积、建筑设计、功能、质量等的需求变化趋势。做房地产市场需求预测时，需要分析影响房地产市场的各种因素。

(3) 房地产供给能力预测　房地产供给能力预测既包括对某一类型房地产供给的预测，也包括对本企业房地产产品供给的预测。如预测某一类型房地产供应商的供给数量、生产规模、成本、销售数量、供给结构的变化情况；预测本企业的成本、销售量、利润和产品市场占有率的变化趋势等；预测人们对新产品的反应和接受程度等。通过对房地产市场供需变化的预测，可以为企业制定发展战略提供思路，也为消费者提供购房时机的选择提供参考。

(4) 房地产市场价格趋势预测　价格是房地产经营预测的主要内容，主要预测房地产产品价格走势。具体包括预测影响房地产价格变化的因素、房价变化对房地产企业的影响、房价变化对消费者购买力的影响及影响程度。房地产价格既决定着房地产企业的利润，又影响着消费者的购房心态和消费状况。进行房地产市场价格预测，既要考虑到本地区经济发展、人口状况、收入水平以及相关行业的经营规模或者利润，还要考虑到未来一段时期内，各种成本（土地成本、前期开发成本、建筑安装费用、公共配套设施建设费、税金等）的变化对价格的影响。

(5) 房地产产品技术发展预测　房地产产品技术发展预测是对新技术、新工艺、新材料、新设备的使用特点和应用前景进行预测。

(6) 房地产市场竞争情况预测　房地产市场竞争情况预测指预测房地产企业竞争对手的生产、销售、规模、价格和竞争产品的设计、结构、质量、服务等竞争因素，也可以预测人们对竞争性项目的主观评价。

(7) 房地产产品生命周期预测　房地产产品生命周期预测是指预测现有产品和新产品处于生命周期的哪个阶段。产品在不同的阶段要采取不同的生产策略和市场策略。

4. 房地产经营预测的基本程序

(1) 确定预测目标　房地产经营预测的内容很多，其目标和要求不同，所需的资料及采用的方法也不尽相同。因此，在进行房地产经营预测时，首先明确预测内容和预测目标，即确定为什么预测和预测什么，并有必要的文字说明，这样才能根据预测目标去搜集、整理必要的资料，选择合适的预测方法。如果目标不明确，就会造成人力、财力和时间的浪费。

（2）收集整理资料　在房地产经营预测中，当确定了预测的目标后，收集资料的工作就非常重要。收集的资料包括历史资料和当前资料。根据资料的来源渠道，可以将其分为一手资料和二手资料。

一手资料主要是通过现场调研取得的原始资料。如在预测房地产的市场需求时，可以收集以下资料：一定区域范围内人口数量和人口结构的变化情况、居民的收入水平和消费水平、消费者的购房意向、房型选择、价格接受范围等。收集一手资料可以采用问询法、观察法等。如需要预测某商业房地产项目的盈利潜力时，可以通过观察法得到该房地产周边的交通流量、商业服务设施的客流量等相关数据信息。

二手资料是已经存在的，并且与预测问题存在一定关联性的资料。二手资料主要来源于官方统计资料（如国家及地方统计公报）、报纸、期刊、房地产行业协会发布的研究报告等。

资料收集数量的多少及可靠程度关系到预测结果的准确性。二手资料相比一手资料来说，时效性、准确性稍差。对各种不同来源的资料要进行检验鉴别，分析判断真伪，决定取舍。

（3）选择预测方法　预测方法分定性预测法和定量预测法。根据预测目标、资料的收集整理情况，选择适当的预测方法。如果数据资料比较完整、时间跨度连续较长，可以采用各种定量方法进行预测；否则，只宜采用定性分析方法预测。同时，在选择预测方法之前，应确定好用于预测的各项指标，如预测房地产的供给，可以采用年竣工面积作为指标。

（4）预测分析　根据前面所收集的数据资料和选择的预测方法，对所研究内容进行合理的预测。运用定量预测方法进行房地产预测时需建立预测模型，根据预测模型进行计算，求出预测值。在预测过程中，要注意影响预测对象的内部因素和外部因素是否发生了显著性的变化。如果发生了显著变化，就要对预测模型作必要的修改。

（5）预测结果评价　预测结果评价主要检查其结果是否符合预期的目标，预测误差是否在允许的范围内。由于预测是一种估计，因而预测结果或多或少会存在误差，因此，必须事先估计预测误差的大小。如果预测误差很大，预测就没有什么意义了。这时，就要分析产生预测误差的原因，改进预测模型，或选择其他的预测方法重新预测。

（6）编制预测报告　预测结果得以确认以后，便可以编制预测报告，供有关人员参阅。报告应当简单明了，并对预测过程、资料来源、选取的指标、预测结果等做出阐释。

5. 房地产经营预测的类型

根据不同的分类依据可以划分不同的分类方法，因此从经济活动范围、预测时间、预测内容和预测方法等角度可以划分多种类别的预测。

（1）按经济活动的范围，分为宏观预测和微观预测　宏观预测主要是对整个市场的预测分析，如国家、地区经济发展趋势；经济景气指数变化；金融市场各相关因素变化；市场容量及其变化；市场价格的变化趋势；消费需求的变化趋势等内容。微观预测是对一个房地产企业或一个房地产项目的需求、供给、价格、竞争情况、盈利能力等的预测。

（2）按时间的长短，分为短期预测、中期预测和长期预测　短期预测的时间在 1 年以内；中期预测在 1～5 年之间；长期预测的时间在 5 年以上。

（3）按预测的内容，分为单项房地产产品预测、同类房地产产品预测和房地产产品总量预测　单项房地产产品预测可以按照户型、档次、设计等进行预测；同类房地产产品预测是按照房地产产品类别进行预测，如对住宅类房地产、商业房地产、写字楼、工厂类房地产分别预测；房地产产品总量预测一般属于行业预测，指对房地产各种产品的总量进行预测。

（4）按预测方法，分为定性预测、定量预测和综合预测　定性预测是在对历史资料和当前信息进行分析、研究的基础上，探讨预测对象在未来市场和环境下的发展方向、目标及其性质。定量预测通过运用统计数据、建立预测模型，确定预测对象在未来市场和环境下的可能数量。综合预测是定性预测和定量预测的结合。

6.2.2　房地产经营预测的定性方法

当房地产企业难以获得充足的历史数据，或者有些情况很难用量化的数据来进行预测时，就只能依靠人的主观经验和综合分析能力，对未来事物的发展状况做出判断，这就是定性预测法。在房地产经营预测中，定性预测法主要适合于以下问题的研究：预测消费者对建筑面积、建筑设计、功能、质量、物业管理等的倾向性；预测消费者的购买动机；预测消费者对拟开发项目的态度和接受程度等等。这些内容都不能用数字表达，只能依靠预测人员的主观判断。

定性预测法主要通过对历史资料和当前信息的分析、研究，由预测人员凭借主观经验、业务水平和逻辑推理能力，来判断、预测对象未来的发展趋势。定性预测法是一种主观预测，主要包括个人经验判断法、专家会议法、德尔菲法。

1. 个人经验判断法

房地产企业对掌握的市场资料进行分析，结合自己的知识、经验，通过主观经验判断形成预测结果。个人经验判断法的优点在于简单、快速，在缺乏预测资料的情况下特别有效；缺点在于容易受到个人知识面的限制，预测结果有可能发生判断错误。

二维码 6-6
（专家会议法的形式）

2. 专家会议法

专家会议法的具体做法是：围绕房地产预测的内容召集有关专家进行集体讨论，参加会议的专家提出各自预测的意见，相互启发，取长补短，通过讨论、补充，从而得到较为一致的预测结果。这种方法的优点是简单易行，可以发挥集体智慧的作用。但也存在着不足之处，如参会人数有限，代表性不充分；容易受到权威人士或大多数的意见的影响，不能畅所欲言，有可能排斥非权威人士和少数人的正确意见，影响预测结果的可靠性。

3. 德尔菲法

德尔菲法是在20世纪60年代由美国兰德公司首创的一种方法。具体做法是：房地产企业将预测的问题以通信的形式提供给相关专家，请他们各自独立发表自己的意见，然后收集、整理和归纳各种意见后，将综合意见匿名反馈给各位专家，请他们再次发表意见，再次进行归纳整理和反馈，如此多次重复，直到预测的问题得到较为一致的结果。德尔菲法的优点是：匿名性、反馈性，并且专家们互不见面，因而可以消除相互间心理上的影响，做到自由充分的发表意见；缺点是预测过程较复杂，时间周期较长，费用较高。

二维码 6-7
（德尔菲法的原则）

由于定性预测法主要依靠预测者的经验以及判断能力，容易受到主观因素的影响，因此在采用此方法进行预测时应注意以下方面：第一，应加强市场调研，掌握实际情况，使分析预测更加接近现实；第二，对有数据支撑的可以进一步分析，使定性分析定量化，提高说服力，减少主观因素的干扰。

4. 定性预测结论的表示方法

定性预测结论通常是在征集意见的基础上，采用定量分析方法形成的。常用的方法有主观概率法、记分法等。

（1）主观概率法　主观概率法是指用概率的形式来描述预测的结果。具体做法是：首先将预测者的结果用概率的形式表达出来；然后求出这些预测结果的算术平均值，作为预测的最终结果。其计算公式为

$$\overline{X} = \frac{\sum_{i=1}^{n} X_i}{n} \tag{6-3}$$

$$或\ \overline{X} = \frac{\sum_{i=1}^{n} X_i f_i}{\sum_{i=1}^{n} f_i} \tag{6-4}$$

式中　$\overline{X}$——预测结果的平均值；

X_i——人员 i 预测的结果；

n——参加预测的人员总数；

f_i——预测结果同为 X_i 的人员总数。

【例6-3】某房地产企业预测明年企业商品房销售增长率，共有7人参加预测。其中有3人预测4%，1人预测4.5%，2人预测3.5%，1人预测3%，试求销售前景良好程度的预测概率。

解：根据题中的数据，前景良好程度的预测概率为：

$$\overline{X} = \frac{4\% \times 3 + 4.5\% \times 1 + 3.5\% \times 2 + 3\% \times 1}{7} = 3.8\%。$$

（2）记分法　记分法是当某一预测项目准备了多种方案时，由预测人员对每一方案按照评价标准给出分值，然后将各种方案的分值进行整理和比较，最后得出预测结果。在整理分值时可以采用平均法、比重系数法、满分频率法。

1）平均法：平均法是先计算每种方案的平均数，然后比较平均数的大小，分值最大者的方案作为首选方案。其计算公式为

$$\overline{X_j} = \frac{\sum_{i=1}^{m_j} x_{ij}}{m_j} \tag{6-5}$$

式中　$\overline{X_j}$ ——第 j 种方案的平均值；

x_{ij} ——第 i 个预测人员对第 j 种方案的预测值；

m_j ——参加第 j 种方案预测的人员总数。

【例6-4】某房地产企业就长期发展规划拟定了三种方案，邀请了9个专家进行预测，规定对每种方案的打分最高分为10分。专家给各方案的评分见表6-9。

表6-9　专家对三种方案的评分

方案	专家1	专家2	专家3	专家4	专家5	专家6	专家7	专家8	专家9
一	10	6	4	–	6	6	5	5	4
二	—	5	10	6	–	5	6	5	10
三	7	6	6	5	8	6	5	4	6

解：根据表中的数据，可以计算出方案一、方案二、方案三的平均分值

方案一：$\overline{X_j} = \frac{\sum_{i=1}^{m_j} x_{ij}}{m_j} = \frac{10+6+4+6+6+5+5+4}{8} = 5.75$

方案二：$\overline{X_j} = \frac{\sum_{i=1}^{m_j} x_{ij}}{m_j} = \frac{5+10+6+5+6+5+10}{7} = 6.71$

方案三：$\overline{X_j} = \frac{\sum_{i=1}^{m_j} x_{ij}}{m_j} = \frac{7+6+6+5+8+6+5+4+6}{9} = 5.89$

从平均值来看，方案二是最优选择。

2）比重系数法：在对方案进行预测时，并不是所有的预测人员对每种方案都会给出预测值。当某一种方案只有少数人表态，并且分值很高时，这种方案的平均分也很高，从而得出错误结论。比重系数法就是分别求出各种方案的总分占全部方案修正总分的比重，作为它们比较的依据。其计算公式为

$$w_j = \frac{\sum_{i=1}^{m_j} x_{ij}}{\sum_{j=1}^{n}\left(L_j \sum_{i=1}^{m_j} x_{ij}\right)} \tag{6-6}$$

式中　w_j ——方案 j 的总分占全部方案修正总分的比重；

x_{ij} ——第 i 个预测人员对第 j 种方案的预测值；

L_j ——积极性系数，它等于 $\frac{m_j}{m}$；

m_j ——对第 j 种方案预测的人员总数；

m ——参加预测的人员总数；

n ——方案个数。

【**例 6-5**】根据【例 6-4】的资料，试采用比重系数法选择最优方案。

解：根据表 6-9 中的数据，可以计算出方案一、方案二、方案三的 w_j：

方案一中，$\sum_{i=1}^{m_j} x_{ij} = 46$，$L_j = \frac{8}{9}$

方案二中，$\sum_{i=1}^{m_j} x_{ij} = 47$，$L_j = \frac{7}{9}$

方案三中，$\sum_{i=1}^{m_j} x_{ij} = 53$，$L_j = 1$

因此，方案一：$w_j = \frac{\sum_{i=1}^{m_j} x_{ij}}{\sum_{j=1}^{n}\left(L_j \sum_{i=1}^{m_j} x_{ij}\right)} = \frac{46}{46 \times \frac{8}{9} + 47 \times \frac{7}{9} + 53 \times 1} = 0.35$

方案二：$w_j = \frac{\sum_{i=1}^{m_j} x_{ij}}{\sum_{j=1}^{n}\left(L_j \sum_{i=1}^{m_j} x_{ij}\right)} = \frac{47}{46 \times \frac{8}{9} + 47 \times \frac{7}{9} + 53 \times 1} = 0.36$

方案三：$w_j = \frac{\sum_{i=1}^{m_j} x_{ij}}{\sum_{j=1}^{n}\left(L_j \sum_{i=1}^{m_j} x_{ij}\right)} = \frac{53}{46 \times \frac{8}{9} + 47 \times \frac{7}{9} + 53 \times 1} = 0.41$

从上述的计算结果来看，方案三是最优方案。与平均法计算相比，最优方案之所以发生了变化，是因为考虑了积极性系数。

3）满分频率法：满分频率法就是计算每种方案给满分的人员数与对方案做出评价的人员总数之比，以此来比较各种方案。其计算公式为

$$f_j = \frac{m'_j}{m_j} \tag{6-7}$$

式中　f_j ——第 j 种方案的满分频率；

m_j ——对第 j 种方案预测的人员总数；

m'_j ——对第 j 种方案预测为满分的人员总数。

【**例 6-6**】根据【例 6-4】的资料，试采用比重系数法选择最优方案。

解：根据表 6-9 中的数据，可以计算出方案一、方案二、方案三的 f_j：

方案一：$f_1 = \frac{1}{8} = 0.13$

方案二：$f_2 = \frac{2}{7} = 0.29$

方案三：$f_3 = \frac{0}{9} = 0$

从计算结果看，方案二为最优方案。

6.2.3　房地产经营预测的定量方法

定量预测法是根据历史数据，应用数理统计方法，预测事物的发展状况，推测事物未来变化趋势的方法。在房地产经营中，定量预测法运用广泛。比如，预测房地产需求量、供给量、价格；预测房地产企业收入、利润及其增长率等。定量研究的结果通过具体的数字表现出来，比较直观，比定性研究更有说服力。常用的定量预测法有因果分析法、时间序列分析法等。

1. 因果分析法

影响房地产经营的因素（自变量）很多，因果分析法就是从数量上研究各类房地产经济现象之间的依存关系。首先对影响房地产经营的因素进行相关性分析，再利用回归分析的方法求出因变量与自变量之间的回归方程式，根据回归方程对未来的结果进行预测。因果分析以大量的数据为基础，因而具有较高的可靠性。具体方法包括一元线性回归分析、多元线性回归分析和非线性回归分析等。

二维码 6-8
（因果分析法的分析方法）

当影响预测指标 Y 的因素为 X 时，可建立方程：

$$Y = a + bX \tag{6-8}$$

利用历史数据，采用最小二乘法求出：

$$a = \frac{\sum y - b\sum x}{n} \tag{6-9}$$

$$b = \frac{n\sum xy - \sum x\sum y}{n\sum x^2 - \left(\sum x\right)^2} \tag{6-10}$$

式中　n——时间序列的项数；

X——自变量；

Y——因变量；

a——回归常数，是一元线性回归方程的截距；

b——回归系数，是一元线性回归方程的斜率。

当影响预测指标 Y 的因素为 X_1、X_2、$X_3 \cdots X_n$ 时，须建立多元回归方程：

$$Y = a + b_1X_1 + b_2X_2 + b_3X_3 + \cdots + b_nX_n \tag{6-11}$$

由于 a、b 的计算较复杂，可以借助软件（如 Eviews、Spss）计算。

【例 6-7】某地区 2014～2023 年住宅类房地产均价见表 6-10。

表 6-10　某地区 2014～2023 年住宅类房地产均价　　（单位：千元/m^2）

年份	2014	2015	2016	2017	2018	2019	2020	2021	2022	2023
X	1	2	3	4	5	6	7	8	9	10
价格（Y）	4	4.2	4.41	4.6	4.8	5.03	5.25	5.47	5.66	5.71

解：X 为时间变量（自变量），将 2014 年设为第 1 年，2015 年设为第 2 年，依此类推，2023 年设为第 10 年。Y 为价格（因变量）。表 6-10 表示的是价格（Y）随时间（X）变化的趋势。

X 与 Y 的一元线性回归分析计算见表 6-11。

表 6-11　一元线性回归分析计算表

年份	X	Y	X^2	XY
2014	1	4.00	1	4.00
2015	2	4.20	4	8.40
2016	3	4.41	9	13.23
2017	4	4.60	16	18.40
2018	5	4.80	25	24.00
2019	6	5.03	36	30.18
2020	7	5.25	49	36.75
2021	8	5.47	64	43.76
2022	9	5.66	81	50.94
2023	10	5.71	100	57.10
$\sum$	55	49.13	385	286.76

根据式（6-7）和式（6-8）计算出：

$$b=\frac{n\sum xy-\sum x\sum y}{n\sum x^2-\left(\sum x\right)^2}=\frac{10\times 286.76-55\times 49.13}{10\times 385-55^2}=0.201$$

$$a=\frac{\sum y-b\sum x}{n}=\frac{49.13-0.201\times 55}{10}=3.81$$

则 $Y=3.81+0.201X$

根据该方程，2012 年住宅类房地产均价为：

$Y=3.81+0.201\times 11=6.02$（千元/$m^2$）

在实际问题中，有时两个变量之间的关系并不是线性关系，这时可以选择一条函数曲线，并将其转化为线性方程相近的函数，然后用线性回归方法，建立回归模型进行预测。常见的可线性化的方程见表 6-12。

表 6-12　常见的可线性化的方程

曲线名称	曲线方程	转化形式	线性方程
双曲线方程	$\frac{1}{y}=a+\frac{b}{x}$	$y'=\frac{1}{y},x'=\frac{1}{x}$	$y'=a+bx'$

（续）

曲线名称	曲线方程	转化形式	线性方程
幂函数方程	$y = ax^b$	$y' = \lg y, x' = \lg x$ $a' = \lg a$	$y' = a' + bx'$
指数曲线方程	$y = ae^{bx}$	$y' = \ln y, a' = \ln a$	$y' = a' + bx$
对数曲线	$y = a + b\lg x$	$x' = \lg x$	$y = a + bx'$

2. 时间序列分析法

二维码6-9

（时间序列法的基本特征）

时间序列就是按照发生时间顺序排列起来的同一现象的一组观测值。在预测中，经常能看到按时间排列的统计数据，如按照月份、季度、年度顺序统计的房地产的销售量、价格等数据。时间序列分析法是根据相关历史资料，寻求数据与时间之间的统计规律性，揭示出未来一定时期预测现象的大致趋势水平。过去和未来的状态仅是时间的函数。采用时间序列法预测，预测人员只要有按时间顺序排列起来的历史数据，并对其进行统计分析，就能预测事物的未来。

利用这种方法进行预测必须具备以下条件：预测变量的过去、现在、未来的客观条件基本保持不变，数据表现的规律可以一直延续下去；预测变量的变化呈现渐变趋势，而不是大起大落或跳跃的。所以有时时间序列法也称为延伸预测法。

时间序列法包括简单平均法、移动平均法和季节预测法等。

（1）简单平均法　简单平均法也称为算术平均法、序时平均法，即计算各期数据的平均值，将平均值作为下一期的预测值。简单平均法适用于历史数据没有出现大起大落的情况。计算公式为：

$$\hat{y}_t = \frac{1}{n}\sum_{i=1}^{n} y_i = \frac{y_1 + y_2 + \cdots + y_i}{n} \tag{6-12}$$

式中　$\hat{y}_t$——t期的预测值；

y_i——各期的观察值，$i = 1, 2, \cdots, n$；

n——时间序列的项数。

（2）移动平均法　移动平均法采用逐期移动的方法计算序时平均数，形成一个新的序时平均数的动态数列，是对原有数据按照时间序列进行修匀。移动平均法方法消除了短期波动的影响，能更好地反映数据变动的规律和发展趋势。运用移动平均法进行预测时，应按照房地产销量、价格等变化的周期长度进行移动平均。

移动平均法包括简单移动平均法、加权移动平均法和指数平滑法。

1）简单移动平均法：简单移动平均法是用过去某一段时期的数据平均值来预测将来某时期预测值的一种方法。简单移动平均法是对时间序列按一定时期移动，计算观察值的算术平均数，其平均数随着观察值的移动而后向移动，并用该移动平均数及其增长量（或变动值）来预测以后时期的预测值。计算公式为：

$$\hat{M}_{t+1} = \overline{M}_n + \Delta M \cdot T \tag{6-13}$$

式中　$\hat{M}_{t+1}$——第 $t+1$ 期的预测值；

$\overline{M}_n$——最后一项移动平均值；

ΔM——趋势的变动值；

T——最后一项移动平均值与预测期的间隔数。

其中，
$$\overline{M}_n = \frac{1}{n}\sum_{i=1}^{n} Y_i = \frac{Y_1 + Y_2 + \cdots + Y_i}{n} \tag{6-14}$$

式中　Y_i——第 i 期的实际值；

n——移动期数。

$$\Delta M = \overline{M}_n - \overline{M}_{n-1} \tag{6-15}$$

利用移动平均法进行预测时，求平均数公式中的移动期数 n 的选择非常重要。不同 n 的选择对计算的平均数影响较大。n 值越小，说明近期观测值的作用越明显，预测值对数据变化的反应越敏感，但对观测值的修匀程度低，由此计算得出的预测值的结果与数据变化规律的符合程度可能降低。反之，n 值越大，对预测值的修匀效果越好，但对数据变化反映的敏感度降低。因此，n 值的选择应根据具体情况而定，无法二者兼顾。

一般 n 在 3～200 之间，要看时间序列的长度和预测目标的情况而定。如果过去曾经发生过诸多突发事件，时间序列里包含有大量的随机因素；或者时间序列的变化趋势不明显，那么 n 值可以取大一些。而对于时间序列变化趋势较大，数据呈现阶梯式变化特点的数据，n 值可以取小一些，能减少预测的偏差，又能提高预测值对数据变化的反应程度。

【例 6-8】 某房地产开发企业收集了某地 2023 年的商品房房价，见表 6-13。试用简单移动平均法预测该地 2024 年 1 月的商品房价格。

解：

表 6-13　某地房价简单移动平均法计算表

月份（观察期 t）	房价的实际值	移动平均值 $\overline{M}_n$	移动平均数的逐月变动值 ΔM
1	6700	—	—
2	6800	6800	—
3	6900	6833	33
4	6800	6800	-33
5	7000	7000	200
6	7200	7166	166
7	7300	7300	134
8	7400	7366	66
9	7400	7466	100
10	7600	7600	134
11	7800	7766	166
12	7900	—	—

取 $n=3$，根据公式6-12及6-13计算出，移动平均值 $\overline{M}_n$ 及移动平均数的逐月变动值 ΔM，见表6-13中第三列、第四列。

其中移动平均值 $\overline{M}_n$ 中的第一个值 $6800=\dfrac{Y_1+Y_2+Y_3}{3}=\dfrac{6700+6800+6900}{3}$，其余以此类推。

移动平均数的逐月变动值 ΔM 中第一个值 $33=6833-6800$，其余以此类推。

由于最后一个移动平均数7766对应的时间是2023年11月，与2024年1月相差2个月，所以根据式（6-11），预测2024年1月份的房价为：

$\hat{M}_{2024-1}=7766+166\times2=8098$（元/m²）

2）加权移动平均法：在用移动平均法预测时，对时间序列中发生在不同时期的数据都视为同等重要，往往不符合实际。加权移动平均法考虑到与预测期时间间隔不等的数据，其对预测值的影响是不同的，所以给不同时期的观察值赋予不同的权数（或权重），通过计算加权移动平均值预测以后时期的预测值。

具体做法是对实际值按距预测期的远近，给予不同的权数，并求其按加权计算的移动平均值。权数的确定是对距预测期远的实际值给予小些的权数，对距预测期较近的实际值给予大些的权数，借以调节各实际值对预测值的影响作用。权数可以按照由远及近采用自然数为权数（$W_i=1,2,3,\cdots$）；也可以根据判断，人为赋予权数。

$$\overline{M}_n=\frac{1}{n}\sum_{i=1}^{n}Y_i=\frac{\sum\limits_{i=1}^{n}Y_iW_i}{\sum W_i}=\frac{W_1Y_1+W_2Y_2+\cdots W_iY_i}{\sum W_i} \tag{6-16}$$

式中　W_i——权数。

【例6-9】 根据【例6-8】的资料，当 $n=3$ 时，权数由远到近分别为0.1、0.2、0.7。试用加权移动平均法预测2024年1月的商品房价格。

解：

计算结果见表6-14。

当 $n=3$ 时，其中移动平均值 $\overline{M}_n$ 中的 $6860=\dfrac{0.7\times6900+0.2\times6800+0.1\times6700}{0.7+0.2+0.1}$，其余以此类推。

移动平均数的逐月变动值 ΔM 中第一个值 $-40=6820-6860$，其余以此类推。

根据式（6-11），预测2024年1月份的房价为：

$\hat{M}_{2024-1}=7850+130\times2=8110$（元/m²）

表6-14　某地房价加权移动平均法计算表

月份（观察期 t）	房价的实际值	移动平均值 $\overline{M}_n$	移动平均数的逐月变动值 ΔM
1	6700	—	—
2	6800	6860	—

（续）

月份 （观察期 t）	房价的实际值	移动平均值 $\overline{M}_n$	移动平均数的逐月变动值 ΔM
3	6900	6820	-40
4	6800	6950	130
5	7000	7120	170
6	7200	7250	130
7	7300	7360	110
8	7400	7390	30
9	7400	7540	150
10	7600	7720	180
11	7800	7850	130
12	7900	—	—

3）指数平滑法：指数平滑法又称指数加权平均法，实际上是一种特殊的加权移动平均法。指数平滑法消除了移动平均法中需要收集大量观测值才能计算的特殊要求，并解决了移动平均法中只用最后一项移动平均值为基数计算预测值，而不考虑其前期数据的缺点。计算公式为

$$\hat{S}_{n+1}=\alpha Y_n+(1-\alpha)\hat{S}_n \tag{6-17}$$

$$或\ \hat{S}_{n+1}=\hat{S}_n+\alpha(Y_n-\hat{S}_n) \tag{6-18}$$

式中　$\hat{S}_{n+1}$——第 $n+1$ 期的预测值；

Y_n——第 n 期的实际值；

$\hat{S}_n$——第 n 期的预测值；

α——平滑系数，$0<\alpha<1$。

平滑系数反映了预测值和实际值之间的权重。当 $\alpha=0$ 时，上期实际值对下期预测值没有影响，下期预测值就是上期的预测值；当 $\alpha=1$ 时，上期预测值对下期预测值没有影响，下期预测值就是上期的实际值；当 α 接近于1时，下期的预测值对上期预测值的误差进行了较大的修正。α 越大，上期实际值对下期预测值的影响就越大；反之就越小。用指数平滑法预测时，α 的取值不同，会使预测出现不同的结果。

一般来讲，α 的取值可参考情况下述情况进行：当观察值比较稳定、波动较小时，α 可在0.1～0.3之间取值；当观察值波动较大时，α 可在0.3～0.5之间取值；当观察值波动很大时，α 可在0.5～0.9之间取值。

【例6-10】 根据【例6-8】的资料，当 α 分别为0.3、0.5和0.9时，试用指数平滑法，预测2024年1月的商品房价格。

解：计算结果见表6-15。

表 6-15　某地房价指数平滑法计算表

月份（观察期 t）	房价的实际值	$S_t(\alpha=0.3)$	$S_t(\alpha=0.5)$	$S_t(\alpha=0.9)$
1	6700	6800	6800	6800
2	6800	6770	6750	6710
3	6900	6779	6775	6791
4	6800	6815	6838	6889
5	7000	6811	6819	6809
6	7200	6867	6909	6981
7	7300	6967	7055	7178
8	7400	7067	7177	7288
9	7400	7166	7289	7389
10	7600	7237	7344	7399
11	7800	7346	7472	7580
12	7900	7482	7636	7778

解：以 $\alpha=0.3$ 为例：

首先确定出最初的 S_1 值，在此采取将前三个月实际值简单平均的方法，即：

$$\hat{S}_1=\frac{Y_1+Y_2+Y_3}{3}=\frac{6700+6800+6900}{3}=6800\ (\text{元/m}^2)$$

$$\hat{S}_2=\alpha Y_1+(1-\alpha)\hat{S}_1=0.3\times6700+0.7\times6800=6770\ (\text{元/m}^2)$$

……

$$\hat{S}_{12}=\alpha Y_{11}+(1-\alpha)\hat{S}_{11}=0.3\times7800+0.7\times7346=7482.2\ (\text{元/m}^2)$$

2024 年 1 月份房价预测值为：

$$\hat{S}_{2024-1}=\alpha Y_{12}+(1-\alpha)\hat{S}_{12}=0.3\times7900+0.7\times7482=7607.4\ (\text{元/m}^2)$$

当 $\alpha=0.5$ 和 $\alpha=0.9$ 时，算法与 $\alpha=0.3$ 时一样。

（3）季节预测法　季节性变动是指某些社会经济现象由于受季节更替、生产条件和自然因素的影响而形成的比较稳定的有规律的周期波动。如房地产的开发受到气候、温度等的自然条件的影响，因此，季节不同房地产的供给量呈现出季节性的变动。

季节测算法有按月（季）平均法和剔除长期趋势影响的移动平均剔除法。计算步骤为：首先计算至少三年同月（或同季）的平均数，其次计算月或季的总平均，最后计算季节指数（同月平均数/总平均数）。

下面举例说明按月（季）平均法。

【例 6-11】 我国某企业连续四年商品房销售面积资料见表 6-16，计算季节比率，分析季节变动趋势。

表 6-16　2020～2023 年某企业商品房销售面积　　（单位：万 m^2）

年份	季度				
	一	二	三	四	合计
2020	114.5	151.4	136.5	154.6	557
2021	152.5	196.3	161.5	153.1	663.4
2022	124.2	195.8	281.3	296.3	897.6
2023	303.8	261.7	275.7	234.1	1075.3
合计	695	805.2	855	838.1	3193.3
季节平均数	173.8	201.3	213.8	209.5	199.6
季节指数（%）	87	101	107	105	400

如果销售面积不受季节变动的影响，各级的季节指数应等于 100%；如果季节指数大于 100%，则该季是旺季；如果季节指数小于 100%，则该季是淡季。因此，季节指数可以清楚地表明销售面积的变动规律。表 6-16 显示，该企业商品房销售面积一季度是淡季，二季度基本不受影响，三、四季度是旺季。这符合我国房地产的传统旺季“金九银十”。

6.3　房地产经营决策

6.3.1　房地产经营决策概述

1. 决策

（1）决策的概念　20 世纪 60 年代美国著名的经济与管理学家西蒙（H. A. Simon）提出的现代决策理论，指出“管理就是决策”。现代管理科学对决策有两种理解。狭义的理解认为决策就是做出决定，仅限于人们从不同的行动方案中做出最佳选择；广义的理解相当于决策分析，把决策看作一个过程，即决策是一个决策分析过程，是一个发现问题、提出问题和解决问题的过程。本文的决策应为广义上的决策。

决策理论家萨凡奇（Sovage）曾举了一个做鸡蛋煎饼的无数据决策的例子来说明决策的内容过程，见表 6-17。

表 6-17　做鸡蛋煎饼的无数据决策表

打蛋方案及结果	鸡蛋质量	
	好　蛋	坏　蛋
直接打入碗里	做成 6 个鸡蛋的煎饼	5 个鸡蛋受到污染，做无蛋煎饼
打入另外一个碗里	做成 6 个鸡蛋的煎饼，多洗一个碗	做成 5 个鸡蛋的煎饼，多洗一个碗
将鸡蛋丢弃	做成 5 个鸡蛋的煎饼，浪费一个好蛋	做成 5 个鸡蛋的煎饼

（2）决策分析的基本要素

1）决策者：决策主体，可以是个体也可以是群体。决策者受社会、政治、经济、文化、心理等因素的影响。

2）决策目标：可以是单个目标，也可以是多个目标。

3）决策方案：有明确方案和不明确方案两种。前者是指有有限个明确的方案；后者一般只是对产生方案可能的约束条件加以描述，而方案本身可能是无限个，要找出合理或最优的方案可借助运筹学线性规划等方法。

4）自然状态：是决策者无法控制但可以预见的决策环境客观存在的各种状态。自然状态可能是确定的，也可能是不确定，其中不确定的又分为离散和连续两种情况。

5）决策结果：是各种决策方案在不同自然状态下所出现的结果。

6）决策准则：评价方案是否达到决策目标的价值标准，即选择方案的依据，与决策者的价值取向或偏好有关。

（3）决策的分类　由于决策的广泛应用及人类活动的复杂多样性，使得决策的种类非常繁多。为了便于研究和掌握决策的特点和规律性，有助于人们正确地选择决策方法，做到决策的科学化，就应该从不同的角度对决策进行分类。

1）根据决策者具有个人身份和组织身份这样两种身份，分为个人决策和组织决策。

个人决策是决策者为满足其个人的目的或动机，以个人身份做出的决策。如个人职业选择、生活方式的选择等都是个人决策问题。组织决策是与某个组织或群体的目标直接相关的决策，它与个人的目的没有直接关系。

2）根据所要解决的问题性质，分为战略决策、管理决策和业务决策（安东尼模型）。

战略决策是解决全局性、长远性、战略性的重大决策问题的决策。一般多由高层次决策者作出。

管理决策是为了实现既定战略而进行的计划、组织、指挥与控制的决策。

业务决策亦称战术决策，是具体业务部门为了提高工作质量及日常业务效率而进行的决策。

3）根据问题出现的重复性及决策程序的规范性划分，分为程序化决策和非程序化决策（西蒙模式）。

程序化决策也称结构化决策，是指那些常规、反复出现的决策，这类决策一般都有明确的决策目标和决策准则，因为频繁出现所以可以按一定的程序进行，无论是领导者或办事员都可按此程序加以解决。程序化决策在中层和基层居多。

非程序化决策，也称非结构化决策，是指不经常出现的、复杂的、特殊的决策。这类决策很少有规律可循，常由高层决策者做出。

4）根据决策问题所处的自然状态不同来划分，决策分为确定型决策和非确定型决策。

确定型决策：指只存在一种自然状态的决策。

非确定型决策：是存在两个或两个以上可能状态，但哪种状态发生又不确定的决策。非确定型决策又可分为三类：竞争型决策、风险型决策、不确定型决策。

5）根据决策过程是否连续来划分，决策分为单项决策和序贯决策。

单项决策也称静态决策，解决的是某个时点或某段时间的决策。

序贯决策也称动态决策，是一系列在时间上有先后顺序的决策。这些决策相互关联，前一个决策直接影响后一项决策。

6）按决策所要求达到的目标的数量划分，可以将决策划分为单目标决策和多目标决策。

7）按决策问题的量化程度划分，可以将决策分为定性决策和定量决策。

2. 房地产经营决策

（1）房地产经营决策的概念　房地产经营决策是指对拟建房地产投资项目进行必要性和可行性的技术经济分析，通过对可以达到目标的不同方案进行比较和评价，最后做作出判断，选择具体方案的过程。

房地产经营决策是房地产开发公司在房地产项目投资和经营开发前首先要解决的一个重要环节，解决房地产投资项目的一些基本性的问题，比如项目选址、投资方案的确定等重大问题做出判断和决策。房地产经营决策的正确与否，直接关系到房地产开发项目的成败，对房地产投资的经济效益和社会效益具有现实和深远的重要意义。

（2）房地产经营决策的过程　房地产经营决策的过程是指房地产投资项目在决策过程中各工作环节应遵循的符合其自身运动规律的先后顺序。其一般程序包括分析问题、设计方案、评价方案、实施方案、方案调整和反馈的过程。

1）调查分析提出房地产投资项目：调查分析提出房地产投资项目是房地产项目经营决策的前提和基础。这一阶段的关键在于明确问题，包括希望解决的问题是什么、关键因素是什么、必须在什么时间解决、为什么要解决这一问题、解决这一问题的代价等。

2）确定房地产经营决策目标：在发现经营问题之后，就要进行调查研究，分析弄清问题的性质、特点和范围，尽量把问题的症结所在表达出来，找到产生差距的真正原因，从而确定问题所期望达到的结果，即决策目标。确定决策目标时要把握以下几点：针对性、明确性、层次性。

3）拟定所有可行方案：拟定供决策者选用的各种可能行动方案是房地产经营决策的重要环节。在确定房地产经营决策目标之后，就应充分发动有关人员收集、掌握丰富的信息，集思广益、科学论证、精心设计，拟定各种备选方案，供进一步选择。拟定方案时，要做到整体详尽性和相互排斥性相结合。整体详尽性指拟定的各种备选方案应尽量包括所有可能找到的方案，因为方案的数量越多、质量越好，选择的余地就越大；相互排斥性指在不同方案中只能选用一个方案。

4）制定房地产投资效益的衡量标准：投资效益的衡量标准决定了最后的分析结果，但这一标准很大程度上取决于决策者的主观判断。在不同的决策者之间，最佳方案的选择很可能因衡量效益的标准不同而不同。通常可以通过成本与收益来衡量方案效益。成本是方案实施过程中所需消耗的资源，如资金、人员、技术、设备等；收益则是由某些行动的结果而产生的价值。在决定选择方案的整体价值时，成本与收益都要考虑。确立了各可行方案的效益衡量标准后，就可据以对每个方案的预期结果进行测量，以供方案评价和选择之用。

5）选择方案：选择方案是整个经营决策的中心环节，根据确立的决策目标所提出的各种可行方案以及衡量效益的标准、预期的结果等，分别对各方案进行衡量。方案的选择则是就每一方案的结果进行比较，选出最可能实现决策预期目标或期望收益最大的方案，作为初步最佳方案。方案评估的标准包括方案的作用、效果、利益、意义等，应具有技术可能性和经济合理性。

6）方案实施追踪：方案选定以后，就可制定实施方案的具体措施和政策。决策的实施是一个动态的，依赖于时空变量和环境变量的复杂过程。因此，在实施过程中必然会碰到新问题，会出现变化的情况和决策目标偏离现象。这就要求决策者必须重视信息反馈，及时总结经验教训，依据客观情况对方案进行必要的调整和修改，保证房地产经营决策的目标最终得以实现。

（3）房地产经营决策的内容　主要包括：经营战略与方针、政策决策、项目决策、价格与成本决策、市场销售决策、金融决策、经营组织与人事决策、工程招标决策、物业管理决策。

（4）房地产经营决策的类型

1）按重要程度划分：战略决策、管理决策、业务决策。

2）按业务的性质划分：确定型决策、不确定型决策、风险型决策。

3）按决策目标与所用方法划分：计量决策、非计量决策。

4）按决策问题发生的频率划分：程序化决策、非程序化决策。

3. 房地产经营决策的原则

（1）决策的政策性原则　为促进房地产行业的健康发展，国家及地方政府制定了有关房地产的法律、法规、政策，因此，房地产行业与企业都必须依照相关的法律法规制定房地产经营决策。

（2）决策的整体性原则　房地产投资金额大、周期长，不仅受到市场因素的影响，还要受到政治、经济、社会、文化等因素的影响。房地产企业在以经济效益为中心的前提下，还要兼顾速度和效益、短期利益和长期利益、环境效益与社会效益的有机结合，选择整体性效益最高的决策方案，使得企业在获得最优经济效益的同时，兼顾良好的社会效益。

（3）风险控制意识的原则　房地产投资巨大、长期占用资金，会带来企业运营的风险，在进行多方案选优的过程中，应当具备风险意识，在方案选优的过程中，要进行各类风险因素的分析与判断，并能在有效的控制范围内，制定各种应变措施。

（4）定性分析与定量分析相结合的原则　定性分析是对事物之间经济现象的内在本质的规律性的揭示，是一种思维灵活、考虑问题更为深刻的方法，受人的主观思维的影响巨大；而定量分析侧重于采用经济数学模型，依赖于数字计算来反映经济现象的规律性，定量分析更能真实、客观反映实际情况，是一种更科学更符合实际的方法。在做决策时要综合运用这两种分析方法，提高决策的准确性。

6.3.2　房地产经营决策方法

1. 盈亏平衡分析

（1）房地产开发项目盈亏平衡分析——线性盈亏平衡分析的假定条件假设

1）生产量 = 销售量，能生产多少就能销售多少，即生产量等于销售量。

2）生产总成本按形态区分为固定成本、变动成本，是产销量的线性函数。

3）一定条件下，产品销售单价不变，产品销售收入为产销量的线性函数。

4）一定条件下，单位产品销售税率不变，销售税金为产销量的线性函数。

（2）盈亏平衡分析的概念

1）定义：根据项目正常年份的产品产量（或销售量），固定成本、可变成本、税金等，研究项目产量、成本、利润之间变化与平衡关系的方法，也称量、本、利分析方法。

2）目的：找出不确定因素变化的临界值，断定投资方案对不确定因素变化的承受能力，为决策提供依据。

3）产品的总生产成本 TC

① 成本的分类

成本由两部分构成：变动成本与固定成本。

变动成本 V（variable cost）指成本总额随产量的增减而成正比例关系变化的成本，如包括原材料、计件工资，就单件产品而言，变动成本部分是不变的。固定成本 F（fixed cost）是指成本总额在一定期间和一定业务量范围内，不随产量的增减而变动的成本。主要是指固定资产折旧和管理费用。

② 成本的计算

总成本 = 总固定成本 + 总变动成本 = 总固定成本 + 单位可变成本 × 数量，

即：$\mathrm{TC} = F + V = F + C_v \times Q$

4）产品的总销售收入 TR

销售收入 =（产品单价 − 单位产品税金）× 数量，

即：$\mathrm{TR} = (P - T_t) \times Q$

5）产品的税金

产品的税金 = 单位产品税金 × 数量 = 产品单价 ×（1 − 产品销售税率）× 数量，

即：$\mathrm{TT} = T_t \times Q = P(1 - t) \times Q$

6）盈亏平衡点 BEP

盈亏平衡点是一个特殊的点，在这个点上，产品的销售收入与产品的成本恰好相等，即 TR = TC；则产品的利润为零，即 $I = 0$。因此盈亏平衡点也称为损益转折点、零利润点。

（3）线性盈亏平衡分析

1）图解法：盈亏平衡图的绘制方法是：以横轴表示产销量 Q，以纵轴表示销售收入 TR 和生产成本 TC，在直角坐标系上先绘出固定成本线 F，再绘出销售收入线 TR 和生产总成本线 TC；销售收入线与生产总成本线相交于 BEP 点，即盈亏平衡点，在此点销售收入等于生产总成本；以 BEP 点作垂直于横轴的直线并与之相交于 Q^* 点，此点即为以产销量表示的盈亏平衡点；以 BEP 点作垂直于纵轴的直线并与之相交于 B 点，此点即为以销售收入表示的盈亏平衡点。

在盈亏平衡点上，收入与成本相等，此时产销量为 Q^*。若产销量大于 Q^*，则盈利；若产销量小于 Q^*，则亏损。

通过绘制盈亏平衡图直观反映产销量、成本和盈利之间的关系，如图 6-1 所示。

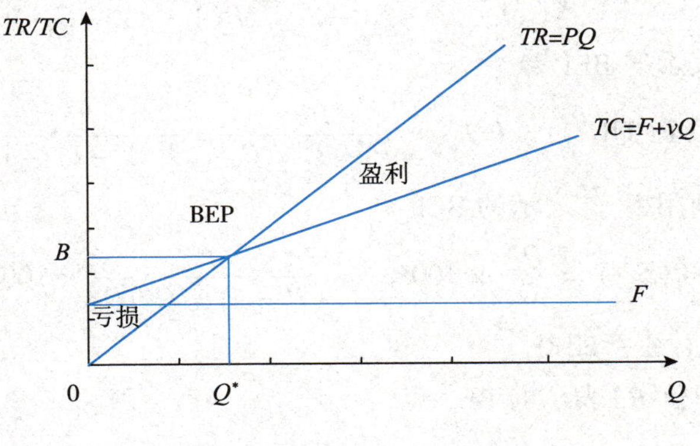

图 6-1　盈亏平衡示意图

结论：

① BEP 确定后，企业就要采用各种营销手段，努力提高产销量，以实现更多利润。

② 实际产销量既定，则 Q^* 越低，盈利区面积越大，即产品盈利机会越大，越能承受经济风险与意外冲击。

③ 销售收入既定，则 Q^* 的高低取于 V 与 F。V 与 F 越小，Q^* 越低。因此，除扩大产品销售这一方法外，还可以努力提高原材料利用率、机器设备利用率等，降低产品的单位变动成本，使 Q^* 降低。

2）公式法：也称解析法，利用数学方程式反映产销量、成本、利润之间的关系。计算公式为：

$$I = \mathrm{TR} - \mathrm{TC} \tag{6-19}$$

$$\begin{aligned} I &= (P - T_t) \times Q - (V + F) \\ &= (P - T_t) \times Q - (C_v \times Q + F) \\ &= (P - T_t - C_v) \times Q - F \\ &= (P - P_t - C_v) \times Q - F \end{aligned}$$

式中　I——销售利润；

TR——总销售收入；

TC——总成本；

P——单位产品销售价格；

Q——产销数量；

V——变动成本总额；

F——固定成本总额；

T_t——单位产品税金；

C_v——单位可变成本或单件变动成本；

t——产品销售税率。

① 以数量表示的 BEP 点

$$\mathrm{BEP}(Q^*)=\frac{F}{P-T_t-C_v}=\frac{F}{P(1-t)-C_v} \tag{6-20}$$

② 以销售收入表示的 BEP 点

$$\mathrm{BEP}(\mathrm{TR}^*)=PQ^*=\frac{PF}{P-T_t-C_v}=\frac{PF}{P(1-t)-C_v} \tag{6-21}$$

③ 以生产能力利用率 S^* 表示的 BEP 点

$$\mathrm{BEP}(S^*)=\frac{Q^*}{Q_0}\times 100\%=\frac{F}{(P-T_t-C_v)Q_0}\times 100\% \tag{6-22}$$

式中　Q_0——设计生产能力

④ 以产品销售单价 P^* 表示的 BEP 点

$$\mathrm{BEP}(P^*)=\frac{F}{Q_0}+T_t+C_v \tag{6-23}$$

当其他条件不变时，$P>P^*$，则表明项目盈利。

⑤ 以产量安全度表示的 BEP 点

$$A(Q)=1-S^*=1-\frac{Q^*}{Q_0}=\frac{Q_0-Q^*}{Q_0} \tag{6-24}$$

S^*越小，$A(Q)$越大，表明生产经营越安全，盈利机会大，承担风险能力强。

⑥ 以价格安全度表示的 BEP 点

$$A(P)=1-\frac{P^*}{P}=\frac{P-P^*}{P} \tag{6-25}$$

价格安全度越高，表明项目的盈利机会大，抗风险能力强。

当销售量或销售收入越大时，企业经营安全度就越接近于 1，说明企业经营越安全，亏损风险越小；若越接近于 0 时，企业亏损风险就越大。具体内容见表 6-18。

表 6-18　经营安全状态表

经营安全度	0.3 以上	0.25 ~ 0.3	0.15 ~ 0.25	0.1 ~ 0.15	0.1 以下
经营安全状态	安全	较安全	不太好	要警惕	危险

3）BEP 的应用

【例 6-12】 设某项目生产某产品的年设计生产力为 10000 台，每件产品销售价格 6000 元，该项目投产后年固定成本总额为 600 万元，单位产品变动成本为 2500 元，单位产品所负担的销售税金为 500 元，若产销率为 100%，试对该项目进行盈亏平衡分析。

解：已知 $Q_0=10000$ 台，$P=6000$ 元，$F=600$ 万元，$C_v=2500$ 元，$T_t=500$ 元，按上述公式计算，得到：

① 盈亏平衡产销量 $\mathrm{BEP}(Q^*)=\dfrac{6000000}{6000-500-2500}=2000$（台）

② 盈亏平衡销售收入 $\mathrm{BEP}(\mathrm{TR}^*)=2000\times 6000=12000000$（元）

③盈亏平衡生产能力利用率 $\mathrm{BEP}(S^*)=\dfrac{2000}{10000}\times 100\%=20\%$

④ 产量安全度 $A(Q)=1-20\%=80\%$

⑤ 盈亏平衡销售单价 $BEP(P^{*})=\dfrac{6000000}{10000}+2500+500=3600$（元）

⑥ 价格安全度 $A(P)=1-\dfrac{3600}{6000}=40\%$

计算结果表明，该项目只要达到产量2000台，销售净收入1200万元，生产能力利用率20%，产量销售单价3600元，该项目即可实现不亏不盈。又因产量安全度为80%，价格安全度为40%，因此该项目具有较大承担风险的能力。

【例6-13】 某建设项目年设计生产能力为10万台，年固定成本为1200万元，产品单台销售价格为900元，单台产品可变成本为560元，单台产品销售税金及附加为120元。试求盈亏平衡点的产销量。

解：

① $BEP(Q^{*})=\dfrac{12000000}{900-560-120}=54545$（台）

当项目产销量低于54545台时，项目亏损；当项目产销量大于54545台时，则项目盈利。

② $BEP(P^{*})=\dfrac{12000000}{100000}+560+120=800$（元）

当销量和可变成本一定，售价必须大于800元才可盈利。

③ $BEP(C_{v})=900-\dfrac{12000000}{100000}-120=660$（元）

当销量和售价一定，可变成本必须小于660元才可盈利。

总结：盈亏平衡点越低，达到此点的盈亏平衡产销量就越少，项目投产后的盈利的可能性越大，适应市场变化的能力越强，抗风险能力也越强。

盈亏平衡分析虽然能够从市场适应性方面说明项目风险的大小，但并不能揭示产生项目风险的根源。因此，还需采用其他一些方法来帮助达到这个目标。

（4）非线性盈亏平衡分析

1）非线性盈亏平衡产生的原因：在垄断竞争条件下，项目产量增加导致市场上产品价格下降，同时单位产品的成本也会增加，则销售收入和成本与产销量间可能是非线性的关系。

2）非线性盈亏平衡分析的原理：与线性盈亏平衡分析的原理一样，TC = TR，如图6-2所示。

Q_{max}为最优投产量，即企业按此产量组织生产会取得最佳效益E_{max}。

【例6-14】 某企业年固定成本为66000元，单位变动成本为28元，销售价格为55元，每多生产一件产品，单位变动成本下降0.001元，售价下降0.0035元，求盈亏平衡点及最大利润时的销售量。

解：

单位产品变动成本为：$28-0.001Q$，单位产品售价为：$55-0.0035Q$

① 求盈亏平衡时的产量

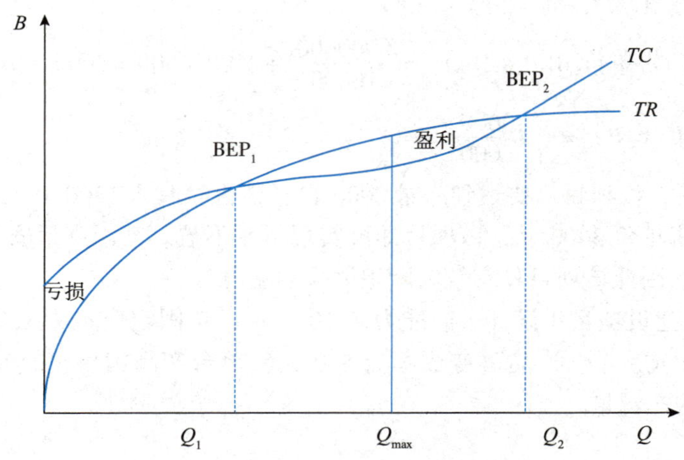

图 6-2 非线性盈亏平衡分析图

成本函数：

$$C(Q)=66000+(28-0.001Q)Q$$
$$=66000+28Q-0.001Q^2$$

收入函数：

$$R(Q)=(55-0.0035Q)Q$$
$$=55Q-0.0035Q^2$$

令 $C(Q)=R(Q)$ 得：$0.0025Q^2-27Q+66000=0$

$$Q_1=\frac{27-\sqrt{27^2-4\times0.0025\times6600}}{2\times0.0025}=3740（件）$$

$$Q_2=\frac{27+\sqrt{27^2-4\times0.0025\times6600}}{2\times0.0025}=7060（件）$$

② 求最大利润时的产量

由 $B=R-C$ 得：$B=-0.0025Q^2+27Q-66000$

令 $B'(Q)=0$

得：$-0.005Q+27=0$

即：$Q_{max}=5400$（件）

（5）对盈亏平衡分析法的评价 盈亏平衡分析是通过盈亏平衡点分析项目成本与收益的平衡关系的一种方法。各种不确定因素（如投资、成本、销售量、产品价格、项目寿命期等）的变化会影响投资方案的经济效果，当这些因素的变化达到某一临界值时，就会影响方案的取舍。盈亏平衡分析的目的就是找出这种临界值，即盈亏平衡点，判断投资方案对不确定因素变化的承受能力，为决策提供依据。

盈亏平衡分析可以对项目的风险情况及项目对各个因素不确定性的承受能力进行科学地判断，为经营决策提供依据。传统盈亏平衡分析以盈利为零作为盈亏平衡点，没有考虑资金的时间价值，是一种静态分析，盈利为零的盈亏平衡实际上意味着项目已经损失了基准收益水平的收益，项目存在着潜在的亏损。把资金的时间价值纳入盈亏平衡分析中，将项目盈亏平衡状态定义为净现值等于零的状态，便能将资金的时间价值考虑在盈亏平衡分析内，变静态盈亏平衡分析为动态盈亏平衡分析。由于净现值的经济实质是项目在整个经济计算期内可以获得的、超过基准收益水平的、以现值表示的超额净收益，所以，净现值等于零意味着项目刚好获得了基准收益水平的收益，实现了资金的基本水平的保值和真正意义的“盈亏平衡”。动态盈亏平衡分析不仅考虑了资金的时间价值，而且可以根据企业所要求的不同的基准收益率确定不同的盈亏平衡点，使企业的投资决策和经营决策更全面、更准确，从而提高项目经营决策的科学性和可靠性。

2. 确定型决策

（1）概念　确定型决策指决策者对未来可能发生的情况十分确定，可以直接根据完全确定的情况选择最满意的行动方案，是指只存在一种完全确定的自然状态的决策。由于确定型决策的自然状态只有一种，决策环境完全确定，问题的未来发展只有一种确定的结果，决策者只要通过分析、比较各个方案的结果就能选出最优方案。例如，企业经过市场调研发现其生产的产品供不应求，并且预计在今后五年内需求量持续上升。则企业在这种确定的自然状态，只要拟定多个可行的生产方案，然后通过分析、评价，从中选出生产量最大的那个决策方案并投产即可。工程在各种天气状态下的损益见表6-19。

表6-19　工程损益表　（单位：万元）

方案及损益	天气	
	不下雨	下雨
开工	4300	-1300
停工	-2000	-2000

显然对于施工队来讲，任何天气状态开工都比停工所获得的效果要好，因此应选择“开工”方案。

决策准则：收益最大或损失最小。

（2）确定型决策的类型

1）单纯选优决策法：根据已掌握数据不需要加工计算，根据对比就可以直接选择最优方案。

2）模型选优决策法：在决策对象的自然状态完全确定的条件下，建立一个经济数学模型来进行运算后，选择最优方案。

3. 风险型决策

风险型决策是在状态概率已知的条件下进行的，一旦各自然状态的概率经过预测或估计被确定下来，在此基础上的决策分析所得到的最满意方案就具有一定的稳定性。

只要状态概率的测算切合实际，风险型决策就是一种比较可靠的决策方法。

风险型决策的条件：

1）在决策问题中要有两个或两个以上的方案可供选择。

2）自然状态至少有两个，且其发生的概率可估计出来。

3）各种情况的损益值可以计算出来。

4）存在着决策者希望达到的目标。

（1）最大概率法　最大概率法也称最大可能法。选择一个概率最大的自然状态进行决策，其他自然状态可以不管，这样的方法就是最大可能法。当面对未来情况的各种状态时，由于已经知道它们出现的概率，或者这些概率可以估算出来，决策者就可以挑选其中概率最大状态作为考虑问题的出发点，然后再挑选对自己最有利的行动方案。

【例6-15】某项目投资1000万元，每年的净现金流量为300万元，寿命分布概率见表6-20，基准折现率为15%，求净现值大于零的概率。

表6-20　寿命分布概率表

N（年）	1	2	3	4	5	6	7
$P(n)$	0.1	0.15	0.20	0.25	0.15	0.10	0.05

解：

$P(\mathrm{NPV}>0)=P[-1000+300(P/A,15\%,n)>0]$

由：$-1000+300(P/A,15\%,n)>0$

得：$(P/A,15\%,n)>3.33$

查复利系数表知，当$n\geqslant5$时，$(P/A,15\%,n)>3.33$

故：$P(\mathrm{NPV}>0)=P(n\geqslant5)=0.15+0.10+0.05=0.30$

【例6-16】已知某投资方案参数及其概率分布见表6-21，试求：

① 净现值大于或等于零的概率。

② 净现值大于50万元的概率。

③ 净现值小于89万元的概率。

表6-21　某投资方案参数及其概率分布表

投资额/万元		年净收入/万元		贴现率		寿命期/年	
数值	概率	数值	概率	数值	概率	数值	概率
120	0.3	20	0.25	10%	1.00	10	1.00
150	0.5	28	0.40	—	—	—	—
175	0.2	33	0.20	—	—	—	—
—	—	36	0.15	—	—	—	—

解：

根据参数的不同数值，共有12种可能的组合状态，每种状态的组合概率及所对应的净现值计算结果见表6-22。

表6-22　状态组合表

（单位：万元）

投资额	175				150				120			
年净收入	20	28	33	36	20	28	33	36	20	28	33	36
组合概率	0.05	0.08	0.04	0.03	0.125	0.2	0.1	0.075	0.075	0.12	0.06	0.045
净现值	−52.12	−2.97	27.75	46.18	−27.12	22.03	52.75	71.18	2.88	50.03	82.75	101.18

将表6-22中数据按净现值大小进行重新排列，可得累计概率分布，见表6-23。

表6-23 概率分布表

净现值	-52.12	-27.12	-2.97	2.88	22.03	27.75	46.18	50.03	52.75	71.18	82.75	101.18
概率	0.05	0.125	0.08	0.075	0.2	0.04	0.03	0.12	0.1	0.075	0.06	0.045
累计概率	0.05	0.175	0.255	0.33	0.53	0.57	0.6	0.72	0.82	0.895	0.955	1

根据表6-23，可以得出

① 净现值大于或等于零的概率为：

$P\ (\text{NPV} \geqslant 0) = 1 - 0.255 = 0.745$

② 净现值大于50万元的概率为：

$P\ (\text{NPV} > 50) = 1 - 0.60 = 0.40$

③ 净现值大于80万元的概率为：

$P\ (\text{NPV} > 80) = 1 - 0.895 = 0.105$

在实际工作中，要准确预测不同情况发生的概率有一定的困难，而投资者也更注重项目在不确定因素变化多大范围时，项目仍有盈利，因此，确定出不确定因素变化的幅度(或某因素概率出现的范围)，对投资者做出决策更有实际意义。

（2）期望值法　设决策中方案为 A_i，自然状态为1，2…m，O_{ij}，出现的概率为 $P(O_{ij})$，方案 A_i 在自然状态 O_{ij} 下的损益值为 L_{ij}，那么方案 A_i 的损益值为：

$$E(A_i) = \sum L_{ij}P(O_{ij}),\ i = 1,2,\cdots,n \tag{6-26}$$

决策时，根据已知的概率计算出各方案的损益期望值，取其中最大值所属的方案为优选的决策方案。

【例6-17】某工厂打算在甲和乙两种产品中选择一种进行生产。根据以往的经验，如果在市场不发生变化的情况下，生产甲产品，可获得利润50万元；生产乙产品，要亏损15万元。如果在市场条件发生变化的情况下，生产甲产品，会亏损20万元；而生产乙产品，可获得利润100万元。根据以往的资料，预测市场不发生变化的概率是0.7，发生变化的概率是0.3。问应该如何决定生产哪种产品。

解：

先列出状态概率和损益值，见表6-24。

表6-24 状态概率和损益值表

方案损益	状态	
	$P_1 = 0.7$	市场发生变化 $P_1 = 0.3$
生产产品甲	50	-20
生产产品乙	-15	100

计算各方案的期望收益：

生产产品甲：$50 \times 0.7 + (-20) \times 0.3 = 29$（万元）

生产产品乙：$(-15) \times 0.7 + 100 \times 0.3 = 19.5$（万元）

显然，生产甲产品为最优方案。

假设市场不发生变化的概率从0.7变到0.8，这时两方案的期望利润：

生产甲产品：$50 \times 0.8 + (-20) \times 0.2 = 36$（万元）

生产乙产品：$-15 \times 0.8 + 100 \times 0.2 = 8$（万元）

显然，生产甲仍为最优方案。

再假设市场不发生变化的概率由0.7变到0.6。这时两方案的期望利润：

生产甲产品：$50 \times 0.6 + (-20) \times 0.4 = 22$（万元）

生产乙产品：$-15 \times 0.6 + 100 \times 0.4 = 31$（万元）

这时，生产乙产品为最优方案。

由【例6-17】可以看出，一个方案从最优方案转化为非最优方案，在这个转变过程中有一个概率值点，这个概率值点称为转折概率。最优方案的转化都有转折概率。

设P代表市场不发生变化的概率，$1-P$则表示市场发生变化的概率，令这两个方案的期望收益值相等，可得到：

$$50 \times P + (-20) \times (1-P) = (-15) \times P + 100 \times (1-P)$$

简化后得：$185P = 120$

所以：$P = 0.65$

0.65就是转折概率。当$P > 0.65$时，生产甲产品为最优方案。当$P < 0.65$时，生产产品乙为最优方案。

在实际工作中，需要把概率值和损益值等因素在可能发生的范围内作几次不同的变动，并反复的计算，看所得到的期望损益值是否相差很大，是否影响最优方案的选择。如果这些数据稍加变动，而最优方案不变，则这个方案是比较稳定的，即灵敏度不高，决策可靠性大。反之，如果那些数据稍加变动，最优方案就从原来的变到另外一个，则这个方案是不稳定的，即灵敏度高，决策可靠性小，需进一步分析和改进措施。

【例6-18】 某企业为扩大生产能力，拟定了三种扩建方案以供决策：

① 大型扩建，遇产品销路好，可获利200万元，销路差则亏损60万元。

② 中型扩建，遇产品销路好，可获利150万元，销路差可获利20万元。

③ 小型扩建，产品销路好，可获利100万元，销路差可获利60万元。

根据历史资料，未来产品销路好的概率为0.7，销路差的概率为0.30试做出最佳扩建方案决策。

解：

将题中内容列于表6-25中。

表6-25 某企业扩建方案（单位：万元）

方案及损益	状态	
	销路好 θ_1 $P_1=0.7$	销路差 θ_2 $P_1=0.3$
大型扩建 d_1	200（d_{11}）	-60（d_{12}）
中型扩建 d_2	150（d_{21}）	20（d_{22}）
小型扩建 d_3	100（d_{31}）	60（d_{32}）

应用期望收益决策准则进行决策分析，其步骤是：

① 计算个方案的期望收益值：

大型扩建：$E(d_1)=0.7\times200+0.3\times(-60)=122$（万元）

中型扩建：$E(d_2)=0.7\times150+0.3\times20=111$（万元）

小型扩建：$E(d_3)=0.7\times100+0.3\times60=88$（万元）

② 选择决策方案：

根据计算结果，大型扩建方案获利期望值是122万元，中型扩建方案获利期望值是111万元，小型扩建方案获利期望值是88万元，因此选择大型扩建方案是最优方案。

【例6-19】 某混凝土构件厂现生产能力过剩，可以再增加产品品种，计划可考虑的品种有三个，一种是A_1，它在销路好、中、差的情况下的概率分别是$P(\theta_1)=0.3$，$P(\theta_2)=0.5$，$P(\theta_3)=0.2$，效益值分别是$L_{11}=20$万元、$L_{12}=12$万元、$L_{13}=8$万元。其余产品A_2和A_3的情况见表6-26。

表6-26　建材厂产品决策表

方案及损益	自然状态			效益期望值
	销路好 θ_1	销路中 θ_2	销路差 θ_3	
A_1	20 $P(\theta_{11})=0.3$	12 $P(\theta_{12})=0.5$	8 $P(\theta_{13})=0.2$	13.6
A_2	18 $P(\theta_{21})=0.4$	16 $P(\theta_{22})=0.3$	10 $P(\theta_{23})=0.3$	15
A_3	14 $P(\theta_{31})=0.3$	14 $P(\theta_{32})=0.4$	12 $P(\theta_{33})=0.3$	13.4

解：

各期望值分别如下：

$E(A_1)=20\times0.3+12\times0.5+8\times0.2=13.6$（万元）

同理，$E(A_2)=15$（万元）

$E(A_3)=13.4$（万元）

比较可知新增产品A_2可获得最大效益期望值，因此A_2为优选方案。

（3）决策树法

当决策者从一组方案中选择方案时，用上述方法比较方便，但是当决策问题复杂，决策者需要在一系列、多层次方案中决策时，上述方法就较为麻烦，而决策树法却较为方便。

用决策树法进行决策时，首先要画出决策树，决策树的结构如图6-3所示。绘图的符号定义如下：

□：表示决策点，从它引出的分支叫作决策分支，分支数目反映了可能的方案数。决策点上的数字表示优选后决策方案所对应的期望值。

○：表示方案节点。在节点上的数字为此方案的损益期望值。从它引出的分支叫作概率分支。分支数目反映了可能发生的自然状态数，在概率分支上应标明自然状态及其概率。

△：表示结果点。反映每一行动方案在相应的自然状态下可能得到的损益，它后面所标的数字，即为此结果损益值。

在决策分支上划横线“//”代表删剪符号。在若干决策分支中，将损益值小的分支用此符号删去，只留下期望值最大的决策分支，并将它的数值转移到决策点上。

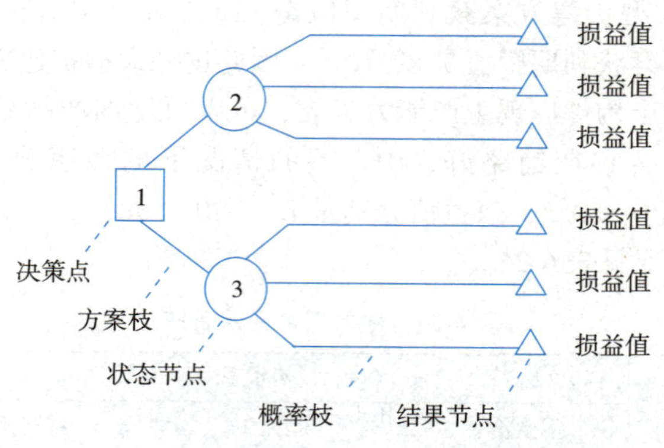

图 6-3　决策树结构示意图

决策的步骤：

① 根据实际决策问题，以初始决策点为树根出发，从左至右分别选择决策点、方案枝、状态节点、概率枝等画出决策树。

② 从右至左逐步计算各个状态节点的期望收益值或期望损失值，并将其数值标在各点上方。

③ 在决策点将各状态节点上的期望值加以比较，选取期望收益值最大的方案。

④ 对落选的方案要进行“剪枝”，即在效益差的方案枝上画上“//”符号，最后留下一条效益最好的方案。

1）单级决策

【例 6-20】 某企业欲建混凝土构件厂，大厂需投资 600 万元，小厂需投资 280 万元，假设两个方案的产品质量相同，寿命期均为 10 年，产品需求量高和需求量低时的概率与损益值见表 6-27，试用决策树法做出决策。若出现产品需求量高的概率在 0.55 ~0.7 范围内，应如何决策。

表 6-27　方案的概率与损益值　（单位：万元）

自然状态	概率（%）	建大厂年损益值	建小厂年损益值
产品需求量高	0.7	200	80
产品需求量低	0.3	-40	60

解：

① 画出决策树图，如图 6-4 所示。

② 计算各点的期望值

点 2 的期望值 =〔0.7×200+0.3×（-40）〕×10-600=680（万元）

点 3 的期望值 =〔0.7×80+0.3×60〕×10-280=460（万元）

③ 将各期望值填在对应的节点上

比较 2 与 3 点上的期望值，2 点的期望值大于 3 点期望值，留下期望值大的点 2 作为优选的决策方案。因此合理的决策应该是建大厂。

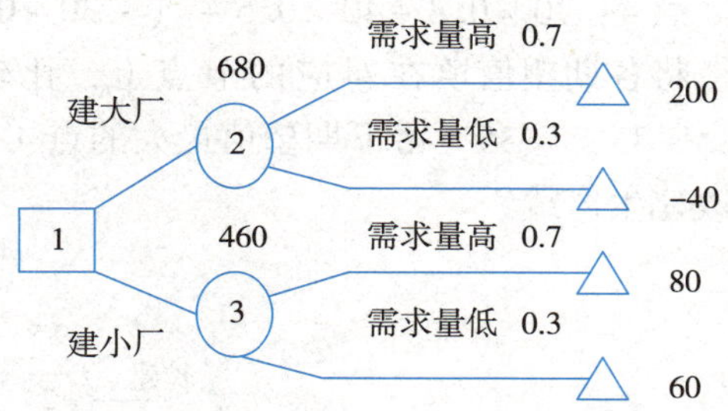

图 6-4　决策树图

④ 根据以上计算方法，分别计算出在 0.55～0.7 范围内不同概率下的损益值，见表 6-28。

表 6-28　两个方案在不同概率下的损益值　（单位：万元）

产品需求量高的概率（%）	0.7	0.65	0.55
建大厂	680	560	320
建小厂	460	450	430

从表 6-28 可以看出，产品需求量大的概率从 0.65 变到 0.55 时，最优方案由建大厂变为建小厂，其中必有一概率 P，两方案损益值相同，P 即转折概率。

求出两方案等效时的概率值：

$$[P\times200+(1-P)\times(-40)]\times10-600=[P\times80+(1-P)\times60]\times10-280$$

解得：$P=0.6$

即：$P>0.6$，建大厂优

$P<0.6$，建小厂优

$P=0.6$，两者效果一样。

【例 6-21】 某企业的生产线面临扩建、新建和改建三种选择：该企业生产的产品由于市场价格变动，利润也不相同。根据市场预测，五年内产品价格高、中、低的可能性分别是：0.3、0.5、0.2，计算五年内的效益值见表 6-29，问应采用哪一种方案？

表 6-29　方案效益值　（单位：万元）

方案	价格		
	高（0.3）	中（0.5）	低（0.2）
扩建	60	35	-30
新建	75	40	-45
改建	70	40	-30

解：

单级决策树如图 6-5 所示。

计算图 6-5 各点的期望值：

点 2：$60\times0.3+35\times0.5+(-30\times0.2)=29.5$（万元）

点 3：$75\times0.3+40\times0.5+(-45\times0.2)=33.5$（万元）

点 4：70 × 0.3 + 40 × 0.5 +（ − 30 × 0.2）= 35（万元）

将各期望值填在对应的节点上，比较②、③、④点上的期望值，由于 max {29.5，33.5，35} = 35，留下期望值最大的点④一枝即为优选的决策方案，因此合理的决策应该是改建生产线。

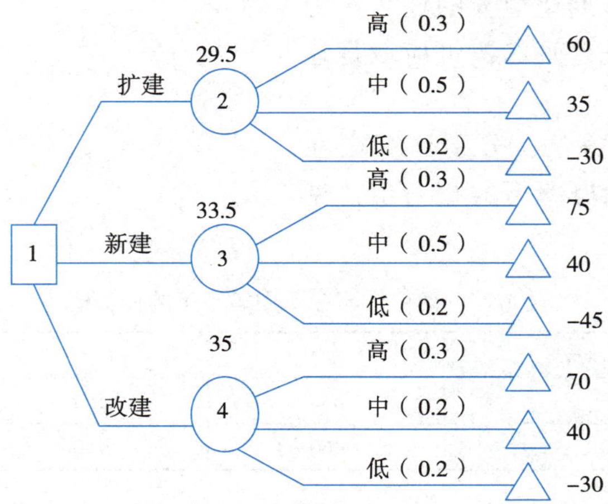

图 6-5　单级决策树

2）多级决策：多级决策的决策树实际上是单级决策树的复合，即将第一级决策树的每一个末梢作为下一级决策树的根，再从此根上分梢，就形成一层层的大树，多级决策树的效益期望值计算，要分级，从右至左逐级计算。

【例 6-22】 某建筑公司拟建一预制构件厂，一个方案是建大厂，需投资 300 万元，建成后如销路好每年可获利 100 万元，如销路差，每年要亏损 20 万元，该方案的使用期均为 10 年；另一个方案是建小厂，需投资 170 万元，建成后如销路好，每年可获利 40 万元，如销路差每年可获利 30 万元；若建小厂，则考虑在销路好的情况下三年以后再扩建，扩建投资 130 万元，可使用七年，每年盈利 85 万元。假设前 3 年销路好的概率是 0.7，销路差的概率是 0.3，后 7 年的销路情况完全取决于前 3 年；试用决策树法选择方案，折现率以 10% 计算。

解：这个问题可以分前 3 年和后 7 年两期考虑，属于多级决策类型，如图 6-6 所示。

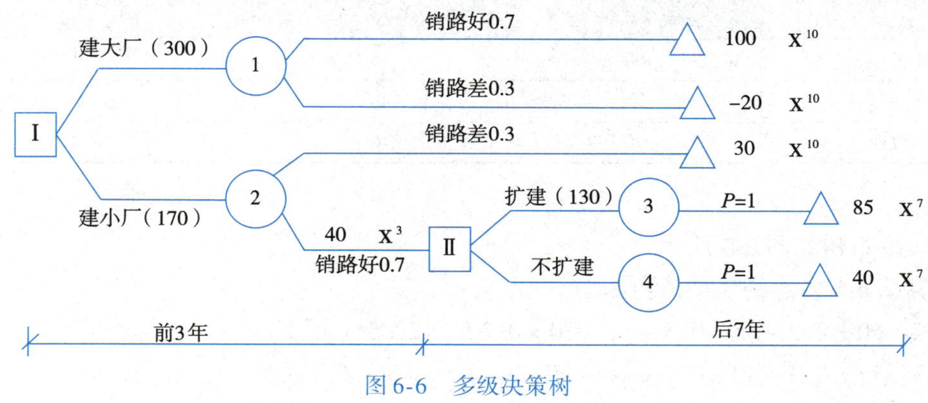

图 6-6　多级决策树

考虑资金的时间价值，各点益损期望值计算如下：

点 1 净收益

$=[100\times(P/A,10\%,10)\times0.7+(-20)\times(P/A,10\%,10)\times0.3]-300$

$=93.35$（万元）

点 3 净收益

$=85\times(P/A,10\%,7)\times1.0-130=283.84$(万元)

点 4 净收益

$=40\times(P/A,10\%,7)\times1.0=194.74$(万元)

可知决策点Ⅱ的决策结果为扩建，决策点Ⅱ的期望值为 $283.84+194.74=478.58$ 万元

点 2 净收益

$=(283.84+194.74)\times0.7+40\times(P/A,10\%,3)\times0.7+30\times(P/A,10\%,10)\times0.3-170$

$=345.62$（万元）

由上可知，最合理的方案是先建小厂，如果销路好，再进行扩建。在本例中，有两个决策点Ⅰ和Ⅱ，在多级决策中，期望值计算先从最小的分枝决策开始，逐级决定取舍到决策能选定为止。

4. 不确定型决策

不确定型决策的方法包括：乐观法、悲观法、等可能法、折衷法和后悔值法。

（1）乐观法　乐观法又称冒险型决策法、大中取大法，决策者在决策时对一切都持乐观的态度。在决策时，假设方案在自然状态下出现好效果的概率为 1。决策的步骤是：从各方案的最好效果（即最大效益值）中选取最大值，其所属方案即为决策方案。

【例 6-23】 为适应市场需求，某企业要对新建水泥厂的规模做出决策。根据预测，水泥市场的需求量有三种可能：50 万吨、100 万吨和 150 万吨。相应也有三个建厂方案，即新建水泥厂的规模分别为 50 万吨、100 万吨和 150 万吨。根据技术资料以及有关原材料价格的核算，水泥厂建成后可获得的损益值见表 6-30。

表 6-30　水泥厂规模决策表（乐观法）　　（单位：万元）

方案及年收益	自然状态			
	年需求量			最大效益值
	50 万吨	100 万吨	150 万吨	
建设规模 50 万吨	15000	15000	15000	15000
建设规模 100 万吨	8400	30000	30000	30000
建设规模 150 万吨	−2700	24000	45000	45000
max｛最大效益｝ = max｛15000、30000、45000｝ = 45000				
优选的决策方案：建设规模 150 万吨				

解：

用大中选大法进行决策，从表 6-30 中可以看出，建设年产 150 万吨的水泥厂可能得到

最大的收益。如果决策者是一个敢于冒险的人，便会据此做出建设年产 150 万吨的水泥厂的决策。

优点：存在获得高收益的机会。

缺点：信息损失，风险大。除了最大的收益外，所有其他的收益都被忽略，忽略了有价值的信息。最坏的损失无论多大，不能影响方案选择，存在很大风险。

（2）悲观法　悲观法又称为保险型决策法、小中取大法。决策者性格持保守或悲观的态度，以有把握获得的收益为准则，假设方案在自然状态下出现坏效果的概率为 1。

悲观决策准则：从各个行动方案的最小收益中，选取收益值最大的方案作为最优方案，它反映了决策者的一种悲观情绪，体现了决策者的一种保守思维方式。

【例 6-24】 利用【例 6-23】的数据，用悲观法进行决策。

解：

用悲观法进行决策，结果见表 6-31。

表 6-31　水泥厂规模决策表（悲观法）　　（单位：万元）

方案及年收益	自然状态			
	年需求量			最小效益值
	50 万吨	100 万吨	150 万吨	
建设规模 50 万吨	15000	15000	15000	15000
建设规模 100 万吨	8400	30000	30000	8400
建设规模 150 万吨	－2700	24000	45000	－2700
max｛最大效益｝＝max｛15000、8400、－2700｝＝15000				
优选的决策方案：建设规模 50 万吨				

建设年产 50 万吨的厂，可避免损失而得到有把握的最大的效益，如果决策者是一个保守型人物，就会据此做出建设 50 万吨的水泥厂的决策。

优点：避免巨大损失，风险小。

缺点：可能会失去高收益的机会。

（3）等可能法　等可能法介于前两种方法之间。其前提是假定出现各种自然状态的概率相等。如有 M 种自然状态，则每种自然状态可能出现的概率为 $1/M$。其决策步骤是：用这个概率求出各方案的期望值，以最大期望值选择最有力的方案。

【例 6-25】 利用【例 6-23】的数据，用等可能法进行决策。

解：

计算结果见表 6-32。

表 6-32　水泥厂规模决策表（等可能法）　　（单位：万元）

方案及年收益	自然状态			
	年需求量			最大期望值
	50 万吨	100 万吨	150 万吨	
建设规模 50 万吨	15000	15000	15000	15000

（续）

方案及年收益	自然状态			
	年需求量			最大期望值
	50 万吨	100 万吨	150 万吨	
建设规模 100 万吨	8400	30000	30000	22800
建设规模 150 万吨	-2700	24000	45000	22100
平均概率	1/3	1/3	1/3	
max｛最大效益｝=max｛15000、22800、22100｝=22800				
优选的决策方案：建设规模 100 万吨				

建设规模 50 万吨的期望值 $=15000\times\frac{1}{3}+15000\times\frac{1}{3}+15000\times\frac{1}{3}=15000$（万元）

建设规模 100 万吨的期望值 $=8400\times\frac{1}{3}+30000\times\frac{1}{3}+30000\times\frac{1}{3}=22800$（万元）

建设规模 150 万吨的期望值 $=-2700\times\frac{1}{3}+24000\times\frac{1}{3}+45000\times\frac{1}{3}=22100$（万元）

（4）折衷法　决策者确定一个乐观系数 α，运用乐观系数计算出各方案的乐观期望值，并选择期望值最大的方案。

1）折衷法的决策步骤：

① 测定一个表示决策者乐观程度的“乐观系数”，用“α”表示（$0<\alpha<1$）

② 计算折衷收益值，公式如下：

折衷收益值 = 最大收益值 $\times\alpha$ + 最小收益值 $\times$（$1-\alpha$）

③ 进行比较，选择折衷收益最大的方案为决策方案。

2）对折衷决策法的评价：

① 实际是一种指数平均法，属于既稳妥又积极的决策方法。

② 乐观系数不易确定。

③ 没有充分利用收益函数所提供的全部信息。

【例 6-26】 依据表 6-33 所给数据，用折衷法进行决策。

表 6-33　收益需求表（一）

收益/万元	需求大 N1	需求中 N2	需求小 N3	CVi
大批量（S1）	500	300	-250	275 *
中批量（S2）	300	200	80	234
小批量（S3）	200	150	100	170

解：

① 当 $\alpha=0.7$ 时，则（$1-\alpha$）$=0.3$，分析最优决策。

CV1 = 0.7max（500，300，-250）+0.3min（500，300，-250）= 350 - 75 = 275（万元）

CV2 = 0.7max（300，200，80） + 0.3min（300，200，80） = 210 + 24 = 234（万元）

CV3 = 0.7max（200，150，100） + 0.3min（200，150，100） = 140 + 30 = 170（万元）

此时最优决策为大批量生产。

② 当 $\alpha = 0.5$ 时，$(1-\alpha) = 0.5$，收益需求见表6-34

表6-34　收益需求表（二）

收益/万元	需求大 N1	需求中 N2	需求小 N3	CVi
大批量（S1）	500	300	-250	125
中批量（S2）	300	200	80	190 *
小批量（S3）	200	150	100	150

CV1 = 0.5max（500，300，-250） + 0.5min（500，300，-250） = 250 - 125 = 125（万元）

CV2 = 0.5max（300，200，80） + 0.5min（300，200，80） = 150 + 40 = 190（万元）

CV3 = 0.5max（200，150，100） + 0.5min（200，150，100） = 100 + 50 = 150（万元）

此时最优决策为中批量生产。

③ 当 $\alpha = 0.3$ 时，$(1-\alpha) = 0.7$，收益需求见表6-35

表6-35　收益需求表（三）

收益/万元	需求大 N1	需求中 N2	需求小 N3	CVi
大批量（S1）	500	300	-250	-25
中批量（S2）	300	200	80	146 *
小批量（S3）	200	150	100	130

CV1 = 0.3max（500，300，-250） + 0.7min（500，300，-250） = 150 - 175 = -25（万元）

CV2 = 0.3max（300，200，80） + 0.7min（300，200，80） = 90 + 56 = 146（万元）

CV3 = 0.3max（200，150，100） + 0.7min（200，150，100） = 60 + 70 = 130（万元）

此时最优决策为中批量生产。

（5）后悔值法　通常在决策时，应当选择收益值最大或者损失值最小的方案作为最优方案。后悔值是指决策者失策所造成的损失价值。后悔值决策准则要求决策者在选择决策方案所产生的后悔感最小，后悔感的大小是以“后悔值”指标来反映的，“后悔感”是指每种自然状态下最高收益值与其他收益值之差。所以后悔值法的决策原则是：以最大后悔值中的最小者为最优决策。

1）最小的最大后悔值决策分析步骤：

① 建立收益矩阵。

② 计算出在各种自然状态下每个方案的后悔值。

③ 逐一列出各方案的最大后悔值。

④ 比较后悔值，选取其中最小值。

⑤ 该值所对应得方案即为最佳方案。

2）对于要求目标达最小值的决策问题，应用后悔值法时，应注意以下问题：

① 取各状态中最小收益值为理想值，减去其他各值，得到的后悔值全部为负值与零。

② 取各方案后悔值中的最小者（绝对值最大者）。

③ 再取其中的最大值进行决策。

3）对后悔值法的评价：如果原来的行动方案中再增加一个方案，则后悔值可能改变。

从某些方面而言，后悔值法与悲观法属同一类，只是考虑问题的出发点有所不同。由于后悔值法是从避免失误的角度决策问题，使此后悔值法在某种意义上比悲观法合乎情理一些，是一个稳妥的决策原则。

4）后悔值法的适用范围：最小最大后悔值法一般适用于有一定基础的中小企业。因为这类企业一方面能承担一定风险，因而可以不必太保守，过于稳妥；另一方面，又不能抵挡大的灾难，因而又不能像乐观法决策那样过于冒进。对中小企业来讲，采用最小最大后悔值法进行决策属于一种稳中求发展的决策。

另外，竞争实力相当的企业在竞争决策中也可采用后悔值法。因为竞争者之间已有一定实力，必须以此为基础进一步开拓，不可丧失机会。但又不宜过激，否则欲速则不达，危及基础。因此，在势均力敌的竞争中，采用后悔值法既可以稳定已有的地位，又可以使市场开拓机会丧失降到最低限度。

【例 6-27】 利用表 6-36 所列收益矩阵，根据后悔值法判断最优决策方案。

解：

表 6-36　收益矩阵

收益/万元	需求大 N1	需求中 N2	需求小 N3
大批量（S1）	500	300	−250
中批量（S2）	300	200	80
小批量（S3）	200	150	100
max（Si，Nj）	500	300	100

后悔值计算结果见表 6-37。

表 6-37　后悔值矩阵

收益/万元	需求大 N1	需求中 N2	需求小 N3	max（Si，Nj）
大批量（S1）	0	0	350	350
中批量（S2）	200	100	20	200 *
小批量（S3）	300	150	0	300

最优决策方案为后悔值最小的中批量方案。

本项目小结

本项目介绍了房地产经营预测的定性、定量方法；明确了房地产经营决策的含义和类型，重点阐述了房地产经营决策的方法，包括盈亏平衡法、确定型决策方法、风险型决策方法和不确定型决策方法，结合现实情况解释了其在实际中的应用。

综合案例应用

【案例概况】

房地产开发项目投资决策的新模式

1. 文旅模式

房地产企业在做住宅开发主业的同时，文旅地产成为同行业多元化业务的重要分支。不仅可以开辟新的收入来源途径，而且还能降低拿地成本。但是，文旅地产周转慢，投资回收难的经营本质，也会提高企业负债。对企业现金流产生不利影响。

以A房地产企业为例，作为一家文旅地产有名的公司，在2020年房地产企业全年完成11个项目的转让，合计交易价约70亿。A房地产企业曾公开表示，出售资产为的就是响应国家降负债的要求。在2021年，文旅拿地对绝大多数旅游属性较低的房地产企业，只是锦上添花的一种手段。

2. 康养模式

康养模式是一个复杂的地产开发类型，各种商业模式层出不穷。和医疗机构挂钩，做医疗型康养地产；和旅游景点挂钩，做度假养生型康养地产；和文化产业基地挂钩，做学院型康养地产。总之，康养模式产业链复杂，衍生模块很多。

很多房地产企业在康养领域进行了很久探索，对复杂的商业模式进行梳理选择，以契合企业自身战略。B房地产企业从2012年开始就已经在这个领域进行摸索实践。2012年11月，B房地产企业首个养老项目随园嘉树在HZ市推向公众；到2020年，B房地产企业的养老业务已布局16个城市。随园嘉树系列项目主要是持续照料社区，项目区域包括长者公寓、护理院、活动配套等建筑体系。目前养老公寓与护理院入住率极高，获得了良好的市场口碑，也成为高端养老的标杆项目。

3. 商业综合体模式

商业综合体模式在房地产行业里较为常见。在这种模式下，房地产企业不仅可以开发住宅楼，还可以配套购物广场、写字楼等商业中心。在这里，房地产企业不仅仅是卖楼的开发商，还是城市经济的建设者，所以拿地成本相对会便宜些。

以C房地产企业为例，2020年3季度，C房地产企业有71个已开业商业综合体项目，91个在建商业综合体项目。这些项目从一、二线到三、四线城市均有分布，而且在建项目主要以三、四线城市为主。这一模式的复制性很强，但也表明一、二线城市的市场空间没有过去那么大，下沉是企业根据市场发展做出的战略选择。

【问题】

请分析 A、B、C 三个房地产企业的房地产开发项目，其经营决策的侧重点。

【案例评析】

(1) A 房地产企业应该将重点放在保证资金充足、提高销售率、增加运营效率这三项基本功，才能在文旅地产深耕。

(2) B 房地产企业应该结合自身特色，做到房地产行业内的康养地产标杆，扩大企业品牌影响力。

(3) C 房地产企业应该在全国多线布局，尤其重点开发三、四线城市的商业综合体，全面发展。

(4) 房地产决策时，要注意以下问题：

1) 明确分析决策的收益。决策时，要计算项目公司层面的净利润，让项目净利率清晰可预测。

2) 准确评估决策可能产生的风险，清醒面对收益与风险并存的局面。比如文旅地产，拿地后房地产企业要在经营上下一番苦功夫，提升运营效果、提高管理效率，做好风险把控。

3) 决策是跨层级、跨部门的全方位经营决策，高效执行才能保证不错过市场机会。因此房地产决策应该是部门和人员的协同决策，避免个体决策失误错过机会。

思考练习题

一、单项选择题

1. 反映建设工程经济效益和建设工程的实际造价和投资结果的是（　　）。

A. 投资估算　　B. 施工图预算

C. 工程结算　　D. 竣工决算

2. 居住小区内为居民服务配套建设的各种非营利性的公共配套设施或公建设施的建设费用，在房地产开发项目投资构成中是（　　）。

A. 前期工程费　　B. 建筑安装工程费

C. 公共配套设施建设费　　D. 基础设施建设

3. 盈亏平衡点是一个特殊的点，在这个点上，产品的销售收入与产品的成本恰好相等，因此盈亏平衡点的（　　）。

A. 收入为零　　B. 利润为零

C. 成本为零　　D. 风险为零

4. 自然状态只有一种，决策环境确定，问题的未来发展只有一种确定的结果，决策者只要通过分析、比较各个方案的结果就能选出最优方案，是（　　）。

A. 确定型决策　　B. 风险型决策

C. 不确定型决策　　D. 盈亏平衡决策

5. 以下哪项内容不属于前期工程费（　　）。

A. “三通一平”费　　B. 可行性研究费
C. 征收补偿费　　D. 规划、勘察、设计所需费用

二、多项选择题

1. 房地产经营预测的内容有（　　）。
A. 房地产市场需求预测　　B. 房地产供给能力预测
C. 房地产市场价格趋势预测　　D. 房地产产品技术发展预测
E. 房地产市场竞争情况预测

2. 房地产经营决策的原则包括（　　）。
A. 政策性原则　　B. 整体性原则
C. 风险控制意识原则　　D. 个人经验决策原则
E. 定性与定量相结合的原则

3. 盈亏平衡分析可以从（　　）方面进行。
A. 盈亏平衡产销量　　B. 盈亏平衡销售收入
C. 盈亏平衡生产能力利用率　　D. 产量安全度
E. 盈亏平衡销售单价

4. 不确定性分析的方法包括（　　）。
A. 乐观法　　B. 悲观法
C. 等可能法　　D. 折衷法
E. 后悔值法

5. 房地产经营预测的定量方法有（　　）。
A. 个人经验法　　B. 因果分析法
C. 专家会议法　　D. 时间序列分析法
E. 德尔菲法

三、简答题

1. 房地产开发项目总投资的构成是怎样的？
2. 房地产经营决策的过程包含哪些内容？
3. 确定型决策、风险型决策、不确定型决策有什么区别？

四、案例题

1. 某建筑公司拟建一预制构件厂，一个方案是建大厂，需投资300万元，建成后如销路好每年可获利100万元，如销路差，每年要亏损20万元，该方案的使用期均为10年；另一个方案是建小厂，需投资170万元，建成后如销路好，每年可获利40万元，如销路差每年可获利30万元；若建小厂，则考虑在销路好的情况下三年以后再扩建，扩建投资130万元，可使用七年，每年盈利85万元。假设前3年销路好的概率是0.7，销路差的概率是0.3，后7年的销路情况完全取决于前3年。

问题：用决策树法分析应该如何选择。

2. 以案例1的资料为基础，为了适应市场的变化，投资者又提出了第三个方案，即先小规模投资160万元，生产3年后，如果销路差，则不再投资，继续生产7年；如果销路

好，则再作决策是否再投资 140 万元扩建至大规模（总投资 300 万元），生产 7 年。前 3 年和后 7 年销售状态的概率见下表，大小规模投资的年损益值与案例 1 相同。销售概率见表 6-38。

表 6-38　销售概率表

项目	前 3 年销售状态概率		后 7 年销售状态概率	
	好	差	好	差
销路差	0.7	0.3	0.9	0.1

问题：用决策树法分析应该如何选择。

五、实训题

请实训教师给出背景资料，或者搜集一个房地产开发企业的真实资料，从项目的成本构成角度，分析该项目投资决策面临哪些主要风险，并给出决策风险的防范措施。

房地产开发项目经济评价与不确定性分析

☞ **知识目标：**

1）了解资金的等值运算、经济评价指标体系的构成、不确定性分析的意义。

2）熟悉房地产开发项目经济评价指标及计算方法、敏感性分析和概率分析的方法。

3）掌握房地产开发项目进行单方案评价和多方案比选时各种评价指标的选取和计算方法。

☞ **能力目标：**

通过本项目的学习，使学生能够运用静态、动态评价指标对房地产项目方案的可行性进行分析；能够准确分辨项目多个方案之间的关系，并熟练运用适合的评价指标对各类型方案进行分析、比较和评价；能够熟练运用敏感性分析和概率分析解决实际问题。

☞ **素养目标：**

通过本项目的学习，培养学生爱岗敬业的责任感，诚实守信、精益求精的工匠精神，积极向上的人生态度，健康良性的竞争意识，创新思辨的科学精神；激励学生进一步强化专业学习，提升职业素养，树立争做社会主义合格建设者和可靠接班人的决心。

☞ **学习重点：**

1）资金的等值运算。

2）经济评价指标的计算和运用。

3）多方案比选时各种评价指标的选取和计算。

4）不确定性分析的方法。

【引例】 建还是不建？

某公司拟建设一座商业楼，第 1 年初需要投资 200 万元，第 2 年初要投资 5000 万元，第 3 年初还要追加投资 1000 万元。

该商业楼在第3年开始取得收益：第3年末收回1500万元，第4～6年每年末收回2500万元。假设当时的社会平均收益率为10%，该商业楼的计算期就只有6年，请问该公司何时才能把所有的投资都收回来？某公司该不该投资建设这座商业楼？

7.1　房地产开发项目经济评价

在房地产项目的研究与论证中，资金的时间价值是不可或缺的一个重要因素。要解决房地产项目的决策问题，就必须掌握资金时间价值理论及其计算方法，这是理论基础和重要的经济分析工具。

7.1.1　现金流量与资金的时间价值

1. 现金流量

在对项目进行经济分析和评价时，一般不会使用会计中利润的概念，而是使用现金流量的概念。为了全面地考察项目的经济性，必须对项目在整个计算期内的收入和支出进行研究。

（1）项目的计算期　根据房地产项目各阶段现金流动的特点，可以把一个项目分为三个期间：建设期、生产运营期（含投产期和达产期）、回收处理期，如图7-1所示。

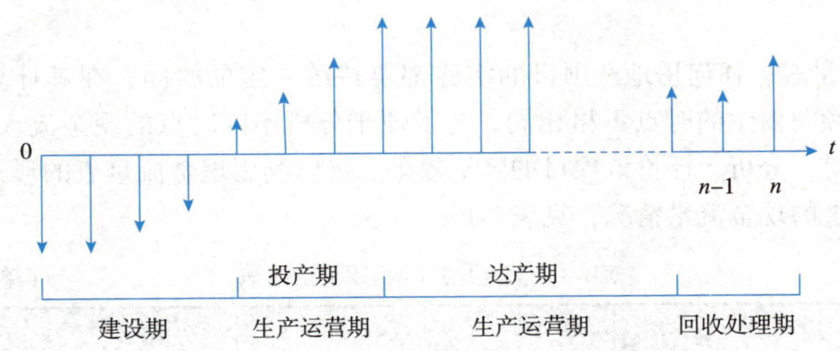

图7-1　项目的现金流量

1）建设期是指房地产项目从决策、施工建设直到全部建成、竣工验收所经历的时间，它与项目的规模大小、建设方式有关。

在建设期内，项目一般只有投入，没有或很少有产出，建设期过长，会增加项目的成本；另外，项目只有建成后才能投入运营，才能获利，建设期过长会推迟获利的时间，进而影响到项目的经营效果。因此在确保项目建设质量的前提下，应尽可能缩短建设周期。

2）生产运营期是指项目从建成投产直到主要固定资产报废为止所经历的时间，包括投产期（投产后未达到100%设计能力的生产期）和达产期（投产后达到100%设计能力的生产期）。

3）回收处理期是指项目完成预计的寿命周期后停产并进行善后处理的时期。

（2）现金流量概述　房地产项目现金流量是根据项目在计算期内的收入与支出情况来确定的。

1）现金流量（cash flow）的概念：现金流量是指项目整个计算期内，在各个时点上实际发生的现金流入和现金流出的总称。在房地产项目经济分析中，为了计算经济效益，常常把项目的收益和耗费等以货币形式的收入和支出表示出来：把项目在某个时点上带来的货币收入称为现金流入（cash infolw），通常用 $(CI)_t$ 表示，把项目在某个时点上产生的货币支出称为现金流出（cash outfolw），通常用 $(CO)_t$ 表示。

现金流量有正负之分，正现金流量表示在一定时期内的收入，它能够增加项目的货币资金，主要包括：营业收入、回收固定资产余值、回收流动资金及其他现金流入量；负现金流量则表示在一定时期内的支出，它能使项目的货币资金减少，包括：建设投资、流动资金投资、经营成本、各项税款及其他现金流出。因此，现金流入和现金流出的代数和称为净现金流量（net cash flow），通常用 $(CI-CO)_t$ 表示，即：

$$净现金流量 = 现金流入 - 现金流出$$

★【特别提示】★

在计算项目的现金流量时，只计算现金的收支，不考虑非现金收支。

2）现金流量的表示方法：现金流量的表示方法一般有两种，即现金流量表和现金流量图。

① 现金流量表：任何房地产项目的实施都要持续一定的时间，在其计算期内，各种现金流量的数额及发生的时点不尽相同。为了便于分析不同时点的现金流入和现金流出，计算净现金流量，分析、评价该项目的经济效果，可以利用现金流量表的形式来表示项目在不同时点发生的现金流量情况，见表 7-1。

表 7-1　某房地产项目现金流量表　（单位：万元）

年末	1	2	3	4	5	6	7	…	*n*
现金流入 $(CI)_t$	0	0	0	800	1000	1200	1200	…	1300
现金流出 $(CO)_t$	800	1000	600	200	200	200	200	…	200
净现金流量 $(CI—CO)_t$	-800	-1000	-600	600	800	1000	1000	…	1100
累计净现金流量 $\sum(CI—CO)_t$	-800	-1800	-2400	-1800	-1000	0	1000	…	…

利用现金流量表，不仅可以明确地表示该项目在不同时点上所发生的相应数额的现金流入和现金流出情况，还可以计算不同时点上的净现金流量和累计净现金流量，直接为项目的经济分析提供所需数据。

② 现金流量图：为了更简单、更直观地反映所研究的房地产项目在不同时点的现金流入和现金流出情况，也可以用一个数轴图来表示现金流入、现金流出与相应时间的对应关系，即现金流量图，如图 7-2 所示。

使用现金流量图时，必须明确以下几个要点：

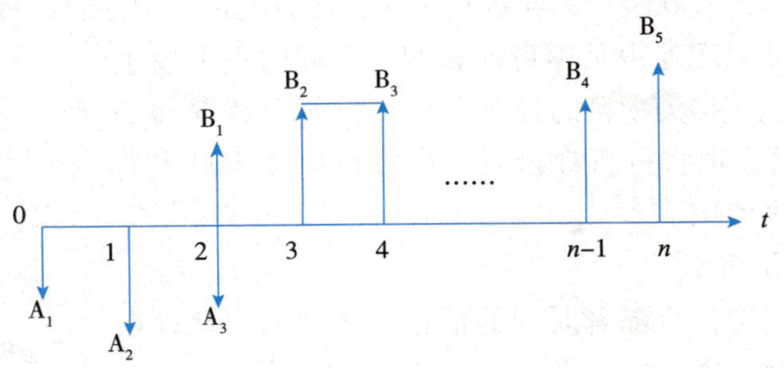

图 7-2　现金流量示意图

横轴表示与项目计算期对应的时间轴，从左向右延伸表示时间的延续；时间轴上的每一小格代表一个时间单位，该时间单位一般与计算期相等（也可不等：可取年、半年、季、月等)；零点表示时间序列的起点，同时也是第一个计息周期的开始；随着时间的推移到达 n 点。n 点表示时间序列的终点，也是项目计算期的终点。

垂直于时间轴的向上、向下的箭头代表不同时点的现金流量情况。在横轴上，向上的箭线表示现金流入，此时现金流量为正值，表示收益（或收入)；向下的箭线表示现金流出，此时现金流量为负值，表示费用（或投资)。在现金流量图中，箭线的长短与现金流量数额的大小本应成比例，即金额越大，相应的箭头长度应越长。一般来说，现金流量图上要注明每一笔现金流量的金额。

在现金流量图中，箭线与时间轴的交点即为现金流量发生的时间点。现金流量发生时间的确定采用项目评价中常用的方法，即以计息期末为现金流量的时间点，无论现金的流入还是流出均标示在期末。

现金流量图包括三大要素：大小（资金数额)、方向（现金流入或现金流出）和时间点（现金流入、流出发生的时间)。

【例 7-1】 以表 7-1 反映的数据为例，绘制现金流量图，如图 7-3 所示。

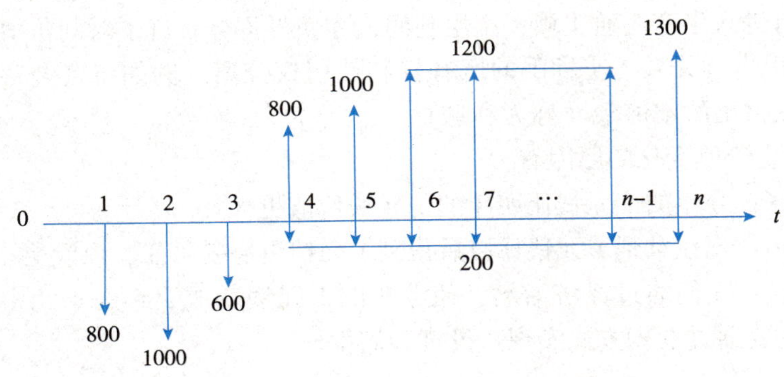

图 7-3　某房地产项目现金流量图

从图 7-3 中可以看出，该项目的前三年为建设期，只有资金投入（现金流出)，没有收益（现金流入)；从第四年开始，项目投入生产使用，进入生产运营期，第四、五两年为投产期，从第六年开始进入达产期，直至第 n 年末项目寿命结束，每年末均有现金流入和流出。另外还可看出，在最后一年进行了项目回收处理，即回收处理期。

现金流量图虽能直观地表示项目计算期中不同时点上发生的现金流量，但不能直接为项目的经济分析提供所需数据（如净现金流量），所以在项目分析评价时，可以将现金流量表与现金流量图结合起来使用。

二维码 7-1
（资金时间价值的日常应用）

2. 资金的时间价值

资金在周转过程中，会随着时间的推移产生增值。凡存在商品生产和商品交换，资金的时间因素就客观存在。

（1）资金时间价值的概念

1）资金时间价值的含义：资金时间价值是指一定量的资金在不同时点上的价值量的差额；或者是资金在生产和流通过程中，随着时间推移而产生的增值。

【能力拓展】

众所周知，在市场经济条件下，即使不存在通货膨胀，等量的资金在不同时点上的价值量也不相等，今天的100元钱和将来的100元钱不等值，前者要比后者的价值高。

例如，若银行存款年利率为10%，将今天的100元钱存入银行，一年以后就会变成110元。可见，经过一年时间，这100元钱发生了10元的增值，这10元钱就是100元通过银行借贷，投入社会再生产过程中所产生的时间价值。今天的100元钱和一年后的110元钱是等值的。但是如果把这100元钱所在保险箱里，不进入市场流通，不管多长时间，都不会有增值，若考虑通货膨胀，反而会贬值。

2）资金时间价值的条件：资金要获得时间价值，必须存在的条件有两个：

① 将货币投入到生产或流通领域，使货币转化为资金，将资金投入生产，从而产生增值（称为利润、收益）；如果资金不进行投资，就不可能产生利润。即资金作为生产的基本要素，只有进入生产流通领域，产生利润，才使得资金具有了时间价值。

② 存在货币借贷关系，使货币的所有权和使用权分离。例如将资金存入银行或向银行借贷所得到或付出的增值额（称为利息）。

3）引起资金价值变化的原因有：

① 通货膨胀：今年的1元钱比明年的1元钱价值更大。

② 风险承担：现在拿到1元钱比以后得到1元钱更稳妥可靠，风险更小。

③ 货币增值：人们通过经济活动，使今年的1元钱变成明年的1元多钱。且如上所述，货币增值主要通过两种方式实现：投资和储蓄。

【知识链接】

为什么要研究资金的时间价值？

研究资金的时间价值具有十分重要的现实意义。主要表现在三个方面：

1. 研究资金的时间价值有利于资金流向更合理的投资项目

资金作为一种稀有的资源，并不是说只要投入某一项生产经营活动就能带来增值。资金的投资方向只有符合国家和地区政策鼓励发展的项目、符合当代经济发展规律的项目，才会带来效益，而那些盲目的、违规的建设项目，不但不能带来收益和效益，反而浪费了资源，给国家和投资者都造成了损失。

2. 研究资金的时间价值使得资金的运动过程更易于管理

由于资金时间价值的大小与资金的周转率有关，因此一旦投资项目确定，就应该把整个项目的寿命看作是资金运动的系统时间段。那么投资者为了使资金投入项目后取得最大的收益，就应该在保证工程质量的前提下尽量缩短建设期，而在生产运营期加速资金周转，提高资金的使用效率。

3. 在建设房地产项目上所投入的资金，可能有不同的来源渠道

不同的资金来源，意味着不同的资金增值期望值（资金成本、资本收益率等）。

---

(2) 资金时间价值的度量　资金时间价值一般用利息或利率来度量。

1) 利息：利息是指资金使用者占用资金所有者的资金所付的代价（或资金所有者放弃使用资金所得的补偿）。

利息是资金时间价值的一种表现形式，是衡量资金时间价值的绝对尺度。在房地产项目经济评价分析中，是平衡现在与未来的杠杆。

当资金投资者同时也是资金使用者时，这个价值的增量就不再称为利息，而是投资者的投资报酬额，这时资金的时间价值会用投资报酬来表示。

在借贷过程中，债务人支付给债权人超过原借贷金额的部分就是利息。即

$$I = F - P \tag{7-1}$$

式中　I——利息；

F——目前债务人应支付（或债权人应收）的总金额，即还本付息总额；

P——原借贷金额，常常称为本金。

2) 利率：利率也叫利息率，是在一定时期内所支付的利息额与所借资金本金的比值。

用于表示计算利息的时间单位称之为计息周期，通常为年、半年、季、月、周或天，以“年”为计息周期的利率称为“年利率”，以“月”为计息周期称为“月利率”等等。

当资金投资者同时也是资金使用者时，这个价值的增量就称为投资者的投资报酬率，这时资金的时间价值会用投资报酬率来表示。

利率是衡量资金时间价值的相对尺度，通常年利率用百分比（%）表示，即：

$$i = \frac{I}{P} \times 100\% \tag{7-2}$$

式中　i——利率。

【例7-2】 某人现借得本金1000元，一年后付息80元，则年利率为：

$$i = \frac{I}{P} \times 100\% = \frac{80}{1000} \times 100\% = 8\%$$

（3）资金时间价值的实质

1）以利息或利率的形式表示的资金的时间价值，是投资回报的基本界限。

2）以投资报酬或投资报酬率表示的资金的时间价值，是投资者衡量投资收益、考核项目成本、决定投资方向的基本依据。

3）资金时间价值解释了不同时点上资金量的换算关系，用它可以进行项目的决策分析。

4）在建设项目的实际投资过程中，以利息或利率作为资金时间价值的体现，表现为资金介入的成本，是项目决策的基础。

（4）资金等值

1）资金等值的概念：资金等值是指考虑时间因素后，不同时点不等额的资金在一定利率条件下可能具有相等的经济价值。当利率（或收益率）一经确定，就可以对资金的时间因素做定量的计算。

影响资金等值的因素有三个：金额、金额发生的时间和利率。

由于资金时间价值的特性，使得不同时点的资金具有不同的价值，也就是说，不同时点上的资金不能直接进行大小比较或代数运算。把不同时点上的资金，在一定的利率条件下，通过一系列的计算，使之具有“等值”的效果，从而可以进行对比或代数运算的过程，称之为资金的等值计算。

例如，如果利率为2%，现在1000元，一年以后将增加20元，本利和将为1020元，根据资金时间价值的观点，我们就不能认为一年后的1020元比现在的1000元多，而应该看作是相等的，即等值的。同一利率下不同时点的资金等值，如图7-4所示。

图7-4　同一利率下不同时点的资金等值

2）资金等值的特点

① 以一定的利率为前提。不同时点的资金，如果不规定利率，则它们不具有等值性，更不具有可比性；而规定不同的利率，则它们所具有的“价值”是不相等的。

② 等值的概念是比较和评价不同时期资金使用效果的重要依据。

3. 利息与利率

利息和利率都是资金时间价值的表现形式，资金时间价值可以通过计算利息的方式来度量。

利息的计算有三个要素：本金、时间和利率。其中，本金可以是存款金额，也可以是贷款金额；时间就是存、贷款的实际时间；利率就是规定的一定时间内利息与本金之比。

利息的计算方法分为单利法与复利法两种。

（1）单利法　所谓单利法是以本金为基数，计算资金的利息，上期利息不计入本期本金之内，利息不再生息。支付的利息与占用资金的时间、本金、利率成正比。

特点：利息不再产生利息，每期的利息额固定不变。

利息计算公式为：

$$I_n = P \times i \times n \tag{7-3}$$

本利和计算公式为：

$$F = P + I = P(1 + i \times n) \tag{7-4}$$

式中　P——本金；

I——利息；

i——利率；

n——计息期，表示计算期内计算利息的次数；

F——本利和，即第 n 期末的本金与利息之和。

【例 7-3】 某储户将 10000 元存入银行 3 年，年利率为 8%，若以单利计息，则存款到期时的利息及本利和分别是多少？

解：据式（7-3），所得利息为

$$I = P \times i \times n = 10000 \times 8\% \times 3 = 2400(\text{元})$$

根据式（7-4），本利和为

$$F = P(1 + i \times n) = 10000 \times (1 + 8\% \times 3) = 12400(\text{元})$$

单利法仅仅考虑了本金的时间价值，没有考虑每期所得利息再进入社会再生产中实现增值的可能性，这不符合客观的经济发展规律。因此单利法没有完全反映资金的时间价值，不足够精确，通常仅适用于短期投资或投资期限不超过一年的项目，在应用上具有局限性。

（2）复利法　复利法是指经过一定期间，将本金及所生利息（本利和）都作为下一期计算利息的本金，逐期滚算，俗称“驴打滚”“利滚利”。

特点：利息再次产生利息，每期的利息额不相等。

【例 7-4】 仍以上面的【例 7-3】为例，试用复利法计算每年年末的利息和本利和。

解：

第 1 年年末产生的利息 $I_1 = 10000 \times 8\% = 800$（元）

第 1 年年末的本利和为 $F_1 = 10000 + 800 = 10800$（元）

第 2 年年末产生的利息 $I_2 = 10800 \times 8\% = 864$（元）

第 2 年年末的本利和为 $F_2 = 10800 + 864 = 11664$（元）

第 3 年年末产生的利息 $I_3 = 11664 \times 8\% = 933.12$（元）

第 3 年年末的本利和为 $F_3 = 11664 + 933.12 = 12597.12$（元）

从【例 7-3】和【例 7-4】中可以看出，同样一笔资金，由于采用的计息方法不同，最后得到的本利和有很大区别，二者相差 197.12 元（12597.12 元 − 12400 元），这就是两年利息又生出的利息额。从计算过程也可以看出，这种差距会随着资金使用年限的增长和利率的提高而越拉越大。复利法是在单利法基础上发展来的，克服了单利法的缺点。

为了计算起来更加方便，可以使用复利计算利息和本利和的公式，推导过程见表 7-2。

表 7-2　复利计算利息和本利和的公式的推导过程

计息期（n）	期初本金（P）	当期利息（I）	期末本利和（F）
1	P	$P\cdot i$	$P+P\cdot i=P(1+i)$
2	$P(1+i)$	$P(1+i)\cdot i$	$P(1+i)+P(1+i)\cdot i=P(1+i)^2$
3	$P(1+i)^2$	$P(1+i)^2\cdot i$	$P(1+i)^2+P(1+i)^2\cdot i=P(1+i)^3$
…	…	…	…
$n-1$	$P(1+i)^{n-2}$	$P(1+i)^{n-2}\cdot i$	$P(1+i)^{n-2}+P(1+i)^{n-2}\cdot i=P(1+i)^{n-1}$
n	$P(1+i)^{n-1}$	$P(1+i)^{n-1}\cdot i$	$P(1+i)^{n-1}+P(1+i)^{n-1}\cdot i=P(1+i)^n$

则，利息计算公式为：

$$I_n = i \times F_{n-1} \tag{7-5}$$

本利和计算公式为：

$$F = P(1+i)^n \tag{7-6}$$

式中　F_{n-1}——第 $n-1$ 期末的本利和。

【例 7-5】 某房地产建筑公司进行技术改造，2020 年初向银行贷款 100 万元，年复利率 8%，2023 年末一次还本付息，问一共需要还给银行多少钱？

解：

为了理清思路，先根据题意画出现金流量图，如图 7-5 所示。

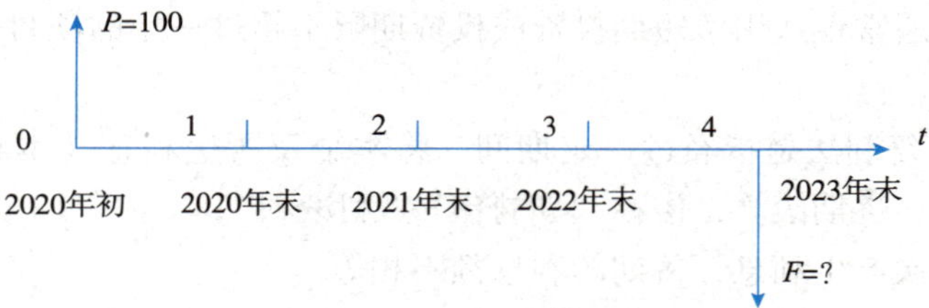

图 7-5　现金流量图

根据式（7-6）：

$$F = P(1+i)^n = 100\times(1+8\%)^4 = 100\times1.3605 = 136.05(\text{万元})$$

所以 2023 年末需要一次性还给银行 136.05 万元。

（3）名义利率与有效利率　在复利计算中，计算利息的周期通常是以年为单位的，但实际上，复利的计息周期不一定是年，也有可能是季度、月、周或日，比如某些债券半年计息一次，有的抵押贷款每月计息一次，银行之间的拆借资金每天计息一次。由于计息周期长度不同，同一笔资金在占用总时间相等的情况下，所支付的利息就有了较大的差别。

当计息周期短于 1 年（即每年复利次数超过 1 次）时，就出现了名义利率和有效利率的差别。

1）名义利率与有效利率的概念

① 名义利率（r）：所谓名义利率，一般是指按每个计息期利率（i_*）乘以一年内的计息次数（m）所得到的年利率。

即：$r = i_* \times m$

名义利率是采用单利的计算方法，把各种不同计息期的利率换算成以年为计息期的利率。

例如，每月计息一次，月利率 1%，一年有 12 个月，于是年名义利率为 1% ×12 = 12%。习惯上称为“年利率 12%，每月计息一次”。

很显然，计算名义利率时忽略了前面各期利息再生息的因素，这与单利的原理是一致的。

② 有效利率（i）：有效利率是指采用复利的方法，通过等值计算原理，把各计息期利率（i_*）换算成以年为计息期的利率 i。

★【特别提示】★

一年计息一次的利率，其年名义利率就是年有效利率。只有对于计息期短于一年的利率，二者才会有区别。

有效利率 = 利息额/本金，即：$i = I/P$。

【例 7-6】 若现有本金 100 万元，年利率 10%，半年计息一次，求年有效利率。

解：

已知 $r=10\%$，$m=2$ 则：

$i_* = r/m = 10\% \div 2 = 5\%$

本年末本利和为 $F = P(1+i)^n = 100 \times (1+5\%)^2 = 110.25$(万元)

年利息额 $I = F - P = 110.25 - 100 = 10.25$(万元)

年有效利率为 $i = I/P = 10.25 \div 100 = 10.25\%$

可见，年有效利率比年名义利率要大一些。

2）名义利率与有效利率的关系

已知：名义利率是 r，一年内的计息次数是 m，那么每个计息期的利率就是 r/m。

该年末的本利和是：$F = P(1+\frac{r}{m})^m$

年利息额是：$I = F - P = P(1+\frac{r}{m})^m - P$

年有效利率是：$i = \frac{I}{P} = \frac{P(1+\frac{r}{m})^m - P}{P}$，整理得

$$i = (1+\frac{r}{m})^m - 1 \tag{7-7}$$

【例 7-7】 某房地产开发商向银行借款，有两家银行可以提供贷款，A 银行年利率 8%，按月计息；B 银行年利率 9%，按半年计息。请问开发商应该向哪家银行借款？

解：

开发商希望可以向还款利率更低的银行贷款。那么，只要计算两家银行的年有效利率，选择年有效利率较低的银行即可。

A 银行：$i_A = (1+\frac{r}{m})^m - 1 = (1+\frac{8\%}{12})^{12} - 1 = 8.34\%$

B 银行：$i_B = (1+\frac{r}{m})^m - 1 = (1+\frac{9\%}{2})^2 - 1 = 9.2\%$

所以开发商应该向 A 银行借款。

【例 7-8】 某房地产开发企业于年初存入银行 100 万元，在年利率为 10%，半年复利计息一次的情况下，到第 10 年末，该企业能从银行拿到多少钱？

解：

方法一思路：先找到年有效利率，再用有效利率计算本利和。

据题意已知 $P=100$，$r=10\%$，$n=10$，$m=2$

则据式（7-7），$i = (1+\frac{r}{m})^m - 1 = (1+\frac{10\%}{2})^2 - 1 = 10.25\%$

本利和 $F = P(1+i)^n = 100 \times (1+10.25\%)^{10} = 265.3$（万元）

因此企业于第 10 年末可得本利和 265.3 万元。

方法二思路：不计算有效利率，将“总共 10 年，半年计息一次，共计 20 次利息”，看作每年计息一次，计算 20 年，共计 20 次利息。即：计息利率为 r/m，计息期数为 $m \cdot n$

$$F = P(1+\frac{r}{m})^{m \cdot n} = 100 \times (1+\frac{10\%}{2})^{2\times10} = 265.3(\text{万元})$$

（4）资金等值计算的基本公式

1）资金等值计算的相关参数：为了更好地理解和掌握资金的等值计算，首先应该掌握与资金的等值计算有关的一些名词的含义。

①P——现值（present value）

现值表示资金发生在或折算为某一时间序列起点时间的价值，也能表示相对于未来值的任何较早时间的价值。

时间序列的起点通常称为“零期”或“初期”，在现金流量图中常常用“0”来表示，一般是房地产项目进行经济分析评价时的点，现值的现金流量图如图 7-6 所示。所以在进行房地产项目经济评价时，必须将预测的项目在建设期、生产经营过程中出现的收入与支出的资金折算为现值，在同一时点上对该项目的实施方案进行评价或比较，这时这些资金才具有可比性，才更接近于实际投资效果。

图 7-6　现值的现金流量图

②F——终值（future value）

终值表示资金发生在或折算为某一时间序列终点时间的价值，也能表示相对于现在值的任何未来时间的价值。其含义是将期初资金转换为时间序列末时的价值，即计息期末的本利和，终值的现金流量图如图 7-7 所示。

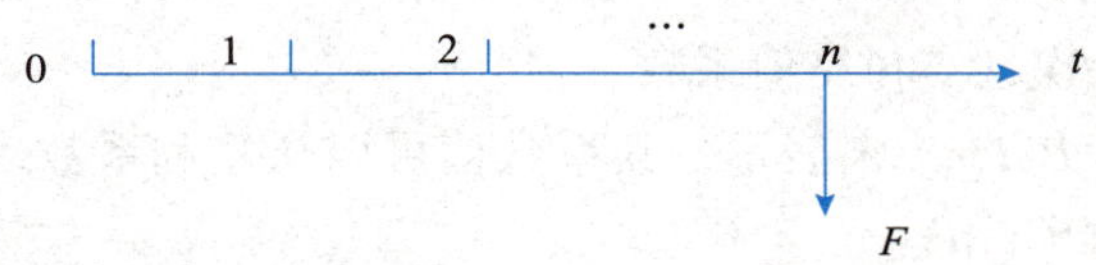

图7-7　终值的现金流量图

另外，房地产项目计算期结束时回收的流动资金、回收的固定资产余值等都发生在时间序列的终点上，所以也称之为终值。

③ A—— 年金（annual value 或 annuity）

年金也叫年值，表示在一段连续的时间段内，每个时点上都有等额的现金流入或现金流出。即在某一特定的时间序列内，每隔相同时间收支的等额款项。A 若是现金流入，可称为年金（annual worth）；若是现金流出，可称为年费用（annual cost）。

在现实中会涉及很多类似于年金的资金，比如等额利息、租金、保险金、养老金等，它们在每个核算期内的金额都相等，可做年金处理，年金的现金流量图如图7-8所示。

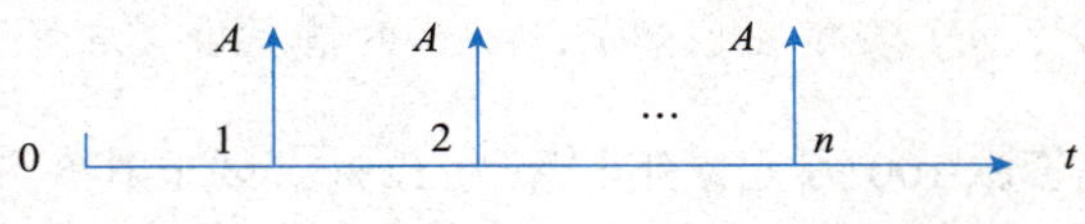

图7-8　年金的现金流量图

④ i —— 利率（interest rate）

利率又可称为折现率、收益率等，反映资金的机会成本或最低收益水平，一般用年利率（或年折现率）表示。

⑤ n——计息周期数（计息次数）

计息周期数表示计算资金利息的次数。在进行房地产项目经济评价时，一般以其整个寿命周期作为确定计息次数的时间段。具体确定计息次数时还应该考虑给定的利率周期，看是否存在名义利率和有效利率的差别。

2）资金等值计算的基本公式：将某时点发生的资金额转换为另外时点上的等值的资金额的过程，称之为资金的等值计算。利息是资金时间价值的主要表现形式，对于资金等值计算来说，应以复利法计算利息，并以年为计算周期。

根据资金的支付方式不同，可将资金等值计算的公式分成两大类，即：一次性支付系列和等额支付系列。

①一次性支付终值公式

“一次性支付”是指，现金流量（包括流入和流出）只在某一个时点上一次性发生。

一次性支付终值公式，即前面介绍的复利计算本利和的公式，可以用来解决这类问题：

投资一笔资金 P，若年利率为 i，问 n 期后共可收回多少资金？或当借入一笔资金 P，利率为 i，问 n 期后共应偿还多少资金？

即：已知 P、i、n，求 $F=?$。

$$F = P(1+i)^n \tag{7-8}$$

式中　$(1+i)^n$——一次性支付终值系数。

$(1+i)^n$通常用 $(F/P,i,n)$ 来表示，其系数值可以从复利系数表中查出。那么，原式也可表达为：$F = P(F/P,i,n)$ 。

一次性支付终值公式用现金流量图表示，如图 7-9 所示。

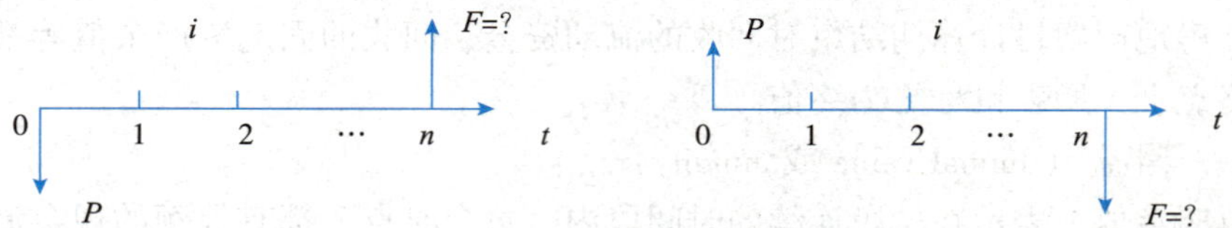

图 7-9　一次性支付终值公式的现金流量图

★【特别提示】★

在 $(F/P,i,n)$ 这类符号中，括号内斜线左侧的符号表示所求的未知数，斜线右侧的符号表示已知数。则 $(F/P,i,n)$ 表示在已知 P，i，n 的情况下，求解 F 的值。

【例 7-9】一笔基建贷款 100 万元，年利率为 12%，试求其 5 年后一次还本付息需支付多少钱？

解：

画现金流量图，如图 7-10 所示。

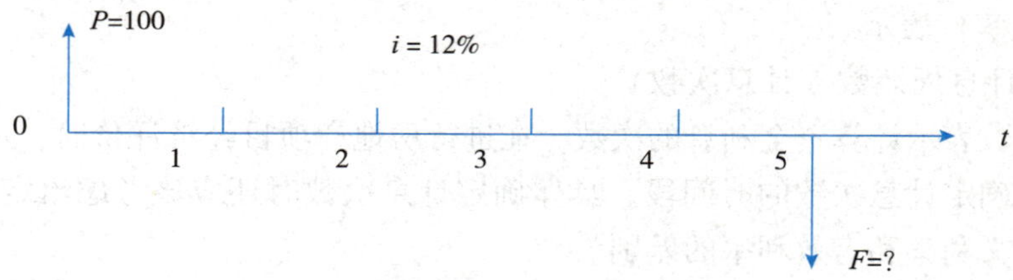

图 7-10　现金流量图

已知 $P=100$，$i=12\%$，$n=5$，求 $F=?$。据式（7-8），得

$F = P(1+i)^n = 100\times(1+12\%)^5 = 100\times1.7623 = 176.23$(万元)

或 $F = P(F/P,12\%,5) = 100\times1.7623 = 176.23$(万元)

所以 5 年后需还贷款本利和共 176.23 万元。

② 一次性支付现值公式

一次性支付现值公式，可以用来解决这类问题：

计划在 n 年后得到一笔资金 F，当下年利率为 i，现在应该投资多少钱？或未来 n 年后需要支付一笔资金，在年利率为 i 的前提下，现在须存入银行多少钱？

即：已知 F、i、n，求 $P=?$。

$$P = F(1+i)^{-n} \tag{7-9}$$

式中 $(1+i)^{-n}$——一次性支付现值系数。

★【特别提示】★

一次性支付现值这个名称描述了它的功能，即未来一笔资金乘以该系数就可以求出其现值。而计算现值的过程叫作“折现”或“贴现”，其所使用的利率常常被称为“折现率”或“贴现率”。所以 $(1+i)^{-n}$ 或$(P/F,i,n)$ 也可以叫作“折现系数”或“贴现系数”。

$(1+i)^{-n}$ 通常用$(P/F,i,n)$ 来表示，其系数值可以从复利系数表中查出。那么，原式也可表达为：$P=F(P/F,i,n)$ 。

一次性支付现值公式用现金流量图表示，如图7-11 所示。

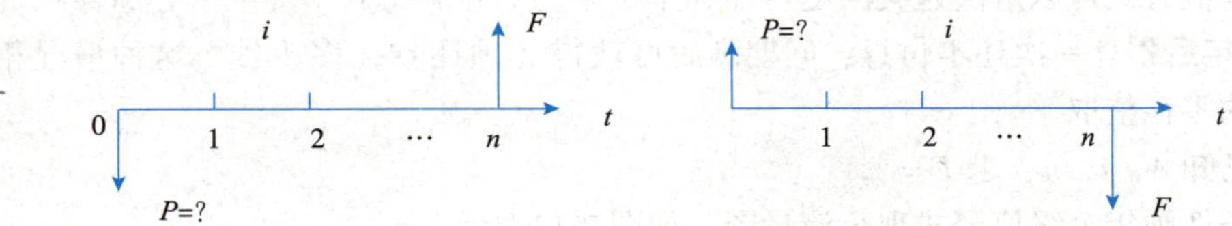

图7-11 一次性支付现值公式现金流量图

【例7-10】 某公司对收益率为15%的房地产项目进行投资，希望8 年后能得到1000 万元，试问现在需要投资多少钱？

解：

为了方便计算，先画现金流量图，如图7-12 所示。

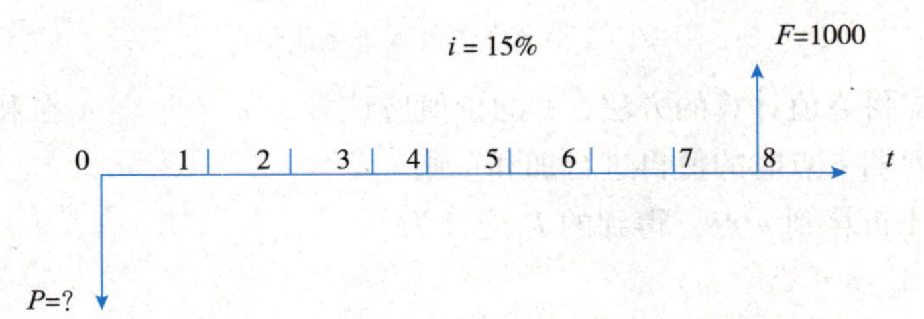

图7-12 现金流量图

已知 $F=1000$，$i=15\%$，$n=8$，求 $P=?$。据式（7-9），得

$P=F(1+i)^{-n}=1000\times(1+15\%)^{-8}=1000\times0.3269=326.9$(万元)

或 $P=F(P/F,15\%,8)=1000\times0.3269=326.9$(万元)

所以现在需要投资326.9 万元。

★【特别提示】★

从现值和终值的关系中，可以得到一个结论：时间越长，现值与终值之间的差距就越大。如果用终值进行分析，会使房地产项目评价的结论可信度降低，而使用现值就容易被决策者接受。因此在项目经济评价中，常常使用现值进行分析。

在进行项目分析时，需要注意两点内容：

一是正确选择折现率（利率）i，折现率的大小决定了项目现值的大小。

二是注意现金流量的分布。从投资收益角度来看，项目越早进入投产期，就能越早获得收益，也才能获得更多的经济效益。从投资回收角度看，投资占用的时间越长，其现值也越小，因此在不影响房地产建设项目正常实施的前提下，应该尽量减少建设期初的投资额，可以适当加大建设后期的投资比重。

③ 年金终值公式（等额支付终值公式）

"等额支付"是指现金流量（包括流入和流出）在多个时点上连续等额发生。因为资金连续多次等额发生，就形成了一个序列现金流量，这与年金的概念相一致，所以显而易见，与"年金"这个参数相关的公式都属于等额支付系列公式。

年金终值公式可以解决这类问题：在利率水平为 i 的情况下，每年末等额存款（或借款）A，n 年后累计一次还本付息，问期满后可获得（须还款）多少钱？这种情况相当于在储蓄中的零存整取。

即：已知 A，i，n，求 $F=?$。

根据条件画年金终值公式现金流量图，如图 7-13 所示。

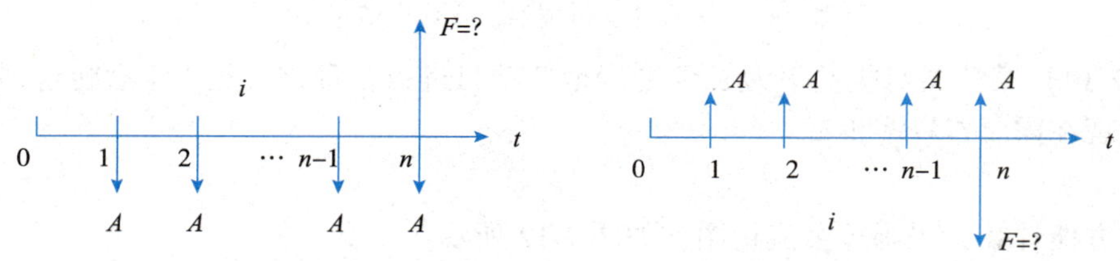

图 7-13　年金终值公式现金流量图

应用一次性支付终值计算的方法，F 的价值应该等于 n 个年金 A 在利率为 i 的条件下都折算到时间序列期末点时的值再进行加和。则

第 1 年末的 A 折算到 n 点，得到的 F_1 应该为

$F_1 = A \cdot (1+i)^{n-1}$

第 2 年末的 A 折算到 n 点，得到的 F_2 应该为

$F_2 = A \cdot (1+i)^{n-2}$

以此类推，第 $n-1$ 年末的 A 折算到 n 点，得到的 F_{n-1} 应该为

$F_{n-1} = A \cdot (1+i)^{n-(n-1)} = A \cdot (1+i)^1$

第 n 年末的 A 折算到 n 点，得到的 F_{n-n} 应该为

$F_n = A \cdot (1+i)^{n-n} = A \cdot (1+i)^0 = A$

因为 $F = F_1 + F_2 + \cdots + F_{n-1} + F_n$，那么

$F = A \cdot (1+i)^{n-1} + A \cdot (1+i)^{n-2} + \cdots + A \cdot (1+i)^1 + A$　——式①

我们将式①左右两边都乘以（$1+i$），得

$F \cdot (1+i) = A \cdot (1+i)^n + A \cdot (1+i)^{n-1} + \cdots + A \cdot (1+i)^2 + A \cdot (1+i)$ ——式②

式②—式①，得 $F \cdot i = A \cdot (1+i)^n - A$

$$F = A\frac{(1+i)^n - 1}{i} \tag{7-10}$$

式中　$\frac{(1+i)^n - 1}{i}$——年金终值系数。

$\frac{(1+i)^n - 1}{i}$ 通常用 $(F/A,i,n)$ 来表示，其系数值可以从复利系数表中查出。那么，原公式也可表达为：$F = A(F/A,i,n)$ 。

【例 7-11】 某建筑公司在建设某工程项目时，由于自有资金紧张，在 3 年内每年末需向银行借款 100 万元，以保证项目的顺利完工，借款利息率为 10%，公司与银行商定 3 年后一次还本付息，那么该公司最后须向银行支付的本利和是多少钱？

解：

根据题意先画出现金流量图，如图 7-14 所示。

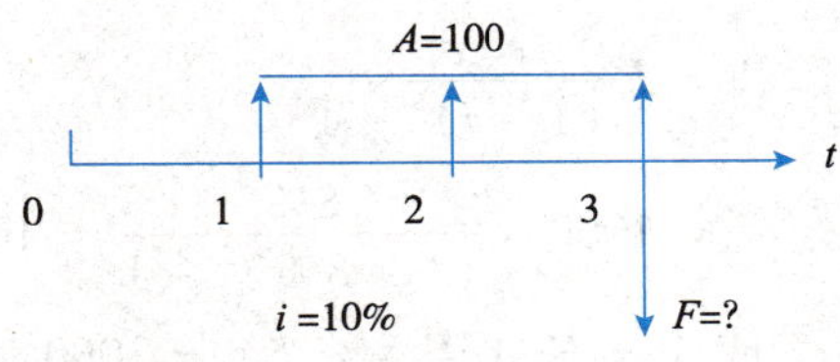

图 7-14　现金流量图

已知 $A = 100$ 万，$i = 10\%$，$n = 3$，求 $F = ?$

根据式（7-10），得

$$F = A\frac{(1+i)^n - 1}{i} = 100 \times \frac{(1+10\%)^3 - 1}{10\%}$$

$$= 100 \times 3.31 = 331(\text{万元})$$

或 $F = A(F/A,10\%,3) = 100 \times 3.31 = 331(\text{万元})$

所以，公司最后必须向银行支付本利和共 331 万元。

④ 偿债基金公式

偿债基金是指为了在未来偿还一定数额的债务，而预先须准备的年金。偿债基金是年金终值公式的逆运算。这种情况与生活中商业活动的分期付款方式类似。

公式可以解决这类问题：为了在 n 年后使用（或偿还）一笔资金 F，在利率为 i 的情况下，在每个计息期末应该等额存储（或借入）多少资金？

即：已知 F，i，n，求 $A = ?$

根据条件画偿债基金公式现金流量图，如图 7-15 所示。

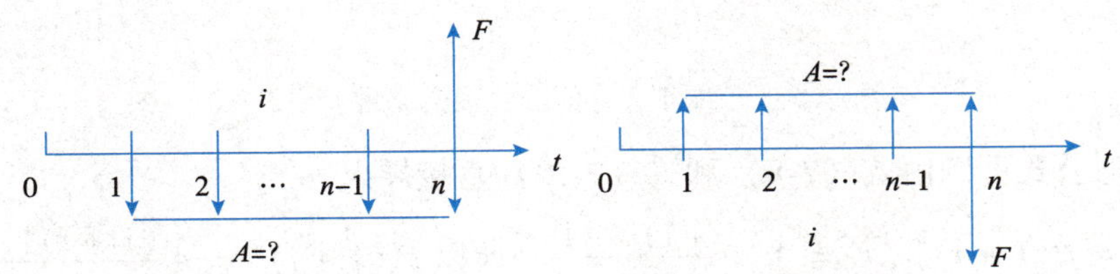

图 7-15　偿债基金公式现金流量图

偿债基金公式与年金终值公式互为逆运算，则

$$A = F\frac{i}{(1+i)^n - 1} \tag{7-11}$$

式中　$\frac{i}{(1+i)^n - 1}$——偿债基金系数。

$\frac{i}{(1+i)^n-1}$ 通常用 $(A/F,i,n)$ 来表示，其系数值可以从复利系数表中查出。那么，原公式也可表达为：$A=F(A/F,i,n)$。

【例 7-12】 某企业打算 5 年后兴建一幢 5000m² 的办公楼，以改善职工办公条件，按测算每 m² 造价为 2000 元，若银行利率为 8%，问从现在起每年末应存入多少钱，才能满足建设要求？

解：根据题意先画出现金流量图，如图 7-16 所示。

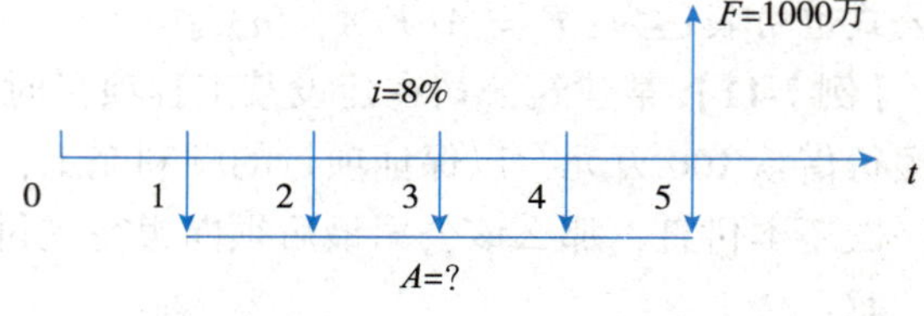

图 7-16　现金流量图

已知 $F=2000\times5000=1000$（万元），$i=8\%$，$n=5$，求 $A=?$

根据式（7-11），得

$$A=F\frac{i}{(1+i)^n-1}$$

$$=1000\times\frac{8\%}{(1+8\%)^5-1}=1000\times0.1705=170.5(\text{万元})$$

或 $A=F(A/F,8\%,5)=1000\times0.1705=170.5(\text{万元})$

所以该企业应该每年末存入 170.5 万元才能满足建设办公楼的要求。

⑤ 年金现值公式（等额支付现值公式）

年金现值公式是指计算 n 年内每年都等额收支一笔相等金额的资金 A，在利率为 i 的条件下，这些等额年金的现值总额是多少。

即：已知 A，i，n，求 $P=?$

根据条件画年金终值公式现金流量图，如图 7-17 所示。

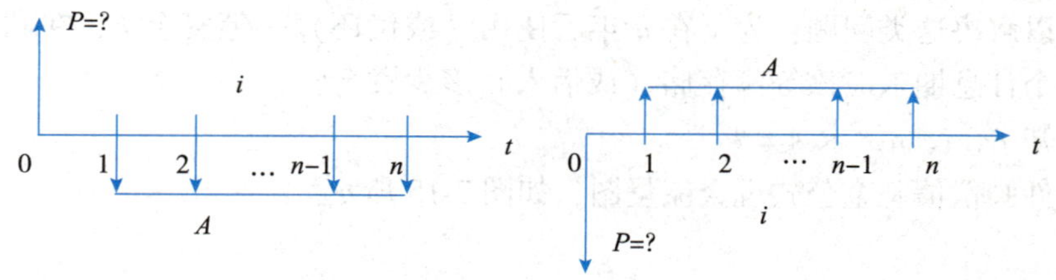

图 7-17　年金终值公式现金流量图

年金现值公式可以由式（7-8）和式（7-10）直接导出：

因为 $F=P(1+i)^n$，$F=A\frac{(1+i)^n-1}{i}$，所以 $P(1+i)^n=A\frac{(1+i)^n-1}{i}$，可得

$$P=A\frac{(1+i)^n-1}{i(1+i)^n} \tag{7-12}$$

式中　$\frac{(1+i)^n-1}{i(1+i)^n}$——年金现值系数。

$\frac{(1+i)^n-1}{i(1+i)^n}$ 通常用 $(P/A,i,n)$ 来表示，其系数值可以从复利系数表中查出。那么，

原公式也可表达为：$P = A(P/A,i,n)$ 。

【例 7-13】 假定预计在 5 年内，每年年末需从银行提取 100 万元，试问在年利率为 6% 的条件下，现在至少应存入银行多少资金？

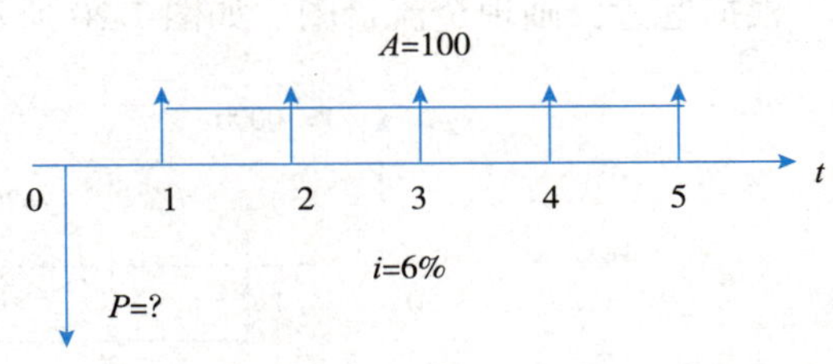

图 7-18　现金流量图

解：根据题意，先画现金流量图，如图 7-18。

已知 $A = 100$ 万元，$i = 6\%$，$n = 5$，求 $P = ?$ 据式（7-12），得

$$P = A\frac{(1+i)^n - 1}{i(1+i)^n} = 100 \times \frac{(1+6\%)^5 - 1}{6\%(1+6\%)^5} = 100 \times 4.2124 = 421.24(\text{万元})$$

或 $P = A(P/A,6\%,5) = 100 \times 4.2124 = 421.24(\text{万元})$

所以现在至少要存入银行 421.24 万元。

⑥ 资金回收公式

资金回收公式用于研究期初投资（或借入）一笔款项 P，在利率为 i 的条件下，n 年内每年末应等额回收（或偿还）多少钱？

即：已知 P，i，n，求 $A = ?$。

根据条件画资金回收公式现金流量图，如图 7-19 所示。

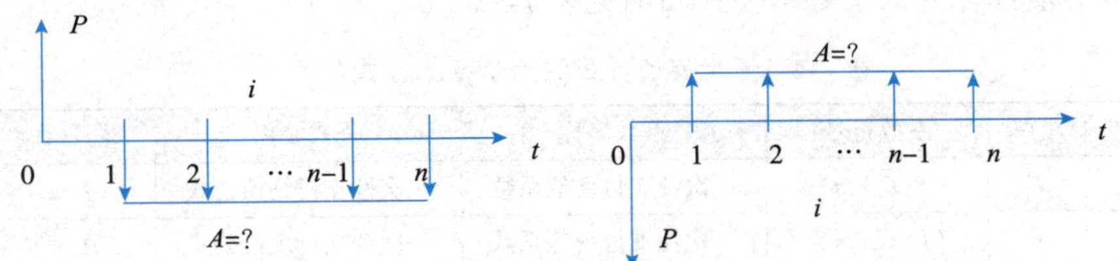

图 7-19　资金回收公式现金流量图

资金回收公式与年金现值公式互为逆运算。

由式（7-12），$P = A\dfrac{(1+i)^n - 1}{i(1+i)^n}$，可得

$$A = P\frac{i(1+i)^n}{(1+i)^n - 1} \tag{7-13}$$

式中　$\dfrac{i(1+i)^n}{(1+i)^n - 1}$——资金回收系数。

$\dfrac{i(1+i)^n}{(1+i)^n - 1}$ 通常用 $(A/P,i,n)$ 来表示，其系数值可以从复利系数表中查出。那么，原公式也可表达为：$A = P(A/P,i,n)$ 。

【例 7-14】 某建设项目投资，计划采用国外贷款，贷款方式为商业贷款，年利率 20%。据测算，投资额为 10000 万元，项目服务年限 20 年，期末无残值。问该项目年平均收益为多少时才不至于亏本？

解：

根据题意，画现金流量图，如图 7-20 所示。

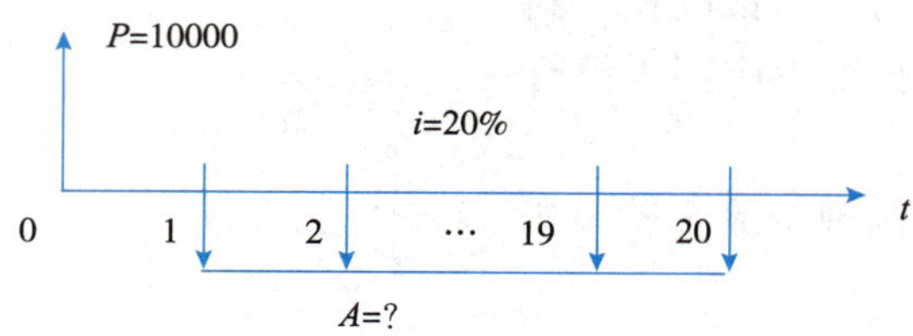

图 7-20　现金流量图

已知 $P=10000$ 万元，$i=20\%$，$n=20$，求 $A=$？据式（7-13），得

$$A=P\frac{i(1+i)^n}{(1+i)^n-1}=10000\times\frac{20\%(1+20\%)^{20}}{(1+20\%)^{20}-1}=10000\times0.2054=2054(\text{万元})$$

或 $A=P(A/P,20\%,20)=10000\times0.2054=2054(\text{万元})$

所以该项目年平均收益至少为 2054 万元才不赔本。

资金回收系数是一个非常重要的系数，其含义是建设期初的初始投资在建设项目计算期内每年至少应回收的资金额。如果每年实际收回的金额小于至少应收回的金额，则表示在利率 i 的条件下，项目在计算期内不可能将全部投资收回，是亏本的。

3）公式归纳

①资金等值计算的六个基本公式归纳见表 7-3。

表 7-3　资金等值计算的六个基本公式归纳表

序号	已知	求解	系数符号	系数名称	公式名称	计算公式
1	P	F	$(F/P,i,n)$	一次性支付终值系数	一次性支付终值公式	$F=P(1+i)^n$
2	F	P	$(P/F,i,n)$	一次性支付现值系数	一次性支付现值公式	$P=F(1+i)^{-n}$
3	A	F	$(F/A,i,n)$	年金终值系数	年金终值公式	$F=A\frac{(1+i)^n-1}{i}$
4	F	A	$(A/F,i,n)$	偿债基金系数	偿债基金公式	$A=F\frac{i}{(1+i)^n-1}$
5	A	P	$(P/A,i,n)$	年金现值系数	年金现值公式	$P=A\frac{(1+i)^n-1}{i(1+i)^n}$
6	P	A	$(A/P,i,n)$	资金回收系数	资金回收公式	$A=P\frac{i(1+i)^n}{(1+i)^n-1}$

② 六个基本公式间的关系

倒数关系：$(F/P,i,n)=1/(P/F,i,n)$；

$(F/A,i,n)=1/(A/F,i,n)$；

$(P/A,i,n)=1/(A/P,i,n)$。

乘积关系：$(F/P,i,n)(P/A,i,n)=(F/A,i,n)$；

$(F/A,i,n)(A/P,i,n)=(F/P,i,n)$。

③ 资金等值公式应用中注意的问题

资金的等值公式对于房地产项目方案的决策与经济效果的评价具有重要的作用。然而，上述的资金等值基本公式是标准条件下推演而得的，而实际情况往往比较复杂。一般而言，工程项目投资借款的偿付方式不外乎以下几种情况：

a. 所借本金在还本期前并不偿还，每年计息期末仅偿付利息，在最后一次偿付利息时，本金一次偿还。

b. 所借本金有计划地分期等额偿还，在付息期内，偿还相应的利息，同时按照计划偿还本金，由于本金是逐渐减少的，所以支付的利息并不相同，而是递减的。

c. 等额偿还本利和。

d. 在借款期中，本金及利息不进行偿还，在借款到期时，一次还本付息。

因此，在具体运用公式时应注意下列问题：

e. 方案的初始投资，假定发生在方案的计算期初，即第一年年初，而方案的经常性支出假定在各个计息期末。

f. P 是在当前年度开始发生的，F 是在当前以后第 n 年年末发生的，A 是计算期内各年年末的发生额。

g. 要注意弄清公式的原理及其应用条件，能够灵活应用公式。

4. 资金时间价值公式的应用

在经济分析的实践中，房地产项目的现金流量情况往往比较复杂，很难遇到直接套用标准公式就可以解决的问题，而需要根据具体情况进行具体分析。

例如，年金发生在期初，此时称之为预付年金（例如：上打租的租金），而前面介绍的等值公式中的年金都是发生在期末的，称之为普通年金。这时，就可以通过现金流量图对现金流量进行调整，使之调整为普通年金后再利用公式进行计算。对于比较复杂的情况，可以根据资金等值的原理进行推导调整。

另一方面，对于利率的形式也要注意，名义利率和有效利率有很大差异，各方案采用的计息期不同，彼此也不具可比性，此时，一定要注意先将名义利率转化为有效利率后再进行计算或比较。

最后，还可以运用资金的等值公式计算原理，对有效利率或项目年限进行求解。

（1）预付年金的应用　预付年金也称先付年金、即付年金，是发生在每期期初的等额的现金流入或现金流出。

1）预付年金现值

【例7-15】某企业计划实行施工技术改造，5年内每年初投入资金100万元，企业准备在银行设立技术改造基金，以提供每年技术改造所需资金。如果已知年利率为6%，问企业现在应该存入基金多少钱？

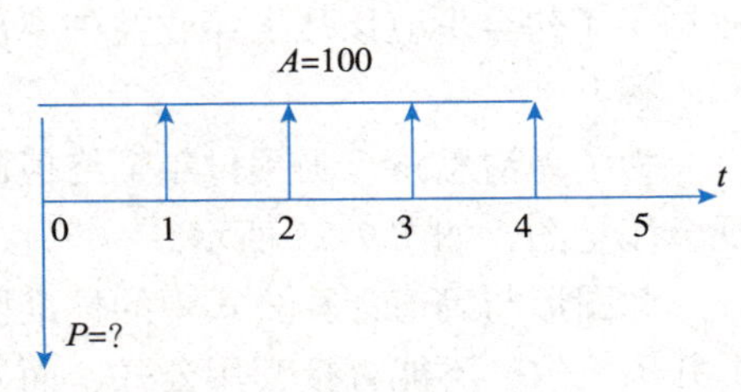

图7-21　预付年金现值的现金流量图

解：为了理清思路，画预付年金现值的现金流量图，如图7-21所示。

从图7-21中可以看出，年金 A 发生在每年年初，这个图形与我们所学过的等值计算公式中的标准图形是不一样的，因此不能直接套用公式，而要运用资金等值的原理，对现金流量进行调整，使之成为与等值计算公式中的标准图形一致的图形，如图 7-22a）所示。

根据题意，已知 A、i、n，求 $P=?$

$$
\begin{aligned}
P &= A*(P/A,i,n)\\
&=100\times(1+6\%)^{1}\times(P/A,6\%,5)\\
&=106\times4.2124\\
&=446.51\ (\text{万元})
\end{aligned}
$$

所以，企业现在至少应该存入基金 446.51 万元。

另外，该题还可以考虑另外一种思路，即利用年金现值公式，将年金 A 折算到 -1 时点上，再利用一次性支付终值公式将 -1 时点上的金额折算到 0 时点，如图 7-22b）所示。

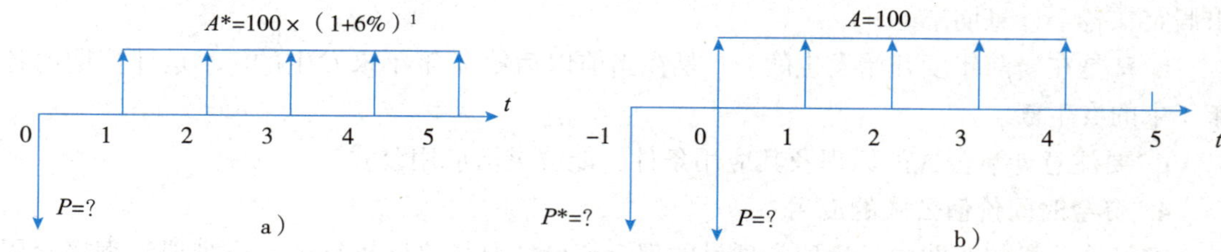

图 7-22　调整后的现金流量图

$$
\begin{aligned}
P* &= A(P/A,i,n)\\
&=100\times(P/A,6\%,5)\\
&=100\times4.2124\\
&=421.24\ (\text{万元})
\end{aligned}
$$

$$
\begin{aligned}
P &= P*(F/P,6\%,1)\\
&=421.24\times1.060\\
&=446.51\ (\text{万元})
\end{aligned}
$$

所以，企业现在至少应该存入基金 446.51 万元。

2）预付年金终值

【例 7-16】 某企业计划 5 年后施行某项投资共 1000 万元，准备每年年初将企业上年的一部分收益存入银行设立专项基金，以提供投资所需资金。如果已知年利率为 6%，问企业每年年初至少应该从上年收益中拿出多少钱？

解：

为了理清思路，画预付年金终值的现金流量图，如图 7-23 所示。

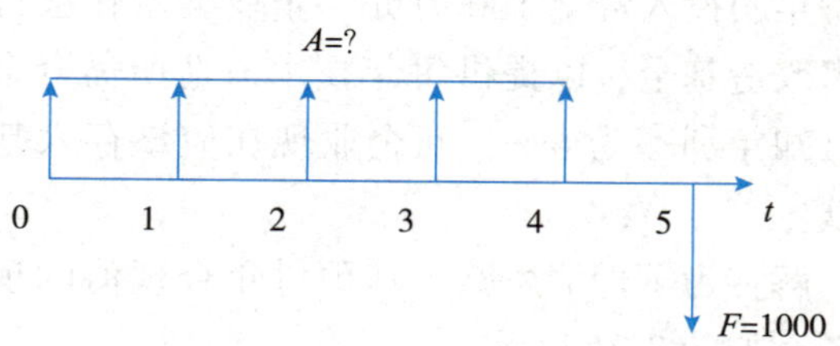

图 7-23　预付年金终值的现金流量图

此图形与等值计算公式中的标准图形并不一致，不能直接套用公式，而要运用资金等值的原理，对现金流量进行调整，使之成为与等值计算公式中的标准图形一致的图形，如图 7-24 所示。

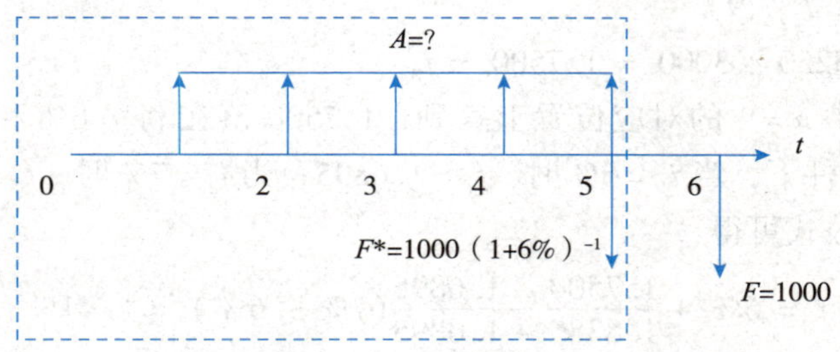

图 7-24　调整后的现金流量图

从图 7-24 中可以看到，虚线中的图形与等值计算公式中的标准图形一致。

根据题意，已知 F、i、n，求 A = ?

$$A = F*(A/F,i,n)$$
$$= 1000 \times (1+6\%)^{-1} \times (A/F,6\%,5)$$
$$= 943.4 \times 0.1774$$
$$= 167.4\ (\text{万元})$$

所以，企业从现在起至少每年初需存入银行 167.4 万元。

（2）计算未知利率　在现实的计算中，会遇到一些已经知道现金流量 P、F、A，以及计算期 n，要求计算利率 i 的情况，例如求房地产建设投资方案的收益率等。这个时候就可以借助复利系数表，用线性内插法求解。

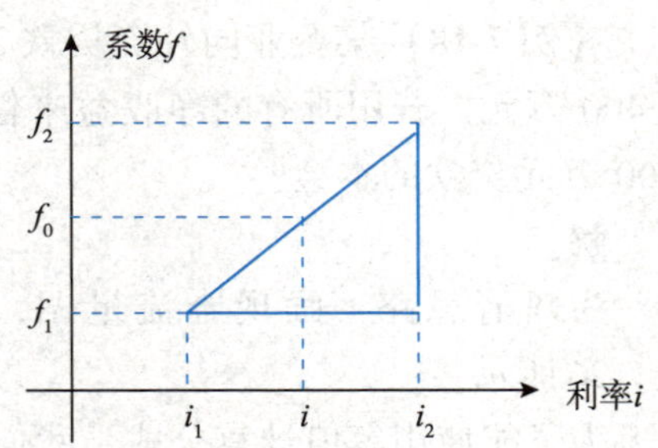

图 7-25　系数 f 与利率 i 的对应关系

计算利率的线性内插法，如果两个已知的现金流量之比（即 F/P、F/A 或 A/P——随 i 的增加而增加的递增性系数）对应的系数为 f_0，与之最接近的两个利率为 i_1、i_2，而且 i_1、i_2 对应的系数为 f_1、f_2，则计算利率 i 的线性差值公式为：

$$i = i_1 + \frac{f_0 - f_1}{f_2 - f_1}(i_2 - i_1) \tag{7-14}$$

系数 f 与利率 i 的对应关系如图 7-25 所示。

★【特别提示】★

用直线内插法计算出的数值要比精确值大一些，i_2 和 i_1 的取值距离越大，计算出的 i 的误差就越大。一般在进行分析和评价时，$i_2 - i_1$ 一般不超过 5%。

【例 7-17】某人要做个人房地产投资，现有资金 3000 万元可用来投资，预计 9 年后可一次性获得 5250 万元，请问这次投资的收益率是多少？

解：

已知 P = 3000 万，F = 5250 万，n = 9，求 i = ?

$$F = P(F/P,i,n)$$

$5250 = 3000(F/P,i,9)$

$(F/P,i,9) = 5250 \div 3000 = 1.7500 = f_0$

从复利系数表中 $n=9$ 的对应位置上查到，1.7500 落在利率 6% 和 7% 对应的系数之间，即在 $n=9$ 的条件下，当 $i_1=6\%$ 时，$f_1=1.6895$；当 $i_2=7\%$ 时，$f_2=1.8385$。

代入线性内插公式可得

$$i = 6\% + \frac{1.7500 - 1.6895}{1.8385 - 1.6895}(7\% - 6\%) = 6.41\%$$

所以，这次投资的收益率是 6.41%。

（3）计算未知年数　等值计算中，还有另一种情况，已知方案现金流量 P、F、A，以及利率 i，求房地产建设投资方案的计算期 n 是多少？这时也可以借助复利系数表，用线性内插法求解。

计算未知年数的线性内插法，如果两个已知的现金流量之比（即 F/P、F/A 或 P/A——随 n 的增加而增加的递增性系数）对应的系数为 f_0，与之最接近的两个利率为 n_1、n_2，且 n_1、n_2 对应的系数为 f_1、f_2，则计算未知年数 n 的线性差值公式为

$$n = n_1 + \frac{f_0 - f_1}{f_2 - f_1}(n_2 - n_1) \tag{7-15}$$

【例 7-18】 某企业向外资贷款 2000 万元兴建一工程，第三年投产，投产后每年净收益 400 万元，若用所有的净收益来偿还贷款，年利率 10%，请问投产后多少年能归还完 2000 万元贷款的本金？

解：

为理清思路，画现金流量图，如图 7-26 所示。

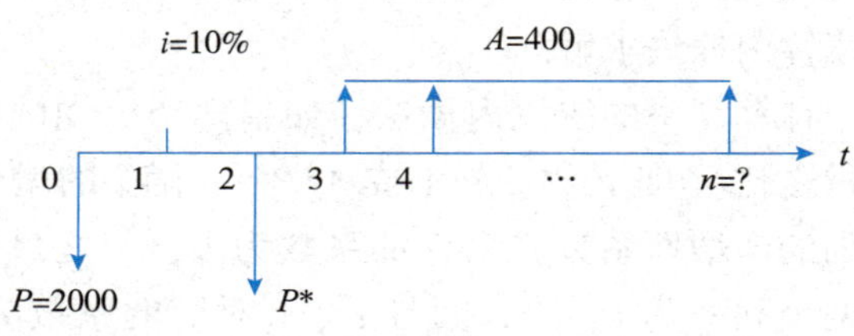

图 7-26　现金流量图

为了能使用等值计算公式，我们可以将第 2 年年末作为计算基期，所以应该先计算 $P*$。

$P* = P(F/P,i,n)$

$= 2000 \times (F/P,10\%,2) = 2000 \times 1.21 = 2420$（万元）

则，已知 $A=400$，$P=2420$，$i=10\%$，求 $n=?$

$P = A(P/A,i,n)$

$2420 = 400 \times (P/A,10\%,n)$

$(P/A,10\%,n) = 2420 \div 400 = 6.05 = f_0$

从复利系数表中 $i=10\%$ 的对应位置上查到，6.05 落在第 9 年和第 10 年对应的系数之间，即在 $i=10\%$ 的条件下，当 $n_1=9$ 时，$f_1=5.7590$；当 $n_2=10$ 时，$f_2=6.1446$。

代入线性内插公式可得

$$n = 9 + \frac{6.05 - 5.7590}{6.1446 - 5.7590}(10 - 9) = 9.75(\text{年})$$

所以企业投产后的 9.75 年可以将所有的贷款本金偿清。

7.1.2　经济评价概述

按照是否考虑资金的时间价值划分，项目经济评价的方法分为静态评价方法和动态评价方法两类。静态评价方法主要用于技术经济数据不完备和不精确的初评阶段；动态评价方法则常常用于最后决策前的可行性研究阶段。

在实践中，还将遇到多方案的比选问题。首先是分析各备选方案之间的可比性，然后确定备选方案之间的关系类型，再根据相应的类型选择合适的方法进行比较选择。

1. 经济评价的内容

经济评价是站在企业的角度，根据国民经济及社会发展的需要，结合行业、地区的发展规划，在拟定房地产工程项目建设方案时，采用科学的方法，对房地产项目在方案评价、效益分析、费用或成本估算方面进行可行性和合理性的论证，为建设房地产项目的决策提供科学依据的过程。

评价一个房地产项目是否可行或是否可以投资，主要分析该项目的财务评价指标，就是要对经济评价所用的一系列财务指标进行了解和掌握。

经济评价是在房地产项目财务效益和费用估算的基础上进行的。财务评价指标是房地产投资项目经济效益或投资效果的定量化的、直观的表现形式，它主要通过对房地产投资项目所涉及的费用和效益的量化来比较和确定。

对于经营性房地产项目，财务经济分析主要从房地产建设项目主体的角度出发，在国家的现行财税政策和市场价格条件下，计算它的投资、费用、成本、销售收入、税金、外汇平衡等财务数据，通过编制财务报表，计算财务指标，分析房地产项目的盈利能力、偿债能力和生存能力。从多方面考察房地产建设项目在可行性和可接受性方面的价值，判断出房地产项目对投资者和财务主体的贡献，从而得出财务评价的结论。对于非经营性房地产项目，财务分析则主要分析其生存能力。

（1）盈利能力　盈利能力是指房地产建设项目在计算期内的盈利能力和盈利水平。相关财务经济指标有：内部收益率、财务净现值、投资回收期、投资收益率等。

（2）偿债能力　偿债能力是指房地产建设项目偿还债务的能力。相关评价指标包括：利息备付率、偿债备付率、借款偿还期等。这些指标显示了房地产投资项目的风险大小。

（3）生存能力　生存能力是指房地产企业能够维持房地产项目正常运转、实现项目可持续性的能力，主要考察项目的财务现金流量情况。如房地产项目在计算期内的投资、融资活动和经营活动中所产生的各项现金流量、净现金流量和累计盈余资金。

财务的可持续性首先体现在房地产项目应该有足够多的净现金流量，而且各年的累计盈余资金额不应出现负值。如果出现负值，须考虑是否应进行短期借款来补足。

2. 经济评价指标体系的构成

（1）评价指标体系　房地产项目的经济评价结果一般是通过一系列财务评价指标反映出来的。

房地产项目的财务评价一方面取决于基础数据的完整性和可靠性，另一方面则取决于选取的评价指标体系的合理性，只有选取正确的评价指标体系，财务评价的结果才能与客观实际情况进一步吻合，才具有实际意义。

常用财务评价指标体系如图 7-27 所示。

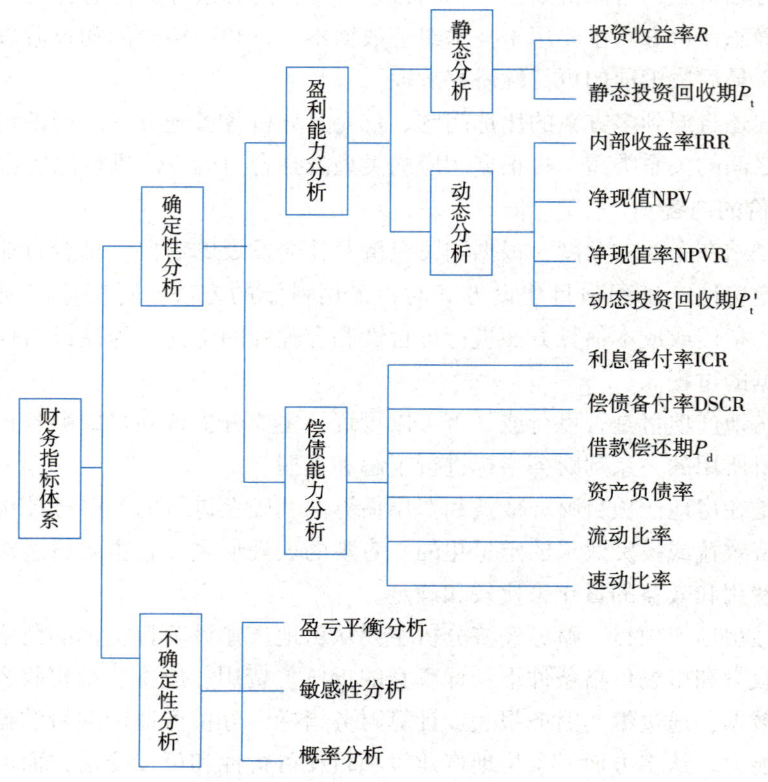

图 7-27　财务评价指标体系

（2）评价指标的分类

1）按指标的经济性质分类

① 价值型指标：净现值（NPV）、净年值（NAV）、净终值（NFV）、费用现值（PC）、费用年值（AC）等。

②效率型指标：投资收益率（R）、内部收益率（IRR）、净现值率（NPVR）。

③ 期限型指标：投资回收期（P_t、P_t'）、借款偿还期（P_d）。

2）按是否考虑资金的时间价值分类

① 动态指标：净现值（NPV）、内部收益率（IRR）、动态投资回收期（P_t'）、净现值率（NPVR）。

② 静态指标：投资收益率（R）、资本金利润率、资本金利税率、静态投资回收期（P_t）。

3）按考察指标的角度不同分类

① 盈利能力指标：净现值（NPV）、内部收益率（IRR）、投资回收期（P_t、P_t'）。

② 偿债能力指标：利息备付率（ICR）、偿债备付率（DSCR）、借款偿还期（P_d）、

资产负债率、流动比率、速动比率。

③ 生存能力指标：累计净现金流量 $\sum(CI-CO)_t$。

3. 经济评价的作用

经济评价是房地产项目开发实施前的重要内容和落脚点，是决定房地产建设项目实施与否的决定性因素，同时也是房地产项目筹措外部资金的主要依据。

经济评价的作用表现在：

1）衡量项目的财务盈利能力：是进行投资决策的依据。

2）用于资金筹措：寻找资金的可能的筹款计划。

3）权衡项目的财政补贴：如公益事业项目，国民经济评价可行，而财务评价不可行，则企业会要求国家给予补贴，通过财务评价要知道补贴多少。

4）作为一般国民经济评价的基础。

4. 经济评价的程序

（1）熟悉房地产开发项目的基本情况　熟悉房地产开发项目的基本情况，包括投资目的、意义、要求、建设条件和投资环境，做好市场调研研究和预测、项目技术水平研究和设计方案。

（2）收集、整理和计算有关经济评价的数据资料与参数

1）房地产项目投入物和产出物的价格、费率、税率、汇率、计算期、生产负荷及基准收益率等是重要的经济数据与参数，在对房地产项目进行经济评价时，必须科学、合理地选用。

2）房地产项目建设期间分年度投资支出额和项目投资总额。房地产项目投资包括建设投资和流动资金投资。

3）房地产项目资金来源方式、数额、利率、偿还时间，以及分年还本付息数额。

4）房地产项目生产期间的分年产品成本。分别计算出总成本、经营成本、单位产品成本、固定成本和变动成本。

5）房地产项目生产期间的分年产品销售数量、营业收入、营业税金及附加和营业利润及其分配数额。

（3）根据基础财务数据资料编制各基本财务报表。

（4）财务评价　运用财务报表的数据与相关参数，计算项目的各财务分析指标值，并进行经济可行性分析，得出结论。

7.1.3　单方案评价

单方案评价不涉及多个备选方案之间的比较，只研究一个独立的房地产项目的经济效果，并最后作出可行与否的结论，为项目的取舍提供决策依据，所以这类评价也称“绝对经济效果评价”，是指对某个初步选定的投资方案，根据项目收益与费用的情况，通过计算其经济评价指标，确定项目的可行性。

单方案评价比较简单，主要步骤如下：

1）确定房地产项目的现金流量情况，编制项目现金流量表或绘制现金流量图。

2）根据公式计算房地产项目的经济评价指标。

3）根据计算出的指标值及相应的判别标准，来确定项目是否可行。

1. 静态评价指标

在经济效益评价中，不考虑资金时间价值的评价方法，称为静态评价。静态评价由于没有考虑资金的时间价值，不够准确，因此只适用于房地产项目的投资机会研究、初步可行性研究以及投资规模较小的房地产项目经济评价。

静态评价指标主要有：投资收益率（R）、静态投资回收期（P_t）、利息备付率（ICR）、偿债备负率（DSCR）等。

（1）投资收益率（R）

1）概念：投资收益率是指项目达到设计生产能力后的正常年份的年净收益额与项目总投资的比率。对生产期内各年的净收益额变化幅度较大的项目，应计算生产期内年平均净收益额与项目总投资额的比率，它反映了单位投资所能带来的收益。

2）公式

$$R = \frac{\mathrm{NB}}{K} \times 100\% \tag{7-16}$$

式中　NB——正常年份的年净收益额或年平均净收益额（包括利润和折旧）；

K——投资总额（包括固定资产投资和流动资金等）。

当项目投产后各年的净收益是一个稳定值时，投资收益率为

$$R = \frac{1}{P_t} \times 100\% \tag{7-17}$$

投资收益率是一个综合性的指标，在进行项目经济评价时，根据分析的目的不同，投资收益率又具体可分为投资利润率、投资利税率、资本金利润率等。

$$\text{投资利润率} = \frac{\text{年利润额或年平均利润额}}{\text{投资总额}} \times 100\%$$

$$\text{投资利税率} = \frac{\text{年利税额或年平均利税额}}{\text{投资总额}} \times 100\%$$

$$\text{资本金利润率} = \frac{\text{年利润额或年平均利润额}}{\text{资本金}} \times 100\%$$

3）基准收益率：基准收益率又称为基准投资收益率、基准折现率、最低期望收益率等，它是决策者将房地产项目的投资额进行的资金时间价值增值率估算的对比目标，有时也采用行业的平均收益率水平，或银行定期存款（贷款）利率。基准收益率是企业或部门所确定的投资项目至少要达到的收益率标准。

★【特别提示】★

由于投资方案带有一定风险和不确定因素，因此基准收益率要高于银行贷款利率才值得投资。

4）判定标准：用基准收益率指标评价投资方案的经济效果，需要根据同类项目的历史数据及投资者意愿等确定的基准收益率（i_c）进行比较，判定标准是：

$R \geqslant i_c$，项目可以考虑接受。

$R < i_c$，项目不可行。

【例7-19】某项目计算期6年，预计的投资与收益情况见表7-4，设定全部投资额都是自有资金，当前的基准收益率为 $i_c = 15\%$，试以基准收益率指标来判断该项目是否可行。

表7-4　预计的投资与收益情况表　　（单位：万元）

项　　目	年份						
	0	1	2	3	4	5	6
投资	1500						
收益	0	500	400	300	300	300	400

解：

根据已知数据看到，项目每年的收益额并不一致，所以应先计算出NB，

$\text{NB} = (500+400+300+300+300+400) \div 6 = 366.67$（万元）

$R = \dfrac{\text{NB}}{K} \times 100\% = \dfrac{366.67}{1500} \times 100\% = 24.44\%$

由于 $R = 24.44\% > 15\% = i_c$，故项目可以接受。

5）优缺点

① 优点：计算简便、节约时间精力，数据能够直观地衡量项目的经营结果，适用于各种投资规模。

② 缺点：没有考虑资金的时间价值因素，计算的主观性过强，例如利润的确定、基准收益率的选择等都带有很多主观因素和不确定性，所以 R 一般不能作为项目决策的主要判断依据。

（2）静态投资回收期（P_t）

1）概念：静态投资回收期是指用项目的净收益抵偿全部投资所需的时间，也就是项目累计净现金流量由负转正的时间。其中净收益主要指利润，全部投资包括固定资产投资和流动资金投资。

投资回收期分为静态投资回收期（P_t）和动态投资回收期（P_t'），这里介绍的是不考虑资金时间价值的静态投资回收期。

2）公式

$$\sum_{t=0}^{P_t} (\text{CI} - \text{CO})_t = 0 \tag{7-18}$$

式中　$(\text{CI—CO})_t$——第 t 年的净现金流量。

满足上式的 P_t 值就是静态投资回收期。其经济含义是：累计净现金流量为0的年份。

静态投资回收期一般以年为单位，从项目建设开始算起。静态投资回收期可以根据全部投资的现金流量表中的累计净现金流量计算出来，其计算公式是：

$$P_t = (\text{累计净现金流量开始出现正值的年份数} - 1) + \frac{\text{上年累计净现金流量绝对值}}{\text{当年净现金流量}} \tag{7-19}$$

显然，若项目投产后各年的净收益相同，则可以直接用投资总额除以净收益得出，即

$$P_t = \frac{K}{A} \tag{7-20}$$

式中 K——全部投资；

A——等额净收益（或年平均净收益）。

3）基准投资回收期：基准投资回收期是国家国民经济各部门、各地区按照行业部门的特点，结合财务上的相关制度和规定颁布的一般的合理的投资回收时间。有时也可依据同类项目的历史数据或投资者意愿确定。

4）判定标准：用投资回收期指标评价投资方案的经济效果，可以同社会基准投资回收期（P_c）进行比较，判定标准是：

$P_t \leqslant P_c$，项目可以考虑接受。

$P_t > P_c$，项目不可行。

可见，P_t值越小越好。当项目的计算期确定后，项目收回投资额所花费的时间越短，其赚取净收益的时间就越长，盈利能力也越强。

【例7-20】 某建设项目预计需要投资2800万元，假设建成后各年净收益相同，均为320万元，则该项目的静态投资回收期是多少年？

解：

$P_t = 2800 \div 320 = 8.75$（年）

所以该项目的所有投资需要8.75年才能收回。

【例7-21】 假设某投资项目计算期为8年，其现金流量情况已经确定，见表7-5，若投资者期望的基准投资回收期 $P_c = 5$ 年，请问该项目的投资是否具有可行性？

表7-5 现金流量表 （单位：万元）

项 目	年份								
	0	1	2	3	4	5	6	7	8
投资 $(CO)_t$	1600	900							
收益 $(CI)_t$	0	0	500	700	800	800	800	800	1000
$(CI—CO)_t$	-1600	-900	500	700	800	800	800	800	1000
$\sum(CI—CO)_t$	-1600	-2500	-2000	-1300	-500	300	1100	1900	2900

解：

根据已知数据套用式（7-19）可得

$$P_t = (5-1) + \frac{|-500|}{800} = 4.63(\text{年})$$

由于 $P_t = 4.63 < 5 = P_c$，故项目可以接受。

5）优缺点：静态投资回收期反映了项目投资的回收能力，考察了项目的盈利能力，是衡量项目投入的全部资金回收情况的一个经济指标，在一定程度上反映了投资效益的优劣。

① 优点：

经济意义明确，计算简便，可以在一定程度上反映投资效益的优劣。

② 缺点：

没有考虑资金的时间价值，计算结果不足够精准。

该指标只考虑了投资回收之前的经济效果，回收之后的情况无法得到明确的体现。

只能反映投资速度，不能体现整个投资的经济效益。

(3) 借款偿还期（P_d）

1）概念：借款偿还期是指根据国家财政法规和建设项目的具体情况，用项目可用来还款的收益（如折旧、利润及其他收益）来偿还项目投资借款本利和所需要的时间。是反映项目借款偿债能力的重要指标。

借款偿还期一般以年为单位，适用于没有预先给定借款偿还期，而且按照最大偿还能力还本付息的项目。对于已经预先给定借款偿还期限的项目，应该采用利息备付率或偿债备负率来分析项目的偿债能力。

2）公式

$$I_d = \sum_{t=0}^{P_d} (B + D + R_0 - B_r)_t \tag{7-21}$$

式中　I_d——投资借款本利和；

B——第 t 年可用于还款的利润；

D——第 t 年可用于还款的折旧和摊销；

R_0——第 t 年可用于还款的其他收益；

B_r——第 t 年企业的留存收益。

在实际工作中，具体计算项目的借款偿还期时，还可以通过借款还本付息表实施计算。

$$P_d = (\text{借款偿还开始出现盈余的年份数} - 1) + \frac{\text{盈余当年应偿还借款额}}{\text{盈余当年可用于还款的收益额}} \tag{7-22}$$

3）判定标准：借款偿还期没有一定的判定标准，只要项目的借款偿还期满足贷款机构的还款要求期限，即可以认为项目是具有借款偿还能力的。

【例 7-22】 已知某项目借款还本付息数据如表 7-6，试计算该项目的借款偿还期。

解：

计算各年利息

$$I_1 = \frac{1}{2} \times 400 \times 6\% = 12\text{（万元）}$$

$$I_2 = (400 + 12 + \frac{1}{2} \times 600) \times 6\% = 42.72\text{（万元）}$$

表 7-6　借款还本付息表（i =6%）　（单位：万元）

序　号	项　　目	建设期		生产期			
		1	2	3	4	5	6
1	年初借款累计	0	412.00	1054.72	754.72	354.72	0
2	本年新增借款	400.00	600.00	—	—	—	—

（续）

序号	项目	建设期		生产期			
		1	2	3	4	5	6
3	本年应付利息 I	12.00	42.72	63.28	45.28	21.28	—
4	本年偿还本金	—	—	300.00	400.00	354.72	—
5	还本资金来源	—	—	300.00	400.00	440.00	—
5.1	利润总额	—	—	200.00	310.00	350.00	—
5.2	用于还款的折旧和摊销费	—	—	150.00	150.00	150.00	—
5.3	还款期企业留存	—	—	50.00	60.00	60.00	—
6	年末借款累计	412.00	1054.72	754.72	354.72	0	—

★【特别提示】★

建设投资借款在生产期发生的利息规定于期末偿还，所以应该全年计息。此外利息支出已计入总成本费用通过销售收入回收，所以不再计入借款本金当中。

$I_3 = 1054.72 \times 6\% = 63.28$（万元）

$I_4 = 754.72 \times 6\% = 45.28$（万元）

$I_5 = 354.72 \times 6\% = 21.28$（万元）

根据式（7-22），可得

$$P_d = (5-1) + \frac{354.72}{440} = 4.8(\text{年})$$

所以该项目的借款偿还期是4.8年。

（4）利息备付率（ICR）

1）概念：利息备付率也称已获利息倍数，是指项目在借款偿还期内各年可用于支付利息的息税前利润与当期应付利息的比值。利息备付率须分年计算，是体现项目偿债能力的指标。

2）公式

$$ICR = \frac{EBIT}{PI} \tag{7-23}$$

式中　EBIT——息税前利润，即利润总额与计入总成本费用的利息费用之和；

PI——计入总成本费用的应付利息。

3）判定标准：利息备付率是从偿还借款利息的资金是否充裕的角度来反映项目的偿债能力的。对于正常经营的项目，利息备付率应当大于1，否则表示项目的付息能力不足。也就是说，当利息备付率小于1时，表示项目没有足够的资金支付利息，偿债风险很大。

参考国际经验和国内行业的具体情况，一般情况下，利息备付率不宜小于2，并要结合债权人的要求确定。

(5) 偿债备付率(DSCR)

1) 概念:偿债备付率是指项目在借款偿还期内,各年可用于还本付息的资金与当期应还本付息金额的比值。偿债备付率也须分年计算,是体现项目偿债能力的指标。

2) 公式

$$DSCR = \frac{EBITDA}{PD} \tag{7-24}$$

式中 EBITDA——息税前利润加上折旧和摊销;

PD——应还本付息的金额。

3) 判定标准:偿债备付率表示可用于还本付息的资金偿还借款本息的保证倍率,正常情况应当大于1,并结合债权人的要求确定。也就是说,当指标值小于1时,表示当年资金来源不足以偿付当期债务,偿债风险很大。

2. 动态评价指标

考虑资金时间价值的评价方法叫作动态评价法。动态评价指标是以资金的等值计算为基础,采用复利计息方式,把投资方案中发生在不同时点的现金流量等值换算成同一时点的值,使其具备可比性,以此计算出指标值,再依据一定的判定、评价标准,判断项目是否可行。

动态评价法充分考虑了资金的时间价值,比静态评价法得出的结论更加精确、真实,在实际工作中应用更加广泛。动态评价法是经济效果评价的主要评价方法,一般适用于详细可行性研究中对方案的最终决策。

常用的动态评价指标有:净现值(NPV)、净现值率(NPVR)、净年值(NAV)、净终值(NFV)、内部收益率(IRR)、动态投资回收期(P_t')等。

(1) 净现值(NPV)

1) 概念:净现值(Net Present Value)是反映投资方案在计算期内获利能力的动态评价指标。是指把项目计算期内各年的净现金流量按照一个给定的基准折现率 i_c,折算到投资方案开始实施时的现值之和。

其中,计算期要包括整个项目的寿命期;方案开始实施时,是指整个寿命期的最初时点,也就是现金流量图中的“0”点。

净现值是考察项目在计算期内盈利能力的主要动态指标。

2) 公式

$$NPV = \sum_{t=0}^{n} (CI - CO)_t (1 + i_c)^{-t} = 0 \tag{7-25}$$

式中:$(CI—CO)_t$——第 t 年的净现金流量;

i_c——基准折现率;

n——项目的计算期。

净现值计算公式用现金流量图表示,如图7-28所示。

3) 判定标准:任意一个房地产项目,在确定了现金流量情况和给定利率的情况下计算出净现值,得出的结果只有三种情况:NPV >0;NPV = 0;NPV <0,那么在用净现值作为评价指标时,其判定标准就是:

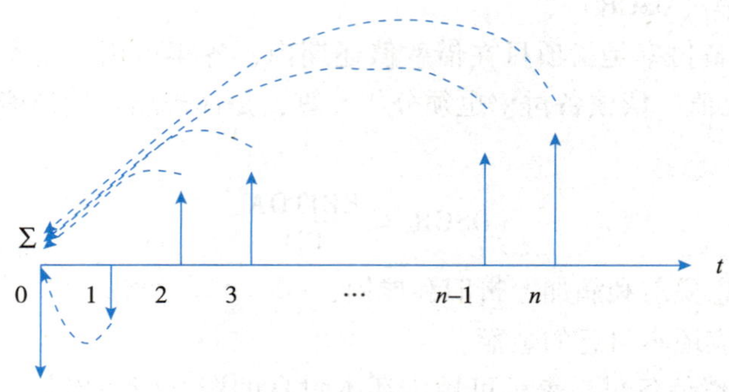

图 7-28　净现值计算公式现金流量图

① 当 NPV >0 时，项目可行。

② 当 NPV = 0 时，项目可以考虑接受。

③ 当 NPV <0 时，项目不可行。

★【特别提示】★

当 NPV >0 时，说明投资方案实施后的投资收益不仅能够达到基准折现率下的基准平均收益水平，另外还有盈余。即项目的盈利能力超过其投资收益期望水平，项目具有超过基准平均收益水平外的超额收益。所以说，方案有利可图，项目可行。

当 NPV = 0 时，说明投资方案实施后的投资收益正好达到基准折现率下的社会平均水平，但除此之外没有盈余。即项目的盈利能力刚好达到期望的最低投资收益水平。这时，方案不亏损，项目可以考虑接受。

当 NPV <0 时，说明投资方案实施后的投资收益没有达到期望的最低收益水平，可能出现亏损，项目不能接受。

【例 7-23】某建设项目计算期是 5 年，经过初步统计已得到其净现金流量表，见表 7-7，该项目行业内的基准折现率是 10%，试问本项目是否可行？

表 7-7　净现金流量表　（单位：万元）

n	0	1	2	3	4	5
$(CI—CO)_t$	—	-200	50	100	100	100

解：

根据已知数据套用式（7-25）可得

$$NPV = -200(P/F,i,n) + 50(P/F,i,n) + 100(P/F,i,n) + 100(P/F,i,n) + 100(P/F,i,n)$$

$$= -200 \times (P/F,10\%,1) + 50 \times (P/F,10\%,2) + 100 \times (P/F,10\%,3) + 100 \times (P/F,10\%,4) + 100 \times (P/F,10\%,5)$$

$$= -200 \times 0.9091 + 50 \times 0.8264 + 100 \times 0.7513 + 100 \times 0.6880 + 100 \times 0.6209$$

$$= -181.82 + 41.32 + 75.13 + 68.8 + 62.09$$

$$= 65.52(\text{万元})$$

由于 NPV = 65.52 > 0，故该项目可行。

4）经济含义：净现值刚好等于项目在生产经营期内所获得的净收益的现值，是项目超过基准平均收益水平外的超额收益。

5）净现值与基准折现率的关系：从 NPV 的计算式（7-25）可以看出，当方案的净现金流量情况一定时，NPV 值将会随着 i_c 的增大而减小，由正值变为负值。如果 i_c 连续变化，就可以得到 NPV 随 i_c 的变化而变化的曲线图，如图 7-29 所示。

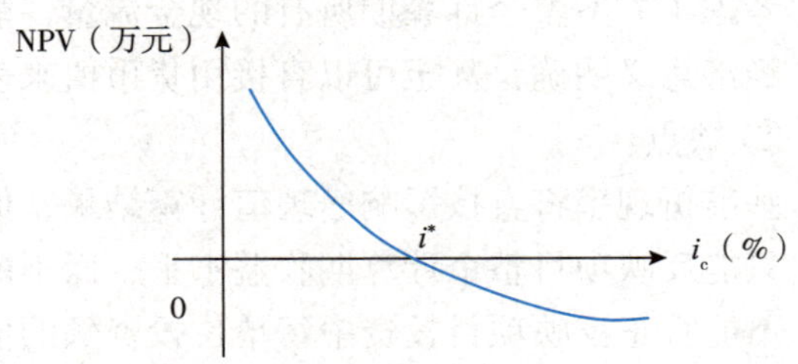

图 7-29　NPV 与 i_c 的关系

从图 7-29 中可以看到，NPV 随着 i_c 的增大而减小，在 i^* 处曲线与横轴相交，即当折现率 $i_c = i^*$ 时，项目的 NPV 恰好为 0。当 $i_c < i^*$（在 i^* 左侧）时，NPV > 0；当 $i_c > i^*$（在 i^* 右侧）时，NPV < 0。i^* 是个临界值，把它称作内部收益率。

【知识链接】

基准折现率的选择与确定

从净现值与基准折现率的关系中可以发现，基准折现率的高低对项目净现值的影响很大，也就是对项目可行与否的确定影响很大。如果基准折现率定得太高，可能会使许多经济效益好的项目方案被舍弃；若基准折现率定得太低，可能会使一些经济效益并不理想的项目方案被采纳。

从资金投入和收益的时间上来分析，当基准折现率定得偏高时，则时间间隔越长的未来价值在总现值中的比重越小，也就是说，对只有近期效益的项目有利。所以，当企业资金不足的时候，应该把收益率（基准折现率）确定得稍高一些，这样有利于把资金利用在盈利能力高、短期效益好的项目上，有利于资金的增值。

基准折现率的确定应该考虑资金成本、目标利润、投资风险、资金限制等因素。

1）资金成本。资金成本是指使用他人资金所必须付出的代价。项目投资后所赚取的利润必须能够抵偿资金成本，即基准折现率最低不得小于资金成本率，否则就会亏损。

2）目标利润。项目投资并不是满足不亏损即可，而是以获取利润为目标，因此在确定基准折现率时，必须考虑投资者设定的目标利润。

3）投资风险。投资都有风险，为了限制对风险过大、盈利不高的项目进行投资，可以采取提高基准折现率的办法来进行项目评价。

4）资金限制。当企业资金不足时，每一分钱都应当得到高效利用。这时，应当采用提高基准折现率的办法来进行项目经济评价。

6）净现值 NPV 的优缺点

① 优点：

考虑了资金的时间价值，计算结果足够精准，与实际的经济规律相吻合。

考虑了方案整个计算期所有的现金流量，能比较全面地反映方案的经济状况。

经济意义明确，甚至可以直接用货币值来表示项目的净收益。

② 缺点：

基准折现率将直接影响净现值计算结果，但是基准折现率的确定比较困难。

只能反映项目整个计算期收益水平，而不能直接反映项目运营期间各年的经营情况。

不能真正反映项目投资中每单位投资额的使用效率。

（2）净现值率（NPVR）

1）概念：为了弥补净现值不能反映投资使用效率的缺点，给出了一个补充指标——净现值率，它是指方案的净现值与其投资额现值之比。

净现值率是净现值的补充指标，一般不能作为独立的评价指标考察项目的盈利能力。

2）公式

$$\mathrm{NPVR}=\frac{\mathrm{NPV}}{K_{\mathrm{p}}}=\frac{\sum_{t=0}^{n}(\mathrm{CI}-\mathrm{CO})_t(1+i_{\mathrm{c}})^{-t}}{\sum_{t=0}^{n}K_{\mathrm{t}}(1+i_{\mathrm{c}})^{-t}} \tag{7-26}$$

式中　K_{p}——项目全部投资额的现值之和。

3）经济含义：NPVR 的经济含义是：项目单位投资现值所取得的净现值额，也就是单位投资现值所获得的超额净收益。超额净收益越大，说明每单位投资的效率越高，项目的经济性越好。

【例 7-24】 某房地产建设项目需要购置一组机器设备，设备售价是 35 万元，分期付款，第一年初支付 21 万元，一年后付清余款。该设备可以使用 4 年，第 4 年末的残值是 3 万元。使用过程中，每年的收入是 19 万元，经营成本是 6.5 万元，当期基准折现率是 10%，请计算该设备购置方案的净现值率是多少？

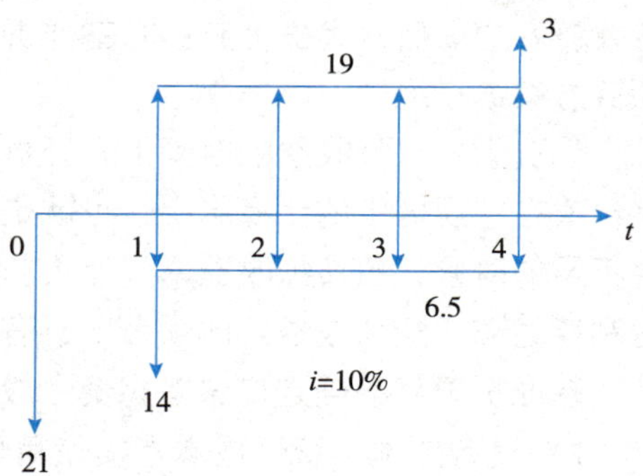

图 7-30　现金流量图

解：

该题现金流量图如图 7-30 所示。

根据现金流量图 7-30，先计算净现值

$$\begin{aligned}\mathrm{NPV}&=-21-14\times(P/F,10\%,1)+(19-6.5)\times(P/A,10\%,4)+3\times(P/F,10\%,4)\\&=-21-14\times0.9091+12.5\times3.1699+3\times0.688\\&=-21-12.7274+39.6238+2.064\\&=7.9604(\text{万元})\end{aligned}$$

$NPVR = NPV/K_p$

$= 7.9604 \div [21 + 14 \times (P/F, 10\%, 1)]$

$= 7.9604 \div 33.7274$

$= 23.60\%$

所以该设备购置方案的净现值率是23.60%。

注意：本题中的6.5万元是每年的成本而不是投资，所以在计算K_p时，不能将其计入投资范畴。

4）适用范围

① 对方案的净现值指标进行补充。

② 对多个独立方案进行比选时的优劣排序。

（3）净年值（NAV）

1）概念：净年值是指将项目方案计算期内的净现金流量通过资金的等值原理，换算成各年年末等额支付序列的评价指标。

★【特别提示】★

净年值表示方案在寿命期内每年获得按基准收益率应得的收益外，所取得的等额超额收益。就项目方案的评价结论而言，NPV与NAV是等效的评价指标，但采用NAV比NPV更为简单和易于计算，所以NAV指标在经济评价体系中占有非常重要的地位。

2）公式

$$\begin{aligned} NAV &= NPV(A/P, i_c, n) \\ &= \sum_{t=0}^{n} (CI - CO)_t (1 + i_c)^{-t} (A/P, i_c, n) \end{aligned} \tag{7-27}$$

3）判定标准：从式（7-27）中可以看到，NAV与NPV的关系就是存在一个资金回收系数$(A/P, i_c, n)$，这个系数是一个正的常数，所以，项目NAV指标的判定标准与其NPV的判定标准是一致的。

当NAV≥0时，项目可以考虑接受。

当NAV<0时，项目不可行。

【例7-25】以【例7-24】的数据为基础，计算其净年值。

解：

方法一：根据式（7-27），可得

$NAV = NPV(A/P, i_c, n) = 7.9604 \times (A/P, 10\%, 4) = 2.5115$(万元)

方法二：由图7-30可以看到，19万元的收入和6.5万元的经营成本已经是年金序列了，要求整个项目的净年值，还需要把投资额和净残值折算为年金序列。

$$\begin{aligned} NAV &= [-21 - 14(P/F, 10\%, 1)](A/P, 10\%, 4) + (19 - 6.5) + \\ &\quad 3(A/F, 10\%, 4) \\ &= [-21 - 14 \times 0.9091] \times 0.3155 + 12.5 + 3 \times 0.2155 \\ &= 2.5055(\text{万元}) \end{aligned}$$

方法一和方法二结果的误差是由引用的复利系数的四舍五入引起的，由于误差不大，可以忽略不计。

（4）净终值（NFV）

1）概念：净终值（Net Future Value）是指将项目方案计算期内的净现金流量通过资金的等值原理，换算成未来某一时点终值代数和的评价指标。

2）公式

$$\begin{aligned} NFV &= NPV(F/P,i_c,n) \\ &= \sum_{t=0}^{n}(CI-CO)_t(1+i_c)^{-t}(F/P,i_c,n) \end{aligned} \tag{7-28}$$

3）判定标准

从式（7-28）中可以看到，NFV与NPV的关系就是存在一个一次性支付终值系数$(F/P,i_c,n)$，这个系数是一个正的常数，所以，项目NFV指标的判定标准与其NPV的判定标准是一致的。

当NFV≥0时，项目可以考虑接受。

当NFV<0时，项目不可行。

可以看出，净现值、净年值和净终值的实质并没有什么不同，尤其是在单方案评价中，更是完全等效的。但是人们往往更希望指标值的时点与做决策时的时间越近越好，所以会更多地采用净现值指标，净终值一般不用，而净年值多用于计算期不等的多方案比选。

（5）内部收益率（IRR）

1）概念：内部收益率也称内部报酬率，是指项目在其计算期内各年净现金流量现值之和为0时的折现率，即净现值为0时的折现率。

从筹资投入的角度讲，内部收益率反映项目投资贷款所能承受的最高利率；从产出的角度讲，内部收益率代表项目能得到的最大收益水平。

前面在净现值与基准折现率的关系（图7-29）中已经讨论过，NPV会随着i_c的变大而减小，由正转负，曲线图与横轴的交点所对应的折现率就是内部收益率。

内部收益率是考察房地产项目在计算期内盈利能力的主要动态指标。

2）公式

① 理论公式

$$\sum_{t=0}^{n}(CI-CO)_t(1+IRR)^{-t}=0 \tag{7-29}$$

② 计算方法

用内部收益率理论公式求解IRR值，需要解一个一元多次方程，所以在实际应用中，通常利用NPV与折现率i_c的关系，采用线性内插法求IRR的近似解，如图7-31所示。

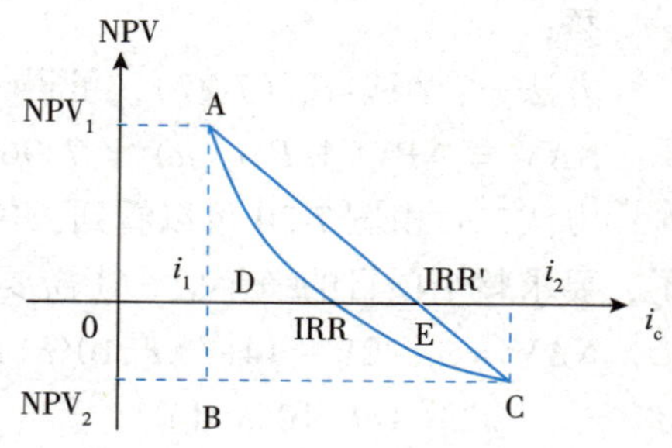

图7-31 线性内插法求IRR

如上图所示，当i_1 < IRR时，其对应的$NPV_1>0$，当i_2 >IRR时，其对应的$NPV_2<0$，而

IRR 一定是存在于 i_1 和 i_2 之间，利用线性内插公式即可求出 IRR 的近似值 IRR′。

具体步骤如下：

a. 选择两个合适的折现率，满足以下两个条件：

$i_1 < i_2$，且 $i_2 - i_1 \leqslant 5\%$；

$NPV_1(i_1) > 0$，$NPV_2(i_2) < 0$

任意选择一个折现率 i（一般可以先取给定的基准收益率 i_c），利用它计算出方案的 NPV，根据 NPV 是否大于零来判断 i 是否大于 IRR。

若 NPV >0，则将刚选择的 i 设为 i_1，NPV 设为 NPV_1，再寻找另一个 i_2，使 $i_2 > i_1$，且使利用 i_2 得出的 $NPV_2 < 0$。

若 NPV <0，则将刚选择的 i 设为 i_2，NPV 设为 NPV_2，再寻找另一个 i_1，使 $i_1 < i_2$，且使利用 i_1 得出的 $NPV_1 > 0$。

如果预估的 i_1 和 i_2 不能满足上述两个要求，必须重新预估，直到满足条件为止。

b. 代入线性内插公式求出近似解 IRR：

$$IRR = i_1 + \frac{NPV_1}{NPV_1 + |NPV_2|}(i_2 - i_1) \tag{7-30}$$

3）线性内插公式的推导过程

结合图 7-31，IRR′的推导方法如下：

因为　△ABC ∽ △ADE

根据几何原理，相似三角形对应边成比率，则有

$$\frac{AD}{AB} = \frac{DE}{BC}$$

$$\frac{NPV_1}{NPV_1 + |NPV_2|} = \frac{IRR' - i_1}{i_2 - i_1}$$

$$IRR' — i_1 = \frac{NPV_1}{NPV_1 + |NPV_2|}(i_2 - i_1)$$

$$IRR' = i_1 + \frac{NPV_1}{NPV_1 + |NPV_2|}(i_2 - i_1)$$

注意：用线性内插法计算的 IRR′与实际内部收益率 IRR 之间是有误差的，其误差与预估选用的两个折现率之差（$i_2 - i_1$）的大小有直接关系，当（$i_2 - i_1$）很小时，误差可以忽略不计。所以为了控制误差，通常试算选用的（$i_2 - i_1$）要小于 5%。

从图 7-31 可知，真实的内部收益率要小于测算出的内部收益率。

4）判定标准：内部收益率要与项目的基准收益率 i_c 进行比较。

当 IRR≥i_c 时，项目以考虑接受。说明项目的收益率已经不低于基准折现率水平。

当 IRR < i_c 时，项目不可行。表明项目的收益率低于基准折现率水平，可能会亏损。

说明投资方案实施后的投资收益没有达到期望的最低收益水平，可能出现亏损，项目不能接受。

【知识链接】

IRR 的经济含义

IRR 的经济含义可以这样理解：在项目的整个寿命期内，按利率 i = IRR 计算，始终存在未能收回的投资，而在寿命期结束时，投资恰好被完全收回。也就是说，在项目寿命期内，项目始终处于“偿付”未被收回的投资的状况中。因此，项目的“偿付”能力完全取决于项目内部，故有“内部收益率”之称。

IRR 的经济含义还有另一种表达，即它是项目寿命期内没有回收的投资的盈利率。它不是初始投资在整个寿命期内的盈利率，因而它不仅受到项目初始投资规模的影响，还受项目寿命期内各年净收益大小的影响。

【例 7-26】 某房地产建设项目计算期内的净现金流量表，见表 7-8，若该项目行业内的基准折现率是 8%，则试用内部收益率指标来判断项目是否可行？

表 7-8　净现金流量表　（单位：万元）

n	0	1 ~ 9	10
$(CI—CO)_t$	−5000	100	7100

解：

当 $i_1 = 5\%$ 时，

$$\begin{aligned}NPV_1 &= -5000 + 100(P/A,5\%,9) + 7100(P/F,5\%,10)\\&= -5000 + 100 \times 7.1078 + 7100 \times 0.6139\\&= 69.47(\text{万元})\end{aligned}$$

当 $i_2 = 6\%$ 时，

$$\begin{aligned}NPV_2 &= -5000 + 100(P/A,6\%,9) + 7100(P/F,6\%,10)\\&= -5000 + 100 \times 6.8017 + 7100 \times 0.5584\\&= -355.19(\text{万元})\end{aligned}$$

代入线性内插公式可得

$$\begin{aligned}IRR &= i_1 + \frac{NPV_1}{NPV_1 + |NPV_2|}(i_2 - i_1)\\&= 5\% + \frac{69.47}{69.47 + |-355.19|}(6\% - 5\%)\\&= 5\% + \frac{69.47}{424.66} \times 1\%\\&= 5.16\%\end{aligned}$$

由于 IRR = 5.16% < i_c = 8%，故该项目不可行。

5）优缺点

① 优点：

考虑了资金的时间价值，及整个计算期内的经济状况。

真实地反映了项目的投资收益水平。

相对于净现值来说，不需要事先确定一个具体的基准折现率，只需要知道一个大致范围即可。

② 缺点：

计算复杂，费时费力，得出的结果是一个近似值。

只能反映具有常规现金流量（在计算期内，方案的净现金流量序列的正负符号只改变一次的现金流量）的项目，否则其内部收益率往往不是唯一的，在某些情况下甚至不存在。

只描述了尚未回收资金的收益率，不能反映全部投资的收益水平。

（6）动态投资回收期（P_t'）

1）概念：动态投资回收期是指项目现金流量累计现值等于零时的年份。换句话说，就是把项目各年的净现金流量按基准折现率折成现值之后，再计算投资回收期。

2）公式

① 理论公式

$$\sum_{t=0}^{P_t'} (CI - CO)_t (1 + i_c)^{-t} = 0 \tag{7-31}$$

②计算公式

P_t'可以根据全部投资的现金流量表中的累计净现金流量，折现后计算出来，其计算公式是：

$$P'_t = (\text{累计净现金流量现值开始出现正值的年份数} - 1) + \frac{\text{上年累计净现金流量现值的绝对值}}{\text{当年净现金流量现值}} \tag{7-32}$$

③判定标准

P_t'的判定标准可以根据 NPV 的判定标准推出。即当 NPV =0 时，则有 $P_t' = n$。净现值等于0时的动态投资回收期就是方案的寿命期：

$P_t' \leqslant n$ 时，NPV >0，项目可以考虑接受。

$P_t' > n$ 时，NPV <0，项目不可行。

【例7-27】 假设某投资项目计算期为15年，其现金流量情况已经确定，见表7-9，在折现率为10%的条件下，请问该项目的投资是否具有可行性？

表7-9　现金流量表　（单位：万元）

项目	年份										
	0	1	2	3	4	5	6	7	8	9	~n
投资	6000	0	0	0	0	0	0	0	0	0	0
收益	—	—	—	800	1200	1600	2000	2000	2000	2000	2000
净现金流量	-6000	0	0	800	1200	1600	2000	2000	2000	2000	2000
现值系数	1	0.9091	0.8264	0.7513	0.6880	0.6209	0.5645	0.5132	0.4665	0.4241	
净现金流量现值	-6000	0	0	601.04	825.6	993.44	1129	1026.4	993	848.2	
累计净现金流量现值	-6000	-6000	-6000	-5398.96	-4573.36	-3579.92	-2450.92	-1424.52	-431.52	416.68	

解：

根据已知数据套用式（7-32），可得

$$P_t' = (9-1) + \frac{|-431.52|}{848.2} = 8.51(\text{年})$$

由于 $P_t' = 8.51$（年）$< 15 = n_c$，故项目可以接受。

注意：由于采用复利计算，则要收回的资金除了本金之外还有利息，所以同一项目的动态投资回收期要大于静态投资回收期。

④ 优缺点

动态投资回收期反映了项目投资的回收能力，考察了项目的盈利能力。动态投资回收期是衡量项目投入的全部资金回收情况的一个经济指标，在一定程度上反映了投资效益的优劣。

优点：

考虑了资金的时间价值，计算结果更准确。

经济意义明确，计算简便、直观。

缺点：

该指标没有考虑投资回收之后的收益情况。

7.1.4 多方案比选

多方案比选的基本内容是对根据实际情况所提出的多个备选方案，通过选择适当的经济评价方法和指标，来对各个备选方案的经济效益进行比较，从中选择出具有最佳投资效果的一个或几个方案。在这个过程中，将要从多个可以相互替代又相互排斥的备选方案中选择最优，也可以在有限的资源中选择一个方案或一个组合方案，使有限资源达到最合理配置。

【知识链接】

绝对经济效果评价 VS 相对经济效果评价

单方案经济评价只需要验证该方案自身的经济可行性即可，所以被称为“绝对经济效果评价”；而多方案比选的实质是通过对绝对经济效果评价中指标的计算，从中排序，选择最优的一个或几个方案。所以多方案比选又叫作相对经济效果评价。相对经济效果评价是与绝对经济效果评价相比较而言的，主要比较多个备选方案中的不同部分，相同部分不做比较。

多方案比选的过程略复杂于单方案评价，分两个步骤：

第一步，做绝对经济效果评价。即考察各个备选方案自身的经济效果（计算各备选方案的评价指标值），排除不可行方案。

第二步，做相对经济效果评价，即考察哪个备选方案相对更优（通过比较各可行方案，做出最优决策）。

1. 方案类型

在实际工作当中，做投资决策时通常会有多个备选投资方案供投资者选择。例如，企业现有款型的机器设备比较陈旧，难以适应生产需要，有几个备选方案，一是购买新的老款设备；二是购买新款先进设备；三是租赁先进设备，看哪种方式更经济、更适用于本企业，这就需要投资者做出决策。

相互比较的多个备选方案之间的关系如何，会影响比选方法和评价指标的选择。一般情况下，将备选方案间的关系分为三个大类：互斥关系、独立关系和相关关系。

（1）互斥关系　互斥关系是指供投资者选择的多个备选方案之间相互排斥，互不相容，非此即彼。选择的结果只能是唯一的一个，其他的备选方案全部放弃。

如果有 A、B、C 三个互斥方案，比选结果可能是 A，可能是 B，也可能是 C，除此之外再没有其他结果。

例如，开发一宗房地产项目可能有一组选址备选方案，只能选定其中某一个方案，而不能同时选择几种方案。这一组选址备选方案之间的关系就是互斥关系。

（2）独立关系　独立关系是指可供投资者选择的多个备选方案之间不相互影响，即选择投资 A 方案后，并不影响再投资 B 方案或更多方案，只要资金充裕，可以同时兴建多个项目。

如果有 A、B、C 三个独立方案，比选结果可能是 A、B、C、A + B、B + C、A + C、A + B + C 或都不选。这时备选方案之间的关系就是独立关系。

例如，对一系列备选方案进行初步评价，不亏损的方案都可以初步入选，这些备选方案就可以看作是相互独立的。

（3）相关关系　相关关系是指在多个备选方案之间，如果选择（或拒绝）某一个方案，会显著改变其他方案的现金流量，或者会影响对其他备选方案的选择（或拒绝），我们称这种方案之间的关系为相关关系。

★【特别提示】★

可以把既不是互斥方案又不是独立方案的其他方案都归入相关方案当中。例如某厂生产甲、乙两种产品，该厂自有丙、丁两种物流配送方式，而对产品生产和运输部门可视为相互独立，但企业在配送产品到不同销售地区的时候，就面临不同产品配送到不同地区时哪种配送方式更适用的混合方案的选择问题，这也可以归为相关方案关系。

2. 互斥方案的比较与选择

参加互斥方案比选的各个方案，不论是计算期相等的方案，还是计算期不同的方案，不论使用哪种评价指标，都必须满足“备选方案间具有可比性”的这一要求。

（1）互斥方案的比选方法　对互斥型方案的比选主要有两种方法：直接对比法和差额分析法。

1）直接对比法：直接对比法指对计算出的各备选方案指标值直接进行大小比较。包括净现值法和净年值法。房地产投资项目可分为费用型和收益型两种类型。在费用型互斥方案中选优，应选择费用现值最小的方案；在收益型方案中选优，应该选择净现值最大的方案。

2）差额分析法：差额分析法即对房地产投资项目各备选方案的对应金额的差额部分两两进行对比分析，最终选择出唯一最优方案的方法。包括差额净现值法、差额内部收益率法、差额投资回收期法等，本节我们将对差额净现值法和差额内部收益率法进行讲解。

“差额部分”主要是指投资大的方案相对于投资小的方案，在期初投资额、各年净收益、期末残值等方面现金流量的差量，这些差量形成了新的现金流量，称之为差额现金流量。将差额现金流量视为一个假设方案，研究其经济效果，来判断投资大的方案相对于投资小的方案多投资的部分是否值得。

另外，在一组互斥方案中，各方案的计算期有可能不一致，则它与计算期一致的方案比选方法也有不同。例如两个互斥方案 A 和 B，A 方案的计算期是 3 年，B 方案的计算期是 5 年，若利用净现值指标来进行比选，则其指标值在时间上不具可比性（计息次数不一致），不能直接进行大小比较。这时就必须进行相应的调整，使其具有一致的计算期，然后再进行比选。

所以互斥方案的比选，分为计算期相等的互斥方案比选和计算期不等的互斥方案比选。

（2）计算期相同的互斥方案的选择　对于计算期相同的互斥方案，由于其计算周期相同，所以进行经济效果评价时在时间上已具备可比性。

常用的评价方法有：净现值法、净年值法、差额内部收益率法、差额净现值法、最小费用法等。

1）净现值法：净现值法是用净现值指标作为评价工具，对多个互斥方案进行选优的方法，是多方案比选中最常用的方法之一。

基本步骤：

① 计算各备选方案的净现值，剔除 NPV＜0 的方案。

② 根据净现值最大原则，从所有 NPV≥0 的备选方案中选择净现值最大的方案为最优方案。

【例 7-28】某开发项目有三个寿命期均为 10 年的实施方案，已知 $i_c=10\%$，各方案的净现金流量情况如表 7-10，试用净现值法选择最优方案。

表 7-10　现金流量表　　（单位：万元）

方案	年份	
	0	1~10
A	−170	44
B	−260	59
C	−300	68

解：

计算各方案的 NPV 指标值

$NPV_A=-170+44(P/A,10\%,10)=-170+44\times6.1446=100.36$（万元）

NPV_B = −260 + 59（P/A，10%，10）= −260 + 59 × 6.1446 = 102.53（万元）

NPV_C = −300 + 68（P/A，10%，10）= −300 + 68 × 6.1446 = 117.83（万元）

三个方案的 NPV 值均大于 0，且 $NPV_C > NPV_B > NPV_A$，所以 C 方案为最优方案。

2）净年值法（NAV 法）：净年值法是用净年值指标为评价工具对多个互斥方案进行选优的方法，也是多方案比选中常用的方法之一。

净年值指标是由净现值指标乘以一个非负系数得来的，且在寿命期相等的情况下，各备选方案所乘的这个常数系数是一致的。所以净年值法与净现值法的实质是完全相同的。

【例 7-29】 引用【例 7-28】的数据，试用 NAV 法选择最优方案。

解：

计算各方案的 NPV 指标值。

NAV_A = NPV_A（A/P，10%，10）= 100.36 × 0.1627 = 16.33（万元）

NAV_B = NPV_B（A/P，10%，10）= 102.53 × 0.1627 = 16.68（万元）

NAV_C = NPV_C（A/P，10%，10）= 117.83 × 0.1627 = 19.17（万元）

三个方案的 NAV 值均大于 0，且 $NAPV_C > NAV_B > NAV_A$，所以 C 方案为最优方案。

从上例可以看出，用净现值法和净年值法择优的结果是一致的，那么如果用 IRR 指标，其结果也将是相同的吗？

先计算各备选方案的内部收益率指标值。

用线性内插法求各备选方案内部收益率。

−170 + 44（P/A，IRR_A，10）= 0，可推出：IRR_A = 22.47%；

−260 + 59（P/A，IRR_B，10）= 0，可推出：IRR_B = 18.49%；

−300 + 68（P/A，IRR_C，10）= 0，可推出：IRR_C = 18.52%。

从上述结果可以看出，三个方案的 IRR 均大于 10%，且 $IRR_A > IRR_C > IRR_B$，A 方案是最优方案。这与净现值法和净年值法择优的结果是不一致的，哪个方法正确呢？

就本题而言，只要对比 A、C 两方案哪个更优即可。

【知识链接】

互斥方案比选时，可以直接用内部收益率排序进行选优吗？

若有两个备选方案，将它们的内部收益率大小排序，其结果是固定不变的。即当两个备选方案的净现金流量情况在一定的条件下，它们就有各自的内部收益率（IRR_A = 22.47%、IRR_C = 18.52%）这个值均是唯一的、固定的，那么两备选方案内部收益率的排列顺序也就是固定不变的。

但若两个备选方案按照净现值排序，其结果就不一定是固定不变的了。即在两个备选方案的现金流量一定的情况下，它们的净现值大小就要取决于给定的基准折现率。净现值与折现率的关系如图 7-32 所示，上题给出的基准折现率是 10%，小于两条曲线交点 O 所对应的折现率 13.11%，即给定基准折现率在 13.11% 的左侧，这时从图中可以看到，$NPV_C > NPV_A$，所以方案 A 优于方案 C，评价结果与净现值法结论是一致的，即 C 方案最优。反之，如果本题中给定的基准收益率是15%，大于13.11%时，方案A就优于方案C，评价结果与净现值法的结论是相反的。产生这种现象的根本原因是它们的经济含义有所不同。

NPV的经济含义非常清楚，当NPV=0时，表明该方案的净收益刚好抵偿了投资资金的时间价值（利息），即方案的盈利水平刚好就是给定的基准折现率。

若方案的投资全部来自贷款，则其IRR就是方案所能承受的最高还款利率，它代表的是项目投资收益的期望水平，是项目投资的资金机会成本。

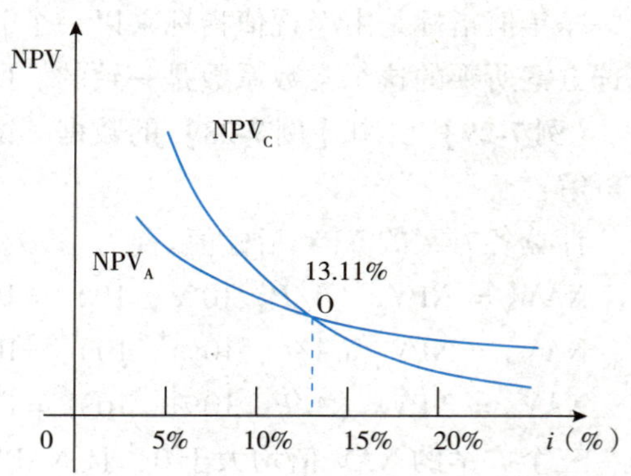

图7-32　净现值与折现率的关系

所以用NPV最大准则作为方案比选的决策依据，是可以达到总投资收益最大化这个结果的，是符合方案比选的基本目标的。而IRR并未考虑过真正的资金机会成本，其结果就很难保证比选结论的正确性。

结论：互斥方案的比选，实质上是分析投资额大的方案较投资额小的方案所多投的资金是否值得，也就是对增量的现金流量的经济合理性做出判断，因此可以通过计算增量净现金流量的内部收益率，即差额内部收益率法来比选方案，这样就能保证方案比选结论的正确性。

3）差额内部收益率法（ΔIRR法）

①公式

$$\sum_{t=0}^{n}[(CI-CO)_2-(CI-CO)_1](1+\Delta IRR)^{-t}=0 \tag{7-33}$$

式中　ΔIRR——差额内部收益率

②计算步骤

第一步，计算各方案的IRR。

第二步，将IRR≥i_c的方案按照投资额由小到大依次排列。

第三步，先计算最上方两个方案的差额内部收益率ΔIRR，若ΔIRR≥i_c，说明多投资的差额部分值得投资，应选择投资额大的方案；反之，若ΔIRR<i_c，说明多投资的差额部分不值得投资，应选择投资额小的方案。

第四步，将保留的较优方案依次与相邻的方案两两对比，直到全部比较完毕，得到最优的唯一一个方案为止。

★【特别提示】★

采用此方法前，应该先对备选方案进行单方案检验（绝对效果评价），只有IRR值≥i_c的方案才能作为比较的对象。

ΔIRR 只能说明增加投资部分的经济合理性。即 $\Delta IRR \geqslant i_c$，只能说明增量投资部分是有效的，并不能说明全部投资的效果。

【例 7-30】 依旧引用【例 7-28】的数据，用差额内部收益率法进行方案选优。

解：

由上题可知，$IRR_A = 22.47\%$，$IRR_B = 18.49\%$，$IRR_C = 18.52\%$，均大于 $i_c = 10\%$，各备选方案自身具有经济性。将其按投资额由小到大排列为：A→B→C。先对 A 方案和 B 方案进行比较。

根据式（7-31），可得

$-(260-170)+(59-44)(P/A,\Delta IRR_{B-A},10)=0$

用线性内插法预估 $\Delta IRR_{B-A} = 10.43\% > i_c = 10\%$

方案 B 比方案 A 多投入的资金是值得的，此时舍弃方案 A。

再将方案 B 与方案 C 进行比较，

$-(300-260)+(68-59)(P/A,\Delta IRR_{C-B},10)=0$

用线性内插法预估 $\Delta IRR_{C-B} = 18.683\% > i_c = 10\%$

所以方案 B 可以舍弃，方案 C 是最优方案。

4）差额净现值法（ΔNPV 法）：差额净现值法与差额内部收益率法的比较原理基本相同。

步骤如下：

第一步，计算各方案的 NPV 值。

第二步，将 NPV≥0 的方案按照投资额由小到大排序。

第三步，先计算最上方两个方案的差额净现值 ΔNPV，若 ΔNPV≥0，说明多投资的差额部分值得投资，应选择投资额大的方案；反之，若 ΔNPV<0，说明多投资的差额部分不值得投资，应选择投资额小的方案。

第四步，将保留的较优方案依次与相邻的方案两两对比，直到全部比较完毕，得到最优的唯一一个方案为止。

【例 7-31】 依旧引用【例 7-28】的数据，用差额净现值法进行方案选优。

解：

已知，$NPV_A = 100.36$，$NPV_B = 102.53$，$NPV_C = 117.83$，均大于 0。各方案自身具有经济性。将其按投资额由小到大排列为：A→B→C。先对 A 方案和 B 方案进行比较。

$\Delta NPV_{B-A} = -(260-170)+(59-44)(P/A,10\%,10)=2.17$（万元）

因为 $\Delta NPV_{B-A} > 0$，所以 A 方案被放弃，保留 B 方案。

再将 C 方案与 B 方案进行比较。

$\Delta NPV_{C-B} = -(300-260)+(68-59)(P/A,10\%,10)=15.30$（万元）

所以方案 B 可以舍弃，方案 C 就是最优方案。

同一道题，用净现值法、净年值法、差额内部收益率法和差额净现值法进行比选，其得到的结论是一致的，就说明这些方法是等效的。

5）最小费用法：在实际工作中，做房地产项目的经济评价时，还会遇到这样一些问题：多个互斥方案带来的收益基本相同，仅仅比较收益无法做出判断；又或者涉及一些非营利性项目，如教学楼、国防项目等，它们的经济效果很难用现金流量（或货币）的形式来表达，就更加无法使用净现值、差额内部收益率等这些以收益最大化为主要评价目标的评价指标了。这时，可以假定各个备选方案的收益是相同的，哪个备选方案的费用最小，哪个方案就是最优的。这种评价方法称为最小费用法，包括费用现值法和年费用法。

①费用现值法（PC）

各备选方案所给出的数据全部都是费用（支出），将各个时点上的费用折算为现值，再加和，得出的结果就是费用现值。

a. 公式

$$PC = \sum_{t=0}^{n} CO_t(1+i_c)^{-t} \tag{7-34}$$

b. 比选方法

计算各备选方案自身的 PC 值，进行大小比较，最小者为最优。

【例 7-32】 某产品存在甲、乙两种工艺设计方案，都能满足用户的使用要求，各自的费用情况见表 7-11，当前利率是 $i_c=8\%$，试用最小费用法选择最优方案。

表 7-11　现金流量表　（单位：万元）

方案	年份		
	0	1	2～10
甲	300	200	180
乙	500	400	130

解：

根据式（7－34）和已知数据，先计算甲乙两方案的 PC 值

$PC_{甲}=300+200(P/F, 8\%, 1)+180(P/A, 8\%, 9)(P/F, 8\%, 1)$

$=1526.30$（万元）

$PC_{乙}=500+400(P/F, 8\%, 1)+130(P/A, 8\%, 9)(P/F, 8\%, 1)$

$=1622.28$（万元）

因为 $PC_{甲}<PC_{乙}$，所以甲方案较优。

② 年费用法（AC）

将各备选方案所给出的费用折算为等额年金的形式，得出的结果就是年费用值。

a. 公式

$$\begin{aligned} AC &= PC(A/P, i_c, n) \\ &= \sum_{t=0}^{n} CO_t(1+i_c)^{-t}(A/P, i_c, n) \end{aligned} \tag{7-35}$$

b. 比选方法

计算各备选方案自身的 AC 值，进行大小比较，最小者为最优。

【例 7-33】 引用【例 7-32】的数据，试用年费用法选择最优方案。

解：

根据式（7-35）和已知数据，先计算甲乙两方案的 AC 值

$AC_{甲} = PC_{甲}$（A/P，8%，10）$= 1526.30 \times 0.1490 = 227.42$（万元）

$AC_{乙} = PC_{乙}$（A/P，8%，10）$= 1622.28 \times 0.1490 = 241.72$（万元）

因为 $AC_{甲} < AC_{乙}$，所以甲方案较优。

可以看出，PC 法和 AC 法是等值的，可以根据资金等值换算原理相互转换。在计算期相等的互斥方案的比选中，两种方法都可以选用；但在计算期不等的互斥方案的比选中，往往 AC 法更加适用和简便。

（3）计算期不同的互斥方案的选择　对于互斥方案来说，寿命期不同，就不能采用净现值法等方法直接进行比选，例如一个寿命期为 3 年的项目净现值与一个寿命期为 5 年的项目净现值，在时间上不具备可比性。那么，为了满足可比，可以将各备选方案进行适当的处理，使其处于相同的计算期环境下再进行比选，结论才合理。

下面介绍两种常用的计算期不同的互斥方案的比选方法。

1）净年值法（NAV 法）：NAV 法是解决计算期不同的互斥方案比选的最简便、最常用的方法，它与计算期相同的互斥方案比选时的 NAV 法是一样的。

NAV 指标本身就是考虑资金时间价值条件下的一个平均值（n 年内的等额年金），用平均值来比较计算期不等的互斥方案是合理的。

比选步骤：计算各备选方案的 NAV，以 NAV≥0 且 NAV 值最大者为最优。

【例 7-34】 某房地产建设项目有两个备选方案，其净现金流量情况见表 7-12，当前 $i_c = 10\%$，试用净年值法判断哪个方案最优？

表 7-12　净现金流量表　（单位：万元）

方案	年份			
	0	1～5	6～9	10
A	-300	80	80	100
B	-100	50	—	—

解：

画现金流量图 7-33、图 7-34，计算各方案的 NAV 值

A 方案：

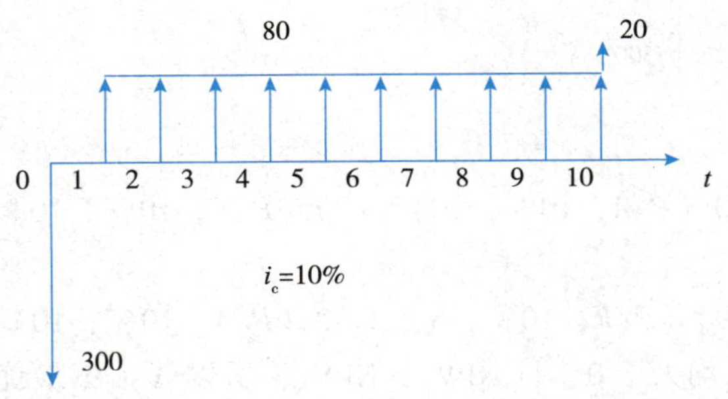

图 7-33　A 方案现金流量图

NAV_A = ［－300＋80（P/A，10%，10）＋20（P/F，10%，10）］（A/P，10%，10）＝32.42（万元）

B 方案：

NAV_B = ［－100＋50（P/A，10%，5）］（A/P，10%，5）＝23.62（万元）

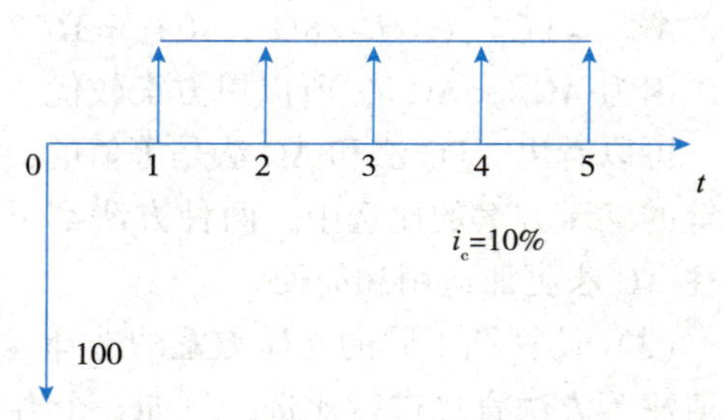

图 7-34　B 方案现金流量图

因为 NAV_A、NAV_B均大于 0，且 $NAV_A > NAV_B$，所以 A 方案最优。

2）最小公倍数法：运用净现值法进行计算期不相同的互斥方案的评价时，必须注意到，由于各备选方案在各自计算期内的净现值在时间上不具有可比性，因此需要设定一个共同的分析期，最常用的方法是最小公倍数法。

最小公倍数法即取各备选方案计算期的最小公倍数作为共同的分析期，其前提是假设备选方案在计算期结束后按原方案重复实施若干次。例如，A、B 两个方案，A 方案的计算期为 3 年，B 方案的计算期为 4 年，则取二者计算期的最小公倍数 12 为它们共同的分析期，即 A 方案结束后按原方案重复实施 3 次，共执行 4 次，B 方案结束后按原方案重复实施 2 次，共执行 3 次。这样两个新方案的计算期就都是 12 年，满足时间可比，然后再用 NPV 指标对这两个计算期均为 12 年的新方案进行经济评价，NPV 指标值大的为最优方案。

此方法适用于各自方案的计算期都不太长的情况。

【例 7-35】 引用【例 7-34】的数据，试用净现值最小公倍数法择优？

解：

A、B 两方案计算期分别是 5 和 10，其最小公倍数是 10。画现金流量图，如图 7-35、图 7-36 所示，计算各方案的 NPV 值

A 方案：

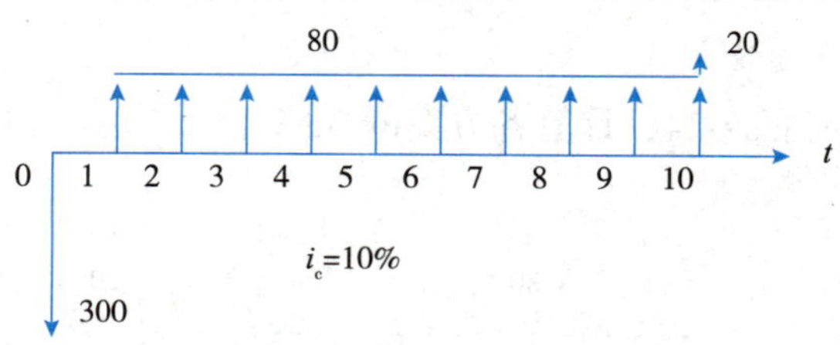

图 7-35　A 方案现金流量图

NPV_A = －300＋80（P/A，10%，10）＋20（P/F，10%，10）＝199.28（万元）

B 方案：

NPV_B = －100－100（P/F，10%，5）＋50（P/A，10%，10）＝145.14（万元）

因为 NPV_A、NPV_B均大于 0，且 $NPV_A > NPV_B$，所以 A 方案最优。

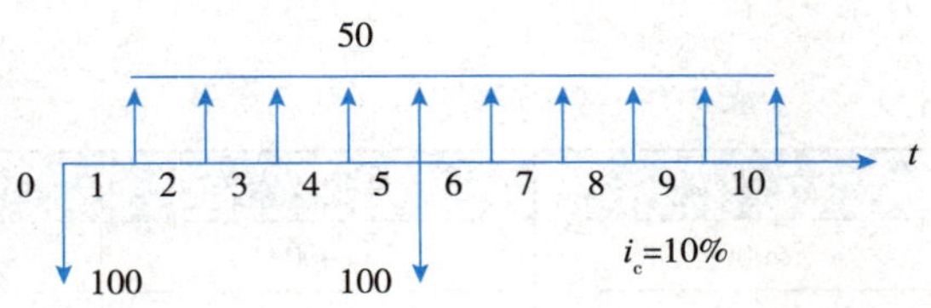

图 7-36　B 方案现金流量图

3. 独立方案的比较与选择

独立方案是指备选方案之间互相独立，现金流量各自不相干扰的方案。

当备选方案之间的关系是独立的，投资方又有足够的资金可供使用的时候，可以采用单方案评价方法进行方案选择，即只要 NPV≥0（或 IRR≥i_c）的方案都可以接受，否则应该放弃。但资金往往是稀缺资源、有限的，投资额常常基于企业的规模而有所限制，无法对所有不亏损的备选方案都进行投资。此时可以采用以下两种方法对备选方案进行比选。

（1）独立方案互斥化法　独立方案互斥化法是指在资金限制的情况下，将相互独立的方案组合成总投资额不超过投资限额的组合方案，这样各个组合方案之间的关系就成为互斥的关系，然后利用互斥方案的比选方法，对方案组合进行评价择优。

【例 7-36】 有三个相互独立的方案 A、B、C，其寿命均为 10 年，现金流量情况见表 7-13。设 i_c = 15%，求①当资金无限额时，各方案如何选择？② 当资金限制在 18000 万元以内时又如何选择？

表 7-13　现金流量表　（单位：万元）

方案	初始投资	年均收入	年均支出	计算期
A	5000	2400	1000	10
B	8000	3100	1200	
C	10000	4000	1500	

解：

① 当资金无限额时，只对各方案自身的经济性进行评价，通过指标判定标准的方案全都入选。

NPV_A = −5000 +（2400 − 1000）（P/A，15%，10） = 2026. 32（万元）

NPV_B = −8000 +（3100 − 1200）（P/A，15%，10） = 1534. 20（万元）

NPV_C = −10000 +（4000 − 1500）（P/A，15%，10） = 2547（万元）

因为 NPV_A >0，NPV_B >0，NPV_C >0，方案之间的关系是独立的，所以三种方案都可以考虑投资。

② 从上小题的答案可以看到，三个方案都具有经济可行性，如果都被采纳，总投资额需要 23000 万元，显然超过了当前资金限制额 18000 万元，所以三个方案不能同时实施。

这时可以对方案进行组合，见表 7-14 所示，在资金额不超过 18000 万元的方案组合中，选取净现值最大的方案组合。

表 7-14　各方案组合现金流量表　（单位：万元）

方案	初始投资	年净收入	NPV
A	5000	2400	2026. 32
B	8000	3100	1534. 20
C	10000	4000	2547
A + B	13000	3300	3560. 52
B + C	18000	4400	4081. 20
A + C	15000	3900	4573. 32 *
A + B + C	23000	5800	6107. 52

从表 7-14 中可以看出，投资资金不超过 18000 万元的方案组合有六个，即 A、B、C、A + B、B + C、A + C，其中 A + C 方案组合的净现值最大，故应该选择 A 方案和 C 方案。

（2）净现值率排序法　净现值率排序法是将净现值率大于或等于 0 的方案，按净现值率从大到小依次排列，并按照这个顺序选择方案，同时累计备选方案的投资额，直到选择的方案组合的投资总额不超过但又最大限度地接近或等于投资限额为止。

【例 7-37】 引用【例 7-36】的数据，试用净现值率排序法选择方案。

解：先计算 A、B、C 各方案的净现值率

$NPVR_A = NPV_A / K_{PA} = 2026.32 \div 5000 \times 100\% = 40.53\%$

$NPVR_B = NPV_B / K_{PB} = 1534.20 \div 8000 \times 100\% = 19.18\%$

$NPVR_C = NPV_C / K_{PC} = 2547 \div 10000 \times 100\% = 25.47\%$

按净现值率由大到小顺序进行排列（A→C→B），并累计方案投资额，见表 7-15。

表 7-15　A、B、C 三个方案的 NPVR 排序表　（单位：万元）

方案	净现值率（%）	投资额	累计投资额
A	40. 53	5000	5000
C	25. 47	10000	15000
B	19. 18	8000	23000

根据表 7-14 可知，方案的选择顺序是 A→C→B，由于资金限制为 18000 万元，所以最佳方案自合是 A + C 方案。

可见，这个结果与独立方案互斥化法的比选结果是一致的。

在对具有资金限制的独立方案进行比选时，独立方案互斥化法和净现值率排序法各有其优劣。净现值率排序法的优点是计算简便，选择方法简明扼要，缺点是由于投资方案的不可分性，经常会出现资金没有被充分利用的情况，因而不一定能保证获得最佳组合方案；而独立方案互斥化法的优点是在各种情况下均能保证获得最佳组合方案，但缺点是在备选方案数目较多时，其计算比较烦琐。因此在实际应用中，应该综合考虑各种因素，选用适当的方法进行方案比选。

4. 相关方案的比较与选择

相关方案是指各备选方案间的现金流量相互牵制、影响，接受其中一个方案，会使其他备选方案的现金流量情况发生变化，从而影响其他备选方案是否被接受。

相关方案的比选方法有很多种，常用的方法是组合互斥方案法。其基本步骤是：

第一步，对判断备选方案之间的相关性和现金流量的相互影响性作出判断。

第二步，对于现金流量之间具有正方向影响的方案，可以将其看作独立方案；对于现金流量之间具有负方向影响的方案，看作互斥方案。

第三步，根据备选方案之间的关系，把方案组合成互斥组合方案，然后按照互斥方案的评价方法对组合方案进行比选。

【例7-38】为了满足运输的要求，有关部门分别提出要在某两个地区之间新建一个铁路项目和一个公路项目。如果只建一个项目时的现金流量情况见表7-16；如果两个项目都建，由于货流分散，对两个项目来说都减少了收益，其净现金流量见表7-17。已知当前 $i_c=10\%$，究竟应该如何选择？

表7-16　现金流量表（一个项目）　　（单位：万元）

方案	年份			
	0	1	2	3～32
铁路A	-200	-200	-200	100
公路B	-100	-100	-100	60

解：

先将两个相关方案组合成三个互斥方案，见表7-17，再分别计算其净现值。

表7-17　现金流量表（两个项目）　　（单位：万元）

方案	年份			
	0	1	2	3～32
铁路A	-200	-200	-200	80
公路B	-100	-100	-100	35
都建A+B	-300	-300	-300	115

A：只建铁路

$NPV_A=-200-200(P/F,10\%,1)-200(P/F,10\%,2)+80(P/A,10\%,30)(P/F,10\%,2)=281.65$（万元）

B：只建公路

$NPV_B=-100-100(P/F,10\%,1)-100(P/F,10\%,2)+35(P/A,10\%,30)(P/F,10\%,2)=218.73$（万元）

A+B：铁路、公路都建

$NPV_{A+B}=-300-300(P/F,10\%,1)-300(P/F,10\%,2)+115(P/A,10\%,30)(P/F,10\%,2)=149.80$（万元）

因为 NPV_A、NPV_B、NPV_{A+B} 都大于0，且 $NPV_A>NPV_B>NPV_{A+B}$，所以只建铁路效益最佳。

7.2 房地产开发项目不确定性分析

房地产开发项目投资是一个动态的过程，有周期长、资金投入量大等特点，在经济分析时所用的数据（如投资额、建设工期、销售收入、经营成本、投资收益率等）都是通过预测和估计获得的。尽管使用了科学的预测与估算方法，由于受到市场经济的影响，项目的外部环境会发生难以想象的变化，实际的数据与分析时所使用的数据，很可能有相当大的出入，从而产生了不确定性。

这里所说的不确定性分析包含了不确定性分析与风险分析两项内容，严格来讲两者是有差异的。区别就在于前者是不知道未来可能发生的结果，或不知道各种结果发生的可能性，对此类问题进行的分析称为不确定性分析；后者是知道未来可能发生的各种结果的概率，对此类问题进行的分析称为风险分析。但从房地产项目投资的经济评价角度来看，将两者严格区分开的实际意义不大。因此，一般情况下，习惯将以上两种分析统称为不确定性分析。

7.2.1 不确定性分析的含义

所谓不确定性分析，就是对房地产开发项目经济分析中存在的不确定性因素，分析其对项目经济效果评价的影响，预测项目承担风险的能力，确定项目经济上的可靠性，避免项目开发后造成不必要的损失。

不确定性分析一般包括敏感性分析（灵敏度分析）、概率分析（风险分析）和盈亏平衡分析（收支平衡分析）。

7.2.2 房地产开发项目的主要不确定性因素

1. 土地费用

土地费用是房地产开发项目估算的重要计算参数。若开发商在进行项目评价时未购买土地使用权，土地费用往往是未知数，通常要参考近期工地成交的案例，通过市场比较法等方法估算土地费用。土地费用由土地使用权出让金、城市建设配套费和土地开发费三部分组成。

2. 建筑安装工程费

建筑安装工程费的估算值与实际值也很难相符。导致其变化的原因有：首先，估算时间与承包商报价时间之间经历了购买土地使用权等一系列前期准备工作，两者往往相差半年到一年的时间，期间可能会由于建筑材料或劳动力价格水平的变化导致建筑安装工程费出现上涨或下跌的情况。其次，建筑工程开工后，建筑材料价格和人工费用发生变化，也会导致建筑安装工程费改变。若承包合同是一种固定总价合同，则建筑安装工程费的变动风险由承包商负担，对开发商基本无影响；否则，开发商要承担项目建设阶段由于建筑材料价格和人工费用上涨所引起的建筑安装工程费增加额。

3. 租售价格

租金收入或销售收入构成了房地产开发项目的主要现金流入。在项目评价过程中，租金或售价是通过与市场上近期成交的类似项目的租金或售价进行比较、修正后得到的，但实际上隐含着一个基本假设，即不考虑通货膨胀因素及租金或售价在开发期间的增加或减少。但同类型项目市场上供求关系的变化，开发过程中社会、政治、经济、环境等因素的变化，都会对租售价格水平产生影响，而这些影响事先是很难定量描述的。

4. 开发期与租售期

房地产开发项目的开发期由准备期和建造期两个阶段组成。在准备期，开发商要进行征地、拆迁、安置、补偿等工作，委托设计院做规划设计方案和方案审批，还要办理市政技术设施的使用等手续；在建设工程开工前，还要安排招标工作……这些工作中任何一项的耽误都会导致开发期的延后。建造期即建筑施工周期，一般能够较为准确地估计，但某些因素（恶劣气候、政治形势突变、特殊地质条件、某设备的短缺等）的影响会导致施工工期延长。工期延长，会使开发商不但要承担更多的贷款利息，还同时承担总费用上涨的风险。

房地产开发项目的租售期（出租期或出售期）的长短与宏观社会经济状况、市场供求状况、市场竞争状况、预期未来房地产价格变动趋势、房地产项目的类型等有着直接关系。当房地产市场出现过量供应、预期房地产价格下降时，租售期就会延长，这样会增加项目的融资成本、管理费用等支出，在贷款利率较高的情况下，租售期的延长，更是会给开发商带来沉重的财务负担。

5. 容积率级有关设计参数

当开发项目用地面积一定时，容积率的大小决定了项目可建设建筑面积的大小，而建筑面积直接关系到项目的租金收入、销售收入和建筑安装工程费。项目评价阶段，开发商不一定能拿到政府有关部门的规划批文，因此容积率和建筑面积是不确定的。即使有关部门批准了项目的容积率或建筑面积，项目可供出租或出售的面积、建筑物出售时公共面积的可分摊和不可分摊部分、可出租面积占建筑面积的比例等参数，仍只能根据经验大致估算。

6. 折现率

折现率稍有变动，将大幅度影响项目总开发价值或房地产资本价值的预测值。项目的总开发价值或房地产资本价值可用项目建成后年净经营收入除以折现率得到。如某项目年净租金收入期望为200万元，市场调研与分析后认定折现率为8%，与认定为9%，两者相差1%，但求得的项目资本价值相差200÷8%－200÷9%＝2500－2222＝278（万元）。

7. 贷款利率

房地产开发商在开发建设一个项目时，资本金往往只占到投资总额的20%～30%，其余部分都要通过金融机构借款或预售楼盘的方式筹措。故资金使用成本即利息支出对房地产开发商最终获利大小的影响极大。利率的影响，决定了房地产开发商利用财务杠杆的有效性。

7.2.3　房地产开发项目不确定性分析方法

1. 敏感性分析

（1）敏感性分析的定义　敏感性分析指预测分析项目不确定因素发生变动而导致经济

指标发生变动的灵敏度，从中找出敏感因素，并确定其影响程度与影响的正负方向，进而制定控制负敏感因素的对策，确保项目总体评价的安全性。

（2）敏感性分析的分类方法

1）单因素敏感性分析是指每次只变动一个参数，而其他参数不变的敏感性分析方法。

2）多因素敏感性分析是指考虑各种因素可能发生的不同变动幅度的多种组合，分析其对方案经济效果的影响程度。

（3）敏感性分析的指标

1）敏感度系数：敏感度系数是指项目效益指标变化的百分率与不确定因素变化的百分率之比。

敏感度系数高，表示项目效益对该不确定因素敏感程度高，提示应重视该不确定因素对项目效益的影响。

敏感度系数计算公式如下：

$$\beta = \frac{\Delta Y_j}{\Delta X_i} \tag{7-36}$$

式中 β——敏感度系数；

ΔX_i——第 i 个不确定性因素变化的百分比；

ΔY_j——第 j 个指标 Y_j 由于 X_i 变化引起的变动百分比。

某不确定因素敏感度系数 = 评价指标相对基本方案的变化率/该不确定因素变化率

2）临界点：临界点指不确定因素的极限变化，即该不确定因素使项目财务内部收益率等于基准收益率时的变化百分率。临界点是指项目允许不确定因素向不利方向变化的极限值。

临界点的高低与设定的基准收益率有关，对于同一个投资项目，随着设定基准收益率的提高，临界点就会变低（即临界点表示的不确定因素的极限变化变小）。而在一定的基准收益率下，临界点越低，说明该因素对项目效益指标影响越大，项目对该因素就越敏感。

（4）敏感性分析的步骤

第一步，确定需要分析的不确定因素指标；如投资回收期、财务净现值、财务内部收益率等。

第二步，选择需要分析的不确定性因素，如项目投资、建设周期、项目寿命年限、成本、价格、产销量等等。

第三步，设定不确定性因素的变化程度。

一般选取不确定因素变化的百分率来表示变化程度，通常选择 ±5%，±10%，±15%，±20% 等。

二维码 7-2
（单因素敏感性分析）

第四步，计算因不确定因素变动引起的评价指标变动值。

第五步，计算敏感度系数并对敏感因素进行排序，绘制敏感性分析表和敏感性分析图。

第六步，计算变动因素的临界点。

第七步，对敏感性分析结果进行分析。

（5）单因素敏感性分析

【例7-39】G公司有一投资项目，其基础数据见表7-18。假定投资额、年收入、折现率为主要的敏感性因素。试对该投资项目净现值指标进行单因素敏感性分析。

表7-18　敏感性分析基础数据

项目	投资额	寿命期	年收入	年费用	残值	折现率
数据	100000元	5年	60000元	20000元	10000元	10%

解：

1）敏感性因素与分析指标已经给定，我们选取±5%、±10%作为不确定因素的变化程度。

2）计算敏感性指标。

首先计算决策基本方案的NPV；然后计算不同变化率下的NPV。

$$
\begin{aligned}
NPV &= -100000 + (60000 - 20000) \times (P/A, 10\%, 5) + 10000 \times (P/F, 10\%, 5) \\
&= 57840.68(\text{元})
\end{aligned}
$$

各种不确定性因素的取值见表7-19。

表7-19　不确定性因素变化后的取值

项目	投资额/元	年收入/元	折现率
-10%	90000	54000	9%
-5%	95000	57000	9.5%
0	100000	60000	10%
5%	105000	63000	10.5%
10%	110000	66000	11%

经计算得到各不确定性因素变化后的NPV值见表7-20。

表7-20　不确定性因素变化后**NPV**的值

不确定性因素	NPV				
变化率	-10%	-5%	0	+5%	+10%
投资额	67840.68	62840.68	57840.68	52840.68	47840.68
年收入	35095.96	46468.32	57840.68	69213.04	80585.40
折现率	62085.36	59940.63	57840.68	55784.33	53770.39

当投资额的变化率为-10%时，

$$\Delta Y_{投} = \left| \frac{67840.68 - 57840.68}{57840.68} \right| = 17.29\%$$

$$\beta = \frac{\Delta Y_{投}}{\Delta X_{投}} = \frac{17.29\%}{-10\%} = -1.729$$

其余情况计算方法类似。各不确定性因素敏感度系数见表7-1。

3）计算临界值

投资临界值：设投资额的临界值为I，则

$$
\begin{aligned}
NPV &= -I + (60000 - 20000) \times (P/A, 10\%, 5) + 10000 \times (P/F, 10\%, 5) \\
&= 0
\end{aligned}
$$

得：$I=157840$。

收入临界值：设年收入的临界值为 R，则

$$
\begin{aligned}
NPV &= -100000+(R-20000)\times(P/A,10\%,5)+10000\times(P/F,10\%,5)\\
&=0
\end{aligned}
$$

得：$R=44741.773$。

折现率临界值：设折现率的临界值为 i，则

$$NPV=-100000+(60000-20000)\times(P/A,i,5)+10000\times(P/F,i,5)=0$$

得：$i=30.058\%$

实际上，i 的临界值就是该项目的内部收益率。

4）绘制敏感性分析表，见表7-21。

表7-21　敏感性分析表

序号	不确定性因素	变化率	净现值	敏感系数	临界值	临界百分率
	基本方案		57840.68			
1	投资额	-10%	67840.68	-1.729	157840	57.84%
		-5%	62840.68	-1.729		
		+5%	52840.68	-1.729		
		+10%	47840.68	-1.729		
2	年收入	-10%	35095.96	3.932	44741.773	-25.43%
		-5%	46468.32	3.932		
		+5%	69213.04	3.932		
		+10%	80585.40	3.932		
3	折现率	-10%	62085.36	-0.734	30.058%	300.58%
		-5%	59940.63	-0.726		
		+5%	55784.33	-0.711		
		+10%	53770.39	-0.704		

5）绘制敏感性分析图，如图7-37所示。

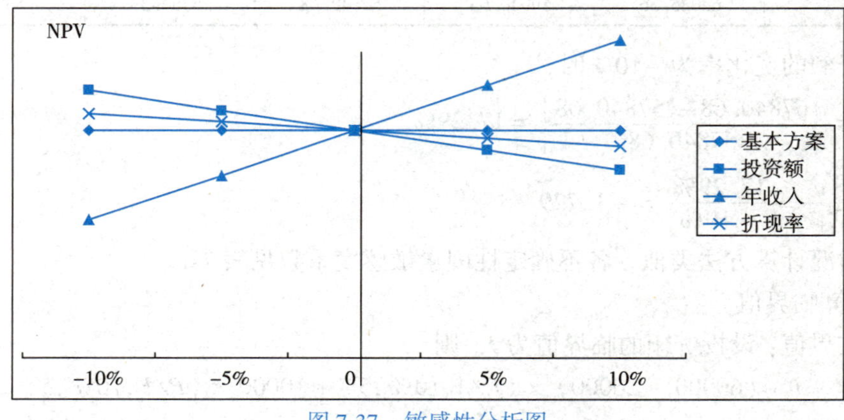

图7-37　敏感性分析图

在敏感性分析图中，与横坐标相交角度最大的曲线对应的因素就是最敏感的因素。

还可以在图中做出分析指标的临界曲线。对于净现值指标而言，横坐标为临界曲线（NPV＝0）；对于内部收益率指标而言，以基本方案的内部收益率为 Y 值做出的水平线为基准收益率曲线（临界曲线）。各因素的变化曲线与临界曲线的交点就是其临界变化百分率。

6）分析评价。从敏感性分析表和敏感性分析图可以看出，净现值指标对年收入的变化最敏感。

（6）多因素敏感性分析　单因素敏感性分析忽略了因素之间的相关性。实际上，一个因素的变动往往也在伴随着其他因素的变动，多因素敏感性分析考虑了这种相关性，因而能反映几个因素同时变动对项目产生的综合影响。

多因素敏感性分析的基本思路为：分析各变动因素的各种可能的变动组合，每次改变全部或若干个因素进行敏感性计算。

【例 7-40】某投资公司计划参与投资某房地产经营项目，期初一次性投入 1200 万元后，可获得 10000m^2 经营面积 10 年的经营收益权。预计建成后每 m^2 年租金 350 元，年经营成本为 140 万元。项目经营 10 后，原项目业主将项目经营收益权回收，并支付 80 万元的装修补偿款，标准折现率 10%，试就投资额、单位面积租金、经营成本等影响因素对该投资方案进行敏感性分析。

解：

①选择净现值为敏感性分析对象，根据净现值的计算公式，可以计算出项目在初始条件下的净现值。

$$NPV_0 = -1200 + (350 - 140)(P/A, 10\%, 10) + 80(P/F, 10\%, 10) = 121.21(\text{万元})$$

由于 $NPV_0 > 0$，所以项目是可行的。

下面对项目进行敏感性分析。

选取三个要素：投资额、单位面积租金和经营成本，然后令其逐一在初始值的基础上按 ±10%、±20% 的变化幅度变动，分别记下相对应的净现值的变化情况，结果见表 7-22。

表 7-22　单因素敏感性分析表

项目	变化幅度						
	-20%	-10%	0	10%	20%	平均 +1%	平均 -1%
投资额	361.21	241.21	121.21	1.21	-118.79	-9.90	9.90
单位面积租金	-308.91	-93.85	121.21	336.28	551.34	17.75	-17.75
经营成本	293.26	207.24	121.21	35.19	-50.83	-7.10	7.10

② 计算敏感度

a. 投资额的敏感度：

$$\beta_{投} - 10\% = \frac{(241.21 - 121.21)/121.21}{-10\%} = -9.9\%$$

$$\beta_{投} - 20\% = \frac{(361.21 - 121.21)/121.21}{-20\%} = -9.9\%$$

$$\beta_{投}+10\%=\frac{(1.21-121.21)/121.21}{10\%}=-9.9\%$$

$$\beta_{投}+20\%=\frac{(-118.79-121.21)/121.21}{20\%}=-9.9\%$$

b. 单位面积租金敏感度

$$\beta_{投}-10\%=\frac{(-93.85-121.21)/121.21}{-10\%}=17.75\%$$

$$\beta_{投}-20\%=\frac{(-308.91-121.21)/121.21}{-20\%}=17.75\%$$

$$\beta_{投}+10\%=\frac{(336.28-121.21)/121.21}{10\%}=17.75\%$$

$$\beta_{投}+20\%=\frac{(551.34-121.21)/121.21}{20\%}=17.75\%$$

c. 经营成本敏感度

$$\beta_{成本}-10\%=\frac{(207.24-121.21)/121.21}{-10\%}=-7.10\%$$

$$\beta_{成本}-20\%=\frac{(293.26-121.21)/121.21}{-20\%}=-7.10\%$$

$$\beta_{成本}+10\%=\frac{(35.19-121.21)/121.21}{10\%}=-7.10\%$$

$$\beta_{成本}+20\%=\frac{(-50.83-121.21)/121.21}{20\%}=-7.10\%$$

③ 计算临界值、临界点

a. 投资额

$$\begin{aligned}令\ NPV &=-1200(1+X)+(350\times1-140)\frac{(1+10\%)^{10}-1}{10\%(1+10\%)^{10}}+\frac{80}{(1+10\%)^{10}}\\ &=-1200-1200X+1290.36+30.84\\ &=-1200X+121.2=0\end{aligned}$$

$X=0.101=10.1\%$

若使 NPV≥0，投资额的变动范围≤10.1%

当 $X=0.101=10.1\%$，投资额临界值：1321.2

b. 单位面积租金

$$\begin{aligned}令\ NPV &=-1200+[350\times(1+X)\times1-140]\frac{(1+10\%)^{10}-1}{10\%(1+10\%)^{10}}+\frac{80}{(1+10\%)^{10}}\\ &=-1200+210\frac{(1+10\%)^{10}-1}{10\%(1+10\%)^{10}}+350\frac{(1+10\%)^{10}-1}{10\%(1+10\%)^{10}}X+\frac{80}{(1+10\%)^{10}}\\ &=-1200+1290.36+2150.6X+30.84\\ &=121.2+2150.6X=0\end{aligned}$$

$X=-0.0563=-5.63\%$

若使 NPV≥0，租金范围≥-5.63%

当 $X=-5.63\%$，租金的临界值：330.295

c. 经营成本临界值

令 $NPV=-1200+[350\times1-140(1+X)]\dfrac{(1+10\%)^{10}-1}{10\%(1+10\%)^{10}}+\dfrac{80}{(1+10\%)^{10}}$

$=-1200+210\dfrac{(1+10\%)^{10}-1}{10\%(1+10\%)^{10}}-140\dfrac{(1+10\%)^{10}-1}{10\%(1+10\%)^{10}}X+30.84$

$=-1200+1290.36-860.24X+30.84$

$=121.2-860.24X=0$

$X=0.1409=14.09\%$

若使 NPV≥0，经营成本范围≤14.09%

当 $X=14.09\%$，经营成本临界值：159.726

这是一组距离相等的平行线，随着经营成本的下降，临界线向下方移动，右下方为NPV为正。

从表7-22中可以看出：

在各个变量因素变化率相同的情况下，单位面积租金的变动对净现值的影响程度最大。当其他因素均不发生变化时，单位面积租金每下降1%，净现值下降17.75%，当单位面积租金的下降幅度超过5.64%时，净现值将由正变负，即项目由可行变为不可行。

对净现值影响较大的因素是投资额。当其他因素均不发生变化时，投资额每增加1%，净现值将下降9.9%。当投资额的增加幅度超过10.1%时，净现值由正变负，项目变为不可行。

对净现值影响最小的因素是经营成本，在其他因素均不发生变化的情况下，经营成本每上升1%，净现值下降7.1%。当经营成本的上升幅度超过14.09%时，净现值由正变负，项目变为不可行。

由此可见，按净现值对各个因素的敏感程度来排序，依次是单位面积租金、投资额、经营成本，最敏感的因素是单位面积租金。因此，应该对单位面积租金进行进一步的、更准确的测算。因为从项目风险的角度来讲，如果未来单位面积租金发生变化的可能性较大，则意味着这一投资项目的风险也较大

【例7-41】以【例7-40】的资料为例，做多因素敏感性分析

令 $NPV=-1200(1+X)+[350(1+Y)\times1-140]\dfrac{(1+10\%)^{10}-1}{10\%(1+10\%)^{10}}+\dfrac{80}{(1+10\%)^{10}}$

$=-1200-1200X+1290.36+2150.6Y+30.84$

$=121.2-1200X+2150.6Y=F(X,Y)$

令 $Y=0.56X-0.06$，如图7-38所示。

这是一个直线方程，即为 NPV=0 的临界线，在临界线上，NPV=0。

在临界线右下方 NPV>0。

在临界线左下方 NPV<0。

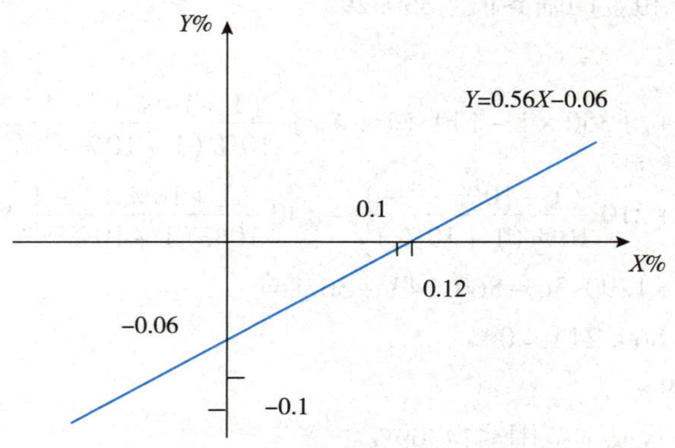

图 7-38　多因素敏感性分析图

也就是说，如果投资额、租金同时变化，只要变动范围不超过临界线右下方区域（包括临界线上的点）方案可接受。

三因素变化的变化因素为投资额、租金、经营成本，设投资额为 X，租金为 Y，经营成本为 Z。

$$\text{令 NPV} = -1200(1+X) + [350(1+Y)\times 1 - 140(1+Z)]\frac{(1+10\%)^{10}-1}{10\%(1+10\%)^{10}} + \frac{80}{(1+10\%)^{10}}$$

$$= -1200 - 1200X + 1290.36 + 2150.6Y - 860.24Z + 30.84$$

$$= 121.2 - 1200X + 2150.6Y - 860.24Z$$

取不同经营成本变化幅度代入上式，可以求出一组 NPV＝0 的临界线方程组

当 $Z = +20\%$，$NPV = -50.848 - 1200X + 2150.6Y = F(X,Y)$

得到：$Y = 0.56X + 0.02$

当 $Z = +10\%$，$NPV = 35.176 - 1200X + 2150.6Y = F(X,Y)$

得到：$Y = 0.56X - 0.02$

当 $Z = 0$，$NPV = 121.2 - 1200X + 2150.6Y = F(X,Y)$

得到：$Y = 0.56X - 0.06$

当 $Z = -10\%$，$NPV = 207.224 - 1200X + 2150.6Y = F(X,Y)$

得到：$Y = 0.56X - 0.1$

当 $Z = -20\%$，$NPV = 293.248 - 1200X + 2150.6Y = F(X,Y)$

得到：$Y = 0.56X - 0.14$

结果如图 7-39 所示。

这是一组距离相等的平行线，随着经营成本的下降，临界线向下方移动，右下方 NPV 为正。

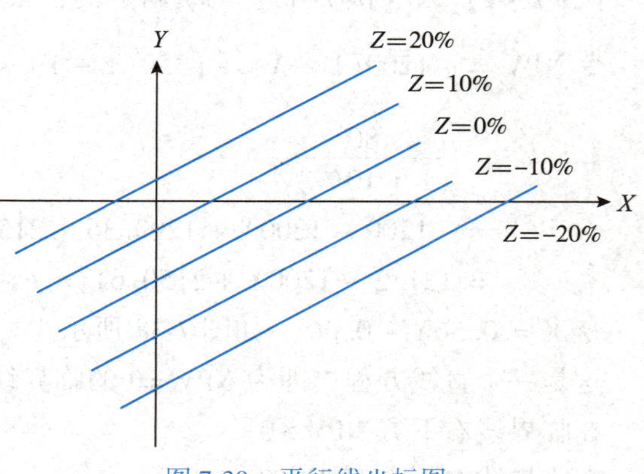

图 7-39　平行线坐标图

2. 概率分析

概率分析是运用概率理论研究不确定性因素的变动对项目经济效果指标影响的一种定量经济分析方法。

通过敏感性分析可以判断不确定性因素的敏感性，但这是在考虑所有因素具有同等出现概率的前提下做出的，不能完全反映不确定性因素的风险性，通过概率分析则可以了解项目风险性的大小。某个不确定因素如果是敏感性因素，但是若发生概率非常小，则实际给项目带来的风险就非常小了，甚至可以忽略不计。

(1) 概率分析的基本概念　由于在房地产开发项目实施过程中存在许多不确定性因素，这些不确定性因素的发生是一个随机变量，相应的，用这些变量计算所得的评价指标也将是随机变量，根据概率论，完整的描绘随机变量可以通过确定其期望值、方差和概率分布来完成。

1) 概率及概率分布：在进行房地产投资过程中，某一个参数是变动的，但是变动多少，什么时间变动，其结果是无法事先把握的，就把这个参数的变动称为一种随机变量。每一次随机变量连同结果就是一次随机事件。表示随机事件变动程度的变量，就是随机变量。如市场价格下降了10%，表示市场价格这一随机事件的变动的结果或程度，这就是一个随机变量。

出现某种随机事件的次数与各种可能出现的随机事件的次数总和的比值就称为某一随机事件的概率。通常用 $P(X)$ 表示随机事件 X 可能出现的概率。概率有以下基本性质：

① 概率为非负值，即 $P(X) \geqslant 0$ 。

② 任何随机事件 X 的概率都介于0和1之间，即 $0 \leqslant P(X) \leqslant 1$ 。

③ 必然事件 U 的概率总是1，即 $P(U) \equiv 1$ 。

④ 不可能事件 V 的概率总是0，即 $P(V) \equiv 0$ 。

⑤ 所有随机事件的概率总和为1，即 $\sum P(Xi) \equiv 1$ ，i 为随机事件的次数。

所有随机变量可能出现的概率取值的分布情况，称之为概率分布。概率分析就是分析和研究随机变量的概率分布情况，并据以预测期望值和标准差。在进行房地产开发项目评价时，一般只分析离散型随机变量的概率分布。

离散型随机变量的概率分布是指随机变量个数是有限的，其分布不是连续的，这时可以确定的概率值表示其概率分布情况。

【例7-42】 房地产价格在销售时可能会出现下降10%、下降5%、不变、上升5%、上升10%等五种情况，出现的随机变量的个数是有限的，因此可以称之为离散型随机变量。如果可以判定上述随机变量出现的概率分别为0.1、0.3、0.3、0.2、0.1，则可以用表格形式描述其概率分布，见表6-23。

表7-23　离散型变量的概率分布

房地产价格变动	-10%	-5%	0	5%	10%
概率 $P(Xi)$	0.1	0.3	0.3	0.22	0.1

2) 期望值 $E(X)$ ：对于离散型随机变量 X，如果出现 n 种随机结果，每一种随机结

果 Xi 出现的概率为 $P(Xi)$，其概率分布见表 7-24。

表 7-24　离散型变量及其概率分布表

X	$X1$	$X2$	$X3$	…	$Xn-1$	Xn
$P(X)$	$P(X1)$	$P(X2)$	$P(X3)$		$P(Xn-1)$	$P(Xn)$

则可以将随机变量的期望值定义为：

$$E(X) = \sum Xi \cdot P(Xi) \tag{7-37}$$

由此可以看出，随机变量的期望值实际上是一个加权平均值。随机变量取值的增多，相应的概率分布也就越多，加权平均值就越接近实际可能值。所以期望值并不是一个真实准确值。

【例 7-43】 以【例 7-42】中的数据，计算房地产价格变动的期望值。

$$\begin{aligned} E(\Delta P) &= -10\% \times 0.1 + (-5\%) \times 0.3 + 0 \times 0.3 + 5\% \times 0.2 + 10\% \times 0.1 \\ &= -0.5\% \end{aligned}$$

3）方差：方差反映数学期望值和实际值的偏差程度的指标。其计算公式为：

$$D(X) = \sum (X - Xi)^2 \times P(Xi) \tag{7-38}$$

式中　$D(X)$——方差；

X——随机变量的平均值，也可以用随机变量的期望值取代平均值；

Xi——随机变量的取值；

$P(Xi)$——随机变量的概率值。

【例 7-44】 以【例 7-42】中的数据，计算方差。

$$\begin{aligned} D(X) &= [-0.5\% - (-10\%)]^2 \times 0.1 + [-0.5\% - (-5\%)]^2 \times 0.3 \\ &\quad + [-0.5\% - 0]^2 \times 0.3 \\ &\quad + [-0.5\% - 5\%]^2 \times 0.2 + [-0.5\% - 10\%]^2 \times 0.1 \\ &= 0.003225 \end{aligned}$$

除了用方差表示离散型变量的偏差外，还可以用均方差来反映，计算公式为：

$$\delta = \sqrt{D(X)} \tag{7-39}$$

以【例 7-42】中的数据，计算均方差 $\delta = \sqrt{0.003225} = 0.0568$。

（2）概率分析的步骤　在进行项目评价过程中，概率分析一般仅对项目的财务净现值的期望值，和出现财务净现值大于和等于零时的累计概率的计算。前者是以概率为权数计算出来的各种不同情况下的财务净现值的加权平均值；后者则反映了在各种可能情况下，财务净现值出现大于和等于零时的累计概率。一般步骤如下：

第一步，列出各种要考虑的不确定性因素。

第二步，预计各种不确定因素可能发生的情况，即其可能出现的几种数据或变动幅度。

第三步，分别确定每种情况出现的可能性，即概率，各种可能情况出现的概率之和等于 1。

第四步，分别求出各种情况下的财务净现值、加权平均值和期望值。

第五步，计算净现值大于和等于零的累计概率。

【例7-45】某房地产开发项目的现金流量见表7-25，根据经验和预测，开发成本和销售收入为需要分析的两个不确定性因素，各自可能发生的变化即概率见表7-26，取 i_c = 10%。试计算项目的财务净现值的期望值、财务净现值大于和等于零的概率和净现值大于1000万元的累计概率。

表7-25　某房地产开发项目的现金流量表　（单位：万元）

年份	0	1	2	3	4
投资与开发成本	1200	3600	3000	—	—
销售收入	—	—	—	7000	6200
净现金流量	-1200	-3600	-3000	7000	6200

表7-26　项目开发成本和销售收入的概率分布

变动因素及概率	变幅		
	-15%	0	15%
销售收入	0.4	0.4	0.2
投资和开发成本	0.2	0.5	0.3

解：

首先列出本项目的净现金流的全部可能状态，见表7-27，共计8种，然后分别计算各状态下的概率 Pi、财务净现值和加权财务净现值，从而求得项目的财务净现值期望值 $E(X)$ 为：2155.11万元。

表7-27　项目净现金流序列的全部可能状态

1	2	3	4	5	6	7	8
开发成本变动趋势	概率1	销售收入变动趋势	概率2	状态	概率 Pi（2×3）	财务净现值 FNPVi	FNPVi × Pi
15%	0.3	15%	0.2	A	0.06	2923.09	177.78
		0	0.4	B	0.12	1499.01	179.88
		-15%	0.4	C	0.12	74.93	8.99
0	0.5	15%	0.2	D	0.1	3965.9	396.59
		0	0.4	E	0.2	2541.82	508.36
		-15%	0.4	F	0.2	1117.74	223.55
-15%	0.2	15%	0.2	G	0.04	5008.71	200.35
		0	0.4	H	0.08	3584.63	286.77
		-15%	0.4	I	0.08	2160.55	172.84
合计	1	—	—	—	1	—	2155.11

$$P(\text{FNPV} \geqslant 0) = 1 - P(0) = 1$$

$$P(\text{FNPV} \geqslant 1000) = 1 - P(1000) = 1 - 0.12 = 0.88$$

3. 盈亏平衡分析

盈亏平衡分析是通过盈亏平衡点（BEP）分析项目成本与收益平衡关系的一种方法。各种不确定因素（如投资、成本、销售量、产品价格、项目寿命期等）的变化都会影响投资方案的经济效果，当这些因素的变化达到某一临界值时，就会影响方案的取舍。盈亏平衡分析的目的就是找出这种临界值，即盈亏平衡点（BEP），以此判断投资方案对不确定因素变化的承受能力，为决策提供依据。盈亏平衡点越低，说明项目盈利的可能性越大，亏损的可能性越小，因而项目具有较大的抗经营风险能力。

4. 房地产开发项目风险防范

房地产开发项目的风险是客观存在的，后果也是严重的，那么如何发挥开发投资者的主观能动性，对风险进行有效的管理和防范，尽量将风险降低到最低程度，这是开发投资者最为关心的问题。

房地产开发投资风险防范的策略包括风险回避、风险转移和风险控制。

（1）风险回避　风险回避指投资者结合风险调整分析后，对风险较大的项目做出放弃投资的决定，这是对付风险损失最为彻底的一种方法。但放弃了风险其实也就放弃了获利的可能，这是一种比较消极的方法。

（2）风险转移　风险转移指投资者采取一定的策略措施将各种风险因素转移出去。风险转移虽不能像第一种方法那样彻底防范风险，但是能降低风险。一般情况下，风险转移有三种形式：

1）保险转移：保险转移指投资者以合同形式把自然灾害、意外事故等可能造成的各种风险损失转移给保险公司。

2）契约合同转移：契约合同转移指投资者通过契约或合同将可能出现的损失的财务负担或法律责任转移给非保险业的其他人。如开发企业与施工单位签订的工程承包总价合同，就是将项目施工阶段工程造价增加的风险转移给施工单位。

3）财务责任转移：财务责任转移也是一种非保险形式的风险转移，指投资者通过寻求外部资金将部分风险损失、财务责任转移给他人。如发行房地产开发公司股票、寻求合作伙伴等。

（3）风险控制　对于一些投资者不愿意或不能回避与转移的风险，投资者通过采取一定的措施和方法来降低风险发生的概率或因风险可能造成的损失。风险控制的目的主要在于改善风险本身的特性，使其变得能被投资者所接受。通常采用的风险控制措施有以下几种：

1）选择风险小的开发项目：房地产开发项目的种类多样，其风险的大小也存在差异，投资者选择风险较小的项目，可减少投资结果本身的不确定性。

2）做好市场研究：降低风险最有效的方法是做好市场研究工作，进行认真的市场调研，充分了解市场信息，从而进行准确的市场定位，正确预测市场变化趋势，这样才能有效地降低投资风险。

3）实行投资组合策略：投资组合理论认为，在相同的宏观环境变化下，不同的投资项目其收益不同，如果把适当的投资项目组合起来，可以成为一个较为理想的长远投资策略。这种组合可以是不同投资对象的组合，例如，投资者将投资额分别投入不同的投资对象中去，可以同时投资中低档住宅、高档住宅、别墅等；还可以是投资地区的组合，将投资的对象分散在各个不同地区或同一地区不同地段；还可以是投资期限的组合，将长期、中期、短期投资组合起来。

4）实行分期开发：分期开发指将一块场地适当地分为若干部分，实行分期开发。即先开发一部分作为一期，出租或出售后，市场前景比较好，再开发第二期，或将剩下的全面开发动工。分期开发与一次性全面开发相比，减小了投资规模，也缩短了开发时间，卖一批或出租一批再开发后面的，在资金的筹措方面也较为容易，整体来说风险要小些。因此，对于投资量大、风险性大的开发项目，分期开发是一种比较有效地控制风险的方法。

本项目小结

本项目主要介绍了房地产项目经济评价的基本概念和基本方法。

首先介绍了资金时间价值理论、复利分析方法和公式。利息的计算方法分为单利计算和复利计算，其中复利计算更为重要，总结为等值计算的六个基本公式。当计息周期小于1年（即每年复利次数超过1次）时，就出现了名义利率和有效利率的差别。

本项目还介绍了经济评价的概念和基本方法。对一项房地产项目进行经济评价，主要通过各个经济评价指标考查项目的盈利能力、偿债能力和生存能力。着重介绍了几个常用的静态和动态指标。静态指标有投资收益率（R）、静态投资回收期（P_t）、利息备付率（ICR）、偿债备付率（DSCR）和借款偿还期（P_d）；动态指标包括净现值（NPV）、净现值率（NPVR）、净年值（NAV）、净终值（NFV）、内部收益率（IRR）和动态投资回收期（P_t'）。

本项目重点介绍了多方案比选的方法。方案之间存在三种关系：互斥关系、独立关系和相关关系，这里重点阐述了互斥方案的比选。互斥方案的比选大体有两种方法：直接对比法（净现值法和净年值法）和差额分析法（差额内部收益率法、差额净现值法和差额投资回收期法等）。计算期不等的互斥方案的比选方法主要是净年值法和最小公倍数法。

最后，为了提高经济评价的准确度和可信度，避免和减少投资决策失误，本项目还介绍了房地产项目的不确定性评价的方法及风险防范的手段。实际工作中最常见的不确定性分析的方法包括敏感性分析、概率分析和盈亏平衡分析。

综合案例应用

【案例概况】

某开发公司考虑以下三个投资计划，其现金流量如下表7-28所示，基准折现率为15%。

表 7-28　方案 A、B、C 的净现金流量表　（单位：万元）

方案	计算期	初始投资	年收入	年支出	资产残值
A	3	6000	3000	1000	0
B	4	7000	4000	1000	200
C	6	9000	4500	1500	300

【问题】

1）设该公司投资总额不设上限，试用净现值法确定投资方案。

2）设该公司投资上限为 10000 万元，试用净年值法确定投资方案。

3）设三个方案为互斥关系，试用净现值法确定最优方案。

4）当三个方案为互斥关系，设 i_c 为 15%，试用内部收益率法确定最优方案。

【案例评析】

解：

1）该公司投资总额不设上限，即 A、B、C 三个方案之间的关系为独立。也就是说绝对经济效果评价为可行的方案都可以实施投资。

根据三个方案的现金流量图 7-40 计算各方案的净现值为：

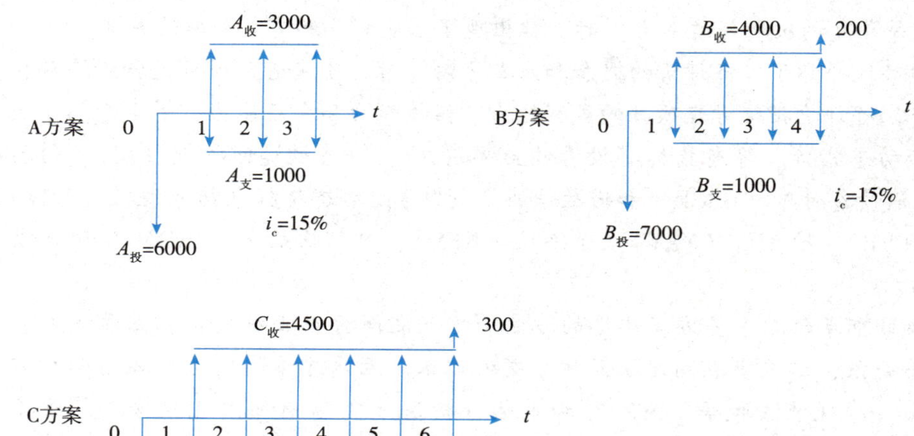

图 7-40　三个方案的现金流量图

$$\begin{aligned} NPVA &= -6000 + 2000(P/A,15\%,3) \\ &= -6000 + 2000 \times 2.2832 = -1433.6(万元) \end{aligned}$$

$$\begin{aligned} NPVB &= -7000 + 3000(P/A,15\%,4) + 200(P/F,15\%,4) \\ &= -7000 + 3000 \times 2.8550 + 200 \times 0.5718 = 1679.4(万元) \end{aligned}$$

$$\begin{aligned} NPVC &= -9000 + 3000(P/A,15\%,6) + 300(P/F,15\%,6) \\ &= -9000 + 3000 \times 3.7845 + 300 \times 0.4323 = 2483.2(万元) \end{aligned}$$

由于 NPVA＜0，NPVB＞0，NPVC＞0，故 B 方案和 C 方案都选择，即 B＋C 方案为最

优选择。

2）该公司投资总额上限为10000万元，即A、B、C三个方案之间的关系可视为独立，但却受到投资总额的限制，也就是说要将绝对经济效果评价为可行的方案按其经济性由优到劣进行排序，不超过投资总额的可行方案都可以实施投资。

由于A、B、C三个方案的计算期不同，则其净现值不具备可比性，可将其转化为净年值进行比较（NAV的经济含义可视为考虑资金时间价值的年平均收益，具备可比性）。

根据三个方案的现金流量图计算各方案的净年值为：

$$NAVA = NPVA(A/P,15\%,3) = -1433.6\times 0.4380 = -627.9(万元)$$

$$NAVB = NPVB(A/P,15\%,4) = 1679.36\times 0.3503 = 588.3(万元)$$

$$NAVC = NPVC(A/P,15\%,6) = 2483.19\times 0.2642 = 656.1(万元)$$

由于NAVA<0，则，A方案被淘汰。

而NPVC>NPVB>0，故C方案（需投资9000万元）和B方案（需投资7000万元）都可选择，但受制于总投资额为10000万元，只够投资其中的一个方案，所以C方案为最优选择。

3）当A、B、C三个方案之间的关系为互斥，用净现值指标选优就需要使用寿命期最小公倍数法求解。三个方案的计算期分别为3、4、6年，则取其最小公倍数12年为共同分析期。这意味着A方案要重复3次，B方案要重复2次，C方案要重复1次。则个方案的现金流量图如图7-41所示。

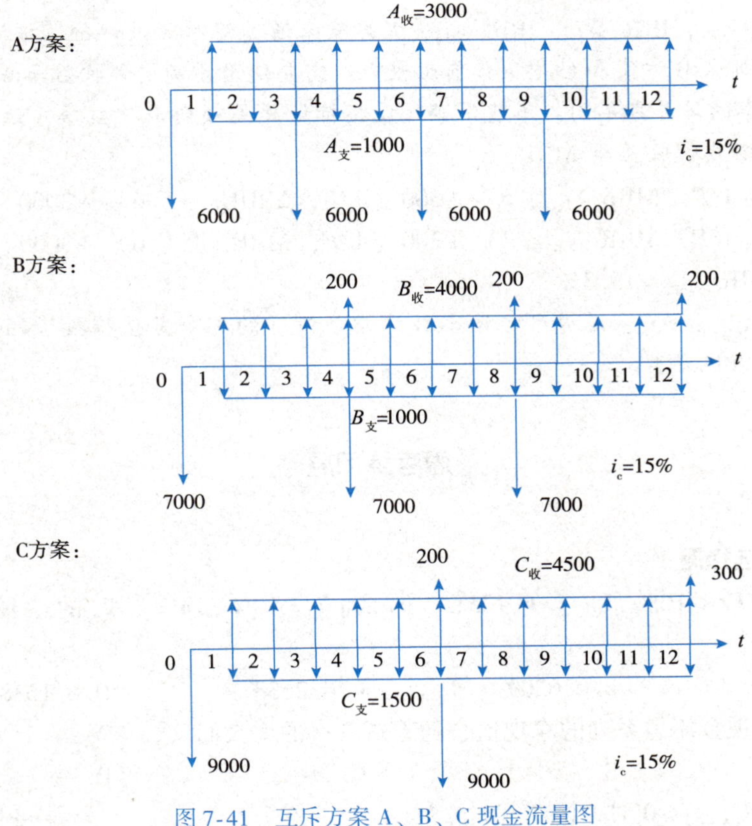

图7-41　互斥方案A、B、C现金流量图

根据现金流量图 7-41 可计算个方案的净现值为：

$$NPVA = -6000 - 6000(P/F,15\%,3) - 6000(P/F,15\%,6) - 6000(P/F,15\%,9) + (3000 - 1000)(P/A,15\%,12) = -3402.6(万元)$$

$$NPVB = -7000 - 7000(P/F,15\%,4) - 7000(P/F,15\%,8) + (4000 - 1000)(P/A,15\%,12) + 200(P/F,15\%,4) + 200(P/F,15\%,8) + 200(P/F,15\%,12) = 3189.2(万元)$$

$$NPVC = -9000 - 9000(P/F,15\%,6) + (4500 - 1500)(P/A,15\%,12) + 300(P/F,15\%,6) + 300(P/F,15\%,12) = 3558.1(万元)$$

由于 NPVA＜0，NPVB＞0，NPVC＞0，故淘汰 A 方案，且 NPVC＞NPVB，故 C 方案为最优方案。

4）A、B、C 为互斥方案，$i_c=15\%$，用内部收益率法确定最优方案，首先进行绝对效果评价，即计算各方案的内部收益率。

$-6000+2000\ (P/A,\ IRR_A,\ 3)\ =0$，得：$IRR_A=1\%$

$-7000+3000\ (P/A,\ IRR_B,\ 4)\ +200\ (P/F,\ IRR_B,\ 4)\ =0$，得：$IRR_B=26.4\%$

$-9000+3000\ (P/A,\ IRR_C,\ 6)\ +300\ (P/F,\ IRR_C,\ 6)\ =0$，得：$IRR_C=24.7\%$

由于 $IRR_A<i_c$，$IRR_B>i_c$，$IRR_C>i_c$，A 方案未通过绝对效果评价，被淘汰，B、C 方案通过初评，那么 B 方案和 C 方案如何比较呢？需要使用差额内部收益率法进行比选。又由于 B、C 方案的计算期不同，不能用净现值指标计算差额内部收益率，但可以用净年值指标来计算差额内部收益率 $\Delta IRR_{(C-B)}$：

$$[-9000\ (A/P,\ \Delta IRR_{(C-B)},\ 6)\ +300\ (A/F,\ \Delta IRR_{(C-B)},\ 6)\ +3000]\ -$$
$$[-7000\ (A/P,\ \Delta IRR_{(C-B)},\ 4)\ +200\ (A/F,\ \Delta IRR_{(C-B)},\ 6)\ +3000]\ =0$$

可得：$\Delta IRR_{(C-B)}=19.3\%$

由于 $\Delta IRR_{(C-B)}>i_c$，说明 C 方案比 B 方案多投资的部分是值得投资的，所以投资较多的 C 方案为最优方案。

思考练习题

一、单项选择题

1. 已知 $(F/A,10\%,5)=6.1051$，那么，$i=10\%$，$n=5$ 时的偿债基金系数为（　　）。

A. 1.6106　　B. 0.6209　　C. 0.2638　　D. 0.1638

2. 同一净现金流量系列的净现值会随着折现率的增大而（　　）。

A. 增大　　B. 减少　　C. 不变　　D. 在一定范围内波动

3. 当 $\Delta IRR_{(A-B)}>0$ 时，说明（　　）。

A. 方案 A 更优　　　　　　　　　　B. 方案 B 更优

C. 方案 A、B 均最优　　　　　　　D. 仍无法判断

4. 敏感度系数提供了各个不确定因素变动率与评价指标变动率之间的关系，以下描述正确的是（　　）。

A. 敏感度系数的绝对值越小，表明评价指标对于不确定性因素越敏感

B. 敏感度系数的绝对值越大，表明评价指标对于不确定性因素越敏感

C. 敏感度系数大于零，评价指标与不确定性因素同方向变化

D. 敏感度系数小于零，评价指标与不确定性因素同方向变化

二、多项选择题

1. 投资方案的现金流出项目有（　　）。

A. 投资　　　　B. 经营成本　　　　C. 经营收入

D. 残值　　　　E. 应付账款

2. 下列关于时间价值系数的关系式，表达正确的有（　　）。

A. $(F/A,i,n) = (F/P,i,n) \times (P/A,i,n)$

B. $(F/P,i,n) = (F/P,i,n_1) \times (F/P,i,n_2)$，其中：$n_1 + n_2 = n$

C. $(P/F,i,n) = (P/F,i,n_1) + (P/F,i,n_2)$，其中：$n_1 + n_2 = n$

D. $(P/A,i,n) = (P/F,i,n)/(A/F,i,n)$

E. $1/(F/A,i,n) = (F/A,i,1/n)$

3. 动态评价指标包括（　　）。

A. 内部收益率　　　B. 借款偿还期　　　C. 动态投资回收期

D. 净现值　　　　　E. 偿债备付率

4. 当项目的净现值等于零时，（　　）。

A. 说明项目没有收益，故不可行

B. 此时的折现率即为其内部收益率

C. 增大折现率即可以使净现值为正

D. 动态投资回收期等于项目计算期

E. 项目的净年值也一定为零

5. 某房地产开发项目的基准收益率为10%，内部收益率为12%，则该方案（　　）。

A. 无法判断是否可行　　　　　　　B. 可行

C. 净现值小于零　　　　　　　　　D. 不可行

E. 净现值大于零

三、简答题

1. 什么是经济评价？经济评价的内容有什么？经济评价的基本程序是什么？

2. 经济评价指标体系是怎样的？如何分类？各含那些评价指标？各个评价指标的优缺点有哪些？

3. 房地产开发投资风险防范的策略和具体的做法有哪些？

四、案例题

1. 一个支付系列，第三年年末支付500万元，以后十二年每年支付200万元，设年复

利率为10%，请回答：（1）请画出现金流量图；（2）0期的现值是多少；（3）求第15年年末的终值；（4）求第10年的时值。

2. 某投资方案的数据见表7-29，基准收益率为12%，试求：（1）现金流量图；（2）计算静态投资回收期、动态投资回收期、净现值、净现值率、净年值和内部收益率。

表7-29　现金流量表　（单位：万元）

年份	0	1	2	3	4	5	6	7
净现金流量	-60	-80	30	40	60	60	60	60
$\sum(CI-CO)_t$	-60	-140	-110	-70	-10	50	110	170
折现系数	1	0.8929	0.7972	0.7118	0.6355	0.5674	0.5066	0.4523
$P(CI-CO)_t$	-60	-71.432	23.916	28.472	38.13	34.044	30.396	27.138
$\sum P(CI-CO)_t$	-60	-131.432	-107.516	-79.044	-40.914	-6.87	23.526	50.664

五、实训题

有三个独立型方案，其初始投资分别为240万元、385万元和420万元；年净收益分别为50万元、75万元和82万元，计算期均为10年，基准折现率为10%。

要求：

1. 根据案例描述绘制现金流量表和现金流量图。

2. 针对三个方案的现金量，应用动态投资回收期、净现值、内部收益率等指标对项目进行投资决策，具体如下：

1）用动态投资回收期指标判断各投资方案是否可行。

2）设该公司投资限额为700万元，试用独立方案互斥化法确定投资方案。

3）设三个方案为互斥关系，试用净现值法确定最优方案。

4）当三个方案为互斥关系，设i_c为10%，试用内部收益率法确定最优方案。

5）以问题3）的计算结果为依据，对最优方案的初始投资、年净收益、寿命期进行单因素敏感性分析。

3. 依据以上数据分析，写出内容完整、目标明确、步骤严密、数据计算准确的投资项目决策意见书。

项目 8

房地产开发项目管理

☞ 知识目标：

1）熟悉房地产开发项目的组成。

2）了解房地产开发项目合同管理的内涵。

3）掌握房地产开发项目的合同的分类。

4）掌握房地产开发项目合同争议的处理。

5）熟悉房地产开发安全风险的类别。

6）熟悉房地产开发项目安全管理的内容。

7）掌握房地产开发项目文明施工的内涵。

8）熟悉房地产开发项目成本控制的内容。

9）了解房地产开发项目质量控制内涵。

10）掌握房地产开发项目质量事故处理的内容。

11）熟悉房地产开发项目进度控制的内容与措施。

☞ 能力目标：

通过本项目的学习，使学生能够掌握房地产开发项目中“三控两管”的工作内容。

☞ 素养目标：

培养学生遵纪守法，诚实守信、科学务实的良好品德。

☞ 学习重点：

1）房地产开发项目的合同分类及合同管理的内容。

2）房地产开发项目合同的争议处理及索赔。

3）房地产开发项目安全管理制度。

4）房地产开发项目文明施工的管理措施。

5）房地产开发项目成本的组成。

6）房地产开发项目成本控制的措施。

7）房地产开发项目质量事故处理的程序。

8）房地产开发项目进度控制的表示方法。

【引例】 “鸟巢”的项目管理

作为国家标志性建筑之一的2008年北京奥运会主体育场即“鸟巢”位于北京奥林匹克公园，建筑面积约25.8万m^2，可容纳观众9.1万人。主体结构设计使用年限100年，耐火等级为一级，抗震设防烈度八度，地下工程防水等级一级。

国家体育场主体建筑空间为马鞍椭圆形，南北长333米、东西宽294米、高69米。主体钢结构形成整体的巨型空间酷似“鸟巢”的结构。国家体育场外壳采用可作为填充物的气垫膜，使屋顶达到完全防水的要求，阳光可以穿过透明的屋顶满足室内草坪的生长需要。体育场由雅克·赫尔佐格、德梅隆以及李兴刚等设计，由北京城建集团负责施工。国家体育场的形态如同孕育生命的“巢”和摇篮，寄托着人类对未来的希望。设计者们对这个场馆没有做任何多余的处理，把结构暴露在外，自然形成了建筑的外观。

国家体育场2003年12月24日开工建设，2008年3月完工，总造价22.67亿元。2008年8月8日晚上8点，第29届奥林匹克运动会开幕式在这里圆满举行。

这个案例中，工期将近5年，采用了较多的新方法、新工艺，施工期间有太多不可预见的因素，同时这又是一个国际、国内民众聚焦的项目，项目参建方、参建人员之多不可比拟。因此对项目管理人员是一个极大的挑战，无论进度、质量、安全等各方面都不得有任何偏差。在施工过程中有停工情况、也有赶工情况，充分体现了项目管理过程中的动态控制理念。项目完工，则项目经理部随之解体，体现了项目典型特征：具有特定明确目标的一次性任务。

二维码8-1
（房地产开发项目的组成）

房地产开发项目管理是指房地产开发企业在整个项目的开发建设过程中，通过计划、指挥、检查和调整等手段，进行质量、进度、成本、合同与安全等方面的全面管理，并与社会各相关部门进行联络、协调，以实现项目的经济效益、社会效益和环境效益的管理活动。下面详细介绍房地产开发项目管理的具体内容。

【知识链接】

房地产开发项目管理中涉及的几个名称

房地产开发项目分为单项工程、单位工程、分部工程和分项工程。

1. 单项工程

单项工程是指在一个建设项目中，具有独立设计文件，竣工后可以独立发挥生产能力或效益的一组配套齐全的工程项目。单项工程是建设项目的组成部分，一个建设项目可以仅包括一个单项工程，也可以包括多个单项工程。例如，工业企业建设中的各个生产车间、办公楼、仓库等；民用建设中的教学楼、图书馆、学生宿舍、住宅等。

2. 单位工程

单位工程是单项工程的组成部分，通常将工程项目所包含的不同性质的工作内容，根据能否独立组织施工的要求，将一个单项工程划分为若干个单位工程。该部分能够单独进行招标投标、独立组织施工，能够单独核算，但建成后一般不能单独发挥生产能力和投资效益。

3. 分部工程

分部工程是单位工程的组成部分，应按专业性质、建筑部位、构件性质等确定。如房屋建筑单位工程，可按其部位划分为土石方工程、砖石工程、混凝土及钢筋混凝土工程、屋面工程、装饰工程等分部工程。

4. 分项工程

分项工程是分部工程的组成部分，一般按主要工程、材料、施工工艺、设备类别等进行划分。分项工程是计算工、料及资金消耗的最基本构成要素。一般是按照选用的施工方法、所使用的材料、结构构件规格等不同因素划分施工分项。如在砖石工程中可划分为砖基础、砖墙、砖柱、砌块墙、钢筋砖过梁等；在土石方工程中可划分为挖土方、回填土、余土外运等分项工程。

8.1　房地产开发项目质量控制

8.1.1　质量控制概述

1. 质量控制的概念

质量控制是指项目管理机构以合同中规定的质量目标或以国家标准、规范为目标所进行的监督与管理活动，包括立项阶段、设计阶段、施工阶段和竣工验收阶段的质量控制。

2. 质量控制的特点

（1）质量影响因素众多　房地产开发项目需要整合的资源庞大、周期较长，涉及的专业技术人员众多，如决策、设计、材料、机械、环境、施工工艺、施工方案、操作方法、技术措施、管理制度、工作人员素质等，这些均直接或间接地影响房地产开发项目。

（2）质量波动大　由于房地产开发项目具有复杂性、独特性，不能像一般的工业产品一样进行标准化生产，可对其产生影响的因素众多，这就造成房地产开发项目的质量波动较大。

（3）质量离散　房地产开发项目质量的影响因素众多，造成出现质量问题的概率无规律地分布在各个影响因素中，任何一个因素出现问题都可能对项目整体质量造成严重的影响。

（4）质量问题的隐蔽性强　由于房地产开发项目中涉及的中间产品众多，工序复杂，交接频繁，这就使得很多质量问题难以在第一时间被发现，容易产生对于质量问题的错误判断，容易将具有质量问题的中间产品或工序混入开发产品中。

（5）竣工检验的局限性大　房地产开发项目在竣工后需要进行全面的质量检验，由于不能像普通工业产品一样进行拆解检查或样品试验检查，这就使得检查结论存在着很大的局限性。

3. 质量控制的原则

（1）“质量第一”是根本出发点　在质量与进度、质量与成本的关系中，要认真贯彻保证质量的方针，做到好中求快、好中求省，而不能以牺牲工程项目质量为代价，盲目追求速度与效益。

（2）以预防为主的思想　好的工程项目产品是由好的决策、好的规划、好的设计、好的施工所产生的，而不是检查出来的，必须在工程项目质量形成的过程中，事先采取各种措施，消除种种不符合质量要求的因素，使工程项目质量处于相对稳定的状态之中。

（3）为用户服务的思想　真正好的质量是用户完全满意的质量，要把一切为了用户的思想作为一切工作的出发点，贯穿到工程项目质量形成的各项工作中，在内部树立“下道工序就是用户”的思想，要求每道工序和每个岗位都要立足于本职工作的质量管理，不给下道工序遗留问题，以保证工程项目质量和最终质量能使用户满意。

（4）一切用数据说话　依靠确切的数据和资料，应用数理统计方法，对工作对象和工程项目实体进行科学的分析和整理，研究工程项目质量的波动情况，寻求影响工程项目质量的主次原因，采取有效的改进措施，掌握保证和提高工程项目质量的客观规律。

8.1.2　质量控制的内容

1. 事前质量控制

事前质量控制指在正式施工前进行的质量控制，其控制重点是做好施工准备工作，施工准备工作要贯穿于施工全过程中。

（1）施工准备的范围

1）全场性施工准备。全场性施工准备是以整个项目施工现场为对象而进行的各项施工准备。

2）单位工程施工准备。单位工程施工准备是以一个建筑物或构筑物为对象而进行的施工准备。

3）分项（部）工程施工准备。分项（部）工程施工准备是以单位工程中的一个分项（部）工程或冬、雨期施工为对象而进行的施工准备。

4）项目开工前的施工准备。项目开工前的施工准备是在拟建项目正式开工前所进行的一切施工准备。

5）项目开工后的施工准备。项目开工后的施工准备是在拟建项目开工后，每个施工阶段正式开工前所进行的施工准备，如混合结构住宅施工，通常分为基础工程、主体工程和装饰工程等施工阶段，每个阶段的施工内容不同，其所需的物质技术条件、组织要求和现场布置也不同，因此，必须做好相应的施工准备。

（2）施工准备的内容

1）技术准备。技术准备包括：①项目扩大初步设计方案的审查；②熟悉和审查项目的施工图样；③项目建设地点的自然条件、技术经济条件调查分析；④编制项目施工图预算和施工预算；⑤编制项目施工组织设计等。

2）物质准备。物质准备包括：①建筑材料准备；②构配件和制品加工准备；③施工机具准备；④生产工艺设备的准备等。

3）组织准备。组织准备包括：①建立项目组织机构；②集结施工队伍；③对施工队伍进行入场教育等。

4）施工现场准备。施工现场准备包括：①控制网、水准点、标桩的测量；②“五通一平”，生产、生活临时设施等的准备；③组织机具、材料进场；④拟定有关试验、试制和技术进步项目计划；⑤编制季节性施工措施；⑥制定施工现场管理制度等。

2. 事中质量控制

事中质量控制指在施工过程中进行的质量控制。事中质量控制的策略是全面控制施工过程，重点控制工序质量。

其具体措施是：工序交接有检查；质量预控有对策；施工项目有方案；技术措施有交底；图样会审有记录；配制材料有试验；隐蔽工程有验收；计量器具校正有复核；设计变更有手续；质量处理有复查；成品保护有措施；行使质控有否决（如发现质量异常、隐蔽未经验收、质量问题未处理、擅自变更设计图样或使用不合格材料、无证上岗未经资质审查的操作人员等，均应对质量予以否决）；质量文件有档案（凡是与质量有关的技术文件，如水准、坐标位置、测量、放线记录，沉降、变形观测记录，图样会审记录，材料合格证转记录，竣工图等都要编目建档）。

3. 事后质量控制

事后质量控制指在完成施工过程形成产品的质量控制，其具体工作内容主要有以下几个方面：

1）组织联动试车。

2）准备竣工验收资料，组织自检和初步验收。

3）按规定的质量评定标准和办法，对完成的分项、分部工程，单位工程进行质量评定。

4）组织竣工验收，其标准是：①按设计文件规定的内容和合同规定的内容完成施工，质量达到国家质量标准，能满足生产和使用的要求；②主要生产工艺设备已安装配套，联动负荷试车合格，形成设计生产能力；③交工验收的建筑物要窗明、地净、水通、灯亮、气来、采暖通风设备运转正常；④交工验收的工程内净外洁，施工中的残余物料运离现场，灰坑填平，临时建（构）筑物拆除，2米以内地坪整洁；⑤技术档案资料齐全。

8.1.3　质量控制的措施

1. 人的控制

人是指直接参与施工的组织者、指挥者和操作者。人作为控制的对象，要避免产生失误；作为控制的动力，要充分调动人的积极性，发挥人的主导作用。除了加强政治思想教育、劳动纪律教育、职业道德教育、专业技术培训，健全岗位责任制，改善劳动条件，公平合理地激励劳动热情以外，还需根据工程特点，从确保质量出发，在人的技术水平、人的生理缺陷、人的心理行为、人的错误行为等方面来控制人的使用。如对技术复杂、难度大、精度高的工序或操作，应由技术熟练、经验丰富的工人来完成；反应迟钝、应变能力差的人，不能操作快速运行、动作复杂的机械设备；对某些要求万无一失的工序和操作，一定要分析人的心理行为，了解人的思想活动，稳定人的情绪；对具有危险源的现场作业，应控制人的错误行为，严禁吸烟、打赌、嬉戏、误判断、误动作等。

此外，应严格禁止无技术资质的人员上岗操作；对不懂装懂、省略工序、碰运气、有意违章的行为，必须及时制止。总之，在使用人的问题上，应从政治素质、思想素质、业务素质和身体素质等方面综合考虑，全面控制。

2. 材料控制

材料控制包括原材料、成品、半成品、构配件等的控制，主要是严格检查验收，正确合理地使用，建立管理台账，进行收、发、储、运等各环节的技术管理，避免混料和将不合格的原材料使用到工程上。

3. 机械控制

机械控制包括施工机械设备、工具等控制。要根据不同工艺特点和技术要求，选用合适的机械设备；正确使用、管理和保养好机械设备。为此要健全"人机固定"制度、"操作证"制度、岗位责任制度、交接班制度、"技术保养"制度、"安全使用"制度、机械设备检查制度等，确保机械设备处于最佳使用状态。

4. 方法控制

方法控制包含施工方案、施工工艺、施工组织设计、施工技术措施等的控制，主要应切合工程实际、能解决施工难题、技术可行、经济合理，有利于保证质量、加快进度、降低成本。

5. 环境控制

影响工程质量的环境因素较多，有工程技术环境，如工程地质、水文、气象等；工程管理环境，如质量保证体系、质量管理制度等；劳动环境，如劳动组合、作业场所、工作面等。环境因素对工程质量的影响，具有复杂而多变的特点，如气象条件，像温度、湿度、大风、暴雨、酷暑、严寒都直接影响工程质量。又如前一工序往往就是后一工序的环境，前一分项、分部工程也就是后一分项、分部工程的环境。因此，根据工程特点和具体条件，应对影响质量的环境因素，采取有效的措施严加控制。尤其是施工现场，应建立文明施工和文明生产的环境，保持材料工件堆放有序，道路畅通，工作场所清洁整齐，施工程序井井有条，为确保质量、安全创造良好条件。

8.1.4 质量事故处理

1. 工程质量事故概述

（1）概念　工程质量事故是指由于建设、勘察、设计、施工、监理等单位违反工程质量有关法律法规和工程建设标准，使工程产生结构安全、重要使用功能等方面的质量缺陷，造成人身伤亡或者重大经济损失的事故。

（2）工程质量事故的特点　工程质量事故具有复杂性、严重性、可变性和多发性的特点。

在分析、处理工程质量事故时，一定要注意质量事故的可变性，应及时采取可靠的措施，防止其进一步恶化而发生质量事故；或加强观测与试验，取得数据，预测未来发展的趋势。

2. 事故等级划分

为维护国家财产和人民生命财产安全，落实工程质量事故责任追究制度，住房和城乡建设部发布《关于做好房屋建筑和市政基础设施工程质量事故报告和调查处理工作的通知》(建质［2010］111 号)。根据工程质量事故造成的人员伤亡或者直接经济损失，工程质量事故分为四个等级：

1）特别重大事故是指造成 30 人以上死亡，或者 100 人以上重伤，或者 1 亿元以上直接经济损失的事故。

2）重大事故是指造成 10 人以上 30 人以下死亡，或者 50 人以上 100 人以下重伤，或者 5000 万元以上 1 亿元以下直接经济损失的事故。

3）较大事故是指造成 3 人以上 10 人以下死亡，或者 10 人以上 50 人以下重伤，或者 1000 万元以上 5000 万元以下直接经济损失的事故。

4）一般事故是指造成 3 人以下死亡，或者 10 人以下重伤，或者 100 万元以上 1 000 万元以下直接经济损失的事故。

本等级划分所称的"以上"包括本数，所称的"以下"不包括本数。

3. 事故处理程序

工程质量事故处理一般程序如图 8-1 所示。

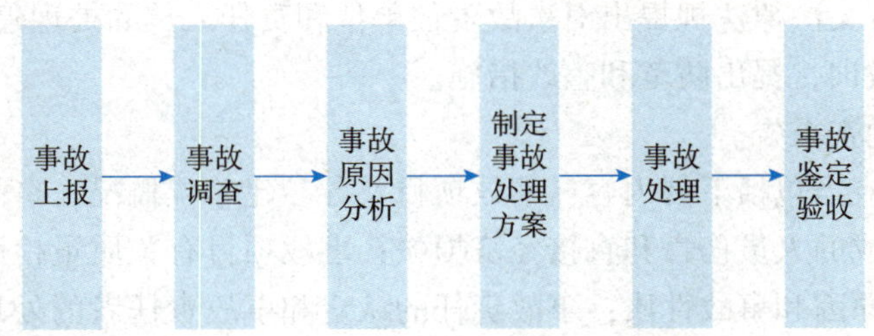

图 8-1　工程质量事故处理一般程序

(1) 事故上报相关要求及事故报告主要内容　工程质量事故发生后，事故现场有关人员应当立即向工程建设单位负责人报告；工程建设单位负责人接到报告后，应于 1 小时内向事故发生地县级以上人民政府住房和城乡建设主管部门及有关部门报告。

情况紧急时，事故现场有关人员可直接向事故发生地县级以上人民政府住房和城乡建设主管部门报告。较大、重大及特别重大事故逐级上报至国务院住房和城乡建设主管部门，一般事故逐级上报至省级人民政府住房和城乡建设主管部门，必要时可以越级上报事故情况。

住房和城乡建设主管部门上报事故情况，应当同时报告本级人民政府；国务院住房和城乡建设主管部门接到重大和特别重大事故的报告后，应当立即报告国务院。

住房和城乡建设主管部门逐级上报事故情况时，每级上报时间不得超过 2 小时。

事故报告应包括下列内容：

1）事故发生的时间、地点、工程项目名称、工程各参建单位名称。

2）事故发生的简要经过、伤亡人数（包括下落不明的人数）和初步估计的直接经济损失。

3）事故的初步原因。

4）事故发生后采取的措施及事故控制情况。

5）事故报告单位、联系人及联系方式。

6）其他应当报告的情况。

事故报告后出现新情况，以及事故发生之日起30日内伤亡人数发生变化的，应当及时补报。

（2）事故处理程序　事故发生后，施工项目负责人积极组织和配合事故调查。住房和城乡建设主管部门应当按照相关人民政府的授权或委托，组织或参与事故调查组对事故进行调查，并履行下列职责：

1）核实事故基本情况，包括事故发生的经过、人员伤亡情况及直接经济损失。

2）核查事故项目基本情况，包括项目履行法定建设程序情况、工程各参建单位履行职责的情况。

3）依据国家有关法律法规和工程建设标准分析事故的直接原因和间接原因，必要时组织对事故项目进行检测鉴定和专家技术论证。

4）认定事故的性质和事故责任。

5）依照国家有关法律法规提出对事故责任单位和责任人员的处理建议。

6）总结事故教训，提出防范和整改措施。

7）提交事故调查报告。

事故调查报告应当包括下列内容：事故项目及各参建单位概况；事故发生过程和事故救援情况；事故造成的人员伤亡和直接经济损失；事故项目有关质量检测报告和技术分析报告；事故发生的原因和事故性质；事故责任的认定和事故责任者的处理建议；事故防范和整改措施。

事故调查报告应当附具有关证据材料，事故调查组成员应当在事故调查报告上签名。

8.2　房地产开发项目进度控制

8.2.1　进度控制概述

1. 进度控制的定义

进度控制是指以项目进度计划为依据，综合利用组织、技术、经济、合同等手段，对建设工程项目实施的时间管理。

建设工程进度控制工作的主要内容包括：对项目建设总周期目标的论证与分析；编制项目建设工程进度计划；编制其他配套进度计划；监督项目施工进度计划的执行；施工现

场的调研与分析。

进度控制的总目标是保证总工期的顺利实现。

2. 影响进度计划实施的主要因素

由于建筑产品具有规模庞大、工程结构和施工工艺复杂、建设周期长及施工的复杂性并需多个相关单位配合协调等特点，决定了建设工程的施工进度将受到众多因素的影响。为了实现对建设工程进度的主动控制和动态控制，必须对影响建设工程进度的有利因素、不利因素进行全面细致地分析和预测。

影响建设工程进度的不利因素很多，如人为因素，技术因素，设备、材料、构配件因素，机械、机具因素，资金因素，水文地质与气象因素，其他自然与社会环境等方面的因素。其中主要的影响因素如下：

1）业主因素：由于业主使用要求改变而进行设计变更；所提供的施工场地不能满足施工正常需要；未能及时按照合同约定向施工方或材料供应商付款，导致工程无法正常进行延误了工程进度等。

2）勘察设计因素：勘察设计资料不准确，尤其是地质资料错误或遗漏；设计内容不完善或规范应用不当，设计有缺陷或错误；施工图样供应不及时、不配套或出现重大差错等。

3）施工技术因素：施工方技术交底有误，导致施工工艺错误；施工组织设计中，施工方案不合理；施工安全措施采取不当；未成熟的新方法、新技术的应用等。

4）自然环境因素：如复杂的工程地质条件；不明的水文气象条件；地下埋藏文物的保护、处理；洪水、地震、台风等不可预见的不可抗力等。

5）社会环境因素：如其他施工单位临近工程的施工干扰；节假日交通、市容整顿的限制；临时停水、停电、断路；国家政策法规及相关法律制度的变化等。

6）组织管理因素：如向有关部门提出各种申请审批手续的延误；合同签订时有遗漏的条款、有歧义的表述；计划安排不周密，组织协调不力，导致停工待料，相关作业脱节；领导不力，指挥失当，使参加工程建设的各相关单位配合上发生矛盾等。

7）材料设备因素：如材料、构配件、机具、设备供应环节的差错，品种、规格、质量、数量供货时间不能满足工程需要；特殊材料和新材料的不合理使用；施工设备不配套，选型失当，安装失误等因素。

8）资金因素：如拖欠资金、资金不到位，汇率浮动或通货膨胀等因素。

3. 进度控制的目的与步骤

进度控制的目的是通过控制以实现工程的进度目标。如果只重视进度计划的编制，不重视进度计划必要的调整，则进度无法得到控制。为实现进度目标，进度控制的过程也就是随着项目的进展，进度计划不断调整的过程。

项目进度控制应遵循的步骤如下：①熟悉进度计划的目标、顺序、步骤、数量、时间和技术要求；②实施跟踪检查，进行数据记录与统计；③将实际数据与计划目标对照，分析计划执行情况；④采取纠偏措施，确保各项计划目标实现。

8.2.2 进度控制的表示方法

进度控制的表示有两种方法，一种是应用传统的水平进度计划法表示，另一种是用网络计划法表示。

1. 水平进度计划法

水平进度计划法也称横道图法、甘特图法（Gantt char），它是以图示的方式通过活动列表和时间刻度形象地表示出任何特定项目的活动顺序与持续时间。由于横道图制作简便，明了易懂，因而在我国各行各业进度管理中普遍采用，对于一些并不十分复杂的建筑工程，采用这种图表是比较合适的。横道图的缺点是从图中看不出各项工作之间的相互依赖和相互制约的关系，看不出一项工作的提前或落后对整个工期的影响程度，看不出哪些工序是关键工作。

用横道图表示的进度计划示例如图 8-2 所示。

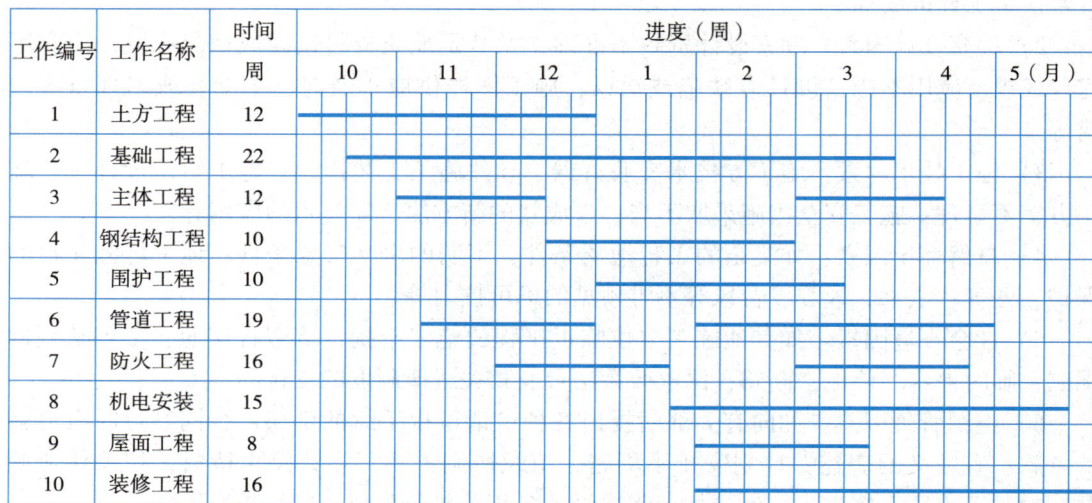

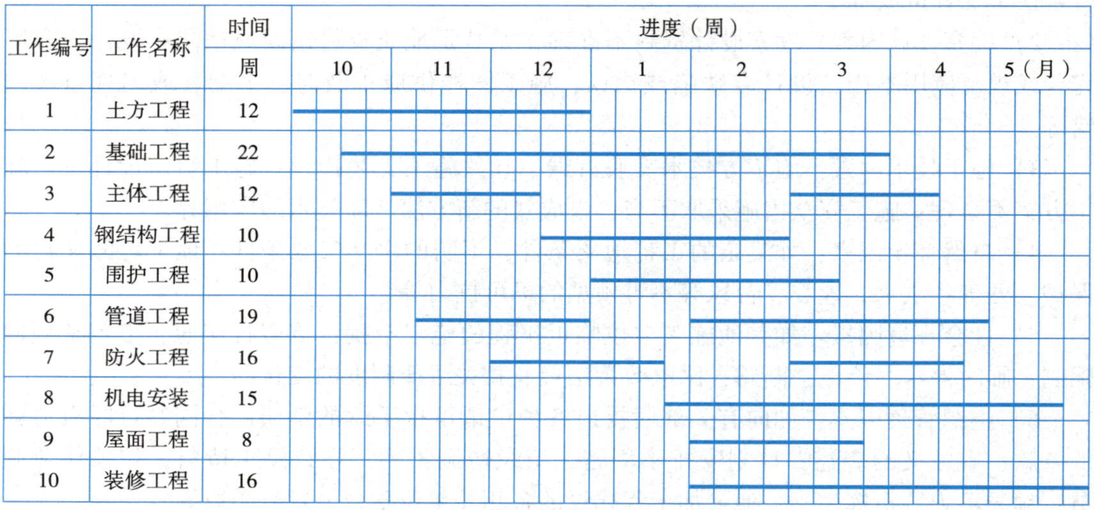

工作编号	工作名称	时间	进度（周）							
		周	10	11	12	1	2	3	4	5（月）
1	土方工程	12								
2	基础工程	22								
3	主体工程	12								
4	钢结构工程	10								
5	围护工程	10								
6	管道工程	19								
7	防火工程	16								
8	机电安装	15								
9	屋面工程	8								
10	装修工程	16								

图 8-2 用横道图表示的进度计划示例

2. 网络计划法

网络计划法也称网络图法，是以网络图的形式来表达工程的进度计划，在网络图中可确切地表明各项工作的相互联系和制约关系；其次可以计算出工程各项工作的最早和最晚开始时间，从而可以找出关键工作和关键线路。所谓关键线路是指在该工程中，直接影响工程总工期的那一部分连贯的工作。通过不断改善网络计划，就可以求得各种优化方案，例如工期最短；各种资源最均衡；在某种有限制的资源条件下，编出最优的网络计划；在各种不同工期下，选择工程成本最低的网络计划等。

此外，在工程实施过程中，根据工程实际情况和客观条件的变化，可随时调整网络计划，使得计划永远处于最切合实际的最佳状态，保证该项工程以最小的消耗，取得最大的经济效益。网络图有单代号网络、双代号网络和时标网络三种表现形式。

用网络图表示的进度计划如图 8-3 所示。

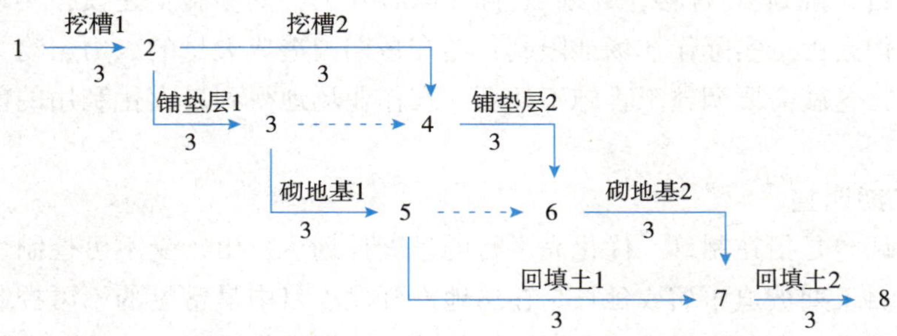

图 8-3　用网络图表示的进度计划

8.2.3　进度控制的内容

1. 项目进度计划编制

在项目管理的过程中，为了确保项目能够高效、有序地进行，这就需要编制进度计划，实现对项目进度的最佳时间安排，以最小的成本从简单的房地产经营物业投资到复杂的房地产开发项目，所有项目进程都由很多环节资源完成项目。项目进度计划的编制是将整个项目工作计划进行结构分解，定义所有活动的逻辑关系，说明每一项工作必须完成的时间节点和完成每项任务所需要的时间。

2. 进度计划分级管理

房地产开发项目的各参与者对计划详细程度的要求不同，为能有效地落实进度计划的执行，实行进度计划分级管理非常重要。在房地产开发项目的整体周期确定后，针对不同层次，应逐级编制一级总体进度计划、二级进度控制计划、三级里程碑与控制节点计划、一级计划主要涉及开发商、总包商及监理，以明确其各自的进度计划；相应地，二级、三级、四级作业计划等，使整个项目中的每一个参与者都有一份适合自己并可执行的计划。三级、四级计划都有具体、明确的主体，级别划分得越深，专业分工越细，主体越多。

3. 进度计划优化

进度计划编制完成后，由于项目的实际执行会受到一定的资源数量与质量的约束，如资金成本、施工工艺对季节的要求等，所以需要项目的管理层根据实际资源状况对计划做出适当调整。资源约束在房地产开发项目中一般有两种情况：一种是资源受限，另一种是资源负荷不平衡。

资源受限是指项目所需资源不足，进度计划无法顺利实施或者进程中断的风险较大。对于存在资源受限情况的房地产项目，应在不超出资源限度和不改变各项工作在逻辑上的依赖关系的前提下，确定资源分配优先级，使项目延期时间最短。例如，开发资金短缺的项目应当向前调整销售工作计划，适度延长工程建设周期，在达到销售条件的情况下，集中资源做好预售工作，以预售资金补充开发资金的不足。

资源负荷不平衡是指进度安排不合理导致项目周期内多种资源负荷不平衡，需求数量波动较大，导致资源闲置或浪费严重，这时需要通过调整项目活动的进度计划，使资源需求量维持在比较稳定的水平，降低资源需求量波动水平以降低资源使用成本。例如，某住宅小区开发项目共规划20栋楼，计划20栋楼同时开工、同步施工建设，实现在最短期限内项目竣工，但是由于实际作业场地限制，会在短期内造成大量的人力、物力资源闲置而无法正常施工，这就需要调整工程施工计划，在作业场地得到最大化利用的前提下实现作业量最大化。

4. 项目工期调整

项目工期调整是指在制订、优化完可行的进度计划后，由于受不可控制性或突发性事件的影响，项目工期被迫压缩或延长。在房地产开发项目中最常见的不可控制性或突发性事件主要包括政府指令、市场变化、激励性契约、前期工作延误、关键资源调整等。

例如，某房地产开发企业在某市市中心开发该市标志性城市综合体项目，该市市政府为完成当年固定资产投资指标并向新年献礼，要求该房地产开发企业将竣工计划时间提前半年至当年年底。再如，某房地产开发企业在某市的在建1号地铁线某一站点上开发大型购物中心，由于地铁1号线施工遇到复杂地质问题，通车时间推迟两个月，如果此时该房地产开发企业继续按照原定计划进行施工和市场推广，则投资资金支出后将比原计划多出两个月的占用期，从而提高了资金成本。因此，从降低开发成本的角度考虑，应减缓建筑施工节奏并推迟市场推广活动，从整体上延长项目工期以降低资金占用成本。

5. 项目进度计划执行

项目按照进度计划实施的过程中，由于受到不确定性因素或其他多种因素的干扰，实际进度情况可能会偏离预期计划。进度计划的执行就是以使项目按照计划推进为目标，对项目进度计划执行情况进行持续监控，对比计划找出实施中的偏差，分析偏差产生的原因及其对项目整体进度的影响，决定是否需要采取调整措施并对采取的措施效果加以跟踪，将延误的可能性降到最低。

8.2.4 进度控制的具体措施

1）首先，应将全部工程内容分解和归纳为单项工程或工序，单项工程或工序分解的细致程度，可以根据工程规模的大小和复杂程度确定。一个施工项目首先可分为房屋建设工程、室外道路、各种室外管道工程等较大的子项工程，然后每一子项工程又分为土方工程、基础工程、钢结构制作与安装工程、屋面工程、砌筑工程、地面工程、其他建筑工程、设备安装工程等。

2）统计计算每项工程内容的工作量。一般情况下用工程量表中的计量单位表示工作量，例如土方工程和混凝土工程用 m^3 表示，管道工程用延米表示，钢筋加工用吨表示；另外工程进度亦可用完成的投资额占总投资额的比例来表示。

3）计算每个单项工程工作量所需时间，可用天数表示。此处的工作时间是指按正常程序和施工总方案中所选用的施工设备的水平，以熟练工人正常工效计算。

4）按正常施工的各个单项工程内容的逻辑顺序和制约关系，排列施工先后次序，从每项施工工序的可能最早开工时间推算下去，可以得出全部工程竣工所需的周期；再逆过来，从上述竣工日期向前推算，可以求出每一施工工序的最迟开始日期。如果最早可能开工日期早于最晚开工日期，则说明该项工序有可供调节的机动时间。该项工序只要在最早开工和最迟开工时间之间任何时候开工，均不会影响项目的竣工日期。

8.3 房地产开发项目成本控制

8.3.1 房地产开发项目成本控制概述

1. 成本控制概述

成本控制是指房地产开发企业根据投资估算对项目开发过程中的资金流动进行确定和控制的管理活动。成本控制要在保证房地产开发项目进度与质量的前提下进行。

2. 成本控制的原则

（1）设置科学的投资成本管理目标　房地产开发是一个周期长、投资大的生产消费过程，建设者的开发经验、知识水平是有限的，再加上科学、技术条件的限制，因而不可能在开发项目开始阶段就设置一个科学的、固定的成本管理目标，而只能设置一个大致的投资成本控制目标，这就是项目投资估算。随着项目建设的反复实践，投资成本控制目标逐渐清晰、准确，即包括设计概算、设计预算、承包合同价等。可见，开发项目投资成本管理目标的设置是随着项目建设实践的不断深入而分阶段设置的。具体来讲，投资估算是进行开发项目设计方案选择和初步设计的成本管理目标。设计概算应是进行技术设计和施工图设计的项目成本管理目标，设计预算或建筑安装工程承包合同价则应是施工阶段控制建筑安装工程成本的目标。

投资成本管理目标的制定既要有先进性，又要有实现的可能性，目标水平一定要能激发执行者的进取心，充分发挥他们的工作潜力和创造性。

（2）设计阶段成本控制是重点　项目成本控制贯穿于房地产开发建设的全过程，包括策划、设计、发包、施工、销售等阶段。房地产开发项目投资成本管理的重点是设计阶段的成本控制。从国内外建设工程实践可以看出，对项目投资影响最大的阶段是约占开发项目建设周期1/4的技术设计结束前的工作阶段。在初步设计阶段，影响开发项目投资的可能性为75%～95%；在技术设计阶段，影响项目投资的可能性为35%～75%；在施工图设计阶段，影响项目投资的可能性为5%～35%。可见，成本管理的关键是施工以前的投资决策和设计阶段，而做出投资决策后的关键则在于设计。

目前，国内的房地产开发企业普遍忽视开发项目前期工作阶段的成本控制，而把控制开发项目的重点放在施工阶段——审核施工图预算、合理结算建筑安装工程价款。尽管这对于成本管理也有一定效果，但没有抓住管理重点。

（3）变被动控制为主动控制　房地产开发项目管理的基本任务是对项目的建设工期、投资成本和工程质量进行有效的控制，力求使所建项目达到建设工期最短、投资最少、工程质量最高。但是，这样的理想要求实际上不可能完全实现，需要开发商根据建设的主、客观条件进行综合分析、研究，确定切合实际的衡量准则。如果成本控制的方案符合准则要求，成本管理就有可能达到预期目标。

长期以来，人们一直把工程成本控制理解为对目标值与实际值的比较，当实际值偏离目标值时，就分析其产生偏差的原因，确定纠正对策。尽管在房地产开发建设过程中进行这样的项目成本控制是有意义的，但这种方法只能发现偏离而不能使已产生的偏离消失，只能被动控制。

20世纪70年代初，人们开始将系统论和控制论的研究成果应用于项目管理，将控制立足于事先主动地采取决策措施，尽可能减少或避免目标值与实际值的偏离，即采取主动控制方法。做好房地产开发项目成本控制不仅要在投资决策、设计、发包和施工中被动地控制项目投资，更要主动影响投资决策、设计、发包和施工。

（4）经济与技术结合是成本管理中最有效的手段　有效地进行项目成本管理应从组织、技术、经济、合同与信息管理等多方面采取措施，而技术与经济相结合是项目成本管理中最有效的手段。技术上采取的措施包括设计方案选择，严格审查、监督初步设计、技术设计、施工图设计、施工组织设计，研究节约投入与开支等。经济上采取的措施包括动态比较投资的计划值和实际值、严格审核各项费用

我国房地产开发企业普遍存在着技术与经济相分离的现象。技术人员缺乏经济观念、设计思想保守且很少考虑如何降低项目投资。同时，设计规范与施工规范落后。而财会、概预算人员的主要责任是依据财务制度办事，他们不熟悉工程建设知识，不了解工程进展中的各种关系和技术问题，难以有效地控制项目成本。为此，迫切需要培养房地产开发综合技术经济人才，在项目建设过程中把技术与经济有机地结合起来，正确处理技术先进与经济合理两者之间的对立统一关系，力求实现技术先进条件下的经济合理，把成本控制观念渗透到各项设计和施工技术措施之中。

8.3.2　房地产开发项目成本组成

房地产开发项目成本的组成如图8-4所示。

1. 材料费

材料费是指施工过程中耗费的原材料、辅助材料、构配件、零件、半成品或成品、工程设备的费用。其内容包括以下几个方面：

（1）材料原价　材料原价是指材料、工程设备的出厂价格或商家供应价格。

（2）运杂费　运杂费是指材料、工程设备自来源地运至工地仓库或指定堆放地点所发生的全部费用。

（3）运输损耗费　运输损耗费是指材料在运输装卸过程中不可避免的损耗。

（4）采购及保管费　采购及保管费是指为组织采购、供应和保管材料、工程设备的过程中所需要的各项费用。包括采购费、仓储费、工地保管费、仓储损耗。

工程设备是指构成或计划构成永久工程一部分的机电设备、金属结构设备、仪器装置及其他类似的设备和装置。

2. 施工机具使用费

施工机具使用费是指施工作业所发生的施工机械、仪器仪表使用费或其租赁费。

（1）施工机械使用费　施工机械使用费是以施工机械台班耗用量乘以施工机械台班单价表示，施工机械台班单价应由下列七项费用组成：

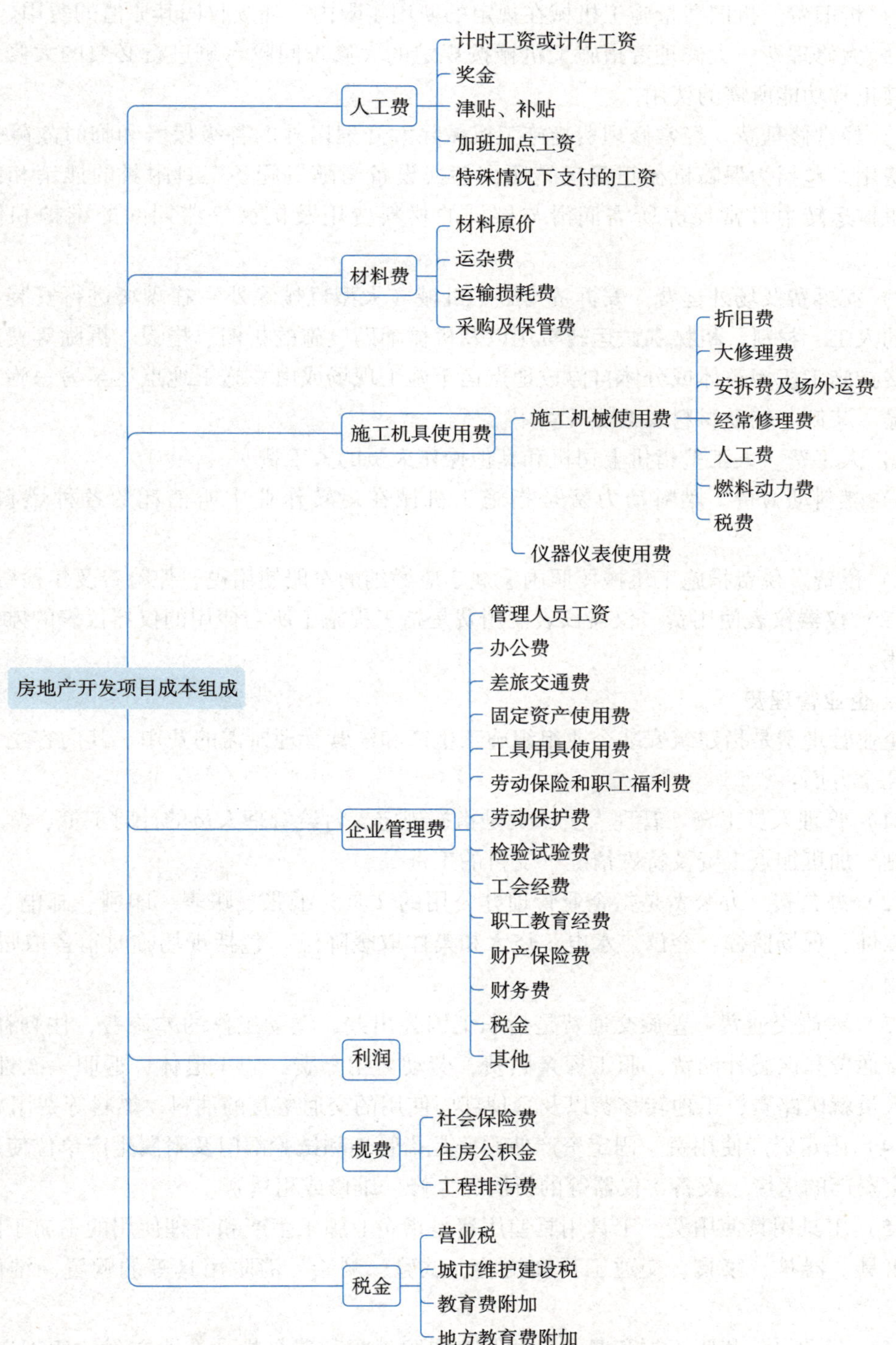
房地产开发项目成本组成
人工费
计时工资或计件工资
奖金
津贴、补贴
加班加点工资
特殊情况下支付的工资
材料费
材料原价
运杂费
运输损耗费
采购及保管费
施工机具使用费
施工机械使用费
折旧费
大修理费
安拆费及场外运费
经常修理费
人工费
燃料动力费
税费
仪器仪表使用费
企业管理费
管理人员工资
办公费
差旅交通费
固定资产使用费
工具用具使用费
劳动保险和职工福利费
劳动保护费
检验试验费
工会经费
职工教育经费
财产保险费
财务费
税金
其他
利润
规费
社会保险费
住房公积金
工程排污费
税金
营业税
城市维护建设税
教育费附加
地方教育费附加

图8-4 房地产开发项目成本的组成

1）折旧费。折旧费指施工机械在规定的使用年限内，陆续收回其原值的费用。

2）大修理费。大修理费指施工机械按规定的大修理间隔台班进行必要的大修理，以恢复其正常功能所需的费用。

3）经常修理费。经常修理费指施工机械除大修理以外的各级保养和临时故障排除所需的费用。包括为保障机械正常运转所需替换设备与随机配备工具附具的摊销和维护费用，机械运转中日常保养所需润滑与擦拭的材料费用及机械停滞期间的维护和保养费用等。

4）安拆费及场外运费。安拆费指施工机械（大型机械除外）在现场进行安装与拆卸所需的人工、材料、机械和试运转费用以及机械辅助设施的折旧、搭设、拆除等费用；场外运费指施工机械整体或分体自停放地点运至施工现场或由一施工地点运至另一施工地点的运输、装卸、辅助材料及架线等费用。

5）人工费。人工费指机上司机和其他操作人员的人工费。

6）燃料动力费。燃料动力费是指施工机械在运转作业中所消耗的各种燃料及水、电等。

7）税费。税费指施工机械按照国家规定应缴纳的车船使用税、保险费及年检费等。

（2）仪器仪表使用费　仪器仪表使用费是指工程施工所需使用的仪器仪表的摊销及维修费用。

3. 企业管理费

企业管理费是指建筑安装企业组织施工生产和经营管理所需的费用。其内容主要包括以下几个方面：

（1）管理人员工资　管理人员工资是指按规定支付给管理人员的计时工资、奖金、津贴补贴、加班加点工资及特殊情况下支付的工资等。

（2）办公费　办公费是指企业管理办公用的文具、纸张、账表、印刷、邮电、书报、办公软件、现场监控、会议、水电、烧水和集体取暖降温（包括现场临时宿舍取暖降温）等费用。

（3）差旅交通费　差旅交通费是指职工因公出差、调动工作的差旅费、住勤补助费，市内交通费和误餐补助费，职工探亲路费，劳动力招募费，职工退休、退职一次性路费，工伤人员就医路费，工地转移费以及管理部门使用的交通工具的油料、燃料等费用。

（4）固定资产使用费　固定资产使用费是指管理和试验部门及附属生产单位使用的属于固定资产的房屋、设备、仪器等的折旧、大修、维修或租赁费。

（5）工具用具使用费　工具用具使用费是指企业施工生产和管理使用的不属于固定资产的工具、器具、家具、交通工具和检验、试验、测绘、消防用具等的购置、维修和摊销费。

（6）劳动保险和职工福利费　劳动保险和职工福利费是指由企业支付的职工退职金、按规定支付给离休干部的经费，集体福利费，夏季防暑降温、冬季取暖补贴，上下班交通补贴等。

（7）劳动保护费　劳动保护费是企业按规定发放的劳动保护用品的支出。如工作服、手套、防暑降温饮料以及在有碍身体健康的环境中施工的保健费用等。

(8) 检验试验费　检验试验费是指施工企业按照有关标准规定，对建筑以及材料、构件和建筑安装物进行一般鉴定、检查所发生的费用，包括自设试验室进行试验所耗用的材料等费用。不包括新结构、新材料的试验费，对构件做破坏性试验及其他特殊要求检验试验的费用和建设单位委托检测机构进行检测的费用，对此类检测发生的费用，由建设单位在工程建设其他费用中列支。但对施工企业提供的具有合格证明的材料进行检测不合格的，该检测费用由施工企业支付。

(9) 工会经费　工会经费是指企业按《中华人民共和国工会法》规定的全部职工工资总额比例计提的工会经费。

(10) 职工教育经费　职工教育经费是指按职工工资总额的规定比例计提，企业为职工认定以及根据需要对职工进行各类文化教育所发生的费用。职工进行专业技术和职业技能培训，专业技术人员继续教育、职工职业技能鉴定、职业资格认定的费用。

(11) 财产保险费　财产保险费是指施工管理用财产、车辆等的保险费用。

(12) 财务费　财务费是指企业为施工生产筹集资金或提供预付款担保、履约担保、职工工资支付担保等所发生的各种费用。

(13) 税金　税金是指企业按规定缴纳的房产税、土地使用税、车船使用税等。

(14) 其他　包括技术转让费、技术开发费、投标费、业务招待费、绿化费、广告费、公证费、法律顾问费、审计费、咨询费、保险费等。

4. 利润

利润是指施工企业完成所承包工程获得的盈利。其计算规则如下：

1) 施工企业根据企业自身需求并结合建筑市场实际自主确定，列入报价中。

2) 工程造价管理机构在确定计价定额中利润时，应以定额人工费或定额人工费与定额机械费之和作为计算基数，其费率根据历年工程造价积累资料，并结合建筑市场实际确定，以单位（单项）工程测算，利润在税前建筑安装工程费的比重可按不低于5%且不高于7%的费率计算，利润应列入分部分项工程和措施项目中。

5. 规费

规费是指按国家法律、法规规定，由省级政府和省级有关权力部门规定必须缴纳或计取的费用。其内容主要包括：社会保险费、住房公积金和工程排污费。

(1) 社会保险费　其内容主要包括：①养老保险费指企业按照规定标准为职工缴纳的基本养老保险费；②失业保险费指企业按照规定标准为职工缴纳的失业保险费；③医疗保险费指企业按照规定标准为职工缴纳的基本医疗保险费；④生育保险费指企业按照规定标准为职工缴纳的生育保险费；⑤工伤保险费指企业按照规定标准为职工缴纳的工伤保险费。

(2) 住房公积金　住房公积金是指企业按规定标准为职工缴纳的住房公积金。

(3) 工程排污费　工程排污费是指企业按规定缴纳的施工现场工程排污费。

6. 税金

税金是指国家税法规定的应计入建筑安装工程造价内的营业税、城市维护建设税、教育费附加以及地方教育费附加。

8.3.3 成本控制的主要工作内容

1. 编制成本计划，确定成本控制的目标

工程成本费用是随着工程进度逐期发生的，根据工程进度计划可以编制成本计划。

为了便于管理，成本计划可分解为五个方面：①材料设备成本计划；②施工机械费用计划；③人工费成本计划；④临时工程成本计划；⑤管理费成本计划。根据上述成本计划的总和，即能得出成本控制总计划。在工程施工中，应严格按照成本计划实施，对于计划外的一切开支应严格控制。如果某部分项目有突破成本计划的可能，应及时提出警告，并及时采取措施控制该项成本。

2. 审查施工组织设计和施工方案

施工组织设计和施工方案对工程成本支出影响很大。科学合理的施工组织设计和施工方案能有效地降低工程建设成本。

3. 控制工程款的动态结算

建筑安装工程项目工程款的支付方式，包括按月结算、竣工后一次结算、分段结算和其他双方约定的结算方式等。工程款结算方式的不同，对开发商工程成本支出数额也有较大影响。从开发商的角度来说，工程款的支付越向后拖越有利，但承包商也有可能因为自身垫资或融资能力有限而影响工程质量和进度。

4. 控制工程变更

在开发项目的实施过程中，由于多方面情况的变更，如客户对户型布置提出了与原设计方案不同的要求等，经常出现工程量变化、施工进度变化，以及开发商与承包商在执行合同中的争执等问题。工程变更所引起的工程量的变化和承包商的索赔等，都有可能使项目建设成本支出超出原来的预算成本。因此，要尽可能减少和控制工程变更的数量。

8.3.4 成本控制的措施

1. 强化“成本”意识，加强全面管理

成本控制涉及项目建设中各部门甚至每一个工作人员，强化“成本”意识，协调各部门共同参加成本控制工作，是最基本的做法。

2. 确定成本控制的对象

工程成本中有些费用所占比例大，是主要费用；有些费用所占比例小，是次要费用；有些费用是变动费用，有些则是固定费用。在制订成本控制计划之前，要详细分析成本组成，分清主要费用与次要费用、变动费用与固定费用。成本控制的主要对象是主要费用中的变动费用。当然，工程成本中的主要费用与次要费用、固定费用与变动费用都是相对而言的，其划分标准视工程规模和项目性质而定。

3. 完善成本控制制度

完好的计划应当由完善的制度来保证实施。成本管理人员应当首先编制一系列标准的报表，规定报表的填报内容与方法。例如，每日各项材料的消耗表、用工记录（派工单）、机械使用台班与动力消耗情况记录等。另外，还应规定涉及成本控制的各级管理人员的职责，明确成本控制人员与现场管理人员的合作关系和具体职责划分。现场管理人员要积累原始资料和填报各类报表，由成本控制人员整理、计算、分析并定期编写成本控制分析报告。项目管理人员通常要准备现金流分析图，通过类似图表，开发商就能跟踪项目费用支出的情况，及时更新、调整其开发项目评估报告。

4. 制定有效的奖励措施

成本控制的奖励措施对调动各级各类人员降低成本的积极性非常有益。除物质奖励和精神奖励外，为有突出贡献的人员提供职级晋升和国内外考察机会等，也是非常有效的方法。

8.4 房地产开发项目合同管理

8.4.1 房地产开发项目合同管理概述

1. 合同管理概述

建筑工程合同属于经济合同，是发包单位和承包单位为了完成其所商定的工程建设目标以及与工程建设目标相关的具体内容，明确双方相互权利、义务关系的协议。建筑工程合同是订立合同的当事人在建筑工程项目实施建设过程当中的最高行为准则，是规范双方的经济活动、协调双方工作关系、解决合同纠纷的法律依据。

建筑工程合同管理是建设行政主管部门、工商行政管理部门、建设单位、监理单位、承包单位等依照法律、行政法规及规章制度，采取法律的、行政的手段，对合同关系进行组织、指导、协调和监督，从而保护合同当事人的合法权益，处理合同纠纷，防止、制裁违法违规行为，确保合同条款实施的一系列活动。

【知识链接】

《建设工程施工合同（示范文本）》

我国先后颁发了1991年版、1999年版及2013年版《建设工程施工合同（示范文本)》。为了指导建设工程施工合同当事人的签约行为，维护合同当事人的合法权益，根据《中华人民共和国合同法》《中华人民共和国建筑法》《中华人民共和国招标投标法》以及相关法律法规进行了修订，制定了《建设工程施工合同（示范文本)》（GF－2017－0201)，以下简称《示范文本》。

2. 合同管理的意义

合同管理在现代建筑工程项目管理中的地位越来越重要，已经成为与质量控制、进度控制、成本控制和信息管理等并列的一大管理职能，其重大意义与日凸显，具体表现为：

（1）加强合同管理符合社会主义市场经济的要求　使用合同来引导和管理建筑市场，

顺应了政府转变职能，应用法律、法规和经济手段调节和管理市场的大趋势。而各建筑市场主体也必须依据市场规律要求，健全各项内部管理制度，其中非常重要的一项就是合同管理。

（2）合同管理是建设项目管理的核心，加强合同管理是进行有效项目管理的需要　任何建筑工程项目的实施都是以签订系列承发包合同为前提的，忽视了合同管理就意味着无法对工程质量、工程进度、工程费用进行有效控制，更勿论谈及对人力资源、工作沟通、工程风险等进行综合管理。只有抓住合同管理这个核心，才可能统筹调控整个建筑工程项目的运行状态，实现建设目标。

（3）加强合同管理是规范各建设主体行为的需要　建筑工程项目合同界定了建设主体各方的基本权利与义务关系，是建设主体各方履行义务、享有权利的法律基础，同时也是正确处理建筑工程项目实施过程当中出现的各种争执与纠纷的法律依据。纵观目前我国建筑市场的经济活动及交易行为，所出现的诚信危机、不正当竞争多与建设主体法制观念淡薄及合同管理意识薄弱有关。加强合同管理，促使建设主体各方按照合同约定履行义务并处理所出现的争执与纠纷，能够起到规范建设主体行为的积极作用，对整顿我国的建筑市场起到了促进作用。

（4）加强合同管理是我国迎接国际竞争的需要　至今，我国建筑市场已全面开放，面对来自国外建筑企业的冲击与挑战，必须适应国际市场规则、遵循国际惯例。只有加强合同管理，建筑企业才有可能与国外建筑企业一争高下，才能赢得自己生存与发展的空间。

3. 合同管理的特点

（1）合同管理期限长　由于房地产开发项目是一个渐进的过程，项目施工工期长，这使得开发项目合同生命期较长。合同管理不仅包括施工期，而且包括招标投标和合同谈判以及保修期，所以一般至少两年，长的可达五年或更长的时间。合同管理必须在从领取标书直到合同完成并失效这么长的时间内连续地、不间断地进行。所以一般至少两年。

（2）合同管理的效益性　由于房地产开发项目价值量大，合同价格高，使合同管理的经济效益显著。合同管理对项目经济效益影响很大。合同管理得好，可使承包商避免亏本，赢得利润，否则，承包商要蒙受较大的经济损失，这已为许多工程实践所证明。对于正常的工程，有失误即会导致工程亏本。合同管理成功和失误对工程经济效益产生的影响之差能达工程造价的10%。

（3）合同管理的动态性　由于项目过程中内外的干扰事件多，合同变更频繁。常常一个稍大的项目，合同实施中的变更能有几百项。合同实施必须按变化了的情况不断地调整，因此，在合同实施过程中，合同控制和合同变更管理显得极为重要，这要求合同管理必须是动态的。

（4）合同管理的复杂性　合同管理工作极为复杂、烦琐，是高度准确和精细的管理。其原因是：

1）现代房地产开发项目体积庞大，结构复杂，技术标准、质量标准高，要求相应的合同实施的技术水平和管理水平高。

2）工程的参加单位和协作单位多，即使一个简单的工程就涉及业主、总包、分包、材料供应商、设备供应商、设计单位、监理单位、运输单位、保险公司、银行等方面，甚为复杂和困难。

3）现代工程合同条件越来越复杂，这不仅表现在合同条款多，所属的合同文件多，而且与主合同相关的其他合同多、例如在工程承包合同范围内可能有许多分包、供应、劳务、租赁、保险合同。它们之间存在极为复杂的关系，形成一个严密的合同网络。

4）合同实施过程复杂，从购买标书到合同结束必须经历许多过程。签约前要完成许多手续和工作；签约后进行工程实施，有许多次落实任务、检查工作、会签、验收。要完整地履行一个承包合同，必须完成几百个甚至几千个相关的合同事件，从局部完成到全部完成。在整个过程中，稍有疏忽就会导致前功尽弃，造成经济损失。所以必须保证合同在项目的全过程和每一个环节上都顺利实施。

5）在工程施工过程中，大量的合同相关文件、各种工程资料在合同管理中必须取得、处理、使用、保存这些文件和资料。

（5）合同管理的风险性　由于项目实施时间长，涉及面广，受外界环境的影响大，如经济条件、社会条件、法律和自然条件的变化等。这些因素承包商难以预测，不能控制，但都会妨碍合同的正常实施，造成经济损失。

合同本身常常隐藏着许多难以预测的风险。由于房地产开发项目市场竞争激烈，不仅导致报价降低，而且业主常常提出一些苛刻的合同条款，如单方面约束性条款和责权利不平衡条款，甚至有的业主故设陷阱，在合同中用不正常手段坑人。承包商对此必须高度重视，并有对策，否则必然会导致工程失败。

（6）合同管理的特殊性　合同管理作为工程项目管理的一项管理职能，有它自己的职责和任务。但它又有其特殊性：

1）由于它对项目的进度控制、质量管理、成本管理有总控制和总协调作用，所以它又是综合性的、全面的、高层次的管理工作。

2）合同管理要处理与业主，与其他方面的经济关系，所以它又必须服从企业经营管理，服从企业战略，特别在投标报价、合同谈判、合同执行战略的制定和处理索赔问题时，更要注意这个问题。

4. 房地产开发项目的主要合同关系

（1）开发商的主要合同关系　开发商为了顺利地组织实施其所承担的开发项目，需要在开发过程中签署一系列的合同。这些合同通常包括：土地使用权出让或转让合同、勘察设计合同、融资合同、咨询合同、工程施工合同、监理合同、采购合同、销售合同、联合开发或房地产转让合同等。

（2）承包商的主要合同关系　承包商是工程施工的具体实施者，是工程承包或施工合同的执行者。由于承包商不可能也不需要必备履行工程承包合同的所有能力，因此其通常将许多专业工作委托出去，从而形成了以承包商为核心的复杂合同关系。承包商的主要合同关系包括：工程承包合同、分包合同、供应（采购）合同、运输合同、加工合同、租赁合同、劳务供应合同、保险合同、融资合同、联合承包合同等。

8.4.2 房地产开发项目合同的分类

按照承包合同计价方式不同，合同分为总价合同、单价合同和成本加酬金合同三大类。

1. 总价合同

总价合同也称总价包干合同，即根据施工招标时的要求和条件，当施工内容和有关条件不发生变化时，业主付给承包商的价款总额是一个规定的金额，即明确的总价。如果由于承包人的失误导致投标价计算错误，合同总价格也不予调整。

2. 单价合同

单价合同是指根据计划工程内容和估算工程量，在合同中明确每项工程内容的单位价格（如每 m、每 m^2、每 m^3 或者每 t 的价格），实际支付时则根据实际完成的工程量乘以合同单价计算应付的工程款。

3. 成本加酬金合同

成本加酬金合同也称为成本补偿合同，是与固定总价合同正好相反的合同，工程施工的最终合同价格将按照工程的实际成本再加上一定的酬金进行计算。在合同签订时，工程实际成本往往不能确定，只能确定酬金的取值比例或者计算原则。

8.4.3 房地产开发项目合同管理的主要内容

1. 建立合同实施的保证体系

保证合同实施过程中的一切日常事务性工作有秩序地进行，使工程项目的全部合同事件处于控制中，保证合同目标的实现。

2. 监督工程小组和分包商按合同施工，并做好各分合同的协调和管理工作

以积极合作的态度完成自己的合同责任，努力做好自我监督。同时，也应督促和协助业主和工程师完成他们的合同责任，以保证项目顺利进行。

3. 对合同实施情况进行跟踪

收集合同实施的信息，收集各种工程资料，并作出相应的信息处理；将合同实施情况与合同分析资料进行对比分析，找出其中的偏离，对合同履行情况做出诊断；向项目经理提出合同实施方面的意见、建议，甚至警告。

4. 进行合同变更管理

这里主要包括参与变更谈判，对合同变更进行事务性处理，落实变更措施，修改变更相关的资料，检查变更措施落实情况。

5. 日常的索赔和反索赔

这里包括两个方面：

1）与业主之间的索赔和反索赔。

2）与分包商及其他方面之间的索赔和反索赔。

二维码 8-2
（合同索赔成立的条件）

8.4.4　房地产开发项目合同争议的处理

合同争议是指项目合同自订立至履行完毕之前，合同的双方当事人因对合同的条款理解产生歧义或因当事人未按合同的约定履行合同，或不履行合同中应承担的义务等原因所产生的纠纷。产生工程承包合同纠纷的原因十分复杂，但一般归纳为合同订立引起的纠纷、在合同履行中发生的纠纷、变更合同而产生的纠纷、解除合同而发生的纠纷等几个方面。

在我国，合同争议解决的方式主要有和解、调解、仲裁和诉讼四种。在这四种解决争议的方式中，和解和调解的结果没有强制执行的法律效力，要靠当事人的自觉履行。当然，这里所说的和解和调解是狭义的，但在仲裁和诉讼程序中，在仲裁庭和法院的主持下的和解和调解，是属于法定程序，其解决方法仍有强制执行的法律效力。

1. 和解

和解是指在合同发生纠纷后，合同当事人在自愿、友好、互谅的基础上，依照法律、法规的规定和合同的约定，自行协商解决合同争议的一种方式。

合同发生争议时，当事人应当首先考虑通过和解来解决。合同争议的和解解决有以下优点：

（1）简便易行，能经济、及时地解决纠纷　合同争议和解不受法律程序约束，没有仲裁程序或诉讼程序那样有一套较为严格的法律规定，当事人可以随时发现问题，随时要求解决，不受时间、地点的限制，从而防止矛盾的激化、纠纷的逐步升级。便于对合同争议的及时处理，又可以省去一笔仲裁费或诉讼费。

（2）针对性强，便于抓住主要矛盾　由于工程合同双方当事人对事态的发展经过有亲身的经历，了解合同纠纷的起因、发展以及结果的全过程，便于双方当事人抓住纠纷产生的关键原因，有针对性地加以解决。因合同当事人双方一旦关系恶化，常常会在一些枝节上纠缠不休，使问题扩大化、复杂化，而合同争议的和解就可以避免走这些不必要的弯路。

（3）有利于维护双方当事人团结和协作氛围，使合同更好地得到履行　合同双方当事人在平等自愿、互谅互让的基础上就工程合同争议的事项进行协商，气氛比较融洽，有利于缓解双方的矛盾，消除双方的隔阂和对立，加强团结和协作，同时，由于协议是在双方当事人统一认识的基础上自愿达成的，所以可以使纠纷得到比较彻底地解决，协议的内容也比较容易顺利执行。

（4）可以避免当事人把大量的精力、人力、物力放在诉讼活动上　工程合同发生纠纷后，合同当事人各方往往都认为自己有理，特别在诉讼中败诉的一方，会一直把官司打到底，牵扯巨大的精力。而且可能由此结下怨恨。如果通过和解解决，就可以避免这些问题，对双方当事人都有好处。

2. 调解

调解是指在合同发生纠纷后，在第三人的参加和主持下，对双方当事人进行说服、协调和疏导工作，使双方当事人互相谅解并按照法律的规定及合同的有关约定达成解决合同纠纷的一种争议解决方式。

3. 仲裁

仲裁亦称“公断”，是当事人双方在争议发生前或争议发生后达成协议，自愿将争议交给第三方作出裁决，并负有自动履行义务的一种解决争议的方式。这种争议解决方式必须是自愿的，因此必须有仲裁协议。如果当事人之间有仲裁协议，争议发生后又无法通过和解和调解解决，则应及时将争议提交仲裁机构仲裁。

4. 诉讼

诉讼是指合同当事人依法请求人民法院行使审判权，审理双方之间发生的合同争议，作出有国家强制保证实现其合法权益、从而解决纠纷的审判活动。合同双方当事人如果未约定仲裁协议．则只能以诉讼作为解决争议的最终方式。人民法院审理民事案件，依照法律规定实行合议、回避、公开审判和两审终审制度。

8.5 房地产开发项目安全管理

8.5.1 安全管理概述

工程安全在世界各国都是一个受到普遍关注的重要问题。广义的工程安全管理包含两个方面的含义：一方面是指工程建筑物本身的安全，即质量是否达到了合同要求、能否在设计规定的年限内安全使用，设计质量和施工质量直接影响到工程本身的安全，二者缺一不可；另一方面则是指在工程施工过程中人员的安全，特别是合同有关各方在现场工作人员的生命安全。工程建设中安全管理的原则是“安全第一、预防为主”。

8.5.2 安全风险的类别

房地产开发是多专业汇集的复杂工程，在项目实施过程中，内在与外在因素都影响着项目的安全运行，实际情况随时都有可能发生变化并与设立的规划方案出现差距，根据安全风险的产生原因、性质、结果及彼此间的关系进行分类有助于项目管理人员理解安全管理，识别安全风险，提高处理安全事件的效率、质量。

1. 技术风险

由于技术的复杂性、技术熟练程度或技术缺陷等因素，房地产开发项目的规划设计方案、施工方案、运行方案存在安全风险。例如，2002 年 12 月 21 日 9 时 20 分，广东省韶关市某物业公司零件仓库建筑工地的天沟在无任何预兆的情况下瞬间倾覆、坍塌，压倒南面外围脚手架，导致外墙脚手架上的 9 名施工工人被压，造成 3 人死亡、1 人重伤、4 人轻伤。后经调查，事故发生的一个重要原因就是天沟梁与钢筋混凝土排架柱连接设计不符合技术规范要求。

2. 执行风险

在项目施工过程中，一些与项目设计方案的相关细节存在未知差异的操作以及在执行中的任何违背技术要求的操作都有可能带来安全事故。上述案例中，通过调查还发现，现场施工人员在7.5m高的天沟支模中采用已明令禁止的竹脚手架做顶架，天沟拆模时还安排工人在天沟下方进行贴瓷片、安装铝合金窗橱等立体交叉作业且都没有必要的安全措施，这也是造成事故的重要原因。

3. 管理风险

房地产开发项目是一个复杂的系统工程，项目各级管理人员的计划与组织能力、参与人员的素质、机构设置的合理性、岗位职责设置和各项管理制度的健全程度直接影响到项目运行的安全。在上述案例中，经调查发现，建筑设计室负责人及工程主要负责人未对施工图样进行认真、严格的审查、审定；出借设计室资质和图章，允许他人以本单位的名义承揽设计工程，允许他人以本单位的名义出图；施工单位管理不严、监督不力，违法违规承接工程且现场管理严重失职。以上这些是造成事故的根本原因。

8.5.3　安全管理的内容

安全管理是一个系统工程，房地产开发项目的安全管理一定要贯彻“安全第一、预防为主”的安全管理理念。按照安全管理的流程，安全管理的主要内容包括以下三个方面：

1. 安全管理方案制定

安全管理方案制定是指对项目可能存在的风险进行识别、分类、分析评估，说明各类风险的管理方法，明确各岗位人员的职责，确定事故处理时效，编制安全管理预算。

2. 安全生产监控

安全管理方案的执行持续贯穿整个项目周期，开发主体需要实时对项目运行状况进行监控，以便发现新风险及风险变化状况并且根据安全管理方案实施进行信息反馈、收集和分析。

3. 安全事故应对

安全事故应对是指在安全事故发生时，根据安全管理方案对事故进行分级，同时制定切实可行的应对措施并执行，以减少安全事故的再深化和次生事故的发生，把损失降到最低程度。

8.5.4　安全管理的主体

施工现场的安全由建筑施工企业负责。实行施工总承包的，由总承包单位负责。分包单位向总承包单位负责，服从总承包单位对施工现场的安全生产管理。开发商或其委托的监理工程师应监督承包商建立安全教育培训制度，对危及生命安全和人身健康的行为有权提出批评、检举和控告。开发商与承包商还要认真协调安排工程安全保险事宜，按双方约定承担支付保险费的义务。

8.5.5　建立各项安全管理制度

1. 安全生产责任制度

安全生产责任制度是最基本的安全管理制度，是所有安全管理制度的核心。安全生产责任制度是按照安全生产管理方针和“管生产必须管安全”的原则将各级负责人员、各职能部门和工作人员及各岗位生产工人在安全生产方面应做的事情、应负的责任加以明确的一种制度。具体来说，就是将安全责任分解到相关单位主要负责人、项目负责人、班组长及岗位作业人员身上。

2. 安全生产教育培训制度

企业安全生产教育培训一般包括对管理人员、特种作业人员和企业员工的安全教育。

3. 特种作业人员持证上岗制度

《建设工程安全生产管理条例》第二十五条规定：垂直运输机械作业人员、安装拆卸工、爆破作业人员、起重信号工、登高架设作业人员等特种作业人员，必须按照国家有关规定经过专门的安全作业培训，并取得特种作业操作资格证书后，方可上岗作业。

4. 专项施工方案专家论证制度

《建设工程安全生产管理条例》第二十六条规定：施工单位应当在施工组织设计中编制安全技术措施和施工现场临时用电方案，对下列达到一定规模的危险性较大的分部分项工程编制专项施工方案，并附具安全验算结果，经施工单位技术负责人、总监理工程师签字后实施，由专职安全生产管理人员进行现场监督：（一）基坑支护与降水工程；（二）土方开挖工程；（三）模板工程；（四）起重吊装工程；（五）脚手架工程；（六）拆除、爆破工程；（七）国务院建设行政主管部门或者其他有关部门规定的其他危险性较大的工程。

对前款所列工程中涉及深基坑、地下暗挖工程、高大模板工程的专项施工方案，施工单位还应当组织专家进行论证、审查。

5. 危及施工安全的工艺、设备、材料淘汰制度

严重危及施工安全的工艺、设备、材料是指不符合生产安全要求，极有可能导致生产安全事故发生，致使人民生命和财产遭受重大损失的工艺、设备和材料。

《建设工程安全生产管理条例》第四十五条规定：国家对严重危及施工安全的工艺、设备、材料实行淘汰制度。具体目录由国务院建设行政主管部门会同国务院其他有关部门制定并公布。

这一方面有利于保障安全生产；另一方面也体现了优胜劣汰的市场经济规律，有利于提高生产经营单位的工艺水平，促进设备更新。

6. 施工起重机械使用登记制度

《建设工程安全生产管理条例》第三十五条规定：施工单位应当自施工起重机械和整体提升脚手架、模板等自升式架设设施验收合格之日起30日内，向建设行政主管部门或者其他有关部门登记。

这是对施工起重机械的使用进行监督和管理的一项重要制度，能够有效防止不合格机械和设施投入使用；同时，还有利于监管部门及时掌握施工起重机械和整体提升脚手架、模板等自升式架设设施的使用情况，以利于监督管理。

进行登记应当提交施工起重机械有关资料，包括：①生产方面的资料，如设计文件、制造质量证明书、检验证书、使用说明书、安装证明等；②使用的有关情况资料，如施工单位对于这些机械和设施的管理制度和措施、使用情况、作业人员的情况等。

监管部门应当对登记的施工起重机械建立相关档案，及时更新，加强监管，减少生产安全事故的发生。施工单位应当将标志置于显著位置，便于使用者监督，保证施工起重机械的安全使用。

7. 安全检查制度

（1）安全检查的目的　安全检查制度是清除隐患、防止事故、改善劳动条件的重要手段，是企业安全生产管理工作的一项重要内容。通过安全检查可以发现企业及生产过程中的危险因素，以便有计划地采取措施，保证安全生产。

（2）安全检查的方式　检查方式有企业组织的定期安全检查，各级管理人员的日常巡回检查，专业性检查，季节性检查，节假日前后的安全检查，班组自检、交接检查，不定期检查等。

（3）安全检查的内容　安全检查的主要内容包括：查思想、查制度、查管理、查隐患、查整改、查伤亡事故处理等。安全检查的重点是检查“三违”和安全责任制的落实。检查后应编写安全检查报告，报告应包括以下内容：已达标项目、未达标项目、存在问题、原因分析、纠正和预防措施。

（4）安全隐患的处理程序　对查出的安全隐患，不能立即整改的要制订整改计划，定人、定措施、定经费、定完成日期，在未消除安全隐患前，必须采取可靠的防范措施，如有危及人身安全的紧急险情，应立即停工。应按照“登记 - 整改 - 复查 - 销案”的程序处理安全隐患。

8. 生产安全事故报告和调查处理制度

关于生产安全事故报告和调查处理制度，《中华人民共和国安全生产法》《中华人民共和国建筑法》《建设工程安全生产管理条例》《生产安全事故报告和调查处理条例》《特种设备安全监察条例》等法律法规都对此作了相应的规定。

《中华人民共和国安全生产法》第八十三条规定：生产经营单位发生生产安全事故后，事故现场有关人员应当立即报告本单位负责人。单位负责人接到事故报告后，应当迅速采取有效措施，组织抢救，防止事故扩大，减少人员伤亡和财产损失，并按照国家有关规定立即如实报告当地负有安全生产监督管理职责的部门，不得隐瞒不报、谎报或者迟报，不得故意破坏事故现场、毁灭有关证据。

《中华人民共和国建筑法》第五十一条规定：施工中发生事故时，建筑施工企业应当采取紧急措施减少人员伤亡和事故损失，并按照国家有关规定及时向有关部门报告。

《建设工程安全生产管理条例》第五十条规定：施工单位发生生产安全事故，应当按照国家有关伤亡事故报告和调查处理的规定，及时、如实地向负责安全生产监督管理的部门、建设行政主管部门或者其他有关部门报告；特种设备发生事故的，还应当同时向特种设备安全监督管理部门报告。接到报告的部门应当按照国家有关规定，如实上报。

本条是关于发生伤亡事故时的报告义务的规定。一旦发生安全事故，及时报告有关部门是及时组织抢救的基础，也是认真进行调查、分清责任的基础。因此，施工单位在发生安全事故时，不能隐瞒事故情况。

9. “三同时”制度

“三同时”制度是指凡是我国境内新建、改建、扩建的基本建设项目（工程），技术改建项目（工程）和引进的建设项目，其安全生产设施必须符合国家规定的标准，必须与主体工程同时设计、同时施工、同时投入生产和使用。安全生产设施主要是指安全技术方面的设施、职业卫生方面的设施、生产辅助性设施。

《中华人民共和国劳动法》第五十三条规定：新建、改建、扩建工程的劳动安全卫生设施必须与主体工程同时设计、同时施工、同时投入生产和使用。

《中华人民共和国安全生产法》第三十一条规定：生产经营单位新建、改建、扩建工程项目的安全设施，必须与主体工程同时设计、同时施工、同时投入生产和使用。安全设施投资应当纳入建设项目概算。

新建、改建、扩建工程的初步设计要经过行业主管部门、安全生产管理部门、卫生部门和工会的审查，同意后方可进行施工；工程项目完成后，必须经过主管部门、安全生产管理行政部门、卫生部门和工会的竣工检验；建设工程项目投产后，不得将安全设施闲置不用，生产设施必须和安全设施同时使用。

10. 安全预评价制度

安全预评价是在建设工程项目前期，应用安全评价的原理和方法对工程项目的危险性、危害性进行预测性评价。

开展安全和评价工作，是贯彻落实“安全第一、预防为主”方针的重要手段，是企业实施科学化、规范化安全管理的工作基础。科学、系统地开展安全评价工作，不仅直接起到了消除危险有害因素、减少事故发生的作用，有利于全面提高企业的安全管理水平，而且有利于系统地、有针对性地加强对不安全状况的治理、改造，最大限度地降低安全生产风险。

8.5.6 文明施工

文明施工是指保持施工现场良好的作业环境、卫生环境和工作秩序。因此，文明施工也是保护环境的一项重要措施。文明施工主要包括：规范施工现场的场容，保持作业环境的整洁卫生；科学组织施工，使生产有序进行；减少施工对周围居民和环境的影响；遵守施工现场文明施工的规定和要求，保证职工的安全和身体健康。

1. 建设工程现场文明施工的要求

依据我国相关标准，文明施工的要求主要包括现场围挡、封闭管理、施工场地、材料堆放、现场住宿、现场防火、治安综合治理、施工现场标牌、生活设施、保健急救、社区服务等内容。总体上应符合以下要求：①有整套的施工组织设计或施工方案；②有健全的施工组织管理机构和指挥系统，岗位分工明确；③有严格的成品保护措施和制度；④施工场地平整；⑤搞好环境卫生管理；⑥文明施工应贯穿至施工结束后清场。

2. 落实现场文明施工的各项管理措施

（1）施工平面布置　施工现场按照功能可划分为施工作业区、辅助作业区、材料堆放区和办公生活区。施工现场的办公生活区应当与作业区分开设置，并保持安全距离。办公生活区应当设置于在建建筑物的坠落半径之外，与作业区之间应设置防护措施，进行明显的划分隔离，以免人员误入危险区域；办公生活区如果设置于在建建筑物的坠落半径之内，则必须采取可靠的防砸措施。功能区在规划设置时还应考虑交通、水电、消防、卫生、环保等因素。

（2）现场围挡、标牌　施工现场的作业条件差、不安全因素多，在作业过程中既容易伤害作业人员，也容易伤害现场以外的人员。因此，施工现场必须实行封闭式管理，将施工现场与外界隔离，防止“扰民”和“民扰”问题，同时保护环境、美化市容。

施工现场的围挡应沿工地四周连续设置，不得留有缺口，并应根据地质、气候、围挡材料等进行设计与计算，确保围挡的稳定性、安全性。市区主要路段和其他涉及市容景观路段的工地设置的围挡高度不低于2.5米，其他工地的围挡高度不低于1.8米。

施工现场的进口处应有整齐明显的“五牌二图”，在办公生活区应设置“两栏一报”。“五牌”是指工程概况牌、管理人员名单及监督电话牌、消防保卫牌、安全生产牌、文明施工牌；“二图”是指施工现场总平面图和管理人员结构图。“两栏一报”即指读报栏、宣传栏和黑板报，可用来丰富学习内容、表扬好人好事。

（3）场地　施工现场的场地应当平整，障碍物应清除，无坑洼和凹凸不平现象，雨季不积水，暖季应适当绿化。施工现场应具有良好的排水系统，设置排水沟及沉淀池，现场废水不得直接排入市政污水管网和河流。现场存放的油料、化学溶剂等应设有专门的库房，地面应进行防渗漏处理。地面还应当经常洒水，对粉尘源也应进行覆盖遮挡。

（4）材料的堆放

1）建筑材料的堆放应当根据用量大小、使用时间长短、供应与运输情况来确定，用量大、使用时间长、供应运输方便的应当分期分批进场，以减少料场和仓库面积。

2）施工现场各种工具、构件、材料的堆放必须按照总平面图规定的位置放置。

3）材料堆放位置应选择适当，应便于运输和装卸，且应减少二次搬运。

4）地势应较高，场地应坚实、平坦，回填土应分层夯实，还要有排水措施，且应符合安全、防火的要求。

5）应当按照品种、规格来堆放材料，并设置明显标牌，其上标明名称、规格和产地等。

6）各种材料物品必须堆放整齐。

7）大型工具应当一头见齐。

8）钢筋应当堆放整齐，用方木垫起，不宜放在潮湿处或暴露在外受雨水冲淋。

9）砖应丁码成方垛，不准超高，与沟槽坑边的距离不小于0.5米，防止坍塌。

10）砂应堆放成方，石子也应按不同粒径规格分别堆放成方。

11）各种模板应当按规格分类堆放整齐，地面应平整坚实，叠放高度一般不宜超过1.6米。大模板应存放在经专门设计的存架上，且两块大模板应面对面存放。

12）混凝土构件堆放场地应坚实、平整，并按规格、型号堆放，垫木位置要正确，多层构件的垫木要上下对齐，垛位不准超高。混凝土墙板宜设置插放架存放，插放架要焊接或绑扎牢固以防止倒塌。

（5）临时设施　施工现场的临时设施较多，这里主要指施工期间临时搭建、租赁的各种房屋临时设施。临时设施必须合理设置、正确用材，以确保使用功能和满足安全、卫生、环保、消防要求。临时设施主要有办公设施、生活设施、生产设施、辅助设施，具体包括道路、现场排水设施、围墙、大门、供水处、吸烟处等。临时房屋的结构类型可采用活动式临时房屋（如钢骨架活动房屋、彩钢板房）和固定式临时房屋（主要为砖木结构、砖石结构和砖混结构）。

本项目小结

本项目主要介绍了房地产开发项目管理中的“三控两管”的相关内容，即质量控制、进度控制、成本控制、合同管理及安全管理。通过本项目的学习，要求学生对房地产开发项目管理所包含的内容有进一步的理解与掌握。

综合案例应用

【案例概况】

某项目为国外一房地产开发项目，执行过程中开发商要求变更，因费用差距太大，经过5个月的谈判没有结果。开发商按照合同规定发出强制执行变更指令，要求施工方执行变更，变更执行中，施工方保存相关的过程费用文件，待变更执行完毕后，将进行单独索赔。

施工方单独成立了执行小组，对每天发生设计采购施工以及相关的管理的人工时和工程量进行统计并找业主进行确认。但开发商拒绝签字，开发商认为过程文件不需要业主签字。

【问题】

由于变更谈判时间太长，已经严重影响到工期，这种滞后应该由业主承担，还是由承包商承担？

【案例评析】

这个要看合同对变更估价是如何约定的。一般国际工程合同范本（如FIDIC及AIA），都约定开发商需要变更时，首先要承包商报价，双方能谈拢的，变更价格确定后，工程师发出变更指令，承包商实施变更，若变更价格谈不拢，则由工程师先根据合同确定一个变更估价，用于其中付款。变更指令发出后，承包商不论变更价格是否谈拢，都必须执行变更。

若因为承包商不同意变更价格，而拒不执行变更，直至收到变更强制令方实施变更，导致了工期延误，开发商可能会对施工方提出反索赔。

思考练习题

一、单项选择题

1. 进度计划的制定通常采用横道图和（　　）。

A. 资金流动计划图　B. 网络图　C. 直方图　D. 控制图

2.（　　）是指在一个建设项目中，具有独立设计文件，竣工后可以独立发挥生产能力或效益的一组配套齐全的工程项目。

A. 单项工程　B. 单位工程　C. 分部工程　D. 分项工程

3. 管理人员工资属于（　　）。

A. 人工费　B. 材料费　C. 企业管理费　D. 规费

4.（　　）是质量控制的根本出发点。

A. 质量第一　B. 预防为主　C. 用户服务　D. 科学计量

5. 质量事故处理的程序不包括（　　）。

A. 事故上报　B. 事故调查　C. 事故处理　D. 事故总结

二、多项选择题

1. 按照承包合同计价方式不同，合同分为（　　）。

A. 总价合同　B. 单价合同　C. 成本加酬金合同

D. 总包合同　E. 分包合同

2. 房地产开发项目合同争取的处理方式包括（　　）。

A. 和解　B. 调解　C. 仲裁

D. 诉讼　E. 置之不理

3.《中华人民共和国安全生产法》第三十一条规定：生产经营单位新建、改建、扩建工程项目的安全设施，必须与主体工程（　　）。

A. 同时开工　B. 同时设计　C. 同时施工

D. 同时投入生产和使用　E. 同时使用

4. 质量控制的措施包括（　　）。

A. 人的控制　B. 机械控制　C. 方法控制

D. 环境控制　E. 材料的控制

5. 影响进度计划实施的因素包括（　　）。

A. 业主因素　B. 自然环境　C. 社会环境

D. 资金因素　E. 材料设备

三、简答题

1. 合同争议的解决方式有哪些？

2. 房地产开发项目成本组成有哪些？

3. 质量事故处理的程序是什么？

四、案例题

1. A 房地产开发公司以 6000 万元的价格获得了一宗占地面积为 5000 m^2 的土地 50 年

的使用权，建筑容积率为7，建造成本为4000元/m²（包括勘察设计和前期工程费、建筑安装工程费用、基础设施建设费和公共配套设施建设费），其他工程费为建造成本的6%，开发期间税费等其他费用为800万元，管理费包括土地管理费和建设期管理费，其中土地管理费为土地成本的3.5%，建设期管理费为建造成本、其他工程费和开发期间税费等其他费用之和的3.5%，市场推广费、销售代理费和销售税费分别为销售收入的1%、2%和6%，预计建成后售价为10000元/m²。项目开发周期为3年，建设期为2年，地价于开始一次投入，土地管理费在前期均匀投入，建造成本、其他工程费、开发期间税费等其他费用和建设期管理费在建设期内均匀投入；年贷款利率为8%，按季度计息，融资费用为贷款利息的10%。

问题：试对该项目进行总投资估算，并计算其楼面地价。

2. 某市房产开发公司发出公开招标书，对该市一栋商住楼装饰装修工程建设进行招标。公开招标的程序，通过严格的资格审查及公开开标、评标后，某市B建筑装饰公司被选定为该商住楼装饰装修工程的施工单位，同时进行了公证。随后双方签订了“建筑装修工程承包合同”。合同约定建筑装饰装修工程总造价260万元，价款一次包定，今后费用的变动，将不再考虑调整；同时还约定了竣工期及工程款预付办法等款项。后来因问题，工程延期一个月。由于工期的拖延，恰好赶上建材价格的全面上涨，根据B建筑装饰公司测算，由于建材价格上涨，实际造价已达320万元，超出合同约定60万元。因此，B建筑装饰公司根据实际发生的情况要求房产开发公司补偿材料差价60万元。

问题：

1）合同按照承包工程计价方法不同分为哪几类？

2）B建筑装饰公司向房产开发公司提出的补偿材料差价的要求是否成立？为什么？

五、实训题

随着房地产市场的发展，一些大型房地产开发企业实行多项目战略，在不同的城市，甚至在同一城市同时进行多个房地产开发项目。请利用所学的知识，走访身边的房地产企业，或者利用线上数据，分析房地产开发企业在多个房地产项目管理中应注意的问题，并提出解决方案。

房地产租售

☞ **知识目标：**

1）了解房地产促销的四种方式。

2）熟悉房地产收入的取得方式，房地产收入估算的原则和方法。

3）掌握商品房销售与房屋租赁。

☞ **能力目标：**

通过本项目的学习，使学生能够独立完成较小规模的房地产项目收入的估算；能够编制并能指导消费者填写房地产租售合同；能够较熟练地编制房地产开发项目的促销策划方案。

☞ **素养目标：**

通过本项目的学习，培养学生爱岗敬业、踏实肯干、艰苦奋斗的职业素养；提高学生诚实守信、实事求是的职业道德；健全学生拼搏进取的人生态度、健康良性的竞争意识；激励学生进一步强化专业学习，树立争做社会主义合格建设者和可靠接班人的决心。

☞ **学习重点：**

1）房地产租售经营的方式及区别。

2）房地产的定价及调整方法。

3）商品房的预售与现售。

4）房屋租赁方案与策略。

5）几种主要的房地产促销方法，如广告促销、人员促销、营业推广和公共关系等。

【引例】　　两个开发商的不同结果

两个房地产开发商，一个在城东外十里开发了“圆梦花园”，一个在城西外十里开发了“凤凰山庄”。“圆梦花园”聘请了最好的设计师，使用了一流的施工队，“凤凰山庄”也是如此。一年后，总投资十个亿的“圆梦花园”建成了。六十栋楼房环湖排列，波光倒影，清新雅静，曲径回廊，处处花草，置身其中，真如在花园中一般。不久，“凤凰山庄”也竣工了，六十栋楼房依山而筑，青砖红瓦，绿树掩映，清风徐徐，松涛鸟鸣，确实是理想的居住地。

“圆梦花园”首先在电视上打出广告，接着是报纸和电台，打算投资一百万作宣传，让“圆梦花园”成为消费者真正圆梦的地方。“凤凰山庄”建好后，也拿出一百万，不过没有交给广告公司，而是交给了公交公司，让他们把跑西线的车由每天的10班增加到50班。一月后，“凤凰山庄”售出的房是“圆梦花园”的10倍。一年过去，“凤凰山庄”开始清盘，“圆梦花园”开始降价……

现在去“凤凰山庄”的车每天已达到500班，几乎每3分钟就有一趟。这条线路是这座城市唯一没实行无人售票制的线路，这是“山庄”居民的要求保留下来的，因为坐这条线路上的车可以得到一张公园门票大小的彩色车票，它的正面是“凤凰山庄”的广告，反面是一首唐诗中的四言绝句，这种车票每周一换。据说，“凤凰山庄”有个孩子已在车上背了400首唐诗。前不久，“圆梦花园”向银行申请破产，“凤凰山庄”借势收购。从此，市区又多了一条车票上印有宋词的线路……

如何评价两个开发商的做法？

从房地产开发程序来看，房地产销售是房地产开发活动的最后环节，但从投资角度看，房地产开发项目的收益如何取得，则是开发企业首先要考虑的问题。而这个问题，在项目的策划和可研阶段就要研究项目如何满足市场需求；在项目实施过程中就要制定和实施项目的市场推广策略，并进行项目的销售活动。这种以满足市场需求为目标，从市场调研、分析、决策、定价到租售的全过程，称为市场营销活动，而房地产租售是房地产市场营销活动的重要组成部分。

9.1 房地产收入的取得方式

房地产项目获取收入的方式可分为三种：出售、出租和营业。

房地产开发企业通常会考虑房地产项目自身的特点、企业经营管理水平、资金压力、市场接受程度、近期与远期利益等因素，选择某一种或几种收入取得方式，从而达到预期收益。

1. 出售

出售是指房地产开发企业将其投资开发的项目或商品房，以转让或销售的方式获取开发收益、回收开发资金、以达到盈利目的的行为。出售是通过一次交换，开发企业获得商品的全部价值补偿，同时将商品的所有权和使用权全部转交给消费者。

出售是商品经营的最普遍方式。房地产产品作为商品，其价值的实现也可以通过这种方式。房地产产品出售通常有以下方法：

（1）按交易期限不同，分为现房销售与期房销售　现房销售就是销售已经经过工程质量监督部门验收，并取得质量合格证明文件，可以立即使用的房屋。期房销售是指开发企业按有关规定并经过审批后，将尚处于建设期的商品房合法出售给承购人，由承购人支付定金或房屋价款的行为，俗称“卖楼花”。

★【特别提示】★

对于成片开发的土地，则在投入达到一定程度后，才能发生转让收益。在符合国家和项目所在地政府有关规定的前提下，应尽可能提前销售房产，这是开发企业分散风险、保证收益、筹措后续建设资金的有效方法。但同时也可能使开发企业损失未来的房地产增值。

（2）按成交方式不同，分为订购、现购和拍卖　订购是买者为了确保货源而采取的方式，先预付一部分订金，当产品移交后再付清全部货款。

现购是将新建产品验收后出售给消费者，或将原有物业出售。

拍卖是对准备出售的房地产预先估出底价，通过叫价，最后取最高叫价成交的一种特殊交易方式。

（3）按付款期限不同，分为一次性付款和分期付款　一次性付款和分期付款是两种最常见的支付方式。一次性付款是指消费者一次性支付房屋的全部款项；分期付款是指消费者分若干期支付房屋款项，具体还可以分为消费者自己分阶段向开发商支付购房款和按揭贷款购房两种形式。按揭购房，即消费者以所购房屋的产权作抵押，由银行先行支付房款给开发商，以后消费者按月向银行分期支付本息的付款方式。

【知识链接】

一次性付款和分期付款有何不同?

从消费者支付金额的多少来说，一次性付款的总金额要少于分期付款的总金额。这是因为，分期付款未缴纳部分等于出售方允许消费者在未来缴付的金额，其中不仅包括未付款项，还包括未付款项的应付利息。所以，分期付款最后的总支出一般要大于一次性付款的金额。

从消费者掌握资金的灵活性来说，如果消费者持有足够的资金进行一次性付款，那么可以更加灵活地运用资金。然而，如果消费者没有足够的资金，则只能选择分期付款，那么需要定期保留一部分资金用于还款，这时资金的灵活性就受到了一定的限制。

从消费者风险的角度说，由于分期付款的总金额较高，投资成本较大，因此其风险也相对较大。

总之，对消费者来说，一次性付款和分期付款各有优劣，关键取决于投资人真正地把握二种方式的特点，再结合自身具体情况，灵活地运用于投资当中。

（4）按付款条件不同，分为溢价出售、平价出售和优折价出售。

(5) 按出售数量不同，分为批量出售和单宗出售　房地产出售收益的大小是由可出售面积和单位销售价格决定的。可出售面积可以按建筑面积计算，商品房建筑面积由套内建筑面积和分摊的公共部位与公用房屋建筑面积组成。建筑物分割销售时，套内建筑面积部分为独立产权，分摊的共有面积部分为共有产权。房屋售价由开发企业根据房地产的区位、功能、产品成本、供求关系、市场竞争、销售管理开支等因素合理确定。除了房屋的销售收入，一些房地产项目的销售收入还包括开发区域内允许有偿转让的配套设施的销售收入，如停车位的销售收入等。

★【特别提示】★

采用出售方式，开发企业能够尽快收回投资，进而实现短期套现，减轻资金压力。同时，开发企业一般不涉及项目后期的经营管理，无须承担后期经营的压力和风险。但这种方式使开发企业失去了该房地产项目的所有权和经营权，难以实现物业的保值增值，也损失了商业经营收益。

目前，商品住宅项目多采取开发销售的模式，而一些商业地产项目则大多采用出租或自主经营的方式。这是因为当房屋分割转让时，会使商业地产在所有权和经营权上被彻底分割，失去了整体性，难以长期保证及提升商业物业的价值，不利于商业地产项目的持续经营，丧失了商业地产应有的价值和定位。这不仅损害了投资者的利益，带来较大的投资风险，还会损害开发企业的形象，对城市社会经济的发展造成不利影响。

2. 出租

出租是指房地产开发企业作为出租人将其投资开发的房地产出租给承租人使用，由承租人向出租人支付租金的行为。出租是通过多次交换完全实现商品的价值，因而也称之为使用权零星出卖。在零星出卖的过程中，开发企业陆续实现商品的价值回收，承租人则逐一获得一定期限的使用权。

出租是房地产经营的另一种基本方式，也是房地产产品交换的特殊形式。就其经济性质而言，出租具有四重特性：

1）房地产出租只是出让一定期限的使用权，而不是出让所有权。

2）出租作为房地产交换的一种特殊形式，要通过许多次交换，价值才能得到完全实现。

3）通过出租，消费者虽未得到房地产的所有权，但却只需用房地产价值中的很小部分——租金，就可在规定的期限内获得它的全部使用价值。

4）出租使房地产品既处在流通中，又处在消费中，从而使它具有流通和消费二重性的特点。

出租的收入一般发生在开发项目完工之后，包括土地与房屋的出租收入、配套设施出租收入等。房地产项目建成后形成独立产权，通过物业出租，以租金作为收入的主要来源，并通常由开发商自己拥有的项目管理公司或委托其他专业管理公司来对房地产实行统一管理。这种经营模式的前提是开发企业必须先通过融资筹措到足够的资金，使项目建设完成并投入使用。

房地产项目全部出租，开发企业获取的是长期利润，每年物业的经营都将带给开发商一个稳定的现金流来源，最终实现长期的利润最大化。其好处是产权握在开发商手里，既可以抵押再贷款，还可以待增值后出售，甚至可以将商业物业纳入企业的资本运作。这样，既适应了相关需求，又不至于损失未来可能的增值，并维持长期效益，分享房地产经营收益。其不足之处就是开发企业要承受较大资金压力，且需要委托专业的管理团队或管理公司来负责日常的经营管理，以维护物业形象和完整的服务体系。

房地产出租在城市房地产经营中占很大比重，是写字楼、公寓、商场、工业厂房等物业类型的主要收益方式，一般发生在开发项目完工之后，但也可实行预租。采取预租时开发企业一般需要提供较大优惠来吸引用户。

出租收益的大小由可出租的面积和租金价格水平确定。出租面积可按使用面积计算，也可按建筑面积计算。房地产出租，需要通过签订契约以确立和明确租赁关系，以及出租人和承租人的权利和义务。

★【特别提示】★

适合使用出租方式获取收益的房地产包括公寓、商场、写字楼和工业厂房等。开发企业如果能够承受资金压力，则可以采取出租方式经营其开发的房地产，这样既可以满足相关房地产的使用需求，又不至于损失未来可能的增值，并维持长期效益，享受房地产经营收益。

当房地产分割出租时，应委托（或成立）专业的物业管理公司来维持物业的正常运行；对分割出租的商场物业等，若开发企业缺乏相应经营管理能力时，也可委托专业管理公司来负责其日常经营，以维护物业形象和完整的服务体系。

3. 营业

开发酒店、商场、旅游、娱乐类收益性房地产，开发企业可采取直接经营收益性房地产的方式，把开发完成后的房地产产品作为其进行商业和服务业等经营活动的载体，通过综合性的经营服务来收回投资，并获取利润。这种方式使开发企业在拥有房地产的同时，直接获得房地产的全部经营收益。开发企业从商业经营角度，经过长时间的、持续得当的经营与发展，可获得长期、稳定和不断增长的收益，从而真正实现房地产价值的最大化。

★【特别提示】★

开发企业对开发的房地产项目不售不租，采取自主经营模式，即开发企业直接介入百货、超市、酒店等行业。此时开发企业既是所有者又是经营者，这种收益方式要求开发商必须具备两方面的条件：一是具有丰厚的资金；二是具有商业运营经验。如果开发商不能解决项目开发完成、投入运营初期所需要的资金，那么项目是缺乏可行性的。由于房地产开发与商业经营存在较大差异，且前期规划、建设、招商、经营管理等都是专业性极强的工作，开发商必须有一支经验丰富的专业开发、投资、管理背景的管理团队，具备较高的经营水平。营业模式是目前我国为数较少的大型商业地产开发商的重要选择，也是我国的商业地产未来的重要发展方向。

营业收入发生在房地产竣工之后，且一段时间后才趋于稳定。通过对自主营业项目的商业经营，还可以带动周边物业的增值。例如开发商可以依托购物中心开发周边其他形式的房地产，如住宅、写字楼、酒店及小户型公寓等，这些房地产的增值将给开发商带来高额的资金回报。

不同的房地产项目适合不同的收益方式，有的房地产既可以销售，也可以出租或营业，如商店、餐馆；有的房地产可以出租或销售，也可以自用，如公寓、写字楼；有的房地产主要用于营业，如旅馆、影剧院、酒店等；还有的房地产主要是自用，如行政办公楼、学校、特殊厂房。特别是商业房地产项目采用的收益方式更为多样，在出售、出租和营业这三种基本模式基础上，衍生出整体出售、整体出租、出售出租混合、出售自营混合、出租自营混合、出售出租自营混合等多种方式。实际上，大中型商业房地产项目很少采用直接销售，而以混合型运营居多。

在实践中，开发商是通过出租或营业获得持续收益，还是通过出售获得一次性回报，需要综合考虑资金压力、自身经济实力、经营管理能力与经验、市场接受程度、近期与远期利益等各方面因素，采用某种方式或综合采用几种方式获得收益。

9.2 房地产收入估算

在进行房地产项目投资分析时，需要对开发项目的收入进行合理的估算，只有这样，才有可能得到比较准确的投资现金流量，进而估算出比较真实的各类投资分析指标，从而为房地产投资决策提供正确的依据。

9.2.1 房地产收入估算的原则

房地产收入估算是一种主观与客观相结合的活动，要确保收入估算的客观性，必须要遵守以下几个基本原则。

1. 一般性原则

一般性原则指在估算房地产收入时，通常只估算正常市场条件下及正常使用状态下房地产本身的各种可能的合理收入，不能把市场的特殊变化及房地产开发企业的特殊情况（如资金、管理、经营等）考虑到收入估算中来。也就是说，估算出来的房地产收入是可观测收入，即房地产在良好的市场意识和正常经营管理情况下所产生的规律而持续的收入。

2. 市场性原则

房地产收入与宏观经济发展以及房地产市场的变化密切相关。因此，进行收入估算时，应充分考虑到宏观经济发展及房地产市场的供求情况，能够比较准确地预测到未来一定时间内房地产项目的可能收入，特别是租金、售价等的变化趋势和幅度，才有可能估算出房地产项目的客观收入。

3. 应变性原则

由于房地产收入受经济发展及各类产业市场的影响较大，因此，在进行房地产收入估算的过程中，如果出现直接影响经济发展及各类产业市场的重大事件或重大政策，分析人员就应该及时地研究这些事件对未来市场的影响范围、程度、时间等，并在此基础上对未来的市场走势和价格、租金等进行重新测算和科学定位，同时调整租金、价格等收入因子。

9.2.2　房地产收入估算的方法

估算房地产开发项目的收入，首先要制定切实可行的租售计划，包含销售、出租、自营等计划。租售计划的内容通常包括：拟租售物业的类型、时间和相应的数量、租售价格、租售收入及收款方式。租售计划应遵守政府有关租售和经营的规定，并与开发商的投资策略相配合。根据所制定的租售计划，在市场分析的基础上，确定租售价格，最后对房地产收入进行估算。

1. 房地产价格的特征

房地产价格是指消费者为获得房地产所有权或使用权所支付的货币数目。房地产价格的形成基础在于房地产的有用性、相对稀缺性、有效需求性。

房地产价格的特征表现在以下方面：

（1）房地产价格的双重性　房地产价格 = 建筑物的价格 + 土地价格，由土地及地上建筑物两部分构成。

（2）房地产价格的区域性　由于房地产产品的位置固定、不可移动，处于不同区域、不同地段、不同用途土地上的房地产产品，即使建筑物相同，也由于土地的差异在产品价格上差距很大，反映了地域、级差地价。

（3）房地产价格表示的内容不同　房地产价格既可以表示为为了获得某种权益进行交换时的买卖价格，也可以表示为为了使用或投资收益而收取的租金。

（4）房地产价格实质是房地产权益的价格　房地产交易实质上是房地产产权的交易，房地产的价格也就是房地产权益的价格，权益不同，价格也就不同。

（5）受交易对象和交易主体的影响　由于房地产的不可移动性和异质性，房地产的现实价格受到具体的交易对象和交易主体的影响，一般随着交易的完成而个别形成，即一房一价。

2. 影响价格的因素

房地产的价格会受政治、经济、行政、文化、社会、自然等因素的影响，因此房地产价格不是固定不变的。

政治因素包括如战争、动乱、大的政府机构变动或重大政策的出台；经济因素涉及经济增长速度、储蓄、物价和工资及就业水平、产业结构的变化、利率、地价等因素；行政因素表现在土地利用规划及供应管制、房地产税制、住房政策、城市规划、基础及公共设施建设等方面；社会因素包括人口状态、家庭结构的变化、社会福利保障措施等内容；自然因素则主要从产品的位置、土地面积、地势、地质与地基等方面影响房地产价格。

3. 制定租售方案

租售方案主要确定租售物业的类型、租售的时间安排以及各阶段内租售面积。要结合房地产开发项目可提供的物业类型、数量来确定，并要考虑到租售期内房地产市场的可能变化对租售数量的影响。对于一个具体的房地产开发项目而言，此时必须明确：出租面积和出售面积的数量及其与建筑物的对应关系，在整个租售期内每期（年、半年、季度、月）拟销售或出租的物业类型和数量。综合用途的房地产开发项目应按不同用途或使用功能划分。

租售方案一般应包括以下几个方面的内容：

（1）房地产项目收入的取得方式　确定租售方案的第一步就是要明确项目是出售、出租还是租售并举；出售面积和出租面积的比例是多少；以及整个项目中哪些出售、哪些出租、哪些营业。因为这对下一步的各项收入、成本等估算都有重要影响。具体包括可出售面积、可出租面积、营业面积；出售、出租、营业比例；出售、出租、营业的房屋可分摊的建筑面积及各自在建筑物中的位置。此外，对于确定出租的房地产，还必须确定是短期出租还是长期出租。因为如果是长期出租，开发企业就要将更多的成本花在建筑物的维护和保养上，以尽量延长其经济寿命，减少其贬值的程度，同时开展有效的物业服务以确保持续而稳定的租金收入。

（2）租售的进度安排　出售和出租的时间进度安排和各时间段内租售面积数量的确定，主要是看项目的建设情况、企业经营策略以及房地产市场变化，尽量做到租售时间与项目本身的工程进度、资金需求、营销宣传策略以及市场吸纳速度等保持协调一致，并要考虑租售期内房地产市场可能发生的变化对租售数量的影响。

开发企业通常需要准备一个租售进度计划控制表，对租售时间进行划分，对每一期间内租售的面积进行安排，以利于租售工作按预定的计划进行。租售期可以取年、半年、季或月为单位，每个单位为一期。一般来说，以出售方式为主的开发项目，销售期一般从开发建设3~6个月开始到全部商品房屋销售完为止，其销售期一般为6~24个月；对于开发完成后出租的房地产，其租期一般为15~20年。对于出售和出租混合经营的项目，可以分别确定其销售期和出租期。租售进度计划应该根据市场租售实际状况，进行定期调整。

（3）收款方式与收款计划的确定　收款方式分为一次性付款和分期付款两种，分期付款又可分为指定每期付款比例或金额和分期等额付款两种方式。收款方式的确定，应考虑当地房地产交易的付款习惯，确定分期付款的期数及各期付款的比例。

4. 租售价格的确定

租售价格的确定是收入估算过程中的关键环节。价格制定得过高，会将大多数人拒之门外，影响租售收入；价格制定得过低，则可能出现收入不足以弥补成本或减少利润的现象。随着房地产市场的发展和完善，价格竞争越来越激烈，掌握科学的定价方法、灵活运用定价策略、确保预期利润和其他目标的实现是开发企业十分关注的问题。目前，房地产产品定价主要有四种方法，即成本导向定价、需求导向定价、竞争导向定价和可比楼盘量化定价。

（1）成本导向定价　成本导向定价以成本为中心，是一种按卖方意图定价的方法。其基本思路是：在定价时，首先考虑收回企业在生产经营中投入的全部成本，然后加上一定的利润。成本导向定价主要由成本加成定价、目标收益定价构成。

1）成本加成定价是一种最简单的定价方法，就是在单位产品成本的基础上，加上一定比例的预期利润作为产品的售价。售价与成本之间的差额即为利润。这里所指的成本包含了税金。由于利润的多少是按成本的一定比例计算的，习惯上将这种比例称为“几成”，因此这种方法被称为成本加成定价法。成本加成定价的计算公式为：

$$单位产品价格 = 单位产品成本 \times (1 + 加成率) \tag{9-1}$$

【例9-1】 某房地产企业开发某一楼盘，每平方米的开发成本为2000元，加成率为15%，则该楼盘每平方米售价为多少？

解：

根据公式，每平方米售价为：

$2000 \times (1 + 15\%) = 2300$（元）

成本加成定价的优点是计算方便，因为确定成本要比确定需求容易得多，定价时着眼于成本，企业可以简化定价工作，也不必经常依据需求情况而作调整。在市场环境诸因素基本稳定的情况下，采用这种方法可保证房地产企业获得正常的利润，从而可以保障企业经营的正常进行。

2）目标收益定价又称目标利润定价或投资收益率定价，是在成本的基础上，按照目标收益率的高低计算售价的方法。

计算售价的公式为：

$$售价 = (总成本 + 目标利润) / 预计销售量 \tag{9-2}$$

【例9-2】 某房地产企业开发一总建筑面积为20万m^2的小区，估计未来在市场上可实现销售16万m^2，其总开发成本为4亿元，企业的目标收益率为15%，问该小区的售价为多少？

解：

目标利润 = 总成本 × 成本利润率

$= 4 \times 15\% = 0.6$（亿元）

每平方米售价 =（总成本 + 目标利润）/预计销售量

=（4亿元 + 0.6亿元）/160000m^2

= 2875（元/m^2）

因此，该小区的售价应为每平方米2875元。

目标收益率定价的优点是可以保证企业既定目标利润的实现。这种方法一般适合用于在市场上具有一定影响力的企业，以及市场占有率较高或具有垄断性质的企业。

成本导向定价方法的共同点是：均以产品成本为制定价格的基础，在成本的基础上加一定的利润来定价。这种定价方法虽然较容易计算，但它们存在共同的弊端，即没有考虑市场需求和市场竞争情况。

（2）需求导向定价　所谓需求导向定价是指以需求为中心，依据买方对产品价值的理解和需求强度来定价，而非依据卖方的成本定价。其主要方法是认知价值定价和区分需求定价。

1）认知价值定价也称为理解值定价，是开发企业根据消费者对于房地产产品的认知价值来制定价格的一种方法。认知价值定价认为决定商品价格的关键因素是消费者对商品价值的认知水平，而非卖方的成本。房地产企业在运用认知价值定价时，企业首先要估计和测量消费者心目中建立起来的认识价值，然后按消费者的可接受程度来确定楼盘的售价，由于认知价值定价可以与现代产品定位思路很好地结合起来，成为市场经济条件下的一种全新的定价方法，因此为越来越多的企业所接受。

认知价值定价的关键是准确地掌握消费者对商品价值的认知程度。对自身产品价值估计过高的卖主，会对他们的产品定价过高；而对自身产品的消费者认识价值估计过低的企业，定的价格就可能低于产品能够达到的价值。因此，为了建立起市场的认识价值，进行市场调研是必不可少的。

2）区分需求定价又称差别定价，是指某一产品可根据不同需求强度、不同购买力、不同购买地点和不同购买时间等因素，采取不同的售价。对于开发商而言，同一种建筑标准、同一种规格、同一外部环境的商品房，可以根据楼层数、朝向、开间等方面，形成朝向差价、楼层差价、开间差价、面积差价、视野差价、建材差价等。从这个角度讲，没有两个房地产产品是完全相同的，每个产品都因为上述因素的差异而具有独一无二的特征，这也就造成了房地产销售中的“一房一价”现象。区分需求定价适合于个性化较强的房地产产品。但应注意一点，即做到使不同的购房客户都能理解价格的差异，避免出现价位争议。

（3）竞争导向定价　竞争导向定价是企业为了应付市场竞争的需要而采取的特殊定价方法，是以竞争者的价格为基础，根据竞争双方的力量对比和竞争产品的特色，制定相对偏低、偏高或相同的价格参与竞争，以达到增加利润、扩大销售量或提高市场占有率等目标的定价方法。对于房地产企业而言，当所开发的项目在市场上有较直接的竞争者时，适宜采用竞争导向定价。竞争导向定价包括以下几种方法：

1）随行就市定价法。随行就市定价就是企业按照市场或行业的平均价格水平来制定自己产品的价格。一般来说，当企业开发的产品特色不强，产品成本预测比较困难，竞争对手不确定，企业竞争能力弱，不愿打乱市场正常秩序，或者在竞争激烈而产品弹性较小的市场上，这是一种比较稳妥的定价方法。因为在竞争激烈的现代市场条件下，销售相似商品房的各个房地产企业在定价时实际上没有选择的余地，只能按现行市场价格来定价。若价格定得太高，其商品房将难以售出；而价格定得过低，一方面企业自己的目标利润难以实现，另一方面会促使其他房地产企业降价，从而引发价格战。因此，这种定价方法比较受一些中小型房地产企业的欢迎。

2）追随领导者企业定价法。追随领导者企业定价法是指房地产企业以市场上影响力最大的行业头部企业所制定的价格为基准来制定自己的商品房价格的定价方法。这种定价方法通常被那些在资金、技术、人才、品牌和市场渠道等方面拥有相对雄厚实力的房地产企业所采用，这些企业以上述资源为底气，使其能够根据市场领导企业的价格变动，灵活调整自己的定价策略，同时保持业务的稳定和预期增长。房地产企业采用这种定价方法的主要目的一般是为了应对或避免激烈竞争，或者为了稳定市场以利于自己的长期经营。

（4）可比楼盘量化定价　可比楼盘量化定价，也称加权点数定价，是利用已被市场验证的类似房地产的成交价格来确定房地产产品价格的方法。开发企业根据房地产项目的特点，选择在位置、规模、功能和档次等方面可比的交易实例，对可比楼盘进行定量描述，通过对其成交价格的分析与修正，最终得到房地产项目的租售价格。可比楼盘量化定价针对许多楼盘倾向于定性描述的现状，尝试对楼盘价格的影响因素进行定量描述。可比楼盘量化定价采用条件相似的楼盘市场售价作为基数，对某些影响因素，如地段、价格、功能、用途等，以权重系数的形式进行调整。

1）可比楼盘量化定价的定价过程

①搜集交易实例；②选择可比楼盘作为比较实例房地产；③建立价格可比基础；④比较实例的比较和修正；⑤确定该房地产的比准价格。

2）可比楼盘量化定价的步骤

① 选择影响楼盘价格的影响因素，如位置、价格、配套、物业管理、建筑质量、交通、城市规划、楼盘规模、朝向、外观、付款方式、户型设计等。

② 确定各影响因素的指标和分值。如可分为5级，分值分别为1、2、3、4、5，分值越大，表示等次越高。

③ 综合计算每一楼盘的总分，计算公式为：

$$P = \sum W_i \times F_i = W_1 \times F_1 + W_2 \times F_2 + W_3 \times F_3 + \cdots\cdots + W_n \times F_n \tag{9-3}$$

式中 P——总分，是各因素在片区内楼盘优劣的综合反映；

n——楼盘影响因素的总数；

W_i——权重，是某个因素对楼盘优劣的影响程度；

F_i——分值，是某个因素在片区内所表现出的优劣程度。

④ 判断楼价与楼盘得分及各因素之间的相互关系。

一般情况下近似直线关系。这时就可以建立回归方程，公式为：

$$Y = a + bX \tag{9-4}$$

式中 Y——拟定价楼盘的均价；

X——拟定价楼盘的得分。

只要求出式中的参数 a 和 b，就可以确定回归方程，然后就可以求出拟定价楼盘的价格参考值。

无论采取哪种定价方式，租售价格的确定要与开发商市场营销策略相一致，在考虑政治、经济、社会等宏观环境对物业租售价格影响的同时，还应对房地产市场供求关系进行分析，考虑已建成的、正在建设的以及潜在的竞争项目对拟开发项目租售价格的影响。

5. 房地产收入估算

房地产收入是指向社会出售、出租房地产产品或营业时的货币收入。主要包括房地产产品的租售收入和营业收入。

（1）租售收入　房地产开发项目的租售收入等于可租售面积的数量乘以单位租售价格。对于出租的情况，还应考虑空置期（项目竣工后暂时找不到租客的时间）和空置率（未租出建筑面积占总建筑面积的百分比）对年租金收入的影响。租售收入估算要计算出每期（年、半年、季度、月）所能获得的租售收入，并形成租售收入计划。对房地产项目的租售收入的估算，通常有一个较为固定的格式，见表9-1、表9-2，根据每个项目的类型不同、估算的要求不同，可以调整表格的内容。

表9-1　租售收入与经营税金及附加估算表　（单位：万元）

	项　目	合 计	1	2	3	…	*n*
1	租售收入						
1.1	可租售面积（m^2）						
1.2	单位售价（元/m^2）						
1.3	租售比例（%）						
2	经营税金及附加						
2.1	营业税						
2.2	城市维护建设税						
2.3	教育费附加						
…	…						

表9-2　出租收入与经营税金及附加估算表　（单位：万元）

	项　目	合 计	1	2	3	…	*n*
1	租金收入						
1.1	出租面积（m^2）						
1.2	单位租金（元/m^2）						
1.3	出租率（%）						
2	经营税金及附加						
2.1	营业税						
2.2	城市维护建设税						
2.3	教育费附加						
…	…						
3	净转售收入						
3.1	转售价格						
3.2	转售成本						
3.3	转售税金						

（2）营业收入　营业收入是指开发商以开发完成后的房地产作为其进行商业和服务业等经营活动的载体，通过综合性的自营方式得到的收入，即利用物业进行营业的过程中所得到的营业额。营业收入涉及第三产业的各个方面，收入种类千差万别，同时它又与房地产的使用密切相关，估算起来非常复杂。具体估算时，通常要利用比较法，即先选择一些可比营业项目进行比较，然后计算出本项目未来的营业额。例如：对于酒店项目来讲，在估算其营业额时，可以参考当地旅游统计年鉴上面的酒店营业额，或者可比类似酒店的营业额，在这个数据的基础上，根据酒店的实际情况，估算出酒店的营业额。

营业的房地产项目的收入估算见表9-3。

表9-3 营业收入与经营税金及附加估算表 （单位：万元）

	项 目	合 计	1	2	3	…	n
1	自营收入						
1.1	商业						
1.2	服务业						
1.3	其他						
2	经营税金及附加						
2.1	营业税						
2.2	城市维护建设税						
2.3	教育费附加						
…	…						

9.3 商品房租售

9.3.1 商品房销售

商品房销售分为期房预售和现房销售。很多情况下，开发商为了分散投资风险，减轻债务融资的压力，在项目建设前或建设中就通过预售的形式落实了买家，回收全部或部分开发资金；但在有些情况下，如开发企业资金雄厚或房地产项目不能满足商品房预售要求等，开发商也有可能在项目完工或接近完工时才开展销售工作。

1. 商品房预售

商品房预售是指房地产开发商将正在建设中的房屋预先出售给买受人，由买受人支付订金或房屋价款的行为。商品房预售可以有效缓解房地产开发商的资金压力，加速整个建设资金周转，提高资金使用效率，降低资金使用成本，从而推动房地产开发项目的顺利进行。根据测算，以预售方式进行销售的开发项目，比以现售方式进行销售的开发项目，动态回收周期约缩短10个月。而消费者则通常会因购买预售中的房屋而得到其升值带来的收益。

商品房预售的标的物是尚未建成的房屋，消费者对房屋本身的质量、特点缺乏足够的了解，这为部分开发商虚假宣传、弄虚作假创造了条件。而从预售到房屋建成交房，一般要两年左右，这期间如果开发商资金出现问题，楼盘就可能“烂尾”，购房者将承担巨大的投资风险。因此，为规范商品房预售行为，国家对商品房预售的条件、程序等都有严格规定。

（1）商品房预售应具备的条件 根据《城市商品房预售管理办法》（建设部令第40号，1995年1月1日起实施）及《关于进一步加强房地产市场监管完善商品房住房预售制度有关问题的通知》（建房［2010］53号）等规范性文件规定，商品房预售应当符合下列条件：

1）已交付全部土地使用权出让金，取得土地使用权证书。

2）持有建设工程规划许可证和施工许可证。

3）按提供预售的商品房计算，投入开发建设的资金达到工程建设总投资的25%以上，并已经确定施工进度和竣工交付日期。

《城市商品房预售管理办法》第七条规定：开发企业申请预售许可，应当提交下列证件（复印件）及资料：

① 商品房预售许可申请表。

② 开发企业的《营业执照》和资质证书。

③ 土地使用权证、建设工程规划许可证、施工许可证。

④ 投入开发建设的资金占工程建设总投资的比例符合规定条件的证明。

⑤ 工程施工合同及关于施工进度的说明。

⑥ 商品房预售方案，预售方案应当说明预售商品房的位置、装修标准、竣工交付日期、预售总面积、交付使用后的物业管理等内容，并应当附预售商品房总平面图、分层平面图。

商品房预售实行许可制度。开发企业进行商品房预售，应向县级以上人民政府房地产管理部门办理预售登记，取得《商品房预售许可证》。未取得《商品房预售许可证》的，不得进行商品房预售，也不得以认购、预订、排号、发放VIP卡等方式向买受人收取或变相收取定金、预收款等性质的费用，不得发布广告，不得参与任何展销活动。开发企业进行商品房预售，应当向承购人出示《商品房预售许可证》。售楼广告和说明书应当载明《商品房预售许可证》的批准文号。

（2）商品房预售程序　商品房预售是对未来之物的销售，买受人取得的是一种对将来取得特定房屋的期待权。这种期待权在将来能否实现，主要取决于房地产开发商的履约行为，因此开发企业应严格按照商品房预售程序进行预售工作，确保预售行为的合法性。商品房预售一般要经过订立预售合同、合同登记备案、收取预售款、办理产权登记等过程。

1）订立预售合同：房地产开发企业预售商品房时，首先应当向预购人出示《商品房预售许可证》，与预购人订立预售合同。合同内容应当包含预售商品房的位置、编号、数量，房屋价款，交付方式和期限，房屋使用性质，产权转让的方式、期限，双方的违约责任等。

2）合同登记备案：房地产开发企业应当在预售合同生效后，自签约之日起30日内，向县级以上人民政府房地产管理部门和土地管理部门办理商品房预售合同登记备案手续。商品房预售合同登记备案手续可以委托代理人办理，委托代理人办理的，应当有书面委托书。

3）收取预售款：房地产开发企业根据商品房建设工程的进度，分期收取商品房预售款。但预售合同另有约定的，从其约定。房地产开发企业收取的商品房预售款，必须专项用于所预售的商品房建设。即预售款项要专款专用，真正用于商品房的开发建设。

★【特别提示】★

当开发企业推出大型的楼花发售时，往往会有银行向买主提供即时购房抵押贷款，开发企业可以在这方面做些努力，以使银行能提供成数高、期限长的贷款，增强物业的吸引力。消费者有了抵押贷款，对开发企业来说，相当于买主一次性付款，因此许多开发企业亦乐于向消费者提供优惠折扣，使房地产预售更加便捷顺利。

4）办理产权登记：预售商品房的房地产开发企业应当在依法办理新建商品房初始登记，并取得房地产权证书后，与消费者向房地产交易管理机构提出过户申请，办理房地产权利人变更登记。

二维码 9-1
（“五证两书”）

在预售期间，转让当事人就预售合同约定的事项有变更的，如建筑设计变更、建筑面积变更等，应当签订补充合同。补充合同是预售合同的组成部分，办理交易过户手续应当一并向房地产交易管理机构提供。

★【特别提示】★

2005 年之前商品房预购人可以将购买的未竣工的预售商品房再行转让，即通常所说的买卖楼花。为了防止房地产行业的投机行为，2005 年国务院下发的《国务院办公厅转发建设部等部门关于做好稳定住房价格工作意见的通知》中增加了新的规定：禁止商品房预购人将购买的未竣工的预售商品房再行转让。在预售商品房竣工交付、预购人取得房屋所有权证之前，房地产主管部门不得为其办理转让等手续；房屋所有权申请人与登记备案的预售合同载明的预购人不一致的，房屋权属登记机关不得为其办理房屋权属登记手续。

2. 商品房现售

商品房现售是指房地产开发商将竣工验收合格的商品房出售给买受人，并由买受人支付房屋价款的行为。

《商品房销售管理办法》第七条规定：商品房现售，应当符合以下条件：

1）现售商品房的房地产开发企业应当具有企业法人营业执照和房地产开发企业资质证书。

2）取得土地使用权证书或者使用土地的批准文件。

3）持有建设工程规划许可证和施工许可证。

4）已通过竣工验收。

5）拆迁安置已经落实。

6）供水、供电、供热、燃气、通讯等配套基础设施具备交付使用条件，其他配套基础设施和公共设施具备交付使用条件或者已确定施工进度和交付日期。

7）物业管理方案已经落实。

二维码 9-2
（公示“五证两书”）

现房销售一般由开发企业和消费者自由协商、达成协议，签订商品房买卖合同。在正式签订合同前，开发企业应出示有关商品房合法性文件（“五证两书”等）。自合同订立之日起 90 日内，办理房屋所有权转移登记。

3. 商品房买卖合同

（1）商品房买卖合同的含义和特点

1）商品房买卖合同是指房地产开发企业将尚未建成或者已经竣工验收的房屋向社会销售，并转移房屋所有权给买受人，买受人支付价款的合同。

商品房包括期房和现房两种，商品房买卖合同就包括了商品房预售合同与商品房销售合同。合同的标的物是商品房，商品房买卖合同对买卖双方各自的权利和义务起到监督、保护的作用，它涉及的主体是房地产开发商和买受人。

在房屋销售过程中，商品房买卖合同是重要的法律文件和凭证。

2）商品房买卖合同的特点：商品房买卖合同的标的物房地产是一种不动产，所以该合同属于特殊的买卖合同，它既有买卖合同的一般特征，也有其自身固有的特征。这主要表现为：

① 商品房买卖合同以房地产为标的物。房地产买卖合同只能以房地产为标的，由于房地产具有不同于其他一般商品的特殊性，也决定了房地产买卖合同有其特殊和复杂的一面。

② 商品房买卖合同是一方转让房屋及其土地的权利，另一方则以支付货币为代价，否则就不是房地产买卖合同，而是其他合同。

③ 商品房买卖合同处分的是房屋所有权及其土地使用权。房地产买卖合同与其他买卖合同的不同之处在于，房屋是附着在土地上的不动产，房屋所有权转移时，根据房地产权利一致的原则，土地使用权也随之转移。

④ 房屋买卖合同是法律所规定的一种要约式合同。由于房屋买卖合同不同于一般的买卖合同，标的物所有权的转移不以交付为标志，而是以办理相关的房地产过户手续作为标志，也就是说该合同处分权利的结果是以房地产行政主管部门进行房地产权属登记为要件，故而说房屋买卖合同是一种要约式合同。

（2）商品房买卖合同的内容　《商品房销售管理办法》第十六条规定：商品房销售时，房地产开发企业和买受人应当订立商品房买卖书面合同。商品房买卖合同应当明确以下主要内容：

1）当事人名称或者姓名和住所。

2）商品房基本状况。

3）商品房的销售方式。

4）商品房价款的确定方式及总价款、付款方式、付款时间。

5）交付使用条件及日期。

6）装饰、设备标准承诺。

7）供水、供电、供热、燃气、通讯、道路、绿化等配套基础设施和公共设施的交付承诺和有关权益、责任。

8）公共配套建筑的产权归属。

9）面积差异的处理方式。

10）办理产权登记有关事宜。

11）解决争议的方法。

12）违约责任。

13）双方约定的其他事项。

其中，商品房价款的确定方式、付款方式，面积差异的处理方式等，是商品房销售过程中买卖双方关注的重点问题。

【知识链接】

无效的房地产合同

无效的房地产合同主要有以下六种：

1）房产地产分离出卖，合同无效。由于房屋是建筑在土地上的，为土地的附着物，具有不可分离性，因此房屋所有权通过买卖而转让时，该房屋占用范围内的土地使用权也必须同时转让。如果卖方将房产和土地分别卖给不同的买方，或者出卖房屋时只转让房屋所有权而不同时转让土地使用权，买方可以提出这种买卖合同无效。

2）产权未登记过户，合同无效。房屋买卖合同的标的物所有权的转移以买卖双方到房屋所在地的房管部门登记过户为标志，否则，房屋买卖合同不能生效，也就不能发生房屋所有权转移的法律效果，即使房屋已实际交付也属无效。故只要房屋没有正式办理登记过户手续，即使卖方已收取了房价款，并将房屋交付买方使用，当事人仍可提出合同无效的主张。

3）产权主体有问题，合同无效。出卖房屋的主体必须是该房屋的所有权人，非所有权人出卖他人房屋的，其买卖行为无效。房屋的产权为数人共有的，必须征得其他共有人同意才能出卖。出卖共有房屋时，须提交其他共有人同意的书面证明。共有人未取得其他共有人同意、擅自出卖共有房屋的，其买卖行为也无效。

4）侵犯优先购买权，合同无效。房屋所有权人出卖共有房屋时，在同等条件下，共有人有优先购买权。房屋所有权人出卖已租出的房屋时，须提前三个月通知承租人，在同等条件下，承租人有优先购买权。所谓“同等条件”，主要是指房价同等，还包括房价交付期限、方式同等。房屋所有人出卖房屋时侵犯共有人、承租人优先购买权的，共有人、承租人可以请求法院宣告该房屋买卖合同无效。

5）有价格欺诈行为或显失公平，合同无效。买卖城市私有房屋，双方应当本着公平交易原则，参照房屋所在地市场价格议定成交价。买卖合同生效后，双方均不得因价格高低而无故反悔，应按合同议定的价款、期限和方式交付。但如果出卖人在房屋质量问题上有欺诈、隐瞒行为或在成交后发现内在质量问题的，买受人可要求同出卖人重新议定价格；协商不成的可向法院起诉。

6）非法转让，合同无效。《中华人民共和国城市房地产管理法》（2020 年 1 月 1 日起修订施行）第三十八条规定，下列房地产，不得转让：

① 以出让方式取得土地使用权的，不符合本法第三十九条规定的条件的。

② 司法机关和行政机关依法裁定、决定查封或者以其他形式限制房地产权利的。

③ 依法收回土地使用权的。

④ 共有房地产，未经其他共有人书面同意的。

⑤ 权属有争议的。

⑥ 未依法登记领取权属证书的。

⑦ 法律、行政法规规定禁止转让的其他情形。

第三十九条规定：以出让方式取得土地使用权的，转让房地产时，应当符合下列条件：

1）按照出让合同约定已经支付全部土地使用权出让金，并取得土地使用权证书。

2）按照出让合同约定进行投资开发，属于房屋建设工程的，完成开发投资总额的百分之二十五以上，属于成片开发土地的，形成工业用地或者其他建设用地条件。

转让房地产时房屋已经建成的，还应当持有房屋所有权证书。

（3）商品房价款的确定方式　商品房销售可以按套（单元）计价，也可以按套内建筑面积或者建筑面积计价。商品房建筑面积由套内建筑面积和分摊的共有建筑面积组成，套内建筑面积部分为独立产权，分摊的共有建筑面积部分为共有产权，买受人按照法律、法规的规定对其享有权利，承担责任。按套（单元）计价或者按套内建筑面积计价的，商品房买卖合同中应当注明建筑面积和分摊的共有建筑面积。

按套（单元）计价的现售房屋，当事人对现售房屋实地勘察后可以在合同中直接约定总价款。按套（单元）计价的预售房屋，房地产开发企业应当在合同中附所售房屋的平面图。平面图应当标明详细尺寸，并约定误差范围。房屋交付时，套型与设计图样一致、相关尺寸也在约定的误差范围内，维持总价款不变；套型与设计图样不一致或者相关尺寸超出约定的误差范围，合同中未约定处理方式的，买受人可以退房或者与房地产开发企业重新约定总价款；买受人退房的，由房地产开发企业承担违约责任。

（4）面积差异的处理方式　按套内建筑面积或者建筑面积计价的，面积与产权登记面积发生误差的处理，首先按合同约定处理，对于合同未作约定的，根据面积误差比的大小，按以下原则处理：

$$\text{面积误差比}=\frac{|\text{产权登记面积}-\text{合同约定面积}|}{\text{合同约定面积}}\times 100\% \tag{9-5}$$

1）面积误差比绝对值在3%以内（含3%）的，据实结算房屋价款。

2）面积误差比绝对值超出3%时，买受人有权退房。买受人退房的，房地产开发企业应当在买受人提出退房之日起30日内将买受人已付房屋价款退还给买受人，同时支付已付房屋价款利息。买受人不退房的，产权登记面积大于合同约定面积时，面积误差比在3%以内（含3%）部分的房价款由买受人补足；超出3%部分的房屋价款由房地产开发企业承担，产权归买受人。产权登记面积小于合同约定面积时，面积误差比绝对值在3%以内（含3%）部分的房价款由房地产开发企业返还买受人；绝对值超出3%部分的房屋价款由房地产开发企业双倍返还买受人。因规划设计变更造成面积差异，当事人不解除合同的，应当签署补充协议。

【例9-3】张某购买了开发商的预售商品房，并签订了《商品房预售合同》，合同中标明，该套房屋的建筑面积为123m^2，单位售价为10000元/m^2。交房后产权登记时，确认房屋的实际面积为118m^2，请问如何处理面积误差？

解：

先计算该套房屋的面积误差比：根据公式（9-5），可得

$$面积误差比 = \frac{|118-123|}{123} \times 100\% = 4.07\% > 3\%$$

张某可以选择退房，并要求开发商退还已付房屋价款及利息；若张某不退房，则需与开发商进行价格补偿处理，如下：

由题目可知，产权登记面积小于合同约定面积，面积误差比绝对值在3%以内（含3%）部分的房屋价款由房地产开发企业返还买受人；绝对值超出3%部分的房价款由房地产开发企业双倍返还买受人。

面积误差比绝对值在3%以内（含3%）部分：$123 \times 3\% \times 10000 = 36900$（元）

面积误差比绝对值超过3%部分：$123 \times (4.07\% - 3\%) \times 10000 \times 2 = 26322$（元）

开发商需退还张某合计$36900 + 26322 = 63222$（元）

（5）付款方式　购买商品房主要付款方式有两种，即一次性付款和分期付款，另外还有一种特别的方式就是按揭付款。

1）一次性付款是过去最为常见的付款方式，即消费者在签订合同后一次性支付所有购房款。一次性付款需要筹集大笔资金，对经济能力有限的消费者压力较大，目前多用于那些低价位小单元的楼盘销售。一次性付款一般都能从销售商处得到优惠，如是现房则能很快获得房屋的产权，如果是期房则这种付款方式价格最低。

2）分期付款是指消费者分阶段向开发商支付购房款。分期付款在一定程度上缓解了一次性付款的经济压力，具体的支付比例和时间根据合同规定有所不同。

3）按揭付款即购房抵押贷款，是消费者以所购房屋的产权作抵押，由银行先行支付房屋款给开发商，之后购房者按月向银行分期支付本息的付款方式。这种特殊的付款方式使市场潜在需求迅速转化为有效需求，所以成为促进房地产市场活跃的最有效手段，也是目前大多数消费者采取的付款方式。

房屋按揭后，消费者向银行偿还贷款本息通常是按月进行的，每个月的还款额也是相对固定的，仅随利率变动有小幅度升降。一般来说，有等额偿还和等比递增偿还两种方式，每月的还款额计算方法见【例9-4】。

【例9-4】某人购买一套价值25万元的住宅，首期付款为房价的30%，其余为在10年内按月等额偿还的抵押贷款，年利率15%，问每月还款额为多少？

解：

①售价25万元，按揭70%，则贷款额为：$25 \times 70\% = 17.5$（万元）

②分10年偿还，偿还期为：$12 \times 10 = 120$（月）

③年利率15%，则月利率为：$15\%/12 = 1.25\%$

④等额月还款额公式：

$$A = P\frac{i(1+i)^n}{(1+i)^n - 1} \tag{9-6}$$

⑤月还款额

$$A = 175000 \times \frac{1.25\%(1+1.25\%)^{120}}{(1+1.25\%)^{120} - 1} = 2823.4(\text{元})$$

则该消费者购买此住宅，按照等额还款方式，月还款额为2823.4元。

【例9-5】某家庭拟购买一套住宅，向银行申请60万元的住房抵押贷款，银行为其提供15年期按揭，年利率为6.6%，银行根据消费者的未来收入增长情况，为他安排了等比递增还款方式，月还款额增长率为0.5%，问该消费者第5年最后一个月份的月还款额是多少？

解：

①按揭期限为15年，按揭期为15×12=180（月）

②等比递增还款首次月还款额为：

$$A_1 = P \times \frac{i - s}{1 - \left(\frac{1+s}{1+i}\right)^n} \tag{9-7}$$

式中 A_1——首次月还款额；

s——月还款额增长率。

$$A_1 = 600000 \times \frac{0.55\% - 0.5\%}{1 - \left(\frac{1+0.5\%}{1+0.55\%}\right)^{180}} = 3504.67\ (\text{元})$$

③第5年最后一个月份的月还款额为：$A_{60} = A_1 \times (1+s)^{t-1} = 3504.67 \times (1+0.5\%)^{59} = 4703.76\ (\text{元})$

则该家庭购买此住宅，按照等比递增还款方式，第5年最后一个月的月还款额为4703.76元。

9.3.2 房屋租赁

房地产开发企业对写字楼、零售商业物业、出租公寓等收益性物业类型采取出租方式获取收入时，需要制定租赁方案与策略、选择租户、确定租金，与承租户进行租赁谈判并最终签订房屋租赁合同。

1. 租赁方案与策略

出租实际上是出售一定期限的房地产使用权，只有在业主和租户均满意的情况下，租约才会继续下去。维护较好的旧物业，由于其融资费用和建造成本相对较低，一般在租金定得较低的情况下，也常常能使投资回报率超出预期水平，从而限制了同类型的新物业的租金，使之不能定得太高，除非市场供求关系矛盾突出，否则就会面临物业空置和出租率下降的危险。因此，对旧的商业物业而言，市场上建造成本和融资费用上升越快，租金收入超出回报率的状况就越明显。

从总体上说，租金收益必须能抵偿投资成本，并能为投资者带来一个合理的投资回报，否则就不会有人来进行建设投资。

租赁方案与策略主要涉及如下内容：

（1）确定可出租面积和租赁方式　在制定租赁方案时，需要首先明确可供出租物业的面积和在物业中的分布以及租赁的方式，这样才能够对需要吸引的客户数量和规模有所把握。

（2）编制租赁经营预算　编制租赁经营预算是预算租赁方案的核心，包括详细的预期收益估算、允许的空置率水平和经营费用，且这些数字构成了出租型房地产经营管理的量化目标，是经营管理中财务控制和财务计划的重要工具。

【知识链接】

商业物业经营管理预算

商业物业经营管理预算一般包括经营预算、合同期内的经营预测、投资与回报的对照分析三部分。

1. 经营预算

经营预算首先预算的是预期的经营开支。对未来一年中经营管理开支的计算，可通过类似的物业的实际需要费用获得，包括房地产税及其他各项经营管理税费、员工工资、水电费用、耗材和日常维护费用、保险和广告招租费用等。对于旧物业，可以研究其上一年各项费用的水平，并比较上一年本地区及周边地区的普遍支出水平，分析其超出预算的部分或可以削减的部分。其次，要估计允许的空置率水平。在商业物业的经营预算方案中，还应估计物业的空置率水平。因为在各种各样因素的影响下，物业出租率不可能每天都能达到100%，应该允许有一定的空置率。空置率水平会影响到预期收益和费用的计算，因此，允许的空置率的估计应合理。最后，估计预算收益。预算收益主要包括预期的租金收入、管理服务者的收入和各种经营服务项目的收入，如停车费、自动售货机、客户服务等。这些增益性服务收入与租赁收入构成了整个年度总收入。其中，租金收入是根据租金水平和物业面积及估计的出租率等计算取得的。

以上这些估计数字构成了物业经营管理预算的量化指标，当然这些量化指标不是固定不变的，由于实际情况会发生变化，如空置率水平提高会导致租金收益较预期减少。因此，对预算方案要根据实际情况的变化作相应的调整，此外，还要对实际发生变化的原因作出分析、总结和探讨，以便为今后的预算方案的制订积累经验。

2. 合同期内的经营预测

除了要做好一年期的经营预算外，还要对整个合同期可能发生的变化情况进行预测。管理者要仔细考虑每种收入的来源及市场变化对其可能造成的影响。在确定年均收入时，管理者应把握当前本地租金上涨的速率，考虑潜在的租金涨跌的可能性以及由于对物业整修所引起的租价提高等因素。

在经营期内作经营预测之前，必须先设定一些假设：假如租金的上涨率保持在目前的10%的水平，所有的租约都是一年期的，同时假设客源的损失是稳定的，每年宏观经济增长率限定在一定范围内变动，合同期内的营业支出必须在实际观察发展趋势的基础上进行现实的估计，应在考虑范围内的影响是通货膨胀率、劳动及价格上涨，税率和原材料的价格上涨以及保险费增加等。

3. 投资与回报的对照分析

经营管理计划最后的内容是通过改造、装修项目费用的计算进行投资回报对照分析的，包括经业主同意的和为保证物业的市场竞争力或迎合市场需要的项目。这一工作需要对施工、材料、人工费等各项费用加以准确地核算，并分析和计算由于改造所带来的收入增加和开支节约。最后，应把所得结果与不作任何改造时的预期收益进行比较，以确定改造的效益和必要性。通过分析核算，管理者可以向业主提供翔实的材料，以显示投资的回收周期以及改建后收入的增长率。

（3）定位目标市场　房屋租赁所面向的目标市场群体，主要由该物业所处市场的供求关系决定。首先，物业的档次决定了其在该物业类型市场中所处的位置；其次，房地产项目所处区域的商业特征也会影响到租赁对象的构成。

（4）明确吸引租户的策略　吸引租户的策略可谓多种多样，主要有宣传手段和租约条款优惠等。

2. 租户选择

（1）承租户的分类和地位　确定核心承租户的地位角色。承租户可以分为核心承租户和普通承租户，二者地位明显不同。核心承租户一般是长期客户和吸引力来源，是招商的起点。为了吸引核心承租户，需要在位置、出租政策和租金等方面给予优待。

（2）尊重承租户的要求

1）尊重承租户对发展前景的要求。一些核心承租户在承租之前要自己组织调查，以便确定经营规模。同类承租户只有维持适当数量才能保持合理的竞争，否则，过分集中将造成不良竞争。

2）尊重承租户对平面布局的要求。在某些情况下，承租户会对平面布局有特殊的要求。大型商店、超级市场、主要餐馆和大型专卖店对平面布局非常关心，不仅考虑自己在物业中的位置，而且考虑平面布局对商业的影响。经验表明，承租户的平面布局是商业成功的重要因素，而且，核心承租户的作用对其他普通承租户也关系重大。只有通过合理的布局，承租户之间的利益才能得到平衡。

3）考虑承租户对独立建筑的需求。一些大型商店、专卖店和食品店会坚持要占据独立的建筑，以便能够独立经营，它们要求直接对外（包括停车库和停车场）。为此，需要在设计上协调他们与其他承租户之间的关系，从整体上组织和分配人流，以便带来最大的商业利益。

4）尊重承租户对装修的需求。对于装修，不同类型的承租户有不同要求，需要根据具体情况采用不同的解决方式，不能采用通用的模式。有些承租户希望事先装修好，而一般的连锁店希望自行设计装修以维持自身品牌统一的形象。

（3）确定承租户的组成和可获得性　是否需要某种承租户应根据商业物业的规模和位置以及消费者的购买习惯来决定。

是否吸引某种承租商户应当以必要的经济研究作为依据，它可能来自所有者最大限度地出租和使用营业面积的要求，也可能来自对消费者类型的统计分析。无论如何，最大限度地利用营业面积和增加销售额是承租策略的最终目标。

（4）承租户的位置和分布　在承租户组成确定之后，还需要根据各种承租户的需求和商业物业自身的需要，确定各承租户在物业的位置，以促进共同繁荣，给物业带来最佳收益。

核心承租户对于引导人流起着关键的作用，其布局影响重大。核心承租户的位置需要最先确定，核心商店适合放在线性步行路线的端点，不宜集中布置在中间，这样才能达到组织人流的效果。

实践表明，承租户的适当组合能够在一定程度上提高销售额。承租户布局需要统一规划和布置。各种承租户之间的亲和力是不同的，一些经营项目的商店组成群体有助于加强吸引力，而另一些经营项目的商店需要相互避开。

3. 租金的确定与调整

（1）租金的确定　对于不同的经营性物业类型，租金确定的原则和调整方法都有差异。从理论上来说，租金的确定要以物业出租经营成本和开发商希望的投资回报率来确定，但市场经济条件下，物业租金水平的高低主要取决于同类型物业的市场供求关系。过高或过低的租金都有可能导致业主利益的损失，因为若某宗待出租物业确定的租金高于市场租金水平，则意味着物业的空置率会上升；而低于市场租金水平的租金，虽然可能使出租率达到100%，但可获得的总租金收入并不一定理想。为准确判断物业的市场租金水平，需要比较已出租的类似物业和待出租物业的差异，并对已知的租金进行相应的修正，进而确定待出租物业的市场租金水平。

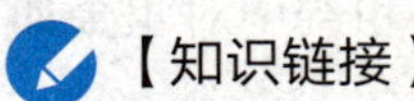

【知识链接】

租金策略

在商业物业租赁的实践中，对租金的确定与收取有毛租金、净租金、百分比租金三种计租方式。

1）在毛租金的情况下，承租户支付固定的租金，而业主支付物业经营过程中的费用，包括房地产税和其他有关物业的税收、保险费、维修费等，也就是说在所收取的租金中要包括这些费用。至于水费、电费由租赁双方协商，可由承租户支付，也可由业主支付。毛租金经常用于公寓的租赁，也用于写字楼的租赁。

2）净租金是相对于毛租金而言的，此时的承租户除了支付租金外，还要另行支付一些物业的经营费用。业主提供的净租金的形式决定了业主要支付哪些费用。例如，哪些是属于代收代缴的费用，哪些是按承租户所承担的面积占整个物业总出租面积的比例来收取，哪些费用主要取决于承租户对设备设施和能源的使用程度。净租金的形式一般有以下三种：

①除租金、水费、电费外，承租户要按比例分摊与物业有关的税项。

②除租金、水费、电费外，承租户要按比例分摊与物业有关的税项和保险费。

③除租金、水费、电费外，所有的经营费用，包括与物业有关的税项、保险费、公共设施设备使用费、物业维护维修费用、公用面积维护费、物业管理费等都由承租户直接支付，而业主一般只负责建筑结构部分的维修费用。

不论哪种情况，承租户在租金外还需支付的费用项目都要在租赁合同中详细规定。在商业物业和工业物业的租赁中，一般采用净租金计租。

3）百分比租金一般用于公共商业物业的出租。此时，业主分享了作为承租户的零售商的部分经营成果。百分比租金以年总营业额为基础计算，但可以按月或按季支付。通常先协商一个基本租金、年最低营业额和具体的百分比，对超过该营业额以外的部分才按百分比收取超额租金。例如，某承租户的基本租金为 10 万元/月，最低年营业额为 2400 万元，如果营业额的 5% 作为百分比租金，则只有当年营业额超过 2400 万元时，才对超过部分的营业额收取百分比租金。当然，如果营业额低于 2400 万元时，仍按 10 万元/月的基本租金收取。

百分比的确定主要取决于物业的性质、地点、承租户的商业类型及市场状况，双方协商确定。百分比租金的计算还可以采取固定百分比和变动百分比两种方式。变动百分比是租赁双方商定的百分比随销售额的数量增加而减少，以达到承租户提高营业水平、扩大销售的目的，以便租赁双方都获得相应的好处。

（2）租金的调整　房地产市场中供求变化比较剧烈，租金和价格也往往处于波动之中，因此需根据市场状况经常对租金水平进行调整。对于租期较短的租户，可设定一个租金水平，在租期中保持不变，而如果租户需要再次续租，则需要按照当时的租金水平重新签订租约。对于租期较长的租户，为保护业主和租户双方的利益，需要在租约中对租金如何调整做出明确的规定。

4. 租约谈判与合同签订

房屋租赁当事人应当依法订立租赁合同。鉴于租赁条款的谈判相当复杂，所以在租约签署前常常有一个很长的谈判周期。通常情况下，开发商和潜在租户可在事先准备好的适用于所有出租单元的标准租赁合约基础上，针对某一特定的出租单元就各标准条款和特殊条款进行谈判，形成一份单独的租赁合同。

租赁合同中对租户与业主的权利和义务都有具体规定。由于该租约是租赁双方共同签署的法律文件，所以租赁双方都应严格遵守，租赁合同一般应当包括以下内容：

1）房屋租赁当事人的姓名（名称）和住所。

2）房屋的坐落位置、面积、结构、附属设施，家具和家电等室内设施状况。

3）租金和押金数额、支付方式。

4）租赁用途和房屋使用要求。

5）房屋和室内设施的安全性能。

6）租赁期限。

7）房屋维修责任。

8）物业服务、水、电、燃气等相关费用的缴纳。

9）争议解决办法和违约责任。

10）其他约定。

物业出租后，开发商应按合同约定内容，自行提供或委托专业的物业管理公司提供专业的物业管理服务，以维持出租物业的正常运行。

9.3.3　房地产租售的渠道

房地产租售的渠道最简单地可划分为开发企业自行租售和委托租售代理两种。

1. 开发企业自行租售

由于委托租售代理要支付一定数额的佣金，所以在下述情况下开发企业愿意自行租售。

1）大型房地产开发企业往往拥有自己专门的市场推广队伍和较大区域范围的销售网络，开发企业提供的自我服务有时比委托租售代理更为有效。

2）在市场高涨时，所开发的项目很受投资置业人士欢迎，而且开发企业预计在项目竣工后很快便能租售出去。

3）当开发企业所发展的项目已有较明确，甚至是固定的销售对象时，也无需要再委托租售代理。

2. 委托租售代理

房地产租售代理负责开发项目的租售业务。尽管有些开发企业也有自己的销售队伍，但往往还要借助于租售代理的帮助，利用租售代理机构所拥有的某些优势。

房地产代理机构通常拥有熟悉市场情况、具备丰富的租售知识和经验的专业人员，可以取得房地产买卖双方的信任。开发企业如果想从大城市中吸引工商企业的居民到一个新开发区去安家落户，借助城市中的房地产代理机构的服务常能收到较好的效果。

优秀的房地产代理机构往往对其所擅长的市场领域有充分的认识，对市场当前和未来的供求关系非常熟悉，或就某类房地产的销售有专门的知识和经验。此外，为了更有效地提供服务，代理机构需要经常地关注市场状况。

房地产代理的方式主要有如下几种：

（1）独家销售权代理　独家销售权代理即代理公司有独家销售房地产的权利，此方式最突出的特征是在合同有效期间内，不论是谁（包括开发企业）将房地产出售，开发企业都必须支付佣金给代理公司。

二维码 9-3
（中央公馆——人员售房）

（2）开发企业与代理公司独售权　开发企业与代理公司独售权的特点是尽管代理公司有独家销售权，但如果在合同期限内开发企业自行找到买主，则不需付给代理公司任何服务费。但开发企业只能与一家代理公司签订委托合同，不可同时与一家以上的代理公司签约。

（3）净值销售权　净值销售权即开发企业对其房屋没有固定价格，无论代理公司售出价为多少，只需将开发企业所设的固定数额交给开发企业即可。换句话说，即开发商答应支付任何超出其固定数额的差价作为代理公司的佣金，但代理公司必须将此差额告知开发商。

（4）联合专卖　为了开发企业能在短时期内将房屋出售，各类型的房地产代理公司联合行动，共同收集、分析、整理信息，组成联合专卖服务。

（5）优先选择权　当代理公司与开发企业签订委托合同后，若开发企业欲以较低的价款将房地产出售给他人，则必须先通知受委托的代理公司，因为在优先选择权代理方式下，代理公司有优先承购该房地产的权利。

不论是采用哪种代理或代理组合，很重要的一点是在开发项目一开始就应确定下来，以便使代理公司能就项目发展的规划、设计和评估有所参与。代理公司可能会依市场情况对项目的开发建设提供一些专业性意见，使房地产的设计和功能尽可能满足未来入住者的要求；代理公司也可能会就开发项目预期可能获得的租金售价水平、当地竞争性发展项目情况以及最有利的租售时间等给开发企业提供参考意见。此外，通过让代理机构从一开始就参加整个开发队伍的工作，能使他们熟悉其未来要推销的房地产，因为倘若租售代理不能为潜在的买家或承租人提供有关房地产的详细情况，则十分不利于代理公司开展推销工作。

通常开发企业与其确定的代理公司之间都有一个合同关系，该代理合同应载明代理权存在的时间长短、代理方式及终止的条件，列出开发企业所需支付的相关费用及支付条件等。不过，在签订合同之前，开发企业应仔细审定代理公司是否具备合法地位，以确保工作质量和工作的顺利进行。

按照《中华人民共和国城市房地产管理法》的规定，专业代理机构（经纪机构）应当具备下列条件：

1）有自己的名称和组织机构。

2）有固定的服务场所。

3）有必要的财产和经费。

4）有足够数量的专业人员。

5）法律、行政法规规定的其他条件。

9.4 房地产促销

房地产促销是房地产营销者通过人员或非人员的方式，将企业、产品或其他服务信息传递给潜在消费者，使其理解、信赖并最终产生购买或租赁行为的一种经营活动。

二维码 9-4
（商业地产项目销售工作流程及销售策略）

促销不仅仅只是促销商品，更重要的是与消费者之间的沟通。通过信息沟通可以把房地产生产经营者、中间商及消费者有效地结合起来。因此，促销可以起到传递信息、沟通情报、引导需求、指导消费、稳定销售、开拓市场、突出产品特点、树立企业形象等作用，以帮助消费者认识房地产产品的特点与功能，激发其消费欲望，促进其购买行为，以达到扩大销售的目的。

房地产促销方式主要有四种：广告促销、人员推销、营业推广、公共关系促销。

9.4.1　广告促销

广告促销是开发商以公开付费的方式，通过一定的媒体方式（报纸、杂志、广播、电视、网络、户外、传单、霓虹灯、路牌、标语等），传播或宣传以事实为依据的房地产信息，以达到影响目标受众的购买心理、推销商品的目的。房地产广告促销是目前房地产企业最常用、最有效的促销手段。

1. 广告促销的特征

（1）房地产广告具有较强的区域性和针对性　房地产广告通常投放在潜在消费者所在地区的广播、电视、户外广告牌等媒介上，辐射范围具有区域性。房地产开发商还可以针对某类人群投放广告，例如针对高收入人群的房地产项目，可以在此类人群经常阅读的高端财经杂志发布广告；而针对普通大众的产品，晚报、综合性电视及公交车亭广告就更为适合。

（2）房地产广告具有一定的时效性　房地产广告的效果通常在消费者接受广告后立即表现出来，例如消费者在收到宣传广告单时，可以很快做出判断。但广告效果持续时间不长，需要多次广告逐渐累积。

（3）房地产广告具有独特性　房地产广告可以利用各种媒体的灵活表现方式，将图像、色彩、声音、文字等要素艺术性地结合在一起。人们在观看广告时，会受到某种视觉冲击，产生某种感受，尤其是当连续、多次、播放同一个广告画面时，这种冲击效果会不断得到加强，久而久之就会影响消费者的购买决策。

当然，广告也存在诸如广告效果难以度量、广告受众不易把握且难以沟通、广告费用较高等缺点。

2. 房地产广告策划的内容

房地产广告可以将产品以非人身式的形式介绍和推广给潜在的客户或代理商。房地产广告的内容应该包括项目的设计、房屋类型、近似面积、位置、出租或出售之类的信息。同时需要在房地产广告设计方面考虑消费者的喜好，创造出适当的印象。房地产广告策划需要考虑的主要内容如下：

（1）进行市场分析　市场分析主要包括营销环境分析、客户分析、个案分析和竞争对手分析等。若开发商在营销策划时已将宏观和微观营销环境分析得透彻、准确，则可将重点放在其他几项分析上。客户分析方面主要分析客户的来源和购买动机，如信赖开发商、保值增值、楼盘设计合理、地段较好、价位合适等，也要分析客户可能拒绝的原因，如附近有更合适的楼盘、交通不便、购房投资信心不足等。个案分析主要分析开发商的实力、业绩，楼盘规划、设计特色，主要设备和装修情况，配套设施情况以及楼盘面积、结构、朝向、间隔、价位等方面的情况。进行竞争对手分析时，除了要分析竞争对手实力和竞争楼盘的情况，还要分析竞争对手的广告活动，以吸取有益的信息，扬长避短。

（2）确定广告预算　目前确定房地产广告预算主要有三种方法：量力而行法、销售百分比法、竞争对等法。

量力而行法即在其他市场营销活动都优先分配给经费之后，尚有剩余时再供广告之用。此法简单易行，但完全忽视推广对销售量的影响，会导致推广支出超量或广告支出不足。销售百分比法是以一定时期的销售额或利润额的一定比率来确定广告费用，按销售额百分比法，销售收入下降就要减少广告支出，这种方法有时是不符合实际需要的；按利润额百分比法，当企业没有利润，出现亏损时，此法失去了可操作性。竞争对等法是根据市场中的竞争企业来调整、平衡本企业的广告预算，以保持竞争优势。开发企业可以根据房地产项目的特点及企业的资金实力等来选择合适的预算方法。

（3）选择广告媒体　房地产广告媒体是用来传播房地产广告信息的载体。包括报纸、杂志、广播、电视、户外媒介（路牌、招贴、交通工具、霓虹灯、气球等）、邮寄媒介（广告信、说明书、购买请柬等）、楼宇广告等。传统观念中，将报纸、杂志、广播、电视称为四大媒体，而当下，网络则成为主要广告媒介。

在选择房地产广告媒体时应考虑以下因素：

1）广告媒介所能达到的范围与所要求的房地产销售信息传达范围相适应。

2）广告出现频率一定要与所要求的房地产销售广告信息出现次数相一致。

3）选择费用少、效果好的媒介做广告。

4）选择能充分表达房地产广告信息的工具作媒介。

5）广告媒介能否重复使用和广告信息的保留时间要与企业的要求相一致。从实践效果来看，房地产广告媒体一般以网络广告为主，以报纸、售点广告、户外广告为辅，并配合一定的广播、电视、杂志等其他媒体。

各种主要广告媒体的特点总结见表 9-4。

表 9-4　各种主要广告媒体的特点

媒　体	优　点	缺　点
电视	覆盖面广，可在不同时间、不同空间播放；表现手段灵活多样；视听结合，兼具动感，有很强的吸引力	信息转瞬即逝，不易保留；目标市场选择性较低，针对性差；费用高
报纸	覆盖面广，读者稳定，遍及社会各阶层；时效性强，反应及时；制作灵活，费用较低；易保存	时效较短，内容复杂，分散注意力；表现单调，印刷质量不稳定
杂志	针对性强，可信度高；保存期长；印刷精致，图文并茂，干扰小	周期长，时效性差，缺乏灵活性；传播范围窄
广播	覆盖面广，传播速度快，送达率高，方式灵活；制作简单，成本低；针对性较强	有声却无形，印象不深，信息转瞬即逝，不易保存
网络	覆盖面广，双向信息沟通；表现手段灵活多样，图文声色并茂，吸引力强；成本低；时效性强	管理不规范，可信性差，竞争干扰大
邮寄	选择性强，灵活，竞争干扰小，个性化，制作简单	传播面窄，投递成本高
户外广告	展示时间长；表现手段灵活，利用光电技术可使广告更吸引人；费用较低；不太受竞争对手干扰	传播范围窄，受众选择不准确

（4）房地产广告策略

1）全面攻击策略：以网络、电视为主，多种宣传工具共用。费用昂贵，适用于实力雄厚的大型开发商。

2）短兵相接策略：在房地产建筑现场设置接待中心，配备精致的样板房与模型、详细的说明书、引人注目的户外广告、霓虹灯箱指示牌，公关能力强的营销人员驻守现场，形成高效的租售网络。

3）重点突破策略：针对某一区域的特定租售群体，在特定时间集中进行立体式广告，连续邮寄或派送大量精美、有说服力的宣传单，吸引他们，并请他们到建设工地参观。

4）步步为营策略：系列广告策略，形成整体广告系统，稳扎稳打、步步推进。一般情况下，一次广告中不会将全部卖点作为主题，而是选择其中的一个或几个。这样，精心安排的广告主题轮流出现，可保持楼盘常新常亮，销售热度持续不减，这点对于开发周期较长的项目来说尤为重要。

（5）广告效果评估

1）信息传播效果的评估：是否将房地产广告信息有效地传送给了目标客户。在不同项目的反复实践中发现，来电数量能在一定程度上反映一则广告的投放效果。因为消费者在观看完一段广告之后，无论被其中的哪部分所打动，都会促使他拿起电话进一步询问项目的细节或者直接前往售楼处咨询，而对于大部分不了解项目周边情况的消费者，一般会先电话咨询。

2）销售效果评估：衡量房地产广告对销售额的影响。主要可采用试验法及对比法。试验法：作地区划分，在甲地使用电视广告，在乙地使用杂志广告，在丙地使用网络广告等等，而且投入费用相同，经过一定时期后，检查各地区销售额的增长情况。对比法：或者在甲地使用大量广告，在乙地使用少量广告，在丙地不使用广告，进行对比检查，来估出广告对销售额的影响。

3）社会效果评价：房地产广告的社会效果评价指广告刊发后所产生的社会影响。要从法律规范、伦理道德、文化艺术、风俗习惯、宗教信仰等各方面来进行综合评价。

9.4.2　人员推销

人员推销是指销售人员直接与消费者接触、洽谈，将有关开发商、产品及其服务的相关信息传递给消费者，促使其购买的一种营销活动。人员推销过程中，销售人员与消费者直接沟通，将产品和企业信息传递给消费者的同时，可以及时解答他们的各种问题，这不仅有利于消除消费者的各种疑虑，而且也有利于双方建立起良好的合作关系。

人员推销具有针对性强、灵活多变、能与客户建立长期关系、及时反馈信息、树立企业形象等特点，因此成为绝大多数开发企业重要的促销方式。但是，人员推销也存在接触成本较高，传播面窄、受制推销人员的素质及推销人员流动性较大等缺点。

一般来说，房地产人员推销过程可分为以下几个步骤：

1. 寻找潜在消费者

人员推销的第一步工作就是寻找潜在的消费者。可通过查阅各种市场资料，如租房信息、房屋中介资料；通过相关人员介绍；通过房地产展销会等活动去发现潜在消费者；通过分析有关竞争对手的情况，从他们的客户中寻找潜在消费者。

2. 销售前准备

在推销之前，推销人员应从几个方面进行准备：

1）促销楼盘的基本情况，如设计方案、设计标准、设计特点、施工质量、材料装修、内部设施以及房地产企业的基本状况等。

2）消费者情况，包括潜在消费者的个人、家庭、所在单位的情况等。

3）竞争者情况，包括竞争对手的楼盘特点、竞争能力和竞争地位等。

3. 接近消费者

接近消费者是指推销人员与消费者开始进行面对面的交谈。此时推销人员要给对方一个良好印象，通过交谈验证准备阶段所得到的全部情况，如果与准备阶段所得到的情况差异很大，便要及时调整方法，为后面的谈话做好准备。

4. 介绍房地产产品

房地产产品介绍可以用房地产模型、效果图、照片、宣传册等形式加以说明，如借助沙盘介绍项目，突出项目的整体优点；借助户型模型，根据客户有针对性地介绍；带客户参观样板间，并与客户交谈。介绍过程中要注意把握客户的需求和购买力；突出项目优势，并结合客户喜好进行介绍；找出决策者，与客户建立互信关系。

5. 处理异议

所谓“异议”也称“推销障碍”，是指准消费者在与推销人员接触的过程中，对介绍内容存有疑虑，或对具体内容、条款不认同，甚至反对，而表现出来的语言、态度和行为的总称。推销人员在与消费者接触时，应快速弄清其意图，算出客户满意的单元的价格、首付、月还款额及相关税费等信息，熟练地运用专业知识和洽谈技巧，合理处理异议，以消除疑惑、解除误解，最终促成交易。一个有经验的促销人员应当具有与持不同意见的消费者进行洽谈的技巧，随时有准备对付否定意见的适当措辞和论据。

6. 促成交易

在洽谈过程中，促销人员要集中精力观察，分析消费者的态度和思想，随时给对方以成交的机会，介绍过程中如果发现对方表示出愿意购买，应立即抓住时机成交。在此阶段，促销人员还可提供一些优惠条件，促成交易。

7. 售后服务

售后服务的直接目的在于了解消费者是否对自己的购买感到满意，发现可能产生的各种问题，表示促销人员的诚意和关心，以促使消费者做出对本企业有利的购买行为。交易完成后，可根据客户登记资料进行追踪，特别是重点对象。追踪时要注意时间间隔和追踪方式的组合，详细记录每一次追踪情况，还可以婉转地请求客户介绍新客户，进一步扩大促销效果。良好的售后服务可以稳定老消费者，争取新消费者，这也是扩大市场占有率的方法。

9.4.3 营业推广

营业推广又称销售促进，是指开发商运用各种短期性的刺激方法，迅速刺激需求，鼓励购买的一种促销方式。

营业推广方法包括：

1. 价格折扣

价格折扣是营业推广中运用得最广泛的方法。价格折扣可以使房价降低很多，刺激消费者的购买欲望。

2. 变相折扣

变相折扣指通过免去物业服务费、免付开发商贷款利息或代付贷款利息等变相地给予价格折扣的营业推广方法。如某开发商规定，购房可以免付一年的物业服务费。

3. 赠送促销

赠送促销指房地产开发商规定，若消费者买了一定面积的某种商品房，则赠送轿车、厨具、家具、装修、花园、面积或车位等。其目的就是为了刺激消费者购买或租赁。

4. 抽奖促销

开发商通过抽奖决定给予某些消费者某种优惠。例如，从已经交了定金的潜在消费者中抽取若干位给予价格上的优惠。但这种方式中奖率要注意控制，太低不能吸引消费者，太高则企业付出的成本高。

5. "噱头"促销

"噱头"促销方式多种多样，如免费旅游、免费吃饭、观看演出、酒会派对、赠送礼品等，其目的在于吸引消费者前往售楼处参观、咨询。从一些地区的房交会、房展会的经验看，很多消费者前来的目的可能就是为了"噱头"，可能现场搞得热热闹闹，但实际效果一般。

6. 展销会促销

展销会促销是指利用展销会展示房地产产品、品牌和服务的一种宣传活动。

营业推广能吸引消费者前往售楼处咨询了解，促使竞争者的客户或他们的潜在消费者成为本企业的客户或潜在消费者，从而促使消费者购买或租赁本公司的房地产。营业推广与其他促销方式的显著区别在于，它特别强调利益、实惠、刺激和诱导，具有很强的诱惑力和吸引力，能迅速引起消费者注意，短期内促销效果明显。但这种促销方式极易引起竞争者模仿，并会导致公开的相互竞争而使促销效果不理想；同时，如果长期使用或频繁使用同一种营业推广手段，促销效果也会迅速下降。

9.4.4 公共关系促销

房地产公共关系是指房地产开发商与各类公众之间的各种联系。公共关系促销就是房地产企业为了提升企业形象，增强企业的竞争和发展能力，优化企业经营的内外环境，利用各种传播手段，同包括消费者、中间商、社区民众、竞争者、金融机构、政府管理部门以及新闻媒介在内的各方面公众进行沟通，建立良好的社会形象和营销环境的活动。对于开发商来说，正确处理与这些公众的各种关系，对于树立良好的企业形象，进而促进销售、增强市场竞争力有着重要作用。

公共关系促销活动包括：争取对房地产开发商有利的宣传报道，协助房地产开发商与有关各界公众建立和保持良好的关系，建立和保持良好的企业形象以及消除和处理对房地产开发企业不利的谣言、传闻和事件。例如通过积极参加公益活动，人为制造新闻点，引得媒体争相报道，享受无偿广告，树立企业的良好形象。

公共关系促销与其他三种促销方式存在很大差别。

首先，公共关系促销是通过参加各项社会活动，以信息沟通为基本手段的促销形式，但不直接介绍、宣传和推销企业产品。其次，公共关系促销并不一定立即见效，而是长期效应。实施该策略的直接目的是为了树立和改善企业在公众中的良好形象。

当今社会中，树立起良好的社会形象比成功推销一个产品要更高一个层次，影响力更大，因而公共关系宣传活动已被越来越多的开发商重视。但公共关系宣传往往不是针对房地产产品本身，使得这种促销方式的针对性较差。

综上所述，房地产的四种促销方式，分别具有不同的特点，见表9-5。

表9-5　房地产各种促销方式的区别

促销类型	优　点	缺　点
广告促销	传播广泛，传播的信息规范，易控制	广告费用浪费大，广告效果难以度量，难以与目标接受者沟通
人员推销	信息表达灵活，易与消费者沟通，易与消费者建立关系，促销目标明确，促成及时交易	单位接触成本高，对销售员素质要求较高，难以进行大面积推销
营业推广	促销刺激直接，易引起消费者注意与反应，易迅速产生效果	易引起竞争，促销效果难以持久
公共关系促销	可信度高，影响面广，易建立企业和房地产的形象，促销作用长久	针对性较差，企业难以进行控制

房地产开发企业在进行房屋销售时，往往还会根据各种促销方式的特点，考虑促销目标、市场状况、房地产建设阶段、促销预算以及市场环境等因素的影响，对广告促销、人员推销、营业推广、公共关系促销等各种促销方式进行适当的选择和组合。

1. 促销目标

在一定时期内，开发商的促销目标是迅速增加房地产的销售面积，提高市场占有率，那么它的促销组合应注重于广告和营业推广，强调短期效益；如果开发商的促销目标是塑造企业形象，为今后占领市场、赢得有利的市场竞争地位奠定基础，那么它的促销组合应注重于公共关系促销和公益性广告，强调长期效益。

2. 市场状况

如果房地产市场潜在消费者多，地理分布较为分散，购买数量小，促销组合应以广告促销为主；反之，如果潜在客户少，分布集中，购买数量大，则以人员推销为主。

3. 房地产建设阶段

在项目开工的前期阶段，多采用公共关系促销及广告促销的促销组合，以提高企业及产品的知名度；在项目施工阶段，采用广告促销和营业推广相结合的促销组合进行促销，此时也要加强人员推销的力度；项目竣工以后，促销组合中人员推销起的作用将增强，同时广告促销、营业推广、公共关系促销等促销方式也要调整并组合使用。

4. 促销预算

促销预算对促销方式的选择有很大的制约。促销预算不足的情况下，费用昂贵的促销方式，如电视广告、收费较高的报纸广告等促销方式就无法使用。

5. 市场环境

当市场处于不利环境中，人们对价格的反应较为敏感，此时，就可以加大营业推广（价格折扣、优惠等方法）在促销组合中的分量，以促进销售；而当市场环境好转时，整体促销水平可以降低，此时广告促销和公共关系促销影响最大，营业推广甚至可以取消。

本项目小结

房地产项目获取收入的方式可分为三种：出售、出租和营业。

在进行房地产项目投资分析时，需要对开发项目的收入进行合理的估算，必须要遵守一般性原则、市场性原则、应变性原则。

商品房销售可分为预售和现房销售。商品房预售是指房地产开发商将正在建设中的房屋预先出售给购房者，由购房者支付订金或房屋价款的行为。商品房现售是指房地产开发商将竣工验收合格的商品房出售给购房者，并由购房者支付房屋价款的行为。

房地产开发企业对写字楼、零售商业物业、出租公寓等收益性物业类型采取出租方式获取收入时，需要制定租赁方案与策略、选择租户、确定租金，与承租户进行租赁谈判并最终签订房屋租赁合同。

房地产促销方式主要有四种：广告促销、人员推销、营业推广、公共关系促销。

综合案例应用

【案例概况】

甲房地产开发公司创立于 1994 年，总部位于广州，是以房地产全线业务为龙头，集房地产开发的前、中、后期工作为一体，具有自行开发、设计、施工、销售和管理的能力，并涉及电子、贸易及环保科技等其他行业，且迅速成长的大型多元化企业集团。

2022 年，A 地产集团下属的某市分公司斥资 32 亿元，投得我国有史以来公开招标的最大地块，迅速创造地产奇迹——某市 A 项目。A 项目位于 CBD 核心居住区，距城市黄金商圈仅 700m，是最具有代表性的大型居住社区。其总建筑面积（含地上和地下）达 140 余万平方米，社区绿化率高达 47%，园林建设优美，注重风水学和建筑学的完美结合。居住人群以行业精英和企业高层为主，综合素质高。A 项目凭借优异的产品质量、灵活的销售方式在业界取得了极大的成功，其精细开发的做派促使该市不少住宅项目的外立面、户型、园林等得到同步提高，带动了城市发展和城市面貌的改观。总体来看，A 项目取得的成功与项目在营销方面的突出表现分不开。

【问题】

请详细表述甲房地产开发公司开发的 A 项目的营销经历。

【案例评析】

1. 巧借媒体大造声势

2022年1月，A项目与建外SOHO联合招标新闻发布会在该市最大的饭店宴会厅举行。两个项目联合招标金额为70亿元人民币，其中A项目45亿元，其金额之高、规模之大在该市尚属首次，后被媒体点评为2022年某市最昂贵的招标。在甲房地产开发公司进入某市之初，就用天价拿下在该市的第一块地，马上吸引了所有人的眼球，媒体惊呼“老虎来了！”。在最短的时间内，甲公司这个当地人原本陌生的名字，变成了房地产界实力的象征。A项目还没开盘就已吸引了关注的目光，激发了人们对A项目的期望和兴趣。

2. 产品独具特色吸引眼球

(1) 超大精细园林让人印象深刻　到过A项目的人通常都会对它超大规模的精细园林印象深刻。A项目社区绿化率高达47%，17万m^2的园林绿化，仅树种就有120多种，仅园林就投资2亿多元，甲公司为此在城郊建立了自己的园林基地，专为项目提供各种树木。

(2) 彩蛋售楼部靓丽夺目　2022年3月，A项目开盘，正式启用的售楼中心占地2000余平方米，外观为彩色椭半圆球体的售楼中心。白天从路上望去赏心悦目；夜晚销售中心灯火通明，给城市平添了一抹靓丽色彩。A项目花5000多万打造的“彩蛋”售楼处成为该地区的标志性建筑物之一。

(3) 巧用围墙搞公益　每个工地的围墙都被开发商当作一块巨大的户外广告牌，这好像已经成为一种习惯。A项目却能利用一面围墙搞成一项公益推广活动。2022年11月，“欢乐A项目”儿童绘画活动举行，近500名小学生，在总长400m的A项目工地围墙上，现场绘制了700多幅儿童画。把A项目工地围墙装扮成了该城区的一道靓丽的风景。

3. 将打折进行到底

自A项目开盘以来，广告上的内容就没离开过“打折”。什么开盘折、九九折、教师护士军人折、周末折、抽奖折、封盘折，翻来覆去折上折，却实现了一次又一次的销售小高潮，一路打折到年底，销售额直冲27亿。看来每个客户都欢迎这样的折扣游戏，于是A项目在岁末干脆来了个购房“一口价”，让买房人得到了充分的心理满足。A项目这样做的结果会不会成了“赔本赚吆喝”，当然不会。A项目从开盘的12000元/m^2左右的价格，已经涨到现在的14500元/m^2以上，这还是打完折之后的价钱！打折在继续，楼盘却在升值。早买的业主们心中暗喜，准备买的客户在享受优惠时也心理平衡，皆大欢喜。

4. 重文化、创品牌

A项目开盘伊始，便邀请了业内人士、文化名人、地产大腕、园林设计者、教育专家、规划建筑设计者、媒体，甚至购买A项目的业主等各界人士，对项目进行“评头论足”，名曰：“A项目新论坛”，并将A项目的内部刊物也命名为“A项目新论坛”，定向赠送给他们的目标客户群。由此，A项目成功搭建了与社会沟通的平台，也使甲公司品牌的传播有了顺畅精准的渠道。

开盘前举行的历时四个月的“户型评比活动”中，户型结构、面积、园林、配套，客户说了算，最高奖项为价值17万的中华轿车，在吸引了大量参与者的同时，不仅将A项目和甲公司介绍给了大众，并且通过活动积累了2000多名对A项目关注的客户。

思考练习题

一、单项选择题

1. 以下说法不正确的是（　　）。

A. 商品房预售可以分散开发企业的投资风险

B. 如果开发企业资金雄厚，就必须通过预售形式取得收入

C. 交付全部土地使用权出让金并取得土地使用权证书后，才能实施预售

D. 要取得《商品房预售许可证》才能进行商品房预售

2. 商品房面积误差比的允许误差在（　　）以内。

A. 3%　　B. 4%　　C. 5%　　D. 6%

3. （　　）对商业物业中引导人流起着关键的作用。

A. 普通承租户　　B. 租金最高的承租户　　C. 重要承租户　　D. 核心承租户

4. （　　）的优点是传播广泛。

A. 公共关系　　B. 营业推广　　C. 广告促销　　D. 人员推销

5. （　　）不属于商品房买卖合同的内容。

A. 商品房基本状况　　B. 面积差异的处理

C. 设计文件变更协议　　D. 违约责任

二、多项选择题

1. 房地产项目获取收入的方式可有（　　）。

A. 出售　　B. 垫资　　C. 出租

D. 营业　　E. 开发

2. 房地产收入估算的原则包括（　　）。

A. 政府制定原则　　B. 主观性原则　　C. 应变性原则

D. 一般性原则　　E. 市场性原则

3. 房地产租金的形式一般包括（　　）。

A. 代缴租金　　B. 百分比租金　　C. 净租金

D. 期权预租租金　　E. 毛租金

4. 确定广告预算的方法有（　　）。

A. 量力而行法　　B. 销售百分比法　　C. 竞争对等法

D. 随行就市法　　E. 成本导向法

5. 属于人员推销特点的是（　　）。

A. 促销刺激直接　　B. 有效提升企业形象　　C. 针对性强

D. 传播面窄　　E. 成本较高

三、简答题

1. 简述房地产收入取得的方式及特点。

2. 简述商品房面积误差的处理方式。

3. 简述房地产促销的主要方式及各自内容。

四、案例题

1. 某房地产开发项目的房屋开发成本为3500元/m^2，房屋开发建设面积60万m^2全部用于销售，投资开发商希望得到的成本利润率为20%，不考虑税费，试分别按照成本加成定价法及目标收益法确定该房屋的售价。

2. 某家庭拟购买一套住宅，售价为80万元，银行为其提供20年按揭，年利率为6%，按揭比例为70%。银行根据购房者收入的情况为他安排了等额还本付息的抵押贷款计划，求该家庭的月还款额。

五、实训题

1. 实训内容：房地产项目销售策划

2. 实训要求：

1）学生以小组为单位，进行团队合作实训练习。

2）教师为各小组分配指定的房地产开发项目为实训背景。

3）开盘秀策划内容包括但不限于以下内容：

① 市场诉求分析及定位。

② 广告投放媒体选择。

③ 公关活动（包括活动策划、活动时间、活动地点、活动内容、效果评估等）。

④ 开盘秀（包括开盘主题、开盘时间、开盘地点、参与人员、开盘促销活动策划、媒体、活动预算等）。

4）每个小组完成一份指定房地产开发项目的销售策划方案，并制作路演PPT，进行课堂汇报分享。

房地产开发项目的前期物业管理

☞ **知识目标：**

1）了解前期物业管理的相关概念和法律规定。

2）熟悉物业项目承接查验的组织实施的内容以及承接查验所发现问题的处理办法、物业服务费的构成、专项维修资金的收缴和使用条件。

3）掌握业主入住前准备工作的内容和入住手续的办理流程、装修管理的范围、要求和装修管理的程序。

☞ **能力目标：**

通过本项目的学习，使学生能够参与物业项目承接查验工作并处理常见问题；能够进行业主入住前的准备工作和办理入住手续；能够根据装修管理的相关规定组织实施装修管理工作。

☞ **素养目标：**

培养学生遵纪守法的法律意识，培养工作过程中的认真严谨的工匠精神。

☞ **学习重点：**

1）物业项目承接查验的程序。

2）业主入住手续的办理程序。

3）装修管理的程序。

【引例】　未依法承接查验和撤管交接，物业公司承担责任

B房地产开发公司委托A物业公司为其开发的住宅小区提供前期物业管理，双方签订了《前期物业服务合同》。但A物业公司在没有与开发商完成全部承接查验和交接手续的情况下就入驻住宅小区实施物业管理服务。

后小区依法成立业主大会并选聘了新的物业服务企业，A物业公司未办理任何交接手续，仅以张贴公告的形式向小区业主及业主委员会发出了撤出通知，就撤离了该小区。小区业主委员会在对小区公共设施设备进行检查时发现，消防器材严重损坏、缺失。整个消

防系统不能正常使用。经专业机构鉴定，完善消防设施及恢复消防系统正常使用所需费用为 180 万元。

为维护业主合法权益，小区业主委员会起诉至法院，要求B房地产公司及A物业公司完善小区消防设施、恢复消防系统正常使用并验收合格。

诉讼中，A物业公司没有提供有效的与B房地产开发公司的承接查验和与小区主委员会的交接手续等证据，B房地产开发公司出具消防设施交付明细表一份，证明其在项目交付时，向A物业公司交付了部分消防器材与设施。

指出上述案例中，B房地产开发公司与A物业公司在物业项目承接查验过程中存在哪些问题？具体依据是什么？

这是一起发生在物业服务项目接收与撤出时的典型纠纷，纠纷的根源发生在项目接收之初，A物业公司没有依照《物业承接查验办法》履行承接查验手续，只是走过场。

在没有要求建设单位对不齐全的消防器材和设施进行补齐的情况下，就接收了消防设施明细表，为后续责任认定埋下了隐患；在撤出项目之际，A物业公司没有弄清撤出项目时的交接主体和交接方式，未依法与小区业主委员会办理交接，导致在交接后责任纠纷风险的发生。

《民法典》第九百四十九条规定，物业服务合同终止的，原物业服务人应当在约定期限或者合理期限内退出物业服务区域，将物业服务用房、相关设施、物业服务所必需的相关资料等交还给业主委员会，决定自行管理的业主或者其指定的人，配合新物业服务人做好交接工作，并如实告知物业的使用和管理状况。《物业管理条例》第五十八条规定，物业服务合同终止时，业主大会选聘了新的物业服务企业的，物业服务企业之间应当做好交接工作。A物业公司须承担相应的责任，应负责完善小区的消防设施，恢复消防系统正常使用，并达到消防部门验收合格。

10.1 前期物业管理概述

10.1.1 前期物业管理的基本概念

《物业管理条例》第二十一条规定：在业主、业主大会选聘物业服务企业之前，建设单位选聘物业服务企业的，应当签订书面的前期物业服务合同。

1. 前期物业管理

前期物业管理指在业主、业主大会选聘物业服务企业之前，由建设单位选聘物业服务企业实施的物业管理。

2. 前期物业服务企业

前期物业服务企业指业主、业主大会选聘物业服务企业之前，由建设单位选聘的实施物业管理的物业服务企业。

3. 前期物业服务合同

前期物业服务合同指业主、业主大会选聘物业服务企业之前，由建设单位与选聘的物业服务企业签订的物业服务合同。

10.1.2 前期物业管理相关规定

《物业管理条例》是中华人民共和国国务院制定的行政法规，其中，对前期物业管理有如下规定：

1）在业主、业主大会选聘物业服务企业之前，建设单位选聘物业服务企业的，应当签订书面的前期物业服务合同。

2）建设单位应当在销售物业之前，制定临时管理规约，对有关物业的使用、维护、管理，业主的共同利益，业主应当履行的义务，违反临时管理规约应当承担的责任等事项依法作出约定。建设单位制定的临时管理规约，不得侵害物业买受人的合法权益。

3）建设单位应当在物业销售前将临时管理规约向物业买受人明示，并予以说明。

物业买受人在与建设单位签订物业买卖合同时，应当对遵守临时管理规约予以书面承诺。

4）住宅物业的建设单位，应当通过招标投标的方式选聘物业服务企业；投标人少于3个或者住宅规模较小的，经物业所在地的区、县人民政府房地产行政主管部门批准，可以采用协议方式选聘物业服务企业。

5）建设单位与物业买受人签订的买卖合同应当包含前期物业服务合同约定的内容。

6）前期物业服务合同可以约定期限；但是，期限未满、业主委员会与物业服务企业签订的物业服务合同生效的，前期物业服务合同终止。

7）业主依法享有的物业共用部位、共用设施设备的所有权或者使用权，建设单位不得擅自处分。

8）建设单位应当按照规定在物业管理区域内配置必要的物业管理用房。

9）建设单位应当按照国家规定的保修期限和保修范围，承担物业的保修责任。

10.1.3 前期物业管理的常见问题

1.《前期物业服务合同》对业主的效力

《中华人民共和国民法典》第九百三十九条规定：建设单位依法与物业服务人订立的前期物业服务合同，以及业主委员会与业主大会依法选聘的物业服务人订立的前期物业服务合同，对业主具有法律约束力。

由此可见，前期物业服务阶段的物业服务企业由开发商选聘，且开发商与依法选聘的物业服务人订立的前期物业服务合同，对业主产生效力，即业主需要遵守该合同的约定内容。

2.《前期物业服务合同》的服务期限

在物业管理实践过程中，小区何时能成立业主委员会存在不确定性，经常出现《前期物业服务合同》中未约定服务期限，或是约定的服务期限届满但小区仍未成立业主委员会的情况。

《中华人民共和国民法典》第九百四十条规定：建设单位依法与物业服务人订立的前

期物业服务合同约定的服务期限届满前，业主委员会或者业主与新物业服务人订立的物业服务合同生效的，前期物业服务合同终止。

《中华人民共和国民法典》第九百四十八条规定：物业服务期限届满后，业主没有依法作出续聘或者另聘物业服务人的决定，物业服务人继续提供物业服务的，原物业服务合同继续有效，但是服务期限为不定期。当事人可以随时解除不定期物业服务合同，但是应当提前六十日书面通知对方。

同时，《物业管理条例》第二十六条规定：前期物业服务合同可以约定期限；但是，期限未满、业主委员会与物业服务企业签订的物业服务合同生效的，前期物业服务合同终止。

根据上述法律法规的条文可以明确，《前期物业服务合同》的服务期限并非以合同约定时间为准，而是当业主委员会重新选聘物业服务企业后，业主委员会与物业服务企业签订物业服务合同生效时，《前期物业服务合同》即终止。但是如果需要解除不定期物业服务合同，应当提前六十日书面通知对方。

【知识链接】

房地产转型发展重要选择：扎实做好物业服务

扎实做好物业服务是房地产转型发展的重要选择。房地产后服务市场作为一个新兴领域，具有巨大的发展潜力、易标准化，具有巨大潜力；开发业务开始做“减法”，物业服务持续做“加法”；物业服务净利率排名第二，仅次于房地产投资信托，且在资本市场的估值水平超过房地产企业。

做好基础服务，守住物业生命线。抱朴守拙，扎实做好基础服务，守住物业生命线；“客户满意”是检验基础服务品质的标准；增厚服务密度，提高服务浓度，提供质优价廉的服务。

做精深度服务，做实广度服务，长期价值可期。万亿级蓝海，具有广阔发展空间；择优开展适配的增值服务，打造企业“第二增长极”；社区增值服务收入占比仍不高，未来可拓展潜力大；做实广度服务，拓展城市服务空间；企业价值与社会价值高度一致；资本市场估值触底修复，未来有回归动力。

10.2 物业项目承接查验

10.2.1 物业项目承接查验概述

1. 基本概念

物业是指已经建成并正在使用中和已经可以投入使用的各类建筑物及附属设备、配套设施和相关场地等组成的单宗房地产。

物业设备设施是指附属于房屋建筑，为物业的用户提供生活和工作服务的各类设备设施的总称，是构成房屋建筑实体有机的不可分割的重要组成部分，是发挥物业功能和实现物业价值的物质基础和必要条件。房屋建筑附属的设备设施包括电气、供水、排水、采暖、空调、电梯、消防、智能控制系统等。

住房和城乡建设部 2011 年实施的《物业承接查验办法》中规定：物业承接查验是指承接新建物业前，物业服务企业和建设单位按照国家有关规定和前期物业服务合同的约定，共同对物业共用部位、共用设施设备进行检查和验收的活动。

2. 物业项目承接查验的意义

承接查验是在竣工验收合格的基础上，以主体结构安全和满足使用功能为主要内容的再检验。因此，重视和加强物业设备设施承接查验具有以下几方面的意义：

（1）为物业管理工作奠定基础　物业服务企业通过物业设备设施承接查验，可以摸清物业设备设施的性能特点，便于掌握第一手资料，有利于管理方案的制定，有利于物业管理工作的顺利开展。同时实行物业承接查验制度，可以弥补前期物业管理期间业主大会缺位的弊端，加强物业建设与物业管理的衔接，保障开展物业管理的必备条件。而在新老物业服务企业交接时进行承接查验，有利于界定物业共用部位和共用设施设备的管理责任。

（2）确保物业设备设施的使用安全和功能　物业服务企业通过物业设备设施承接查验，可以及时发现物业共用部位、共用设施设备的质量缺陷和隐患，促使建设单位提高建设质量，加强物业建设与管理的衔接。通过及时返工、维修，确保物业设备设施的安全，满足业主正常的使用需要。

（3）明确交接双方的权利和义务　物业交接双方通过承接查验，物业服务企业在承接物业项目时对共用部位、共用设施设备以及档案资料认真清点验收，共同确认交接内容和交接结果，有利于明确各方的责任权利，实现权利和义务的转移。对维护建设单位、业主和物业服务企业的正当权益，避免因物业质量问题导致的矛盾和纠纷，都具有重要的保障作用。

【知识链接】

物业项目承接查验与工程竣工验收的区别

工程竣工验收是指一项物业建筑生产的最后一个阶段。物业所属的工程项目经过建筑施工和设备安装之后，达到了该项目设计文件所规定的要求，具备了使用或投产的条件，称之为竣工。工程项目竣工后，需经建设单位或专门组织的验收委员会对竣工项目进行查验，在认为工程合格后办理工程交付手续，建筑商把物业交给建设单位，这一交接过程称之为竣工验收。物业设施设备承接查验与工程竣工验收在验收主体、性质、目的、对象及阶段等方面均有区别，具体见表 10-1。

表 10-1　物业项目工程竣工验收与承接查验的区别

区　别	竣 工 验 收	承 接 查 验
主体	房地产开发建设单位和城市建设行政主管部门	前期物业服务合同双方当事人在业主参与并接受行业主管部门监督下进行

（续）

区　别	竣工验收	承接查验
性质	为了检验房地产建设工程项目是否达到了规定设计文件和建筑施工安装所规定的要求	为了主体结构安全与满足使用功能的再检验
目的	工程项目建成后，建设单位为了使物业取得进入市场的资格，对物业是否合格进行质量验收	物业管理单位为分清管理责任，对即将进行管理的物业进行管理验收，不仅要进行质量再检验，还要对有关的管理资料、管理责任进行验收
对象	项目是否符合规划设计要求以及建筑施工和设备安装质量	对物业共用部位、共用设施设备的接管查验
阶段	此验收在前，标志着物业可以交付使用	此验收在后，标志着物业正式进入物业管理阶段

3. 物业设施设备承接查验的依据和原则

（1）物业设施设备承接查验的依据　实施对物业设施设备的承接查验，主要依据下列文件：

1）物业买卖合同。

2）临时管理规约。

3）前期物业服务合同。

4）物业规划设计方案。

5）建设单位移交的图样资料。

6）建设工程质量法规、政策、标准和规范。

（2）物业项目承接查验的原则　《物业承接查验办法》第三条规定：物业承接查验应当遵循诚实信用、客观公正、权责分明以及保护业主共有财产的原则。承接查验仅限于物业共用部分，不包括业主的专有部分。重点查验物业共用部位、共用设施设备的配置标准、外观质量和使用功能；对移交的资料进行清点和核查，重点核查共用设施设备出厂、安装、试验和运行的合格证明文件。在完成承接查验后，承接查验范围内的物业移交给物业服务企业管理。

10.2.2　物业项目承接查验的组织实施

1. 物业项目承接查验的主体

物业服务企业一定要重视物业的承接查验，这既包括与开发商新建物业的承接查验，也包括与业主或业主委员会的原有物业的承接查验。物业承接查验涉及的主体主要包括建设单位、物业服务企业、业主大会和业主委员会。下文以新建物业的承接查验为例进行说明。

（1）新建物业项目承接查验的主体　新建物业即建设单位已完成竣工验收的建设项目。建设单位选聘物业服务企业的，应当在首位业主入住之前与物业服务企业办理物业承接查验手续，并将承接查验记录作为物业管理档案。新建物业的交接人为建设单位，承接查验发生在建设单位与物业服务企业之间，承接查验主要侧重于对物业的产权情况、质量状况的检验接收。

交验方：物业的建设单位。

接管方：物业服务企业。

（2）新建物业购买人的专有部分物业承接查验的主体

交验方：物业的建设单位。

接管方：物业专有部分的购买人。

2. 物业项目承接查验的范围

1）共用部位：一般包括建筑物的基础、承重墙体、柱、梁、楼板、屋顶以及外墙、门厅、楼梯间、走廊、楼道、扶手、护栏、电梯井道、架空层及设备间等。

2）共用设备：一般包括电梯、水泵、水箱、避雷设施、消防设备、楼道灯、电视天线、发电机、变配电设备、给水排水管线、电线、供暖及空调设备等。

3）共用设施：一般包括道路、绿地、人造景观、围墙、大门、信报箱、宣传栏、路灯、排水沟、渠、池、污水井、化粪池、垃圾容器、污水处理设施、机动车（非机动车）停车设施、休闲娱乐设施、消防设施、安防监控设施、人防设施、垃圾转运设施以及物业服务用房等。

3. 物业项目承接查验的条件

1）建设工程竣工验收合格，取得规划、消防、环保等主管部门出具的认可或者准许使用文件，并经建设行政主管部门备案。

2）供水、排水、供电、供气、供热、通信、公共照明、有线电视等市政公用设施设备按规划设计要求建成，供水、供电、供气、供热已安装独立计量表具。

3）教育、邮政、医疗卫生、文化体育、环卫、社区服务等公共服务设施已按规划设计要求建成。

4）道路、绿地和物业服务用房等公共配套设施按规划设计要求建成，并满足使用功能要求。

5）电梯、二次供水、高压供电、消防设施、压力容器、电子监控系统等共用设施设备取得使用合格证书。

6）物业使用、维护和管理的相关技术资料完整齐全。

7）法律、法规规定的其他条件。

4. 物业项目承接查验的内容

（1）物业资料　办理物业承接查验时，建设单位应当向物业服务企业移交下列资料：

1）竣工总平面图，单体建筑、结构、设备竣工图，配套设施、地下管网工程竣工图等竣工验收资料。

2）共用设施设备清单及其安装、使用和维护保养等技术资料。

3）供水、供电、供气、供热、通信、有线电视等准许使用文件。

4）物业质量保修文件和物业使用说明文件。

5）承接查验所必需的其他资料。

（2）物业共用部位　按照《物业管理条例》的规定，物业服务企业在承接物业时，应对物业共用部位进行查验。主要内容包括：

1）主体结构及外墙、屋面。

2）共用部位楼面、地面、内墙面、天花、门窗。

3）公共卫生间、阳台。

4）公共走廊、楼道及其扶手、护栏等。

（3）共用设施设备　物业的共用设施设备种类繁多，各种物业配置的设备不尽相同，共用设施设备承接查验的主要内容有：低压配电设施，柴油发电机组，电气照明、插座装置，防雷与接地，给水排水、电梯，消防水系统，通信网络系统，火灾报警及消防联动系统，排烟送风系统，安全防范系统，采暖和空调等。

（4）园林绿化工程　园林绿化分为园林植物和园林建筑。物业的园林植物一般有花卉、树木、草坪、绿（花）篱、花坛等，园林建筑主要有小品、花架、园廊等。这些均是园林绿化的查验内容。

（5）其他公共配套设施　物业其他公共配套设施查验的主要内容有：物业大门、值班岗亭、围墙、道路、广场、社区活动中心（会所）、停车场（库、棚）、游泳池、运动场地、物业标识、垃圾屋及中转站、休闲娱乐设施、信报箱等。

5. 物业设施设备承接查验的方式

承接查验不同于工程项目建设的竣工验收，是在物业建设单位竣工验收的基础上，对建设单位移交的物业资料，有关单项验收报告，以及对物业共用部位、共用设施设备、园林绿化工程和其他公共配套设施的相关合格证明材料，对物业公共部位配套功能设施是否按规划设计要求建设完成等进行核对查验。承接查验还应对设施设备进行调试和试运行，还应督促建设单位及时解决发现的问题。

查验的相关资料由建设单位提供，物业服务企业主要是进行必要的复核。物业服务企业应督促建设单位尽快安排验收。建设单位无法提供相关合格证明材料，物业存在严重安全隐患和重大工程缺陷，影响物业正常使用的，物业服务企业可以拒绝承接物业。

物业管理的承接查验主要以核对的方式进行，既根据合同约定和规划设计批准文件及引用的法规、规范和标准，以及物业共用设施设备清单对物业共用部位、共用设施设备进行现场核对，确保设施设备的名称、型号、规格、数量和安装位置符合规划设计批准与物业买卖合同约定的配置要求。在现场检查、设备调试等情况下还可采用观感查验、使用查验、检测查验和试验查验等具体方法进行。

（1）观感查验　观感查验是对查验对象外观的检查，一般采取目视、触摸等方法进行。

（2）使用查验　使用查验是通过启用设施或设备来直接检验被查验对象的安装质量和使用功能，以直观地了解其符合性、舒适性和安全性等。

（3）检测查验　检测查验是通过运用仪器、仪表、工具等对检测对象进行测量，以检测其是否符合质量要求。

（4）试验查验　试验查验是通过必要的试验方法（如通水、闭水试验）测试相关设施设备的性能。

6. 物业项目承接查验的程序

（1）确定物业承接查验方案　在物业服务企业与建设单位签订前期物业服务合同之后，物业服务企业应在合同中规定的承接物业日期之前，及时组建承接查验小组，了解物业的基本情况，并着手制订承接查验方案。物业服务企业制订承接查验实施方案，能够让承接查验工作按步骤有计划地实施。

方案主要内容包括：

1）建设单位确定的承接查验项目、内容、标准、方法、时间与进度、问题的收集与处理、工具与器材、参加人员、记录人、负责人等。编制物业设施设备现场查验计划与进度，内容见表10-2。

表10-2　______×______×系统设施设备现场查验计划表

物业项目：　　　　　　编号：

建设单位：　　　　　　参加人员：

序号	计划时间	查验项目	查验内容	检查人	记录人	负责人
1						
2						
3						
4						
5						
6						

物业服务企业：　　　　　　参加人员：

编制：　　　　日期：　　　　审核：　　　　确认：

2）要求建设单位在承接查验之前提供移交物业的详细清单、建筑图样、相关单项或综合验收证明材料。

3）物业承接查验的工作原则、组织机构及人员分工、工作计划、注意事项、承接查验记录、工作的准备、工作流程、承接查验内容、承接查验方法、承接查验范围和标准等。

（2）移交有关图样资料　现场查验20日前，建设单位应当向物业服务企业移交资料。移交资料前，建设单位应认真填写《物业资料移交清单》。物业服务企业接收到建设单位移交的《物业资料移交清单》与物业资料后，应认真核实。未能全部移交《物业承接查验办法》所规定资料的，建设单位应当列出未移交资料的详细清单并书面承诺补交的具体时限。

物业服务企业应当对建设单位移交的资料进行清点和核查，重点检查共用设施设备出厂、安装、试验和运行的合格证明文件。查验结果填入《物业资料查验移交表》，完成物业资料的查验移交工作。

物业资料移交后，物业服务企业参加物业承接查验的工程技术人员应全面阅读物业清单、物业竣工图与资料和设备使用说明书，全面了解物业工程内容和引用的标准与规范，并根据物业资料将物业设施设备的配置和建设标准填入各专业《系统设施设备现场查验记录表》和《物业设施设备现场查验汇总表》的配置标准一栏中，为现场查验做充分准备。

物业服务企业对接收到的物业资料应按规定进行分类建档，永久保存，认真管理。

（3）查验共用部位、共用设施设备　接到建设单位承接查验的通知后，承接查验小组核对所接收的资料，具备条件的，应在15日内签发查验复函并约定查验时间。根据承接查验方案的时间进程安排，组织好现场查验。

现场查验时，建设单位应当委派人员参与，与物业服务企业共同确认现场查验的结果。也可以邀请业主代表以及物业所在地房地产行政主管部门参加，或聘请相关专业机构协助进行。物业承接查验的过程和结果可以公证。

现场查验主要根据前述的承接查验的依据，综合运用核对、观察、使用、检测和试验等方法，重点查验物业共用部位、共用设施设备的配置标准、外观质量和使用功能。承接查验时，不但要注意检查物业质量，还应该认真清点物业内的各种设施设备、公共物品、图样资料、绿化、杂品等数量、类型。现场查验应当形成书面记录，应由查验记录人将查验情况认真填入各专业现场查验记录表，然后汇总填入各专业《系统设施设备现场查验汇总表》，查验记录应当包括查验时间、项目名称、查验范围、查验方法、存在问题、修复情况以及查验结论等内容，查验记录应当由建设单位和物业服务企业参加查验的人员签字确认，统一归档保存。

（4）解决查验发现的问题　现场查验中，物业服务企业应当将物业共用部位、共用设施设备的数量和质量不符合合同约定和有关文件规定的情形，由物业现场查验小组将查验中发现的问题分类填入《物业设施设备现场查验问题跟踪表》，书面通知建设单位，建设单位签收后应当及时责成责任人解决，完成后，组织查验的双方人员进行复验，直至合格。

对于一时无法返修的项目或缺少的资料要确定今后维修期限或移交时限，并将遗留问题记入《物业承接查验最终遗留问题汇总表》，双方协商解决方案，并在签订《物业承接查验协议》时明确约定。属于无法返修的项目，应与建设单位协商达成一致意见形成备忘录。

（5）确认现场查验结果，签订物业承接查验协议　建设单位应当委派专业人员参与现场查验，与物业服务企业共同确认现场查验的结果，签订物业承接查验协议。物业承接查验协议应当对物业承接查验基本情况、存在问题、解决方法及其时限、双方权利义务、违约责任等项作出明确约定。物业承接查验协议作为前期物业服务合同的补充协议，与前期物业服务合同具有同等法律效力。

（6）办理物业交接手续　建设单位应当在物业承接查验协议签订后10日内向物业服务企业移交物业服务用房及其他物业共用部位、共用设施设备。交接工作应当形成书面记录。交接记录应当包括移交资料明细、物业共用部位、共用设施设备明细、交接时间、交接方式等内容。双方签署《物业项目移交表》，交接记录应当由建设单位和物业服务企业共同签章确认。分期开发建设的物业项目，可以根据开发进度，对符合交付使用条件的物业分期承接查验。建设单位与物业服务企业在承接最后一期物业时，办理物业项目整体交接手续。

物业交接后30日内，物业服务企业应向物业所在地的区、县（市）房地产行政主管部门办理备案手续。办理备案手续需提交前期物业服务合同、管理规约、物业承接查验协议、建设单位移交资料清单、查验记录、交接记录，以及其他承接查验有关的文件。

物业共用部位、共用设施设备办理正式移交前，应由建设单位负责管理；移交后则由物业服务企业进行使用和管理。

物业承接查验费用的承担，由建设单位和物业服务企业在前期物业服务合同中约定。没有约定或者约定不明确的，由建设单位承担。

物业承接查验档案属于全体业主所有。前期物业服务合同终止，业主大会选聘新的物业服务企业的，原物业服务企业应当在前期物业服务合同终止之日起10日内，向业主委员会移交物业承接查验档案。

10.2.3　物业项目承接查验所发现问题的处理办法

发生物业工程质量问题的原因主要有以下几个方面：设计方案不合理或违反规范造成设计缺陷；施工单位不按规范施工或施工工艺不合理甚至偷工减料；验收检查不细、把关不严；建材质量不合格；建设单位管理不善；气候、环境、自然灾害等其他原因。对于承接查验中所发现的问题，一般的处理程序如下：

1. 收集整理存在问题

1）收集所有的《物业查验记录表》。

2）对《物业查验记录表》内容进行分类整理，将承接查验所发现问题登记造表。

3）将整理好的工程质量问题提交给建设单位确认，并办理确认手续。

2. 处理方法

工程质量问题整理出来之后，由建设单位提出处理方法。在实际工作过程中，物业服务企业在提出质量问题的同时，还可以提出相应的整改建议，便于建设单位进行针对性整改。

从发生原因和处理责任看，工程质量问题可分为两类：

第一类是由施工单位引起的质量问题。若质量问题在保修期内发现或发生，按建设部《建筑工程质量保修办法》规定，由建设单位督促施工单位负责。

1）影响房屋结构安全和设备使用安全的质量问题，必须约定期限由施工单位负责进行加固补强维修，直至合格。影响相邻房屋的安全问题，由建设单位负责处理。

2）对于不影响房屋和设备使用安全的质量问题，可约定期限由施工单位负责维修，也可采用费用补偿的办法，由接管单位处理。

3）发现影响相邻房屋的安全问题，由建设单位负责处理。因施工原因造成的质量问题，应由施工单位负责，按照约定期限进行加固补强返修，直至合格，并按双方商定的时间组织复验。

4）房屋查验交付使用后，如发生隐蔽性重大质量事故，应由接管单位会同建设、设计、施工等单位，共同分析研究，查明原因。如属设计、施工、材料的原因由建设单位负责处理；如属使用不当，管理不善的原因，则应由接管单位负责处理。

第二类是由于规划、设计考虑不周而造成的功能不足、使用不便、运行管理不经济等问题。这类问题应由建设单位负责作出修改设计，改造或增补相应设施。

二维码 10-1
（前期物业管理-承接查验）

3. 跟踪验证

为使物业工程质量问题得到及时圆满地解决，物业服务企业要做好跟踪查验工作。物业服务企业应安排专业技术人员分别负责不同专业的工程质量问题，在整改实施的过程中进行现场跟踪，对整改完工的项目进行验收，办理查验手续。对整改不合要求的工程项目则应继续督促建设单位处理。

10.3 业主入住服务

10.3.1 业主入住前的准备工作

1. 业主入住的概念、条件和操作模式

入住是开发商将已具备使用条件的物业交付给业主并办理相关手续，同时物业服务企业为业主办理物业管理事务手续的过程。入住也是指业主或物业使用人收到书面入住通知书并办理验房、接房手续的过程，即业主领取钥匙，接房入住。

★【特别提示】★

从权属关系看，入住是开发商将已建好的物业及物业产权按照法律程序交付给业主的过程，是开发商和业主之间物业及物业产权的交接。从开发商的角度讲，业主验房入住也称作“交楼”，是开发商将已竣工验收合格且具备使用条件的物业交付给业主并办理相关手续的过程。从业主的角度看，业主办理入住手续是实质性的拥有物业的所有权，以业主签署验房文件、办理入住手续、领取钥匙为标志。

按规定，当新建的房屋符合交付使用的条件，通过竣工验收合格后，开发商或开发商委托物业服务企业适时向业主或物业使用人发送入住通知书，按房屋买卖合同约定的时间办理入住手续。通常，业主或物业使用人应当在约定的时间期限内办理完成入住手续。如因特殊原因无法及时办理入住，必须征得开发商同意。这是因为办理入住时间是房屋买卖合同约定的内容，对合同双方都有约束力。

入住是业主或物业使用人首次接收自己的物业，也是物业服务企业第一次与业主接触，是物业服务企业展示企业形象、服务水平、专业能力的最佳契机。因此，入住是物业管理整个程序中非常重要的一个环节，对物业服务企业取得业主和物业使用人的信任，留下美好的第一印象至关重要。对物业服务企业的品牌建设和可持续发展有着深远的影响。

入住的操作模式主要有两种，一种是以开发商为主体，物业服务企业配合的操作模式。开发商负责具体向房屋买受人和使用人移交物业并办理相关手续，在完成物业移交手续的基础上，物业服务企业继续办理物业管理相关事宜与手续，即业主和物业使用人先与开发商确定购房手续，核清身份、验收物业、领取钥匙，然后再签署和领取物业管理资料，缴纳相关费用；另一种是开发商授权委托物业服务企业的操作模式。物业服务企业接受开发商委托代理，开发商全权办理入住手续，其办理程序与前种操作模式完全一样，只是全部工作由物业服务企业独自完成。

2. 入住服务工作方案的内容

入住服务工作方案内容包括确定入住时间与地点，策划入住仪式，确定入住流程，安排人员、资料与物资准备，规划现场布置，制定应急预案；组织人员培训与演练等。

(1) 确定入住时间与地点　由开发商根据商品房买卖合同确定的入住时间和地点，并确定通知房屋买受人办理入住手续的时间节点。

(2) 策划入住仪式　入住仪式既是对业主喜迁新居的祝贺，也是开发商对业主的尊重与答谢，更是开发商的一次品牌营销的传播。策划入住仪式应注重隆重热烈，和谐融洽气氛的营造。其策划内容要点包括活动主题与品位定位；仪式形式，包括产权移交仪式、房屋产品展示、相关产品展示、文艺演出、公众娱乐等；仪式流程安排；领导、嘉宾邀请；媒体组织与媒体邀请；现场环境布置；人员安排与分工、制定应急预案等。

(3) 确定入住流程　根据与开发商入住负责部门沟通的入住手续内容、物业项目管理处办理物业管理相关手续以及项目现场情况等，明确采取集中入住和零星入住哪种入住形式，设计并确定入住流程。一般多采取集中入住形式，集中办理入住，提供一站式的服务。

(4) 安排人员、资料与物资准备　根据与开发商入住负责部门沟通的入住手续内容、物业项目管理处办理物业管理相关手续，安排工作岗位及人员分工；制定入住文件、资料等，并安排印制、装袋与寄送；购置办公用品、用具以及各类标识。

(5) 规划现场布置　确定现场庆典仪式、宾客接待、手续办理、客户休息等活动分区与环境布置；设计物业项目及周边区域人流、车流动线与停车区域；物业项目及周边区域环境营造等，并落实人员分工与责任。

(6) 制定应急预案　根据以往经验，结合物业项目实际情况以及房屋购房者构成等，预测可能发生的突发事件，并制定应急预案。

(7) 组织人员培训与演练　组织人员培训学习入住相关的法规政策、专业标准、入住服务流程等，同时通过角色扮演的方式模拟入住服务流程。

3. 入住服务人员准备

(1) 组建入住服务工作组　开发商与物业服务企业共同成立入住服务工作组，分为开发商工作组和物业服务企业项目部工作组，确定工作组负责人及各小组成员，并明确分工与工作职责。

开发商工作小组一般下设财务组、验房组、工程组和营销组；项目部工作小组一般下设综合服务组、资料组、项目财务组、环境秩序组、验房组等。

（2）项目部工作组主要职责

1）综合服务组主要负责统筹协调入住手续办理各环节，为业主提供全面咨询与引导，处理突发状况及业主特殊需求，保障流程顺畅。

2）资料组负责收集审核业主入住所需的各类资料，确保资料完整准确，做好归档与信息录入工作。

3）项目财务组主要负责预收业主合同约定期限的物业费及其他费用；出具收款收据。

4）秩序环境组主要负责物业项目尤其是入住办理现场的公共秩序维持。

5）验房组主要负责带领业主对所购物业入户验收，指导业主验房并填写“验房整改通知书”，将验收资料及时交资料组。

（3）人员培训与演练　人员陆续到岗后，项目部工作组重点工作是人员指导、培训与演练，指导内容主要是让人员尽快熟悉项目布局和基本情况，熟悉房屋购房者的基本信息，了解物业项目周边生活配套设施分布情况等。培训内容主要是各自岗位工作职责、业务范围和操作流程，重点是入住服务内容、范围、程序以及要点等。

4. 入住资料的准备

入住资料编制的内容应适应所承接物业项目基本情况与管理服务定位，以国家、省、市的入住服务与物业管理相关法律法规、规章政策为依据。

（1）住宅质量保证书和住宅使用说明书　住宅质量保证书和住宅使用说明书应到当地房地产行政主管部门指定地点购买，由开发商填写并加盖公章。

（2）入住通知书　入住通知书是开发商向业主发出的办理入住手续的书面通知。主要内容包括：购买物业的个人姓名或公司名称，物业的具体位置，物业竣工验收合格以及物业服务企业接管验收合格的情况介绍，准予入住的说明，入住具体时间和办理入住手续的地点，办理入住时需要准备的相关文件和资料，委托他人办理入住手续的规定，办理入住的程序，物业服务费收缴的起始日期，其他需要说明的事项等。

（3）入住缴费通知书　入住缴费通知书是告知业主收费项目、收费标准、期限、收费部门等相关内容的文书。为方便办理，节省时间，一般在向业主送达入住通知书时一并送发。

（4）入住手续书　入住手续书又称为入住会签单，是业主办理入住的流程记载表格。在办理入住时，每完成一项入住环节，需经办双方签字及盖章确认，然后进入下一个程序。入住手续书要写清办理部门、每一部门应缴费用或应出示的文件。

（5）业主信息登记表　业主信息登记表是在业主办理入住时，记录业主本人与家庭成员自然情况以及车辆、宠物等信息的表格。

（6）业主入住物品、资料领取确认表　业主入住物品、资料领取确认表是业主办理入住时领取物品的记载表格，主要包括房号、业主姓名、领用物品、资料的名称、领取人和发放人签字等。

（7）业主（租户）验房工作单　业主（租户）验房工作单是记录业主（租户）对房屋验收情况的记录，其内容包含水表、电表、煤气表的起始读数，物业验收存在的问题，有关维修处理的约定等。通过业主（租户）验房工作单，可以清晰地记录业主对物业的验收情况，开发商将根据此工作单对存在的问题进行整改和处理。

(8) 整改通知书 整改通知书是对开发商或施工单位就存在问题、整改位置和整改要求而发出的文件。

(9) 业主（住户）手册 业主（住户）手册是物业服务企业编写，向业主、物业使用人介绍物业项目概况，物业服务公司以及物业项目管理处情况介绍，小区内相关公共管理制度，装饰注意事项等。

(10) 前期物业服务合同和临时管理规约 前期物业服务合同是明确物业服务企业与业主双方的权利和义务的合同。在合同中应明确：物业基本情况、服务内容与质量、物业费收费和其他情况。

前期物业服务合同开发商与物业服务企业按照相关规定已在商品房销售前签署《前期物业服务合同》，这里主要是做好印制准备，以便发放给业主。

临时管理规约是对有关物业的使用、维护、管理，业主的共同利益，业主应当履行的义务，违反临时管理规约应当承担的责任等事项依法作出约定的一种文件。

临时管理规约在商品房买卖合同中已明确业主的履行义务，这里主要是做好印制准备，以便发放给业主。

(11) 委托银行代收款协议书 委托银行代收款协议书是业主签订的委托银行向物业服务企业指定的账号缴纳各种应交费用，以及通过委托银行收取物业服务企业款项的书面委托协议。其主要内容是委托范围、委托期限，意在方便业主交纳各种物业管理相关费用。

(12) 物业管理区域各项管理规定 物业管理区域各项管理规定是为维护物业管理区域的工作、生活环境，保护业主的公共财产安全，由物业服务企业制定的有关绿化管理规定，卫生保洁管理规定，公共秩序管理规定，消防安全管理规定，房屋养护维修管理规定，装修管理规定，共用部位、设施管理规定，机动车辆管理规定，停车场管理规定，电梯使用规定等等。

(13) 物业管理相关法律法规政策汇编 为了正确解答业主提出的有关物业管理的疑问，物业管理相关法律法规政策汇编就是将国家、省、市有关物业管理服务的法律法规、规章政策汇集成册。物业管理相关法律法规政策汇编是供入住服务人员使用的，不向业主发放。在办理入住现场可供业主浏览。

5. 管理服务设施及物资装备的准备

为保证入住服务工作顺利完成，营造热情服务的良好氛围，项目部工作组应在业主入住前做好各种管理服务设施、设备和工具及标识的准备。

(1) 公共设施设备的准备 公共设施设备的准备主要通过设施设备模拟运行的方式来实施。主要涉及电梯、门禁系统、监控系统、停车场系统、共用部位照明系统、排（通）风系统、消防系统、停电时应急发电（供电）系统、水泵等。通过对模拟运行时观察和发现的问题，须在办理入住服务前彻底解决。安排人员对业主房屋与共用部位的各类钥匙进行开锁核对，并编号保管。

（2）服务办公用具的准备　服务办公用具要根据入住服务流程及工作量考虑周详、细致，不可遗漏；数量准备充分，保证满足工作需要，并在入住服务前完成购置与验收。服务办公用具主要包括但不限于：

1）办公设备。办公设备包括办公桌椅、办公卷柜、档案柜等办公用具；电脑、复印机、打印机、验钞机，塑封机等。

2）办公用品。办公用品包括普通档案袋、档案盒、胶水、双面胶、剪刀、黑色签字笔等。

3）办公印鉴。办公印鉴包括“审核签字处”印章、房号章、钥匙发放印章、验房印章。

4）验房工具。验房工具包括户型平面图、有标识的全套钥匙、电笔、手电筒、水桶、鞋套等。

5）服务器具。服务器具包括沙发、茶几、饮水机、水杯、小食品、烟灰缸等。

（3）制作各种标识　根据入住服务需要制作各种标识。标识种类和数量应根据物业项目的规模、档次确定。标识包括但不限于：

1）服务性标识。服务性标识主要有企业标志或吉祥物、人员胸牌、桌牌、管理人员服装。

2）物体标识。物体标识主要指物体上面带物体名称或单位名称的标识，如垃圾箱（桶）等。

3）警示标识。警示标识指带有警告或限制内容的标识，如“请勿靠近”“正在作业”等。

4）提示标识。提示标识主要有爱护花草类、注意卫生类、车辆管理类、消防安全类。

5）引导（指示）标识。引导（指示）标识主要有物业项目平面图、各分区或楼栋指示板、行车线、车场出入指示牌、装修垃圾临时堆放场等。

6. 入住环境的准备

（1）开荒保洁　为保证房屋买受人办理入住的欢悦心情，将干干净净的物业交付给房屋买受人，开发商一般会委托物业服务企业在入住服务启动前，对物业（包括业主专用部分和共用部位）进行全面彻底的保洁。这一工作也称为“开荒”。保洁“开荒”的具体内容包括：对物业内外建筑垃圾的清理，对玻璃、地面、墙面等处的灰尘、污垢的清除，对共用部位及设施和业主专用部位的清扫等。

保洁“开荒”的方式主要有：

1）物业项目管理处自主实施。对物业规模不大、时间较充足的物业，由物业项目管理处组织保洁人员负责“开荒”，既可锻炼队伍，又可提高保洁人员的专业技能。

2）专业清洁公司承担一些专业性很强或风险程度高的项目，如高空外墙清洗；或由于时间紧迫人手不足，将部分工作交由专业清洁公司负责完成。

3）委托专业清洁公司实施。清洁“开荒”工作量大、时间要求紧，为了按时保质完成“开荒”，物业项目管理处将“开荒”工作委托给专业清洁公司承担，自己负责全程监督。

（2）办理现场的确定　入住办理期间，业务环节较多，现场人员流量较大。因此，办理现场的空间及位置应有较好的通风、照明条件；易于出入，便于人员疏散，最好为一楼；在小区内位置显著，距离小区主出入口较近，通行便利，且周边交通方便，有充裕的停车空间。

（3）规划现场分区布局　办理现场应划分入住服务区和宾客休息区两大区域，出入口分别设置，以保证现场人流的顺畅。入住服务区根据入住流程顺序，有序地安排开发商服务区、物业项目管理处服务区、社会化一站式服务区，并按入住手续办理流程设计业务办理人流动线，既方便业主，也有利于提高工作效率；宾客休息区主要提供接待等候服务。

开发商、物业服务企业在入住手续办理前，应与市政相关部门做好沟通，尽量保证自来水、供电、燃气、采暖、有线电视、通信等相关部门在现场集中办公，形成一条龙式的流水作业，方便业主办理。

（4）环境布置　营造物业管理区域尤其是办理现场热烈欢快的气氛。从小区主出入口通往办理现场各主要道路上，应适当设置横幅、道旗、标语、灯笼、气球、花篮、盆景、鲜花等，办理现场服务环境要喜庆、整洁，入住服务区办公用品摆放整齐有序；宾客休息区环境整洁舒适，放置足够的座椅，提供免费WIFI、报刊书籍、企业文化影视播放、茶点茶饮等服务。

从小区主出入口通往办理现场的道路规划合理、人车分流、保证畅通，车辆停放区域要注意围合隔板与营造环境的和谐一致，防止安全事故发生。小区周边环境气氛的烘托营造，要有利于宣传企业文化，促进房屋销售。

7. 标识设置

小区主要出入口处宣传栏张贴入住公告，公示各项管理规定，设置项目概况说明示意图，以便于业主了解小区基本情况。从小区主出入口通往办理现场各主要道路上，沿途应设立多处道路引导牌，指示方向；重点位置，设立必要的警示标识、提示标识，做好安全提示。

办理现场入口处，设置醒目的办理入住手续流程图、物业服务内容和收费标准公示板等；各业务办理区域标识醒目清晰、一目了然；业务办理区域设立员工及职位桌牌等，为业主办理提供便利。收费服务区域须设置物业服务内容和收费标准公示板，显著标注自收费用、代收代缴费用等。

标识设置应做到位置明显，入住服务期间不能因为任何主客观因素影响而使标识消失、缺失或损坏，必要时须及时修补、更换或移置标识。

8. 入住通知的发送

开发商或开发商委托物业服务企业应提前一个月通过媒体或邮寄方式，向业主发出办理入住通知。邮寄给业主的资料应包括入住通知书、收楼须知、入住手续书、缴款通知书等，并适时通过电话等方式对业主是否收到入住通知进行确认。

10.3.2　业主入住手续的办理

1. 验证登记

验证即通过房屋买受人提供的文件资料核实确认其身份，并核清购房款；登记即房屋买受人填写业主信息登记表。

二维码 10-2
（前期物业
管理-业主入住）

（1）验证　验证是对房屋买受人身份的核实确认，以及核清购房款等相关费用。

1）房屋买受人为自然人的情形：房屋买受人为自然人的，须要求其提供并核查商品房买卖合同、入住通知书、身份证（或护照）与户口本原件及复印件、贷款证明、住宅专项维修资金发票和购房发票等，以此确认其身份无误。

房屋买受人委托他人办理入住事宜的，应要求受托人提供委托证明、双方身份证及其复印件、房屋买受件资料。房屋买受人为外籍或我国港、澳、台人士，必须有我国司法部门委托办理内地公证文书和我国港、澳、台律师开出的“委托书”。

2）房屋买受人为非自然人的情形：房屋买受人为非自然人的，要求其提供并核实商品房买卖合同、入住通知书、营业执照（或“税务登记证”）、社会组织登记证书及复印件、法人代表证明资金发票和购房发票，以及组织印章等。如委托人为外国或我国港、澳、台的企业或组织，则须按我国有关法律规定，提供经我国有关机构认证的公证证明。

确认身份后，应将房屋买受人、受托人身份证和房屋买受人委托书；办理人身份证和营业执照（或“税务登记证”）、社会组织登记证书（副本）、法人代表证明书，法人代表授权委托书（授权委托）、办理人身份证等复印，原件退还本人，复印件存档。

验证房屋买受人或办理人携带已缴款的各期收据，验证无误后由开发商财务部收回并开具总发票。

（2）登记　登记是指导房屋买受人填写业主信息登记表，并建档保存。

登记须在确认房屋买受人身份并核清房款等相关费用后进行。指导其填写住户信息登记表时告知其准确填写信息，要认真核对身份证、房号等信息，应保证填写姓名与商品房购买合同所签署姓名、身份证姓名的一致；保证填写房号与商品房购买合同约定房号一致。要向房屋买受人强调业主本人及家庭成员联系方式的真实性，以对今后可能发生突发事件时尽可能避免或减少损失，并提醒其家庭成员发生变化时应持户口本前来登记变更；联系方式变更时应第一时间通知物业项目管理处及时更改，以保证联系畅通。

2. 房屋验收

房屋验收是房屋买受人在开发商房屋验收人员或开发商委托物业服务企业房屋验收人员陪同下，对其所购置房屋专有部分的质量验收。

（1）房屋验收范围与内容 房屋验收的范围与内容主要包括但不限于：

1）门窗系列。主要查验门窗（框）是否平整、牢固、安全；门窗是否密实、贴合、开启关闭是否灵活；玻璃和五金件是否齐全，有无破损；玻璃是否胶封防水；木门窗是否开裂变形；油漆有无剥落现象等等。

2）地面、顶棚、墙面系列。主要查验是否平整、起砂、裂缝、剥落；顶棚和外墙面是否有渗漏痕迹；大白或涂料是否均匀且色泽一致；瓷砖、地砖贴面是否平整、贴实。

3）给水排水系列。主要查验上水管线，阀门是否完好，有无渗漏现象；下水应做通水试验，看是否有建筑垃圾堵塞下水管线，排水是否通畅。

4）电气系列。主要查验与电有关的器具是否安装，有无破损丢失；电源进户容量和保险开关位置。

5）房屋设施系列。主要查验水表、电表、煤气表、热能表等计量设施的位置、表上读数，设施有无破损；查验通（排）风道和排烟道是否设置和畅通；查验电话、有线电视、宽带线路是否进户。

（2）房屋验收形式　入住服务期间，陪同并指导房屋买受人验收房屋是由物业服务企业、开发商，施工单位等成立验房组，负责的验房组下设若干交验房屋小组，每个小组负责一栋或一定区域内的房屋买受人验收房屋。

（3）验房组主要工作内容，验房陪同人员应依照楼宇功能设置情况向房屋买受人逐项介绍其专用部分范围和设施设备设置情况、具体功能以及使用操作等；开通房屋的水、电、气、暖，逐项进行查验；逐个测试、核对所有钥匙；指导房屋买受人根据验收情况逐项填写业主（租户）房屋验房工作单。

房屋验收没有发现质量问题或瑕疵的，请房屋买受人在业主（租户）房屋验收记录单签字确认；对发现的质量问题或瑕疵，现场拍照存档，告知并重点提示房屋及设施设备保修范围和期限，指导房屋买受人填写验房整改通知书，详细写明问题部位、程度、数量，提出合法合理的整改方法、期限等要求，请其签字确认。验房有整改要求的情形，验房陪同人员须负责跟开发商协调按期整改，并负责通知、陪同房屋买受人再次验收，直至合格，再进入入住办理环节，继续后面的流程；但属于质量瑕疵的，经房屋买受人同意，可以继续办理入住手续。

房屋验收结束，离开房屋验收现场前，应提示并告知房屋买受人，房屋及设施已归其所有，请认真阅读住宅使用说明书，爱护并正确使用房屋及相关设施，以免因使用不当给自己或他人的生活、工作带来麻烦或损失；请认真阅读住宅质量保证书，明确房屋及设施保修范围和时限，在保修期内正确使用房屋及设施过程中发生的质量问题由开发商负责解决。

离开房屋验收现场时，提醒房屋买受人闭合水阀门、电闸开关等，并进行安全防范检查。

3. 签署文件

签署文件前入住服务工作人员向业主逐个介绍须签署文件的主要内容及用途，指导业主正确签署。通常有消防责任书、房屋装修意见书、填写车辆及其他信息登记表等，凡签署或填写的文件均需留存建档。

4. 收取费用

收取费用主要是指业主按照前期物业服务合同以及商品房买卖合同的约定，向物业服务企业交纳相关费用。

应缴纳的费用包括但不限于前期物业服务合同约定的当期物业服务费、车位管理协议约定的停车位使用费、商品房买卖合同约定的由物业服务企业代收代付的各项费用。

收取费用须符合法律法规、规章政策的规定，如物业费收取期限不得超过一年等。入住服务收费办理现场须明示收费项目、标准和依据，设置公示的价目板，内容要与物价部门备案审批后发放的收费许可证内容和标准相一致，做到明码、实价。

5. 发放文件

发放文件是将需房屋买受人清楚的自身权利、责任和义务以及物业管理区域基本情况、服务功能，以及房屋功能及正确使用要求的相关文件资料发放给房屋买受人，并请其在业主入住资料领取确认表上签字，见表10-3。

表10-3 业主入住资料领取确认表

序号	户名	房号	住宅两书	规章制度	业主手册	领取日期	业主签字	经手人	备注

发放的文件主要包括住宅质量保证书和住宅使用说明书、业主（住户）手册、临时管理规约、物业管理区域各项管理规定等。

发放前需核实发放物品有无缺失、文件袋内文件是否齐全。房屋买受人领取文件后须填写入住物品资料领取确认表。填写表格时，需提示房屋买受人领取的物品、资料不可遗漏；签名应与身份证、商品房买卖合同保持一致，防止漏签等。

6. 交付钥匙

交付钥匙是业主房屋验收没有任何异议后，入住服务工作人员认真审核业主（租户）房屋验收记录单、入住手续书（即入住会签单）已签署文件及各项收费票据无误后，将象征房屋所有权的钥匙等交给房屋买受人。

房屋买受人领取钥匙后，须在钥匙发放登记表上登记签字。

“交付钥匙”是有象征意义的提法。自接收钥匙后，房屋买受人成为真正意义上的“业主”。实际操作上，不仅要将房屋买受人所购置房屋的钥匙交付，还要向其交付小区门禁卡、电梯卡等。

交付钥匙前，须严格核对房号，保证钥匙与房号一致，且房号、钥匙准确无误，确为该业主房屋。交付钥匙后，须请业主填写钥匙发放登记表。填写表格时，需提示业主不要遗漏物品；签名应与身份证、商品房买卖合同保持一致，防止漏签等。

至此，业主的入住手续办理完毕。业主办理完入住手续后，应带走的资料和物品有：业主签署文件、领取资料袋、装修资料袋、业主（租户）房屋验收记录单、验房整改通知书、钥匙包等。

7. 资料归档

业主入住手续办理完结之后，物业项目管理处应将签署文件环节留存的文件及其他相关资料整理归档，按业主的栋号和房号进行建档编号，妥善保管，不得将信息泄露给无关人员。

10.4　装修管理

案例分析：违规私自拆改，后果很严重！

【案例概况】

2023 年，位于黑龙江哈尔滨松北区的一栋 31 层居民楼的承重墙被砸，事发后该楼栋 4 楼至 21 楼出现不同程度的墙壁开裂情况，导致全楼 200 多户居民受影响，部分居民被紧急疏散无法回家。此次事件揭示了施工单位和居民对于承重墙的认知不足，以及一些人对于商业利益的盲目追求，从而带来了巨大的安全隐患。据悉，一名租户想在租来的房间开健身房，为了增加空间，私自找来装修公司进行装修并拆除承重墙，从而导致整栋楼房面临倒塌的风险。当地政府紧急疏散了 240 多名住户，并立即对楼房进行了安全评估和抢修工作。初步估计经济损失高达一亿六千八百万元。

承重墙是房屋结构中起到承重作用的重要组成部分，一旦被私自拆除，将会给整栋楼房带来巨大的安全隐患。

【问题】

作为物业服务企业，应该如何做好装修管理工作，为业主把好装修这个关口。

【案例评析】

1. 明确装修管理的范围和要求。

2. 明确装修管理的程序。

10.4.1　装修管理的范围和要求

装修一般指房屋室内装修，是指业主或物业使用人（也称装修人）在办理完入住手续后，对房屋内部进行重新设计、分隔、装饰、布置等活动。有时住户调换后，新住户往往把原来的装修拆除，按自己的意愿重新进行再次装修或二次装修。

装修管理是物业服务企业通过对物业装饰装修过程的管理、服务和控制，规范业主或物业使用人的装修行为，从而确保物业的正常运行，维护全体业主的合法权益的活动。由于入住后，特别是入住新建楼宇的业主或物业使用人，几乎都要进行装修，因此，装修管理是日常物业管理的重要内容之一，也是物业服务的重点和难点之一，不仅要求细致专业、一丝不苟，方案上严格把关，沟通上入情在理，而且要求高度敬业、检查缜密，以便及时发现隐患、消灭隐患、进行整改。

装修管理的范围包括室内装修管理、外观装修管理、装修现场管理和装修验收四部分，具体要求如下：

二维码 10-3
（前期物业
管理-装修管理）

1. 室内装修管理

《住宅室内装饰装修管理办法》规定，住宅室内装饰装修活动，禁止下列行为：

1）未经原设计单位或者具有相应资质等级的设计单位提出设计方案，变动建筑主体和承重结构。

2）将没有防水要求的房间或者阳台改为卫生间、厨房间。

3）扩大承重墙上原有的门窗尺寸，拆除连接阳台的砖、混凝土墙体。

4）损坏房屋原有节能设施，降低节能效果。

5）其他影响建筑结构和使用安全的行为。

装修人从事住宅室内装饰装修活动，未经批准，不得有下列行为：

1）拆改供暖管道和设施。

2）拆改燃气管道和设施。

上述所列第1）项行为，应当经供暖管理单位批准；上述所列第2）项行为应当经燃气管理单位批准。

住宅室内装饰装修超过设计标准或者规范增加楼面荷载的，应当经原设计单位或者具有相应资质等级的设计单位提出设计方案。

2. 外观装修管理

《住宅室内装饰装修管理办法》禁止的行为：

1）搭建建筑物、构筑物。

2）改变住宅外立面，在非承重外墙上开门、窗。

上述所列第1）项、第2）项行为，应当经城市规划行政主管部门批准。

3. 装修现场管理

装修人应将室内装修施工许可证张贴在住宅入户门上，注明对周围邻居有所打扰的歉意语。

（1）装修时间　装修时间应根据各地不同作息时间、季节变换以及习惯习俗等综合确定。装修时间包括一般装修时间、特殊装修时间和装修期。

1）一般装修时间是指除节假日之外的正常时间。一般装修时间各地不同季节有不同规定，如北方某些地区规定作业时间及噪声施工时间为：

作业时间：7：00～12：00和13：00～20：00。

拆打时间：8：00～11：30和14：00～18：00。

2）特殊装修时间是指节假日休息时间。为保障其他业主的休息和正常生产生活秩序，一般节假日原则上不允许装修。特殊情况需要装修，时间上应视具体情况相应缩短装修时间，重大节假日（如元旦、春节、劳动节、国庆节）不得进行施工装修。

3）装修期是指装饰装修的过程时间，一般情况下不超过3个月。

（2）装修施工人员管理 装修工人的来源有极大的不确定性，施工过程中的自我约束不足，装修管理中应要求装修施工人员佩戴施工人员身份标牌，严格进行施工人员的出入管理，杜绝物业管理区域装修期间的不安全问题和无序化状态。

1）装修单位应在装修前将装修施工人员的资料填写在《装修施工人员登记表》上，并将装修施工人员的身份证复印件或暂住证复印件（用于外地施工人员）及近照2张，交到物业项目管理处办理出入证。

2）装修施工人员凭证出入项目辖区；出入证实行专人专证，专户专用，不得涂改或转借；不得从事其他招揽生意及进行与本户装修不相关的行为。

3）装修施工人员留宿须经装修人、装修单位和物业项目管理处三方同意，并办理暂住手续后方可留宿。未办暂住手续者，晚上8点至次日早上7点不得进入小区。

4）装修施工人员不得侵扰其他业主，不准在楼道内闲逛或在其他楼层停留。

（3）装修材料、设备的管理　违规的装修材料和设备是装修中造成违章的一个重要因素，管理过程中需从以下两个方面加强管理。

1）装修材料须封装不漏，按指定地点堆放；装修材料要及时搬入室内，不得堆放在户门外的走廊、楼梯间等公共场所。

2）对于有特别要求的材料或设备按照规定办理相应手续。

（4）施工管理　施工管理是装修管理的重要环节，涉及施工安全、施工操作及新增项目等内容。施工管理主要包括以下内容。

1）检查装修项目是否为核查过的项目。

2）检查装修施工人员是否如实申报，是否办理装修施工许可证。

3）施工现场严禁使用煤气罐、电炉、碘钨灯等，检查防火设备是否配备，操作是否符合安全要求。

4）施工期间，如要使用电气焊或动用明火时，应遵守国家有关消防管理的规定，要向物业项目管理处提出申请，填写动用明火申请表，批准后方可使用。装修单位的电工、焊工应持证上岗，严格遵守安全操作规程。施工现场禁止吸烟。

5）检查装修施工人员的现场操作是否符合相关要求，如埋入墙体的电线是否穿管，是否用合格的套管，是否破坏了墙、梁等。

6）装修单位负责人要保证各楼层公共设施完好。

7）对粉尘和噪声进行有效控制。

8）发现新增项目需指导装修人及时申报。

9）出现问题时，装修单位负责人应及时与物业项目管理处联系，双方协商解决，不得擅自处理。

（5）装修垃圾的清运　装修垃圾的清运是装修管理中的一个重要内容，其对物业环境、业主及使用人的工作、生活有着极大的影响，甚至会产生环保、安全等方面的隐患。装修垃圾需要集中清运，装修人要把装修垃圾堆放在物业项目管理处指定的地方，由物业项目管理处收取清运费统一清运。不论采取哪种清运方式，装修垃圾都应做到：

1）装修垃圾需袋装处理，包装完好不随地泄漏。

2）装修期间要保持环境整洁，装修垃圾须封装不漏，及时清运，不得堆放在户门外或公共场所，应保持所经电梯、楼道及走廊干净。

3）严禁高空抛物，违者予以处罚，并由肇事者承担由此引发的全部责任。

4. 装修验收

物业服务企业的装修验收，不是对装饰装修质量是否合格的验收，而是以装修审批文件内容为依据对业主或物业使用人的装饰装修行为是否超出审批范围、是否危及物业安全的监督与审核。装修验收要求如下：

1）装修施工结束后，由装修人和装修单位负责人共同向物业项目管理处提出验收申请。

2）物业项目管理处在当日内组织验收人员对装修进行现场验收。装修如无违章情况，按验收合格程序办理；如发现有违章情况，按违章处理办法办理。

3）整体上是否按申报方案施工，分室内、外观两部分。

4）竣工验收通过的，由物业项目管理处在《装修申请表》内“完工验收”栏目签署“经验收符合装修申请的范围和要求”，并签署姓名及日期。

5）物业项目管理处收回装修施工许可证，如有丢失，装修单位应给予一定赔偿。

6）装修单位当日清场离开。

7）装修验收通过并使用一个月后，物业项目管理处验收组应对装修施工组织复验，复验没有问题，在《装修申请表》内注明“复验符合装修申请的范围和要求”后，送物业项目管理处审批，由财务部退还装修人及装修单位的装修押金。

8）装修施工验收时，装修人有违章装修行为的，物业项目管理处工程维修部主管应视情况按规定作出估价，列清扣款数额，经物业项目管理处经理同意后，将扣除清单一份交装修人，一份交财务部，由财务部扣款。

9）装修资料应整理归档，长期保存。

10.4.2 装修管理的程序

1. 文件准备

为保证装修管理工作的顺利进行，物业服务企业应认真做好装修管理与服务文件的准备工作。根据上述装饰装修方面的规定，装修管理与服务必备文件主要有：装修管理协议、装修申报表、装修管理办法、施工人员登记表、临时出入证、安全责任书、施工许可证和动用明火许可证等。

2. 业主申报

（1）备齐资料　装修人应在开工前到物业项目管理处申报登记，申报登记所需提交的资料包括所有权证明（或者证明其合法权益的有效凭证），申请人身份证原件及复印件、装饰装修设计方案，物业使用人对物业进行装饰装修时，还应提交业主同意的书面证明。

（2）填写装修申报表　对业主提供的装修申报登记资料进行初步审核合格后，物业项目管理处应要求并指导装修人逐项填写装修申报表，各项申请要求明确无误，涉及专业部门、建筑结构、消防等项目，要求写明地点、位置或改变的程度及尺寸等详细数据和资料、室内间隔及设备变动。申报时还应附相关图样资料等。在仔细阅读装修管理有关规定后，填写装修申报表。

(3) 核查备案　物业项目管理处根据装修人所报资料及装修申报表，与原建筑情况进行确认与核实。

物业项目管理处根据相关规定进行装修申报表的核查，并应在规定工作日内（一般为 3 个工作日）予以答复；对违规违章的装饰装修项目，应向装修人说明理由并要求其整改，否则不予批准，并报告有关行政管理部门；超出物业项目管理处核查范围的装饰装修项目，如商业用房的防火设施配备，应通知装修人报主管部门审批。

(4) 签订协议　装修人装修申报表通过登记环节后，在装修施工前，应与物业项目管理处签订物业装饰装修管理服务协议。装修单位还要与物业项目管理处签署装修施工责任承诺书，约定物业装饰装修管理的相关事项，并领取室内装修施工许可证。

物业项目管理处以书面形式将装饰装修工程的禁止行为和注意事项告之装修人、装修单位，并督促装修人在装饰装修开工前主动告知邻里。

(5) 办理开工手续　装修人按有关规定向物业项目管理处缴纳装修保证金和其他装修服务费，装修施工单位到物业项目管理处办理室内装修施工许可证，装修人员临时出入证并交纳出入证押金，装修人或装修单位应备齐足够有效的灭火器等消防器材。

3. 现场管理

物业项目管理处为保障物业管理区域的房屋、设备设施正常安全使用，应及时制止和纠正违规行为，对违规行为发出整改通知；出现紧急情况，应马上组织救援和处理，事后再查明原因，由装修人承担责任，装修人或装修单位如有违规又拒不改正，造成事实后果的，要承担违约责任。物业项目管理处应及时报告有关行政管理部门依法处理。

4. 装修验收

装修人和装修单位完成装修施工，建筑垃圾已清理完毕，应通知物业项目管理处到装修现场验收。物业管理处收到装饰装修完工验收的报告后应组织工程技术人员到现场对照装修申报方案和装修实际结果进行比较验收，确定初步的验收意见。验收不通过的，提出书面整改，物业项目管理处签署书面意见，以便装修人押金的退还办理。发生歧义、无法统一意见或装修人拒不接受的，报请有关行政管理部门处理。

5. 装修资料归档

物业项目管理处应建立和完善业主装饰装修档案，并指定专人保管、专柜存放，以备查验。

物业装饰装修资料借阅时需办理出借手续，阅读后应及时归还。

【能力拓展】业主装修管理档案资料归档内容

装修申请表，装修施工方案图，给水排水、电气管线改造施工图，装修施工许可证，装修承诺书，防火责任书，装修施工人员登记表，装修施工人员留宿担保书，装修施工人员身份证复印件粘贴单，装修巡查登记表，装修违规整改通知书，装修施工人员临时出入证和其他装修需归档的相关资料。

10.5 物业服务费构成及专项维修资金管理

10.5.1 物业服务费构成

1. 物业服务费的概念

物业服务费是指物业服务企业按照物业服务合同的约定，对房屋及配套的设施设备和相关场地进行维修、养护、管理，维护相关区域内的环境卫生和秩序，向业主所收取的费用。

2. 关于收取物业服务费的相关法律规定

1)《中华人民共和国民法典》第九百四十四条规定：业主应当按照约定向物业服务人支付物业费。物业服务人已经按照约定和有关规定提供服务的，业主不得以未接受或者无须接受相关物业服务为由拒绝支付物业费。

业主违反约定逾期不支付物业费的，物业服务人可以催告其在合理期限内支付；合理期限届满仍不支付的，物业服务人可以提起诉讼或者申请仲裁。

物业服务人不得采取停止供电、供水、供热、供燃气等方式催交物业费。

2)《物业管理条例》第四十一条规定：业主应当根据物业服务合同的约定交纳物业服务费用。业主与物业使用人约定由物业使用人交纳物业服务费用的，从其约定，业主负连带交纳责任。

已竣工但尚未出售或者尚未交给物业买受人的物业，物业服务费用由建设单位交纳。

3. 物业服务费的计费方式

《物业服务收费管理办法》规定：物业服务收费应当区分不同物业的性质和特点，分别实行政府指导价和市场调节价。具体定价形式由省、自治区、直辖市人民政府价格主管部门会同房地产行政主管部门确定。

《物业服务收费管理办法》规定，业主与物业服务企业可以采取包干制或者酬金制等形式约定物业服务费用。

(1) 包干制　包干制是指由业主向物业服务企业支付固定物业服务费用，盈余或者亏损均由物业服务企业享有或者承担的物业服务计费方式。物业服务费用的构成包括物业服务成本、法定税费和物业服务企业的利润，主要适用于普通住宅小区的物业服务费的测算。普通住宅小区的物业服务收费一般是市场调节价，物业服务企业依据与业主或建设单位双方签订的物业服务合同，向业主收费。如果年终决算时产生盈余，则全部作为物业服务企业利润，如果年终决算时出现亏损，则由物业服务企业负担。这是一种物业服务企业以固定数额的收费标准提供物业服务，在保证物业服务合同约定的服务标准基础上，通过合理控制成本，达到取得余额作为利润的管理模式。

(2) 酬金制　酬金制是指在预收的物业服务资金中按约定比例或者约定数额提取酬金支付给物业服务企业，其余全部用于物业服务合同约定的支出，结余或者不足均由业主享有或者承担的物业服务计费方式。预收的物业服务资金包括物业服务支出和物业服务企业的酬金。在核算物业服务费时，应按该物业的硬件条件及服务方式、内容作出年度支出预算，再加上物业服务企业的酬金，按建筑面积进行分摊。如果年终决算出现盈余，则转入下一年使用；如果年终决算时出现亏损，则应予以调整。这种核算方法也称实报实销加酬金制，一般适用于高档公寓、别墅、大厦的物业服务收费测算，是一种由业主决定物业服务水平及收费标准，物业服务企业提供的所有公共性物业服务所发生的实际成本均由业主承担，物业服务企业按照提供服务的成本计算收取一定比例的酬金作为利润的管理模式。管理者酬金可以按固定数额提取，也可按比例提取。

4. 物业服务费的构成

以比较常见的包干制计费方式为例，物业服务费包括物业服务成本、税费和利润。

目前，以居住类物业全权物业管理为例，确定物业服务收费的依据主要是 2004 年 1 月 1 日起施行的《物业服务收费管理办法》（发改价格【2003】1864 号）。根据该管理办法的规定，物业服务成本或者物业服务支出构成一般包括以下 9 个部分：

1）管理服务人员的工资、社会保险和按规定提取的福利费等　物业服务企业向所聘用的管理、服务人员按月发放的工资和按规定提取的福利费；具体有工资、津贴、福利基金、保险金、服装费以及其他补贴等，但不包括奖金。

2）物业共用部位、共用设施设备的日常运行、维护费用　外墙、楼梯、电气系统、给排水系统及其他机械、设备装置和设施等的维修保养费、公共照明等需要开支的费用等。

3）物业管理区域清洁卫生费用　物业管理区域内公共区域的清洁卫生费用，包括清洁用具、垃圾清理、水池清洁、消毒灭虫等费用，有时还有单项对外承包需要的费用，如化粪池清掏。

4）物业管理区域绿化养护费用　物业管理公共区域植花种草及其养护费用与开展此类工作所购买的工具器材以及绿化用水等费用。

5）物业管理区域秩序维护费用　物业管理公共区域的秩序维护费，包括安保人员的工资、夜班津贴、福利支出，安保设备系统的日常维护费、耗用电费及安保用的工器具以及安保人员的人身保险参费、安保用房的费用。

6）办公费用　物业服务企业开展正常工作所需的有关费用，如交通费、通讯费、低值易耗办公用品费、节日装饰费、公共关系费及宣传广告费等。

7）物业服务企业固定资产折旧　物业服务企业为项目购置的各类固定资产按其总额每月分摊提取的折旧费用。各类固定资产包括：交通工具、通信设备、办公设备、工程维修设备等。

8）物业共用部位、共用设施设备及公众责任保险费用　为物业管理区域的物业及时购买保险是物业管理中不可忽视的问题。为了从经济上保障物业管理区域内水电、电梯等设施遭受灾害事故后能及时有必要的资金保证进行修复和对伤员进行经济补偿，物业服务企业必须对这些建筑物及设备设施投财产保险和相关责任保险。对于险种的选择是由所管物业的类型、性质来决定的，同时也要考虑业主的意愿和承受力。

9）经业主同意的其他费用　与业主协商，经过他们同意可以包括在物业服务费中的内容在各地及各类型物业会有所不同。

10.5.2 专项维修资金

1. 关于住宅专项维修资金的法律规定

(1)《中华人民共和国民法典》

第二百八十一条　建筑物及其附属设施的维修资金，属于业主共有。经业主共同决定，可以用于电梯、屋顶、外墙、无障碍设施等共有部分的维修、更新和改造。建筑物及其附属设施的维修资金的筹集、使用情况应当定期公布。

紧急情况下需要维修建筑物及其附属设施的，业主大会或者业主委员会可以依法申请使用建筑物及其附属设施的维修资金。

(2)《物业管理条例》

第五十三条　住宅物业、住宅小区内的非住宅物业或者与单幢住宅楼结构相连的非住宅物业的业主，应当按照国家有关规定交纳专项维修资金。

专项维修资金属于业主所有，专项用于物业保修期满后物业共用部位、共用设施设备的维修和更新、改造，不得挪作他用。

专项维修资金收取、使用、管理的办法由国务院建设行政主管部门会同国务院财政部门制定。

第五十四条　利用物业共用部位、共用设施设备进行经营的，应当在征得相关业主、业主大会、物业服务企业的同意后，按照规定办理有关手续。业主所得收益应当主要用于补充专项维修资金，也可以按照业主大会的决定使用。

第六十条　违反本条例的规定，挪用专项维修资金的，由县级以上地方人民政府房地产行政主管部门追回挪用的专项维修资金，给予警告，没收违法所得，可以并处挪用数额2倍以下的罚款；构成犯罪的，依法追究直接负责的主管人员和其他直接责任人员的刑事责任。

2. 专项维修资金的交存

(1) 交存专项维修资金的房屋类型　根据《住宅专项维修资金管理办法》，按照规定缴存专项维修资金的物业类型有：

1) 住宅，但一个业主所有且与其他物业不具有共用部位、共用设施设备的除外。

2) 住宅小区内的非住宅或者住宅小区外与单幢住宅结构相连的非住宅。

3) 上述物业属于出售公有住房的，售房单位应当按照规定缴存住宅专项维修资金。

(2) 交存住宅专项维修资金的比例

1) 商品住宅的业主、非住宅的业主按照所拥有物业的建筑面积缴存专项维修资金，每 m^2 建筑面积缴存首期住宅专项维修资金的数额为当地住宅建筑安装工程每 m^2 造价的5%～8%。各直辖市、市、县人民政府建设（房地产）主管部门可根据本地区的情况，合理确定、公布每 m^2 建筑面积缴存首期专项维修资金的数额，并适时调整。

2) 出售公有住房的，按照下列规定交存住宅专项维修资金：

第一，业主按照所拥有物业的建筑面积交存住宅专项维修资金，每 m^2 建筑面积交存首期住宅专项维修资金的数额为当地房改成本价的 2%。

第二，售房单位按照多层住宅不低于售房款的 20%、高层住宅不低于售房款的 30%，从售房款中一次性提取住宅专项维修资金。

3. 专项维修资金的管理

（1）业主大会成立前的专项维修资金的管理

1）商品住宅业主、非住宅业主交存的住宅专项维修资金，由物业所在地直辖市、市、县人民政府建设（房地产）主管部门代管。

直辖市、市、县人民政府建设（房地产）主管部门应当委托所在地一家商业银行，作为本行政区域内住宅专项维修资金的专户管理银行，并在专户管理银行开立住宅专项维修资金专户。

开立住宅专项维修资金专户，应当以物业管理区域为单位设账，按房屋户门号设分户账；未划定物业管理区域的，以幢为单位设账，按房屋户门号设分户账。

2）已售公有住房住宅专项维修资金，由物业所在地直辖市、市、县人民政府财政部门或者建设（房地产）主管部门负责管理。

负责管理公有住房住宅专项维修资金的部门应当委托所在地一家商业银行，作为本行政区域内公有住房住宅专项维修资金的专户管理银行，并在专户管理银行开立公有住房住宅专项维修资金专户。

开立公有住房住宅专项维修资金专户，应当按照售房单位设账，按幢设分账；其中，业主交存的住宅专项维修资金，按房屋户门号设分户账。

（2）业主大会成立后专项维修资金的管理

1）业主大会应当委托所在地一家商业银行作为本物业管理区域内住宅专项维修资金的专户管理银行，并在专户管理银行开立住宅专项维修资金专户。开立住宅专项维修资金专户，应当以物业管理区域为单位设账，按房屋户门号设分户账。

2）业主委员会应当通知所在地直辖市、市、县人民政府建设（房地产）主管部门；涉及已售公有住房的，应当通知负责管理公有住房住宅专项维修资金的部门。

3）直辖市、市、县人民政府建设（房地产）主管部门或者负责管理公有住房住宅专项维修资金的部门应当在收到通知之日起 30 日内，通知专户管理银行将该物业管理区域内业主交存的住宅专项维修资金账面余额划转至业主大会开立的住宅专项维修资金账户，并将有关账目等移交业主委员会。

4）住宅专项维修资金划转后的账目管理单位，由业主大会决定。业主大会应当建立住宅专项维修资金管理制度。

业主大会开立的住宅专项维修资金账户，应当接受所在地直辖市、市、县人民政府建设（房地产）主管部门的监督。

5）业主分户账面住宅专项维修资金余额不足首期交存额 30% 的，应当及时续交。成立业主大会的，续交方案由业主大会决定。未成立业主大会的，续交的具体管理办法由直辖市、市、县人民政府建设（房地产）主管部门会同同级财政部门制定。

4. 专项维修资金的使用

住宅专项维修资金划转业主大会管理前，需要使用住宅专项维修资金的，按照以下程序办理：

1）物业服务企业根据维修和更新、改造项目提出使用建议；没有物业服务企业的，由相关业主提出使用建议。

2）住宅专项维修资金列支范围内专有部分占建筑物总面积三分之二以上的业主且占总人数三分之二以上的业主讨论通过使用建议。

3）物业服务企业或者相关业主组织实施使用方案。

4）物业服务企业或者相关业主持有关材料，向所在地直辖市、市、县人民政府建设（房地产）主管部门申请列支；其中，动用公有住房住宅专项维修资金的，向负责管理公有住房住宅专项维修资金的部门申请列支。

5）直辖市、市、县人民政府建设（房地产）主管部门或者负责管理公有住房住宅专项维修资金的部门审核同意后，向专户管理银行发出划转住宅专项维修资金的通知。

6）专户管理银行将所需住宅专项维修资金划转至维修单位。

住宅专项维修资金划转业主大会管理后，需要使用住宅专项维修资金的，按照以下程序办理：

1）物业服务企业提出使用方案，使用方案应当包括拟维修和更新、改造的项目、费用预算、列支范围、发生危及房屋安全等紧急情况以及其他需临时使用住宅专项维修资金的情况的处置办法等。

2）业主大会依法通过使用方案。

3）物业服务企业组织实施使用方案。

4）物业服务企业持有关材料向业主委员会提出列支住宅专项维修资金；其中，动用公有住房住宅专项维修资金的，向负责管理公有住房住宅专项维修资金的部门申请列支。

5）业主委员会依据使用方案审核同意，并报直辖市、市、县人民政府建设（房地产）主管部门备案；动用公有住房住宅专项维修资金的，经负责管理公有住房住宅专项维修资金的部门审核同意；直辖市、市、县人民政府建设（房地产）主管部门或者负责管理公有住房住宅专项维修资金的部门发现不符合有关法律、法规、规章和使用方案的，应当责令改正。

6）业主委员会、负责管理公有住房住宅专项维修资金的部门向专户管理银行发出划转住宅专项维修资金的通知。

7）专户管理银行将所需住宅专项维修资金划转至维修单位。

5. 使用中的监督管理

1）直辖市、市、县人民政府建设（房地产）主管部门，负责管理公有住房住宅专项维修资金的部门及业主委员会，应当每年至少一次与专户管理银行核对住宅专项维修资金账目，并向业主、公有住房售房单位公布下列情况：

① 住宅专项维修资金交存、使用、增值收益和结存的总额。

② 发生列支的项目、费用和分摊情况。

③ 业主、公有住房售房单位分户账中住宅专项维修资金交存、使用、增值收益和结存的金额。

④ 其他有关住宅专项维修资金使用和管理的情况。

业主、公有住房售房单位对公布的情况有异议的，可以要求复核。

2）专户管理银行应当每年至少一次向直辖市、市、县人民政府建设（房地产）主管部门，负责管理公有住房住宅专项维修资金的部门及业主委员会发送住宅专项维修资金对账单。

直辖市、市、县建设（房地产）主管部门，负责管理公有住房住宅专项维修资金的部门及业主委员会对资金账户变化情况有异议的，可以要求专户管理银行进行复核。

专户管理银行应当建立住宅专项维修资金查询制度，接受业主、公有住房售房单位对其分户账中住宅专项维修资金使用、增值收益和账面余额的查询。

3）住宅专项维修资金的管理和使用，应当依法接受审计部门的审计监督。

4）住宅专项维修资金的财务管理和会计核算应当执行财政部有关规定。财政部门应当加强对住宅专项维修资金收支财务管理和会计核算制度执行情况的监督。

5）住宅专项维修资金专用票据的购领、使用、保存、核销管理，应当按照财政部以及省、自治区、直辖市人民政府财政部门的有关规定执行，并接受财政部门的监督检查。

本项目小结

本项目主要围绕前期物业管理的重点工作内容展开论述：前期物业管理是在业主、业主大会选聘物业服务企业之前，由建设单位选聘物业服务企业实施的物业管理；物业项目承接查验是承接新建物业前，物业服务企业和建设单位按照国家有关规定和前期物业服务合同的约定，共同对物业共用部位、共用设施设备进行检查和验收的活动；入住服务是开发商将已具备使用条件的物业交付给业主并办理相关手续，同时物业服务企业为业主办理物业管理事务手续的过程；装修管理是物业服务企业通过对物业装饰装修过程的管理、服务和控制，规范业主的装修行为，从而确保物业的正常运行使用，维护全体业主的合法权益的活动；物业服务费是物业服务企业按照物业服务合同的约定，对房屋及配套的设施设备和相关场地进行维修、养护、管理，维护相关区域内的环境卫生和秩序，向业主所收取的费用；建筑物及其附属设施的维修资金，属于业主共有，经业主共同决定，可以用于电梯、屋顶、外墙、无障碍设施等共有部分的维修、更新和改造。

综合案例应用

【案例概况】

前期物业管理是在业主、业主大会选聘物业服务企业之前，由建设单位选聘物业服务企业实施的物业管理。前期物业服务企业是业主、业主大会选聘物业服务企业之前，由建设单位选聘的实施物业管理的物业服务企业。前期物业服务合同是业主、业主大会选聘物业服务企业之前，由建设单位与选聘的物业服务企业签订的物业服务合同。前期物业管理是居住类物业项目管理的基础和必有阶段。项目经理张先生由公司指派接受了某住宅小区的前期物业管理工作，他深知责任的重大，并计划在前期物业管理开始前，拟定详细的前期物业管理实施方案。

【问题】

请为张经理筹划，前期物业管理的管理方案具体应该包括哪些方面，各方面工作的具体流程是什么？

【案例评析】

重点工作：承接查验、入住服务、装修管理

重点工作流程：

1）承接查验的流程：确定物业承接查验方案、移交有关图样资料、查验共用部位、共用设施设备、解决查验发现的问题、确认现场查验结果，签订物业承接查验协议、办理物业交接手续。

2）入住服务工作流程：验证登记、房屋验收、签署文件、收取费用、发放文件、交付钥匙、资料归档。

3）装修管理工作流程：文件准备、业主申报、现场管理、装修验收、装修资料归档。

思考练习题

一、单项选择题

1.（　　）指在业主、业主大会选聘物业服务企业之前，由建设单位选聘物业服务企业实施的物业管理。

A. 前期物业管理　　B. 前期物业服务企业

C. 前期物业服务合同　　D. 成熟期物业管理

2.《物业管理条例》是中华人民共和国国务院制定的（　　）。

A. 法律　　B. 行政法规　　C. 部门规章　　D. 行业标准

3. 建设单位依法与物业服务人订立的前期物业服务合同，对业主（　　）。

A. 不具有法律约束力　　B. 具有政策约束力

C. 具有法律约束力　　D. 具有自律约束力

4. 新建物业项目承接查验的交验方是（　　）。

A. 监理单位　　B. 施工单位　　C. 物业服务企业　　D. 物业建设单位

5. 入住是（　　）将已建好的物业及物业产权按照法律程序交付给业主的过程。

A. 开发商　　B. 施工单位　　C. 物业服务企业　　D. 行政管理部门

二、多项选择题

1. 在现场检查、设备调试等情况下还可采用（　　）等具体方法进行检查。

A. 承接查验　　B. 观感查验　　C. 使用查验

D. 检测查验　　E. 试验查验

2. 物业项目承接查验的范围包括（　　）

A. 共用部位　　B. 共用设备　　C. 共用设施

D. 市政设施　　E. 业主户内设备

3. 包干制物业服务成本的组成包括（　　）。

A. 管理服务人员的工资、社会保险和按规定提取的福利费、奖金等

B. 物业共用部位、共用设施设备的日常运行、维护费用

C. 物业管理区域清洁卫生费用

D. 物业管理区域绿化养护费用

E. 物业管理区域秩序维护费用

4. 包干制是指由业主向物业服务企业支付固定物业服务费用，盈余或者亏损均由物业服务企业享有或者承担的物业服务计费方式。其物业服务费用的构成包括（　　）。

A. 管理者酬金　　B. 专项维修资金　　C. 物业服务成本

D. 法定税费　　E. 物业服务企业的利润

5. 建筑物及其附属设施的维修资金，属于业主共有。经业主共同决定，可以用于（　　）等共有部分的维修、更新和改造。

A. 电梯　　B. 屋顶　　C. 外墙

D. 无障碍设施　　E. 业主入户门

三、简答题

1.《前期物业服务合同》对业主有哪些效力？

2. 办理业主入住手续前的准备工作有哪些？

3. 物业服务成本的构成一般包括哪些方面？

四、案例题

1. 某住宅小区建设单位依法与物业服务人订立了前期物业服务合同，并约定了服务期限为3年，业主入住2年后，小区成立了业主大会，选举产生了业主委员会，并通过业主大会民主投票的方式聘请了新的物业服务人，请分析，原前期物业服务合同未到期的情况下是否还有效，业主大会是否有权选举新的物业服务人？

2. 业主李先生在房屋装修过程中，想将厨房的位置挪到储藏间，将厨房作为书房使用。在这个过程中，李先生找工人拆改了燃气管道。邻居赵女士得知此事后感到李先生的做法很危险，于是投诉到项目的物业服务中心，请分析李先生的做法是否妥当，这种情况应该如何解决？

五、实训题

装修管理是物业服务企业通过对物业装饰装修过程的管理、服务和控制，规范业主的装修行为，从而确保物业的正常运行使用，维护全体业主的合法权益的活动。由于入住后，特别是入住新建楼宇的业主或物业使用人，几乎都要进行装修，因此，装修管理是日常物业管理的重要内容之一，也是物业服务的重点和难点之一，不仅要求细致专业、一丝不苟，方案上严格把关，沟通上入情在理，而且要求高度敬业、检查频度密，以便及时发现隐患、消灭隐患，进行整改。

1. 实训题目

物业项目室内装饰装修管理情景模拟

2. 实训主题

（1）擅自拆改承重墙。

（2）擅自拆改燃气管道。

（3）擅自改变房屋使用功能。

（4）擅自更换阳台玻璃颜色。

（5）擅自增加集中供暖的室内暖气片数量。

3. 实训要求

以小组为单位编排和展示情境，每组展示时间5分钟左右。

4. 评分标准

实训情境打分表见表10-4。

表10-4　实训情境打分表

实操内容	评分标准及分值	评分考量依据	小组得分
日常礼仪	职业装得体、干净整洁，没有污迹；面容整洁，头发梳理整齐，头发在领子以上；男性无大鬓角，头发不遮耳朵，不留怪异发型和光头；女性化淡妆、长发应盘卷，不留散发；面带微笑、精神面貌好；站姿、坐姿、走姿等标准规范，思想集中；日常礼貌用语规范、主动、热情、道具用完归位（10分）	符合8～10分 基本符合4～7分 基本不符合0～3分	
问题分析	准确把握问题要点，解决程序合理，逻辑思维连贯，问题处理得当，应对问题反应及时（35分）	符合26～35分 基本符合11～25分 基本不符合0～10分	
政策应用	能够准确依据相关法律、法规、规范等处理问题，问题处理依据表述清楚准确（30分）	符合21～30分 基本符合11～20分 基本不符合0～10分	
沟通协调	声音洪亮，普通话标准，语速适中，合理使用专业术语，交流顺畅，无口头禅（15分）	符合11～15分 基本符合6～10分 基本不符合0～5分	
创新思维	答题涉及现代办公系统、智能化管理、“互联网+”、节能减排、垃圾分类、疫情防控、社区共建、党建引领等方面的内容至少一项（10分）	符合8～10分 基本符合4～7分 基本不符合0～3分	